"十三五"江苏省高等学校重点教材
科学出版社"十四五"普通高等教育研究生规划教材
公共管理硕士（MPA）系列教材

公共管理学

（第二版）

于　水／主编

MPA

科学出版社
北京

内 容 简 介

本书立足全球化、后工业化的时代背景，坚持理论联系实际，充分吸纳了公共管理最新研究成果的精髓，并对当前政府管理中的热点和难点问题进行了深入探讨，将公共管理价值与工具有机结合，体现了公共管理学科体系的科学性和系统性。本书的特色在于介绍公共管理理论知识的同时，注重培养分析和解决实际问题的能力，对政府及其他公共组织的管理工作具有指导意义。本书主要包括公共管理的理论基础、政府与治理、组织与协调、领导与战略、政策制定与执行、公共部门财政管理、法治与监督、公共部门人力资源管理、公共部门绩效管理、公共危机管理、公共部门信息管理、公共管理的责任与伦理、公共管理改革与发展等内容。

本书可供高等院校的公共管理专业硕士研究生和本科生使用，也可供公务员和其他相关人员阅读参考。

图书在版编目（CIP）数据

公共管理学 / 于水主编. —2 版. —北京：科学出版社，2025.1

"十三五"江苏省高等学校重点教材，科学出版社"十四五"普通高等教育研究生规划教材，公共管理硕士（MPA）系列教材

ISBN 978-7-03-076370-9

Ⅰ. ①公… Ⅱ. ①于… Ⅲ. ①公共管理-高等学校-教材 Ⅳ. ①D035-0

中国版本图书馆 CIP 数据核字（2023）第 181424 号

责任编辑：王京苏 / 责任校对：贾娜娜

责任印制：张 伟 / 封面设计：有道设计

科学出版社 出版

北京东黄城根北街 16 号

邮政编码：100717

http://www.sciencep.com

北京富资园科技发展有限公司印刷

科学出版社发行 各地新华书店经销

*

2014 年 12 月第 一 版 开本：787×1092 1/16

2025 年 1 月第 二 版 印张：25

2025 年 1 月第十五次印刷 字数：593 000

定价：78.00 元

（如有印装质量问题，我社负责调换）

编委会成员

主　编　于　水（南京农业大学）

副主编　曹海林（河海大学）

刘晓光（南京农业大学）

编　委　刘伟忠（扬州大学）

白　玉（江苏科技大学）

刘洪彬（沈阳农业大学）

张艾荣（南京农业大学）

李　勇（南京医科大学）

金志云（南京财经大学）

高　锐（江苏海洋大学）

刘述良（南京农业大学）

杨建国（南京农业大学）

郑永兰（南京农业大学）

周定财（江苏师范大学）

靳　力（东南大学）

前　言

20 世纪 80 年代以来，全球治理作为应对全球化挑战的新领域和新视界在社会引起了广泛讨论。20 世纪 90 年代之后，治理理论逐步引起政界和学界的密切关注，人类社会政治过程的重心逐步从“统治”走向“治理”。21 世纪人类社会逐步迈入了知识经济时代，具备知识和高素质的人力资源成为知识经济时代发展的迫切需要。政府及公共组织通过组织变革与制度创新回应时代，并要求政府官员能力核心要素全面提升，以应对快速发展的社会。目前，普适性的公共管理人才培养还不能满足社会和受教育者的需求，人才供给的单一性与社会需求多样性的矛盾日益突出，既要具备专业人才培养的共性，又要彰显人才培养的个性，对公共管理人才培养提出了更高的要求。因此，加快推进《公共管理学》教材建设，是提升人才培养质量工程的一项重要任务。

当前中国社会正处于转型期，这种转型与全球现代性危机及价值多元化趋势紧密关联。科层制也让公共管理学科研究带有 Weber 独白式话语，公共管理的既有理论概念、基本范畴及其基本规律等学科知识越来越难以应对中国社会发展的现实情况。另外，现有的公共管理知识对中国现实问题缺乏足够的解释力，现实性服务功能羸弱，具有原创性的中国本土理论成果产出数量匮乏和质量不高的问题突出。因此，面对“悖论社会”的现实，我们亟须推动公共管理理论知识创新和话语体系创新，要基于“中国共识”，关注中国公共管理中的“大问题”，聚焦时代之需和治理之问，探寻“中国答案”，进而更好地解决“中国问题”。

伟大时代需要伟大理论，而伟大理论来源于伟大实践。公共管理学是一门实践性和应用性很强的学科，公共管理知识源于不断进步和发展的“中国实践”。在面对突发的新冠疫情时，党和政府的决策部署和积极应对取得了丰硕成绩，中国脱贫攻坚战的全面胜利等一系列中国的成功实践经验为全球治理提供了“中国方案”。公共管理学科研究要进一步促进理论性和致用性的统一。有鉴于此，中国公共管理学科知识体系的建构需要强调知识的理论性与致用性相结合，公共管理学科知识要体现时代性特征，要因时代背景的改变，不断地更新迭代，逐步构建有中国特色的公共管理知识体系。在新时代背景之下，公共管理学科研究的核心目的是要回应我国国家战略、经济社会高质量发展和人民对美好生活期待等现实问题，这有利于促进公共管理学术创新和人才培养更好地服务于社会经济发展、服务于国家治理现代化建设的需求，并在服务于实践的检验过程中不断更新和完善中国公共管理学科知识体系和话语体系。

本书在编写和内容安排上，强调基础知识、基本理论和基本技能的学习，同时也尽可能地体现创新性、前沿性等特点。本书具有以下特色：①注重公共管理学科体系的科学性和系统性，构筑知识结构和能力结构体系；②依据学科性质和学术前沿性的需求，关注公共管理理论和实践的最新发展，引介学界的最新研究成果；③内容设计更加本土化，充分体现目前我国的政策导向，将国外的公共管理理论与我国的实际进行了紧密的结合；④本书的编写团队是来自省内外各高等院校的教授、专家和学者，思考方式与研究方法多样化，增强了本书作为研究型教材的可读性和适用性。

公共管理的理论和实践处于不断嬗变之中，公共管理学的研究范围和研究内容也应不断地发展和完善。这要求公共管理的教育、研究及教材编写能够与时俱进，顺应时代发展，贴近中国实际。由于时间仓促和编者水平与能力有限，本书难免有不妥之处，望各位专家学者及广大读者提出批评和建议。

于　水

2025 年 1 月于南京

目　录

第一章 绪 论

公共管理学是在西方国家政府改革过程中形成和发展起来的，其既是一门研究公共管理活动或公共管理实践的学科，也是一门综合运用各种科学知识与方法来研究公共管理组织和公共管理过程及其规律的学科。20 世纪 70 年代后期，公共管理学作为颇具影响力的一门学科，在批判继承传统行政管理的基础上发展起来，并指导了许多国家政府改革和管理实践，成为一门具有强大生命力的学科[①]。

▶ **重点问题**

（1）公共管理与公共行政的区别。

（2）公共管理学的概念范畴。

▶ **难点问题**

（1）公共管理学的发展及其学科特征。

（2）中国特色公共管理理论的建构路径。

第一节 公共管理学概述

一、公共管理的概念和特征

（一）公共管理的概念

20 世纪 70 年代，伴随西方新公共管理运动，公共管理的内涵和外延发生了较大的变化。Hood 指出，公共管理即“国家的艺术”，能够被松散地定义为如何设计和管理公共服务的问题，以及政府行政部门的细微工作[②]。Hughes 指出，公共管理的含义包括强调管理技术、绩效评估和效率，而不是政策；把官僚组织分解为自主性的执行机构；引入市场机制和实行合同承包，鼓励竞争，降低成本；重视产出、目标、短期合同、金钱刺激和自由管理的方式[③]。Bozeman 和 Strassman 于 1990 年撰写的《公共管理战略》被认为是第一部较完整的公共管理学教科书。他们在书中使用“公共管理”而非“公共行政”概念，认为公共管理注重组织的外部管理，而公共行政则强调组织的内部管理[④]。

1991 年，美国召开的第一次全国公共管理学术研讨会是公共管理学作为一个新的分支

---

① 蒙克，李朔严．公共管理研究中的案例方法：一个误区和两种传承[J]．中国行政管理，2019，（9）：89-94.

② Hood C, The Art of the State: Culture, Rhetoric, and Public Management[M]. New York: Oxford University Press, 1998.

③ Hughes O E. Public Management and Administration[M]. 2nd ed. New York: St. Martin’s Press, Inc., 1998.

④ Bozeman B, Strassman J D . Public Management Strategies[M]. San Francisco: Jossey-Bass Publishers, 1990.

学科产生的标志。1993 年，Bozeman 整理、编辑、出版了大会研究成果——《公共管理：艺术的现状》，并指出公共管理所达成的共识：一是关心规范研究和规范理论；二是把焦点放在公共管理和公共组织的明确特征尤其是政治影响上；三是问题焦点甚于过程焦点；四是强调组织脉络背景和经验知识；五是关注战略和多元组织问题①。1993 年，美国召开第二次全国公共管理学术研讨会，Kettl 和 Milward 整理、编辑、出版了大会研究成果——《公共管理的现状》，并对公共管理的概念进行了阐述②。Lynn 在《作为艺术、科学和职业的公共管理》一书中对公共管理的兴起、内容及特征做了较好的分析③。

（二）公共管理的特征

Kettl 认为，公共管理运动发展起来的公共管理途径是一种全新的途径，与以往的公共行政途径、政策分析中的执行研究途径存在较大差别。Kettl 在综合 20 世纪 80 年代公共管理研究成果的基础上，总结出了公共管理的五个特征，具体如下④。

第一，排斥公共行政和政策执行研究。公共管理从一开始就明确拒绝公共行政和政策执行研究这两种传统理论。公共管理涉及各种学科背景，它在原有知识背景的基础上产生了新的见解。公共行政和政策执行研究往往被忽略，因为 Kettl 和 Milward 认为前者对管理没有多大的指导意义，而后者对政策及项目的作用很小。其实，公共管理更多的是在商学院的战略研究中成长起来的。

第二，一种乐观的规范研究领域。与政策执行研究致力于取得项目或政策目标的可能性不同，公共管理致力于研究如何产生结果。公共管理学者 Lynn 对此表达了不同观点：政治执行者对于政府绩效的获得是关键⑤。

第三，以高层管理者的战略决策为焦点。公共管理分析的单位是公共部门的高层管理者的行为。在公共管理者看来，公共管理要给公共管理者坚定的支持以使他们取得成果，高层管理者的工作就是决定战略。

第四，通过案例研究来发展知识。公共管理研究采用一种粗略的演绎方法，通过与商学院相类似的决策案例和公共管理者的个人经验来寻找真知灼见。公共管理者认为，虽然难以做出预测，但可以通过观察来了解是否能起到作用，并从观察中提出能指导公共管理者的命题，最终确定规范，以指导公共管理者的行为。

第五，为管理研究取得与政策研究相同的立足点而努力。在公共政策学中，政策分析已取得支配地位。这不仅因为经济学在其中起主导作用，还因为政策被当作更重要的问题，公共管理在政策分析中是次要角色。但成功的政策创新表明，它们很少由政策分析的综合研究产生；相反，管理者最了解情况，管理实际更为重要。因此，公共管理者应自觉地为取得与经济学和政策分析的同等地位而努力。

---

① Bozeman B. Public Management: The State of the Art[M]. San Francisco: Jossey-Bass Publishers, 1993.

② Kettl D F, Milward H B. The State of Public Management[M]. Baltimore: Johns Hopkins University Press, 1996.

③ Lynn L E. Public Management as Art, Science and Profession[M]. New Jersey: Chatham House Publishers, 1996.

④ Kettl D F. Searching for clues about public management: Slicing the onion different way[M]//Bozemen B ed. Public Management: The State of the Art. San Francisco: Jossey-Bass Publishers, 1993.

⑤ Lynn L E. Managing the Public's Business: The Job of the Government Executive[M]. New York: Basic Books, 1981.

从国外学者关于公共管理的论述来看，公共管理比较重视在公共组织或非营利部门实施管理中新技术、新方法的应用，焦点集中在战略管理、绩效管理和多元参与等方面。近年来，中国学者在翻译和介绍公共管理相关著作的同时，基于既往研究，对公共管理的概念和特征进行了进一步的诠释，认为公共管理具有三重含义：一是公共管理是公共部门中的管理；二是公共管理是服务于公共事务的管理；三是公共管理是具有公共性质的机构或组织对社会的管理①。公共管理作为公共行政和公共事务广大领域的一个组成部分，重点在于将公共行政视为一门职业，而将公共管理者视为这一职业的实践者②。从公共管理的公共性质来看，公共管理是指主体为了解决公共问题，维护与实现公共利益，运用公共权力对社会公共事务与公共部门施加管理的活动③。

本书认为，公共管理是以政府为核心的公共部门为了实现社会公共利益，提升公共部门绩效和公共产品质量，以应对不断高涨的公众需求和期望，而运用经济的、管理的、法律的和行政的方法、技术进行的管理活动。公共管理的基本特征如下。

（1）公共管理的主体具有多元性。传统公共行政模式强调政府的单一主体作用，与此不同，公共管理模式既强调政府在公共事务管理中的核心地位和作用，又重视发挥各种非政府公共部门及私人部门和公民的参与功能。多元管理主体构成一个多中心的合作网络治理体系，以共同应对现代社会日益复杂多变的公共问题的挑战。在这个体系中，政府不再包揽所有公共事务，而是与多方力量共同合作，优势互补，构建伙伴关系，实现社会的良好治理。

（2）公共管理的目的是实现公共利益。公共利益既是社会成员共享的资源与条件，也是与个体利益密切相关的一定范围内的人们的共同利益。从范围来看，公共利益既可以是全球的、国家的，也可以是区域性的和社区性的。社会实践和理论模型都证明，有时个体对自身利益的追求不能保证作为整体的公共利益，甚至可能损害公共利益，所以公共利益的实现必须由公共部门来承担。这是公共部门公共性的表现，也是公共管理合法性的基石。

（3）公共管理的对象是公共事务。传统的公共行政主要关注政府自身和政府内部事务，公共管理更加关注政府以外的公共事务。公共事务的表现形态就是公共物品和公共服务。因为公共物品和公共服务具有非排他性和非竞争性，所以只能由公共部门来提供。公共部门对公共服务和公共产品的供给进行管理，既体现了公共性又体现了社会性。

（4）公共管理的过程是民主参与。与传统公共行政的官僚制和等级制不同，在公共管理模式下，政府虽然仍然扮演着关键角色，但其行为边界已经缩小，政府的管理过程是开放的，政府不再独自占有社会资源。非政府的管理主体同样拥有较多的自治权，它既可以参与到政府的项目中，又可以独自承担公共管理项目。社会公众对公共事务的治理过程可以参与和监督，并能以自身的满意度来评判公共管理绩效。

---

① 张康之，郑家昊. 公共管理学[M]. 2 版. 北京：中国人民大学出版社，2019.

② 张成福. 公共管理学[M]. 北京：中国人民大学出版社，2008.

③ 王乐夫，蔡立辉. 公共管理学[M]. 北京：中国人民大学出版社，2008.

二、公共管理学的概念范畴

公共管理学的理论体系由公共管理理念和基本范畴（或基本概念体系）组成，而“公共性”是公共管理学的基本范畴体系①。因此，有必要对公共管理学的基本概念范畴进行分析。

（一）公共管理与公共行政

在学界，关于公共行政与公共管理关系的理解，主要有三种观点：①公共管理是公共行政的一个学派，在实践中，通过行政改革逐步实现市场化；在理论上，通过管理主义、新泰勒主义和全面质量管理（total quality management，TQM）理论、绩效管理理论等为公共行政改革提供支持。②公共管理是公共行政的替代品，将公共管理看作一种不同于公共行政和公共政策的新途径、新范式或新的学科框架，即公共行政—公共政策—公共管理。③公共管理是公共行政的从属概念，公共管理范围更广，公共行政只是公共管理中的一部分②。

从目前学界关于公共行政、公共管理的研究来分析，主流观点认为公共管理作为独立的范式还没有出现，仍属于公共行政项目设计、组织结构化政策和管理计划等应用方法论方面的一个分支学科。公共管理学作为公共行政学的一个分支学派，是公共行政中重视公共组织或非营利组织实施公共管理的技术与方法，是重视公共项目的绩效管理与公共政策执行的理论派别。根据既往研究，本书认为公共管理与公共行政之间的区别如下：①公共管理更加重视实现公共行政目的的具体“运作”过程，公共行政则更加重视“设计”；公共管理更加强调管理过程中管理、经济手段的应用，公共行政则更加强调管理过程中政治、法律手段的应用③。②公共管理注重管理的外部环境；公共行政关注组织内的管理运行。③公共管理注重公众的意愿和要求；公共行政强调规则和程序。④公共管理注重与社会各方面互动以实现有效治理；公共行政依靠政府自身权威和运行机制。⑤公共管理注重竞争和责任；公共行政关注政府运行方式和层级关系。⑥公共管理强调来自体制外的监督；公共行政主要依靠自身的监督机制和官员的自我约束。⑦公共管理的主体是政府（包括立法机关和司法机关）和非政府组织；公共行政的主体主要是政府。

（二）公共管理与私人管理

公共管理与私人管理（或私人部门管理、私部门管理）存在较大的差异，具体如下：①追求目标的差异。公共管理在本质上是国家的活动，这使其具有明显的垄断性和强制性（当然也包括非垄断性和非强制性的一面），更具有制衡性和多元理性；而私人管理则不具备这个特性，其具有较多的自主性和经济理性。②管理人员选拔方式的差异。公共管理有着严格的考试录用程序与制度；私人管理使用较为宽松的合同聘用制度。不过公共管理与私人管理也存在同质性，如公共管理与私人管理的学科基础是管理学理论；

---

① 王乐夫，蔡立辉. 公共管理学[M]. 北京：中国人民大学出版社，2008.

② 陈振明. 公共管理学[M]. 北京：中国人民大学出版社，2005.

③ 蔡立辉. 公共管理范式：反思与批判[J]. 政治学研究，2002，（3）：76-86.

公共管理与私人管理为了在具体的管理活动中达到管理目的，都要运用管理手段；无论是公共管理还是私人管理，其管理活动的发生都要依赖一定的组织，其行为活动都脱离不了所处的社会文化环境；等等。

（三）公共管理与行政管理

关于公共管理与行政管理关系的争论，其实与我国对 public administration 的最早译法有关。20 世纪 80 年代，我国的行政学研究带有明显的政治取向和政治色彩，因而我国学者将 public administration 译为行政管理学，高校的教学研究机构也被称为行政管理系，用以突出我国当时行政管理的主要特征。在中国人民大学行政管理研究所的研讨会上，尽管有学者提出要把 public administration 直接翻译成“公共管理”，但是限于当时的时代背景，理论界普遍认为“公共”二字会误解甚至抹杀行政管理的这一属性。20 世纪 90 年代后期，根据我国公共部门管理的新特点，public administration 开始恢复其本来的词义，“公共管理”这一称谓开始流行。

第二节　公共管理学的研究对象和研究方法

一、公共管理学的研究对象

任何一门学科都要通过探讨现象、事物或过程之间内在的联系和规律，从而形成科学的概念、范畴、定理和方法的理论体系。总体来说，公共管理学的研究对象就是各类公共事务的管理，以及与其相关的现象和内在发展规律。公共管理学的研究对象决定了公共管理学的研究范围，这主要体现在公共管理学不仅研究政府部门的管理及发展规律，而且研究非政府组织、其他社会自治力量的管理和发展规律，研究公共管理过程中政府部门和第三部门的协调合作问题及共有的规律。公共管理学更加注重公共资源的有效配置，提供更多、更好的公共产品和服务。

美国著名公共管理学者格罗弗·斯塔林在《公共部门管理》一书中将公共管理学的内容分为公共部门政治管理、公共部门规划管理、公共部门资源管理三大部分。其中，公共部门政治管理包括政府间和组织间的关系、管理的职责和伦理等内容；公共部门规划管理包括计划、决策、组织、领导、执行与评估等内容；公共部门资源管理包括人力资源管理、预算、信息管理等内容①。

澳大利亚公共管理学者欧文·E. 休斯在《公共管理导论》中，将公共管理学分为改革的时代、传统的公共行政模式、新公共管理、政府的角色、公共企业、公共政策与政策分析、战略管理、管理内部要素（包括财政管理、人事管理与绩效管理等）、管理外部要素、发展中国家的公共管理、政治与行政等内容②。

英国公共管理学者诺曼·弗林的《公共部门管理》一书有十三章，内容包括英国的公营部门，政治与公营部门，公共支出，社会政策与管理，制度、法律、政治与行政，

① 格罗弗·斯塔林. 公共部门管理[M]. 陈宪，王红，金相文，等译. 上海：上海译文出版社，2003.

② 欧文·E. 休斯. 公共管理导论[M]. 张成福，等译. 北京：中国人民大学出版社，2007.

引入市场机制，市场与管理行为，合同式管理，服务设计与顾客导向，绩效管理，员工管理，组织结构，公营部门管理的前景等①。

此外，公共管理学应集中探讨公共组织所提供的公共服务的内容，研究公共组织以什么样的方式、通过什么样的途径去提供公共服务才能取得良好的绩效，具体应该包含以下几个方面：①公共管理学应担负认识公共管理这一新型社会治理的模式的学科使命；②公共管理学需为公共管理建构提供支持和帮助，正确把握人类社会后工业化、全球化过程中出现的新社会现象对社会治理的影响，关注新科学技术成果在公共管理过程中的运用，以及承担起对人类社会治理历史的重新梳理的任务②。

综合来看，公共管理学的研究内容具体如下：①公共管理基本理论研究。包括公共管理的基本属性、基本特点、构成要素的理论流派与理论观点和研究方法。②公共管理主体理论研究。包括公共组织理论和个人的研究，其中公共组织理论包括政府和非政府公共组织理论、公共领导理论。③公共资源管理理论研究。主要研究公共部门人力资源管理、公共预算、公共财政管理和公共信息资源管理等。④公共管理的技术与方法理论研究。主要研究公共部门绩效管理与评估、信息技术与公共管理创新，以及工商管理技术在公共管理中的运用等新管理技术与方法；还有近年来公共管理的焦点、公共危机管理、公共管理理论与方法。⑤公共管理改革与发展研究。主要研究公共部门改革，如政府的行政体制改革、事业单位改革，以及公共治理模式创新，如服务型政府的建设、社区管理及农村基层自治等。⑥公共管理价值与规范研究。包括公共政策、公共管理伦理、公共责任、公共管理法律和公共管理监督等方面。⑦公共管理的环境研究。研究公共管理的特定性质、目标、方向及具体管理的措施，能动地改造公共管理环境的过程。

二、公共管理学的研究方法

公共管理学在研究方法上主要沿袭了公共行政学的传统，同时借鉴了经济学、管理学、社会学的研究方法和技术。

（一）案例分析法

案例分析法是公共管理学的一种研究方法。案例分析法是指运用访谈、观察、历史档案、自然实验等方法收集资料，并通过严谨规范的质性分析，对当代某类现象进行考察，得出带有普遍性结论的一种经验性研究方法③。在公共管理学中，案例分析法是一种对研究对象进行深入、透彻分析的研究方法④，将已经发生的公共管理事件进行客观公正的描述，并让事件尽可能真实地还原在读者面前，而后通过对案例进行分析，得出相应的结论与评价。这种分析方法的重点是强调人际关系、政治因素对管理过程的影响，而不是抽象推理或细节刻画，因而它特别适用中国当代公共管理研究。朱迪思·贝尔指出，

① 诺曼·弗林. 公共部门管理[M]. 曾曦环，等译. 北京：中国青年出版社，2004.

② 张康之，李传军. 公共管理学是一门新兴学科[J]. 行政论坛，2010，17（1）：6-11.

③ 侯志阳，张翔. 作为方法的“中国”：构建中国情境的公共管理案例研究[J]. 公共管理学报，2021，18（4）：126-136，174.

④ 陈刚. 个案研究在比较政治中的应用及其意义[J]. 社会科学战线，2014，（5）：170-178.

案例分析法存在诸如选择性报告、曲解研究结果等缺陷[①]。当然，案例分析法的缺陷并不影响其在实践中的广泛应用。

（二）比较分析法

比较分析法是指通过对不同研究对象或者同一研究对象的不同发展阶段进行比较，找出两者之间的不同点和相同点，从而揭示事物本质和规律的研究方法。比较分析法可具体分为纵向比较分析法和横向比较分析法两种。纵向比较分析法是采用纵向对比的形式，从历史演变的角度，对同一问题的不同变化和特点进行比较，找出这种变化的原因和实质；或者对同一个国家或地区的不同时期的公共管理活动或其某个侧面进行比较分析，以研究、探索出公共管理活动中的普遍理论和最优方案。横向比较分析法是对不同国家和地区的公共管理活动或公共管理的某个侧面进行分析比较，或对同一问题在不同区域中的表现进行比较，发现造成差异的原因，择优弃劣，取长补短。公共管理学中的比较分析法要求研究者对不同国家或地区的公共管理系统及过程，以及对同一个国家或地区在不同历史时期的公共管理系统及过程加以比较，从中找到一般的或普遍的理论，发现国家或地区在不同时期的公共管理经验与特色，从而丰富整个公共管理学的理论及方法理论体系。

（三）系统分析法

从本质角度讲，系统分析法是一种根据客观事物所具有的系统特征，从事物的整体出发，着眼于整体与部分、整体与层次、整体与结构、结构与功能、整体与环境等的相互联系和相互作用，从而求得优化的整体目标的现代科学方法。公共管理学中使用系统分析法的目的在于帮助人们理解公共管理系统与社会环境的关系，以及鼓励人们对公共管理系统的各个组成部分、公共管理过程的各个环节同时进行研究；引导人们注重这一系统中的结构、层次与功能；促使人们从不同的角度提出问题，开拓新的知识领域。系统分析法的内容包括整体分析、环境分析、结构分析、层次分析和相关分析等。

20 世纪 60 年代以后发展起来的系统分析法是公共管理学理论与管理知识的汇合。系统分析法为人们提供了一种从整个公共行政活动及其与环境的相互作用中看待公共行政的途径，也为研究公共行政内部各个部分之间的关系提供了基础。同时，系统分析法还为公共行政适应环境的权变观念与生态观念提供了基础。运用这种研究方法着重研究公共管理与其环境之间的关系和行政系统内部各部分之间的关系，以及确定关系模式即量变形态；致力于谋求公共管理与其环境之间及行政系统内部各部分之间的一致性，以保证公共行政的高效能、高效率。

（四）历史分析法

历史是指公共管理客观现实的历史发展过程及人类认识公共管理客观现实的历史。历史分析法是具体分析方法的一种，即运用发展、变化的观点分析客观事物和社会现象

① 朱迪思·贝尔. 社会科学研究的基本规则[M]. 马经标，译. 北京：北京大学出版社，2013.

的方法。客观事物是发展、变化的，分析事物就需要将其发展的不同阶段加以联系和比较，弄清其实质，揭示其发展趋势。矛盾或问题的出现总是有它的历史根源的，在分析和解决这些矛盾或问题的时候，只有追根溯源弄清它们的来龙去脉，才能提出符合实际的解决办法。运用历史分析法就是通过系统地收集、分析和评价历史数据，对过去某一时期的管理思想、管理学说、管理实践加以描述、解释，并在此基础上进行理解和分析。这种方法在公共管理学研究中非常重要，它能厘清公共管理学的起源、发展和变革的整个过程，而且通过总结有价值的理论和实践经验为公共管理学的未来发展奠定良好的基础。

（五）调查研究法

调查研究法也称田野调查法、田野工作法，是一种深入到研究对象的生活背景中，以参与观察和无结构访谈的方式收集资料，并通过对这些资料的定性分析来说明与诠释现象的社会研究方法。调查研究法既是一种定性的资料收集与分析方式，还是基本的科学研究方式之一，被广泛地运用于人类学、生物学、环境科学、生态学、管理学、社会学等领域。公共管理学中的调查研究法是指研究者在解决公共管理问题时，深入到研究对象的生活背景中，以参与观察和无结构访谈的方式收集资料，并通过对这些资料的定性分析来说明公共管理行为、制度、文化等图景、模式和联系，诠释公共管理意义的研究方式。调查研究法几乎可以运用到公共管理的大部分领域，诸如决策制定、组织文化、公务人员心理、社区治理、公共服务等领域。

调查研究法的基本步骤是：①确定研究议题，选择实施。②进入现场。顺利进入现场是开展调查研究的关键。③建立信任关系。进入现场后需要与研究对象建立信任关系。④抽样。在调查研究中一般采用非概率抽样的方式确定观察和访谈对象。⑤资料收集（访谈法、观察法是常用的资料收集方法）。⑥分析资料。资料分析与资料收集过程往往是同步进行，相互影响的交互过程。在资料收集与分析不断循环的过程中，形成新认识。产生新的研究方向，获取新发现。⑦撰写报告。完成资料分析后，应系统地思考研究问题、研究设计、研究方法与数据资料等步骤之间的逻辑关系，运用清晰的语言，按照论文撰写的规范，撰写最终的研究报告。

第三节 公共管理学的发展

一、公共管理学的兴起

对于公共管理学的发展历程，学界大多数采用的是分期法。有的把公共管理学的发展历程分成形成时期（19 世纪末至 20 世纪 30 年代）、发展时期（20 世纪 40—60 年代）和繁荣时期（20 世纪 70 年代至今）；有的把公共管理学的发展历程分成五大历史时期，即创始时期（1887—1899 年）、管理科学效率时期（1900—1929 年）、繁荣时期（1930—1959 年）、重新调整期（1960—1979 年）和政府改革与行政学发展新趋势时期（1980—2000 年）；有的把公共管理学科的历史分成传统公共行政学、新公共行政学和公共管理学三个阶段；还有的仅仅分成两大时期，即公共行政时期和公共管理时期。

（一）公共行政时期

公共行政自产生以来经历了 100 余年的发展历史，经历了传统公共行政时期和新公共行政时期。传统公共行政时期是公共行政作为一门独立学科的开端，强调政治与行政的二分，以及将经济和效率作为公共选择和公共行政服务的前提，追求理性、经济效率和公共行政生产率目标。新公共行政时期对政治行政完全分离和效率至上进行了批判，主张社会的公平与正义，突出政府管理的公共属性。

1. 传统的公共行政时期

与任何理论一样，传统的公共行政的产生有着当时特定的历史背景。当时的自由竞争资本主义经济已经被垄断经济所取代。垄断经济的产生破坏了原有的市场公平，产生了许多复杂的矛盾和问题，引发了经济动荡和社会的不安。在政治上，政党分赃制度使资本主义国家产生了严重的腐败问题，导致官员贪污舞弊、政府浪费严重、行政效率低下。面对这种情况，主张政治与行政分离并将公共行政学作为一门单独学科的趋势变得越来越明显。Wilson 最大的贡献在于提出了“政治-行政二分法”，据此成功地将公共行政学作为一门独立的学科从政治学中分离出来[①]，并形成公共行政学范式。公共行政学范式有如下特征：①公共行政学采用制度或法理的研究方法，并以正式的政府组织机构（官僚体制）作为主要的研究领域；②“政治-行政二分法”是公共行政学的理论基础；③致力于公共行政的一般或普遍原则的探索；④强调将效率原则作为最高标准[②]。

官僚制理论是传统公共行政学的核心理论。20 世纪初，德国社会学家 Weber 在《社会组织和经济组织理论》一书中提出“官僚制”（理想的行政组织体系）理论。与现在人们对“官僚制组织”的贬义理解不同，Weber 的官僚制组织指的是一个等级实体，具有等级与权力一致的特征，在这样的等级实体中，将各种公职或职位按权力等级进行组织，形成指挥链条并沿着自上而下的等级制，由最高级的组织指挥控制下一层级的组织直至最基层的组织，进而形成官僚制中层级节制的权力体系[③]。Weber 认为官僚制是一种理想的组织结构，是组织的“纯粹形式”，而“从纯技术的观点来看，纯粹官僚制形式的行政组织能够实现最高效率”。作为组织基础的权力可分为三种类型：①传统型——建立在传统的规制和习俗的基础上，统治者不是按照能力来挑选，而是依照习俗来确定；②魅力型——又称为神秘型、克里斯玛型，领导者由于具有超凡魅力的人格特征、素质或力量，或被视为神灵，从而获得人们的拥戴和尊崇；③法理型——本质上是理性和依从法律的，相对于前两者非理性和超越法律的权威类型，法理型权威的效率是最高的。在 Weber 看来，只有这种与合理合法权威相适应的组织形式才是“理想的官僚制”。该理论特别强调法制条件下的层级制组织结构模式，重视机关内部的规范化管理；官员职位强调职业化、专业培训和新式忠诚，官员的个人职位由传统的等级制加以

---

① 丁煌. 西方行政学说史[M]. 3 版. 武汉：武汉大学出版社，2017.

② 陈振明. 从公共行政学、新公共行政学到公共管理学——西方政府管理研究领域的“范式”变化[J]. 政治学研究，1999，（1）：82-91.

③ 丁煌. 西方行政学说史[M]. 3 版. 武汉：武汉大学出版社，2017.

保证，由上级任命，终身任职，实行定额薪金等。该理论超越了传统官僚制，同时对传统官僚制向现代官僚制的转变过程进行了理论上的概括。19 世纪下半叶以来，西方国家出现了明显的转变：官僚行为人格化向法治化转变、公共职位由政党分肥制向常任文官制转变、政府管理通才向政府管理专才发展，官僚制理论突出反映了这些客观进程。

科学管理思想主要是以 Taylor 为首的科学管理学派所主张的思想①。Taylor 对工业生产中的运作与实践进行了实验与研究，概括出了科学管理的基本原则和内容。他将提高企业组织的生产效率作为研究的中心，提出了以时间动作研究、工作定额原则、标准化原理、对工人进行职业培训及刺激性的计件工资报酬制度等概念为核心的管理理论。这种系统的方法不仅适用于企业，也同样适用于政府行政管理。科学管理理论成为行政科学的一个重要理论来源。以 Taylor 的科学管理理论为标志的科学管理运动，进一步推动了西方公共管理学的形成和兴盛。

行为主义思想的诞生以 1993 年 Mayo 发表的《工业文明的人类问题》一文为标志。Mayo 是行为科学学派的创始人、著名的霍桑实验的领导者。根据霍桑实验的结论，新公共行政的价值追求也符合人对工作的需求与其产出的比值②。行为主义思想主要是 Mayo 等倡导的人际关系学说，强调的重点有：工人是“社会人”而不是“经济人”；金钱不是唯一的激励因素；企业中普遍存在非正式组织；新型的领导能力不是以工作为中心的技术技能，更关键的在于以人为中心的社会技能。除此之外，道格拉斯·麦格雷戈的 XY 理论和马斯洛的需求层次理论也是行为主义思想的重要内容。道格拉斯·麦格雷戈认为，人必须通过一种新的意识，释放情绪的力量，以及开发允许开放、诚实和可靠的新结构、人际关系来战胜他们的制度③。

2. 新公共行政时期

新公共行政是相对于传统公共行政而言的。新公共行政是在西方国家出现一系列社会、经济和政治危机的迫切要求下产生的。20 世纪七八十年代西方学者对传统行政学进行了反思和扬弃，取得了新的突破，其中较为著名的有以 Frederickson 为主要代表的新公共行政理论、Denhardt 夫妇所提出的新公共服务原则，以及罗尔斯 Rawls 所研究的公平理念。

1）对传统公共行政学“效率至上”的反思和批判

新公共行政理论强调公共行政不仅仅是政策执行的工具，而且对公众生活的各个方面都具有决定性的影响。反观传统公共行政理论将效率当成基本价值，强调人性化和客观化的所谓理性效率，以有效地实现组织目标。基于传统公共行政理论“效率至上”的缺陷性，新公共行政理论采取了解释学和批判理论的模式进行研究，以期超越传统公共行政学所谓的“理性模式”。与传统公共行政理论不同，新公共行政理论将改善人类的生活，实现行政管理公平与正义作为工作的最终目标，同时新公共行政理论强调建立规范价值，关注人民需要，提高社会性效率。对“效率至上”而言，Amartya Sen 认为，效

① 泰勒. 科学管理原理[M]. 胡隆昶，冼子恩，曹丽颖，译. 北京：中国社会科学出版社，1984.

② 祁志伟. 价值比较与现实启示：传统公共行政与新公共行政的视角[J]. 学术交流，2018，（5）：54-60.

③ 转引自 H. 乔治·弗雷德里克森. 新公共行政[M]. 丁煌，方兴，译. 北京：中国人民大学出版社，2011.

率目标及从属于效率目标的工具理性在社会发展的指标体系中并不是最重要的因素，与正义、自由等相比，它反而应当被放置在从属的地位上①。20 世纪 60 年代后期，以 Frederickson 为代表的新公共行政学派，提出了新公共行政学理论，认为经济和效率不是公共行政的核心价值，核心价值应是社会公平，主张将“效率至上”转为“公平至上”②。以 Denhardt 为代表的新公共服务学派对“效率至上”提出反对意见，并在此基础上建立了服务型政府。

2）官僚制理论受到广泛批评

Weber 的现代官僚制理论的核心特点是一种“命令—服从”的权力关系，或者是以科层制为特征的“法律化的等级制度”。在这样的体制之下，官僚制的权力与责任的分离主义、封闭的责任中心主义、颠倒了的服务关系等因素，使它不断地滋生官僚主义③。官僚主义在行政行为中如影随形，但在实际中又是一个难以摆脱的存在。由于这种弊端，从 20 世纪 60 年代开始， Weber 的现代官僚制理论逐渐失去了其不可动摇的地位，人们也开始把政府行政改革的注意力转移到批判和改造官僚制理论上。

美国著名社会学家 Merton 在《官僚制结构和人格》一书中指出官僚制的弊病并对其进行了批判。他认为官僚制减弱了个人关系，增强了组织规则的内在化，减少了备选方案的数目，在提高组织成员行为的预见性的同时，也使他们的行为日益刻板化。Bennis 通过对组织理论进行深入的研究，发现任何组织要生存下去，都必须解决内部协调和外部适应的问题（内部协调指成员之间的活动，维持内部系统的正常运转；外部适应指协调组织与外部环境的关系），而由于官僚制组织特别强调技术化和非人格化，组织形式既无力应对内部环境，又无力应对外部环境，他甚至预言从 20 世纪 60 年代算起的 20～50 年，人们将目睹并亲自加入官僚制的“送葬队伍”。从官僚制的实践来看，从一开始就无法避免公共权力的异化问题，它总是受到腐败的困扰④。如果不注意提高行政人员的道德素质，公共行政权力的运行没有正确的道德价值导向，就极有可能出现腐败问题。

3）对社会公平的倡导

效率是传统公共行政理论的核心价值追求。新公共行政对效率的必要追求无可厚非，但效率绝对不是公共行政的终极目标，公共行政的终极目标在于对社会公平的倡导和追求，这种社会公平应当为全社会人民所共享。Frederickson 在《新公共行政》中首次将“社会公平”的价值引入公共行政，政府的伦理、诚信、责任问题成为公共行政强调的重点⑤，并在《公共行政的精神》中强调和复归了公共行政的公共性本质⑥。公共行政所蕴含的公

① 阿马蒂亚·森. 论经济不平等——不平等之再考察[M]. 王利文，于占杰，译. 北京：社会科学文献出版社，2006.

② Frederickson H G. Toward a new public administration(1971)[M]//Shafritz J M, Hyde A C. Classics of Public Administration. Fort Worth: Hartcourt Brace College Publishers, 1997.

③ 宋惠昌. 科学与道德：行政权力道德化质疑——对张康之《寻找公共行政的伦理视角》的阅读与商榷[J]. 中国人民大学学报，2003，（1）：128-134.

④ 张康之. 寻找公共行政的伦理视角[M]. 北京：中国人民大学出版社，2002.

⑤ Frederickson H G. New Public Administration[M]. Tuscaloosa: University of Alabama Press, 1980.

⑥ 乔治·弗雷德里克森. 公共行政的精神[M]. 张成福，刘霞，张璋，等译. 北京：中国人民大学出版社，2003.

共性，意味着一种必须着重于社会长远利益胜于顾客的个别利益的特质[①]。在 Frederickson 看来，社会公平强调公共管理的变革，要求政府服务的公平性并积极回应公民的需要[②]。20 世纪 90 年代，当西方各国在新公共管理运动的席卷下推行改革时，具有超越传统左右意识形态对立特征的“第三条道路”被提出来。在 Giddens 看来，“第三条道路”切实适应全球化社会环境变化需要，具有发展经济保障民生，实现社会公平正义的价值[③]。20 世纪后期以来，美国政治学家 Rawls 所研究的公平理论对各国产生了深远影响，其中也包括中国。公平作为一种对于社会主体——人的存在的价值认可，以及对社会成员正当权益的肯定，成为各国在当代社会普遍借鉴和发展的重要理念[④]。

（二）公共管理时期

公共管理的发展同样有其深刻的社会背景。随着 20 世纪 80 年代经济全球化和信息化浪潮席卷世界，资金、知识、文化等资源在全球范围内进行着大规模频繁的流动。国家已经不再是单一的个体，一些重要的事件往往会选择放在国际层面上来对待。各种非政府组织和其他公共组织作为一种新兴的社会治理力量迅速发展，逐渐参与到各种社会活动中并发展壮大，成为一股不可忽视的力量，而且在特定的领域发挥着政府不可替代的作用。另外，政府失灵引致的政府机构臃肿、政府规模扩大和角色膨胀等问题，导致经济衰退。在此背景下，为公共管理新观点、新思想与新理论的产生创造了条件。具体表现为以下三点。

第一，政治与行政可分。20 世纪 80 年代以后，英国、美国、新西兰等西方国家掀起了以优化政府职能、放权分权、政府组织内的企业化改革等为主要内容的大规模的政府改革浪潮。这一改革为管理主义的兴起提供了实践上的支持。政治与行政可分主要从宏观的层面理解为国家和政府两种职能及过程：一种是政治领域，包括政策和法律的制定过程；另一种是行政领域，包括法律和政策的执行[⑤]。这种政治与行政可分的观点在 Wilson 的行政理论中已有所体现。古德诺在《政治与行政：政府之研究》一书中对“政治-行政二分法”进行了解释，在他看来，政治是“国家意志”的表达，行政是“国家意志”的执行[⑥]。20 世纪 90 年代国家新公共管理中的去政治化倾向鲜明可见，最突出的表现是 1993 年美国副总统艾伯特·戈尔领导的国家绩效评审委员会发布的第一份报告——《从繁文缛节到结果导向：创造一个工作更好、花钱更少的政府》（又称《戈尔报告》），该报告明显地参照了传统的“政治-行政二分法”。

---

① 刘祖云. 十大行政学理论：一种新的叙述方式[M]. 南京：江苏人民出版社，2017.

② Frederickson H G. New Public Administration[M]. Tuscaloosa: University of Alabama Press, 1980.

③ 安东尼·吉登斯. 第三条道路：社会民主主义的复兴[M]. 郑戈，译. 北京：北京大学出版社，2000.

④ Rawls 认为公平是一种比民主更有价值的概念。他立足于民主国家社会阶层的分化及种族、民族之间的对立，认为公平概念具有价值。Rawls 的理论实质上是对康德主义的发展，强调人的主体地位。按照康德的观点，人是目的而非手段。因此按照 Rawls 的公平理论，公平并非“杀富济贫”，而是“得其所应得”。参见约翰·罗尔斯. 正义论[M]. 何怀宏，何包钢，廖申白，译. 北京：中国社会科学出版社，1988.

⑤ 陈振明. 从公共行政学、新公共行政学到公共管理学——西方政府管理研究领域的“范式”变化[J]. 政治学研究，1999，（1）：82-91.

⑥ 弗兰克·古德诺. 政治与行政：政府之研究[M]. 丰俊功，译. 北京：北京大学出版社，2012.

第二，深受工商管理取向和公共政策取向的强烈影响。从 20 世纪 70 年代末期开始，在公共政策学科范式和工商管理学科范式的影响下，公共管理理论范式逐渐形成。美国学者 Bozeman 对这两种背景的异同进行了概括分析，认为它们的共同点在于：关心机构内部管理以外的部门间的关系问题；依旧重视政治在管理中的作用；关心管理有效性的提高；受公共管理案例教学的影响而偏爱实证研究。它们的区别在于：受公共政策学背景影响的公共管理研究，能认识到政策分析对于公共管理的重要性，更多地基于实践者的经验进行研究，注意一些重要的实际教训并能以一种通俗易懂的方式来表达，注意推动高层公共管理者或政治官员与公共管理学者之间的对话和沟通；受工商管理学背景影响的公共管理研究，会更多地倾向于理论研究，也关注公共管理实践问题，重视适应能力和从广泛的学科中找出适当的具体方法、技术和理论，重视在对公共管理与私人管理进行实证比较的基础上，实现两者的有机结合，更倾向于战略管理，关注公共管理过程问题，会更多地集中于职业公共管理者，而非政治性官员等。①此外，Bozeman 还指出公共管理研究的上述两种取向需要进行有机结合。

第三，新公共管理崭露头角。自 20 世纪 70 年代末 80 年代初开始，西方各国掀起了一场以“新公共管理”或“管理主义”为范式的政府改革运动，这场被称为“新公共管理”的运动，对西方公共部门管理尤其是政府管理的理论与实践具有深远意义②。20 世纪 80 年代后期，西方国家在政府管理改革实践的推动下，以及受管理主义和新制度经济学等学科的影响，使其公共管理研究在 20 世纪 80 年代末特别是 90 年代初发展到一个新的阶段，出现了所谓的新公共管理。该理论的核心理念是把私人部门的管理手段和市场激励结构引入公共部门和公共服务之中；目标不只是在公共行政内部作技术上的专业化努力，也不只是对公共部门进行改革，而主要是让公共部门转换机制并改变以往政府与社会之间的关系，最终取代传统的官僚制模式。对于其主要理论内容，Hood 于 1991 年进行过专门概括：公共政策领域的专业化管理；明确的绩效标准和测量；格外重视产出控制；公共部门内部由聚合转向分化；公共部门走向更具竞争性（合同、公开招标）；重视运用私人部门的管理方式；资源利用上注重更大的强制性和节约性③。

二、我国公共管理学的历史发展

早在 19 世纪末 20 世纪初，我国就有学者开始翻译西方的《行海要术》《行政学总论》《行政法撮要》等行政著作。在解放战争时期，国民党统治区的高校和共产党根据地的学校都相应开设了行政管理学课程。中华人民共和国成立初期，我国许多高校，如北京大学、南京大学、中山大学、厦门大学等都曾开展过行政管理学方面的研究和教育。然而，由于 1952 年高校院系调整，行政管理学科被合并取消。1979 年，邓小平明确指出“政治学、法学、社会学以及世界政治的研究，我们过去多年忽视了，现在也需要赶快补课”④。此后，包括行政管理学在内的许多社会科学学科拨云见日，逐渐获得恢复和

① Bozeman B. Public Management: The State of the Art[M]. San Francisco: Jossey-Bass Publishers, 1993.

② 陈振明. 评西方的“新公共管理”范式[J]. 中国社会科学，2000，（6）：73-82，207.

③ Hood C. A public management for all seasons? [J]. *Public Administration*, 1991, 69(1): 3-19.

④ 邓小平. 邓小平文选（一九七五——九八二年）[M]. 北京：人民出版社，1983.

发展。1982 年，夏书章在《人民日报》上率先呼吁重建行政管理学科。从此，公共管理学科的发展开始历经酝酿、恢复、壮大几个发展阶段，1997 年后我国行政管理学科体系逐渐健全与完善。公共管理学经过多年的恢复、重建和发展，目前正处于关键发展时期，需要寻找下一步突破的方向①。

（一）酝酿阶段

从 1982 年开始，随着改革开放的不断推进和社会经济的发展，行政管理体制的不适应逐渐显露，行政改革便被提上议事日程。改革开放后我国于 1982 年进行了首次政府机构改革。1982 年在复旦大学举办了全国行政管理学讲习班，1983 年在济南举办了政治学和行政管理学讲座。这两次活动对我国行政管理学研究和教育都起到了重要的推动作用。之后，很多高等院校陆续开设了行政管理学方面的专门课程。1983 年，中华人民共和国劳动人事部（简称劳动人事部）和中国社会科学院承办了联合国“文官制度改革国际研讨会”，这次会议影响了我国建立公务员制度和发展行政管理专业教育。1984 年 8 月，国务院办公厅和劳动人事部在吉林省吉林市举办了全国“行政科学研讨会”，会议论证了开展行政管理学研究和教育的重要性，随后成立了中国行政管理学会和筹建国家行政管理学院。1985 年，《中国行政管理》杂志创刊，进一步促进了行政管理学的研究和发展。这些活动对以后成立公共管理一级学科建立起到了更为直接的推动作用。

（二）恢复和重建阶段

从 1986 年开始，我国公共管理学领域的研究与教学工作得到了快速发展。主要表现在：首先，设置了行政管理学作为高等教育政治学一级学科下的二级学科，一些高校在政治学系中恢复了本专科层次的行政管理教育，而后逐步兴办了行政管理学硕士教育。1987 年，党的十三大建立公务员制度的决定对刚刚恢复重建的行政管理学科来说是难得的发展契机。1988 年，中国行政管理学会在北京正式成立，此后，全国各省（自治区、直辖市）也相继成立行政管理学会，标志着中国的行政管理研究与教育已经初步形成自己的体系，中国行政管理学会不仅出版和发表了大量行政管理学方面的专著、教材和论文，而且在全国各大院系设立行政管理、公共事业管理等专业。1989 年，受政治风波的影响，公务员制度的推行计划被耽搁，行政管理学科研究和教育发展也因此受到一定程度的冲击。

（三）发展壮大阶段

1992 年的邓小平南方谈话，以及我国从计划经济体制向社会主义市场经济体制转变的基本方针的确立，对政府职能提出了新的要求，政府职能必须进行重大调整，公务员制度必须尽快建立。1993 年 3 月，第八届全国人民代表大会第一次会议决定进行改革开放后第三次较大规模的中央政府机构改革；同年 8 月 14 日，国务院出台了《国家公务员暂行条例》。这些进展为我国公共管理学科的研究与教育发展提供了难得的历史机遇。

---

① 李文钊. 面向中国的公共管理学：缘起、路径与展望[J]. 探索，2018，（6）：37-49.

这一时期有许多高校，尤其是一些工科类院校设立行政管理专业，积极开展行政管理的研究和教育工作。1994 年，国家行政学院正式成立。一些省、自治区、直辖市及一些地级市也先后成立地方行政学院，基本形成了独立于高等院校的、庞大的公务员培训网络。

（四）转型发展的新阶段

1997 年我国首次在研究生教育新设的管理学科中增设公共管理一级学科，把原属于政治学中的行政管理纳入管理学门类，即公共管理一级学科，包括行政管理、社会保障、土地资源管理、教育经济与管理、社会医学与卫生事业管理等五个二级学科。此后又在本科教育中增设公共事业管理专业。1998 年后，中国人民大学、中山大学、复旦大学、北京大学等高校先后获得行政管理学博士学位授予权。1999 年 5 月，国务院学位委员会正式批准在我国开始试点兴办公共管理专业硕士，我国学位制度更趋完善，2000 年 10 月，中国举行第一批公共管理硕士（master of public administration，MPA）招生考试；2001 年 3 月，中国第一批 24 所高校 MPA 研究生入学，目前全国 MPA 教育点多达 200 余所高校。上述措施有力地推动了我国高素质公共管理人才的培养及公共管理的研究，也促进了我国高级专门人才培养的多样化。MPA 教育适应了中国政府机构改革和建设高素质专业化行政管理队伍的需求。转型发展时期，公共管理学科由原来的数量规模扩张转变为注重内涵质量发展，公共管理的学科也日趋成熟，学科专业设置强调内涵发展，重视社会需求的适应性要求，紧抓人才培养质量①。这一阶段 MPA 教育也得到了政府的支持及社会的认可。

（五）未来发展的新阶段

党的十九届四中、五中、六中全会和中央经济工作会议的召开，对我国新时期的发展进行了全面布局，指出我国已进入高质量发展阶段，发展具有多方面优势和条件，同时发展不平衡不充分问题也暴露出来。我国社会主要矛盾发展变化带来的新特征、新要求，在此背景下，作为一门极具时代性和应用性的公共管理学将面临许多新的议题和挑战，呈现新的特点与发展趋势。

思考与讨论题

（1）何为公共管理？公共管理与公共行政有何异同？

（2）公共管理兴起的时代背景和学科背景为何？

（3）国家治理体系和治理能力现代化背景下，中国公共管理与公共管理学该如何发展和创新？

（4）有学者认为“一切组织都是公共组织”，因此公共管理与私人部门管理没有本质的差异，你同意这一观点吗？为什么？

---

① 张康之，李传军. 公共管理学是一门新兴学科[J]. 行政论坛，2010，17（1）：6-11.

第二章　公共管理学的理论基础

公共管理学在不断克服“身份危机”的过程中成长起来，跨学科的综合研究为其提供了多视角的思考和复合性的理论基础，现实中政府因面临种种治理危机所驱动的持续性政府改革浪潮更是在实践层面为公共管理学的发展提供了广阔的探索空间。而只有从公共管理学的理论背景出发，把握其历史发展、学科渊源和思想边界，才能更好地将其运用于“中国之治”的现实情境之中，以持续的理论话语更新与中国国家治理体系和治理能力现代化的伟大实践同频共振。从综合视角分析，在推动传统公共行政向公共管理发展的过程中，政治学与公共行政学理论、经济学理论、管理学理论为公共管理的理论化建构提供了思想养分。

▶ **重点问题**

（1）公共管理学的理论背景与借鉴意义。

（2）公共管理学的发展趋势。

（3）公共管理学的比较研究与思想争论。

（4）公共管理学对“中国之治”的理论启示。

▶ **难点问题**

（1）公共管理学的理论研究进展。

（2）公共管理学理论的实践化。

（3）公共管理学的基础性研究。

第一节　政治学与公共行政学理论

一、新公共服务理论

（一）新公共服务理论的产生

新公共服务理论产生于21世纪初期，以美国著名公共管理学家Denhardt为代表，是在全球范围内的公共管理改革进行到一个新的发展阶段，对新公共管理理论和实践进行反思甚至批判的基础之上建立起来的。始于20世纪70年代末80年代初的新公共管理运动经历了20年的发展，取得了一定成效，但也遭遇了越来越多的困境。公共管理的宗旨究竟是什么？公共管理究竟应该为谁服务？有学者指出，行政官员应当强调服务于公民并授权于公民，提出了公民参与公共部门决策与执行过程的必要性和可能性，一是政府所面临的合法性的危机日益凸显；二是公民参与公共过程的呼声日益高涨，社会组织日渐壮大。基于新公共管理理论的政府改革越来越不能满足现实的要求，于是新的替代性理论便应运而生①。

一方面，新公共管理理论越来越不适应改革发展的需要；另一方面，公共行政理论史上具有一定影响力的新公共行政理论对平等、公正、公共利益予以高度关注，其中蕴含的民主价值作为理论传统传承下来，对新公共服务理论的创立具有一定的借鉴价值。

以 Denhardt 夫妇为代表的公共行政学者，在《新公共服务理论：服务，而不是掌舵》中提出了新公共服务的价值体系，认为新公共服务理论是基于对包括企业家政府理论在内的新公共管理理论的反思和批判而产生的，旨在纠正后者的管理主义偏向②。公共管理已经经历了一场革命，与其说政府官员正集中于控制官僚机构与提供服务，倒不如说他们更加关注成为一个倾向于日益私有化的新政府的企业家。在新公共服务理论中，政府和行政官员的工作重点在于承担为公民服务和向公民放权的职责，并应该建立一些明显具有完善整合力及回应力的公共机构。正是在对新公共管理理论反思和批判的基础上，Denhardt 夫妇整合了一些新公共管理理论的替代观点，形成了新公共服务理论的理论和模式。

（二）新公共服务理论的主要内容

新公共服务理论涵盖丰富内容，参照 Denhardt 的概括，新公共服务是在坚持人民主权的前提下，作为最主要的公共管理主体的政府，将服务于公共利益作为其基本职能，既非亲自“划桨”，又非代替公民来“掌舵”。具体来说，新公共服务理论的基本理念如下。

1. 政府的职能是服务，而不是掌舵

政府将要扮演的角色越来越不是服务的直接供给者，而是以更少的资金和人员消耗来获得更高的效率。政府在现代多元治理的过程中，不应该是一个企业家，而应当成为一个重要的、负责任的参与者，行政官员也不再只扮演服务提供者的角色，而越来越多地扮演调解人、协调者甚至裁判员的角色。

2. 公共利益是目标而非副产品

新公共服务理论重新肯定了公共利益在政府服务中的中心地位，并且认为这种公共利益不是某种只因为公民个人的选择、组织程序和选举政治之间的相互作用而发生的事情，政府存在的主要理由之一就是促进建立一种集体的、共同的公共利益观念。

3. 在思想上具有战略性，在行动上具有民主性

公共利益的实现不仅依赖于政策制定过程的民主性，更取决于执行过程的有效性。Denhardt 夫妇认为，满足公共需要的政策和项目可以通过集体努力和合作得到最有效并且最负责的实施，有效的执行过程应该是使相关各方共同参与朝预期方向发展的政策方

---

① 珍妮特·V. 登哈特，罗伯特·B. 登哈特. 新公共服务理论：服务，而不是掌舵[M]. 丁煌，译. 北京：中国人民大学出版社，2010.

② 珍妮特·V. 登哈特，罗伯特·B. 登哈特. 新公共服务理论：服务，而不是掌舵[M]. 丁煌，译. 北京：中国人民大学出版社，2010.

案的执行过程[①]。

4. 为公民服务，而不是为顾客服务

新公共服务理论首先破除了新公共管理理论的“顾客”隐喻，认为将政府服务对象定义为顾客存在着理论和实践上的困难，一是政府部门存在的可供顾客选择的方案具有稀缺性；二是有时顾客宁愿不接受服务；三是对顾客识别的困难性。其次在此基础上进行立论：公共利益是公民就共同利益进行对话的结果，而不是个人自身利益的聚集；公民和顾客有着本质的区别，公民被描述为在一个更广大社区环境中权利的享有者和责任的承担者，而顾客则试图使自己的个人利益尽可能地充分实现，而不考虑其他顾客同伴的利益和目的；公民是“所有者或主人”，而顾客的利益和主人的利益并不总是一致。

5. 责任并不简单

新公共管理对责任加以简单化的倾向，将责任的焦点集中于达到绩效标准和使顾客满意上，而忽略了公共部门中多重的、重叠的责任途径。同时，没有适度地强调宪政和民主规范，企业家角色过于狭隘，不利于实现诸如公平、正义、参与和表达公共利益等民主原则。因此，行政人员不应单独作决策，而应通过对话、讨价还价、向公民授权及在广泛参与的基础上，解决存在的问题并制定政策。这样做不仅能获得现实的解决方案，还能确立公民权和责任。

6. 重视人，而不只重视生产率

传统行政管理企图通过控制来实现效率，而新公共管理则期望利用激励提高生产率。在新公共管理理论中被视为管理创新的生产率改进、过程再造和绩效测量等方法，固然在提高政府管理效率方面具有一定的意义，但如果不能同时充分关注组织个体成员的价值观和利益的话，那么控制人们行为的理性企图最终将会失败，而且这些方法并不能培养公民或雇员的责任感、参与意识，激发其热心公益的行为。新公共服务的核心要素应包括人的尊严、信任、归属感、关心他人、服务，以及基于共同理想和公共利益的公民意识。

7. 公民权和公共服务比企业家精神更重要

新公共管理鼓励行政官员像工商企业家那样去思考和行事，这导致其狭隘地看待所追求的目标——使生产率最大化、满足顾客需求、接受风险和充分利用风险带来的机会。新公共服务理论认为，行政官员扮演着公共资源的管理者、公共组织的监督者、公民权和民主对话的促进者、社区参与的催化剂及基础领导者的角色，行政官员不仅要分享权力，通过民众展开工作，作为中间人促成问题的解决，还必须将其在治理过程中的角色重新定位为负责任的参与者，而非企业家。

（三）对新公共服务理论的再思考

新公共服务理论继承、吸收了民主治理理论，努力将新公共管理中的效率和生产力

① 珍妮特·V. 登哈特，罗伯特·B. 登哈特. 新公共服务理论：服务，而不是掌舵[M]. 丁煌，译. 北京：中国人民大学出版社，2010.

理论融入民主、社区和公共利益理论，同时摒弃某些理论，尤其是企业家政府理论中的固有缺陷，从而形成一种更广泛的理论体系——更加关注公民权、民主价值和公共利益，更加适合现代社会组织发展的公共管理需要的新的理论选择。这种学理上的探索，无疑突破了公共管理的传统思维模式，体现了追求公共行政诸种规范之间平衡发展的新途径。作为一种正在兴起的公共管理理论模式，新公共服务理论以公民对话协商和公共利益为基础，不仅使人们认识到公共服务的公共性，更使人们重新认识到公共服务的主体性，这对于现代公共行政研究规范基础的构建及政府改革具有方法论指导和创新意义（表 2-1）。

表 2-1　不同公共行政理论的比较

项目	传统公共行政	新公共管理	新公共服务
理论和认识论的基础	政治学理论，传统社会科学提供的政治和社会意义的辩词	经济学理论，基于实证社会科学产生的更为成熟的理论和对话成果	民主理论，以实证、阐释、批判和后现代研究视野下的知识成果为基础
公共利益的概念	政治层面加以定义并在法律层面上加以解释	个人利益的集合	围绕共享价值开展对话的协商结果
政府的角色	划桨（设计并执行体现政治家意志的单一目标）	掌舵（激发市场力量的释放）	服务（在公民和社会组织之间进行协调，平衡各方利益，创造共享机制）
实现政策目标的机制	行政过程	建构激励机制，借助私人和非经营组织的力量实现政策目标	构建公共组织、非经营组织和私人部门的联盟，以此满足社会各方的共同需要
责任的实现途径	科层系统中的行政人员对民选官员负责	市场驱动的责任机制——个人利益的积累将产生大多数公民想要的结果	综合路径——公共服务人员必须关注法律、社区价值、政治规范、职业规范和公民利益
行政自主性	行政人员拥有有限的自由裁量权	拥有广泛的自主权以满足企业家的经营需要	行政人员拥有自主决策权，但权力会受到多重约束并具有被问责的可能性
公务员和管理者的行为动机	支出和收益，社会保障	企业家精神、精简政府机构的理念	公共服务，奉献社会的意愿

资料来源：珍妮特·V. 登哈特，罗伯特·B. 登哈特. 新公共服务理论：服务，而不是掌舵[M]. 丁煌，译. 北京：中国人民大学出版社，2010

二、治理理论与多中心治理理论

（一）治理理论

随着全球化时代的来临，人类社会政治生活正在发生重大变革，其中引人瞩目的变化之一，便是人类社会政治过程的重心正在从统治转向治理，从民族国家的政府统治走向区域和全球治理。因而，治理问题引起了国际学界的广泛关注，越来越多的学者开始接受、使用“治理”这一术语。然而，许多机构和学者对治理的理解存在分歧，他们分别从经济学、政治学、行政学、管理学等视角进行界定，同时，这也反映出治理的内涵缺乏不同学科之间的交叉研究。

在关于治理的各种定义中，全球治理委员会关于治理的界定具有代表性和权威性。该委员会对治理的定义非常宽泛，把集体和个人行为的层面、政治决策的纵横模式都包罗在内。据此，治理是各种公共的或私人的机构管理其共同事务的诸多方式的总和，是使相互冲突或不同利益得以调和并且采取联合行动的持续的过程。这既包括有权迫使人们服从的正式制度和规则，也包括各种同意或认为符合其利益的非正式的制度安排。在世界范围内，一些非政府组织、跨国公司和资本市场的种种活动都属于治理的范畴。由此可以看出，治理是指由许多不具备明确等级关系的个人和组织进行合作以解决冲突的工作方式，反映着多样化的规章制度甚至个人态度。它有四个特征：①治理不是一整套规则，也不是一种活动，而是一个过程；②治理过程的基础不是控制而是协调；③治理既涉及公共部门，也涉及私人部门；④治理不是一种正式的制度，而是持续的互动。

治理的目的是在各种不同的制度关系中运用权力引导、控制和规范公民的各种活动，以最大限度地增进公共利益。治理的本质在于其聚焦于管理机制——授权、契约和协议，而不是仅仅依靠政府的权威和认可。治理关注的是创造条件以实现有秩序的管理和集体行动，通常包含私人部门、非营利部门及公共部门的各种机构。

治理理论对新公共管理理论与新公共服务理论的合理内核进行了有效的整合，它昭示着政府管理思维的变化，指向一种新的管理过程和新的管理社会的方式。治理理论认为，政府并非国家唯一的权力中心，政府体制之外的各种机构（包括社会的、私人的）只要得到公众的认可，就可以在不同层面和范围内成为社会权力的中心；强调管理对象的参与，强调在管理系统中形成一个自组织网络，强调多元主体的参与性和自主性；在强调国家与社会合作的过程中，模糊了公私机构之间的界限和责任，不再坚持国家职能的专有属性和排他性，而是强调国家与社会组织间的相互依存和互动合作关系；强调政府在完成社会职能时，除了采用原来的手段之外，还有责任采用新的方法和措施，以不断提高管理效率。

公共治理成为国际化的政治潮流，将一些基本的价值理念和原则传送到世界各地，服务于发达的和发展中的国家和地区。这些基本价值和原则尽管在各地的理解和解释不一样，但是其基本内核一致。具体来说，公共治理的基本原则有以下几点。

第一，参与原则。作为民主政治治理的基本原则，治理观念的产生意味着在统治者和被统治者、管理者和被管理者之间必须建立一种新型关系。这种管理不是少数垄断多数，也不是知识垄断无知，而是民主地确立绝大多数公民都有资格来观察、参与和发表意见的制度，政治行动在平等互动中展开。

第二，透明原则。透明原则是公共治理的重要标准之一，是相对于信息内部垄断、封闭，阻碍公众知情而言的。透明是指政府在制定决策、执行决策的过程中的绝大多数信息要向公众公开，公众可以通过合法的、便利的途径在法定的时间内获取所需信息。透明原则是改变封闭信息、少数决策的不合理状况所要遵循的重要标准。

第三，责任原则。责任原则是公共治理的核心，重中之重是强调公共机构的责任。一是积极的、建设性的责任，公共组织必须履行为大众谋取福利的义务，尽最大的能力和智力制定相关政策，改善社会机制，创造更多的机会和利益；二是负面的、惩罚性的责任，公共组织在制定公共政策和提供公共服务时，各组织必须对自身在工作中的失职、失误承担相应的法律、政治、工作责任。

第四，回应原则。这是从效能角度来要求公共治理的标准。回应原则是指公共治理机构必须能够及时快捷、准确无误地了解社会公共问题，制订相关政策方案，集中充足的社会资源，帮助社会公众脱危救困、协作进取。按照回应原则，公共组织应当实现精简高效、反应快速、责任感强、善于运用策略处理社会问题。

第五，协作原则。协作原则是指政府、企业和社会组织不是互相隔离的，而是通过建立良性的、叠加的组织网络共同分享公共权力和协作处理公共事务。对政府部门而言，治理就是从绝对统治、垄断管理到“掌舵”引导的转化；对社会组织而言，治理就是从被排斥、隔离、被动接受到被吸纳、主动参与的转化；对企业而言，治理不单单是一个单方面赚取利润的商业行为，而且是回应社会发展需求、积极肩负社会责任的行为方式。

第六，合法性原则。合法性是衡量一个国家和地区政治文明的重要标准，公共治理反对统治观念，不接受统治观念的神授主权说；同样，公共治理也不同于管理模式，不接受它的技术知识合法性之说。公共治理是一种追求合法性的政治行动模式，如果缺乏合法性，特殊的政策行为绝对不能算作公共治理的一部分。只有尊重公民的意愿，和公民在一起，根据公民的利益要求和民主选择制定的政策才具有真正的高度合法性。

（二）公共治理的模式

1. 市场化治理

以市场化方式为主要手段的治理模式可以概括为市场化治理。市场化治理引进企业管理的效率、经济、效益即所谓的3E（efficiency，economy，effectiveness）标准提高政府工作效率，降低政府运转的成本，增进政府政策的效益。从一定程度上说，这场影响深远的运动的确给政府改革带来了许多正面效果。

市场化治理的主要方式有私有化、契约外包。私有化是市场化治理比较经典的方式，在英国撒切尔夫人执政时期，私有化运动基本上主导了新公共管理的潮流。私有化主要针对的是发达国家原有的国有控股企业经营不力、效率低下、服务滞后、制度僵化等问题，市场化治理通过出售股权、引进社会资金和社会力量来改造严重官僚化的国有或公有垄断企业。通过私有化，国家在市场领域大步退出，授权社会来经营重要的基础性行业，提高了服务的水平，效果非常明显。另一个主要方式就是契约外包，与私有化方式不同，它不对产权进行更改，通过服务主体的转换，通过签订合同的方式将某种公共服务承包给特殊的公司，还通过公司的市场化运作来提供公共服务。同时引入竞争机制，允许不同性质的公司参与到公共项目的竞争投标与生产运营中来。

2. 弹性化治理

在批判传统官僚制模型的基础上，弹性化治理主张变革政府机构，放松僵化的制度，灵活、便捷、负责任地服务于地方社区。弹性化政府是指政府有应变能力，能够有效回应新的挑战。也就是说，政府及其机构有能力根据环境的变化制定相应的政策，而不是用固定的方式来回应新问题。

政府机构一旦建立就难以解散。不论是发达国家还是发展中国家，官僚组成的公共部门总是会变得越来越强大。这是由于官僚机构建立后在政府管理中逐渐形成自我利益，通过追求部门的预算和利益最大化来证明自己的价值和谋取更多的部门利益。弹性化治理模式就是针对这一普遍问题提出的，否定了持久稳定性政府的必然规则，认为政府机构应该根据环境的变化不断进行职能变革和机构革新。也就是说，政府复杂的机构和严格的制度不应该成为履行职能的负担，而是应该灵活变革，为目标服务。

弹性化治理对传统的理性化官僚制度提出了直接挑战。Weber 创造的理性官僚显示出不再适合纷繁变化的社会态势，需要用一种新型的组织形式和服务模式来替代，它就成为许多国家和地区探寻的问题。弹性化是一种可能的替代方式，因为其在试图突破组织僵化这一问题的同时，也容易忽略组织正式化和行为确定化的重要性。所以有人批评说，弹性化尽管具有批判性，但是缺乏足够明确的建设性，难以成为官僚制模式的有效替代品。

3. 多中心治理

Ostrom 等提出的多中心治理理论在全球范围内产生了较大影响，代表了公共治理的一种新思路。多中心治理是指在一个特定地区按照地域特点，遵照传统社会文化的惯例，建立多个治理中心，每个中心都成为一定地区的服务枢纽，实现公共治理的协调和整合功能。

多中心治理包括政府、市场组织、社区、公民多方的共同协作管理，其中任何一方都不是孤立的，而是能动地发挥自己的支持作用，帮助其他主体更好地提供服务。Ostrom 在对“公共池塘”的研究中发现：“多中心治理结构不可能一蹴而就，事情远非让市场良好运转那么简单，因为还得考虑如何让群众便利地对公共池塘资源进行管理。也不要以为只要提供了法律与秩序就可以万事大吉，因为还必须安排提供公益物品，要么通过生产这些产品直接提供，要么通过与其他生产者签订合同间接提供。公民必须自力更生，还必须愿意为解决集体问题与政府官员合作。保持这种平衡非常困难。”①这种治理中，每个角色都有着特殊的功能，成为治理的中心之一。提供法律秩序的公共权威机构、创造产品的市场组织、积极参与的公民等都在成为自己范围的中心之后共同构成了新的治理的条件。

4. 公民治理

理查德 · C. 博克斯在他的著作《公民治理：引领 21 世纪的美国社区》中对这一模式做了具体的分析。他指出，在复杂的社会环境中，尽管我们不可能将小型社区的直接民主形式推广到所有治理结构并发挥作用，但是能够通过努力保证责任，激发自主治理的激情。这是公民治理的目标，也是公民治理模型的首要部分。20 世纪，由于强调专业化技能的重要性，出现了职业主义集权的治理模式，大量专家被引入治理过程中，最终形成专家集权模式。随着公民从外部参与政府组织事务的数量不断增多，如建立邻里协会等，以及随着民选管理组织和公共服务职业者角色的改变，博克斯认为现在已经恢复公民委员会广泛监督社区管理的时代了②。

---

① 转引自迈克尔 · 麦金尼斯. 多中心体制与地方公共经济[M]. 毛寿龙，李梅，译. 上海：上海三联书店，2000.

② 理查德 · C. 博克斯. 公民治理：引领 21 世纪的美国社区[M]. 孙柏瑛，等译. 北京：中国人民大学出版社，2014.

公民委员会或者公民受托代理委员会模式源于美国民主的、以公民为导向的社区政府制度。每个公民委员会都有既定的权威程度、选择成员的方式、成员的任期等，这都涉及地方裁量权的问题。公民和行政官员互动的总体目标是要建立互信机制，形成公开对话，共享信息和价值，保证职业者的专业知识、经验与公民期望有机地融合在一起。

（三）政府治理的最高境界——善治

1. 善治的基本内涵

善治是指改革由政府垄断一切公共事务的传统行政模式，建立政府与社会之间的合作型管理模式；改革政府传统的自上而下的权力运作方式，建立政府与社会之间双向互动的网络型运作模式；改革政府传统行政中忽视社会权利，仅依靠法规推动行政的模式，建立以社会共识和认同为基础、充分发挥社会能动性和自主性的治理模式。

2. 善治的基本要素

（1）合法性。它指的是社会秩序和权威被自觉认可和服从的性质和状态，与法律规范没有直接的关系。从法律的角度看是合法的东西，并不必然具有合法性。只有那些被一定范围内的人们认可的秩序和权威，才具有政治学所说的合法性。合法性越大，善治的程度就越高。取得和增大合法性的主要途径是尽可能地增加公民的共识和政治认同感。所以，善治要求有关管理机构和管理者最大限度地协调各种公民之间，以及公民与政府之间的利益矛盾，以便使公共管理活动取得公民最大限度的同意和认可。

（2）透明性。它指的是政治信息的公开性。每个公民都有权获得与自己利益相关的政府政策信息，包括立法活动、政策制定、法律条款、政策实施、行政预算、公共开支及其他有关的政治信息。透明性要求上述这些政治信息能够及时通过各种传媒为公民所知，以便公民能够有效地参与公共决策过程，并且对公共管理过程实施有效监督。透明程度越高，善治的程度也越高。

（3）责任性。它指的是人们应当对自己的行为负责。在公共管理中，它是指与某一特定职位或机构相连的职责和相应的义务。责任性意味着管理人员及管理机构由于承担职务而必须履行一定的职能和义务。没有履行或者不适当地履行职能和义务，就是失职，或者说是缺乏责任性。公众，尤其是公职人员和管理机构的责任性越大，表明善治的程度越高。在这方面，善治要求运用法律和道义的双重手段，提高个人及机构的责任性。

（4）法制性。法律是公共政治管理的最高准则，任何政府官员和公民都必须依法行事，在法律面前人人平等。法治的直接目标是规范公民的行为，管理社会事务，维持正常的社会生活秩序；最终目标在于保护公民的自由、平等及其他基本政治权利。

（5）民主性。它指的是治理主体通过民主的形式平等地参与到治理过程中。良好的治理秩序是社会发展的呼唤，善治是社会进步的理性选择。良好的治理秩序是依靠多元主体参与社会治理的合力来实现的，民主性是保证多元主体平等地参与社会治理的关键。没有民主性，就没有善治。

（6）回应性。回应性与责任性密切相关，从某种意义上说是责任性的延伸，是指公共管理人员和管理机构必须对公民的要求做出及时的和负责任的反应，不得无故拖延或没有下文。必要时，还应当定期地、主动地向公民征询意见、解释政策和回答问题。回应性越大，善治的程度也就越高。

（7）有效性。有效性主要指管理的效率，一是管理机构要设置合理，管理程序科学，管理活动灵活；二是最大限度地降低管理成本。善治的概念与无效的或低效的管理活动格格不入，善治的程度越高，管理的有效性也就越高。

（四）多中心治理理论

多中心治理以自主治理为基础，允许多个权力中心或主体并存，通过相互合作给予公民更宽泛的选择与更优质的服务，减少了“搭便车”行为，避免了“公地悲剧”和“集体行动的困境”，扩展了治理的公共性。大体框架主要包含以下三个方面。

第一，多中心治理的主体是多元的。多中心治理包括各级政府、各种企业、各种政府派生组织，以及公民个人在内的多个决策中心。它不仅重视社会在治理中作用的发挥，更是将企业等私人组织放诸同政府对等的位置上来，推动多元主体间有效合作之达成。

第二，多中心治理的结构是网络状的。信息技术的广泛存在与普及，为人与人、人与组织、组织与组织的交流沟通带来了技术上的可及性，信息的水平化交流打破了官僚制的封闭，把所有人和组织融合进网络世界。每个主体都是散落于网络框架之上的节点，节点之间则通过互联互通来表达自身的诉求。

第三，多中心治理的本质目的是实现公民利益的最大化。多中心的权力架构设计，不仅推动公民个人及其相关组织可以将自身诉求进行自由化表达，同时能够使其对所参与的公共事务的完成度与实施绩效做出及时评价。

多中心治理理论是20世纪70年代以来在全球治理变革的浪潮中发展起来的重要理论之一。Polanyi、Ostrom等指出，传统的以政府为中心的单中心供给体系缺乏效率和回应性的问题更为彰显。因而，以支持权力分散，管理交叠和政府、市场与社会多元共治为特征的多中心治理理论成为回应时代挑战、满足公众需求、提高公共服务质量和效率的理想模式。

1. Polanyi的多中心治理理论[①]

Polanyi在《自由的逻辑》中首先提出“多中心”话语，总结出自发秩序和“集中指导”秩序对自由安排的方式。Polanyi认为，自由社会的特征是公共自由的范围，指出只有所有的社会成员将自己投身于真理的追求之中，才会出现人人彼此真诚信赖的自由社会。

Polanyi的“多中心”概念只是描述他所发现的社会秩序特征的一个术语。经过多人阐发，“多中心”不仅成为一种社会治理的思维方式和理论框架，更成为公共物品生产与公共事务治理的模式之一。Polanyi认为多中心治理理论主要有以下三个层面的意蕴。

（1）多中心意味着公共物品的多元生产者、公共事务管理的多元主体。

（2）多中心治理意味着政府、市场和社会的共同参与和多种治理手段的应用。多中心治理既不是反对政府垄断，也不是推行全盘私营化，更不是意味着政府从公共事务领

---

① 博兰尼. 自由的逻辑[M]. 冯银江，李雪茹，译. 长春：吉林人民出版社，2010.

域中退出和让渡责任，而是政府角色、责任与管理方式的变化。

（3）在多中心治理框架中，政府不再是单一主体，而只是其中的一个主体。政府的管理方式也从过去的直接管理转变为间接管理。

2. Ostrom 的多中心治理理论

Ostrom 认为多中心治理理论主要有以下三个层面的意蕴。

（1）多中心意味着公共物品的多个生产者、公共事务的多个处理主体。

（2）多中心治理意味着政府、市场的共同参与和多种治理手段的应用。

（3）多中心治理要求政府转变自身的角色与任务。

（五）对多中心治理理论的再思考

（1）多中心治理强调公民参与政府治理的重要性，认为治理源于政府和社会组织的有序互动，治理的质量取决于发生在政府和社会组织之间的互动质量。Ostrom 所倡导的，其实是一种“社会建设”和“社会治理”的综合性概念。

（2）多中心治理理论可以为我国服务型政府的构建提供有益的启迪。服务型政府坚持政府主导、多主体参与的一主多元治理结构，这借鉴了多中心治理理论多元开放的结构特征，但又规避了多中心治理的弊端，在公共事务的处理中突出政府的多元治理作用。

（3）多中心治理理论高度关注“地球温室化”等环境问题，格外珍视人与自然的和谐相处，对于我国从制度层面统筹城乡、区域及人与自然的协调发展具有借鉴意义。

三、新共和主义

新共和主义是对古典共和主义的回归，故也被称作公民共和主义与公民人文主义。新共和主义兴起于 20 世纪 90 年代，希望通过对社会组织的讨论，努力重塑公民德性，恢复现代社会对政治价值的关注。新共和主义的核心价值包含自主性、政治自由、平等、公民权、自治、共善、参与、爱国情操、公民德行及克服腐化等。

（一）古典共和主义政治哲学的基本理念

1. 自由观

古典共和主义认为，自由的国家先于自由的个人而存在。对国家自由优先性的强调，充分肯定了个人自由与国家政体之间的逻辑联系。这就是说，离开自由的国家，自由的个人便无从说起。自由的国家是个人自由得以展现的公共空间。这与自由主义的立场截然不同。近代自由主义的先驱作家 Hobbes 认为，个人自由和国家问题是可以分离的两个问题，在利维坦式的国家中，个人自由恰恰最有可能得到保障，公共自由和个人自由并无联系①。

2. 政体观

古典共和主义者认为，混合均衡政体是人类所能构建的最好的政体。政体作为公共生活展开的制度框架，作为人类秩序的前提，其好坏标准虽然可以从多个方面进行考查，

① 转引自艾克文. 霍布斯与西方近代自由主义的兴起[J]. 武汉大学学报（社会科学版），2002，（6）：721-727.

但核心标准是政治共同体的持久性，即好的政治制度应当是成熟且持久的制度。柏拉图、亚里士多德、波利比乌斯承认君主制、贵族制、民主制各有优点，问题在于它们自身皆不能持久，由此便会进入一个政体衰败的过程，由王政到僭主政体，继而到贵族政体、寡头政体，最后是民主政体、暴民政体，再到君主制，如此循环。

3. 美德观

在古典共和主义阵营中，除关注混合均衡政体外，更多地从人文主义立场出发提倡公共美德，如审慎、节制、勇气、正义等，他们往往也被称为公民人文主义者。公民人文主义者之所以把美德放在重要位置，是因为他们坚信“美德可以战胜命运”，同时和平自由的生活除了有赖于制度设计外，还要看公民的德行，美德与自由是相互支持的关系。

（二）古典共和主义政治哲学的特色

1. 整体主义

古典共和主义与近代自由主义的重要理论区别在于前者是整体主义的，后者是个人主义的。共和主义的整体主义并不否定个人价值，但仍突出整体的优先性，即离开共同体，便不再有自由的个人。

柏拉图高度概括了古典共和主义基本立场：“我们的立法不是为城邦任何一个阶级的特殊幸福，而是为了造成全国作为一个整体的幸福。它运用说服或强制，使全体公民彼此协调和谐，使他们把各自能向集体提供的利益让大家分享。”①

2. 政治平等主义

当古典共和主义将自由从严格的政治角度来界定时，一种政治上的平等主义便是其必然结论了。政治平等主义指的是政治身份的平等，即每个自由人都是平等的，基本信条是“任何人都不能压迫另外一个人”，当然，在古代这是把奴隶排除在外的。

政治平等主义是参与公共生活的机会平等，而不涉及任何分配均等的问题。古典共和主义虽然有君主、贵族与民众的区分，但它是将这些等级建立在自然的基础之上的，认为人天然有贵贱贤愚之分，在政治共同体中，每个部分均应当发挥合适的作用，共同体要为每个等级提供福利而不是为某个等级服务。

（三）新共和主义愿景

新共和主义是指 20 世纪五六十年代以来，西方学界随着共和主义复兴的学术运动而产生的当代重要思潮。在规范性政治理论领域，新共和主义对自由主义这一西方主导意识形态展开了批判与挑战②。新共和主义希望通过对社会组织的讨论，努力重塑公民德性，恢复现代社会对政治价值的关注。从理论层面看，公民身份概念似乎要整合制度正义与共同体成员资格两方面的需要；从实践层面看，则包括美国人对投票选举的日益冷漠和对福利的长期依赖，东欧民族主义运动的复苏，西欧文化和人种日益多

① 转引自陈伟. 试论西方古典共和主义政治哲学的基本理念[J]. 复旦学报（社会科学版），2004，（5）：19-24.

② 周可.《资本论》自由观的新共和主义阐释及其困境[J]. 武汉大学学报（哲学社会科学版），2021，74（2）：41-52.

元化所产生的紧张状态，撒切尔时代的英国对福利国家制度改革的失败，依赖于公民自愿合作的环境政策的失败，等等。新共和主义对现代公民身份的关注试图表明，健全与稳定的现代民主政治不能仅仅依赖于其“基本结构”的正义，还依赖于公民的责任与美德。

对于公共管理的理论和实践而言，新共和主义理论的意义表明，自我利益原则不再具有基本的合法性，现代民主政治制度陷入的一系列困境说明，自我利益应该接受公共合理性的考验。新共和主义关于现代民主制度与公民美德关系的论证指出了西方民主政治改革与民主制度的根本症结。

四、协商民主理论

协商民主理论是国外20世纪80年代以来在反思选举民主理论与实践的基础上逐渐获得复兴与多元探索和政治实践的一种民主理论。从亚里士多德到哈贝马斯一脉的政治哲学均强调政治是公共言谈和讨论，而不是暴力的征服和斗争。哈贝马斯认为基于正式制度中的协商建立在对来自非正式公共领域中协商形成信息的过滤基础之上[①]。费伦指出，协商或者是指特殊的讨论，它包括认真和严肃地衡量支持和反对某些建议的理由，或者是指衡量支持和反对行为过程的内部过程[②]。协商民主是一种决策体制，更是一种民主治理形式。这样的民主治理强调对于公共利益的责任、促进政治话语的相互理解、辨别所有政治意愿，以及支持那些重视所有人需求与利益的具有集体约束力的政策。就其内涵来说，协商民主是一种体现公民平等的民主治理形式，是一种个人与集体之间进行公正交流的民主程序，是使公民的单个意愿转换为公共理性的决策范式。

（一）协商民主理论的主要内容

（1）公共协商是协商民主理论的核心概念。所谓公共协商，就是政治共同体成员参与公共讨论和批判性审视具有集体约束力的公共政策的过程。在协商民主理论中，公共协商的主要目标不是狭隘地追求个人利益，而是表现为对公共利益的责任，利用公共理性寻求能够最大限度地满足所有公民愿望的政策。只有在公共协商的过程中，所有公民政治平等的信念才能够完整地表达出来，不存在特殊成员的利益具有超越其他任何公民利益的优先性。公共协商过程是具有包容性的，政治共同体中的每个成员在平等的基础上参与决策，少数人也可以合理地期望能够以前所未有的方式影响未来的结果；理性的决策是由协商过程中提出的各种理由及解决分歧的程序决定的，不合理的、站不住脚的观点无法决定协商结果。

（2）政治共同体中，协商过程中的参与者都是自由的、理性的、平等的。理想的协商是自由的，因为参与者对各种建议的思考不会受到预先规范和要求的权威抑制，而且参与者亦能够服从充分协商所实现的特定决策；协商是理性的，因为决定各种建

① 哈贝马斯. 在事实与规范之间：关于法律和民主法治国的商谈理论[M]. 童世骏，译. 北京：生活·读书·新知三联书店，2003.

② 转引自陈家刚. 协商民主引论[J]. 马克思主义与现实，2004，（3）：26-34.

议命运的是理性根据而不是权力。协商概念强调集体选择应该通过协商做出，而不仅仅符合公民的偏好；在理想的协商中，参与各方在实质和形式上都是平等的。每个具有协商能力的人在协商过程的每个阶段都有平等身份，协商的目标是实现理性驱动的共识。

（3）协商民主为政治决策提供合法性，并强调公开性和责任性。协商民主能够促进决策的合法化，控制行政权力膨胀，培养公民美德和弥补自由主义的不足。经过讨论、审议形成的政治决策，其合法性不是来源于个人意志，而是决策形成的程序，即理想的协商程序使各种分歧最终通过讨论达成共识，实现协商的合法性。协商过程的政治合法性不仅出于多数人的意愿，而且基于集体的理性反思，这种反思是通过在政治上平等参与和尊重所有公民道德及实践关怀的政策确定活动而完成的；协商民主的公开性能够使公民审视协商过程。公开性特征如下：首先，协商过程是公开的，整个程序是公众知悉的；其次，协商参与者在讨论和对话过程中公开自己支持某项政策的理由和偏好；最后，立法或政策建议是公开的，公众知道政策的形成过程。协商民主中的责任性不仅意味着确定政治责任的来源，而且意味着要提供认识上的责任。

（二）协商民主的价值评说

从理论上看，协商民主能够培养出维护健康民主所必需的公民美德，同时协商民主能够形成集体责任感。从社会意义上看，协商民主的过程是对当代自由民主中流行的个人主义和自利道德的矫正，缺少这种平衡关系，自由民主就存在着被个人主义偏见削弱的风险；协商民主将曾经受排斥的种族文化团体的声音吸纳进协商过程中，并向这些团体表明公共协商的结果具有公正性和包容性的程序，从而促进不同文化间的理解。

协商民主理论是西方社会对民主本质的再思考，民主的本质是人民主权，是平等公民自由而理性的参与。协商民主理论在很大程度上只是一种观念形态，它所强调的人民主权和公共利益、公民的平等参与和协商能力及相应的程序机制，已经受到人们广泛的关注。但在政治世界中，它不仅没有制度化的机制和程序，也缺少自身的经验基础。至于经济收入、信息、教育水平等要素与协商民主能否实行的关系更待深入思考。

（三）协商民主理论与中国民主政治发展

人民当家作主是我国社会主义民主政治的本质要求。在社会发展中，由不同群体、阶层、团体和各界人士构成的人民在根本利益上是完全一致的，但在具体利益上不可避免会存在一定的差异和矛盾，特别是在社会多样性发展的情况下，这种差异和矛盾更加突出。因此，更要最充分地体现人民意志，更好地行使公权力，实现共同目标，就必须充分发扬人民民主，形成制度化、规范化的合作与协商。

我国社会主义民主政治中的协商，是由中国特殊的历史和现实条件决定的，体现了中国共产党的执政理念，反映了人民当家作主的本质要求。作为社会主义民主政治的重要形式，协商既是扩大政治参与、实现民主决策和科学决策的重要环节，也是加强中国共产党领导、提高党的执政能力的重要途径。

第二节　经济学理论

一、公共选择理论

（一）公共选择理论的产生

公共选择理论产生于20世纪40年代末，以1938年Henri Bergson探讨福利函数性质的文章《福利经济学可能前景的重述》为起点，在Kenneth Arrow1951年出版的《社会选择与个人价值》创立的阿罗不可能定理的推动下发展起来。在国家干预的加强与失误和政治经济理论缺乏的双重背景下，公共选择理论的基本原理和理论框架逐渐形成，大量著作和文章相继涌现。Duncan Black于1958年出版了《委员会与选举理论》，开创了公共选择的研究方法；1962年，Buchanan与Tullock出版了《同意的计算：立宪民主的逻辑基础》等著作，对公共选择进行了全面的研究。

英国北威尔士大学的经济学教授Duncan Black被尊为“公共选择理论之父”，他于1948年发表的论文《论集体决策原理》为公共选择理论奠定了基础。他在1958年出版的《委员会和选举理论》被认为是公共选择理论的代表作。

公共选择理论的领袖人物当推美国著名经济学家Buchanan，他的主要代表作有《公债的公共原理》（1958年）、《同意的计算：立宪民主的逻辑基础》（1962年，与Tullock合著）、《公共选择理论》（1972年，与托利森合著）、《公共选择理论：经济学的政治应用》（1984年，与托利森合著）、《自由、市场与国家：20世纪80年代的政治经济学》（1986年）等。此外，他在1965年发表的著名论文《俱乐部的经济理论》对公共选择理论做了重要补充。Buchanan在公共选择理论方面的建树，尤其是凭借提出并论证了经济学和政治决策理论的契约和宪法基础获得1986年度诺贝尔经济学奖。

美国著名经济学家Tullock是美国公共选择学派的重要代表人物。Tullock于1966年创办了《公共选择》杂志，该杂志现被列为全世界30本最重要的期刊之一。Tullock的主要代表作有《同意的计算：立宪民主的逻辑基础》（1962年，与Buchanan合著）、《官僚主义政治经济学》（1965年）、《社会的困境：战争和革命经济学》（1974年）等。

（二）公共选择理论的内涵

公共选择理论认为，人类社会由两个市场组成：一个是经济市场；另一个是政治市场。在经济市场上活动的主体是消费者（需求者）和厂商（供给者），在政治市场上活动的主体是选民、利益集团（需求者）和政治家官员（供给者）。在经济市场和政治市场上活动的主体均是同样的人，没有理由认为同一个人只是由于场所不同就以两种完全不同的动机进行活动。因此，公共选择理论试图把人的行为的两个方面纳入一个统一的分析框架，用经济学的方法和基本假设来统一分析人的经济与政治行为，从而拆除经济学与政治学的传统壁垒。在Buchanan等看来，公共选择作为非市场的集体决策理论，具有以下三个规定性[1]。

（1）集体性。有人群的地方就有集体决策，就有公共选择，私人决策则不在公共选择的研究范围之内。

（2）规则性。集体决策就是制定规则，在人与人之间存在偏好差异的情况下，必须通过规则使人们的行为协调起来。因此，必须进行决策以选择那些能够反映和满足公众偏好的规则。

（3）非市场性。公共选择理论所指称的“集体”包括政府、社会组织、国际、教育、福利、环境保护等政治领域。在这些领域，市场不能对资源进行有效配置，只有通过非市场的集体决策来达到目的。

（三）公共选择理论的研究内容

公共选择是指人们通过集体行动和政治程序来决定公共物品的需求、供给和产量，是对资源配置的非市场选择，即政府选择。具体包含以下研究内容。

1. 国家理论

公共选择理论主要研究对政府的财政权力、货币权力与管制权力的约束问题，包括选择的约束（投票规则）与约束的选择（政策本身）。Buchanan 认为，立宪（制宪）和修宪是集体活动[2]。同时，国家是个体公民做出集体决策以区别个人目的的手段和场所。集体活动也有成本，包括决策成本和外在成本。决策成本是指协商与制定中的一系列资源耗费；外在成本是指利益损失者的损失。公共选择成本取决于决策方式和投票规则。

2. 投票规则

（1）一致同意规则，是指一项决策或议案，须经全体投票人一致赞同或没有任何人反对，才能获得通过的一种投票规则。“一致同意规则肯定能实现资源配置的帕累托效率”的观点，首先由维克塞尔在他的《公平赋税的新原理》一文中加以论述，后来 Buchanan 和 Tullock 在《同意的计算：立宪民主的逻辑基础》中加以发挥。

（2）多数票规则和投票悖论，是指一项议案或决策须经过 1/2 以上投票人赞成才能通过或采用的一种投票规则，也就是我们通常所说的“少数服从多数”。早在 18 世纪 80 年代，法国社会学家孔多塞和数学家博尔塔就观察到多数票规则的一个重要特性——它不能在多个备选方案中达成均衡而在各种选择之间循环。这种现象被称作投票悖论或孔多塞悖论。它说明当各个人的偏好不同时，任意加总或总合这些偏好时，结果可能是不相容的。

3. 政党与选民

在公共选择者看来，政治活动的主体与经济活动的主体一样，都是一个理性的“经济人”，总是追求个人的最大利益，政治活动的当事人主要有政党（政治家）和选民投票人。在公共选择理论中，政党是指通过合法的方式在大选中获得政权、统治政府的人

① 詹姆斯·M. 布坎南，戈登·塔洛克. 同意的计算：立宪民主的逻辑基础[M]. 陈光金，译. 北京：中国社会科学出版社，2000.

② 詹姆斯·M. 布坎南，戈登·塔洛克. 同意的计算：立宪民主的逻辑基础[M]. 陈光金，译. 北京：中国社会科学出版社，2000.

的联合体，政治家是他所在政党的领袖或代表，政治家的动机和行为与他所代表的政党的动机和行为是一致的；选民投票人是从政党的政治纲领和政府的政策实施过程中获得利益的人。

Anthony Downs 在他的《民主的经济理论》①一书提出这样的假说：政治家或政党也是理性的“经济人”，他和消费者、生产者具有同样的行为动机。也就是说，政党所追求的目标不是某种真理或理想，而是执政。政党在其政策决策中一般遵循多数原则，追求的只是能给他赢得更多选票而不是失去更多选票的那些政策。

Anthony Downs 认为选民是理性的，参与投票的目的是通过参与政治获得预期效用最大化。这被后人称为“理性投票人假说”。选民是否投票主要取决于以下几个影响因素：自己亲自投票的重要性、对政党政纲带来的效用预期、投票成本、投票的长期利益。

4. 利益集团理论

利益集团，又称压力集团，通常是指任何一个力图影响公共政策的组织，集团的活动主要是进行政治游说。利益集团左右议案的方式有：为缺乏信息的选民提供免费信息，鼓动他们支持自己；向政治家和议员游说，为他们提供专业技术信息；给予议员政治资助；同其他利益集团联手，互相投赞成票。一般来说，利益集团可分为三类：一是特权集团；二是中级集团；三是潜在集团。不同的利益集团在规模、资源、权力和政治倾向等方面存在明显的差别。

5. 官僚经济理论

官僚机构经济学的相关理论研究始于 20 世纪 60 年代后期，是由 Downs 和 Tullock 等率先发起的。官僚经济理论弥补了公共物品供给方面理论的空白，使公共选择理论更为完整。官僚经济理论采取“新政治经济学”的分析途径，即采取经济学的方法来研究官僚制度。官僚经济理论的主要观点如下：①公共选择学派将各级行政机关统称为官僚机构，认为它是一种客观存在的正式组织；②官僚的目标是预算最大化；③官僚机构提供公共产品的成本随着产量的增加而递增。

（四）公共选择理论的研究方法

1. 理性自利的“经济人”假设

像经济学一样，公共选择的基本行为假定是：人是一个自私的、理性的效用最大化者。Buchanan 创立的公共选择学派把“经济人”假设运用于政治人分析，认为政治人也是“经济人”，活动的目的也是个人利益最大化。同时，政治市场与经济市场上活跃着的是同一类人，都以自身利益最大化为目标。在经济学研究中，由于“功利主义”工具理性的哲学传统，在经济分析中将人性假定为自私自利。在政治学研究中，由于国家机器具有公益属性，政府应有最广泛的代表性和正义性。因此在政治分析中，政府中的个人又变成“超越个人偏好、追求普遍的善和正义”的利他主义者。公共选择理论确立“经济人”假设的研究前提，避免了跨学科跨领域的公共研究学科间理念上的“不兼容”而导致研究的悖论。

① 安东尼·唐斯. 民主的经济理论[M]. 姚洋，邢予青，赖平耀，译. 上海：上海人民出版社，2017.

2. 经济学的交换范式

Buchanan 认为经济学是专门研究交换的科学，主要研究市场交换过程。公共选择理论借鉴经济学研究方法来研究政治-行政过程，因此 Buchanan 把交换范式作为公共选择理论的第一方法论。按照这种逻辑，政治学也是一门交换的科学。在对政治-行政的观察中，将政治视作市场，将政治的全过程视作与市场经济相类似的交换过程，并提出“政治市场”的概念。按照交换范式的分析，公共研究的重点不应像政治学研究那样侧重国家、团体和政党等概念的规范性分析，而应该侧重群体之间或个人之间，由于理性自利的动机而进行的交易过程。因此，公共政策的出台与绩效并不是由于政治精英的英明或关键人物的推动，而是群体之间或个人之间利益博弈、妥协、调整的交换过程。

3. 方法论浓厚的“个人主义”色彩

微观经济学研究的逻辑起点是个人，所以在方法论上具有浓厚的个人主义色彩。公共选择理论研究的逻辑起点也同样是个人，在对政治领域研究或政治-行政过程的分析中，公共选择理论与经济学研究一样，主张从个人的工具理性出发来解释社会、经济、政治各种现象。在对私人活动的研究中，这种方法的研究过程被表述为市场过程。研究集体活动时被表述为个人在实现目的时不是经由个人而是选择通过集体来达成个人目标的活动，从而得出政府是允许个人选择通过集体而非经个人来实现个人目标所产生的机构，政治过程是允许个人选择通过集体而非经个人来实现个人目标活动的一系列过程。

（五）公共选择理论的再思考

公共选择理论对公共管理学有着十分重要的理论启发作用：①通过引入经济学的假设和研究方法为公共管理学研究拓展了经济学的视野和新的研究途径。以自利、理性的“经济人”假设为研究的逻辑起点，使公共管理学获得比传统公共行政更强有力的理论基础。②对资本主义民主政治过程的矛盾性、投票制度的虚伪性、少数利益集团对决策过程的操纵性的分析，引起了公共管理学研究对政府干预行为的局限性及其引致的种种弊端的反思。③强调规则、立宪和立宪限制重要性的思想，有关改善政治首先要改革规则、市场失灵的根源在于现行规则失灵的分析，也使公共管理学十分重视从规则和制度创新层面进行研究。④对公共选择本质的认识有助于促进公共治理中的参与式民主和协商民主；有助于增强宪政和法治理念，通过制度创新促进法治建设和政治民主建设，强化对公共权力的制约和反腐败。

但与此同时，公共选择理论是完全立足于资本主义私有制基础上的分析，它信奉“经济人”的说教，把商品经济的市场交换原则广泛地运用于政治领域，这是社会主义国家所不能接受的。公共选择理论还用超阶级的观点来看待国家的本质，把资产阶级国家与公众之间的关系看作完全平等的商品等价交换关系。

二、政府失灵理论

（一）政府失灵理论的概述

在市场经济中，政府干预经济是为了矫正和弥补市场机制的功能缺陷或市场失灵。

但是，政府为此所采取的立法、行政管理及各种经济政策手段，在实施过程中往往会出现事与愿违的结果和问题，最终导致政府干预经济的效率低下和社会福利损失。也就是说，政府在力求弥补市场失灵的过程中，又不可避免地产生了另一种缺陷，即政府活动的非市场缺陷——“政府失灵”。

政府失灵，是指政府行动不能增进效率或政府把收入再分配给那些不应当获得这种收入的人。Paul Samuelson 认为当政府政策或集体行动所采取的手段不能改善经济效率或道德上可接受的收入分配时，政府失灵便产生了[①]；Charles Wolf 认为由政府组织的内在缺陷及政府供给与需求的特点所决定的政府活动的高成本与低效率和分配不公，都是政府失灵的表现[②]；以 Buchanan 为代表的公共选择学派则认为，政府失灵是指个人对公共物品的需求在现代民主政治中得不到很好的满足，致使公共支出规模过大，运行效率偏低，政府预算出现偏差[③]。

（二）政府失灵的原因

在公共选择学派看来，政府失灵有以下几个主要原因。

（1）即使政府是公正无私的，也会因判断失误和技术能力缺失等出现干预失误。

（2）政府实际上并不是公正无私的，组成政府机构的各层官员也是“经济人”，而且政府自身也是利益群体。

（3）政府是一种自然垄断性组织，垄断条件下任何组织都可能导致低效率。

（4）政府成本与收益的分离使政府缺乏竞争机制，导致官僚机构低效率。

（5）如果不能实现有效的异体监督，对政府权力的监督只能是虚化和弱化，从而使公共权力的滥用和腐败更难以遏制。

（三）政府失灵的表现

1. 政府政策与工作的低效

在市场失灵的条件下，政府对经济生活的干预主要是制定和实施公共政策，以法规、行政手段来弥补市场的缺陷，纠正市场失灵。但与市场决策相比，公共决策是一个更复杂的过程，存在种种困难、障碍和制约因素，使政府难以制定并执行合理的公共政策，导致公共政策失效。这不但不能起到弥补市场机制不足的作用，反而加剧了市场失灵，带来了更大的资源浪费，甚至引发社会灾难，不利于市场经济的建设。

2. 政府部门的自我扩张

政府失灵还体现在政府部门在提供公众服务中也在追求自身利益最大化，而非公共利益和公众福利。政府部门的自我扩张源于政府机构存在内在性，即影响指导、规制和评估机构运行和机构人员行为的内在因素。政府机构内的动力是由个人或集体的行为产生的，所以政府机构就具有“私人”的内在目标，而且这些目标将影响机构的实际运行。

---

① 保罗·萨缪尔森. 经济学[M]. 萧琛，译. 北京：商务印书馆，2013.

② 查尔斯·沃尔夫. 市场，还是政府——不完善的可选事物间的抉择[M]. 陆俊，谢旭，译. 重庆：重庆出版社，2007.

③ 詹姆斯·M. 布坎南，戈登·塔洛克. 同意的计算：立宪民主的逻辑基础[M]. 陈光金，译. 北京：中国社会科学出版社，2000.

政府机构目标是追求预算最大化，而政府机构规模越大，相应的机构预算就越大，不可避免地会造成政府机构的扩张。随着政府机构的扩张，政府支出水平也迅速增长。

3. 公共产品供给低效率

在纠正市场失灵时，公共组织尤其是政府机构履行了公共物品提供者的职能，即直接为市场提供公共物品，同时也向公众提供公共产品。由于政府和企业的性质不同，官僚机构提供公共物品所追求的是社会效益，而非经济效益，因此在没有利润动机的诱惑下，政府对公共物品的提供产生了巨大的低效与浪费现象。

4. 寻租及腐败

寻租及腐败是政府失灵的另一个表现，基本内涵是“寻求非生产性的获利”。现代社会中最常见的寻租方式就是利用法律或行政手段，维护既得经济利益或对社会经济利益进行再分配。在现代寻租理论中，一切利用行政权力大发横财的活动都可称为寻租活动。寻租导致腐败、政府失灵，以及资源无效配置，从而扭曲了市场经济，阻碍了市场经济的正常发展。

（四）政府失灵的矫正

1. 市场化改革

政府职能的合理界定取决于市场调节和政府干预的均衡，两者之间是负相关关系，没有固定的模式。凡是市场能够有效发挥作用的地方，政府就应坚决退出，凡是存在市场失灵的地方，政府的职能就要加强。鉴于市场与政府都并非完美无缺，需要全面考察政府选择与市场选择的长处与短处，并设计出某些机制。就目前持续推进市场化改革进程的中国社会来说，更为迫切的是合理确定政府的界限，大力推进“政退市进”，促进公共管理效率的提高。市场化改革可以从以下几方面来建立：首先，使公共部门权力分散化，这有利于减少垄断成分，增加市场化竞争因素，提高效率；其次，许多由公共部门提供的服务，可以承包给私人企业经营，比政府直接经营更有效率；最后，强化各地方政府之间的竞争，在各级政府机构内部建立竞争激励机制，把市场竞争原则引入非市场组织的政府机构，真正实现“择优上岗”。

2. 财政分权

缺乏有效的竞争机制是引起政府失灵的主要原因之一，而对财政制度进行改革，适度进行财政分权，就能在公共物品市场内引入经济市场中的竞争机制，从而促进政府有效竞争，达到优化资源配置的目的。财政分权是指中央政府给予地方政府一定的税收权和支出责任范围，允许地方政府自主决定其预算支出规模和结构。若中央政府给予地方政府适当的财政支出权力，那么地方政府就可以较为及时有效地向当地居民提供公共产品与服务。并且，适度的财政分权能够提高地方政府向辖区供给公共产品与服务的责任感和透明度，有助于提高财政支出使用效率。这就能够促使各个地方政府之间为争夺公众税收来源而展开竞争，促使它们不断提高税费的使用效率与支出质量，提高公共产品的供给水平。公众便可以通过缴纳较低的税费而享受更好的公共服务。

3. 厉行法治和道德教化

政府失灵在很大程度上是因为在获得公众让渡的自然权利后，政府没有正确运用所掌握的权力并努力提高社会产出与福利水平。公众同政府之间、政府部门之间，以及国家之间所签订契约的漏洞与不完全性，也给政府失灵以可乘之机。法律是体现契约性最主要也是最重要的社会规范，通过完善相关契约严格约束政府各部门公共权力与责任边界，确保各级政府部门严格按照规章制度办事，部门之间要就相关决策达成意见统一，协调组织好政府间关系，维护社会整体利益，是矫正政府失灵的应有之义。与此同时，在矫正政府失灵时除依靠各种成文的法律、法规、规章及契约等正式制度安排外，还需要以优质的非正式机制为支撑。文化道德等非正式规则，则是一种可以重塑官员价值取向和行为理念的软制度安排，其约束范围和引导效果更好。努力提高公务员群体道德素养，能够对政府行为产生约束，减少政府官员非法不当的利己倾向。

（五）政府失灵理论的再思考

政府失灵理论为公共管理学带来的理论启示是多方面的：①填补了政府行为研究的空白。围绕政府失灵所进行的分析，纠正了以往在研究分析政府和市场关系问题上存在的错误倾向——注重市场缺陷，忽视了非市场或政府缺陷，在市场失灵论之外突破性地提出了与之相对应的“政府失灵理论”。②在方法论上提供启迪。从经济学视角出发，把政治、制度的因素视为经济过程的内生变量，将政府行为与制度供给纳入经济学分析的范畴中，从而弥补了传统经济学将政治、国家或政府要素看作经济过程中的外生变量排斥于经济学体系之外的缺陷，勾连了当代社会中政治与经济的相互关系。

政府失灵理论从根本上指出了官僚政治体制的缺陷，从而为寻求积极的对策解决政府低效率的问题拓展了重要思路。政府失灵理论构成了公共管理改革的重要认识基础。基于这样的认识，通过制度创新重塑政府、在公共服务和公共物品的供给中引入竞争机制、通过多元参与合作共治的方式改善公共治理和规范制约政府行为等改革理念和改革方略的推行成为可能。

政府失灵理论及其政策主张对我国政府机构改革有着重要的借鉴意义：首先，要转变观念，摒弃传统计划体制下形成的“政府万能”的观念，正确认识政府干预经济的作用；其次，引入竞争机制，进行市场化取向政府管理改革；再次，要加强政府法治及监督制度建设，使政府行为法治化；最后，需要全面辩证地看待公共选择理论的政府失灵理论。我国经济正处于转型期，在实现工业化，发展更高水平的社会主义市场经济的过程中，没有政府的积极有效的干预作用是不可能实现的。

三、委托-代理理论

（一）委托-代理理论的产生

委托-代理关系起源于“专业化”的存在。当存在“专业化”时，就可能出现一种关系，在这种关系中，代理人由于相对优势而代表委托人行动。从信息经济学角度讲，拥有私人信息的参与人被称为代理人，不拥有私人信息的参与人被称为委托人。从契约论角度讲，委托人是主动设计契约形式的参与人，代理人是被动接受或拒绝契约选择的参与人。管理学中的委托-代理理论主要起源于对私人部门所有者与经营者或雇员之间关系的研究，人们发现代理问题普遍存在于包括公共组织在内的一切有科层结构的组织中。

在传统企业制度下，产权主体是单一的、人格化的，企业主拥有绝对的权威和完整的所有者权利，享有企业的全部经营所得，同时对企业的债务负有无限的清偿责任。在这种资产所有者和经营者合二为一、责权利融为一体的制度下，不存在现代企业理论所关注的委托–代理关系。随着企业规模、范围的不断扩大，企业股东与管理者人数逐渐增加，尤其是企业管理本身日趋复杂化、专业化，资本所有者完全控制企业经营活动越来越受到自身精力、专业知识、时间、协调能力等因素的限制，资本所有者委托人就会把企业财产的实际占用、使用和处置权委托给代理人行使，并行使监控企业的职能，这就出现了委托–代理的契约关系。从根本上说，导致委托–代理关系产生的根源在于委托–代理双方对自身利益最大化的追求。当委托人委托其他人来处理某项事务比自己亲自处理能获得更多的经济利益，同时代理人也能从接受委托中获得比从事其他活动更多的收益时，委托–代理关系就会产生，以获得经济学上所说的“分工效益”和“规模效益”。

（二）委托–代理关系

委托–代理也称意定代理或授权代理，它以当事人的意思表示为前提，即委托人的授权委托。委托–代理关系具有以下特点：①委托–代理是基于委托人的委托授权而产生的，委托授权在委托–代理中具有决定性的意义；②委托–代理中的代理人，既可以是自然人，也可以是具有法人资格的代理机构；③委托–代理通常是有偿的。

委托–代理关系的核心是委托方如何将代理人的行为限制在符合自身利益的范围内。它所关注的问题主要有三个：一是代理人的选择和对代理人的激励；二是减少“代理成本”或由代理所引起的资源耗费；三是签订最优合同，防止双方尤其是代理方寻机违约为自己谋利。

在任何一种委托–代理关系中，双方能够在讨价还价中达成协议，并在合同约束下行动，展开博弈。委托–代理理论遵循的是以“经济人”假设为核心的新古典经济学研究范式，并以下面两个基本假设为前提。一是委托人和代理人都是“经济人”，行为目标都是实现自身效用最大化。二是委托人与代理人之间信息是不对称的，即在委托–代理关系中，委托人并不能直接观察到代理人就工作所付出的努力，即使能够观察到，也不可能被第三方证实；而代理人自己却很清楚自己所付出的努力。

（三）委托–代理问题

委托–代理问题是指由于代理人的目标与委托人的目标不一致，加上存在信息不对称，代理人有可能偏离委托人的目标而委托人难以观察和监督，从而出现代理人损害委托人利益的现象。委托–代理关系的影响如下。

（1）信息不对称。信息不对称是委托–代理关系中的应有之义，委托人之所以将某件事委托给代理人，正是因为代理人掌握委托人没有的信息。如果代理人出于自身利益，利用这些信息做出对委托人不利的选择，就会出现“逆向选择”问题。同时，代理人的行动通常也是代理人的私人信息，这时就面临“道德风险”问题。

（2）有限理性。有限理性指人的行为是有意识的、理性的，但这种理性又是有限的。一是环境是复杂的，在非个人交换形式中，人们面临的是一个复杂的、不确定的世界，而且委托-代理行为越多，不确定性就越大，信息也就越不完全；二是代理人的能力和认识能力是有限的，代理人不可能无所不知；此外，在很大程度上，代理人行为活动也容易受到情境的影响。

（3）"经济人"假设。该假设认为委托人和代理人都是追求自身利益最大化的"经济人"，这是委托-代理关系产生的必要条件。"经济人"假设具有"经济"特征，其具备所处环境的知识即使不是绝对完备，至少也相当丰富和透彻；同时，还具有一个很有条理的、稳定的偏好体系，靠此能计算出在委托人和代理人的备选行动方案中，委托-代理人在决定过程中寻找的是利益的"最大"或"最优"标准。

（4）代理人具有机会主义倾向。机会主义行为是指在信息不对称的情况下人们不完全如实地披露所有的信息及从事其他损人利己的行为。一般指用虚假、空洞的或非真实的承诺谋取个人利益的行为。机会主义行为是委托-代理关系中一种较为普遍的行为倾向，当这种行为倾向发生在代理人身上时，将严重降低委托-代理行为的质量，进而损害委托人的利益。机会主义行为使各种社会经济活动处于混乱无序状态，造成资源的极大浪费，给社会带来难以估计的损失，阻碍了社会的发展。具体到管理活动中，机会主义行为会降低管理绩效，使管理目标难以达成。

（四）委托-代理理论的研究意义

委托-代理理论作为西方经济学中的重要研究领域，丰富了现代经济理论，为分析现实问题提供了强有力的分析框架，被广泛运用于经济和社会各领域，对许多现实问题也做了很有说服力的解释。中国处于经济社会转型时期，许多经济社会问题通过委托-代理理论得到了很好的解释，但在运用委托-代理理论时，必须充分注意委托-代理理论的前提假设及其所适用的条件。具体内容如下。

（1）公众即委托人应当尽可能地缩小与政府即代理人之间对目标认识的差距。

（2）公众必须选择有效的机制来对政府及其官员实施监督和约束。

（3）要想实现公共利益的最大化，必须建立明确的覆盖各级政府、政府部门及政府官员的责任机制、激励机制和责任追究机制。

四、交易成本理论

（一）交易成本理论的创立与发展

1. 科斯的交易成本理论观点

科斯于 1991 年获诺贝尔经济学奖，代表作品有《英国的广播事业：垄断研究》等，此外还发表了 18 篇论文，其中最重要的是《企业的性质》（1937 年）和《社会成本问题》（1960 年）。

科斯是在对新古典经济学反思的基础上"发现"交易成本的。新古典经济学以完全竞争的自由市场经济为现实背景。在科斯看来，价格机制能够自动保证各种资源的配置达到帕累托最优状态。既然市场交易存在成本，企业替代市场一定是因为企业内部的交易在一定限度内可以降低市场交易成本。

科斯用交易费用的概念来解释为什么会出现企业。他认为，企业从一个专业化的交易经济中出现的主要原因，在于利用价格机制是有成本的①。人们在通过市场发生交易时，必须了解商品的价格和质量，必须进行大量的比较和选择。在某种场合，还要就达成交易进行谈判和签约，同时承担违约带来的风险，这一切都要耗费人力和财力。换言之，要达成某种交易是要付出成本的，这类成本即被称作交易费用或交易成本。

2. 威廉姆森对交易成本理论的发展

威廉姆森是新制度经济学的代表人物之一，1932 年出生于美国，1963 年获卡内基·梅隆大学经济学博士学位，主要著作有《市场与等级制》（1975 年）和《资本主义经济制度》（1985 年）等。

在科斯的基础上，威廉姆森对交易成本的内涵和外延做了新的解释②。从资产专用性、机会主义、有限理性、不确定性和交易频率等方面论证了交易成本产生的原因。此外，他还建立了交易成本与资产专用性等变量的关系式，为交易成本的实证检验奠定了基础，将交易成本理论和方法应用到经济组织问题的研究中，拓展了交易成本研究和应用的领域。

（二）交易成本理论的基本内容

按照新制度经济学的解释，制度的功能是节约交易费用或交易成本，制度创新实际上是选择交易费用更少的制度安排的过程。Kenneth Arrow 把交易费用定义为运行一个制度所耗费的资源的价值③。显然，Kenneth Arrow 给出的定义太抽象，难以进行比较分析。科斯将交易费用定义为获得市场信息、谈判和签订交易契约并在契约实施中监督或必要时调解与仲裁的费用。他在《社会成本问题》一文中曾这样解释说："为了进行市场交易，有必要发现谁希望进行交易，有必要告诉人们交易的愿望和方式，以及通过讨价还价的谈判缔结契约，督促契约条款的严格履行等。这些工作常常是需要花费成本的。"④张五常认为，可以把交易成本看作一系列制度成本，其中包括信息成本、谈判成本、起草和实施合约的成本、界定和实施产权的成本、监督管理的成本和改变制度安排的成本。简言之，交易成本包括一切不直接发生在物质生产资料过程中的成本⑤。因此，把交易费用简单地理解为制度的运行成本是不适当的，交易费用不仅包括制度运行成本，还包括制度运行本身所附加的损失，即包括组织、维持和实施一项制度安排各种规则的所有费用。

1. 交易成本的外延

交易成本的外延，就是指它到底包括哪些具体项目。

① 罗纳德·哈里·科斯. 论生产的制度结构[M]. 盛洪，陈郁，等译. 上海：上海三联书店，1994.

② 奥利弗·E. 威廉姆森. 资本主义经济制度[M]. 段毅才，译. 北京：商务印书馆，2002.

③ 转引自速水佑次郎. 发展经济学——从贫困到富裕[M]. 李周，译. 北京：社会科学文献出版社，2003.

④ 转引自陈郁. 企业制度与市场组织——交易费用经济学文选[M]. 上海：上海人民出版社，2006.

⑤ 张五常. 经济解释——张五常经济论文选[M]. 北京：商务印书馆，2000.

（1）科斯对交易成本外延的分析[①]。首先，发现相对价格的成本。价格是不确定的、未知的，要将其转化为已知，进行市场交易的当事人必须付出代价。其次，谈判和签约的费用。交易人之间常会发生纠纷、冲突，这就需要讨价还价，签订和履行合约，甚至诉诸法律。这些都要花费一定的费用。最后，其他方面的不利因素（或成本）。

（2）威廉姆森对交易成本外延的分析[②]。他将交易成本区分为事前的和事后的。事前的交易成本使交易者会对未来的不确定性产生困扰，因此需要事先规定双方的权利、义务和责任；事后的交易成本是交易已经发生之后的成本。

（3）马修斯对交易成本外延的分析[③]。一是通过寻找有关价格分布、商品质量和劳动投入的信息；二是为寻找对己有利的价格或交易位置，买卖双方进行的讨价还价；三是对于合约对方的监督以确定对方是否违约，以及当对方违约之后强制执行合同和寻求赔偿。

2. 交易成本的性质

（1）交易成本是机会成本。

（2）交易成本是经济主体之间知识、信息不对称的结果，是利益冲突与调和过程中损耗的资源。

（3）在新制度经济学家看来，制度和技术是降低交易成本的两种主要力量。

（4）由于事件的概率性及不确定性的存在，人们只能在事前根据不完备的知识和经验对交易成本的种类和数量进行估计。

3. 交易成本的决定因素

威廉姆森分析交易成本的决定因素在于：①人的因素。在他看来，现实的经济生活中的人并不是古典经济学所研究的“经济人”，而是“契约人”。②有限理性。有限理性是说，主观上追求理性，但客观上只能有限地做到这一点的行为特征。③机会主义。威廉姆森认为“经济人”会以狡黠的方式追求自身的利益，随机应变，投机取巧，有目的、有策略地利用信息[④]。当然，还有一些与特定交易有关的因素，如资产专用性、交易的不确定性和交易的频率。

道格拉斯·C. 诺思认为交易成本的决定因素在于[⑤]：①商品和服务的多维属性。作为交易对象的商品、服务具有许多属性，要对其充分理解和精确计算代价高昂。②信息不对称与人的机会主义动机。商品和服务具有多维属性，必然导致交易双方信息不对称问题。③交易的人格化特征。

4. 交易成本的计量

关于交易成本能否计量，在理论界存在两种不同的观点：悲观论认为由于交易成本中的搜集信息费用、谈判和签约费用等涉及人的时间和精力耗费，难以用货币表示，因而准确计量交易成本不可能；乐观论认为尽管难以对交易成本做出十分清楚的计量，但

① 罗纳德·哈里·科斯. 论生产的制度结构[M]. 盛洪，陈郁，等译. 上海：上海三联书店，1994.

② 奥利弗·E. 威廉姆森. 资本主义经济制度[M]. 段毅才，译. 北京：商务印书馆，2002.

③ 转引自吴意云，史晋川. 交易成本论[J]. 浙江社会科学，2003，（3）：41-46.

④ 奥利弗·E. 威廉姆森. 资本主义经济制度[M]. 段毅才，译. 北京：商务印书馆，2002.

⑤ 道格拉斯·C. 诺思. 制度、制度变迁与经济绩效[M]. 杭行，译. 上海：格致出版社，2008.

通过间接的办法还是可以计量交易成本的。

计量交易成本仍然存在很多的问题，具体包括：①没有普遍认可的术语，对交易成本的不同定义引发了对计量问题的争议；②由于生产和交易成本是被联合决定的，因此对交易成本的单独估计会变得相当困难；③如果交易成本非常高，许多交易可能根本就不会发生，一价定律在此并不适用。正是由于上述方面，交易成本的计量不仅面临困难，也备受争议。从现有的成果来看，主要集中在以下两个方面。

（1）从宏观层面上计量交易成本：①道格拉斯·C. 诺思的兴趣在于计量交易成本的总量，但实际上他们计量的是交易部门的数量而不是交易成本的数量[①]；②张五常从广义上来界定“交易成本”，认为它的范围确实很广[②]。

（2）微观层面的研究：①德姆塞茨通过分析卖出价和买入价的差额及经纪人的收费对使用有组织的金融市场的成本进行了直接的测算和估计[③]；②威廉姆森把专用性投资间的某些关系作为对交易成本的测度，其中心观点是制度结构的特征严重影响交易成本的大小[④]。

5. 交易成本理论的其他应用

（1）纵向联合理论。纵向联合理论探讨的是导致企业纵向扩张的原因，该理论可归为“技术决定论”与“市场缺陷论”两种观点。“技术决定论”认为，许多生产阶段在技术上紧密相连，属于同一企业经营范畴，即技术经济的需要。“市场缺陷论”着眼于市场中的“缺陷”，即市场中偏离纯粹市场竞争模式的现象，包括垄断、寡头、不完全竞争等市场模式，其中最典型的是“变量比例”说。威廉姆森从交易成本的角度来解释，认为纵向联合的基本动力仍是现有的和潜在的交易成本，用交易成本理论可以重新解释上述两类理论[⑤]。

（2）技术转让理论。大卫·蒂斯用大量的统计实证推翻了技术具有“公共品”特征的假设。他研究了大量技术转让的案例，发现国际技术的交易成本并非可以忽略不计而是技术越复杂，转让本身的交易成本就越高。技术有两种：①物化技术，如先进的设备；②非物化技术，如操作设备的方法。大卫·蒂斯认为技术转让交易成本取决于跨国公司转让技术的组织方式[⑥]。

（3）跨国公司理论。用交易成本理论解释跨国公司的组织结构和行为是近年来跨国公司理论发展的主要方向。传统的投资理论认为跨国公司是资本流动的工具，而资本的流动是由利润率的差别引起的，资本流向利润率高的地方。资本供大于求，价格下跌；求大于供，价格上涨，而资本的价值就是利率。跨国公司以对外直接投资的方式将自己的业务扩大到本国边境之外，而直接投资的方式有两种，即吞并现有的外国企业和新建业务。

---

① 道格拉斯·C. 诺思. 制度、制度变迁与经济绩效[M]. 杭行，译. 上海：格致出版社，2008.

② 张五常. 经济解释——张五常经济论文选[M]. 北京：商务印书馆，2000.

③ 转引自罗必良. 交易费用的测量：难点、进展与方向[J]. 学术研究，2006，（9）：32-37.

④ 奥利弗·E. 威廉姆森. 资本主义经济制度[M]. 段毅才，译. 北京：商务印书馆，2002.

⑤ 奥利弗·E. 威廉姆森. 资本主义经济制度[M]. 段毅才，译. 北京：商务印书馆，2002.

⑥ 大卫·蒂斯. 技术秘密与知识产权的转让与许可——解读当代世界的跨国企业[M]. 王玉茂，彭洁，李莎，等译. 北京：知识产权出版社，2014.

第三节　管理学理论

一、目标管理理论

（一）目标管理的内涵

目标管理是20世纪50年代中期出现于美国，以Taylor的科学管理和行为科学理论（特别是其中的参与管理）为基础形成的管理制度。由于这种管理制度在美国应用非常广泛，而且特别适用于对主管人员的管理，所以被称为“管理中的管理”。

（二）目标管理的特征

（1）重视人的因素。目标管理是一种参与式的、民主的、自我控制的管理制度，也是一种把个人需求与组织目标结合起来的管理制度。在这一制度中，上下级之间的关系是平等的、互相尊重和支持的，下级在被授权与承诺目标之后的行为应是自觉的、自主的和自治的。

（2）建立目标锁链与目标体系。目标管理将组织的整体目标逐级分解，转换为各部门机构、各员工的分目标。在进行目标分解的同时，明确各层级主体的权、责、利关系。同时使这些目标方向一致，层层连接，相互契合，形成完整的目标体系。

（3）重视成果。目标管理以制定目标为起点，以对目标完成状况的考核评价为节点。工作成果既是测定目标完成程度的标准，也是对员工考核奖惩的依据。

（三）目标管理的基本过程

（1）建立一套完整的目标体系。实行目标管理，首先要建立一套完整的目标体系。上下级的目标之间通常是一种“目的-手段”的关系；某一级的目标，需要用一定的手段来实现，这些手段就成为下一级的次目标，按级顺推下去，直到作业层的作业目标，从而构成一种锁链式的目标体系。

（2）制定目标。制定目标需要事先拟定前提条件。这是一些指导性的方针，如果指导方针不明确，下级主管人员不可能制定出合理的目标。此外，制定目标应当采取协商的方式，应当鼓励下级主管人员根据基本方针拟定自己的目标，然后由上级批准。

（3）组织实施。目标既定，主管人员应把权力交给下级成员，自己抓重点进行综合性管理。完成目标主要靠执行者的自我控制。若明确目标之后，上级主管人员还像从前那样事必躬亲，便违背了目标管理的主旨，不能获得目标管理的效果。上级的管理应主要表现在指导、协助、提出问题，提供情报及创造良好的工作环境方面。

（4）检查和评价。各级目标的完成，事先要规定期限，定期进行检查，检查的方法可灵活设计，如自检、互检和责成专门的部门进行检查等。对于最终结果，应当根据目标进行评价并进行奖罚。评价完成后，目标管理进入下一轮循环过程。

（四）对目标管理理论的评价

目标管理理论可以提高政府的生产力，改善政府绩效；可以给予官员较大的自由裁量权，有利于增强官员灵活性，提升工作效率；有助于在公共部门建构和运行绩效管理体系，从而改善公共部门的运行效率。

目标管理运行在很大程度上依赖于信任，在官僚制组织中不易建立充分的信任；目标不易量化，结果不易测定；目标管理的实施周期较短，适用性易受限制；有时奖惩不一定都能和目标成果相配合，难以保证公平性。

（五）目标管理理论对中国的启示

我国传统文化历来强调“以人为本”，但在人力资源管理实践中却缺乏对个人潜力的有效激发，相关激励机制和管理手段的运用存在一定局限性。我国的企业应该借鉴国外先进企业的成功案例，更好地运用目标管理，让人才最大限度地实现自我控制，提高企业效率。同时更要关注员工的精神需求，社会的变化与发展推动员工价值取向日趋多元化，他们更希望企业能提供更多的机会来实现个人的人生目标。

在经济一体化的情况下，我国应把人本和目标这两方面有机结合，充分重视人力资源的开发与目标管理模式的实践，更好地发挥每个人的主观能动性，推动我国经济快速稳步增长。

二、战略管理理论

（一）战略管理理论背景

1965 年，美国著名战略学家安索夫在《公司战略》一书中，首次使用了“战略管理”一词，将战略从军事领域拓展至经济管理领域。公司战略管理即视商场如战场，用军事战略的理念和方法来指导和获取商战的胜利[①]。

战略管理主要有两大学派，即行业结构资源学派和内部资源学派。明茨伯格等进一步将战略管理划分为设计学派、计划学派、权力学派、结构学派等[②]。

（二）战略管理理论的演变

1. 20 世纪 60—70 年代的战略管理理论

20 世纪 60 年代初，美国著名管理学家艾尔弗雷德 · D. 钱德勒《战略与结构：工业企业史的考证》一书的出版，开企业战略问题研究之先河。钱德勒在该书中分析了环境、战略和组织之间的相互关系，提出了“结构追随战略”的论点[③]。因此，他被公认为环境-战略-组织理论的第一位企业战略专家。

---

① 转引自昫熙. 伊戈尔 · 安索夫 战略规划之父[J]. 现代企业文化（上旬），2014，（9）：50-51.

② 亨利 · 明茨伯格，布鲁斯 · 阿尔斯特兰德，约瑟夫 · 兰佩尔. 战略历程：纵览战略管理学派[M]. 刘瑞红，徐佳宾，郭武文，译. 北京：机械工业出版社，2002.

③ 钱德勒. 战略与结构：美国工商企业成长的若干篇章[M]. 北京天则经济研究所，北京江南天慧经济研究有限公司，选译. 昆明：云南人民出版社，2002.

关于战略构造问题的研究，形成了两个相近的学派：设计学派和计划学派。设计学派认为，首先，在制定战略的过程中要分析企业的优势与劣势、环境所带来的机会与造成的威胁；其次，高层经理人应是战略制定的设计师，必须督导战略的实施；最后，战略构造模式应是简单而又非正式的，关键在于指导原则，优良的战略应该具有创造性和灵活性。设计学派以哈佛商学院的安德鲁斯为代表。

计划学派主张，战略构造应是一个有控制、有意识的正式计划过程；企业的高层管理者负责计划的全过程，而具体制订和实施计划的人员必须对高层负责；通过目标、项目和预算的分解来实施所制定的战略。计划学派以安索夫为杰出代表。

2. 20 世纪 80 年代的战略管理理论

20 世纪 80 年代初，以哈佛大学商学院的迈克尔·波特为代表的竞争战略理论取得了战略管理理论的主流地位。迈克尔·波特认为，企业战略的核心是获取竞争优势，而影响竞争优势的因素有两个：一是企业所处产业的盈利能力，即产业的吸引力；二是企业在产业中的相对竞争地位①。因此，竞争战略的选择应主要基于以下两点考虑：选择有吸引力的、高潜在利润的产业；在已选择的产业中确定自己的优势竞争地位。

3. 20 世纪 90 年代的战略管理理论

20 世纪 90 年代时期，随着信息技术的迅猛发展，竞争环境日趋复杂，企业不得不把眼光从外部市场环境转向内部环境，注重对自身独特的资源和知识（技术）的积累，以形成企业独特的竞争力（核心竞争力）。1990 年，关于核心能力的研究热潮开始兴起，并且形成了战略理论中的核心能力学派。

该时期的战略管理理论假定企业具有不同的资源（包括知识、技术等），形成了独特的能力，资源不能在企业间自由流动，企业利用这些资源的独特方式是企业形成竞争优势的基础。该理论强调的是企业内部条件对于保持竞争优势及获取超额利润的决定性作用。

20 世纪 90 年代，战略联盟理论的出现，使人们将关注的焦点转向了企业间各种形式的联合。这一理论强调竞争合作，认为竞争优势是构建在自身优势与他人竞争优势结合的基础上的。但是，联盟本身固有的缺陷，以及基于竞争基础上的合作，使这一理论还存在许多有待完善之处。

进入 20 世纪 90 年代中期，随着产业环境的变化，技术创新的加快，以及竞争的全球化和顾客需求的日益多样化，企业逐渐认识到，如果想要发展，无论是增强自身的能力，还是拓展新的市场，都需要与其他公司共同创造消费者感兴趣的新价值，企业必须培养以发展为导向的协作型经济群体。在此背景下，通过创新和创造来超越竞争开始成为企业战略管理研究的一个新焦点。

（三）战略管理理论的内涵

战略管理理论强调的是战略目标的实现，为组织未来的发展设立愿景，规划蓝图，关注与长远和整体利益攸关的总体方略及其实施。战略管理理论关注组织外部环境对组

① 迈克尔·波特. 竞争战略[M]. 陈小悦，译. 北京：华夏出版社，2005.

织发展的影响，其重要理念是利用外部机会，化解或回避外部威胁。

战略管理理论思想的内容包含战略竞标、战略联盟和战略再造。战略竞标主要有以下几层含义：竞争的对象是产品、服务和管理；目标是争做“领头羊”；过程是针对外部环境持续地进行优化；方法是比较和衡量。战略联盟是 20 世纪 90 年代以来国际盛行的一种新兴的战略管理理论思想，它是指两个或两个以上的企业为了实现某种共同的战略目标而达成的长期合作安排。它的核心思想是在竞争中合作、在合作中竞争，即“竞合”思想。战略再造的范围是整个经营单位，关注的焦点是所有重要的核心流程，以全局观念审视组织结构、目标体系、激励机制、公司文化和工作流水线。

（四）战略管理理论的作用与局限

实施战略管理有助于公共部门为确定发展愿景而进行具有充分前瞻性的战略思考，为组织的发展确定战略方向；实施战略管理有助于公共组织在当代社会变动不居的复杂环境中强化组织的适应能力和竞争力，提升管理运行效率；实施战略管理有助于为公共部门组织运行、设计和实施追求卓越的标准服务。

与此同时，战略管理理论仍存在较多局限性，如政府任期的短期性和短期行动取向使得长期战略难以施展；部门主义的限制有可能使全局战略观难以形成和贯彻。

三、绩效管理理论

（一）绩效管理的内涵

绩效一般解释为成绩、成效，含有成绩和效益的意思。把绩效用于对政府行为效果的衡量，反映的是政府绩效。政府绩效是指政府在社会经济管理活动中的结果、效益、效能，是政府在行使其功能、实现其意志过程中体现出的管理能力。

巴克沃认为，绩效管理是一个持续的交流过程，该过程由员工和其直接主管之间达成的协议来保证完成，并在协议中对未来需要完成的工作达成充分的理解，且将可能受益的组织、管理者及员工都融入绩效管理系统中①。所谓绩效管理，是利用绩效信息协助设定双方同意的绩效目标，以进行资源配置与优先顺序的安排，在此过程中告知管理者是否维持既定目标计划，并报告符合目标的管理过程。

绩效管理是一个完整的管理过程，绩效评价是绩效管理过程中的局部环节和手段；绩效管理侧重信息沟通与绩效提高，强调实现沟通与承诺，绩效评价侧重判断和评价，强调事后的评价；绩效管理是人力资源管理的核心内容，贯穿始终，绩效评价是绩效管理的关键环节，只出现在特定时期。

（二）国外绩效管理理论研究历程②

1. 20 世纪 70—90 年代的绩效评估的反思重估阶段

斯潘伯格认为，传统的绩效评估是一个相对独立的系统，通常与组织中的其他背景

① 巴克沃. 绩效管理[M]. 陈舟平，译. 北京：中国标准出版社，2000.

② 转引自于大春，张华杰，宋万超. 绩效管理理论研究综述[J]. 情报杂志，2010，29（S2）：11，16-19.

因素相脱离，如组织目标和战略、组织文化、管理者的承诺和支持等。帕蒙特指出，应把传统的绩效评估的目的转移到员工的提高上来。传统的绩效评估存在严重的不足。由于评估的主观性，评估没有得到很好的执行；许多管理者对员工的评估表面上和私下里是不一致的，表面上的评估分数可能很高，但私下想解雇他们，注重评估的过程和形式，不注重评估的价值，对组织和员工的作用不大等。尼克尔斯认为，从绩效评估到绩效管理依赖于以下四个原则：必须设定目标；测量员工是否成功达到目标的尺度，且必须被清晰地表达出来；目标本身应该是灵活的，能够反映经济和工作场所环境的变化；员工应该把管理者不仅仅当作评价者，还要当作指导者。汤姆·科恩和玛丽·金肯斯认为，在总结许多管理实践案例后，应当废止绩效评估。

2. 绩效管理理论体系的丰富和发展阶段

罗杰斯和布瑞德鲁普把绩效管理看作管理组织绩效的系统。从组织角度考虑目标制定、绩效改进和考查计划，认为绩效管理通过决定组织战略，以及通过组织结构、技术事业系统和程序等来加以实施。斯科尼尔和贝蒂认为，绩效管理系统应该是一个循环周期，包括衡量和标准；达成契约；规划；监督、帮助、控制；评估；反馈；人事决定；开发再回到衡量和标准。艾恩斯沃斯和史密斯把绩效管理看作管理员工绩效的系统，认为绩效管理的过程应该包括在给员工确立目标并与其达成一致的承诺基础上，对实际期望的绩效进行计划、估计、客观衡量或主观评价；通过相互反馈进行修正，确定可接受的目标，并采取行动。考斯泰勒主张绩效管理是组织和员工的综合系统，认为绩效管理通过将各个员工或管理者的工作与整个工作单位的宗旨连接在一起，来支持公司或组织的整体事业目标，同时认为，绩效管理的中心目标是挖掘员工的潜力。查理德·威廉姆斯在所著的《绩效管理》中把绩效管理系统分为四个部分：一是指导与计划阶段；二是管理与支持阶段；三是考查与评估阶段；四是发展与奖励阶段。

（三）绩效管理遵循的原则

（1）公开与开放原则。
（2）定期化与制度化原则。
（3）可行性与实用性原则。
（4）可靠性与正确性原则。
（5）反馈与修改原则。

（四）绩效管理系统设计

绩效管理的核心流程通常遵循“五步骤循环”流程：绩效计划—绩效实施—绩效评估—动态持续的绩效反馈与沟通—绩效结果应用。但是根据组织环境的差异、应用目的的不同侧重、管理控制变量的不同，流程的体现形式应有所差异。绩效管理核心流程运用形式上的差异，常常体现在绩效考核（评估）环节。

（五）绩效考核方法

绩效考核方法是绩效管理核心流程的重要环节之一，已开发和应用的有关技术方法有很多。

1. 按考核工作的角度分类

从考核工作的角度看，绩效考核的维度分类，如表 2-2 所示。

表 2-2　绩效考核的维度分类

划分维度	类型
按考核时间	定期考核（可分为半年期、一年期和二年期不等）、不定期考核
按考核内容	工作态度考核、工作能力考核、工作绩效考核、综合考核等
按考核目的	例行考核、晋升考核、转正考核、评定职称考核、培训考核、新员工考核等
按考核对象	职工考核、干部考核（可分为对高层、中层人员的考核）
按考核主体	上级考核、自我考核、同事考核、专家考核和下级考核，以及综合以上各种方法的立体考核
按考核形式	口头考核与书面考核、直接考核与间接考核、个别考核与集体考核
按考核标准的设计方法	绝对标准考核、相对标准考核

2. 按考核系统所关注目标的系统性分类

（1）非系统化的绩效考评技术。包括以业绩报告为基础的绩效考评；以员工比较为基础的绩效考评；关注员工行为及个性特征的考核；以员工个人绩效合约为基础的绩效考核；以特殊事件为基础的绩效考核；360 度绩效考评法；其他绩效考评法，如工作标准法（劳动定额法）、短文法、面谈考核法等。

（2）系统化的绩效考核技术。包括关键绩效指标（key performance indicator，KPI）、平衡计分卡（balanced score card，BSC）、目标管理法与标杆超越法等。这些考核技术各具特点，应用的功能取向也有所不同。组织文化与组织绩效有高度的相关性，因而不同的组织文化必定强烈地影响着绩效考核，而且不同考核方法的成本又有很大的差异，管理者的能力、员工队伍的特征、企业技术水平、管理水平等也直接影响着绩效管理的起点、过程和效果。因此，考核方法与环境、内在特征之间应该存在一定的匹配关系。

绩效管理在公共部门中的应用十分重要。基于绩效管理的理念，公共管理更注重结果导向而不是程序、规则导向。程序和规则固然重要，但最终产生的结果更为重要。公共管理在现阶段的发展更为注重对部门和人员进行双重绩效考核，考核指标更为科学、合理，考核方法更为全面和多样化，这些都有助于促进组织整体绩效的提高。

需要指出的是，在公共部门实施绩效管理也会受到诸多局限，如公共部门目标的多元性给绩效指标的确定带来了困难；许多公共服务难以量化、结果难以测定；不同部门的绩效难以比较；等等。这些都需要在理论与实践的结合上持续探索，以求得较好的解决之道。

四、企业流程再造理论

（一）企业流程再造的内涵

20 世纪 90 年代，企业竞争环境逐渐发生变化，内部科层化给企业带来了巨大包袱，职能权利和制度的约束使企业的业绩目标和现实业绩状况相差甚远。在此背景下，企业流程再造理论得以流行并付诸实践，成为新的管理变革浪潮。迈克尔·哈默和詹姆斯·钱皮对企业流程再造进行了界定，认为企业流程再造是对组织的作业流程进行根本的再思考和彻底的再设计，以求在成本、质量、服务和速度等各项重要绩效标准上有显著提高。

企业流程再造理论是指为了取得业绩的革命性进步，从根本上重新思考，彻底改造业务流程。核心思想是通过企业业务流程的重新塑造，使企业的资源得到优化组合，提高资源的利用效率和效益，最大限度地消除浪费；对企业的运作流程进行革命性创新，由以职能为中心转为以流程为中心，使企业能充分适应动态的环境变化。企业流程再造是组织再生的策略，要求对原有工作方式进行全面排查与彻底分解，进而根据新要求进行重新组装，以扁平化、富有弹性的新型组织形式，开展新的企业业务流程。

（二）企业流程再造的原则

（1）以流程为中心，对事不对人，破除体制中对职能与权利的约束，使每个人清楚地了解整个流程及每一步的重要性。

（2）以团队管理为原则，模糊职能和本职的界限，使团队成员从“要我做”变为“我要做”。

（3）以顾客为导向，从顾客需求价值出发，保证效益和效率，使企业再造成功。

（三）企业流程再造具备的特征

（1）企业流程简洁明晰。

（2）以顾客为对象。

（3）全局性和层次性。

（4）同一性和标准化。

（四）企业流程再造对组织的要求

（1）造就企业，再造领导。企业再造需要魅力型领导。魅力型领导所具备的特征是必须拥有绝对自信、统御力、坚定的信念。

（2）任命流程负责人。

（3）组建工程指导团。负责总体设计、监督实施、分配资源、协调矛盾，是再造组织的核心。

（五）企业流程再造的理论应用

企业流程再造理论应用到公共管理改革运动中，出现了“政府再造”或“重塑政府”的变革，这与行政改革、政府管理创新等概念一起，成为公共管理理论关注的焦点。政府再造更多地关注质的方面的变化。政府再造涉及政府管理理念与政府职能转换方面的深刻变革；涉及对政府与社会、政府与市场、政府与公民、政府与企业诸多关系的调整；涉及政府治理观念、结构、方式、方法的变革。这样的政府再造，对于克服政府管理的种种弊端，提高政府运行的效率和效能，增强政府的公信力与合法性，具有重要的意义。

（六）企业流程再造对实现政府再造的启示

（1）大幅精简机构和人员、减少国家负担的费用，从根本上转变政府职能，构建一个简化、小型、高效和便民的政府。

（2）逐级下放权力，明确权责，建立绩效导向的评价标准，重视政府的施政效果。

（3）实行政策制定与政策执行职能分开，提高决策与执行的质量和效率，执行部门拥有较大的自主性。

（4）摒弃传统官僚结构及僵化的规制，使行政结构扁平化、行政行为弹性化。

（5）公共部门引入市场运作机制，将公营事业民营化、社会化，实现政府与社会的共同治理。

（6）简化行政运作流程，建立顾客导向机制。

（7）利用现代信息技术，降低行政成本，重塑政府组织，转变政府行为模式，树立新的政府形象。

五、TQM 理论

（一）TQM 的产生及发展

TQM 最早是 20 世纪 60 年代初由美国著名专家费根鲍姆提出的。TQM 是在传统的质量管理基础上，随着科学技术的发展和经营管理上的需要而发展起来的现代化质量管理，现已成为一门系统性很强的科学。

TQM 是企业管理现代化、科学化的一项重要内容，于 20 世纪 60 年代产生于美国，后来在西欧与日本逐渐得到推广与发展。它应用数理统计方法进行质量控制，使质量管理实现定量化，变产品质量的事后检验为生产过程中的质量控制。TQM 类似于日本式的全面质量控制（total quality control，TQC）。首先，质量的含义是全面的，不仅包括产品服务质量，而且包括工作质量，用工作质量保证产品或服务质量；其次，TQC 是全过程的质量管理，不仅要管理生产制造过程，而且要管理采购、设计直至储存、销售、售后服务的全过程。

（二）TQM 的内涵

TQM 是一种由顾客的需要和期望驱动的管理哲学。TQM 以质量为中心，是一种建立在全员参与基础上的管理方法，目的在于长期提升顾客、组织成员和社会的利益。具体来说：①强烈地关注顾客。从现在和未来的角度来看，顾客已成为企业的衣食父母。"以顾客为中心"的管理模式受到了企业的高度重视。TQM 注重顾客价值，主导思想就是"顾客的满意和认同是长期赢得市场，创造价值的关键"。②坚持不断地改进。TQM 是一种永远不能满足的承诺，"非常好"还是不够，质量总能得到改进，"没有最好，只有更好"。③改进组织中每项工作的质量。TQM 采用广义的质量定义。④精确地度量。TQM 采用统计度量组织作业中人的每个关键变量，然后与标准和基准进行比较以发现问题，追踪问题的根源，从而达到消除问题、提高品质的目的。⑤向员工授权。

TQM 过程的全面性，决定了 TQM 的内容应当包括设计过程、制造过程、辅助过程、使用过程等四个过程的质量管理。

（1）设计过程质量管理的内容。产品设计过程的质量管理是 TQM 的首要环节。这里所指的设计过程，包括市场调查、产品设计、工艺准备、试制和鉴定等过程（即产品正式投产前的全部技术准备过程）。

（2）制造过程质量管理的内容。制造过程是指对产品直接进行加工的过程，它是产品质量形成的基础，是企业质量管理的基本环节。

（3）辅助过程质量管理的内容。辅助过程是指为保证制造过程正常进行而提供各种物资技术条件的过程。

（4）使用过程质量管理的内容。使用过程是考验产品实际质量的过程，它是企业内部质量管理的继续，也是 TQM 的出发点和落脚点。这一过程质量管理的基本任务是提高服务质量（包括售前服务和售后服务）。

（三）TQM 的推行步骤

（1）内容与方法的全面性。不仅要着眼于产品的质量，而且要注重形成产品的工作质量；注重采用多种方法和技术，如科学的组织管理工作、各种专业技术、数理统计方法、成本分析、售后服务等。

（2）全过程控制。它是指对市场调查、研究开发、设计、生产准备、采购、生产制造、包装、检验、储存、运输、销售、为用户服务等全过程都进行质量管理。

（3）全员性。它是指包括领导人员、工程技术人员、管理人员和工人等在内的企业全体人员都参加质量管理，并对产品质量各负其责。

在 TQM 的具体推行过程中，企业可以从以下几个步骤来实施：通过培训教育使企业员工牢固树立“质量第一”和“顾客第一”的思想，创造良好的企业文化氛围，采取切实行动，改变企业文化和管理形态；制定企业人、事、物及环境的各种标准，在企业运作过程中衡量资源的有效性和高效性；推动全员参与，对全过程进行质量控制与管理；做好计量工作；做好质量信息工作；根据自身需要，建立相应的信息系统及数据库；实施质量责任制，设立专门的质量管理机构。

（四）TQM 的品质理念

（1）品质不是品管部门或品管专家的专责，而是企业全体人员的责任。

（2）通过良好的管理、设计、生产、检查和品质宣传，在企业全体人员中形成强势的品质文化。

（3）TQM 以顾客为导向，企业全体人员都要融入对内外部顾客的服务中。

（4）TQM 的精神核心是持续改善，因此必须建构能使所有员工寻求持续改进的环境。

（5）TQM 强调团队精神、协调合作，因此品质改进首先从人的改进（品质意识、职业道德）开始。

（6）推行全面的教育训练。为了促进品质观念的改变及品质文化的形成，必须进行持续全面的教育训练。

（7）应用企业价值链和供应链管理。必须在客户和供应商间建立起良好的资讯沟通-回馈系统，以更好地服务客户，增强企业竞争优势。

（五）戴明循环

戴明循环亦称 PDCA 循环，是一种科学的工作程序。通过 PDCA 循环提高产品、服务或工作质量。其中，P（plan）——计划，包括方针和目标的确定及活动计划的制订。D（do）——实施，实现计划中的内容。C（check）——检查，即总结执行计划的结果，分清哪些对了，哪些错了，明确效果，找出问题。A（action）——处理，对总结检查的结果进行处理，对成功的经验加以肯定并予以标准化，或制定作业指导书，便于以后工作时遵循；对失败的教训也要总结，以免重蹈覆辙。对于没有解决的问题，应在下一个 PDCA 循环中解决。

PDCA 循环中的每个环节，都孕育着变革（innovation）—实施（do）—检查（check）—反馈（action）和规范（nomalization）—实施（do）—检查（check）—反馈（action）两个子循环，循环不断，持续改进。PDCA 循环过程如图 2-1 所示。

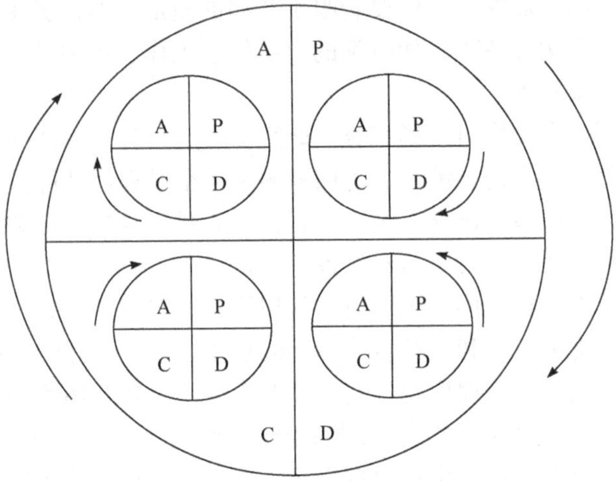

图 2-1　PDCA 循环过程示意图

（六）质量管理领域新思想——顾客完全满意

企业对顾客有两种界定标准：一种是具有消费能力或消费潜力的人；另一种是任何接受企业产品或服务的人。顾客可以分为内部顾客和外部顾客，内部顾客是指企业内部从业人员，即基层员工、主管、经理乃至股东。外部顾客分为显著型和隐蔽型两种。显著型顾客是指具有消费能力，对某商品有购买需求，了解商品信息和购买渠道，能立即为企业带来收入的人。隐蔽型（潜在）顾客是指预算不足或没有购买该商品的需求，缺乏信息和购买渠道，可能随环境、条件、需要变化成为显著型顾客。顾客关注的是产品质量、服务和交货期。顾客眼中的价值是从产品或劳务中得到的收益减去商业成本所得的利益。

顾客完全满意，就是倡导的一种“以顾客为中心”的文化。企业把顾客放在经营的中心位置，让顾客需求引导企业决策。在那些建立“顾客完全满意”管理模式的企业中，企业需要了解顾客及其需求，了解他们使用产品的目的、时间、方式、周期；企业需要从顾客的角度进行思考，即“用顾客的眼睛看世界”。

（七）TQM 的展望

美国联邦政府于 1988 年起引入 TQM 理念，并予以改造，使之适合公共部门。它总结了 TQM 在公共部门得以顺利推行的条件，即要求高层领导的支持，要有策略性的计划，时刻以顾客的需求为导向，进行绩效考评与分析，加强对员工的训练与正负向强化，促进各部门的积极合作，提供符合公众期望与需求的服务。

政府部门实行 TQM 后显著改善了政府的服务品质，使政府及其官员更多地注重公众的需求，更好地与公众沟通，从而增强了与公众之间的互信关系。

费根鲍姆认为质量是一个综合的概念，要把战略、质量、价格、成本、生产率、服务和人力资源、能源和环境学一起进行考虑，即要认识到现代经济中质量的广泛性，树立“大质量”概念。菲利普·科特勒认为，产品质量分为绩效质量与吻合质量。其中绩效质量是指产品的绝对工作质量，它是单纯地以产品中所包含的工程技术水平来衡量的质量，而不考虑质量的市场定位；吻合质量是指由市场定位决定的、与目标市场的需要相一致的质量[①]。刘源张认为 TQM 是提高职工素质和企业素质的途径，以达到提高质量、降低消耗和增加效益的目的；TQM 的关键是质量管理工作的协调和督促，而这件事后只有一把手有权去做，TQC 是“大 QC”；管理的历史就是从管人到尊重人[②]。

六、虚拟企业理论

（一）虚拟企业的内涵

自 1992 年威廉·戴维多和迈克尔·马隆出版了第一本专著《虚拟公司》以来，学术界出现了多种关于虚拟企业的不同描述。1993 年，《商业周刊》认为虚拟企业是指用技术把人、资金和构思网络在一个临时的组织内，一旦任务完成即解散的组织。1994 年，迈克尔·马隆指出，虚拟公司像一个公司一样，临时把各方面联合在一个“变形的企业内”，在共同信任的基础上，建立一个长久的联盟，成员包括制造商、供应商、分销商和顾客[③]。

尽管对虚拟企业这一概念的提法有多种，但目前比较一致的看法是当市场出现新机遇时，具有不同资源与优势的企业为了共同开拓市场，共同对付其他竞争者而组织的、建立在信息网络基础之上的共事技术与信息，分担费用，联合开发的、互利的企业联盟体。虚拟企业促成了核心功能同有形部门的分割、纵向管理向横向管理的游移、信息流

① 转引自董莲荣，阎世平. 关于企业实施“质量优先”战略的思考[J]. 学术论坛，1999，（S1）：12-14.

② 刘源张. 推行全面质量管理三十周年回顾[J]. 上海质量，2008，（9）：25-30.

③ 转引自吴锋，Chu L K，李怀祖，等. 虚拟组织化进程——信息时代企业主管制胜的策略[J]. 中国软科学，2000，(10)：91-96.

对物质流的支配、从命令控制到集中的协调，彻底打破了时空对传统企业所施加的束缚，使现代企业管理方式从单一的内部资源组合向内外部资源融合利用转型，从而降低了成本、提高了效率，并且使企业高弹性地适应环境的快速变迁。

（二）虚拟企业与传统企业的区别

传统企业之间的界限是泾渭分明的，企业之间发生的关系是市场上的交易关系，是通过在市场上的讨价还价、交换行为而形成的。从企业内部管理结构来看，传统企业大多采用工业经济时代的金字塔式纵向管理模式；虚拟企业则不同，它根据企业的业务流程与管理流程重新设计组织结构使之趋于扁平化，运用虚拟运作，整合外部、内部资源，实现企业组织的高效、柔性化和灵捷化。虚拟企业的外在表现形式如下。

（1）虚拟企业强调彼此合作，强调“共赢”的新型竞争观念。

（2）虚拟企业不是一个法人实体，而是一个动态联盟。

（3）虚拟企业间并不以物质资产作为企业的边界，而是以数字信息流形成的虚拟协作关系作为企业间的纽带。这种新的组织形态，可以对虚拟企业内的物流和资金流进行约束，使其在信息流的引导下按照最有利于信息流动的原则进行流动。

（三）虚拟企业的特征

（1）虚拟企业是一个动态联盟，它的形成在时间上具有不确定性。

（2）虚拟企业的组织结构呈现扁平化。

（3）虚拟企业实行并行的工作方式。

（4）虚拟企业建立的是共赢的竞争环境。

（5）企业间界限模糊。

（四）虚拟企业的管理特征

虚拟企业的管理是一种以信息流为核心的、综合性的智能化管理。

（1）管理技术的智能化。

（2）管理方式的网络化。

（3）管理信息的集成化。

（五）虚拟企业的运行机制

从广义上讲，虚拟企业的基本组织模式可以分为星形模式或有盟主的虚拟企业组织模式、平行模式或民主联盟组织模式、联邦模式。

一般而言，虚拟企业的伙伴较多，而且其间可能还会发生伙伴变动的情况。因此，虚拟企业可采取两层次组织体系，即整个虚拟企业由核心层与松散层构成。其中，核心层的各伙伴在整个虚拟企业的过程中不宜变更，同时为了便于组织管理，核心成员不宜太多。松散层的各伙伴也叫外围伙伴，他们与核心伙伴的关系一般是技术外包或者标准件供应关系，在虚拟企业的整个过程中，外围伙伴在项目进行的不同阶段可以发生变化。

虚拟企业运行的基础平台有知识/技能网络、信息网络、物流网络、契约/信任网络。

这四种网络互为基础，相互支撑，共同构成一个统一的支持虚拟企业运行的网络平台。知识/技能网络是支持虚拟企业运行的核心，是建立信息网络、物流网络和契约/信任网络的前提；信息网络是知识/技能网络、物流网络乃至整个虚拟企业运行平台的技术支撑；物流网络是知识/技能网络、信息网络、契约/信任网络转化成为企业能力的关键；契约/信任网络是知识/技能网络、物流网络和信息网络运转的制度保证，也是整个虚拟企业实现网络运行的制度支撑。

（六）虚拟企业的运行过程

虚拟企业建立的过程，可以借助现代西方战略联盟的组建方式，虚拟企业组织的经营分为以下五个阶段。

（1）市场机遇识别。

（2）虚拟企业组成结构分析。

（3）伙伴选择及联盟建立。

（4）运行管理及控制。

（5）清算及解体。

（七）虚拟企业的具体运行模式

（1）研发与生产虚拟。几家企业通过联合开发高科技产品，实现它们在市场竞争中的同生存共发展。

（2）销售虚拟。企业对其下属的销售网络解除“产权”关系，从而成为具有独立法人资格的销售公司，从而减少企业的市场开拓和管理费用。

（3）服务虚拟。这主要是针对服务业而言的，服务业中的联合订票系统、联合导游系统、网络就诊系统等，通过网络化组合发挥远程通信设施的功能，为社会提供各种信息产品或虚拟信息服务产品，大大提高社会的服务功能，降低服务成本。

（八）虚拟企业的收益/风险分配

虚拟企业的收益/风险分配遵循“风险分担，收益共享”的根本原则，虚拟企业伙伴的收益分配比例应与伙伴所承担的风险密切相关。另外，在确定虚拟企业中的收益/风险分配比例时，还必须考虑遵守多赢规则和包含促进伙伴收益公平分配的激励机制。此外，伙伴收益分配还必须遵循以下四条基本原则。

（1）虚拟企业的收益应全部由伙伴分享。

（2）伙伴得到的收益应随伙伴承担风险的增大而递增。

（3）伙伴得到的收益应随伙伴付出投资的增大而递增。

（4）根据多赢规则，不能出现某一部分伙伴分得收益的同时，另一部分伙伴却没有分得收益的情况。

（九）开发企业的虚拟潜力

企业的虚拟潜力是指企业自身特有的、能够敏锐地洞察和预见潜在的共同发展的市场机会，并迅速组合成动态联盟及时响应市场机会满足市场需求的一种能力。

开发企业的虚拟潜力、构建虚拟企业的根本原因在于社会、经济和技术的迅猛发展。在多样性、个性化、要求越来越高的客户需求的驱动下，市场竞争日益激烈，市场快速多变且难以预测，市场机遇转瞬即逝。客户需求的变化及市场的快速变化直接影响并导致竞争态势的变化，并且随着经济全球化的发展，企业竞争的范围和深度都在迅速扩展。越来越多的管理者开始重新审视已有的传统组织和管理模式，并且比以往更加强烈地渴望寻求新的方法。

由此可知，开发企业的虚拟潜力需要培育、识别企业的核心竞争优势；促进并加强企业的信息化及其系统建设；促进新型企业管理者的成长及其群体化；推动业务流程重组和企业再造，促进组织结构优化。

（十）虚拟企业与政府管理

将虚拟企业理论引入公共管理，有助于加快和深化信息化管理理念和方式的应用。纵观全球，各国公共管理特别是政府管理正在朝着信息化、电子化的方向发展。电子政府实际上就是虚拟政府，它使公共部门之间，政府机关与企业、社会组织和公民之间的联系更为便捷和密切。在虚拟政府的条件下，公众能在方便的时间、地点以便捷的方式获得政府信息及公共部门的服务。

电子政务是指政府机构应用现代信息和通信技术，将管理和服务通过网络技术进行集成，在互联网上实现政府组织结构和工作流程的优化重组，超越时间、空间与部门分割的限制，全方位地向社会提供优质、规范、透明、符合国际水准的管理和服务。网络作为政府管理的重要技术手段和沟通媒介，为政府构建了一种虚拟化的管理环境，但同时计算机的网络虚拟环境也给政府管理带来了新的挑战。具体如下。

（1）政府组织结构的网络化。电子政务使部门之间打破了传统政府的组织界限，通过网络构建了一种新型的信息传播模式，从而形成了一种完全开放的矩阵式的组织结构。同时，电子政务将使集权式的管理体系过渡到交互式、网络化的扁平化管理体系，信息传递渠道为全方位、多层次、多形式、多途径跨时间界限和空间界限的传输，加强了操作执行层与高层决策的直接沟通，使政府各部门和各层级实现全方位、交互式和多渠道的沟通和协调。

（2）网络虚拟化环境促进了政府管理方式的转变。在网络虚拟环境下，政府管理模式由传统的“以政府为中心”转变为“以用户为中心”，需要按照用户的需求来改善政府的管理与服务方式。基于这种认识，世界各国都正在转向以公民为中心，以为公众提供高质量、高水平在线服务为首要目标的横纵结合的管理方式。

（3）网络虚拟化环境对政府管理人员工作模式的影响。网络技术的发展，使管理人员必须依赖计算机和其他先进的设备仪器，在这种情况下，政府人员的工作模式发生了显著的变化。首先，管理人员由体力操作型转变为知识智能型的工作模式。其次，管理人员由职能分工型转变为综合多能型的工作模式，而且借助于继续教育和多技能培训，促使管理人员向综合多功能型方向发展。最后，管理人员由被动型转变为主动型的工作模式。技术进步和社会发展促使管理人员的素质不断提高，但越来越不满足于在行政组织中处于被动受命的地位，而要求更多地参与组织的决策。

思考与讨论题

（1）传统公共行政、新公共管理和新公共服务的区别有哪些？
（2）多中心治理理论对我国的借鉴意义是什么？
（3）协商民主理论对中国民主政治发展有哪些影响？
（4）产生“政府失灵”的主要原因有哪些？如何有效纠正“政府失灵”？
（5）何为绩效管理？公共部门为什么要进行绩效管理？
（6）公共部门的绩效标准是什么？公共部门绩效管理面临的主要困难是什么？
（7）虚拟企业与传统企业有哪些区别？
（8）电子政务在我国的发展情况如何？有哪些优缺点？

第三章　政府与治理

政府职能与角色定位的基本原理是公共管理学研究的核心内容之一。正如世界银行的报告所指出的那样："政府对一国经济和社会发展以及这种发展能否持续下去有举足轻重的作用。在追求集体目标上，政府对变革的影响、推动和调解方面的潜力是无可比拟的。"[①]在信息化、市场化、网络化与全球化相互交织的时代，充分把握市场经济条件下政府扮演的角色及政府改革与治理创新的方向，科学理解政府与市场、政府与社会关系的理论与实践，对于深刻领悟治理与善治的基本原理、把握政府改革与治理创新的特点与趋势，具有重要的理论意义和实践价值。

▶ **重点问题**

（1）政府职能与政府角色的定位。

（2）政府职能的范围与基本内容。

（3）政府职能与政府角色的变革。

（4）政府治理及其主要形式。

▶ **难点问题**

（1）马克思主义政府理论的内涵及其特点。

（2）政府职能的动态变化。

（3）政府治理面临的挑战与发展趋势。

第一节　政府职能与角色定位

一、政府与市场的关系

（一）政府与市场关系的理论演变

政府是一个兼具政治、经济、文化、生态等多重伦理责任和社会责任的资源配置机制和实践行动结构。政府与市场的关系总是在这样彼此因应联系和变动不居的互动中得到恰当定义。在市场经济自产生到现在的几百年中，围绕着作为制度安排的市场和政府在资源配置中各自扮演的角色和发挥的作用，西方学界争论不断。以亚当·斯密、李嘉图和穆勒为代表的古典自由主义经济学家充分肯定市场制度安排，极力推崇市场这只"看不见的手"，并对国家作用及政府职能表示了极大的怀疑。他们认为市场是万能的，只

① 世界银行. 1997 年世界发展报告：变革世界中的政府[M]. 蔡秋生，等译. 北京：中国财政经济出版社，1997.

要赋予市场主体追求自身利益的自由，市场机制就会充分发挥调节作用，促进各种生产要素合理流动与均衡配置，实现社会资源最有效率的配置，而无须政府对市场进行干预。亚当·斯密在《国民财富的性质和原因的研究》中，将国家比喻为“守夜人”，明确地对政府职能做了三点限制：一是保护本国的社会安全，使它不受其他独立社会的暴行与侵略；二是保护本国人民的安全，不使社会中任何人受其他人的欺侮和压迫；三是建设并保护某些公共事业及其公共设施①。这一时期的政府是“对自我调节的市场交易的补充安置机构”②，因为人们坚信市场是万能的，只要任其自由发展，就能促进国民财富的增长，那么政府管得越少越好。以马克思主义为代表的理论认为，资本主义经济危机的根源在于私有制和自由市场制度的自发性、盲目性、滞后性和无政府主义，解决危机的根本方法在于实行以公有制为基础的社会主义经济。以马歇尔为代表的新古典经济理论将历史的和政策的因素摒弃于理论之外，只把政府作为既定的“背景条件”，从而专注于市场变量决定问题的研究，他从经济个体的经济行为入手，以价格为中心，研究市场经济的一般均衡和局部均衡机制，认为市场是资源配置的唯一机制，而且是一种无摩擦、无成本的“理想机器”③。显然，形成了不同观点。

进入20世纪后，随着社会的发展，人们对政府与市场关系的探讨又发生了新的变化。20世纪20年代末至30年代初席卷整个资本主义世界的严重经济危机，深刻暴露了市场自身内在的无法克服的缺陷和市场机制自发调节的弊端，促使人们反思市场机制的局限性。1936年，凯恩斯出版了著名的《就业、利息与货币通论》一书，全面阐释了凯恩斯主义的观点。该理论认为，古典自由主义经济理论所假设的完全竞争市场在现实生活中是不存在的，市场失效问题必然产生。自由市场制度是一种有效机制，能够保障个人自由和激发创造性，但自由市场本身存在缺陷，必须引入政府对经济进行干预，认为政府“看得见的手”比市场“看不见的手”更有效④。理论上，资本主义经济进入政府全面干预的时代。

以罗斯福新政为起点和标志，第二次世界大战之后凯恩斯主义风靡一时，西方各国政府开始对宏观经济领域进行干预，更表现为政府支配的经济资源规模的扩张⑤，对第二次世界大战后的经济恢复及繁荣发挥了重要作用。到20世纪60年代末，由于政府过度干预，凯恩斯主义的弊端逐渐暴露，各国经济都出现滞胀、高通胀和高失业并存等问题，对凯恩斯主义的批评声浪渐高。公共选择学派用经济学的方法研究政治问题，该学派的核心观点之一是质疑政府作为市场缺陷自动修正者的角色，认为市场解决不好的问题，政府未必解决得好，甚至会把事情弄得更糟。他们认为，政府也是一个“经济人”，讲求自身效用最大化，政府机构及其官僚按照“经济人”模式行事，其目标是自身利益的最大化。由于本位的利益衡量和追逐，公共权力的运行过程深受政府机构和官员价值偏好与利益计算影响，甚至出现利益集聚的情况。因此，在干预经济过程中往往会出现政

① 亚当·斯密. 国民财富的性质和原因的研究[M]. 郭大力，王亚南，译. 北京：商务印书馆，1972.

② 转引自 Habermas J, McCarthy T. Legitimization Crisis[M]. Boston: Beacon Press, 1975.

③ 秦宪文. 寻求政府与市场的均衡点[J]. 财经问题研究，1996，（1）：9-13.

④ 约翰·梅纳德·凯恩斯. 就业、利息和货币通论[M]. 徐毓枬，译. 南京：译林出版社，2019.

⑤ 张琦. 公共服务中政府与市场的关系——基于经济思想史的考察[J]. 学术研究，2018，（8）：106-114.

府失效，主要表现为公共政策失效、公共物品供给的低效率、内部性与政府扩张、寻租及腐败[①]。这引起了人们对于政府与市场的关系的新思考。

20 世纪 90 年代初，世界银行发布《1991 年世界发展报告：发展面临的挑战》，在支持发展中国家开发的同时也进行了深刻反思，形成了对政府与市场关系的新认识。该报告从国内经济环境、世界经济环境、宏观经济政策、人力资源开发四个方面阐述了政府与市场的关系，认为这几方面是相互关联的，政府强有力的干预虽属必要，但政府的"手"不能伸得太长，政府和市场应是战略伙伴关系，合作才能发挥更好的作用[②]。

（二）世界各国政府与市场关系的实践

在发达资本主义国家中，各国在发展过程中都对政府和市场的关系进行了探索，形成了各自的模式，典型的模式代表国有美国、日本、德国等。美国模式尤为强调市场对经济发展的主导作用，对政府的辅助有清晰的认识，遵循更多的市场规律、更少的行政干预的原则，即便是政府调控也注意遵循社会消费需求立场，着眼于消费引领。日本模式坚持政府主导，政府介入范围广，宏观调控力度大，但主体依然是市场，政府主要提供产业发展的政策支持，采用政府主导型的市场经济体制。德国一直实行社会市场经济模式，政府主要起调节作用，只在必要时进行干预，为市场运作制订规划。

发展中国家虽然工业化起步较晚，但很多国家发展速度很快，如韩国和新加坡，因此也形成了很多可借鉴的模式。这些模式依靠价值规律，以市场竞争形成秩序为主，同时注重发挥政府干预的作用，为第二次世界大战后的韩国经济获得迅猛发展创造了绝佳条件。政府行使管理职能，通过各种途径推行经济计划，建构起政府计划主导型的宏观经济体制。新加坡的经济发展主要靠市场主导，将政府的强力干预运用在经济生活的若干方面，贯彻自由港政策和自由企业政策，通过企业的自由发展，推动经济腾飞，其政府治理主要体现在宏观调控方面，并且政府干预的规模有扩大的趋势。

（三）政府的经济职能和角色定位

经济职能作为政府的一项重要职能，在市场经济条件下发挥着如下重要作用。

（1）宏观经济调控。宏观经济调控的基本目标包括促进经济增长、增加就业、稳定物价和保持国际收支平衡四个方面。政府应该从公共利益出发，充分发挥市场在资源配置中的决定性作用，从宏观角度对资源进行协调与平衡，保证宏观经济的平稳发展。

（2）市场监管。市场监管包括为市场交易创造良好的法治政策环境，如制定市场行为规范，定期进行市场交易督查，惩戒市场投机者和违规者，均衡地维护和发展各类市场主体的合法权益等。市场监管要与时俱进，目前包括市场本身及对电子商务、网上购物、邮购等（即无形市场）的管理。

（3）完善市场体制。这指的是综合运用投资、信贷、税收、价格、工资政策等进行宏观调控，协调部门、地区、企业等主体之间的关系，组织市场调查、预测、分析、处

---

① 詹姆斯·M. 布坎南. 自由、市场与国家：20 世纪 80 年代的政治经济学[M]. 吴良健，桑伍，曾获，译. 北京：北京经济学院出版社，1988.

② 世界银行. 1991 年世界发展报告：发展面临的挑战[M]. 北京：中国财政经济出版社，1991.

理等，对市场体系进行规划、引导、培育及管理。

（4）提供公共产品和公共服务。在新的市场经济体制下，政府运用公共权力，向所有的经济成分收取各自应缴的投资资金，然后把这些资金集中起来并合理使用，有效提供各项公共产品和公共服务。

二、政府与社会的关系

（一）政府与社会关系的理论

自从有了国家，政府与社会的关系就一直存在。随着社会的发展，关于两者之间的关系的相关理论越来越多，典型的有无政府主义理论、国家主义理论、自由主义理论、马克思主义理论。例如，无政府主义理论认为，政府是社会祸害的根源，政府权力机构是以社会的名义使用暴力、强制或欺骗手段的部门，对社会和公民进行压迫、掠夺，造成很多社会问题。因此，无政府主义信奉个人主义，主张取消政府，用一种自愿合作的自治组织来代替政府，以实现个人的完全自由。

国家主义理论认为，政府是神圣万能的，社会及公民必须臣服于政府，主张政府对社会的全面控制和管理。费希特开创了政府万能的先河，黑格尔将其发扬光大，鼓吹国家是自在自为的理性神物，之后拉萨尔将国家进一步神化为超阶级的永恒机构，但最后，法西斯主义使国家主义理论走向了极端。

在政府与社会的关系问题上，无政府主义和国家主义均走向了极端。西方长期占主流地位的自由主义理论认为，政府对社会的管理是必要的，但“政府只是必要的罪恶”，它对社会的干预必须有一定的限度。17、18 世纪的传统自由主义和 20 世纪的自由主义都认为，政府应维护公众的个人自由，反对用各种形式强制个人。这种理论认为，政府是一种“必不可少的恶”，它来自社会，并相对独立于社会，但与社会之间必须有相对清晰的界限，这既是政府存在的前提条件之一，又是有效保护和促进经济社会发展的可靠途径。

马克思主义从唯物主义的角度出发，对上述三种理论进行了批评，并指出政府是有阶级性的，政府具有社会管理的职能，社会要对政府权力进行制约，政府最终将同国家一同消失，社会将自我管理①。

此外，一些其他理论也值得关注。例如，新法团主义强调加强社会中介组织的功能；公共治理理论强调在多元化格局下的互动，最终追求“善治”；新公共服务理论强调对社会力量的支持与服务，将公民作为治理主体，重视政府和社会之间的对话协商与互动合作。这些理论有一个共同的特点，即强调政府和社会的合作。

（二）政府与社会关系实践的历史演变

走出传统农耕社会，在资本逻辑支配下的资本主义社会中，市场这只“看不见的手”处于较为自生自发的状态，政府定位消极，是一种典型的“守夜人”角色，发挥着市场

① 马克思，恩格斯. 马克思恩格斯全集：第 1 卷[M]. 中共中央马克思恩格斯列宁斯大林著作编译局，译. 北京：人民出版社，1956.

的补充和协助作用。18 世纪 60 年代以后，欧洲工业革命促使政府的社会管理职能有所扩大，社会保障制度逐渐建立。20 世纪以后，政府加强了对社会的管理，并逐渐深入社会的各个方面，政府试图对工业化发展带来的人口膨胀、环境污染、资源短缺、社会秩序混乱等问题进行管理。公共管理与服务品质提升的社会期盼，给政府治理施加了巨大压力。正是在这样的背景下，政府为社会服务的职能随即得到扩大，普遍的福利国家建设成为欧美各国治理实践的显著特征。也正是在这样的演进过程中，政府权力广泛地渗透到社会的方方面面，“行政国家”的治理形态日益明显。

（三）政府的社会职能和角色定位

政府的社会职能涉及社会生活的各个领域，主要包括如下五个方面。

（1）维护社会秩序。政府必须维护好社会治安，形成立体化的管理网络，有力减少社会不稳定因素，保证社会的正常运转。

（2）促进收入分配的公平公正。政府必须健全和优化收入分配机制，通过推进改革，整顿和规范分配秩序，缩小收入差距，促进社会公平。

（3）建立和完善社会的“安全阀”和“减震器”——社会保障体系。在民权日益扩张的年代，政府构建包括普惠性、公正化养老、医疗卫生、社会保险、社会救助、社会福利等在内的社会保障体系，这对实现经济社会的可持续发展至关重要。

（4）做好社会公共事业的管理。水利、交通、道路建设等社会公共事业都具有“公共物品”的性质，个体或者市场是无法解决的，必须依靠政府来提供和管理。

（5）保护环境及合理开发自然资源。环境是公共物品，必须由政府进行治理保护，减少污染。自然资源很多是不可再生资源，必须合理保护，促进生态文明建设，走可持续发展之路。

总之，政府必须随着现实的发展，不断改革创新，强化或者弱化某些职能。政府必须以“改革者、执法者、协调者”三位一体的思路进行自我角色定位，更好地发挥其社会管理职能。

第二节　市场失灵、政府失灵及政府职能的基本内容

一、市场失灵与政府干预

（一）市场失灵的类型及其原因

正如经济学家 Paul Samuelson 所言，市场不是理想的，存在着市场失灵。例如，按其主要表现可划分为无效率、不公平和不稳定三大类，或二分为微观失灵和宏观失灵；按其产生的原因可划分为结构性失灵、功能性失灵和制度性失灵，或局限性失灵、缺陷性失灵和负面性失灵等[①]。从市场失灵产生的原因出发，可以将市场失灵划分为以下四种类型。

① 保罗 · 萨缪尔森，威廉 · 诺德豪斯. 经济学[M]. 萧琛，译. 北京：人民邮电出版社，2008.

（1）非完全竞争市场条件引发的市场失灵。通常，人们在谈论市场经济时，会普遍性地有一个前提预设，即完全竞争的市场和运行充分的市场机制。这种过于理想化的预期在现实中总是遭遇困难。完备的市场不常有，而非完备的市场总是形影相随；加之信息不完全或信息不对称等客观存在状况，使市场不能对资源进行有效配置或配置缺乏效率。

（2）市场机制发育不平衡所引发的市场失灵。现实中的市场本身发育不完善，导致市场机制发挥作用的前提条件不完备。以我国经济转型时期为例，市场体系还不健全，商品市场、劳动力市场和资本市场尚不能有效结合，市场发育也不平衡，市场运行还带有明显的二元经济结构特征，这必然会导致市场机制在一定范围内和一定程度上的失灵。

（3）超出市场范围所引发的市场失灵。一旦超越了市场发挥作用的限度或领域，市场就不再能对资源进行有效配置，因而出现调节失灵。因为市场机制发挥作用的范围为私人产品领域而不是公共产品领域，所以不能等待市场机制去有效地配置公共物品。此外，负面外部效应问题和广义的市场失灵中的不平等与不稳定，也是市场机制本身所无法解决的问题。

（4）由政府失灵导致的市场失灵。政府失灵意指“看得见的手”的不当作为，致使未能够与“看不见的手”有机配合，从而使价格规律和竞争机制等失去应有的价值与作用，加剧和蔓延市场缺陷以及扭曲经济关系。正如 Charles Wolf 所强调的那样，公共政策干预有理的主要依据是市场结果存在着频繁的、大量的缺陷，然而这一论据不是政策制定或政府干预的充分条件，只是必要条件①。例如，盲目投资、追逐政绩及对解决就业缺乏有效举措，都对经济社会造成严重危害，其危害较之市场失灵后果更普遍、更严重。

（二）政府干预市场的理由

英国经济学家凯恩斯在对古典市场经济理论进行反思和批判的基础上，系统阐述了国家干预经济的理论和政策主张，由此形成了凯恩斯学派，其关于国家干预的理论也被广泛传播。

政府干预的必要性体现在以下方面：①政府拥有合法的强制权力，这是其他一切社会组织无法比拟的；②政府的权威性有利于其以优于私人部门的影响力而降低交易成本；③具有超越性和整合力的政策导向，使政府能够以公共利益的最大保护者、发展者的身份从事公共管理。

与此同时，政府对市场的过度逐利与公益冷漠具有显著的抑制和矫正作用。极端的无政府状态和膨胀的个体利益追逐所带来的诸多问题是市场无法解决的，因此市场可能失败的论调广泛地被认为是为政治和政府干预作辩护的证据②。

（三）政府失灵的类型及其原因

所谓政府失灵，是指个人对公共物品的需求在现代代议制民主政治中得不到很好的

---

① 查尔斯·沃尔夫. 市场，还是政府——不完善的可选事物间的抉择[M]. 陆俊，谢旭，译. 重庆：重庆出版社，2007.

② 詹姆斯·M. 布坎南. 自由、市场和国家：20世纪80年代的政治经济学[M]. 吴良健，桑伍，曾获，译. 北京：北京经济学院出版社，1988.

满足，公共部门在提供公共物品时趋向于浪费和滥用资源，致使公共支出规模过大或者效率降低，政府的活动或干预措施缺乏效率，或者说政府做出降低经济效率的决策或不能实施改善经济效率的决策。政府失灵的原因主要有以下四点。

（1）政府价值偏好与社会公共利益的差异。理论上，政府是公共利益的化身，实际上这一看法是建立在政府代表实现的公共利益具有自发性和便捷性、能够以最低代价实现社会效益最大化的基础上。然而，现实并非如此简单。政府不是一个超脱于现实社会经济利益关系的万能神灵，它由各个有着自身目标和利益的机构、各级官员组成，这些构成主体的行为目标并不是自然而然地等同于社会公共利益。政府官员作为“经济人”和政府机构的组成人员，在一定程度上是独立的利益行为体，因此可能会致使政府实际行为目标偏离公共利益，从而产生利益冲突。

（2）政府效率问题。效率是组织的基础。政府作为公共管理的核心组织，其对经济社会发展的作用不言而喻。但是，这都是建立在政府有效率的基础之上的，这种效率表现为有优良的投入与产出比。然而，政府实际运行状况并非如此，人们对政府机构臃肿、人浮于事、效率低下、成本高昂等的批评就从侧面印证了低效率问题的普遍性。这种效率低下状况既与政府机构的组织体系紧密相关，又与政府政策的质量密切相连，同时还受到绩效评价标准体系和官员晋升规则等诸多因素的影响。

（3）信息不对称所引发的累积效应。实践中，经济、社会行为千差万别且瞬息万变，极易出现政府政策与社会实践之间的信息悬差，这便容易导致政策脱节，出现政策实施的针对性与有效性不足的问题；加之，政府过程尽管伴随信息化社会的推进有所透明化，但不可否认依然存在着相当程度的“黑箱”状况，因而在一定程度上会加剧政策的不适应性，从而引发政府失灵。事实上，大多数情况下政府都是在不完全信息状态下进行决策的，相比私人经济主体，这种决策并非必然具有信息优势，从而使政策难以达到预期效果。

（4）政府行为的外在性问题。政府存在和作为的一个基本使命在于弥补和纠正市场机制的缺陷。然而，当政府试图通过各种经济政策手段弥补市场功能缺陷时，常常会产生某种难以预见的副作用和消极后果，这就是作为非市场活动的政府行为派生的外在性或外部负效应，加之外在性发现的滞后常态也导致政府难以及时进行纠正。

（四）纠正市场失灵与政府失灵的策略

1. 治理市场失灵的对策

（1）完善政府供给弥补市场失灵。对于纯粹的公共物品，如国防、外交和安全系统、城市公共交通、市政工程、邮电通信系统、基础研究、基础教育等，均需要政府大力投入、组织生产和供给。与此同时，政府需要始终致力于完全竞争的市场环境的打造，以促使市场机制能够逐步成熟、市场环境逐步规范，以此来逐步实现治理效应的最大化。政府应通过制定相关的法律来规范市场行为，以遏制虚假市场信息的制造和散布。

（2）完善市场机制以应对市场失灵。市场本身具有的消极因素致使价格机制、竞争机制等失去效用，从而引发种种市场失灵乱象。为此，一方面政府应针对市场不足建章立制，大力发展和完善完全竞争的市场环境所需要的各类法律法规，提升市场规则的体系化与可操作性，从而使生产者和消费者的合法利益得到保护；另一方面，要着力培育市场，关键是培育市场主体，不断完善市场体系，在价格制度改革以及国内与国际市场对接等方面拓展发展空间。

（3）通过政府规制方式调节市场机制以克服市场失灵。例如，面对市场机制下收入分配不平等加剧、社会弱势群体保护乏力等状况时，就需要政府这只“看得见的手”积极作为：①应增加在民用服务和公共工程等基础设施方面的支出来提高社会福利水平；②应逐步完善税收制度，通过赠与税和遗产税等抑制社会收入分配差距过大的情况；③建立规范高效的转移支付制度，通过调节过高收入、提高中低收入等方式，缩小社会成员间的经济收入差距。

（4）以构建治理型政府的方式抑制市场失灵。治理型政府的要义在于既尊重市场经济规律，又能够在不断规范自身治理行为的基础上为社会提供预期度高、效益度好的公共管理和服务。这就需要政府治理的科学性和合作性水平不断提升。面对由政府失灵引发的市场失灵，需要通过对教育与基础研究的支持等方式提高政府官员的素质和能力，建立完善、严格的责任追究制度和激励机制，以促进市场机制发育和自治能力提高为原则，深入转变政府职能，促成政府与市场作用两相宜的良性局面。

2. 治理政府失灵的对策

政府作为社会中最为重要的行动者，扮演着社会公共利益保护者、公共产品提供者的关键角色，因此政府失灵必将引发严重的社会灾难。有效治理政府失灵，关键在于克服政府的越位、缺位和错位，做到准确到位，重塑政府角色，提高公共治理的预见性和可控性，增强公共决策的正向选择效应，减少逆向选择效应。

（1）公共决策的制度设计要保证委托人和代理人的自利追求与社会公共目标一致。公共政策是为了谋求公共福利最大化，问题的核心不在于政府官员的利己主义，而在于政府决策规则和程序是否真正体现民主原则。因此，优化公共决策的制度设计，既需要突出其规则和程序的公共性，避免公众与政府之间的委托–代理关系中的损公肥私的道德风险和对公众委托人的利益背叛，又需要发展完善公务员法以确保公务员在获得适当收益激励的基础上受到规范行为体系的约束，提高对政策执行的自觉性和公正度；既需要完善表达民主的方式及发明新的政治技术，解决公共选择中的“搭便车”行为，又需要加大监督和制约的力度，以确保权力在阳光下运行。

（2）高度重视公共政策执行中的私力膨胀对于公共利益的侵蚀问题。一方面，对政府的财政过程尤其是公共支出加以约束。政府扩张及浪费集中表现为行政经费支出范围的扩大，机构膨胀和人员增加最终也体现为行政经费的增长。因此，要通过财政立宪、税制选择、平衡预算和财政支出的限制等措施来约束政府的财政行为，尤其是公共开支，抑制政府的扩张。另一方面，引入市场机制改善政府的功能，提高政府效率，用竞争提高公共物品或公共服务供给的效率，以克服政府失灵。在政府管理中注入一些市场管理因素，如目标管理、绩效评估、成本核算、竞争性招标等措施，按选民满意与否而不是官僚政治需要来拨款，以提高政府干预的效率和质量。

（3）克服不确定性因素带来的政府失灵。其一，要有效解决由时滞引起的政府失灵，就必须全面提升公共政策过程的制度创新能力，发展完善公共决策的体制机制和规则程序，进而提高公共政策的质量、连续性和可操作性；采用现代信息技术，建立电子政府和数字政府，形成行政系统、经济系统、社会系统一体化的信息网络结构，提高政府市场调节和经济监管的效率。其二，减少不完全信息和有限理性造成的政府失灵。通过依法规范媒体的信息披露、增加信息传播渠道及大力发展民间智库等途径，提高对社会信息的整合度、社会智慧的吸纳度及社会决策的参与度，发展民主化、科学化与法治化的公共治理。

（4）对症下药，遏制寻租。腐败是一个国家的“政治之瘤”，遏制寻租腐败是一个系统工程，需要有壮士断腕的勇气、刀刃向内的决心进行改革。在市场经济条件下，治理寻租、打击腐败是治理政府失灵的重要路径。一方面，要正视市场经济条件下政府行为的“经济人”特征，承认政府部门及其工作人员对自身合法利益的保护，通过法律制度进行明示和保障；另一方面，也是至关重要的一面，在明确政府职能的前提下，将权力关进制度的笼子，让权力既尊重经济社会发展规律，又尊重社会公共利益，实现法治化的公共治理。

二、政府职能的基本内容

（一）宏观调控

宏观调控是市场与政府共有的经济职能。西方国家关于政府作用的理论虽然很多，观点也不尽相同，但都不否认政府的经济职能。20 世纪以来，发达国家的市场经济普遍经历了由传统自由放任到现代国家干预的变化过程，对政府的经济职能在各方面进行了强化和调整，以缓解市场自发调节所带来的经济矛盾和社会矛盾。以凯恩斯为代表的国家干预主义学派认为，政府力量的介入可以制止或减少市场失灵的损失，改善资源配置效果，提高效率。20 世纪 30 年代，在凯恩斯学说的引导下，西方各国纷纷采取宏观调控政策干预经济波动的措施，维持宏观经济稳定。以 Paul Samuelson 为代表的新古典综合学派明确提出，政府应具备三方面的经济职能：一是力图纠正市场失灵，以提高效率；二是规划利用税收和支出对特殊群体进行收入再分配，以促进公平；三是依靠税收、支出和货币供应量进行调控，以支持宏观经济的增长与稳定[①]。因此，概括起来，市场经济条件下的政府经济职能主要包括提供经济发展和市场竞争的基础结构制度保障；保护并维持市场经济秩序，防止市场垄断和行政垄断；维护和促进社会公平。

（二）市场监管

市场监管作为经济监管的重要组成部分，主要是指政府针对市场缺陷的部分，运用法律赋予的权限，通过许可和认可等强制性手段，对企业的进入、退出、价格、投资、产品和服务的数量与质量进行限制，以维护竞争市场的市场秩序。这主要涉及如下方面：其一，市场在资源配置中的决定性作用问题。对于土地、资金等要素市场和行业垄断，应当增强市场在资源配置中的决定性作用，逐步减少政府对大量经济资源的直接分配，这是政府实行有效监管的基础性工作。其二，市场主体地位的形成。政府尤其需要对涉及投资权、价格形成等方面的审批制度进行改革，如果改革滞后，政府对微观经济主体

① 保罗·萨缪尔森，威廉·诺德豪斯. 经济学[M]. 萧琛，译. 北京：人民邮电出版社，2008.

的干预过多，就会限制企业作为市场主体的积极性、主动性和创造性的发挥。其三，统一市场的形成。政府需要围绕消除市场分割、形成统一大市场而强化一体化的市场培育。其四，市场监管的统筹协调。这需要政府着力解决市场监管不协调、多头监管、重复监管等现象，提升监管的协调性。其五，市场监管治理结构的形成。市场监管的决策、执行职能如何合理地划分是关键。与此同时，强化市场监管的法治化建设、提高监管效能、保证市场监管的统一性和权威性至关重要。

（三）社会管理

社会管理作为政府的基本职能之一，主要内容是为社会发展提供基本的制度环境，为人民权益的保障和福祉发展设置安全阀，引导社会自主与自治，形成与经济、政治、文化等领域协调发展的良性格局。正如恩格斯所言，“政治统治到处都是以执行某种社会职能为基础，而且政治统治只有在它执行了它的这种社会职能时才能持续下去”①。因此，高效率地履行管理社会公共事务、维持社会秩序、调节社会冲突、增进社会整体福利水平，便成为政府治理的基础目标。例如，在我国，改革开放以来的社会管理大致经历了传统社会管理体制的延续和解体阶段（1978—1992 年），社会管理行政化阶段（1992—2002 年），以及社会管理现代化、制度化构建阶段（2002 年至今）这三个阶段。近年来，面对社会转型期的各种风险和挑战，谋求经济社会的全面协调发展成为重大议题。党的十六大第一次将社会管理和公共服务放在同等位置。党的十七大提出“健全党委领导、政府负责、社会协同和公众参与的社会管理格局”。党的十八大，尤其是党的十八届三中全会对创新社会治理进行了全面部署，提出创新“社会治理”、优化社会建设等政策方针。这意味着既要改进社会治理方式，坚持系统治理，加强党委领导，发挥政府主导作用，鼓励和支持社会各方面参与，又要激发社会组织活力，加快实施政社分开，推进社会组织明确权责、依法自治、发挥作用。既要创新有效预防和化解社会矛盾体制，健全重大决策社会稳定风险评估机制，建立畅通有序的诉求表达、心理干预、矛盾调处、权益保障机制，又要通过完善统一权威的食品药品安全监管机构、深化安全生产管理体制改革、健全防灾减灾救灾体制、健全公共安全体系。同时，设立国家安全委员会，完善国家安全体制和国家安全战略，确保国家安全。党的十九届四中全会进一步指出，“必须加强和创新社会治理，完善党委领导、政府负责、民主协商、社会协同、公众参与、法治保障、科技支撑的社会治理体系，建设人人有责、人人尽责、人人享有的社会治理共同体”②。这一要求，体现了党领导下多方参与、共同治理的理念，是社会治理理念、治理体制和治理方式的又一次重大创新。

（四）公共服务

公共服务，是指建立在一定社会共识基础上，由政府主导提供的、与经济社会发展

① 马克思，恩格斯. 马克思恩格斯选集：第 3 卷[M]. 中共中央马克思恩格斯列宁斯大林著作编译局，译. 北京：人民出版社，1995.

② 中共中央关于坚持和完善中国特色社会主义制度 推进国家治理体系和治理能力现代化若干重大问题的决定[N]. 中国建设报，2019-11-06（1）.

水平和阶段相适应的旨在保障全体人民生存和发展的基本需求的服务。享有基本公共服务属于公民的权利，提供基本公共服务是政府的职责。从范围上看，涉及民生的公共服务领域包括教育、就业、社会保障、医疗卫生、计划生育、住房保障、文化体育等，广义上还包括交通、通信、公用设施、环境保护、公共安全、消费安全和国防安全等领域。在公共服务供给的过程中，建立起围绕基本公共服务范围和标准、资源配置、管理运行、供给方式及绩效评价的系统性制度安排，并向公共服务标准与公共服务均等化方向发展，有助于服务提供的效率与公平兼顾。当前，中国正处于经济转轨、社会转型和体制转换的关键时期，强化政府的公共服务职能，建设服务型政府，既是当前深化行政管理体制改革的重要任务，也是人民群众的迫切要求。

第三节　政府职能与角色的变革

从本质上讲，政府职能是国家行政机关依法对国家和社会公共事务进行管理时应承担的职责和所具有的功能。作为上层建筑的一个重要方面，政府职能必须与其赖以生存的经济基础相适应，这就意味着随着经济的发展和经济制度的变迁，政府职能在不同历史时期具有不同的内涵。

一、西方国家政府职能调整与改革的历程

17—18世纪，随着资本主义生产方式的不断发展和市民社会的逐渐成熟，西欧出现了早期的政府职能理论，开始讨论国家与社会之间应然的权限界定问题，系统地界定政府在社会中的地位和作用。在这一时期具有压倒性影响的是重商主义思潮，它是西方经济学的发展起点，思想要点包括：第一，重视货币，发展商业。将货币或金银视为衡量国家财富的标尺，对于增加货币具有先天的亲近性，明确主张国家事务的基础就是发展商业，保护和发展商品经济是国家的基本使命。第二，重视对外贸易，谋求贸易顺差。将对外贸易或国际贸易视为国家财富的主要来源，因此国家需要想方设法地增加对外贸易量。第三，重视发展本国制造业，培育和保护本国产业。重商主义思潮对西方各国政府职能的定位影响深远。

概括起来，西方国家政府职能的调整与改革，大体经历了以下四个阶段。

（一）政府对经济不干预时期（17—18世纪）

这一阶段，西方国家的政府职能显得格外狭窄。政府的职能被限定在维护国家安全、社会秩序及个人财产不受侵犯等范围内，自由放任的经济政策受到普遍推崇，充分肯定市场的调节作用，把政府的作用限制在狭小的范围之内，只发挥“守夜人”的作用。与此相适应，政府组织机构简单、人员较少是当时的一大显著特点。从实践基础来看，18世纪英国的圈地运动实现了英国农村土地所有制和经营方式的根本性变化，为资本主义发展积累了原始资本，英国逐步发展成强大的工业国。从理论基础来看，西方现代政府是以17—18世纪西方启蒙思想家的思想为理论根据而成立的。这些启蒙思想家通过天赋

人权、自然权利和社会契约论等理论话语构建国家政治秩序，强力主张政府的权力来自人民、必须受到人民的限制。洛克在《政府论》中提出了政府的主要任务是保护个人的自由和财产，“政府除了保护财产之外，没有其他目的”[①]，政府是有限政府。孟德斯鸠明确提出了立法权、司法权和行政权“三权分立”的理论，并指出三权分立的目的是以权力制约权力，以保障人民的政治民主和自由，防止专制阴魂再现[②]。这一理论被运用到美国的实践中，并不断丰富和完善，成为绝大多数资本主义国家权力的组织原则。总的来说，这一时期政府职能的特点是仅承担基本的维护国家安全、社会秩序及个人财产不受侵犯等职能，普遍推崇自由放任的经济政策，强调自由放任，反对政府的过分干预，越不管事的政府越是好政府。

（二）政府对经济强干预时期（20世纪30—60年代）

20世纪初，垄断资本主义时期来临，长期实行的自由放任经济政策已不适应当时的社会经济发展，在促进经济繁荣的同时也带来了严重的社会问题：贫富两极分化，资本家唯利是图，工人穷困潦倒……尤其是1929—1933年世界经济大危机的爆发使自由主义经济理论的缺陷充分地暴露出来，西方国家开始对政府职能进行反思。1932年，美国总统富兰克林·罗斯福抛弃国家不干预经济的理论政策，提出了国家调节经济的“新政”纲领，使美国经济开始复苏。大危机以后，凯恩斯系统地提出了就业理论和国家干预经济的政策主张，要求扩大政府职能，主张加强政府干预经济的力度。主要措施包括：第一，重视财政政策的作用，通过国家兴办公共工程等直接投资和消费来弥补私人消费和投资的不足，实现充分就业；第二，重视货币政策的有效性，通过货币总量控制来调整利息率，刺激投资，增加有效需求；第三，主张搞赤字财政，用举债的方式兴办资本项目，增加投资。政府干预是全面的，不仅要干预市场失灵方面，还要保护市场成功的地方，以防出现市场失灵；第四，要求政府不仅要干预生产，还要干预分配，创造有利条件，刺激经济增长，维护社会公正。通过上述举措，政府的活动开始涉及社会生活的每个领域。

（三）政府对经济放弃或减少干预时期（20世纪70年代）

20世纪70年代，西方世界出现了一个独特的经济现象——滞胀，即经济增长速度大大减慢，经济危机频繁发生，失业人口不断增加，通货膨胀日益严重。对此，凯恩斯主义束手无策，导致自由主义经济思想卷土重来。新自由主义对凯恩斯主义“干预”学说进行了批判，针对政府干预的弊端，主张把政府职能限制在最小的范围内，充分发挥市场的优势。例如，经济学家弗里德曼指出，国家干预的实际效果与预期效果之间有着相当大的差距，它不仅阻碍了市场的健康发展，导致经济滞胀，而且造成极大浪费，更为重要的是国家干预增加了对公民个人自由的限制，因此国家干预总体上是不成功的[③]。20世纪70年代，新经济自由主义的政府职能理论继承了古典自由主义的基本传统，针

① 洛克. 政府论（下篇）[M]. 叶启芳，瞿菊农，译. 北京：商务印书馆，1964.

② 孟德斯鸠. 论法的精神（上卷）[M]. 许明龙，译. 北京：商务印书馆，2012.

③ 米尔顿·弗里德曼，罗斯·弗里德曼. 自由选择：个人声明[M]. 胡骑，席学媛，安强，译. 北京：商务印书馆，1982.

对政府干预的弊端，主张把政府职能控制在最小的范围内，充分发挥市场机制的作用。这一时期，英国撒切尔夫人政府、美国里根政府均采用了这一理论推崇的政府职能。

（四）政府对经济适度干预时期（20 世纪 80 年代末至 90 年代初）

20 世纪 80 年代末至 90 年代初，新凯恩斯主义开始重申政府干预的必要性，提出了建立在微观基础上的适应新环境的政府职能理论。1992 年，克林顿政府面对银行系统疲软、生产能力闲置的情况，意识到政府干预比不干预在政治上的风险要小得多，主张短期内用财政政策刺激经济复苏，增加工作岗位；长期内通过税制改革逐渐减少里根、布什时代积累下来的巨额赤字，增加政府公共投资，改革福利制度；等等。克林顿政府的改革优化了政府职能，引进了许多私营部门的经营理念，竞争机制被引入了政府部门，反映了改革的市场化取向；改革中确立的顾客服务理念，反映了政府行政文化的改变。克林顿政府的改革极大地改善了美国政府繁文缛节、低效、浪费的官僚主义，提高了政府的行政效率，节约了可观的费用，促使美国经济进入了历史上最长的繁荣期，美国财政实现了自 1969 年以来的首次盈余，美国的居民储蓄率出现 20 年来的峰值，失业率几乎是历史上的最低点。

纵观整个西方政府职能调整与改革的历史，可以发现西方政府是在经济自由主义与国家干预主义交替下发展转变的。几经浮沉后，逐渐把两者合理的部分融合吸收，努力寻求一条经济自由主义与国家干预主义之间的“第三条道路”。尽管如此，西方政府职能一直是处于膨胀和扩张的状态。

二、西方国家政府职能调整与改革的趋势

20 世纪 90 年代以来，伴随全球化、信息化及政治经济和文化等迅猛发展，政府正面临着全球经济问题、日益不满的市民及财政危机等新的挑战，传统的政府架构及其运行模式、管理理念和公共服务如何更加高效、低价、廉洁地为公众提供服务，成为政府治理的现实难题。

为此，各种改善公共管理与提升公共服务的理论学说和实践运动蓬勃地铺展开来。新公共管理运动主张通过民营化等形式，把公共服务的生产和提供交由市场和社会力量来承担，政府主要集中于掌舵性职能，如拟定政策、建立适当的激励机制、监督合同执行等，引导它们为实现公共利益的崇高目标服务，即掌舵而不是划桨；政府再造理论试图通过对公共体制和公共组织绩效的根本性转型，来大幅度提高组织效能、效率、适应性及创新的能力；新公共服务理论主张政府应注重服务而不是掌舵，政府的作用将是确保公共利益居于主导地位，确保解决方案本身和提出解决方案的过程符合公正、公平和平等准则。

总体而言，在全球化背景下，西方国家的政府职能的转变有四个显著趋势。

（1）政府管理职能的创新。这集中体现在其政策工具或治理工具的选择上，尤其是市场化治理工具（如民营化、用者付费、放松管制、合同外包、权力下放、内部市场、产权交易等）的大量使用。

（2）政府部分管理职能向社会让渡。政府大量可以由市场和社会完成的职能均逐渐

转向区域组织、跨国公司及非政府组织等来承担，管理方式由原来的政府单独管理转向政府与市场、社会共同管理。

（3）政府管理的电子化。随着信息社会的来临，许多西方国家在电子政务服务和监管方面均迈出了重要步伐，政府内部及政府对商业、公民的政务运行平台广泛建立，政府管理在透明化、效能化方向上取得了长足进步。

（4）政府治理的整体性与协调性大幅度提升。面对风险社会中的各种传统危机与现代危机、区域危机与跨国危机、自然灾害与事故灾难彼此交叉、重叠的复杂态势，强化政府危机管理能力和机制建设，成为各国极为重视的改革议题。

第四节　政府治理创新

一、政府治理及主要形式

政府治理是政府依据法定的权限和职能进行治理的过程的总称。一般而言，政府治理包括政府自我治理和政府社会治理，它们共同构成政府治理的基本内容和实践领域。

（一）政府治理的分类

1. 政府自我治理

政府自我治理是治理社会的前提和基础。只有具有良好自我治理能力的政府，才能在不断变化发展的时代对大量国际国内事务做出有效的反应，才能为广大公民提供各种公共性的政策、秩序和规则，为社会福利的增加和整体有序发展提供条件。

政府自我治理涉及政府对自身的人、财、物综合管理的素质和能力，是确保政府顺畅运行的基础。一般来说，政府自我治理的能力包括自我约束能力、社会适应能力、自我创新能力和自我发展能力。自我约束能力，是指政府必须在既定的政府框架内展开活动，需要行为规范、遵章守纪，依照程序和法律办事，体现在自我人员规模、机构数量与层级方面要有约束，官员行为廉洁高效等；社会适应能力，是指政府适应国内外局势发展、驾驭市场、协调社会组织，有适度的回应和互动；自我创新能力，包括政府对自身管理的制度、行为和政策等方面建设的创新和能力发展；自我发展能力是指政府要能够适时进行机构改革、人员提升和淘汰，增加存续活力。这些能力基本上决定了政府的总体形象，它们之间的协调发展和有序配合是政府正常运转所不可或缺的。

2. 政府社会治理

政府社会治理是政府之所以为政府的根本依据。人民让渡部分权力、授权组建政府的根本目的是保障人民的生命、自由和财产，是为了人民的和平、安全和公众福利①。

政府社会治理，关涉复杂的社会公共事务的方方面面，涉及政府社会治理的基本方面。政府治理能力的强弱可以从经济社会发展的有效性和社会民众的普遍评价中得到反

① 洛克. 政府论（下篇）[M]. 叶启芳，瞿菊农，译. 北京：商务印书馆，1964.

映。概括起来，政府社会治理包括为市场经济的发展营造良好制度环境，为社会组织的成熟提供机制保障，为促进经济、社会、文化、生态等领域的全面发展创造条件，最终促进公共利益的发展和民众福祉的普遍改善。例如，本书对政府职能转变的基本定位，即宏观调控、市场监管、社会管理和公共服务，就是对于政府如何为广义的社会治理提供服务的核心职能界定，这有利于促进中国社会又好又快地转型发展，有助于推动中国经济社会的高质量发展，进而全面实现政府治理体系和治理能力现代化。

（二）政府治理的主要形式

盖伊·彼得斯从各国政府的革新主张和主要发达国家的政府改革实践中，梳理归纳出了四种未来政府治理模式，即市场式政府模式（强调政府管理市场化）、参与式政府模式（主张参与政府管理）、弹性化政府模式（认为政府需要更多的灵活性）、解制化政府模式（提出减少政府内部规则）①。这四种政府治理模式各有不同的理论基础，且适用于不同的政府体制，归纳如下。

（1）市场式政府模式。该治理模式建立在人们对市场竞争机制和激励机制的优越性普遍推崇的基础之上，目标是用某种建立在市场基础上的机制代替传统的官僚体制。市场式政府模式是当代行政改革实践中的主导模式。主要特点如下：①下放决策和执行权力。将大量的服务职能下放给低层机构、私人部门或半私人部门来承担，迫使公共部门无法进行垄断性控制。②网络式扁平化的政府结构发展趋势。主张政府积极有为，政府工作人员敢于担当责任，公共部门垂直结构需要向橄榄型结构转变，尽量减少信息损耗和财政浪费，提高公共收益。③建立以功绩制为原则的个性化绩效工资制度。吸收私人部门的管理思想，打破集体化的工资分配制度，建立以功绩制为原则的个性化绩效工资制度。

（2）参与式政府模式。为了把社会利益融入治理之中，该模式强调政府低级员工和服务对象都能够直接参与到政府组织的管理和决策之中。它的特点如下：①实现分权制度化。放权于基层，让那些长期处于被动执行的管理者具有参与权和决策权，以改善政府组织本身的管理。②放权于服务对象。一个真正具有效率、效能的服务需要服务对象的主动参与，而不是服务对象的被动接受。③参与决策。有效地吸收基层公务员和社会组织公众，参与行政管理，共商行政决策大计，特别是政策目标群体的参与。为扩大低层公务员的权力，参与式政府模式竭力提倡压平金字塔组织结构，使低层组织能够根据具体环境灵活自主地做出决策。随着管理者能力与管理手段现代化程度的提高，以及管理和干预程度的减弱，压平结构、扩大幅度已成为现代社会政府管理发展的必然趋势，任何一个政府在组织结构上都必须顺应这一历史发展变化。

（3）弹性化政府模式。弹性化是指政府及其机构有能力根据环境的变化制定相应的政策，而不是用固定的方式回应新的挑战。主要特点如下：①公共部门所设置的机构不再是永久性的实体，主张在组织上建立临时性机构。多用临时性机构如特别委员会、项目小组等，解决非经常性问题，如一些工作小组、特别委员会、项目小组等。②放弃政

① 盖伊·彼得斯. 政府未来的治理模式[M]. 吴爱民，夏宏图，译. 北京：中国人民大学出版社，2001.

府人员任用上的“铁饭碗”，在人事上搞短期或临时雇用，任务完成后即解雇。③在决策上，对不同的政策问题采用不同的决策方式，跨部门决策时建立临时协调组织等。

（4）解制化政府模式。解制化政府模式在于改变照章办事的传统，去除繁文缛节，清除政府管理实质以外的其他附着物，让政府最大限度地释放潜在的能量和创造力，以新的创造性工作改进社会的整体利益。主要特点如下：①简化内部规章制度，取消过程取向的控制机制；②传统管制型政府部门主要依赖事前的控制措施，解制势必导致对公共部门采取更多的事后控制措施，公务员将对所做的决策承担责任，对他们来说，更多的自由意味着更多的个人责任；③分权与权力下放，主张赋予官僚机构更多的决策权，尤其是给下层组织和公务员个人以自主权，发挥其积极性和创造力。

二、政府治理面临的挑战

自 1970 年开始，经济全球化、社会信息化和民主化进程不断加深，传统的治理模式受到严重冲击，各国政府面临多方面的治理危机与挑战。

（1）社会转型所带来的挑战。20 世纪 70—80 年代以来，西方主要发达国家相继由工业社会转型进入后工业社会，由现代进入后现代。后现代社会的多元价值观念和利益诉求，对于匹配工业化时代社会结构和经济技术基础的政府理念、组织结构、运行机制和绩效标准等产生了深刻的冲击，改革政府成为西方各国行政改革的主旋律。在发展中国家，不断深化的市场化和信息化正逐步改变着社会结构，也塑造着不同于既往的发展需求，更为有效的政府管理与服务要求对于政府治理构成深刻挑战。

（2）治理中财政赤字的挑战。通过行政改革减轻政府特别是中央政府的财政负担、缓解由财政压力带来的治理危机，成为西方各国改革的普遍现象。在提高税收以及限制或终结公共任务不大现实的情况下，改善财政支出效率、厉行节约及敦促少花钱多办事的行政改革被提上了日程。很大程度上，摆脱财政困境和提高效率构成了英美诸国政府改革实践的主线。进入 21 世纪以来，欧洲债务危机、美国的国家信用危机等，正深刻影响着欧美各国的行政改革走向。

（3）参与国际竞争的挑战。面对日益激烈的国际竞争，各国竞相展开政府改革，试图改革面临重重考验的政府管理理念、管理体制以提高政府能力。为此，改革原有的行政模式，逐步建立起既能满足国内发展需求、不断强化综合国力的治理体系，又能够整合国际国内资源、充分利用国际国内市场、有效参与全球竞争的政府能力，成为当务之需。

（4）行政民主发展的挑战。与现代化进展相对应的是，民主成为公共管理和公共服务中的基本价值与主要途径。在此背景下，行政民主的发展成为民众日益关注的重要实践课题。民众不仅提出要控制政府规模、降低政府成本的要求，在控制政治家、官僚方面也有了更为鲜明的认识。针对直接参与公共服务的供给要求、解决特殊利益集团对政府决策的控制、控制政府及其官僚的自主性，甚至是自利性等问题，都需要政府组织机构的改革予以直接回应。在行政民主化和法治化要求与日俱增的背景下，旨在增进政府部门合作、提高效能和抑制行政官僚行为放任的突破官僚制或摈弃官僚制运动便蓬勃地开展起来。

（5）科技进步带来的挑战。以信息技术为基础的第三次科技革命引发了产业结构、劳动结构和社会结构的深刻变化。在一个信息化、电子化和一体化的社会氛围中，政府如何更有效地改善内部管理和回应社会服务需求，如何有效地开展电子政府、数字政府建设，通过革新政务平台、建立门户网站、提供电子政务服务，为公民和各类社会群体提供“数字化生存”时代的数字化政务管理和服务，打造“互联网+政务服务”新模式，成为各国治理中的重要议题。

三、政府治理的未来趋势

政府治理的优化，本质上就是要全方位地打造具有治理能力和公共性的服务型政府，通过确立服务理念、回应公民需求、吸纳公民参与、再造政府流程、实施绩效评估、协调部门关系及建立合作伙伴关系等举措，实现行政范式的效能化、法治化与服务化。随着公共时代的来临，政府治理优化的核心要义在于建设职能科学、结构优化、廉洁高效、人民满意的服务型政府；未来的政府治理，主要将出现以下值得密切关注的发展趋势。

（一）政府治理的效能化

提高政府治理效能，强化和优化政府能力是政府治理改革的基本目标。高效率地履行管理社会公共事务、维持社会秩序、调节社会冲突、增进社会整体福利水平的任务，成为政府治理改革的首要目标。整体看来，西方国家行政改革的实践，主要在行政理念、行政体制和行政方法或技术等领域展开，各种治理机构的调整和匹配，大量市场化与社会化方式的导入，有力地提高了行政效率，强化公共服务能力。政府通过管理技术，如目标管理、成本控制、政府合同、绩效管理等方式，优化社会公共物品的供给，提升社会治理能力。

（二）政府治理的参与化

公众以各种方式参与公共事务的广度与深度，是衡量民主的尺度。政府治理的民主化，体现在有效的公众参与扩大和深化，它有利于扩大公共参与，提高公共决策的科学性和有效性，提高社会发展的可预期性，从而减小发展阻力，降低社会治理的成本。国家型政府向行政型政府、治理型政府的发展转变是当代政府发展的大趋势。政府治理参与化转变主要体现如下：①善分权，即政府向社会分权，向市场分权，向下级分权和授权，从而取得改革实效；②有参与，即不论是政策制定还是执行过程，都能够有效地建立起民众意愿与政策议程之间的实质关系，形成公共物品的多元供给模式；③能监督，这有赖于进行制度化、透明化的赋权、授权和用权程序建设。

（三）政府治理的市场化

政府职能决定政府的权力、机构、规模、组织形式和管理模式，它反映了政府活动的基本方向、根本任务和主要作用。依据经济社会整体的变化，政府职能调整需要有两个方向上的考虑。基于市场机制的成熟程度与社会自主力量的发育状况，需要有新的调适和发展。从横向平行的角度讲，有的政府职能要淡化，有的要延续，有的要强化，有的要新生，有的要消亡；从政府发展进程的纵向角度来讲，有的职能是暂时的（如政府替代市场进行招商），有的是持久的（如社会管理与公共服务）。这样的改变，总体上是淡化政府直接介入微观经济的职能，更多地依靠宏观调控来达成治理目标，凸显法律机制与价值规律的治理作用。

（四）政府治理的服务化

政府治理改革的根本依据在于回应社会公众的公共需求，政府治理改革的核心落脚点在于进行合理的政府职能界定和选择行之有效的政策工具。例如，西方国家大多较为关注政府职能缩减、优化及市场回归，同时通过鼓励和规范社会的发展，重视社会力量的有效利用和公共服务社会化，来弥补和克服市场失灵与政府失灵，进而实现社会善治。当服务成为公共管理的基本方式和常在状态时，政府在稳定统治和发展管理的基础上，才能更好地根据民众意愿展开公共决策和政策执行，也才能更好地反映经济社会发展的现实需求。正因为如此，政府治理的服务化也就是服务型政府构建的具体实现历程。

（五）政府治理的法治化

政府治理改革的一项重要使命在于使自身的赋权、授权和用权行为规范化，通过一系列的改进措施将之纳入法治化的轨道。既能有效约束自身，又能透明、有序地进行制度化的社会管理和公共服务。这就需要在持续深入的治理改革实践中，强化对行政实体制度、行政程序制度和行政救济制度的创新和机制建设，将政府治理的诸环节纳入法治化的轨道，确保权力在阳光下运行，确保政府治理行为的规范化，从而大大提升治理实践的可预期性和有效性。

总之，政府治理的新发展实际上是对公共治理过程中面临的种种挑战所做出的积极回应和制度安排。在我国，随着改革发展的深入，党的十八届三中全会提出的“完善和发展中国特色社会主义制度，推进国家治理体系和治理能力现代化”这一全面深化改革的总目标，已经成为进一步优化政府治理、促进中国全面现代化的新行动纲领。2019 年 10 月，党的十九届四中全会审议通过了《中共中央关于坚持和完善中国特色社会主义制度 推进国家治理体系和治理能力现代化若干重大问题的决定》，全面回答了在我国国家制度和国家治理上，应该“坚持和巩固什么、完善和发展什么”这个重大政治问题，必将对推动中国特色社会主义制度更加成熟更加定型、把我国制度优势更好转化为国家治理优势，产生重大而深远的影响。

经过 40 多年的改革探索，我国已经形成了一套特殊的政府治理体系和治理结构，治理模式转型主要体现在从全能政府到有限政府、从压力型体制到合作型体制、从实质理性到形式理性三个方面[①]。政府的治理模式仍会随着时代的发展而变革，不断回应现实挑战，超越传统，面向未来。

① 陈国富，牛小凡. 政府职能定位与中国政府治理模式的转型[J]. 理论与现代化，2021，（3）：46-56.

思考与讨论题

（1）社会主义市场经济条件下，政府的经济职能和角色定位如何？

（2）在政府与社会的关系上，产生了哪些有代表性的理论观点？

（3）政府的社会职能涉及社会生活的各个领域，主要包括哪些方面？

（4）简述市场失灵的类型及治理对策。

（5）简述政府失灵的原因及治理对策。

（6）简述政府职能的基本内容。

（7）西方国家政府职能的调整与改革，大体经历了哪些阶段？

（8）全球化背景下，西方国家的政府职能的转变有哪些主要趋势？

（9）简述政府治理及其主要形式。

（10）20 世纪 70 年代以来，各国的政府治理主要面临哪些挑战？

（11）未来的政府治理将会出现哪些发展趋势？试联系实际阐述之。

（12）对于政府与私人部门哪个生产力更高这个问题，一直富有争议。一些研究者通过统计发现，政府具有极高的生产力，但是在人们的印象中政府机构效率极低且缺乏生产力。原因在于两个方面：一是私人部门的活动多数可以通过经济增长、效益等指标测量出来，具有可见性；二是人们对待政府有种更加挑剔的态度。假如你是一个公共管理者，谈谈你将如何改善人们对于政府的印象？

第四章　组织与协调

组织是人们以合作的方式实现共同目标的工具，是管理的物质存在形式，任何管理都离不开组织。公共组织是负责处理日常大量繁重的社会公共事务的主体，它的组织结构、运作过程和行为方式直接关系到公共管理的效率、效能及公共目标的实现。因此，如何设计和建立有效且合理、富有弹性和活力的公共组织，就成为公共管理理论与实践的重要课题。

政府是最典型的公共组织，政府职能需要在不同层次的政府间进行划分，即需要将公共物品的供给在中央政府、地方各级政府之间进行具体划分，这就涉及政府间关系。政府间关系是一个国家内部政府体系的重要组成部分，从国家构建之日起，国内政府间关系就成为政治生活中一个亘古不变的重要政治现象，也是当今公共管理研究中的一个重点问题。

▶ **重点问题**

（1）公共组织的概念。

（2）组织结构与设计的基本原理。

（3）政府间关系的概念界定。

（4）西方政府间关系的主要模式。

（5）我国政府间关系的网络模式。

▶ **难点问题**

（1）官僚制组织存在的社会、政治、经济和科学技术条件。

（2）组织中人的动机、组织行为与制度约束和组织管理风格的关系。

（3）网络和网络管理。

第一节　公共组织结构与设计

一、公共组织的概念与特性

公共组织是一种具有特殊性质的组织，也表现出一般的组织共性。因此，研究公共组织，首先要对组织的概念有所了解。随着人类社会的发展，组织已经从单纯的生存功能转变为复杂多元的政治、经济、社会、文化等功能，如企业、学校、军队、政府等组织形式。组织是人类社会的普遍现象，是社会文明的标志，是在一定的社会环境中，为达到共同目的，通过协调合作形式而形成的具有一定秩序和功能及共同心理意识的开放性群体。公共组织既有一般组织的共同特性，也有自己独特的内涵。概括来说，公共组织是指以实现公共利益为目的，以管理社会公共事务、提供公共服务为基本职能的社会群体。它的特性包括政治性、社会性、权威性、法治性、系统性等。

传统观念认为，对社会公共事务实施管理的职能仅属于国家所有，即公共管理局限于国家行政，政府组织是唯一的公共管理主体。但是随着社会的发展和变化，现代公共事务日益增多，一些社会性、专业性较强的公共事务（如救济扶贫、环境保护、社会福利、教育和科学研究活动等）逐渐由政府行政机关转移或下放给各种非政府公共组织进行管理，这样公共组织就分为政府组织和非政府公共组织两种类型，非政府的公共组织也成为公共管理的重要组织依托。

关于非政府公共组织，由于各国的国情不同及人们对其关注的焦点不同，这类组织也因此有多种称谓，如第三部门、非政府组织、非政府公共部门、非营利组织、慈善组织、志愿者组织等。对非政府公共组织内涵的界定也说法不一，美国研究非营利组织的专家约翰·霍普金斯大学的莱斯特·M. 萨拉蒙等将具有以下七个属性的组织称为非政府公共组织，它们分别是组织性、民间性、非营利性、自治性、志愿性、非政治性、非宗教性[①]。我国对于非政府公共组织的界定，在力求与国际上的非政府公共组织内涵基本一致的前提下，将事业单位、社会组织、非营利社会中介组织、民办非企业单位及城乡基层群众性自治组织（城乡居民委员会、农村村民委员会）纳入非政府公共组织的范畴。

二、常见的公共组织结构设计

公共组织设计是公共组织结构理论中的一个重要内容，并越来越引起各国政府的重视，各国纷纷设立专门机构来从事公共组织的设计工作，如我国的人事部门和各级政府中的编制部门，就是专门从事行政组织设计工作的部门。公共组织结构设计是指根据一定的理论和原则对公共组织的结构及其功能进行设计的过程。通过组织设计使公共组织的各个要素合理配置、有机结合、协调运行，从而达到提高组织效率的目的。科学合理的组织结构设计是公共组织高效有序运作的基础，其中分工、部门化、管理幅度、指挥链、集权与分权、协调等要素是影响公共组织结构设计的基础要素，组织的战略、规模、技术与环境是影响公共组织结构设计的关键要素。

常见的组织结构设计包括官僚组织、矩阵组织、团队组织与网络组织四种。

（1）官僚组织。这种体制一直是传统管理学家所推崇的。Weber、Taylor、Gulick 和 Urwick 等学者都积极倡导这种结构，他们相信最有效的组织应该等级分明，并依靠个人对组织的责任感和一套合理的规章制度来指导组织成员的行为。按照 Weber 的观点，这种官僚式的金字塔结构的组织具有六个特征，即基于职能专业化的劳动分工、明确界定的权力等级、包含权力与责任的规章制度、工作的程序化、人际关系的非人格化、基于技术竞争的选择和晋升。

（2）矩阵组织。矩阵组织是指从各职能部门中抽调有关专家，分派他们在一个或多个由项目经理领导的项目小组中工作的一种组织结构。矩阵组织与团队组织有很多相近之处，不同的是矩阵组织是针对某个特定项目而言的，一般有实施计划，要进行时间、

① 莱斯特·M. 萨拉蒙，等. 全球公民社会：非营利部门视界[M]. 贾锡京，等译. 北京：社会科学文献出版社，2002.

进度或成本控制，以完成特定工作任务。当机构进行的是大量的标准化服务时，一般不采用此结构。当工作针对的是某个特定的项目，并有相应的控制指标时，可以采用矩阵组织来完成，项目结束后组织即行解散，成员回到以前单位，这是一种流动型组织。

（3）团队组织。基于团队的结构是现代组织的一种类型，它可以高效率地完成组织的使命，使组织更加灵活，反应更加迅速，因而受到公共部门和私人部门的青睐。所谓团队，是指一小群具有互补技能的人组成的任务小组，它们有共同的绩效目标和工作方式，并对其所负责的领域的所有工作活动和结果负责。这种组织不存在从高层到基层的指挥链，团队员工可以以他们认为最好的方式来开展工作。这里对员工的授权很关键，因为通过授权将责任赋予第一线，使组织能对社会事务具有更快的响应能力。

（4）网络组织。网络组织是由两个或两个以上的组织为了某个特定目标而聚合在一起的联合或联盟型组织结构。网络组织一般由核心组织和外围组织构成，是私人部门和公共部门广泛采用的一种组织形式。

三、组织结构设计的过程与原则

公共组织的结构反映了社会环境对组织的需求和制约。在公共组织发展史上，在很长一段时间里，公共组织结构都是在社会需要的压力下被动地出现新的部门和结构，被动地产生新的职能和新的结构形式。正是由于公共组织，特别是政府管理的社会事务的增加，政府行政组织结构逐渐复杂化，这也是社会压力推动组织发展的自然过程。然而，现代公共组织的发展越来越表明，它已经走出了自然发展的历史阶段，成为一个自觉设计的过程。公共组织机构的设置、规模的控制、职能的更迭及组织结构形式的安排等，都可以看作自觉设计的结果。

公共组织设计原则包括职能目标原则、完整统一原则、精干高效原则、法制原则、责权利统一原则和人本原则等。

四、公共组织变革的相关理论

公共组织变革是一个过程，对于这个过程的环节、阶段或程序，学者从不同的角度进行了不同的解释。概括起来，可以将组织变革的过程分为以下四个阶段。

（1）变革需求的认知。组织的领导者应当在危机来临之前，从组织内部各种端倪中认识变革的必要性。当组织面临下列情况时，组织的变革是必不可少的：组织的管理职能不能适应变化了的社会、经济、政治条件的要求；组织系统结构的混乱和管理功能（如计划、组织、协调、控制等）不能得到良好的实现；持续性的管理效率低下，资源浪费，公职人员腐败行为日益严重；缺乏制度上、管理上的创新，趋于保守与僵化等。

（2）组织现状的诊断。公共组织需要变革，那么需要解决的根本性问题是什么？这就必须对公共组织及其管理现状进行诊断。公共管理者和专家运用各种科学管理理论、方法对管理现状进行缜密的调查与研究，找出公共组织在结构、功能、程序、行为等方面存在的问题，阐明原因，分清性质、范围、轻重缓急，为组织变革目标和方案的确立提供依据。

（3）变革目标和方案的确立。变革就是要改变组织的现状，实现某些更新。在诊断的基础上，确认组织的现状和理想状态之间的差距，提出改革目标，以期尽可能地克服组织的缺陷，创造理想的组织。根据组织的目标，找寻解决问题的方法，包括制订、评价、选择变革方案，同时确定实验性的先行变革模型并检测其可行性，并在此基础上确定变革计划和制定测量绩效的标准。

（4）变革方案的实施。抓住适当的时机，选择适宜的规模，及时贯彻执行变革的方案。同时，在组织变革的实践中随时反馈和评价变革的成效，以便修正方案并将变革过程中的负面效应控制在较小的范围内，从而使变革达到预期的目标。

公共组织的变革是外部环境的变化和内部要素的发展提出了新的要求而引起的，公共组织变革的动力也来源于此，包括环境、技术、目标与价值观、职能、组织成员心理和专家等六个方面。阻力是动力的对立面，有动力就有阻力。在通常情况下，人们会对变革持一定的欢迎态度，因为变革可能带来一定的好处。但当变革可能带来不利的后果时，人们就会对变革持怀疑和反对的态度，从而形成针对变革的阻力。一般来说，变革的阻力主要来源于认知、利益、成本、组织惰性、变革的不确定性和习惯性等六个方面。

第二节　政府间关系与协调

一、政府间关系

（一）政府间关系的内涵

“政府间关系”一词源于20世纪30年代，原是描述美国联邦政府为了应对经济大危机所带来的极度萧条，抛弃过去与州政府分权、独立的态度，转而秉承主动、密切合作精神，共同建立一种全新的服务供给与输送系统，以推动新政措施，扭转国家命运的一种新型政府间互动合作关系。Denhardt 夫妇认为，政府间关系是为了发展及执行公共计划所包含的政府各层级间所有复杂而相互依赖的关系[①]。杰伊 · M. 谢夫利兹和戴维 · H. 罗布森卢姆等指出，政府间关系本质上是指不同层级政府为共同地区提供服务与管理之交互关系的政策与机制[②]。林尚立认为政府间关系是各级地方政府间和各地区间政府的关系，包括纵向中央政府与地方政府间关系、地方各级政府间关系和横向各地区政府间关系[③]。谢庆奎认为政府间关系是指政府在垂直和水平上的纵横交错的关系，以及不同地区政府之间的关系[④]。

政府间关系的内涵有五个方面的特点：一是政府间关系超越了宪法意义上所规定的政府参与形态，包括中央与地方、地方与地方、政府上级部门与下级、平行政府各部门

① 珍妮特 · V. 登哈特，罗伯特 · B. 登哈特. 新公共服务理论：服务，而不是掌舵[M]. 丁煌，译. 北京：中国人民大学出版社，2010.

② 杰伊 · M. 谢夫利兹，戴维 · H. 罗布森卢姆，等. 政府人事管理[M]. 彭和平，等译. 北京：中共中央党校出版社，1997.

③ 林尚立. 国内政府间关系[M]. 杭州：浙江人民出版社，1998.

④ 谢庆奎. 中国政府的府际关系研究[J]. 北京大学学报．2000，（1）：26-34.

之间的关系变化；二是政府间关系是一种人性因素的考量，它重视在不同治理单位的官员关系的活动和态度；三是政府间关系涉及官员之间持续接触与信息或意见的交换关系；四是政府间关系在运作过程中，涵盖了在不同政府层级之间的所有参与者，如立法者、法官、政府执法者等在决策过程中所扮演的角色；五是政府间关系是一种政策导向，涉及跨区域且在政策形成、执行与评估过程中的行动者的互动关系。

（二）不同政治体制中的政府间关系

我国传统的政府间关系是在特定的历史时期形成的，契合了中华人民共和国成立初期的历史要求。作为国家政治制度的一部分，我国政府体制在创设初期主要受"马列学说、传统文化、历史经验、苏联模式、战时基础、现实国情、经济体制、政治形势"等因素的影响。我国传统政府间关系是在这一特定的历史时期，面对国际国内的形势，在国家对社会资源整合需求的基础上形成的。

传统体制下，我国各类地方政府长期处于特定形式的封闭状态，主要表现为在中央高度集权的背景下，各地方政府必须严格服从中央政府，下级地方政府要严格服从上级地方政府，政府间关系处于控制与被控制、服从与被服从的单向度关系模式中。但自从1979年我国实施改革开放政策以来，政府间关系开始发生变化，尤其是1994年实施的分税制，随着我国市场经济体制逐步建立和完善，地方政府和中央政府、各级地方政府之间的关系变得更加复杂，政府间关系的互动性日趋增强。

改革开放后，国家权力开始有限度地下放，基层权力向上收缩到乡镇一级。这种上下挤压的权力嬗变方式，增强了地方政府的活力，推动着地方政府的发展。在税制改革的基础上，地方政府的积极性得到提高，活动空间扩大，为地方政府间关系的变化提供了条件。

随着中国市场经济的发展，地方政府不断增强政府的利益主体意识。在政治上，要求中央政府或上级政府下放更多权力；在经济上，地方经济社会发展的积极性得到不断增强。为了推动地方经济社会的发展，提升地方政府的地位和作用，地方政府通过经济区、经济圈或各种试点建设，向中央政府或上级政府争取更多的自由裁量权。地方政府间关系除了在纵向上发生变化之外，横向关系也得到了发展。围绕区域经济的发展，区域政府间的合作与竞争正逐渐成为地方政府间横向关系的主调。

二、政府间合作

（一）政府间合作的内涵

所谓政府间关系，从政府间的权力配置和利益分配关系的角度，可理解为政府间在垂直和水平上的纵横交错的关系，以及不同地区政府间的关系。它主要表现为静态和动态两个层面，其中静态的关系主要体现为政府间的法律关系和制度关系；动态的关系体现为具体的政策关系、人际关系和行政调控关系。本书更倾向于认为政府间关系是一个国家内部不同政府间的相互运作关系，既包括传统意义上各层级政府间的垂直互动关系，也包括同级政府间的水平互动关系、特定政府机关内各部门间的协调管理，以及政府机关与社会的公共关系等。政府间合作是公共部门政策制定、资源分配面临复杂环境挑战的产物，它是为实现公共利益，政府部门和非政府部门等公共管理主体之间彼此合作而产生的。

（二）我国政府间合作的现状

改革开放以来，为了适应区域经济一体化的发展趋势，随着转变政府职能与建设服务型政府的步伐，各级地方政府的层级结构在不断调整，突出表现在建立众多的区域经济合作组织。但进步的同时，也掩盖不了现实的问题，具体包含以下四点。

（1）产业同构倾向严重，合作成为空谈。目前，部分地方政府主要领导者关注更多的是本辖区的经济指标，缺乏对整个区域产业发展目标的整体思考，造成一些地方政府热衷于投资“热线产业”，而往往忽视宏观的经济效益，结果是区域内产业结构的严重趋同，从而使政府间合作优势变为空谈。政府间重复建设所带来的市场繁荣是暂时的、虚假的，而产生的后果是长期的、严重的，主要表现为产业结构趋同会加剧区域内竞争，降低效率，加剧区域经济发展的不平衡和区域差异的扩大，无法形成专业化生产和规模经济，进而影响整个地区生产总值的提高。

（2）地方保护主义盛行，合作举步维艰。近年来，地方保护主义如原料大战、价格大战、市场封锁现象时有发生，导致国内市场被分割。从短期看，地方保护主义可以提高本地区企业的生存能力，增加本地财政收入，有利于当地社会稳定。从长远看，地方保护主义所引致的市场分割对国民经济的发展危害极大：从微观角度看，由于缺乏正常的竞争环境，在“温室”中发展起来的企业很难在竞争激烈的全国市场及国际市场中立足；从宏观角度看，由地方保护主义产生的各种不同区域间的贸易壁垒大大增加了地区之间的贸易成本，严重阻碍了区域经济一体化的进程，不利于区域及国家整体实力的提高。

（3）合作多数停留在较低水平。从合作内容看，基本上没有对土地利用、税收优惠等尖锐问题进行详细探讨。政府间许多共识的达成是靠领导者的承诺作为保障的，虽然在诸多领域，如工商、生态治理等已形成制度性的协议，但缺乏法律效力，这种共识的达成缺少稳定性，一旦地方领导者出现调动易使合作机制架空。各政府间的合作一般采取集体磋商的形式，而没有形成像欧洲联盟（简称欧盟）那样的谈判机制，这种形式易在涉及实质性利益的问题上由于分歧太大而无法达成共识。政府间合作的组织形式较为松散，没有一套制度化的议事和决策机制，也没有建立起功能性的组织机构，从而大大增加了合作成本。

（4）合作区域内统一的法治环境没有全面形成。目前，合作区域的法治不统一是合作主体持续深入开展合作最大的困境。因为统一法治环境的缺乏，地方政府往往依靠政策推动区域合作，而由于地方政府在行政管理上互不隶属、行政首长的执政理念差异、信息不对称以及地方自身利益的考量，出台的政策不一，甚至出现相互“打架”的现象①。

---

① 何登辉，王克稳. 我国区域合作：困境、成因及法律规制[J]. 城市规划，2018，42（11）：64-70.

（三）促进政府间合作的协调机制

1. 建立政府间协调机构

政府间合作机制的建立离不开中央政府的直接干预，尤其是在各方面制度尚未完善而中央政府拥有大量的资源配置权的情况下，必须设立一个负责政府间合作管理的综合性权威机构，如政府间合作协调管理委员会，负责政府间各类管理信息的共享，并具体执行经立法程序通过的政策、规划，与地方政府合作协调不同地区利益主体间的关系并约束地方政府行为等。同时，要赋予这一权威性机构与其职能相匹配的权力和资源，以理顺其与国家立法机构及其他相关职能部门的关系，并使之制度化。

2. 嵌入协商机制

协调各级地方政府间的利益关系，如果仅单纯寄希望于中央政府的宏观调控，难免成本过高且目标会偏失。促进政府间合作应成为协调地方政府间利益矛盾、走出“公地悲剧”的必然选择。建立一套符合中国国情的利益权衡的激励机制来化解地方政府过度离散性的协商机制是势在必行的。它既可以纠正命令机制僵硬化的弊端，又可以弥补利益机制局部化的缺点，并以灵活多变的行政协议等方式发展合作关系，追求政府间信息分享。

3. 改革政府体制

市场化进程使整个中国的社会秩序图景发生了重构，使国家和社会呈现纷繁复杂的局面，突出表现在中央政府的合法性资源有所流失，对地方政府的无序竞争缺乏得力手段。为此，中央政府应当加强对不同区域贸易和要素流动的管理，减少以获得优惠政策为内容的利益诱导，并且制定有关政府间调整的法律，制定“区域合作章程”，同时应合理规制不同等级政府提供公共产品的范围，鼓励采取业务外包措施，将一些职能转移到跨区域的社会组织，以促进政府间利益最大化。

4. 组织网络合作治理机制

新公共管理和新公共服务理论都强调现代社会的治理不能仅仅依靠政府。社会治理的主体应该呈现多元化、网络化的特征。不管是在政府各部门之间还是在跨区域政府之间，政府作为社会公共事务治理的主体之一，都离不开企业、社会组织、非政府组织等的协助与支持。在进行政府间合作治理时，公共部门和私人部门的联合行动是目前组织网络合作治理的一种新形态。这是因为国家、社会的政策执行早已经超越纯粹政府组织为主体的安排模式，私人部门、非政府组织、社会组织等在推行公共事务治理上，日益扮演着举足轻重的角色。政府间关系协调的基础是一种交换，并非层级节制的控制、命令，借助于横向的水平式协调设计，促使地方政府与相关的企业、非政府组织、社会组织共同建立高水平的社会合作治理关系。

第三节　政府与外部组织的关系及协调

一、委托-代理关系治理

（一）委托-代理理论的基本内容

经济学中的委托-代理理论主要论述的是，如何建立有效的风险分担机制与合理的激励和监督机制，促使代理人采取适当行动，以便最大限度地增进委托人利益。委托-代理关系的存在，主要是由于资产所有者无力管理或他们自己直接管理资产的成本超过收益，故确立委托-代理关系成为可能。换言之，委托-代理理论的核心就是研究和寻求以最小的代理成本获取最大代理收益的途径与方法。委托-代理关系以追求分工效果和规模效果为目的，以提高社会经济活动效率，节约时间、精力和成本为本质特征。同时，委托-代理理论通过建立和健全外部与内部激励约束机制，使代理关系中所产生的道德风险和逆向选择得以控制。因此，西方主流经济学派范围的委托-代理理论，在企业理论中占有重要地位，并在实践中得到了广泛应用。

（二）政府经济行为中的委托-代理关系

政府经济行为包括以政府为主体的公共经济活动和公共经济管理，以及政府为了其他特定目的而干预经济活动所引起的政府性资本运动。从渊源看，政府经济行为作为国家调控经济的手段，是内生于行政行为的，只是后来由于经济的快速发展，这种行政行为有了更多不同的特点。因此，政府在经济运行过程中的权力来源及其权限体系中的委托-代理关系取决于行政系统的权能结构，它是由两个并行的多层授权体系构成的回环系统。

（三）对政府经济行为中委托-代理问题的分析

1. 初始委托人与政府代理之间，初始委托人缺乏监督的动机和能力

（1）监督者的机会主义行为。政府经济行为的委托-代理运行失灵固然会给社会造成巨大的损失，但平摊到每个民众身上比较小，并且监督是要花费成本的，而这部分的机会成本对个体来说非常大，即使监督得好，由此而获得的利益也非常小，所以机会主义普遍存在。

（2）代理的激励成本较高。政府经济行为中委托人的监督活动并不是一种纯粹的获利行为，委托人会缺乏监督的动机。另外，代理人也并非利益的直接索取者，努力水平与报酬并不直接相关。这样，为抑制下级代理人的机会主义行为，需支付高昂的激励成本。

（3）代理的信息成本较高。信息在传递过程中可能会发生累积性的损失，或者下级代理人可能会有意封锁或传递虚假信息，以实现自身利益最大化，从而使信息成本上升。

（4）政府对公共经济管理的代理并非来源于对初始委托人的直接授权，而是依据政权的力量，所以初始委托人既不能选择代理人和合约的内容，也不能实际行使“一人一票”制的直接监督方式。

2. 政府经济行为中代理问题的特殊表现

（1）企业所有者可以随时撤换经营者，公民对其政府代理人的罢免在程序上更为复杂，时间上也有很多限制。

（2）相对而言，政府代理人的问题行为所产生的负效应的显现需要较长时间，短时间内很难发现，甚至“永远”不会被其委托人发现。

（3）政府代理问题的责任承担主体往往很难明确界定，就算有时能明确界定，也因“法不责众”的政治习惯而使其免受惩处。

（4）企业所有者可以通过横向比较发现问题，公共经济的垄断性和权威性使各种比较缺乏充分的实证依据。

3. 代理人问题行为：逆向选择、败德行为和共谋行为

代理人问题行为是指在委托人和代理人目标异同和信息不对称的情况下，代理人可能采取的一系列非协作、非效率的具体行为，目的是损害委托人利益、增加自身效用。典型的有选举中的逆向选择、政府官员的败德行为和政府官员的共谋行为等。

（1）选举中的逆向选择。逆向选择是指委托人在无法识别潜在代理人条件禀赋时，越是劣质的潜在代理人越容易成为现实的代理人，最终造成劣者驱逐优者。

（2）政府官员的败德行为。败德行为又称道德风险，是指代理人利用自己的信息优势，通过减少自己的要素投入或采取机会主义来达到自我效用最大化，导致组织效率低下。常见行为包括伪造收据和票据、挪用公款、利用执法的自由裁量权偏袒某一部分人的利益。

（3）政府官员的共谋行为。由于官员之间拥有可用于交换的权力资源，为达到各自利益的最大化可能相互勾结而形成共谋。典型的案例表现：作为委托方的公共资产管理部门或者其负责人与作为代理人的公共资产的直接管理者相互勾结，共同截留或侵占本应归国家所有的公共利益。

综上所述，政府经济行为中的代理问题不仅严重损害了委托人的利益，而且关系到公共经济的健康、稳定发展，直接影响到公共经济运行的效率。

（四）治理委托-代理问题的思路

1. 合理划分权力

并不是所有的国家权力都适宜被代理、都可以被代理。作为权力行使后果承担者的委托人，应该合理地把某些权力委托给代理人行使，而相应地保留另一部分权力。

2. 确定明确的责权利代理关系

委托-代理关系是有成本的，为了保证这种关系的正常运转，必须确立责权利对称的代理契约。在确定契约时，要充分考虑代理人谋取最大代理费用、寻租和亲缘化等自利性行为，通过建立利益导向机制，整合委托人和代理人的目标。同时，将代理人的报酬与其行为结果相联系，让代理人承担逆向选择、道德风险等非效率行为带来的损失。

3. 构建完善的激励和监控机制

公共选择理论指出，对于政府经济行为中的委托人和代理人，不应该否认其追求自身利益最大化的动机，关键是通过建立有效的激励机制和监控机制减少为了私利而损害公利的行为。

4. 加强法律约束

应积极运用法律手段对代理人的资格与报酬，委托行为与代理行为，代理行为结果的评价、奖励与处罚，代理契约等予以规定。同时，还需加大法律的惩罚力度，建立有强大威慑力的事后惩罚机制，从而将事前法律防范与事后法律惩罚相结合，最大限度地确保政府经济行为的有效性。

5. 建立健全充分竞争的代理人市场

在公共经济的管理中，需要建立一个类似于私人部门的竞争性代理人市场，随时对代理人有关履行公共经济职能的行为进行评估，使其保持潜在的动力。如果一名代理人政绩很差，在代理人市场的价值就会偏低，再次被选中的机会就很小。这样一个市场的存在，能自发地约束代理人，提高其工作积极性，为政府经济行为的有效性提供保障。

二、公私合作

（一）公私合作的内涵

公私合作又称公私伙伴关系或公私协力，主要是指以行政机关为代表的公共部门和以私人团体或个人为代表的私人部门合作完成行政任务的一种制度总称。20 世纪 90 年代，英国率先提出公私合作，继而在美国、加拿大、法国、德国、澳大利亚、新西兰和日本等主要西方国家得到广泛响应。在我国，公私合作也开始在基础设施等领域得到应用。由于各个国家的经济、文化等背景的差异，各国对公私合作的理解也不尽相同。其中，比较流行的是美国民营化大师萨瓦斯对公私合作的界定，他将公私合作概念归为三个层次：一是指公共部门和私人部门共同参与生产和提供物品及服务；二是指一些复杂的、多方参与并被民营化了的基础设施项目；三是指企业、社会贤达和地方政府官员为改善城市状况而进行的一种正式合作①。

公私合作是现代行政由秩序行政过渡到给付行政或福利行政，在行政任务不断增加的背景下，行政机关改变了过去单纯由公共部门单独完成行政任务的局面，引入公私合作的形式，即公共部门和私人部门合作共同完成行政任务。公私合作改变了传统公共行政的根基，打破了行政权力由以行政部门为代表的公共部门垄断的格局，私人部门也开始行使部分行政权力，承担部分公共职能。行政机关利用私人部门的资金、技术和管理经验等优势来完成行政任务，对提高管理效率和减轻财政负担，改变行政机构不断扩充、人员增加、财政不堪重负、行政效率低下的现状具有重要意义。因此，公私合作完成行政任务制度备受各国政府青睐，正日益成为各国政府实现其经济目标及提升公共服务水平的核心理念和措施。

（二）公私合作供给的问题与困境

在我国，公共服务公私合作所带来的现实意义是显而易见的。公私合作供给模式极大地促进了私人部门参与公共服务的积极性，公共服务供给数量大幅增长，质量显著提高，大幅度减轻了政府的财政压力。但与此同时，公私合作供给模式在具体实践过程中也面临诸多问题和困境，这些问题和困境主要包括以下三个层面。

1. 进出层面：存在资本进出障碍

传统行政体制惯性对于我国政府诸多方面的改革的影响是普遍的。对于公共服务供给而言，影响表现为私人部门进入壁垒与国有资本退出障碍问题并存。在私人部门的进入层面存在法律、行政和融资三方面的壁垒和障碍，国有资本方面也存在退出障碍。

---

① E. S. 萨瓦斯. 民营化与公私部门的伙伴关系[M]. 周志忍，等译. 北京：中国人民大学出版社，2002.

（1）法律壁垒。现行公私合作领域相关的法规条文的法律层次较低，内容也相对简单，除极少部分是以法律条文的形式出现外，绝大部分是以国务院规定、条例、决定等形式出现，有关公共服务项目市场化和产业化的政策也大多仅为部门指导意见，缺乏足够的权威性及力度。因此，一些私营机构在投资公共服务项目的过程中对合同的信赖度并非取决于合同本身的法律效力，而是基于对政府领导的信任，领导人的易职便很可能导致自身利益保障的丧失。相关法律保障缺失所带来的巨大不确定性，使私人部门的参与受到极大限制。

（2）行政壁垒。由于投资管理机制、引导机制与监督机制的不完善，政府对私人部门投资的管理行为难以规范，制约了私人部门在公共服务领域的投资。以行政审批制度为例，行政审批本意是为了弥补市场缺陷，但仍存在项目审批批文多、耗时长等问题，繁杂的项目审批增加了私人部门的时间成本。这些构成了私人部门投资公共服务项目的行政壁垒。

（3）融资壁垒。与国有经济相比，私人部门在融资机会、融资规模、期限和品种等方面都处于劣势，在融资方面的壁垒主要表现在商业银行贷款和资本市场融资两方面。在商业银行贷款上，私人部门由于固定资产少，很难满足银行对抵押品的严格要求，加之在银行加强信贷资金统一管理及实施贷款责任追究制度之后，私人部门的贷款融资更加困难。私人部门不得不采取短期贷款多次周转的办法，增加了其融资成本与风险。在资本市场融资方面，证券市场对民营机构的开放程度，与银行信贷相比更低。

（4）退出障碍。与私人部门的进入壁垒相对应的是国有资本的退出障碍，主要表现为国有资本退出援助机制的缺失。一些国有资本以实物形态进入公共服务领域后，便具备了资产专用性，而由于公共服务的特点，这个领域的资产专用性、沉淀成本、“存量刚性”都非常显著，单纯依靠国有企业进行产业转型和退出是很难实现的，我国对国有资本的退出缺乏相应的援助机制使其退出变得困难重重。在相关公共服务领域中，国有资本无论采取何种退出形式都要涉及人员的出路和资产（包括债务）的处置问题，资本市场、产权交易市场的欠发达造成国有资本退出时产权交易和资本变现皆存在障碍。

2. 运作层面：相关要素缺乏以及存在外部风险

公共服务公私合作供给项目运作过程中暴露出来的问题主要包括以下四点。

（1）公私合作专业人才的缺乏。许多地方政府部门由于缺乏了解运作 BOT①、TOT②等公私合作模式的专业人才，在某一公共服务项目上要么花很长时间准备最后依然无法谈成项目，要么匆忙上阵，谈成的项目在价格、回报率、监管等关键问题上出现很多失误，最终严重侵害消费者利益和国家利益。私营机构在专业人才方面的缺陷也较为突出。公共服务领域的链条一般较长，从投资、建设、运营、管理到投资回收，需要较长的时间，没有一支稳定而专业的人才队伍，便可能使投资无法收回，因此专业人才队伍的缺

① 建设-经营-转让（build-operate-transfer），是私人资本参与基础设施建设，向社会提供公共服务的一种特殊的投资方式。

② 移交-经营-移交（transfer-operate-transfer），是指政府部门或国有企业将建设好的项目的一定期限的产权或经营权，有偿转让给投资人，由其进行运营管理；投资人在约定的期限内通过经营收回全部投资并得到合理的回报，双方合约期满之后，投资人再将该项目交还政府部门或原企业的一种融资方式。

失已逐渐阻碍了私人部门的发展。

（2）运作机构和政府服务的缺乏。首先，在具体运作公私合作供给项目的过程中，遇到了谁代表政府与私营机构签约的现实问题。按照现有法律，政府具有建设或组织建设公共服务基础设施的法定职责，但并没有被授予融通社会资本的权力。政府不能从事经营性活动，地方政府无权与企业签订商业合同或为企业提供担保，与私营机构合作的政府法人并不存在。其次，实施BOT等投资方式，涉及国家的产业政策和投资政策等，我国目前除了缺乏统一的政策和法规外，还缺乏一个统一机构进行管理，投资管理工作也不够规范，许多项目因管理体制上的问题进展缓慢，也有许多地方政府因急于引进私人资本而放松了对项目的审批，项目论证不充分就仓促上马。

（3）政府监管的缺位。市场准入控制的不足导致某些公共服务项目参与经营的私人部门数量过多，竞争混乱，服务水平参差不齐，或者部门数量过少而形成新的垄断，由政府部门垄断转为私人部门垄断。对公共服务价格和服务监管的不足，使某些私人部门获取大额利润，最终造成公众利益的损害。与此同时，在一些公共服务领域，政府在投资方面的监管过多，经济活动成本也被人为加大。政府各部门、各层级之间职责界定及分工的模糊使在某些公共服务项目上的监管活动较为混乱，增加了民间私人资本投资的风险程度。

（4）市场竞争机制不规范。目前，我国公共服务公私合作供给尚未建立起完善的市场竞争机制，缺乏一套公开、公平和公正的竞争程序及制度。对于市场竞争范围、竞争主体、竞争条件及竞争标准等问题皆没有较明确的规定，现行的竞争机制缺乏应有的可操作性，使市场机制无法充分发挥应有的效果和作用。也正因市场的不完善及不规范，在鼓励、加快公共服务公私合作过程中，民营投资者在某些公共服务供给项目中有很大的投机、不正当获利、买空卖空和取得巨额利润的空间和机会。

3. 效果层面：公共利益受损

以公共利益是否得到满足作为公共服务公私合作供给的最终效果进行评判，目前在最终效果环节存在的问题包括国有资产的流失、社会公平的侵蚀、腐败问题的滋生、公共责任的缺失等。

（1）国有资产的流失。政府与私人部门合作的过程造成国有资产的流失，它既可能表现为政府财政的直接损失，也可能表现为国有企业的亏损，但最终损失的依然是公共利益。以公私合营方式为例，一般情况下，政府会在一些公共服务项目上与民间资本合作，双方各占一定比例。由于政府国有资金短缺，只能以固定资产折价来抵充合资比例，形成民资实际出资、国有固定资产"以产抵资"的合作形式。在此种合作形式中，管理者缺少必要的知识和技能，没有完善的监督管理机制，缺乏科学而有效的评估方法，使得国有资产要么因为管理者的腐败行为而直接流失，要么因为过低的估价间接流失。

（2）社会公平的侵蚀。政府与私人部门合作供给公共服务，旨在解决我国传统公共服务供给机制造成的供给不足、效率低下、政府负担过重等问题，但矫枉过正会出现公共服务公平性损失等问题。对于私人部门生产者而言，效率和追求利益最大化是其最大目标，在公共服务项目的选择过程中，它会去选择那些获利空间大的项目，而对于那些不能很好获利但又不得不提供的服务，会选择消极供给。

（3）腐败问题的滋生。我国的市场经济体制正处于转型期，约束机制和制度规范的不健全，增加了政府与私人部门在合作过程中的寻租机会。在公私合作过程中，个别手握权力的官员可能会“化公为私，中饱私囊”，公共利益便在此间受到极大损失。同样，市场经济体制的不完善，政府监管职能的缺位，导致私人垄断现象的产生。原本为了打破公共服务的政府垄断，希望通过竞争机制使公共服务的供给更加有效率、更加公平，却最终又走向了私人垄断的另一极端。不完善的市场体制下的私人垄断易成为腐败滋生的又一“温床”。

（4）公共责任的缺失。对于具体的政府部门而言，在与私人部门的合作过程中，它们更多关注的是解决自身的财政压力与投资问题，尽可能地为自身减负，于是在公共服务项目外包于私人部门的整个过程中，它们有将自身所需承担的责任甩掉的倾向，导致某些领域政府部门的公共责任缺失，造成政府角色的缺位。与此同时，私人部门在参与公共服务项目的具体经营时，其本身的效率导向性使其不再承担公共福利、就业等方面的功能，为了降低成本，追逐更高的利益，侵蚀公共利益、裁员、减少相关的员工福利等行为便时有发生。以上这些问题的交叠累积，为政府管理危机的引发埋下了隐患。

（三）公私合作供给发展的协调机制

针对当前我国公私合作供给过程中存在的困境，可以从以下几个方面进行相应的改善。

1. 制定完善可操作的法律法规

基于当前我国公私合作供给缺乏规范的法律法规体系的现状，我国立法机关及相关政府部门应从以下三方面确保法治建设跟上现实需要的步伐。

（1）提高公私合作供给的立法阶位。我国至今还没有一部具有统领性或者法典意义上的“公用事业法”或“公共服务法”。公共服务供给的法律依据以行政法规、规章为主。为增强法律法规的权威性，有必要进一步提高立法的层次及其阶位，尽快改变我国公私合作供给在法律制度方面“上位立法不足，下位规章泛滥”的局面。制定系统、权威及可操作的公共服务公私合作供给法律，将私人部门进入公共服务领域实行公私合作供给的行为上升到法律层面，从而使公共部门和私人部门在合作过程中有明确的法律规定可以依据。各地方政府也可在此统一法律规范下，根据本地区实际，制定和实施相应的地方性公共服务法规。

（2）强化法律法规的可操作性。主要通过对公私合作公共服务的范围和质量及供给过程中相关程序规定的细化，增强法律法规的可操作性。在范围上，应根据公益性和经济性的强弱决定引入竞争机制的范围，详细规定可列入公私合作范畴及只能由政府单独提供的公共服务类别；在质量上，可通过制定行业标准、规定企业经营的责任条款或者实行保证金制度等方式来保证私人部门供给公共服务的质量及安全；在程序上，对公开招投标的办法、价格听证制度、信息公开、政府购买公共服务的资金审核与管理办法、绩效评估方式与标准、私人部门提供公共服务的退出机制与办法等进行具体详尽的规定。

（3）确立司法救济方式。在公共服务公私合作供给过程中，法律应明确公共部门与私人部门的关系，在各方利益受到侵害时及时提供有效的法律救济。政府在公共服务供给中的角色是多重的，既是公共服务的合作提供者，又是服务规则的制定者和监督者。对于政府在公共服务政策实施上和规则制定上存在差别对待的，应赋予私人部门对政府的申诉权；政府在充当服务合作供给者角色时，其与私人部门是一种平等的主体，在出现政府滥用自身权力导致两者间不平等时，同样也要赋予私人部门申诉权，强化对政府行为的司法审查。通过法律救济方式的确立，保证公私部门在公共服务领域进行有效合作。

2. 制定落实公私合作供给的相关政策

在公共服务公私合作供给项目建设中，要使其实现经济效益和社会效益的有机平衡，政府对私人部门的扶持政策便显得尤为重要。

（1）鼓励银行向私人部门贷款。首先，应该建立和完善为私人部门服务的金融组织体系。银行内部可设立专门为私营企业服务的信贷机构，制定适应民间投资特点的贷款政策和管理办法，同时可考虑成立专为中小企业提供金融服务的中小企业银行，或发展私人金融机构。其次，建立私人企业贷款担保机构。有条件的地方各级政府可拿出部分资金，建立一些专为私人企业提供贷款担保的非营利性担保公司。最后，为私人投资者提供必要的融资协调服务。对于投资规模大并在短期内难以收回资金的，政府可以在国家政策允许的条件下协助私人投资者申请国外政府贷款、国际金融组织贷款及国内政策性贷款。

（2）利用资本市场拓宽私人投资的融资渠道。一方面，在企业债券的发行上给予私人部门以同等机会。对于具备相当发展规模，经济效益、企业信誉及发展前景皆被看好的私人企业，国家在企业债券发行上应给予与国有企业同等的待遇，使其能够更快更好地发展。另一方面，扩大某些公共服务项目债券发行比例，活跃债券流通市场。以我国城市公交服务项目为例，要改变我国城市公交服务投入不足的现状，可转变融资思路，发挥城市公交服务债券这一融资工具的作用。通过允许城市公共服务债券的上市交易，活跃债券流通市场，增强其投资吸引力。

（3）优惠的财税政策及有效的财政补偿政策。可借鉴发达国家及我国某些地区公共服务领域公私合作供给项目的成功经验和做法，一方面，运用减免有关税费等税收优惠政策，激励私人资本投资公共服务领域；另一方面，运用相应的财政补偿政策，保证企业可以“以丰补歉”，而低收入者也不致因价格过高而没有能力消费公共服务。在具体操作上，政府财政、物价部门应建立规范的公共服务企业成本费用评价制度和政策性亏损评估制度，并完善对公共服务的规范补贴制度，对政策性亏损及由市场行情变化造成的经营性亏损进行相应的补贴。

3. 厘清公私合作供给主客体责任边界

公共服务公私合作供给主体主要是政府和私人部门，而供给客体是社会公众，在供给过程中他们并非被动承受者，而应扮演更积极主动的角色。

（1）政府主要承担管理及监督之责。政府应充分发挥公私合作供给中的“主导者”“促进者”“协调者”作用。具体而言，政府在公私合作供给中的责任主要表现在为私人部门提供相关的制度、政策及财力支持和保障，包括对公共服务产权的界定、服务项目内容和标准的确立、某些具体激励措施和财政补贴的给予等，同时对供给过程中产生的负外部性，如外部不经济向消费者的转嫁、分配的不公平等，政府要进行评估、监督和规制，为公共服务公益性的保障买单。对于公共服务最终指向者的公众，政府除了充分征求意见、调动参与积极性并接受监督外，还应针对信息不对称的问题承担为公众提供信息及其他必要支持的责任，使消费者产生有效的集体行动，促使私人部门提高所提供公共服务的质量。

（2）私人部门负责按标准生产公共服务。在公共服务的具体合作供给过程中，私人部门与政府是一种平等的合作关系。作为一个自主经营主体，私人部门的主要责任是，利用自身在理念、技术、资金等方面的优势，按合同所确立的标准生产具体的公共产品及服务或经营公共服务供给项目。在此过程中，私人部门可以吸引各类专业人才资源，引进先进的管理技术，最大限度地提高资源的利用效率，保证向公众生产符合标准、高质量及安全的公共服务。在此前提下追求合理利润，以达到公私双方在合作供给模式中的共赢。对于提供过程中出现的问题，私人部门要根据合同承担相应的责任。

（3）社会公众扮演监督者的角色，维护自身合法权益。作为公共服务供给客体，即消费主体的社会公众，并非只是被动承受者，应对政府和私人部门共同提供的公共服务质量进行有效监督，以有效维护自身合法权益。在一些公共服务公私合作供给工程和项目中，他们有权要求参与某些环节并进行监督。例如，在项目规划、设计、施工、验收及运行管理等各个阶段都可要求参与，以切实维护自身的知情权、参与权和监督权。促成公共服务项目的长期效益，保证公共服务供给的质量及安全，使公共服务公私合作供给真正发挥出应有的效益。

4. 健全公私合作供给政府监管体系

公私合作供给意味着政府放弃或弱化公共服务直接生产的职能，但在政策制定、市场监管等方面的职能则需相应加强。因为只有在竞争的市场机制与政府监管措施有效到位的基础上，公共服务公私合作供给才能发挥出应有的功效。

（1）明确监管职能。当前我国从中央到地方，几乎所有的政府机关都有监管权，对于同一市场行为的政府监管，往往又涉及多个监管部门，监管机构庞大而混杂且不具有独立性。对此，建议在对相关法律法规进行相应调整的前提下，剥离各层政府部门与执法部门分散的监管权力，将其统一到独立、集中的专业监管机构手中，实现监管权的集中与独立。一方面，使监管机构与被监管企业保持独立；另一方面，监管机构在实施监管政策时与政府其他相关机构相对独立。

（2）完善监管体系。首先，以政府机构为主的监管主体应建立起服务项目实施的动态监管办法，对公共服务项目的申请、评审、立项、招标、订约、实施、调整、结项、评估、反馈等一系列环节中的每一环节，设立详细的监管办法和相应的监督部门。其次，纵横监管。中央政府的监管机构和地方政府层次的监管机构相结合，使监管权力在纵向上有效配置；在横向上，监管主体应与其他横向政府的决策和监管机构的权力进行划分和协调。最后，给予监管主体足够的人员编制和经费，确保其独立、公正地履行监管职能。同时应建立对监管主体进行监管的制度，保证监管的透明、公正，如监管机构违规操作偏向公私合作一方，则应有相应的惩罚措施。

（3）强化监管手段功效。要提高公共服务监管手段的效力，严格进行公共服务质量、价格、安全的监管，加大违规处罚力度。对于违反质量、价格规则的私人部门，给予更加具有威慑力的处罚，包括实施大额度罚款、对有关机构和人员实施市场暂时性或永久性禁入惩罚等。此外，公共服务监管机构应当定期发布年度监管报告，提高监管透明度，减少公共服务监管过程中的信息不对称，实现监管的公开与透明，保证监督的信息公开、过程公开及结果公开。

作为一种全新的公共服务供给理念及模式，公共服务公私合作供给已为世界许多国家所采用并在实践中产生了诸多特有的优势。在这一模式下，政府财政压力得以减轻，私人部门积极性得以调动，公众拥有了更多的选择权，公共服务的品质和效率得以明显改善与提升。但由于具体国情的差异，公私合作供给模式在各国的效果各异，实践过程中也面临诸多急需克服的困境与问题，但这些并非成为否定公共服务公私合作供给模式的理由，恰恰相反，应以更加积极的态度寻求解决之策，为公共服务公私合作供给提供更为有利的环境，使这一模式发挥出更大的经济和社会效益。

第四节　中国社会组织的培育与发展

一、中国社会组织的历史与现状

（一）中国社会组织的演变

在中国历史上，社会组织很长一段时间被政治国家湮没，一个相对独立的社会组织的产生是近代中国的产物。虽然在商业和运输业领域很早就有自主的行会组织，但在20世纪以前，这些组织还不是现代意义上的社会组织，而是传统的帮会组织。20世纪后，受到西方文明的影响，相对独立于国家的社会组织才开始活跃起来。1949年中华人民共和国成立后，中国逐渐推行与计划经济相适应的高度集权的政治体制。这种体制不可避免地导致国家与社会的高度一体化，1949年前的社会组织几乎完全消失。改革开放以前，这种高度一体化的特征是以社会丧失独立性为基础和前提的。1978年改革开放以来，随着国家行政权力从社会-经济领域的部分下放、社会生活的逐渐非政治化和商品经济的迅速发育，国家与社会组织的二元性分化开始进行，中国社会组织也正在起步营建。

随着改革开放的深入发展，人民群众的结社意识不断增强，为社会组织的发展提供了前所未有的契机，社会组织如雨后春笋蓬勃发展起来。为了规范社会组织的管理，1984年中共中央和国务院下发了《关于严格控制成立全国性组织的通知》，明确了社会组织由各归口部门分别审查，由国家经济体制改革委员会负责审定。然而“归口部门”的模糊性使社会组织仍然由各个部门自行审批，党政机关、企业都可批准社会组织的成立，社会组织本身也可批准成立社会组织，有的社会组织甚至在未经批准的情况下自行宣告成立。这导致社会组织数量的大幅度增长。据统计，至1989年，全国性社团增加到1600多个，是1978年的16倍；地方性社团增加到20万个，是1978年的33倍①。

为了规范对社会组织的管理，1988年国务院明确指示由民政部负责社会组织的管理工作，同年民政部成立社团管理司。1989年10月，国务院颁布实施了《社会团体登记

① 蔡磊. 非营利组织基本法律制度研究[D]. 重庆：西南政法大学，2004.

管理条例》，它正式改变了原来的社会组织行政管理体制，改为由民政部主管登记管理，并受业务主管部门管理的“双重管理”模式，同时对社会组织进行了清理整顿和重新登记。该条例的颁布对社会组织的成立增加了更加严格的限制条件和要求，这使在法律框架内的社会组织的数量增长趋于缓慢。但是，1993—1995 年，社会组织发展又出现了膨胀趋势，全国每年大约新增社会组织 3 万个，到 1995 年底，全国各类社会组织已达 20 万个①。

由于数量庞大、鱼龙混杂，社会组织管理工作再次引起了党中央、国务院的高度重视，1996 年 8 月，中共中央办公厅、国务院办公厅下发了《关于加强社会团体和民办非企业单位管理工作的通知》，强化了双重管理的体制，并对社会组织的管理提出了具体内容和措施。至 1998 年底，全国性社团为 1800 多个，地方性社团为 16.56 万个②。

1989—1998 年，在注册登记范围内的社会组织的数量增长虽不明显，但是在实际发展和分布结构上已经发生了悄然的调整。

（1）依据《基金会管理办法》（1988 年，已废止）和《外国商会管理暂行条例》（1989 年），一批基金会和外国商会建立起来。基金会的发展促进了社会公益模式的进一步转变。随后，在教育、卫生、科技、文化等部门的体系下，民办的学校、医疗机构、科技和文化场所等实体性服务机构发展起来。

（2）20 世纪 90 年代中期，随着市场经济体制改革的推进，市场中自下而上内生出的社会自治空间，使社会组织的发展出现一个高潮。许多组织由于受到《社会团体登记管理条例》的限制，并没有以社会组织的身份存在，而是以单位挂靠、工商登记等变通的方式出现，但是就功能作用而言，它们同样构成了生长中的社会自治空间的一部分。

截至 2024 年三季度末，全国共登记社会组织 87.9 万家，其中社会团体 38 万家，基金会 9700 余家，社会服务机构 48.9 万家。此外，共有各类社区社会组织约 270 万家③。

（二）中国社会组织发展的特点

回顾改革开放以来中国社会组织发展走过的道路，可以清晰地看到：随着政府改革和市场经济的推进，社会组织越来越成为解决许多社会问题时必不可少的组织机制，无论政府、公众，还是企业等市场力量，都在推进以非营利组织为主体的社会组织的形成。这一阶段社会组织的发展具有以下三个特点。

（1）随着现行法律法规的完善，一个法治化的外部环境正在逐步形成。这些年来中国政府正在探索一条走向分类管理和逐步实现法治化的道路，关于社会组织的一系列法律法规不断出台。比如，1998 年修订了《社会团体登记管理条例》，这是关于社会组织的最重要的法律文件，与此同时，在全国范围内又开展了一次社会组织的清理整顿工作，查处了一批社会组织的违法违纪案件，合并了一些宗旨、业务范围相同相似的社会组织，取缔了一批非法社会组织。1998 年，国务院发布《民办非企业单位登记管理暂行条例》，

① 刘春. 当代中国会组发展史研究[D]. 北京：中国社会科学院研究生院，2013.

② 刘春. 当代中国会组发展史研究[D]. 北京：中国社会科学院研究生院，2013.

③【北京日报】截至今年三季度末，全国共登记社会组织 87.9 万家. https://www.mca.gov.cn/zt/n2892/n2896/c1662004999980002063/content.html[2024-10-24].

开始将民办非营利的实体性机构纳入社会组织的登记范围。到 2001 年底，全国各级民政部门已经在全国范围内对各种类型的民办非企业单位进行了统一的登记确认。1999 年《中华人民共和国公益事业捐赠法》出台，2002 年《中华人民共和国民办教育促进法》出台，2016 年发布修订的《基金会管理条例》等，反映了各方面对社会组织的立法工作都在大力加强。

（2）随着市场经济走向成熟，社会转型和多元化的趋势愈加明朗。社会组织的发展不仅体现在数量增长上，更重要的是类型逐渐多样化，涉及的领域不断拓展，主要体现如下：社会组织的类型更加多样；民办非企业单位大力发展；行业组织探索单独立法的发展途径；社区自治组织发展壮大；事业单位改革以非政府组织作为重要演进方向之一；其他各种新型社会组织不断呈现。社会组织多样的发展和活跃状态体现了中国社会自主性的增长。社会组织发展的制度与组织环境正在逐步形成。

（3）在改革开放以后发展起来的中国社会组织中，有两种来源不同的类型：一种是被称为自上而下的社会组织，它们与政府改革相联系，在相当程度上是政府改革和政府职能社会化的产物，因此它们主要的社会资源包括人、财、物、信息、管理和相应的组织资源等，主要来自党和政府的相关机构等受权力控制的垄断领域；另一种是被称为自下而上的社会组织，它们与市场经济的发展，以及与之相关联的经济、社会民主化进程有关，是公民有组织地参与经济过程、社会过程乃至政治过程的产物，它们主要的社会资源包括人、财、物、信息、管理和相应的组织资源等，主要来自市场、社会、海外等开放的竞争世界。这两种截然不同的资源来源及其所形成的社会组织，体现了转型时期中国社会组织的两条不同的发展道路。

二、中国社会组织的发展困境

（一）法律的困境

当前我国社会组织登记管理体制的基本特点是门槛高、限制多、监管不力。其中最核心的原则是双重管理体制，即社会组织成为独立法人需要业务主管单位和行政主管单位双重审批、双重负责、双重监管，希望通过业务主管部门发挥较大的监督与管理职能。然而，巨大的权力意味着巨大的责任，业务主管部门的管理单位的巨大责任使它们不愿担当社团的“婆婆”，从而使社团因为找不到“婆婆”而无法申请成立，提高了社团的进入门槛。因此，有的社团因为无法找到自己的业务主管单位而以营利企业的名义在工商局注册。

法律上往往对这些组织的人数和资金设定了较高的门槛，而且在一个地区不允许同一性质的组织出现两个以上。这种规则使基层志愿组织经常无法注册。从总的法律框架上来看，社会组织的法律权利方面的规定也还非常少。

（二）人才的困境

参加社会组织的人才缺乏，许多精英仍然流向企业和政府，留在社会组织工作的职员往往缺乏相应的能力建设。国内外无数成功的经验表明，优秀的组织成员，尤其是优秀的领导者是社会组织发展中至关重要的一个条件，但我国现行的组织人事制度没有为优秀人才进入社会组织创造很好的条件，难以产生具有企业家精神的优秀的领导者。虽然在实际的工作中，社会组织的职员经常表现出超常的热情和耐心，但是整体职业素质不足是人们对其常见的评价之一。

（三）资金的困境

清华大学非政府管理研究中心的调查显示，41.4%的社会组织认为资金缺乏是它们面临的首要问题。相当一部分社会组织的资金严重不足，许多组织一年的经费都在 10 万元以内，无法开展正常的活动，有不少组织处在名存实亡的“休眠状态”；也有一些组织为了维持生存发展，通过各种渠道开展与其自身业务不相干的经营性活动甚至违法活动[①]。在国外，社会组织的资金来源很多，有各种志愿捐款、会费、服务收费，还有很大一部分来源于政府的资助。即使这样，慈善活动仍然资金不足。在我国，社会组织的发展主要靠自筹资金、少量的社会捐助和一定的服务收费，资金来源的渠道单一。一方面，由于缺乏公益传统，民间的捐赠仍需加强；另一方面，由于我国的福利资金仍不能满足现实需求，很难再分一杯羹给社会组织。

社会组织强烈地希望能有资金上的支持。或者是由于其未注册的法律地位，或者是由于国际基金组织选择资助对象的标准原因，这些组织经常面临得不到外界足够支持的困境。即使获得了国际资助的组织，由于不能涵盖项目负责人的工资，社会组织的领导者经常是兼职性质，并需要筹措职工工资。

（四）信任的困境

资金、人才等资源不足导致社会组织自身的能力不足，中国的社会组织一般来说规模比较小，资金筹措能力较差，动员社会资源的能力也就较弱，加上社会组织理念还不为人们所熟悉，社会组织管理不规范、不透明、不民主，又缺乏评估和社会监督，使它们难以得到社会的广泛认同和普遍的社会公信。社会组织的活动，一方面，经常被指责为“作秀”，不能发挥应有的积极作用。另一方面，成员内部容易产生不信任。许多组织内部由于制度不完善等原因常常在发展到一定阶段就出现周期性的人事“地震”，领导人的能力和人品遭到职员或者志愿者的怀疑，这种猜疑和不信任很容易导致组织解体或者停滞。

（五）知识的困境

由于缺乏先例，我国社会组织缺乏相关的知识和技术，虽然国内已经开展相关的培训，但是能够参加培训的社会组织人员还是很少。许多培训师并不了解社会组织的实际处境，不具备指导作用，这就使许多社会组织开展活动的时候缺乏行动策略和专业知识的指导。组织对自身如何定位及战略方向也都缺乏足够的知识参考。

---

① 转引自张玉瑜. 社会合作治理中基层政府与社会组织的互动关系研究[J]. 法制博览（中旬刊），2014，（8）：305.

（六）国际化的困境

我国社会组织的国际化程度不高，近年来，全球化过程对国内和国际层次上的社会组织和非政府组织都产生了影响。这种影响是多方面的，其中最典型的表现就是社会组织国际化的程度越来越高，大量跨国社会组织开始关注国际性的社会事务。例如，许多国际性的会议通常会吸引大量社会组织参加。在全球领域，社会组织还帮助建立国际价值体系和规范，以指导未来的国际政策和实践。这些情况表明，社会组织全球化的趋势已经非常明显。然而，我国的社会组织在这方面还做得很不够。一方面，我国具有国际影响力的社会组织较少；另一方面，社会组织在响应国际社会方面往往十分欠缺。更主要的是，社会组织基本上缺乏全球化、国际化意识，甚至把国际化、全球化仅仅看作经济领域的对外开放，让外国产品进入国内等。参与国际性社会活动多半是响应性的参与，在国际舞台上缺乏主动性。这些限制了我国社会组织的发展。

三、中国社会组织的培育

中国社会组织的培育和成长是一个漫长而渐进的过程。面对种种困境，我们应该借鉴国际经验和理论，改变立法，大胆进行制度创新。

（一）健全法律制度环境

不健全的法律制度环境和相应的政府角色异位，是当前制约中国社会组织发展的最为重要的因素之一。从国外的经验看，日本、韩国等社会组织在 20 世纪 90 年代中期的兴起，都以法律制度环境的改变为转折点。第三部门的发展是一个长期而曲折的历史过程，只强调社会组织自身的能力建设远远不够，需要通过政策的调整和制度的重建来营造一个有利于社会组织发展的法律制度环境。

为此，一是要尽快出台社会组织基本法并完善专项法规体系；二是改革有关登记管理方面的法规政策，打破双重管理体制的制约，随着管理体制的理顺，一些限制性的管理原则也可以逐步放开，给予社会组织更大的生存、发展空间。

（二）采取多种措施，摆脱资金瓶颈问题

资金缺乏不仅是中国社会组织面临的最大问题，也是世界各国社会组织面临的问题。要解决社会组织的资金问题，首先必须消除一个错误的观念，即社会组织仅靠民间捐款就可以生存。无论在世界上哪个国家，社会组织都不可能仅靠民间志愿捐款生存。志愿捐款都只占其社会组织收入的极小部分。就资金来源的结构而言，世界各国的社会组织可以分为三类：一是以政府资助为主；二是以会费收入和营业收入为主；三是以外国捐款为主。美国约翰斯·霍普金斯大学在 42 个国家进行的非营利社会组织国际比较研究项目的结果显示，非营利社会组织的平均收入来源结构为服务收费 49%、政府资助 40%、慈善所得 11%[①]。这说明政府的财政支持对社会组织的发展是必不可少的。政府采购，尤其是公开招标的方式应是社会组织获得财政支持的重要渠道，但我国大部分社会组织尚

① 转引自胡玲丽，尹莉. 我国非营利组织现状、问题及对策[J]. 知识经济，2015，（2）：73，75.

未被纳入采购的对象。因而，在政府采购方面，有必要认识到社会组织是政府采购的重要面向对象，这样才能有利于社会组织的发展和社会公益事业的开展。另外，中国社会组织要在加强自律和他律机制建设、明确经营活动范围、规范收费标准及建立社会公信度的基础上，采取多种方式增加营业收入，获得各类捐赠和吸引境外资金，以打破社会组织发展的资金瓶颈。

（三）增强理念，加强社会组织自身建设

国内的社会组织要加强自身的基本建设，包括：①学习国外社会组织的专业化管理，增强与国际接轨的能力，坚持走专业化的道路，建立专业化的工作标准，提升社会组织的能力。②坚持独立性、非营利性、民间性的特点。作为提供志愿服务、直面社会问题的创新组织，中国社会组织应该在新的形势下为其所代表的弱势群体争取他们应有的权利，以增强自身的社会信用。③坚持社会组织的自律和制度建设，坚持建立社会组织的团体文化和基本价值观。这里需要指出的是，国内社会组织的自律，需要一整套自我约束的行为规范，大致可包括如下三个层次的内容：①任何社会组织都应制定行为标准和伦理守则。②某些领域的社会组织应联合制定行为和道德标准。在国外，常常由联合会或协会制定行业自律条款。这种约束对联合会整体来说，是自律，但对其各成员来说，则是互律。③需要有一些社会组织专门监督其他社会组织的活动并加以评估，对一些不规范的社会组织，还应做到监督主体多元化、监督内容多样化、监督程序规范化，建立一种优胜劣汰的竞争机制。

（四）学习借鉴国际社会组织的经验，提升社会组织国际化程度

学习借鉴国际上非政府组织运行管理的有益经验，可以积极培育壮大我国的非政府组织，提升我国社会组织的国际影响力。组织项目多元化是国际非政府组织得以发展壮大的成功经验，我国也应该实施有中国特色的多元化国际项目。社会组织要想参与到国际活动中，需要大量高素质的国际化人才，这要求我们要加快培育国际化人才，以建立与国家战略相匹配的对外人才队伍[①]。

（五）改善管理体制，增强组织的独立性

一是要继续探索实行“直接登记”管理制度。2016 年 8 月，中共中央办公厅、国务院办公厅《关于改革社会组织管理制度促进社会组织健康有序发展的意见》要求，稳妥推进直接登记，重点培育、优先发展行业协会商会类、科技类、公益慈善类、城乡社区服务类社会组织，各地区、各部门要结合实际认真贯彻执行。“直接登记”管理制度的有效性取决于直接登记范围的明确，可以适度扩大行业协会商会的范围，降低社会组织设立门槛，培育处于起步期、成长期的新兴行业商（协）会。二是要强化社会组织人才队伍建设，政府部门应停止向社会组织安排退休人员及改革分流人员，切实保障社会组织依照法律法规和组织章程自主决定本组织内部机构和岗位设置、制订公开招聘工作人

① 林金辉. 中外合作办学与国际化人才培养[M]. 厦门：厦门大学出版社，2015.

员方案和竞聘上岗办法的权利，让社会组织自主组织人员聘用和竞聘上岗工作。

思考与讨论题

（1）简述公共组织的基本特性及公共组织设计的基本过程。

（2）简述如何实现不同政治体制中的政府间合作。

（3）论述我国政府与外部组织的关系协调发展的主要路径。

（4）论述中国社会组织发展的主要特点、面临的主要困境和未来主要改革的措施。

第五章　领导与战略

领导贯穿于公共管理活动的全过程，也是公共管理活动重要的主体，要使公共管理和谐、有序地运行，就必须实施有效的领导，战略管理是实现领导目标的全过程。

▶ **重点问题**

（1）领导风格。

（2）领导行为变革。

（3）变革型领导与魅力型领导。

（4）战略管理。

▶ **难点问题**

（1）在不同的情境中什么样的领导风格是有效的。

（2）有效的领导者如何运用人际关系路径和人力资源路径激励员工使其表现超出预期，实现团队和组织的目标。

（3）战略分析与选择。

（4）战略领导和战略实施。

第一节　公共组织中的领导

一、领导概述

（一）领导

1. 需要领导的原因

纳哈雯蒂认为，人们需要领导一般是基于以下四个理由①。

（1）领导使群体的秩序井然且目标明确。作为一种社会性动物，人类总是加入形式不一、规模不等的各种群体。群体中存在个体的渴望与需求，这些渴望与需求具有鲜明的两重性，即程度不等的一致性与差异性。这时，群体就需要领导者出面协调，整合并建构群体的目标。

（2）领导有助于完成任务。人们之所以加入群体的一个基本理由，就是单一己之力无法完成或无法顺利完成某项任务。领导者能够促进工作顺利开展，为群体提供目标，并通过各种活动促进目标的完成。

（3）领导能够赋予意义。意义影响人们看待世界的方式，继而影响人们的行为。领

---

① 安弗莎妮·纳哈雯蒂. 领导学——领导的艺术与科学[M]. 7 版. 刘永强，程德俊，译. 北京：中国人民大学出版社，2016.

导者将看似模糊的事件建构为某种意义框架，帮助个体理解和深层感知现实。

（4）人们总是幻想成为浪漫的理想人物。领导者的存在可以满足人们对神话人物和浪漫人物的渴望，这些人物恰恰代表了大众与个人的文化理想和成就。

2. 领导的一般定义

准确理解和分析领导现象，首先要界定领导的概念。给领导下定义是复杂而困难的，这可能主要是因为领导本身的复杂性，研究它的人越多，定义也就越层出不穷。用斯图格迪尔对领导文献考察后给出的形象说法就是“领导概念的数量几乎与试图定义它的人一样多”①。正因如此，过去几十年对领导这座“矿山”的研究中，对领导的定义都或多或少地捕捉到了领导现象的某些实质，却始终没有完全涵盖所有的领导现象，至今都没有形成一种普遍认可的精确定义。

随着对领导现象的深入研究，对领导的认识也不断演变，越来越细致，尽管对领导的认识众说纷纭，但是一些共识无疑已经达成。对领导的定义主要集中在领导者与成员间的互动关系、领导是引领与追随的过程、领导是运用影响力的过程、领导是领导者与成员实现共同目标的过程等方面。因此，可以将领导定义为组织或群体中的一些成员运用自己的影响力引领和组织其他成员实现共同目标的过程。

3. 公共组织中的领导

人类社会中的组织千差万别，根据所追求的目标可以大致分为谋求私人利益的私人组织和谋求社会公共利益的公共组织。公共组织与私人组织本质的区别在于公共组织的公共性特征。作为社会组织中极为重要的一种组织形式，公共组织是以实现、增进和维护社会公共利益为目标，为社会提供公共产品和公共服务的正式组织。公共组织秉持公共利益取向，行使公共权利，履行公共职责，承担公共责任，接受公众监督。

公共组织中的领导，是指领导者为完成公共管理使命，运用影响力引领和组织成员，实现公共管理目标的过程。公共组织中的领导者是公共管理的重要主体，是指在从事公共管理的公共组织中依法担任领导职务、行使领导权力并承担相应领导责任的集体和个人，主要是指政府部门的领导者。与私人组织中的领导者不同，公共组织中的领导者必须履行公共事务的管理职能，追求公共利益的最大化，遵循社会公共道德。因此，公共组织中的领导者除了承担一般领导者的那些角色外，还需要承担一些特殊的角色，如公共事业的开拓者、公共事项的决策者、社会的变革者、公共文化与价值的创造者、公共信息的汇集和传播者、公共冲突的化解者等。随着中国的政府走向高质量发展、公共服务职能强化及社会公共事件增多，社会公众对公共组织领导的关注和期待越来越多，越来越高。

（二）领导与管理

领导作为人类社会中的一种行为，与管理有着千丝万缕的联系。它们具有较强的复合性或相容性，有时很难做到清晰地割裂；需要在组织中开展活动，没有组织中的成员，也就无所谓领导活动和管理活动；领导和管理在开展活动时都需要一定的权力基础。

---

① 转引自段锦云. 管理心理学[M]. 杭州：浙江大学出版社，2010.

管理，简单而言就是通过计划、组织、指挥、协调和控制等活动有效地实现组织目标的过程。提起管理，容易让人想到的是效率、计划、程序、规则、控制等词和行为。说到领导，容易让人与承担风险、变革、创造力和愿景等词联系起来。管理者执行，领导者创新；管理者维持，领导者开发；管理者控制，领导者鼓舞；管理者关注短期，领导者关注长期；管理者询问怎么发生、什么时候发生，领导者询问发生了什么、为什么发生；管理者模仿，领导者创造；管理者接受现状，领导者挑战现状等。

从与组织表现密切相关的五个方面来看，领导和管理虽然紧密联系，具有相互重叠的职能和领域，但是二者存在明显区别。

1. 指引方向

领导和管理都从某种意义上为组织指引方向，但是又存在着区别。管理侧重制订详细的计划，并为其分配所需的资源，领导通过愿景营造组织未来的预期，并规划长远战略；管理关注底线和短期的结果，而领导则着眼于长远和未来。

2. 团结成员

管理通过配置人员、制定一系列的步骤和程序及监督来完成计划要求。在此过程中，管理者提出想法，而成员的任务仅仅是执行。与之相应，管理的经常做法是将成员分配到各种具体的职能部门，依靠部门和等级制度把成员分割开来。

与之不同的是，领导要和成员共同参与，对组织的未来进行沟通，并在此基础上建立共享的文化和价值。因此，领导者会引导成员积极参与，促进成员的成长和发展。领导并非简单地控制、指挥成员，而是要打破部门间的界限，使组织成员间的协调更加便利，推进成员间的合作。

3. 建立关系

在建立关系方面，管理关注的是生产、销售和服务等，领导需要激发和鼓励其成员。

两者的力量的来源不同，管理的基础是组织中正式的授权，领导则是基于个人的影响力。正式的职权意味着，通过书面的文件、制度等明确了组织中的上下级间的命令-服从关系，同时这种关系的实现可以运用强制力来实现。相反，领导依靠的是个人影响力和个人魅力，它不需要在组织中占据正式的职位。

4. 个人素质

管理一般是靠制度和程序来实现的，因此管理的过程通常会导致管理者与组织成员在情感上的疏远，而领导经常依靠大量看不见却十分重要的个人素质，因此领导的过程往往会拉近领导者与成员在情感上的距离。

管理通常意味着为问题提供某种答案或方案，它要对组织进行深入了解，而领导更加关注成员个人。因此，领导者思维要更加开放活跃，容易接受创新，而非思想保守者；倾听成员的需要和想法，而不停留于发号施令；勇于承认错误和承担风险，而不是固守于传统的界限内。

5. 结果

领导和管理呈现两种不同的结果。管理带来的是稳定、可预知性、秩序和效率这样的结果，好的管理有助于实现组织的短期目标。相反，领导带来的往往是多变的结果，有时是剧烈的变化，好的领导意味着质疑、挑战和不断变革。

基于以上分析及实践需要，有效的领导者应该学会把好的管理与领导结合起来。没有管理，领导不会成功；没有好领导，管理就会失去目标。因此，一方面，领导者必须了解和实施有效的管理活动，如学会设置目标、制订计划、提供协调、控制成本等；另一方面，领导者应该积极推进变革，提供明确的组织发展方向和共享愿景，不断地激励和启发成员。

（三）领导的权力来源

权力是领导者实现和保障领导过程的基础。了解领导的权力来源，有助于帮助领导者合理地使用权力。

（1）法定权力，是指领导者在组织中的职位所带来的正式的或官方的影响力。这种权力通过领导者发布命令、组织程序、规则和政策等直接体现出来。拥有法定权的领导者，可以凭借其职位来施加影响。不同领导者因其在组织中所处的地位不同，享有的法定权力不同。

（2）奖赏权力，是指因控制对方所重视的资源而具有的影响对方的能力。这种权力可以分为奖金、加薪、理想的工作安排、晋升等物质奖赏，以及表扬、嘉奖等精神奖赏。它源于成员对欲望的需求，因领导者能满足而愿意服从。领导者控制的奖赏资源越多，他对成员的权力就越大。

（3）强制权力，是指通过处罚或者剥夺利益的方式来影响成员，表现的是领导者强制成员服从的力量，是一种惩罚性力量。换句话说，就是利用成员对于害怕惩罚或担忧失去其重视的东西来实现影响。

（4）专家权力，是指通过在特殊领域的知识、技能、专长来影响成员。这种权力实际体现的是成员对领导者的信任，相信领导者能以其专业知识、技能排除困难，促进目标的顺利实现。

（5）参照权力，是指由于领导者和成员之间的关系强度而产生的潜在的影响力。也就是说，领导者和成员之间的关系越牢固，这种影响力就会越大。它来源于领导者的个人魅力、优秀品格、辉煌资历、特殊背景等。当成员将领导者视为楷模、榜样时，领导者就拥有了参照权力。

以上五种权力来源可以概括为两个方面：职位权力和个人权力。前者是由组织所授予领导者的职位产生的权力，包括法定权力、奖赏权力和强制权力，成员往往出于组织规则、程序、压力和习惯等服从领导者；后者是由于领导者自身所具有的某种特殊性而具有的权力，包括专家权力和参照权力，并不是职位所衍生的权力，也就不会因职位的消失而消失，因此这种影响力相对更持久。

二、领导风格

（一）领导风格的研究维度

领导行为多样且千变万化，很难简单概括为某一种或几种风格。因此，对领导行为所包含的维度进行分解成为解决这一难题的主要途径。从已有的研究来看，对领导风格的分析主要沿着三条线索展开。

1. 领导行为的侧重点：建构行为和体恤行为

对领导风格的研究其中之一是围绕领导行为的侧重点，发现建构行为和体恤行为这两个维度。

建构行为，即关心生产或任务，反映的是领导者为实现组织目标而与成员进行的互动，行为侧重计划、信息交流、批评等；体恤行为，即关心人或人际关系，反映的是领导者与成员之间融洽和谐的关系，行为侧重尊重成员、体恤成员的感觉、关心成员的个性和需求等。建构行为和体恤行为是相互独立的，因此也就形成了四种领导风格：领导者可能在两个维度上都得分很高，即高体恤和高建构风格；也可能是得分都低，即低体恤和低建构风格；还可能是一高一低的情况，即高体恤和低建构风格、低体恤和高建构风格。

此外，美国得克萨斯州立大学根据建构行为和体恤行为这两个维度提出了管理方格理论。领导行为可以在这两个维度上从 1～9 进行打分，两个维度上不同的得分组合反映的是不同的领导风格。其中有五种风格最为典型：①权威-服从型领导（9-1 型），领导只关心工作和结果、不关心人，人被视为完成任务的工具；②乡村俱乐部型领导（1-9 型），领导非常关心人际关系，但是不太关心工作情况；③中庸型领导（5-5 型），对工作和人的关心都处于中等状态，将两个维度维持在安全的范围内；④贫乏型领导（1-1 型），是一种自由放任式领导，对两个维度都不关心；⑤团队型领导（9-9 型），表现了领导对两个维度都非常关注，通过激励成员达到最大成就[①]。

2. 领导过程的参与程度：参与式领导和专断式领导

领导过程中，领导者和成员的参与程度不同，实际体现的领导风格不同，主要围绕参与和专断风格开展。

卢因据此划分了三种领导风格[②]：①专断式领导，即领导者垄断权力，凭借权力发号施令，支配决策过程；成员处于绝对服从地位，意见得不到重视。②参与式领导，即双方公开进行沟通，成员参与决策过程，经协商做出最后的决策。③放任式领导，即领导者采取自由放任态度，不加约束和指导，赋予成员更多自主权力，由成员自行决策和执行。

坦南鲍姆、施密特在卢因等的研究基础上，发现在以领导者为核心的专断式领导和以成员为核心的参与式领导之间，存在多种组合的领导风格，构成了领导风格的连续模型[③]。

利克特根据这种分类方式，将领导风格概括为四种类型[④]：①专断式的集权领导，即领导者的权力高度集中，成员没有发言权，上下级只是命令-服从关系，没有任何的交流；②温和式的集权领导，是指权力虽然集中在领导者身上，但是允许成员在一定的范围内发表意见和进行决策；③协商式的民主领导，是指重要问题由领导决定，一般决策交由

① 周三多，陈传明，龙静. 管理学原理[M]. 南京：南京大学出版社，2020.

② 程凯. 卢因的民主型领导风格理论对企业人力资源管理的现实意义[J]. 企业改革与管理，2017，（2）：93.

③ 汪罗. 坦南鲍姆：领导行为连续体理论创始人[J]. 当代电力文化，2015，（6）：84-85.

④ 周三多，陈传明，龙静. 管理学原理[M]. 南京：南京大学出版社，2020.

成员进行，双方之间存在较多的沟通；④参与式的民主领导，是指成员直接参与决策，双方有着良好的沟通，共同完成组织目标。

3. 领导行为的具体手段：交易型领导和变革型领导

从领导行为的具体手段来看，领导风格主要围绕交易型领导和变革型领导展开。

在交易型领导风格中，领导者和成员之间通过交换来满足需要。它的基本假设是，领导者和成员之间的关系以二者之间一系列的交换和隐含的契约为基础。也就是说，领导者以其成员的需要来换取自己所期望的成员的努力和绩效。这种交换可能是经济上的，如以报酬来交换工作；也可能是政治上的，如以选票交换选票；还可能是心理上的，如以忠诚交换关心；等等。

在变革型领导风格中，领导者通过诉诸成员的价值和对更高目标的追求来改变既有状态。这种领导将领导者与成员的角色联系起来，在双方之间创造一种提升动力和道德水平的过程。变革型领导通过自身表率垂范，优化与成员之间的互动，通过愿景的建构和宣传激励成员，在组织中创造变革氛围，进而推动组织的适应性变革。

（二）情境与领导风格

领导的有效性不仅取决于领导风格本身，因为领导过程并不是在真空的环境中进行的，还会受到情境的推动、限制和抵消，具有影响力的领导者必须学会在具体的情境中实现有效的领导过程。情境领导理论，正是要阐述在不同的情境中什么样的领导风格是有效的，以及领导风格如何适应现实的环境和可用资源。

1. 菲德勒的领导权变模型

菲德勒开启了情境与领导风格之间关系的系统研究，他所提出的领导权变模型也成为领导研究的典范。他首先利用对“最不喜欢的合作者”的量表打分，确立了两种领导风格。低得分者是任务驱动型领导，他们以完成工作任务为首要动机，被描述为能胜任的、冷淡的、好斗的，与成员的关系表现为控制和惩罚。高得分者是关系驱动型领导，他们以维持友好的人际关系为首要动机，被描述为热情的、诚挚的、守诺的。

菲德勒将情境划分为三个变量[①]：一是群体气氛，体现的是领导者和成员关系的好与差；二是任务结构，体现的是任务描述程度的高与低；三是职位权力，体现的是领导者对成员影响的强与弱。根据上述三个变量的组合，可以区分出八种情境，其中三种是对领导最有利的，三种是中等有利的，有两种是不利的。

根据领导有效性与领导风格、情境之间的关系，菲德勒构建了领导权变模型。该模型认为，在非常有利和非常不利的情境下，任务驱动型领导比关系驱动型领导更为有效；在中等有利的情境中，关系驱动型领导的有效性相对更好。

2. 赫西和布兰查德的情境领导模型

在情境与有效领导风格的研究中，成员的情况受到越来越多学者的关注。先后发展起了成员成熟度理论和生命周期理论。在此基础上，赫西和布兰查德认为，最佳的领导

---

① 转引自吴丛丛，周红. 基于菲德勒领导理论模型的企业领导力研究[J]. 中国商贸，2012，（21）：41-43.

风格取决于成员的准备程度[①]。

他们在关系行为和任务行为两种维度的基础上，建构了四种领导风格：①告诉的风格（高任务—低关系），由领导者告诉成员应该和如何完成任务；②推荐的风格（高任务—高关系），领导解释决定，鼓励双向沟通，帮助成员树立信心；③参与的风格（低任务—高关系），领导者分享信息以便决策，鼓励成员发挥自己的能力；④授权的风格（低任务—低关系），授予成员决策权，自行决定任务完成方式和时间。

成员的准备程度从能力、信心、个人意愿三个维度来衡量，根据它们的高低情况，构成了成员准备水平的四种组合：①准备水平一，是指成员没有能力，也没有信心和意愿完成任务，这时要求告诉的风格，指导成员做什么和怎么做；②准备水平二，是指成员虽没有能力，但有信心也愿意完成任务，这时要求推荐的风格；③准备水平三，是指成员虽有能力，但没有信心也不愿意承担任务，这时要求参与的风格，领导者实施更多支持性的行动鼓励成员；④准备水平四，是指成员有能力、有信心、愿意完成任务，授权的风格这时是最佳的。

情境领导理论表明，并不存在唯一的最佳的领导风格，过分强调某种领导风格的做法容易陷入困局。领导的情境是复杂的、莫测的，针对不同的成员、同一成员在不同的阶段、确定和不确定的环境等实际情境，应该对领导风格进行调整以适应各种情况。因此，不同的情境要求不同的领导风格，想要实现领导的最佳效能，必须将领导风格与相应情境合理匹配。最有效的领导风格是动态的，领导者需要具备多样性的领导风格，不断变换角色、调整风格来适应各种情境，并且持续改进和完善自身的领导风格。

三、领导激励

领导者在引领成员实现组织目标的过程中，尽管大多数成员具有努力的愿望和热情，但并不能自然地变成现实的行动，也未必能自动地长久保持下去，这就需要领导对成员进行激励。激励是一种促使人产生维持某种行为的热情和持久性的力量。成员是否受到激励，以及激励水平的高低会影响其行为，并进而影响组织愿景和目标的实现。因此，有效领导的部分工作就是通过某些路径激励成员，使其表现超出预期，实现团队和组织的目标。领导者可以运用多种不同的理论和方法来激励成员。

巴斯和里吉奥指出，领导激励成员做得比他自己原来设想的或可能的更多。领导激励的内容包括使成员更能意识到任务结果的重要性；劝导成员为了组织或团队的利益而超越个人利益；激发成员更高级别的需求[②]。

激励可能是内在的，也可能是外在的（表 5-1）。内在激励，是指个体在从事某一具体行为时所获得的自我满足感和自我实现感；外在激励，是指由他人或组织给予的奖励，如加薪和晋升等。激励可能是系统范畴的，也可能是个体层面的。系统范畴的激励，适用于组织内的全体成员或某一类别的成员；个体层面的激励在同一组织内的不同成员之间可能存在不同。

---

① 罗明亮. 组织行为学[M]. 3 版. 南京：南京大学出版社，2017.

② 转引自李永贤. 领导理论研究方法述评及其启示[J]. 内蒙古师范大学学报（哲学社会科学版），2020，49（2）：42-47.

表 5-1　内在激励和外在激励

项目	外在	内在
个体层面	晋升/奖金	自我实现
系统范畴	保险福利	集体自豪感

从不同视角来看，激励理论的内容和特征有所不同。

（一）合理授权与激励

领导者激励成员的一个重要途径就是合理授权，通过分享权力的方式激励他的成员。当前很多组织都在实行授权措施，只是程度各异。授权一方面能够促使领导者将更多的时间和精力投入关乎组织未来的愿景设计和长远规划上；另一方面授权能够提高激励程度，提升成员的积极性和创造性，因为它满足了组织成员的高层次需求，对于那些渴望证明自己、超越自己的成员而言，授权提供了一个让他们可以自我表现的领域和机会。值得注意的是，授权并非削弱或减少领导者的权力，将权力下放给成员的说法同样缺乏准确性，授权的实质是领导者与成员共享权力，从而增加了权力的基础。当然，授权要考虑到成员的能力和意愿，同时不应忽视它附带产生的责任问题。

（二）需求理论与激励

需求是由匮乏导致的内部张力或激发状态，以需求为基础的激励关注组织成员的各种需求。这些需求是动机的来源，并驱动个体从事相应的行为来满足这些需求。领导者若能了解成员的需求，就能通过相应的制度和措施来激励他们。其中，最著名的无疑是马斯洛提出的需求层次理论（表 5-2）。马斯洛认为，人类被多种需求激励，分别是生理需求、安全需求、归属感需求、受尊重需求和自我实现需求。这些激励呈现为一种等级序列，只有在低层次的需求得到满足后，才能激发高层次的需求，否则人们不会去关注高层次的需求。

表 5-2　需求层次理论

需求层次	激励措施
自我实现需求	晋升、发展机会
受尊重需求	被认可、赏识
归属感需求	群体、同事
安全需求	工作保障、福利、安全
生理需求	底薪、工作环境

赫茨伯格提出了双因素理论。他将影响工作动机的要素归结为两类：一类是保健因素，如工作条件、薪酬和保障、组织政策、人际关系等。当保健因素较差时，成员表示

不满意，良好的保健因素虽然能够消弭不满情绪，但是并不会导致成员满意度的较大提升。另一类是激励因素，如成就、认可、责任、工作本身和个人成长等。这类因素可以激发成员高层次的需求，它们的存在会增加成员的满意度①。

另一种以需求为基础的激励是由麦克利兰提出的成就激励理论。根据该理论，人的高层次需求主要表现为成就需求、权力需求和人际关系需求三种。成就需求是指个体对争取成功、超越、挑战的需要；权力需求是指个体对影响或控制他人的渴望；人际关系需求是指个体对建立亲密友好的人际关系的需要②。

（三）强化理论与激励

强化理论关注行为与结果之间的关系，强调通过适当地使用奖励或处罚手段来调整、约束组织成员的行为。强化，可以被定义为能够产生某种被重复或被抑制的行为的任何方式。研究发现，得到强化的行为往往会受到影响。领导者使用强化理论来影响成员行为的方法可以分为四种：①正强化，即被奖励的行为会得到重复和加强；②负强化，即减少或排除厌恶刺激从而增加某种行为在将来发生的概率；③惩罚，即通过惩罚的方式促使不希望的行为受到约束、削弱；④回避，即对不符合要求的行为进行冷处理从而促使其今后不大可能发生。

（四）期望理论与激励

期望理论表明，激励水平与期望值和效价密切相关。期望值是指实现结果的可能性，效价是指结果的价值。根据弗鲁姆的观点，个人的努力程度取决于期望值的大小与效价的高低。为了增加激励的效果，领导者应该帮助成员在实现组织目标的同时满足其个人需要，提高成员的期望值，确保成员具备有效行为的相应能力和条件③。

（五）公平理论与激励

公平理论认为，成员的激励程度受到他们对于公平的感受和评价的影响，他们会根据付出与结果的比较来评估公平与否。根据这一理论，当成员认为在相同的贡献下所获得的奖励与其他人相等时，他们认为是公平的，积极性相应越高；一旦他们认为没有得到公平的对待，积极性相应降低。因此，领导者应该及时发觉不公平因素对成员激励程度的重要影响。

四、领导沟通

沟通是人与人之间交流信息、观点、看法和感情，寻求共识，消除隔阂，化解误会，谋求一致的方式和途径。对于领导而言，很少有一种技能像沟通这样至关重要，因为领导的中心任务是如何影响成员，这种影响过程离不开沟通，而且领导的每项活动都离不

---

① 转引自王肖婧，曹蓉，刘文瑞. 评赫茨伯格双因素理论——兼论实证研究在管理研究中的局限[J]. 管理学报，2018，15（11）：1611-1620.

② 转引自原光. 管理心理学[M]. 北京：中国政法大学出版社，2018.

③ 秦玉. 基于弗鲁姆期望理论的大学生思想政治教育[J]. 临沂大学学报，2014，36（5）：43-46.

开沟通。领导者的沟通能力与领导的有效性之间存在正相关关系。因此，沟通是实现领导过程的基本途径，有效的领导必须掌握沟通的技巧和能力，而有效沟通和愿景沟通是实现有效领导的两个典型形式。

（一）有效沟通

有效的领导建立在有效沟通之上，有效的领导正是通过沟通来实现领导过程的，“缺乏有效沟通就谈不上领导”。对于沟通的有效性而言，重要的不是传递了什么，而是成员是否接受；重要的不是传递多少，而是成员接受多少。有效沟通说明的是成员在多大程度上了解了领导者发出的信息和意图，沟通的进程可以被视为信息和意图、表达和传递、接收和解释、反馈的系统过程。研究表明，好的领导者既能够表达自己的观点和立场，说服别人，也能积极吸收对方的观点。公共组织中领导的有效沟通体现在以下三个层面。

（1）领导沟通的一般方面，主要涉及倾听、反馈、表达等。首先，有效沟通包括信息的传递和接收，倾听关系人们对信息的理解，倾听在西方被看作沟通中最高的恭维。主动倾听是领导者表现出沟通诚意、积极思考、充分关注等，能提升沟通过程的积极性。其次，有益的反馈对成员及沟通过程都是非常重要的，如果领导者没有及时、准确地反馈，成员的行为可能变得无所适从，相反领导者的建设性反馈能够有效促进沟通。最后，表达是沟通的基本步骤，有效的表达不仅表现为有感染力的言辞，还应善用肢体语言和面部表情，灵活使用提出问题的方式，控制情绪，掌握批评的技巧，等等。

（2）公共组织中领导沟通的主要方式，即会议和信息传播。一方面，会议作为一种沟通方式，尤其是对于公共组织而言更是正式沟通的主要渠道。一次效果良好的会议能够加深与会者对领导所要传递内容的了解，增进共识。同时，好的会议沟通的衡量标准在于双向交流和民主，避免“一言堂”和人云亦云。另一方面，公共组织中的信息传播主要沿着科层制的组织层级进行，从上而下表现为政策、文件的层层下达，自下而上表现为报告、汇报的层层上传。

（3）公共组织中的领导与社会公众的沟通。首先，与媒体的沟通。大众传媒是现代社会中组织与公众进行沟通的主要渠道，尤其是公众对公共组织的关注主要依赖于媒体，因此领导者必须重视与媒体的沟通，善于与媒体打交道、处理与媒体的关系。其次，公众演讲。演讲是当今领导者在正式场合表达观点和立场的最重要形式。最后，近年来兴起的网络沟通。互联网的普及和应用深刻地改变了领导的沟通方式，网络问政、网络参与的勃兴也促使领导者不能忽视网络沟通。如一些社会焦点问题、争议事件的相关信息经常出现在网络上，其中可能夹杂着虚假信息、谣言和情绪式宣泄，如果政府领导者回应不及时，后果经常是愈演愈烈、难以收拾。

（二）愿景沟通

愿景建构的重要性不容否认，它关系到组织未来的发展方向。但是，作为提出愿景的领导者如何围绕愿景与成员进行沟通同样至关重要。一个好的愿景可以激发组织成员的内在动力，激发成员的凝聚力和向心力，沟通则是将愿景融入成员内心的途径。愿景沟通是指领导者通过营造持续的沟通氛围，使用各种方式和途径，向组织所有成员传递愿景信息的过程。

愿景沟通的有效性从很大程度上决定着组织变革的成败。有效的领导者通过沟通与其成员一起分享愿景，鼓舞和激励他们为实现愿景而努力。一个好的办法是在组织的各个层面有效沟通愿景。很多组织的领导者总是对制定的愿景充满自信，认为它向成员传递了未来目标，明确了努力方向，提供了清晰的指导。然而，事实经常并非如此，愿景在组织中会存在脱节现象，对高层领导有着相当的价值和影响，经组织层级一层层传递，结果却是愿景已经失去了原本的作用。研究发现，愿景对组织高层的影响是对组织一线成员影响的两倍以上。为解决上述问题，在愿景的制定过程中必须与组织成员进行沟通，让其参与整个过程，直接的参与和发言会促使所有成员对愿景有着更深入的理解和更高的认可。此外，愿景沟通并不是一次性活动，领导必须营造持续沟通的氛围，不断地与成员进行愿景沟通，以使愿景时刻保持活力。

五、领导行为变革

领导行为变革或许是任何领导者所面对的最为困难的问题，它将管理者与领导者、平庸的领导者与卓越的领导者区别开来。没有变革就没有领导。在一个不断迅速变化的世界中，有效的领导者都是精通变革过程的大师，他们理解、拥抱并领导变革。相反，无效的领导者才会被变革困扰，发现他们管理变革的努力难以成功。

（一）领导行为变革的类型

1. 变革型领导

变革型领导是指领导者通过让成员意识到所承担任务的重要意义和责任，或是为组织规划出愿景和使命，激发成员的高层次需要，使其愿意超出原来的努力程度，促使他们为组织利益牺牲个人利益。变革型领导经常面对的是组织低绩效或濒临危险的境况，需要进行重大变革来实现他们的目标。

在 Burns 率先提出这一理念后，学者基于他的思想进行了持续研究，Bass 通过引入“变革-交易型”领导范式对“变革-交易型”领导风格理论进行了扩展，该范式包含变革型领导的四个维度：领导魅力、精神鼓舞、智力激发与个性化关怀[①]。后来 Avolio 将变革型领导的行为方式概括为四个维度：①理想化影响力，是指成员将领导者视为敬仰、尊崇和信赖的楷模，希望借助努力达到领导者的高标准；②感召力，是指领导者设立或提出富有吸引力的愿景来感染成员，通过引入富有挑战和意义的任务，清晰地描述预期需求以鼓励成员；③智能激发，是指领导者通过质疑假设、重申问题、采用新方式等确保成员的创造力，促使其批判性地思考和富有革新精神；④个性化关怀，是指领导者使用个性化指导和训练或者个性化照料、支持和鼓励等方式促使成员成长。

---

① 转引自张海丽，Song M，贺换换. 突破创新速度的困境：变革型领导作用的跨国研究[J]. 管理工程学报，2021，35（6）：10-23.

2. 魅力型领导

魅力型领导是指领导者利用自身的超凡魅力鼓励成员并做出重大组织变革的领导理论。魅力是领导者对成员所具有的一种天然的吸引力、感染力和号召力，它来自领导者非凡的才能、以激进的方式化解危机、持续的成功等。

豪斯发展了魅力型领导理论，认为魅力型领导包括三种个人特征，即高度自信、支配他人的倾向和对自己的信念坚定不移；并进一步提出了魅力型领导的六因素模型，即远见表达（指通过详细阐明鼓舞人心的战略目标和愿景来激励员工的行为能力）、环境敏感性（指客观评价外部环境的制约因素和变革机会，为实现组织目标提出措施的行为能力）、非常规行为（指使用有悖于传统或违反常规的手段以达成目标）、个人风险（指为追求组织目标而参与具有个人风险、需要自我牺牲的活动）、对成员需求的敏感性（指领导者对成员需求和感受的关注程度）和不维持现状（指反对不思进取、故步自封，倾向于激进变革的行为方式）①。

魅力型领导的成员对领导者高度敬仰、忠诚与奉献、具有高绩效预期以及无条件服从等。魅力型领导在变革过程中，通常会采取以下一些行为：做出榜样吸引成员；塑造形象感染成员；树立卓越的目标并表明其正当性；表达对成员的期望和信心；采取非常规的策略来激发成员；使用个人权力而不是职位权力进行领导。

3. 包容型领导

包容型领导较早在教育学领域得到应用，即探讨校领导的包容性给学校管理方面带来的积极效应。随着组织的发展，包容型领导开始被广泛应用于组织管理研究。2006年，内姆布哈德等首次提出了在组织管理情境下的包容型领导概念，即管理者强调与成员之间的双向互动并且愿意在工作中关注成员需求、肯定成员贡献的一种领导行为。卡尔梅利等进一步总结了包容型领导的三大特质（开放性、可用性和易近性），并认为这三大特质能帮助领导者与成员建立良好的互动关系，激励成员主动参与组织开展的各项活动。综合学者的发现，包容型领导能通过为员工提供充足的容错空间和自由性来促进员工的主动性行为。作为一种关注成员需求并注重维护上下级关系的领导行为，包容型领导在鼓励员工表现出对组织发展有利的探索性行为等方面发挥着重要作用②。

4. 健康促进型领导

1986年，在第一届国际健康促进大会上，世界卫生组织率先提出“健康促进”一词，指采取行政或组织手段，调动相关部门、社区、家庭及个人的积极性，使其履行各自与健康有关的责任和义务，联合促进健康的行为和战略。就组织而言，为实现组织的长期目标及使命，领导者不仅要关注员工的任务完成情况，还应对“健康”格外敏感。Hanson开创性地提出了健康促进型领导的早期概念，并将其划分为个人领导、教学领导和战略性领导三个维度。就具体内容而言，在个人领导方面，健康促进型领导认同健康促进工作并提供支持；在教学领导方面，健康促进型领导协调员工健康与组织目标之间的关系；

---

① 转引自贾建锋，牛雪妍，赵若男，等. 魅力型领导对追随力的影响：一个被调节的中介模型[J]. 管理评论，2021，33（6）：181-191.

② 转引自王雁飞，龚丽，郭子生，等. 基于依恋理论的包容型领导与员工变革支持行为关系研究[J]. 管理学报，2021，18（7）：992-1000.

在战略性领导方面，健康促进型领导积极制定并实施战略以打造“健康工作场所”。Hewison 和 Griffiths 指出，领导行为只是健康促进型领导的一个方面，另一方面是创造条件来支持和加强新创建的领导文化。如果工作条件不能实时更新，那么新开发的领导策略很可能就无法实现预期的效果①。

（二）领导行为变革的趋势

1. 柔性化与隐性化趋势

传统领导行为的显著特征是刚性化与显性化，主要依赖硬权力，带有较多强制性和命令性，强调控制和服从，缺少弹性和个性。随着民主和文明的发展，刚性领导理念已经不适应现实需求，甚至引发逆反和抵触，取而代之的是柔性化的领导风格。现代领导行为的趋势是柔性化与隐性化，越来越依赖软权力（即个人影响力）达到领导的目的，强调沟通和认同。

2. 平民化与自主化趋势

传统的领导是英雄主义的或远距离式的，现代领导发展的趋势是平民化和自主化。现代公共部门的领导少了一些伟人的色彩、一些英雄的气概，却更加亲民和务实，多了一些平凡人的亲切、平民的风格。处于组织基层的管理人员开始有越来越多机会承担起领导的职责，发挥领导的作用。

3. 替代化与简约化趋势

现代领导发展的趋势表明，领导不是越来越重要，而是越来越“不重要”，被其他要素替代；领导作用不是越来越复杂，而是越来越“简约”。但是替代和简约并不是指领导可有可无或无足轻重，更不是彻底不要领导。领导无法继续扮演无所不能的形象，领导在复杂问题面前同样会手足无措或力不从心；成员的知识、能力水平不断提高，发挥自我领导作用；健全的制度、共同的愿景、合理的目标等设置部分地代替了领导的作用；良好的组织文化和适当的环境发挥着越来越多的作用等。这些变化促使领导的一些作用被其他因素替代，领导活动出现简约化趋势。

4. 个性化与艺术化趋势

现代社会的发展趋势是多元化和个性化，领导活动也是如此。传统领导活动带有“一刀切”的特点，追求共性而忽视个性，追求定量化或模式化而忽视领导活动的复杂性、多样性和艺术性。这种做法越来越行不通，取而代之的是领导行为的个性化、非模式化和艺术化，即随时针对不同的领导对象、领导情景和领导任务，采用不同的领导方式和方法，形成不同的领导风格和领导艺术。重视个性、重视差异，注重多元、注重变通，以及强调融合、强调创造是这一趋势的主要特点。

（三）领导变革的内容

优秀的领导能够识别出促进或阻碍变革的各种因素，描绘激动人心的未来愿景，并以切实的计划、行动将其变为现实。虽然人们通常能够了解变革需求的紧迫感，但也常

---

① 转引自王强，王庆金，李姗姗. 健康促进型领导研究述评与展望[J]. 外国经济与管理，2021，43（8）：138-152.

常不知道在哪些方面做出调整。一般来说，领导变革的内容主要集中在组织结构、鼓舞士气和组织文化方面。

1. 组织结构方面

在组织结构方面，领导可以采取的措施包括确定变革的支持者和反对者；结成广泛的同盟促进变革；将有能力者安排到关键位置；建立特别团队指导变革；以引人注目的改变来影响成员；在必要时采取渐进式的变革方式；改变组织结构的各个方面以适应新战略；实时地监控变革过程并加以反馈。

2. 鼓舞士气方面

在鼓舞士气方面，领导可以采取的措施包括营造变革需求的紧迫感；为适应变革预留适当的调整时间和空间；协助成员应对变革产生的伤害；为早期的成功创造机会；向成员公开变革的进展情况；表明变革的承诺和信心；授权成员以自己的方式实施变革；等等。

3. 组织文化方面

在组织文化方面，领导可以采取的措施包括通过各种途径传达对所需价值的关注；在回应危机过程中传递关于价值的信息；树立角色榜样来表达价值；通过奖励的分配表明关切的价值；选择和传递组织中有关成功的标准；等等。当然，除了上述影响文化的主要途径外，还有其他次要方式，如故事、传奇和神话、关于价值的公开陈述等。

（四）领导变革的策略

出于对环境变化的适应，变革无疑是必要的，这一观点早已成为普遍共识。但是大多并不是要么变革，要么灭亡的极端情况，甚至有些变革导致组织加速灭亡。因此，有两种比较典型的领导变革策略：一种是渐进式变革，是指对组织进行小幅度的、局部的、多频次的调整，以求通过渐进式的变化促使原初形态的组织模式向目标形态的组织模式转变；另一种是激进式变革，是指在短期内对组织进行全面的、大幅度的调整，以求彻底打破原初形态的组织模式并迅速建立目标形态的组织模式。两种模式都有各自的优点和不足。渐进式变革虽然有利于保持组织稳定和减小变革压力，但是这种零敲碎打很难达到变革目标；激进式变革容易导致组织动荡甚至崩溃，但是体现了系统性的特点，成果也具有彻底性。

此外，科特提出的“目睹-感受-变革”模式非常具有现实的可操作性。在变革过程中，目睹变革所带来的变化产生的作用效果远高于改变组织成员的观念和思维。与其改变成员的思维，反而不如让其看到真相，并继而影响其感受。通过这种方式，不断抵消成员的抵触情绪，增强变革的力量，并持续推进变革。在这种模式下，领导变革策略分为八个步骤：①增强紧迫感，使其成为持续推进变革的动力源；②组建一个强大而有能力的指导组织变革的团队并开展相应工作；③指导团队为组织确立准确的变革愿景和战略；④对愿景进行有效的沟通，形成广泛认同，以此引领变革行动；⑤授权行动，让更多的组织成员切实在愿景的指引下开展行动；⑥规划和创造一些短期成效，用以树立成员对愿景的信心，鼓舞变革的士气；⑦不能因短期的成绩而沾沾自喜、裹足不前，相反要持续推进变革；⑧对变革成果进行巩固，将变革以制度、文化的形式深深融入组织的“血液”。

第二节　领导与公共部门战略管理

对于任何组织而言，没有战略，就没有方向。领导与战略天然是联系在一起的。公共部门战略管理的引入受到了私人部门的示范影响，公共部门战略管理有着自身的特性。

一、战略管理概述

战略管理无疑来源于私人部门的理念和方法，而公共部门历来就有从私人部门借鉴和引入管理技术、方法的传统。作为一般管理理念的战略管理，当然也在公共部门中具有一定程度的适应性。

（一）公共部门战略管理的内涵

1. 战略与战术

众所周知，战略最初源于军事术语，本意是指为实现战争目的而对军事力量进行的全局性部署和指挥。随着社会实践的发展，战略的概念由军事领域逐渐扩展到其他领域，被广泛应用于政治、经济、社会、科技、管理等各个领域中。发展到现在，无论是在私营领域还是公共领域，战略的思想都得到了充分运用。战略一般泛指那些有关全局性的、高层次的、长远的、重大问题的规划与指导。

与战略近义的是战术。它通常是指达成预期目标的计划和方法。战略与战术明显不同，二者是全局与局部、宏观与微观的关系。战略是路线、方针、政策，战术是手段、措施、方法。战略指导和制约战术的运用，战术决定和影响战略目标的实现。

2. 公共部门战略管理

基于战略的特征，战略思维受到普遍的青睐，尤其是对私人部门具有内在的吸引力。海克斯、马吉鲁夫认为，私人部门战略管理经历了预算和财务控制、长期计划、企业战略计划、公司战略计划和战略管理五个阶段。在私人部门中，战略管理是指在制定、实施和评价指导全局工作并决定全局命运的方针、方式和计划活动中，通过一定的程序和技术，获取最优效率和效果的过程。私人部门的战略管理主要致力于人力资源、生产作业、市场营销、财务会计、研究与开发、信息系统等的综合管理，以实现组织的年度目标和长期目标①。

战略管理进入公共部门并不是偶然的。随着私人部门战略管理的示范性影响和西方政府改革运动兴起，战略管理在20世纪80年代开始植入公共部门中。传统的公共行政模式由于过分地关注组织内部以及短视问题，对战略的概念要求较低，忽视了公共部门必须追求更大的目标和整体的目标，因而受到越来越多的批评。随着新公共管理运动的出现，公共部门开始关注长期战略，战略管理的思维也由此被引入公共部门中。纳德和巴可夫在《公共和第三部门组织的战略管理》一书中，将战略管理界定为一种六阶段的

① 欧文·E. 休斯. 公共管理导论[M]. 4版. 张成福，马子博，等译. 北京：中国人民大学出版社，2015.

过程[①]：描述组织的历史背景、利用 SWOT 分析[②]进行形势评估、制定战略问题议程、设计备选战略、可行性评估和战略实施。波兹曼和斯特劳斯曼在《公共管理战略》一书中认为，公共部门战略管理包含处理组织的外部环境、使命和目标，战略管理途径有三个主要的特征，即界定目标和目的、提出一个能协调组织与环境的行动计划、设计有效的执行方法[③]。

（二）公共部门战略管理的性质

公共部门与私人部门最本质的区别在于公共性。具体来讲，二者在所面对的环境、组织与环境的关系、组织的运行方式、所处的位置都有着各自的特征和区别。这些不同也就决定了公共部门的战略管理不能停留在简单移植，它除了具有战略管理的方向性、全局性、层次性、动态性和适应性等一般性质外，还有着自己特殊的性质。具体如下。

1. 公共性

公共部门战略管理的主体必然是公共部门，它的存在依据和发展目标是提供公共服务与实现和发展公共利益。因此，公共部门战略管理不可避免地具有强烈的公共性，公共部门战略管理产生、存在是为了公共利益、公共目标、公共服务等，在战略制定、做出战略选择和实施的各个环节都应以公共利益为最高价值追求。

2. 权威性

公共部门战略管理必然受到政治权威的影响，政府的公共权力具有垄断性，因而在实施战略管理时会带有以国家权力为后盾的政治权威。公共部门战略管理所依赖的资源是依靠强制力来获取的，公共部门的战略必须在不同地区、不同部门之间进行协调。

3. 模糊性

公共部门战略管理的目标确定和评估具有较强的模糊性。公共部门所处的政治环境具有复杂性、多元性和不确定性，且经常受到权威网络中不同来源的影响，目标处于变化中。公共部门的产出在很多情况下难以做到精确的量化。此外，公众需求的多元性和个性化导致公共部门经常在公平和效率目标上产生困境。

4. 参与性

公共部门的公共性及权威性，决定了它与公众的切身利益高度相关，加之责任政府理念的盛行和民主化的驱动，为了促使公共部门更好地开展管理和提供服务，公共部门的运作过程就必须公开化、透明化。因此，公共部门的战略管理无论在内容上还是在过程上都要保持一定的公开性，有义务接受社会的参与、监督和检查，为社会提供参与战略制定的程序和监督检查的有效途径。

---

① 保罗·C. 纳德，罗伯特·W. 巴可夫. 公共和第三部门组织的战略管理[M]. 陈振明，等译校. 北京：中国人民大学出版社，2001.

② SWOT 分析是战略管理领域十分经典的分析工具，S（strengths）是优势、W（weaknesses）是劣势、O（opportunities）是机会、T（threats）是威胁。

③ Bozeman B, Strassman J D. Public Management Strategies[M]. San Francisco: Jossey-Bass Publishers, 1990.

（三）战略管理中的关键术语

战略规划起源于20世纪50年代，在60—70年代颇受青睐，私人部门热衷使用战略规划，但到80年代由于战略规划并没有为组织带来较高的绩效和回报而受到冷落，90年代以来战略规划又出现了复兴。战略规划与战略管理的关系存在两种看法：一种认为二者是同义词，只不过学界使用“战略管理”，而私人部门使用“战略规划”。另一种认为战略规划仅仅是指战略制定，而战略管理涵盖了战略的制定、实施和评价三个内容，其中战略制定包括提出组织的愿景和使命，确定外部机会与威胁、内部优势与劣势，建立长期目标，提出备选战略并从中选择战略的整个过程；战略实施是战略管理的“行动阶段”，是将战略付诸行动的过程；战略评价是指依据一定的标准和程序，对战略实施的效益、效率、效果及价值进行判断的一种行政行为。

（四）战略管理的基本特征

1. 战略管理是未来导向的

战略管理为组织未来的发展设立愿景，规划蓝图。

2. 战略管理着眼于较长远的、总体的谋略

战略管理通常关注组织发展的总体格局，关注全局而非局部，关注较长远利益而非眼前利益。

3. 战略管理是一个组织寻求成长和发展机会及识别威胁的过程

战略管理的一个基本宗旨是利用外部机会，化解和回避外部威胁。

4. 战略管理是直觉和理性分析的结合

战略管理不是采用精密、明晰方法的纯粹科学，战略管理是直觉和分析的结合，直觉对制定良好的战略决策至关重要。

5. 战略管理是具有持续性和循环性的过程

组织外在环境不断变化，组织应持续不断地关注内外环境变化及发展趋势，以便必要时及时做出调整。

6. 战略管理是前瞻性管理和由外而内的管理哲学

前瞻性思考的特征是向前看，寻找问题和机会，寻找解决问题的新方法，以便将负面性转变为潜在的正面性。由外而内的管理哲学是指脱离自我中心，从他人或外在环境观点看待组织问题，而非从组织内部去诠释外在问题。

（五）战略规划与战略管理的区别

从战略规划到战略管理的推进，是一种管理模式和框架的全面变迁，这种变迁表现为以下几个方面。

1. 从线性假设到非连续假设

在环境假设上，战略规划将组织环境假设为一个线性变动的连续过程，组织可以预测和控制环境的变化，这是它实行单点预测并深思熟虑地正式规划的原因；战略管理将环境看作一个不断变动的非连续过程，充满了各种突变和意外事件，强调多点预测、危机管理和应急战略。

2. 从以方案为焦点到以行动为焦点

在战略焦点上，战略规划强调思考与行动分开，将战略制定从战略实施中分离出来，注重最优化战略的制定和正式行动方案的形成；战略管理将思考与行动统一起来，强调一个全面的管理过程，不仅包括战略的制定，而且包括战略的实施、控制和效果评价，焦点在于战略性地思考与行动，通过政治谈判、利益相关人的分析和执行过程的管理去实现组织特定的战略。

3. 从过程取向到结果取向

在战略取向上，战略规划是过程取向的。注重引入一个正式的战略管理系统去协调战略计划过程和实现一个特定程序的严格统一；战略管理是结果取向的，聚焦于通过特定战略内容的选择和运用以产生有效决定和行动，战略本身作为变革的杠杆去推进组织使命的实现。

4. 从集中化到分散化

在战略主体上，战略规划将决策权力集中于高层；战略管理更综合，关注整合组织的力量去实现战略目标，强调决策权力的分散化与参与化。

5. 从正式计划到应急战略

在战略形成上，战略规划注重通过深思熟虑或理性的分析形成正式的计划，将战略产生看作一个受控的、有意识的规划过程；战略管理强调有效的战略在某种程度上必然是连续性的、随机应变的战略，强调通过间或的学习、偶然地发现灵感、直觉等非理性思维。

6. 从理性到非理性

在战略思维上，战略规划是理性主义的，重视运用理性思维、数量计算方法和精密模型来分析问题，注重规范性、精确性和计划性；战略管理强调某些与生俱来的心理状态和过程，如灵感、直觉、智慧等非理性思维，也强调主体的战略愿景和观念。

7. 从关注外部环境到关注内部因素

在战略视野上，战略规划是由外到内的，将环境看作客观的存在，组织要做的是调整自己适应相关的环境；战略管理是由内到外的，将人的参与和管理团队的建设看作战略管理取得成功的决定性因素。

二、战略管理研究的阶段和学派

战略管理在私人部门的勃兴，引发了一场战略管理研究热潮，出现了众多理论学派，称之为战略管理理论丛林也不为过。总体上来看，战略管理研究可以分成三个阶段和十个学派。

（一）战略管理研究的三个阶段

战略管理的观念和思想自20世纪60年代提出之后，受到了世人的瞩目，很多研究者从不同的视角和出发点提出了不同的见解，推动了这一理念的形成和发展。这一演进过程，体现了由理性主义分析到重视非理性因素，再到走向整合的特点。

1. 理性主义阶段

理性主义，是指经过理性的计算或者推理，选择合适的手段实现目的的倾向。这种思维注重逻辑推理和精确的定量计算方法。20 世纪 60 年代初到 80 年代中期的战略管理研究以理性主义为基本特征，主要有设计学派、计划学派和定位学派。这个阶段在战略的性质上进行了规范，强调理性分析，认为战略与逻辑的、理性的计算相联系，主张用规范的模型进行分析，研究重点主要在于如何进行战略的制定及应该如何明确表述。

2. 非理性主义阶段

非理性主义，即创造性思维，是指主体借助直觉、判断、智慧和经验等找出事物的一般变化规律的方式。20 世纪 80 年代中期到 90 年代初，战略管理脱离理性主义，开始关注战略形成过程中人的因素、非理性因素、行为因素和文化因素的研究，主要有企业家学派、认知学派、学习学派、权力学派、文化学派和环境学派。这一阶段从实证主义视角出发，认为战略远比理性主义认定的内容复杂得多，因此更加关注各种非理性因素的分析，受不确定性的现实因素影响的战略更像是“摸着石头过河”。

3. 整合阶段

进入 20 世纪 90 年代以后，随着认识的深入，对战略的观点走向整合，产生了结构学派。这一阶段认为，无论是理性主义还是非理性主义都只是从某一视角去“摸战略这头大象”，因此不可避免地带有一定的片面性。战略制定可以从其中任何视角出发，前提是必须与组织所处的时期和环境条件相适应。

（二）战略管理研究的十个学派

学者对战略管理的主张见仁见智，正如全球管理界享有盛誉的管理学大师明茨伯格所说的，对战略形成的认识就如同盲人摸象一般，每个人也仅仅摸到了大象的一个局部。基于此，为了全面、整体地认识战略管理，首先要从认识它的各个局部开始。明茨伯格等在《战略历程：穿越战略管理旷野的指南》一书中梳理了战略管理发展过程出现的十个学派，描述了每个学派的观点，并深入剖析了它们的贡献和不足①。

1. 设计学派

设计学派认为，战略形成是一个孕育过程，代表人物是哈佛商学院的安德鲁斯，他提出了著名的 SWOT 分析，即设计出一种战略制定的模型使组织内部实力与外部环境形成匹配，体现了“诊断—开药方—行动”的过程。组织的内外关系对战略制定有着十分重要的影响，要通过发现组织所在环境中的机会与威胁来认识组织具有的优势与劣势；有效的战略是一种有意识的、深思熟虑的思维过程，有充分的理由才能采取行动；战略制定是组织最高层的责任，他们就是战略家；战略制定的模型需要保持简单和非正式；战略应该是简单、明确的，是个性化设计过程的最佳成果之一；战略只有在按照上述的要求完全制定好之后，才能被执行。

---

① 亨利·明茨伯格，布鲁斯·阿尔斯特兰德，约瑟夫·兰佩尔. 战略历程：穿越战略管理旷野的指南[M]. 魏江，译. 北京：机械工业出版社，2012.

2. 计划学派

计划学派的代表性人物是安索夫。该学派认为，战略形成是一种程序化的过程，组织的任务就是进行战略规划。该学派继承了设计学派中 SWOT 分析的思想，将外部环境和内部实力作为起点；战略的形成是一个可控的、自觉的、具有清晰步骤的正式规划过程；战略原则上由组织的最高层制定，战略实施实际上由全体计划人员负责；正式的规划过程应该尽可能制定明确的战略，以具体地落实战略目标、预算程序和各种运作计划。基于这样的认识，计划学派引入了很多数学模型和统计分析方法。

3. 定位学派

定位学派的代表人物是迈克尔·波特，他撰写的《竞争战略》推动了该学派成为当时战略管理领域的主导学派。该学派的核心思想认为，战略形成是一个分析过程，在一个既定的行业中，只有少数的关键战略（又称为通用战略）是符合要求的，它们能够使组织获得竞争优势；它否定了设计学派认为组织的战略具有唯一性和量身定做的观点，创造了一套试图将正确的战略和现有条件进行匹配的分析方法；战略制定过程注重计算，找到可选通用战略的完备集合；计划人员成为分析家，研究大量的信息以获得最佳的通用战略；市场结构决定了深思熟虑的战略定位，而后者又决定了组织结构。

4. 企业家学派

企业家学派的核心思想认为，战略的形成是一个构建愿景的过程。战略是有关组织未来的一种愿景，组织的领导者越来越像企业家，他们具有个性化、超前意识、远见等特点；战略的形成是领导者构思的产物，与领导者与生俱来的直觉、判断、智慧、经验、洞察力等心理状态和过程有关，植根于领导者的经验和直觉中，因此个性化领导是组织成功的关键；战略制定的主要任务是积极寻找新机遇，企业家能够迅速地辨认和捕捉机遇；战略愿景具有延展性，它在整体感觉上是深思熟虑的，而在具体实施过程中又是随机应变的，因此战略在执行中能够适应各种推进路线。

5. 认知学派

认知学派的核心主张是，战略的形成是一个心智过程。它借鉴了认知学科，尤其是认知心理学的大量成果，探索战略形成的本质，认为战略形成不仅是一种理性思维过程，也包含一定的非理性思维，甚至有时后者更重要。它的发展存在两个分支，即客观派和解释派，前者将认识的处理视为构建客观世界的结果，后者主张战略是对世界的某种解释。该学派主张，战略形成是一种产生于战略家思想中的认知过程；战略表现为概念、地图、计划和框架等不同的认知视角，它们决定了如何处理环境中的各种信息；战略者所处的环境是无序的、不确定的，因此输入的信息在认知形成之前经过了过滤、解释和构建；战略形成比较困难，而且实际形成的战略与理想的战略存在偏差，即使变得不可行，也难以改变。

6. 学习学派

学习学派将战略形成看作一个应变的过程，战略管理不再是对变化进行管理，而是通过不断学习，通过变化来管理。主要代表人物和作品有 Lindblom 的《“蒙混过关”的科学》、Quinn 的《应变战略：逻辑渐进主义》、Senge 的《第五项修炼——学习型组织的艺术与实务》等。复杂、不可预测的组织决定了有意识的控制难以奏效，战略的形成要通过不断的学习实现，战略规划和执行正因如此变得难以分离；这种学习不再限于领导者，整个组织都在学习，这样的学习孕育了很多潜在的战略家；学习是以应变的方式进行的，通过行动引起反思，在学习的过程中涌现出新的战略；领导者的作用不再是预先构建深思熟虑的战略，而是管理战略学习的过程。

7. 权力学派

权力学派将战略形成视作一个协商的过程，强调了战略形成过程中必须考虑权力的影响。代表性研究有麦克米兰的《论战略形成：政治概念》、菲佛和萨兰基克的《组织的外部控制：对组织资源依赖的分析》等。该学派所使用的“权力”并非经济手段所产生的影响力，近似于明茨伯格所说的“政治”，它从权力或政治因素出发，认为战略的形成也是协调各种利益关系的过程，强调将权力或政治手段用于战略制定以获得特殊的利益；当战略的产生伴随政治因素时，它往往是涌现的而不是深思熟虑的，并且很有可能是以定位的形式而不是以展望的形成出现，因此目标会依次出现，结果不可预料；在权力分散的组织中，战略的意义越重要，伴随政治手段出现的可能性就会越大，这会影响组织完全实现其战略目标的过程；权力关系既发生在组织的内部，也存在于组织的外部，并由此出现了该学派的两个研究分支——微观权力和宏观权力，因此战略形成必须考虑内外两种权力因素的干扰。

8. 文化学派

文化学派将战略形成看作一个集体思维的过程，它是根植于文化、受社会文化驱动力影响的过程。它将所有个体联合成为整体，并关注共同利益。瑞典支派和后来的资源观在文化学派中有着重要影响。代表性研究有瑞典学者莱恩曼的《长远规划的组织理论》、盖伊·彼得斯和沃特曼的《追求卓越》、巴尼的《组织文化：它是否能成为持久竞争优势的资源》等。该学派主张战略制定是一个建立在组织成员的共同信念和认识基础上的集体思维和社会交往过程；共同信念是通过组织成员积累和社会化过程形成的，这一过程更多是潜移默化的和非语言的；文化最深层次所蕴含的信念和共同承诺，带来组织行为稳定性和战略惯性的同时也不利于组织的战略变革；任何组织的文化都具有独特性，难以模仿，作为一种重要的资源，文化使组织获得竞争优势。

9. 环境学派

环境学派主张战略的形成是一个适应性过程。作为组织外部力量的环境是战略制定过程的重要影响因素，组织战略的形成实际上是对环境的适应调整过程。代表性研究有哈南和弗里曼的《组织的种群生态学》等。

环境作为一种中心力量，是组织以外所有的内容，在战略形成过程中扮演了中心角色；该学派引入权变理论的观点，描述特定环境与组织特殊属性之间的关系，强调环境对于战略的重要性，认为组织必须适应环境，并在此过程中形成了适合自身的战略；该学派认为组织的长期生存取决于它形成阶段的战略，一旦组织成立和运行，组织惰性会降低管理者的行动自由度，后续的大多数战略对组织的成败几乎没有影响。

10. 结构学派

结构学派认为，战略形成是一个变革过程。它提供了一种调和的可能，一种对各派进行综合的方式。代表性研究是明茨伯格提出的战略 5P 模型[①]。该学派一方面把组织和组织周围的环境状态描述为结构；另一方面把战略制定过程描述为变革，认为变革是结构的必然结果。保持连贯需要一定的时间，变化也需要有一定的时间。战略制定可以开始于需要改变组织的发展方向，最终形成的战略则在巩固这个方向。结构学派描述了战略在既定状态下的相对稳定，同时穿插着偶然的新战略的快速飞跃。

三、战略制定

（一）公共组织的愿景与使命

愿景是公共组织发展的蓝图和目标，描绘的是未来一段时期内公共组织所要达到的预期状态。有效的领导者用战略和愿景描绘未来以及他们相信的未来。格林利夫在他的著作《仆人式领导》中提到"高瞻远瞩是领导者优于他人的地方。领导者若是目光短浅、缺乏远见，便只是徒有虚名了"[②]。拥有远见的领导者，不仅富有使命感，而且会将这种使命感传递给员工，使他们耳濡目染，共同迈向同一目标。

使命是组织存在的核心目的，回答的是为什么存在、我们的任务是什么，以及我们能创造何种价值的问题。任何公共组织的使命和存在的最大意义在于维护公共利益和实现公共利益最大化。

新加坡自 20 世纪 60 年代开始，经过 50 年左右的发展，其产业结构、经济体量、基础设施、城市面貌等都发生了翻天覆地的变化。它的发展理念也经历了从花园城市到花园中的城市的华丽转变，新加坡的城市宜居质量全球第三、亚洲第一。新加坡的成功并不是偶然的，究其原因在于政府建构了有效的愿景和使命。在新加坡，政府各部门都制定了本部门的愿景和使命，如作为新加坡城市发展思想库的宜居城市中心的愿景是成为"宜居和可持续发展城市的知识中心"；使命是"提炼、发展和分享宜居和可持续发展城市的知识"。通过这些简洁的语言，一方面使公众了解到公共部门的职责；另一方面从心理上强化了职员的使命。

（二）外部评估与内部分析

战略从某种程度上可以被视为组织内部资源因素与外部环境进行的有效匹配。SWOT 分析法是目前战略管理中被广泛应用的分析工具，它被用来分析组织的内部优势与劣势，以及外部环境形成的机会与威胁，并进行系统的评价，且在此基础上选择适当的战略。

外部评估是指对组织环境形成的机会和威胁进行的分析，目的是识别组织所面临的机会和威胁，包括识别关键资源的控制者、强制力和未来趋势、实际或潜在的竞争者与

① 明茨伯格对企业战略指出，人们在生产经营活动中不同的场合以不同的方式赋予企业战略不同的内涵，说明人们可以根据需要接受多样化的战略定义。在这种观点的基础上，明茨伯格借鉴市场营销学中的产品（product）、价格（price）、促销（promotion）、渠道（place）四要素（4P）的提法，提出企业战略是由五种规范的定义阐述的，即计划（plan）、计策（ploy）、模式（pattern）、定位（position）和观念（perspective），这构成了企业战略的 5P。这五个定义从不同角度对企业战略这一概念进行了阐述。

② 罗伯特·K. 格林利夫. 仆人式领导[M]. 徐放，齐桂萍，译. 南昌：江西人民出版社，2008.

合作者、影响竞争与合作的重要因素、组织现有的竞争与合作优势等。内部分析是指对组织内部的优势和劣势情况进行的分析，目的是明确组织的核心能力，包括组织资源、现行战略和绩效。经过SWOT分析，可以形成四种战略选择，优势-机会（SO）战略既能发挥组织关键优势，又能利用关键机会，它是所有组织期望的选择。

公共部门在进行SWOT分析时，不仅要分析内部的优势与劣势、外部的机会与威胁，还要对公共部门的使命与价值、战略可控性以及政治支持进行分析。使命与价值始终贯穿于公共部门战略管理的过程中，并对内部与外部评估产生影响，成功的战略分析要将SWOT分析与使命与价值联系起来。战略可控性是指公共组织以其公共权力对外部资源的整合能力。政治支持是要分析利益相关者的需求，以增强战略的可行性。因为公共部门的强制力与其他主体的权力是不对等的，而公众对公共部门具有“所有权”，因此应当对战略可控性和政治支持进行重点和单独分析。

（三）战略分类与内容

从迈尔斯和斯诺开始，很多学者尝试对战略的内容加以分类，形成了各有千秋的分类方法。在他们研究的基础上，纳德和巴可夫运用SWOT分析来说明战略方案的类型。这种分类建立在依托优势、克服劣势、利用机会、遏制威胁原则上，强调战略类型与环境类型、组织类型的匹配性。纳德和巴可夫从两个维度出发，一个是采取行动的压力，即公共部门采取行动压力的高与低；另一个是外部回应度，即外部利益相关者的态度是协作（回应度高）还是逃避（回应度低），两种维度的组合将公共部门所面临的环境分为四种类型，即平静、局部平静、骚动、动荡（图5-1、图5-2）[①]。

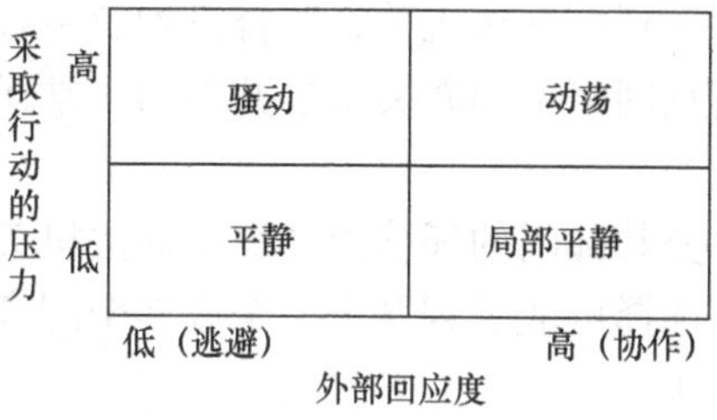

图5-1　公共部门环境类型

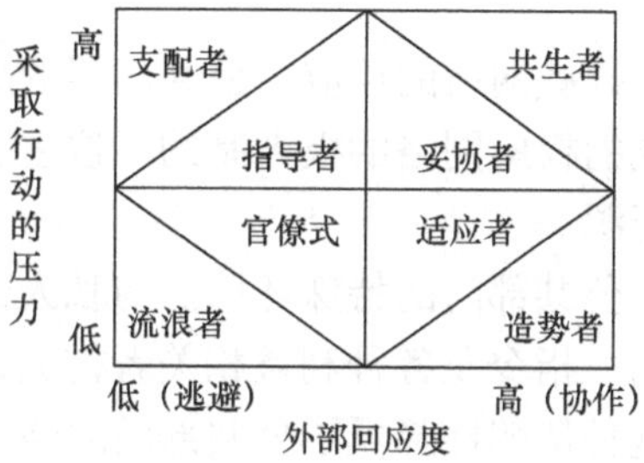

图5-2　公共部门战略类型

当行动压力无须和外部回应度都处于低水平时，环境是平静状态，这时公共部门适宜采取流浪者战略，即作为的战略；当行动压力低而外部回应度高时，环境呈现局部平静状态，公共部门应该采取造势者战略，即表示出重视的姿态而无须采取实际行动；当行动压力高而外部回应度低时，公共部门处于骚动环境中，最好使用支配者战略，即用行动应对快速出现的新需要且无须对行动负责；当行动压力高且外部回应度也高时，公共部门就会陷入动荡的环境中，这时采取共生者战略为最佳，即要通过合作，将公共部门内外的支持加以整合来共同解决问题。

① 李志，潘丽霞. 公共部门人力资源管理[M]. 重庆：重庆大学出版社，2019.

当行动压力低，随着外部回应度由低到高转换，公共部门为了适应这种中间地带的环境，会根据行动的多少分为官僚式战略和适应者战略。前者是指仅对已经明确的需求采取适度的行动，并按照事先规定的程序和标准做出适度的回应；后者相对加入了更多主动的行动，这一战略对于适应可预测的环境是有效的。当行动压力高，随着外部回应度由低到高转换，公共部门也存在两种战略选择：一种是指导者战略，能增加对重要需求的回应，属于中等到高度行动取向的战略，行动权力没有明确规定，负中等责任；另一种是妥协者战略，面临着较高的行动需求，但公共部门坐看竞争者互相竞争，或满足确有需求的对象和重要服务对象的需求。

（四）战略分析与选择

解决公共问题的战略方案有很多，战略分析是指在众多的战略方案中找到最有可能实现组织目标的那个方案。战略分析的第一步是进行适合性分析，即分析评估战略对组织内部资源情况的适应程度、是否妥善考虑与消解了组织的内部劣势，以及外部环境中的威胁、战略与组织目标的契合性等。第二步是进行是可接受性分析，用于评估战略执行的可能结果及能否成功实施、是否被利益相关者认可。第三步是进行可行性分析，用来评估战略实施的条件和可行性，即组织是否具备执行的能力、资源、合法性等。

战略选择是在可供选择的方案中做出最后决策。公共部门中的战略选择通常受到一些关键因素的影响。具体如下。

（1）过去战略的影响。过往战略的实施效果对当前的战略选择有极大的影响，而且如果决策者不发生变化，容易受到惯性思维和模式的影响，从而选择和沿袭与过去相似的战略。

（2）权威网络的反应。公共部门的战略选择要受到由立法机关、监督机构及由各种指令组成的权威网络的极大制约。这主要是因为权威网络控制着关系公共部门正常运行的财政资源。

（3）公共部门的特殊环境。与私人部门不同，公共部门的环境由公民、立法机关、监督机构、指令及各种利益相关者构成，它的战略选择可能受到其中一个或多个因素的影响，这种依赖性降低了公共部门战略选择的灵活性。

（4）权限大小。公共部门的权限是指它做出选择的自主权和灵活性。相对私人部门，公共部门要受到很多因素的约束和监督，权限空间较小。

（5）公共部门的历史背景。公共部门的历史背景主要由公共部门的方向、发展趋势和重大事件构成。方向表达的是部门的发展历程和未来的目标，趋势和重大事件塑造了部门的方向并影响部门的发展。

四、战略领导和战略实施

战略领导是居于组织顶层的领导者，相对其他层次的领导，战略领导尤为重要。战略实施是将战略意图、战略目标转化为现实的关键环节，没有它战略管理就是一种空谈。

（一）战略实施中的管理与运营问题

战略制定的成功并不能确保战略的成功实施。战略实施，亦称为战略执行，简单而言是指按照既定方案将制定的战略付诸实践的过程。如何将战略方案转化为实践，涉及战略实施中的各种管理与运营问题。

1. 制订行动计划

战略是长期性的、全局性的，只有将其细化分解为具体的目标和程序，战略才能得到落实。行动计划是实施战略的具体目标和步骤，是资源配置的基础，是评价和控制的前提。行动计划可以按照公共部门的纵向系统逐层分解，也可以按照目标管理的步骤将战略目标在横向上展开；它明确了各个时间、各个阶段的目标，并将战略的长期目标在时间上分解为一个个的短期目标。制订行动计划达成了两个效果：一个是将权力分散到行动中；另一个是使组织中的所有成员参与到战略实施中。

2. 政策制定

政策制定是指为支持和鼓励实现既定目标的各项工作而制定具体的指导方针、方法、程序、规则、形式及管理规范。作为一种战略实施的工具，它明确了在实现目标的过程中可做和不可做的边界，有利于解决重复出现的问题，也有助于指导战略的实施。

3. 资源配置

资源配置是战略执行过程中的一项重要管理活动，是战略执行顺利进行的保障，甚至是战略管理本身就被称为资源配置的过程。它往往受到政治因素和个人因素的影响，因此，资源配置必须按照行动计划的优先顺序进行妥当安排。它主要包括财务、物质、人力、技术四类资源的安置。其中，财务资源至关重要，因为公共部门的运行建立在财务基础上，而它的资金依赖于预算拨款，受到政治因素的制约。资源配置应该注意的问题是集中使用和专门使用的关系、资源互补、资源节约等。

4. 组织结构调整

组织结构是组织内分工与协调的总和，规定了各个组成部分的任务、职责、权利和相互关系等，决定着组织目标和政策如何确立，以及资源如何分配。组织结构调整是要实现结构与战略的匹配。战略执行的成败在很大程度上取决于组织结构的情况，要成功地实施战略就必须设计适合所选战略的组织结构。组织结构调整着重在以下三个方面：组织规模的调整，如部门数、成员数量、组织层级等；重组和重新设计工作、职责、流程等；建设支持和推动战略的组织文化。

5. 激励与协调

战略实施是一个长期的过程，它需要组织成员保持持续的动力和激情，而动力和激情常常又是难以长时间维持的。此外，战略设计往往是组织高层领导者的工作，而战略实施的主体常常是中层和基层人员。因此，为了达到战略性结果，必须有合理的激励机制，有效的激励能够强化和激发成员实施战略的动机和热情。

战略执行期间，不同部门会因目标的依赖性和资源的有限性展开竞争，发生一系列冲突，这时需要正视和协调冲突。冲突不可避免，它未必是坏事，相反能够暴露战略执行中的问题和矛盾，没有冲突反而是成员冷漠、不关心的信号。领导应该及时对各种冲突进行协调，通过会议、座谈、聊天等各种沟通形式，促使各方各抒己见、求同存异，齐心协力完成战略任务。

（二）战略评价的性质与评价框架

战略评价是一项复杂而又比较敏感的工作，它是对战略实施和执行情况进行系统化的检查、监督和控制的重要步骤。相对于私人部门，公共部门的战略评价因其公共性而具有自身的独特性，处于一种不好评、难操作的尴尬境地，也正因此成为公共部门战略管理的软肋，学界亦很少深入论及。

1. 公共部门战略评价的认识

学界对公共部门战略评价的界定目前主要存在以下四种观点和认识。

第一种主张重点评价，即认为公共部门战略评价主要是对战略方案进行评价。该观点视战略评价为一种分析过程，确定战略实施的对象范围，选择适当途径搜集信息，以此作为决策者战略决策的基础。持此观点者将评价等同于对战略方案的评估。

第二种主张全程评价，即认为公共部门战略评价是对战略实施全过程进行评价。也就是说，该战略评价不仅包括评价战略方案，还要对战略执行和结果进行评价。

第三种主张纠偏评价，即认为公共部门战略评价的目的是发现和修正误差，其实质是发现问题和解决问题。

第四种主张效果评价，即认为公共部门战略评价应该将着眼点放在战略实施的效果上。也就是说，战略评价就是对实施效果进行研究，确定对战略问题的解决程度和影响程度，分析实施效果的成因，并将其作为战略改进的依据。

根据以上分析，可以将公共部门的战略评价定义为根据一定的标准和程序，在搜集和分析相关信息的基础上，对公共部门战略实施的效益、效率、效果和价值进行判断，以促进公共部门的战略变革和战略管理水平提高的一种行政行为。

2. 公共部门战略评价的性质

虽然公共部门的战略评价从私人部门移植而来，两种部门存在某些共性。但是公共部门的战略评价毕竟不能简单地等同于私人部门，它具有自己的性质。

（1）评价对象是旨在解决公共问题的战略。公共问题是指涉及公共利益的公共性社会问题。公共问题的域界与公共部门活动密切相关，妥善解决和回应公共问题是公共部门存在的基础。公共问题具有影响的不可分性和社会共享性，对所有人的影响是相同的，也很难排除某个人。

（2）评价的价值标准是维护和增进公共利益。公共管理存在的价值就是追求公共利益，作为公共部门战略管理一环的战略评价自然也是推动公共部门选择那些与公共利益相符的战略。

（3）公共部门的战略评价是以公共权力为依托进行的，所耗费的资源也是公共资源。

（4）公共部门战略评价始终要受到各种政治因素的约束和影响，而且必须接受公众的监督。

3. 公共部门战略评价的框架

公共部门战略评价的框架，即拿什么标准来进行衡量。完善的、适当的、可操作的评价标准能够准确地发现公共部门战略中存在的问题。国内学者陈振明将公共部门战略的评价标准归结为以下四种①。

（1）目标的一致性。它是指评价目的、评价标准与战略目标三者之间要具有一致性。评价标准与战略目标的一致性，即衡量评价标准是否反映了战略目标的实质含义、是否反映了系统总目标的整体和各个侧面。评价标准与评价目的的一致性，即评价标准要真实体现评价要求和目的。评价目的与战略目标的一致性，即评价标准要保持与战略目标、评价目的的一致性，而且评价应该服务于战略目标。

（2）环境的协调性。它是指战略实施必须实现组织内部协调以及组织和环境的外部协调。环境的协调性通常这样来衡量，即战略方案对公共问题的回应、解决程度；战略实施是否合理利用了组织的优势和机会；战略本身是否具有适应环境的灵活性。

（3）经济的可行性。它体现的是战略评价对于资源的合理使用。它用来衡量战略实施结果是否达到了预期目标，是否存在因果关系，战略结果是直接还是间接、长期还是短期、可量化还是不可量化、充分的还是不充分的。此外，它还要借助成本-利益分析和成本-效能分析来衡量战略实施的效率和效能。

（4）战略的可接受性。它是指战略实施后是否被对象接受、是否满足了对象的需求，这种衡量带有较强的主观色彩。它借用两个指标来进行，一个是回应度，即战略满足对象需求的程度；另一个是公正性，即战略是否实现了公平、是否分配合理等。

（三）战略领导

在21世纪的今天，中国最紧缺的资源是人才，而在人才资源中最紧缺的是战略型人才，尤其是战略型的领导人才。从领导学的视角来看，“我们正处在一个公共部门领导最爱讨论战略领导的时代，但又恰恰是一个公共部门中战略领导力最缺乏和对战略领导力研究最缺失的时代”②。

1. 战略领导的定义

领导存在于任何时候、任何社会和任何共同体中，领导之于组织发展和组织目标的作用必不可少。现代领导理论强调，领导不能游离于成员，不能脱离组织而存在。领导与战略是天然联系在一起的，在诸多领导中，战略领导尤为关键。

早期的领导文献将注意力放在组织中的执行层和中间层。对战略领导的关注可以追溯到20世纪50年代，根源于当时的全球化、激烈的国际竞争、快速的技术和社会变化，出于环境变化对超大组织绩效影响的考虑，开始关注直接影响战略决策的战略领导者的个人特质，如知识、经验、偏好和价值观等，战略领导的中心主要是解释领导者的特质构成如何影响战略分析和选择。20世纪80年代以来，战略领导研究的重心转向战略的落实与执行，在很多情况下并不是战略不好，而是战略执行不佳才导致了组织的失败。

西方学者对战略领导的定义相对国内更早。20世纪80年代，英国学者阿代尔首先提出了战略领导的概念，此后被广泛使用。芬克尔斯坦等指出，战略领导主要涉及组织

① 陈振明. 公共管理明学[M]. 北京：中国人民大学出版社，2005.

② 吴涛. 公共领导者的战略领导力研究[D]. 上海：华东师范大学，2011.

高级领导层，因为他们处于能够影响组织方向和愿景的独特位置。希特等将战略领导定义为一种用来预测、想象、维持弹性以及授权以产生战略性变革的能力。杜布林指出，战略领导是一种可以提供组织所需要的方向与启发的过程和形态，是一种有效执行战略的领导程序，是确保组织与竞争环境契合的过程①。

国内学者吴涛和奚洁人开创了战略领导的研究视角。他们认为，一定规模的组织可以分为战略领导层、运行层和团队层。居于战略领导层的领导者就是战略领导者。战略领导是领导者在系统分析利益相关者、自我和战略情境的基础上提出并全力推动愿景实现的过程；战略领导者，是指一个组织中居于顶层的领导者，是那些主要负责一个组织的发展方向和战略管理的领导者。此外，他们还认为战略领导是指领导者以战略作为领导的核心，经过愿景、参与、沟通、激励、授权、整合的互动历程，有效执行战略领导程序，用以启发和引领组织方向，确保组织竞争力的领导历程②。

综合以上的内容，本书认为战略领导是居于组织最高层的领导者在分析战略情境基础上，提出组织愿景，并制定战略推动愿景实现的过程。

2. 有效的战略领导的关键要素

在战略领导中，有一些关键的、核心的要素对于领导的有效性至关重要。与此同时，提升战略领导力，也要从这些关键要素出发。

阿代尔通过对大量案例的考察得出，卓有成效的战略领导必须具备五种核心技能，分别是引导变革、创建高层团队、正确执行战略、改变组织文化以及时间管理等③。

弗雷德曼和特里戈认为，战略领导的核心任务围绕战略展开，即选择、实施、监控并不断修正组织的战略。更具体来说，就是为战略活动选择适当的过程，组织好高层团队，注意战略情报信息的收集与分析，构建让人充满信心的战略远景，通过充分的沟通使战略远景能够得到组织成员的认同以便承诺实施，通过更新使战略保持常青④。

Bennis 和 Nanus 提出，有效的战略领导包括六种要素：一是提出组织的愿景并明确清楚地传达；二是发掘组织的核心能力，维持竞争优势；三是发展人力资本，加强对组织成员的训练；四是塑造优质的组织文化；五是强调道德标准和规范，并以其作为决策的基础；六是有效使用战略控制和财务控制，建立平衡的组织控制⑤。

吴涛和奚洁人认为战略领导包含三个层次的要素：一是战略领导者自身素质方面，包括经验、知识、创造力和文化道德修养等；二是战略领导者与被领导者及其团队的互动能力；三是组织领导力，即战略领导对组织结构、机制及其文化对组织成员和社会环境的影响力⑥。以上三个层次的要素在实践中体现在战略领导的五项任务上，即确立愿景和使命、战略决策与执行、塑造组织文化和培养忠诚团队、风险防范和危机应对、自我管理和战略

① 转引自王安琪. 西方战略管理学研究述评[J]. 财会通讯，2014，（6）：119-122；舒辉，张必风，朱力. 企业战略管理[M]. 2 版. 北京：人民邮电出版社，2016；吴涛. 公共领导者的战略领导力研究[D]. 上海：华东师范大学，2011.

② 吴涛，奚洁人. 战略领导力问题研究[J]. 上海行政学院学报，2013，14（1）：24-31.

③ 转引自刘升福. 领导理论发展演变及研究趋势[J]. 湖北工业大学学报，2013，28（6）：5-7，13.

④ 弗雷德曼，特里戈. 战略领导[M]. 柏满迎，石晓军，译. 北京：中国财政经济出版社，2004.

⑤ 转引自厉伟，胡兴球，杨恺钧. 管理学[M]. 南京：南京大学出版社，2017.

⑥ 吴涛，奚洁人. 战略领导力问题研究[J]. 上海行政学院学报，2013，14（1）：24-31.

更新等。

中国科学院领导力课题组等结合国外战略领导的研究成果，提出了战略领导的五力（愿景领导力、结构领导力、路径领导力、均衡领导力、持续领导力）模型，认为它是为大中型组织的战略领导量身打造的领导力模式。其中愿景领导力是指明组织长远发展方向和确定基本发展原则的能力；结构领导力是指持续整合实现组织愿景所需资源并最优地利用这些资源的能力；路径领导力是指设计有利于实现组织愿景的最优发展策略的能力；均衡领导力是指保证组织适变、应变和良性健康发展的能力；持续领导力是指保证组织长期成功和持续追求卓越的能力。五种能力对战略领导非常重要，但又不是处在同一层次。战略领导力的本质是构想组织的发展愿景并全力和坚定不移地推动愿景实现的能力。战略领导力是由愿景领导力、结构领导力、路径领导力、均衡领导力和持续领导力构成的，这五个方面构成的整体就是战略领导力模式①。

吴涛和奚洁人从五个维度剖析了战略领导的核心要素：其一，从价值维度分析战略领导的公共精神与价值引导力；其二，从决策与执行维度分析战略领导的公共决策与政策执行力；其三，从复原维度分析战略领导对公共危机的应对力；其四，从创新维度分析转型领导与组织再造力；其五，从保障维度分析战略领导的团队建设与文化构建力②。

思考与讨论题

（1）领导与管理有什么联系与区别？

（2）试分析不同领导风格的特点。

（3）领导如何进行有效激励？

（4）变革型领导与魅力型领导的领导方式有哪些异同？

（5）公共部门战略管理的特性有哪些？

（6）有效的战略领导的关键要素有哪些？

（7）对领导艺术和提高领导艺术有何见解？

（8）为什么说有战略思维能力不一定是领导者；但作为领导者，则必须具备战略思维能力？

（9）简述领导与管理的联系与区别。

（10）有远见的企业家开始认识到：中国企业将面临由注重管理力向注重领导力转变。你认同吗？为什么？

---

① 中国科学院领导力课题组，霍国庆，苗建明. 战略领导力模式研究[J]. 领导科学，2009，（4）：4-7.

② 吴涛，奚洁人. 战略领导力问题研究[J]. 上海行政学院学报，2013，14（1）：24-31.

第六章 政策制定与执行

公共政策是现代政府履行公共管理职能的重要手段，政府通常通过制定和实施公共政策来处理各项事务，解决社会问题，协调不同社会主体之间的利益关系，促进社会和谐发展。决策是公共政策制定与执行的基础。行政过程并不是一个单纯的执行过程，它同时包含许多决策行为。实际上，管理就是决策，决策贯穿了整个公共行政的过程。

▶ **重点问题**

（1）公共政策研究的两条基本路径。

（2）公共政策制定的基本环节。

（3）政策执行理论模型。

（4）政策有效执行的原则与策略。

（5）公众参与公共决策的形式类型及其适用性。

▶ **难点问题**

（1）全面理解作为包含科学和艺术两方面的公共政策过程。

（2）理解公众参与政策制定与执行的正面价值和负面价值。

（3）政策质量要求和决策的接受、认可程度对公众参与决策有效性的影响。

第一节 公共政策概述

政策决策涉及的内容是多方面的，它不仅包括研究哪些社会事务属于公共行政的职能范围，还包括如何就实现这些职能做出决策，在具体的政策执行中选择恰当的实施方案，以及就每个执行环节、执行措施与政策工具进行选择，等等。但从总体上看，政策决策主要在两个层面上进行：一个是制定政策的层面；另一个是执行政策的层面。前者是针对如何实现公共管理和服务职能而进行的相对宏观的制度设计，它的功能在于把一些社会事务纳入行政组织的行动议程；后者在于确定如何把这些政策付诸实施。因此，本章把行政决策界定如下：行政组织为实现公共管理和服务职能而进行的决策及决策执行方案选择的过程。

一、作为公共政策制定的行政决策

公共政策是政府为了解决公共问题而采取的行动。不但立法机关在制定公共政策，行政机关和司法机关也在制定公共政策。行政机关制定公共政策是公共行政的主要内容。美国公共行政学者 Grover Starling 指出，在制定公共政策的过程中行政长官也是立法的领导者，在 20 世纪的后 20 年约 80%的政策出自总统办公室[①]。行政管理者经常参加公共政策的制定过程，除了总统及一些政治任命产生的行政官员之外，官僚组织中的职业文官也经常为政策的制定提供一些思路。在某些情况下，行政机构会以整合各利益集团的要求为其职能。因此，社会价值的权威分配并不只在立法机构内进行，行政机构也在为社会分配价值。

行政决策能够产生公共政策。Grover Starling 从政策制定的角度对公共行政进行界定："公共行政是在法律范围内系统地制定和运用政府政策的有组织和有目的的社会交互活动。"[②]通过行政决策产生的公共政策有多种表现形式，其中一类是以公共决策输出体现的政策形式，这种政策就某一特定的公共问题提出解决方案与政策目标；还有一类比较常见，即行政组织制定的具有普遍约束力的各种行政法规，这些行政法规就人们的行动权利做出各种各样的规定。

通过行政途径做出的决策与通过政治途径做出的决策有着很大的区别。这种区别主要来源于国家权力机构内部的职能分工。政治决策是指就一个国家的重大决策和立法事项做出最后的决定，它体现的是一个国家的政策导向。行政决策主要解决两个层面的问题：一是就如何执行国家意志（即对如何执行国家立法机关的政治决策）进行决策，把国家意志付诸实施；二是就国家日常公共事务的治理做出决策，为社会提供优质的公共服务。因此，在分工上政治决策和行政决策所要解决的问题是不一样的。但政治决策对行政决策又具有统摄性，行政决策不能违背政治决策所确立的原则。从这个角度上讲，政治与行政的功能是分立的，也是必要的，因此 Wilson 和 Goodnow 等奠立的"政治-行政二分法"有其深厚的现实基础。

二、公共行政决策的存在依据

本节将从以下两个维度讨论公共行政决策的依据问题。

（1）国家或者广义上的政府功能分工的维度。从现实的政治与行政实践来看，在现代国家，政治与行政的功能性分工是国家治理的一种基本模式。政治功能在于为国家制定基本的制度、法律框架，而行政的功能在于遵循政治制定的这些基本框架而对社会公共事务进行具体管理。在政府的机构分工中，这两种功能主要对应立法机关和行政机关。立法机关主要从事立法工作并做出重大的公共决策，不从事具体的公共事务的管理，社会事务的管理主要由行政机关负责。立法机关和行政机关的分立是世界主要国家采用的一种权力组织的运行方式。对于行政机关来说，为了对社会公共事务进行治理，它们需要一定的公共决策权，进行一系列的行政决策。

（2）执行的维度。在功能的划分上，行政在总体上是执行政治的决策，即使在第一个维度中，行政实际上也是在执行国家的管理意志。因此，行政的职能在于执行。在执行的过程中，之所以要进行行政决策和制定一些公共政策，原因就在于通过立法程序制定的公共决策或者公共政策是方向性的和原则性的，主要是一个行动框架，是对

---

① 格罗弗·斯塔林. 公共部门管理[M]. 陈宪，王红，金相文，等译. 上海：上海译文出版社，2003.

② 格罗弗·斯塔林. 公共部门管理[M]. 陈宪，王红，金相文，等译. 上海：上海译文出版社，2003.

社会公共事务管理的一种非常宏观的设计，对于如何执行没有做具体的规定，这就为行政决策留下了很多空间。在行政组织执行政治决策的过程中，它们要根据所管辖的行政区域及事务领域因时、因地、因事制宜，而不是教条式地执行。它们会把政治决策转化为具体的社会公共事务的治理行为，并分别就特定的公共事务制定一些具体的公共政策。

三、公共政策研究的两种范式

1951 年，斯坦福大学出版了拉纳和拉斯韦尔主编的《政策科学：范围和方法的新近发展》[①]一书，这被视为现代政策科学诞生的标志。此后，在美国兴起了一场旷日持久的政策科学运动，并逐步形成了政策研究领域的两种基本范式：拉斯韦尔-德洛尔的政策科学传统和以 Lindblom 等为代表的政策分析传统。

拉斯韦尔-德洛尔的政策科学传统是美国政策科学运动的主导范式之一，为许多政策科学研究者所赞同和遵守。拉斯韦尔被誉为“现代政策科学的创立者”。他在 1943 年的备忘录中提出“政策科学”的概念，并将其首次正式使用于 1950 年与卡普兰合著的《权力与社会：一项政治研究的框架》中。在《政策科学：范围和方法的新近发展》一书中，他还首次对社会科学中的政策研究方向（即政策科学的对象、性质和发展方向）做出规定，奠定了政策科学的基础。拉斯韦尔对当时社会科学的零碎专门化深感不满和担忧，认为政策科学或社会科学中的政策方向可以超越社会科学的零碎专门化，确立起一种全新的、统一的社会科学。他认为政策科学将致力于一般选择理论的研究，是一门关心“社会中人的基本问题”，关心解释政策制定和政策执行过程，关心搜集数据和提供对特定时期的政策问题的有关解释的学科[②]。

德洛尔是现代政策科学发展史上的另一位关键人物。他在 1968—1971 年相继出版了政策科学“三部曲”：《公共政策制定检讨》《政策科学构想》《政策科学进展》。在这些著作中，他继承和发展了拉斯韦尔的政策科学理论，对政策科学的对象、性质、范围和方法等问题做了进一步具体而详尽的论证，从而形成了拉斯韦尔-德洛尔的政策科学传统。

在拉斯韦尔-德洛尔的政策科学传统看来，政策科学不是现有的某一社会科学学科的更新，而是一个全新的跨学科、综合性研究领域，具有统一社会科学的性质。政策科学的学科特征如下：①政策科学以社会中人的基本问题或一般选择理论、人类社会的公共决策系统和决策过程作为研究对象，它要探讨的是公共政策的性质、原因和结果，提供政策相关知识，目标是端正人类社会发展方向，改进公共政策制定系统，提高公共政策质量。用德洛尔的话说，政策科学的核心是把政策制定作为研究和改革的对象，包括政策制定的一般过程及具体的政策问题和领域；政策科学的性质、范围、内容、任务及理解政策如何演变，在总体上特别是在具体政策上改进政策制定过程。②政策科学是一个

① Lerner D, Lasswell H D. The Policy Sciences: Recent Developments in Scope and Method[M]. Stanford: Stanford University Press, 1951.

② Lerner D, Lasswell H D. The Policy Sciences: Recent Developments in Scope and Method[M]. Stanford: Stanford University Press, 1951.

综合性、跨学科的新研究领域，是一种统一的社会科学。一方面，政策科学是作为现有社会科学的片面专业化、零碎化、理论与实践相脱离的对立物而出现的。它强调综合地运用人类所创造的各种知识——社会科学、自然科学和管理科学的知识和方法。另一方面，政策科学并不是这些学科的知识和方法拼凑堆积而成的，而是在新的学术框架中将各种知识和方法有机地结合起来，力图将科学知识尤其是社会科学的知识与公共政策密切联系起来，提倡以问题为中心，而不是以学科为中心的知识产生方法。③政策科学体现了理论与实践的统一。按照政策科学奠基人的观点，政策科学是一门行动取向的学科，它是适应人类利用已有的知识和方法去改进政策制定系统，提高政策质量的需要而产生的。④政策科学所涉及的主题十分广泛，包括政策系统、政策过程、政策分析的方法和技术、政策思维、政策价值观、未来研究、政策战略（元政策）、政策规划、重大工程项目的论证与评估，从国家层面到各层次或部门的具体政策研究等方面。

在拉斯韦尔-德洛尔的政策科学传统中，政策分析只是关于政策科学的一个组成部分。但这个以量化分析为主导的政策分析领域，在政策科学运动中取得迅速发展。这导致许多学者转而提倡作为一个应用社会科学学科的独立的政策分析，拉斯韦尔-德洛尔的政策科学传统依旧是中国公共政策制定的重要理论来源，李文钊指出，对于中国公共政策研究，需要回到政策科学的创立者拉斯韦尔所设想的“民主的政策科学”之中，将政策科学的科学性、政治性、问题导向性和情境性有机结合，推动与新时代中国特色社会主义相适应的公共政策研究体系的创立和发展[①]。

Lindblom 被视为这种政策分析传统的奠基者。他在 1958 年发表于《美国经济学评论》杂志的《政策分析》一文中首先使用“政策分析”一词，用以表示一种将定性与定量相结合的渐进比较分析的类型。第二次世界大战后，运筹学、管理科学和系统分析等定量方法及技术的发展，为政策科学，特别是政策分析提供了方法论基础。这种转变也得益于兰德公司思想库的示范性影响，以及私人基金会对应用社会科学领域的支持。

围绕综合的途径与反综合的途径而展开的争论，促进了政策分析在 20 世纪 50 年代和 60 年代，乃至整个 70 年代政策科学运动中的成长。综合的途径即全面理性模式，它以系统分析为缩影；反综合的途径强调全面理性模式的局限性或不可能性。这两种观点提供了当代政策分析不同途径的鲜明对照，特别是它们构成政策分析的经验-分析方向和新多元主义方向的区别。

按照美国学者加尔逊的说法，在 20 世纪 50 年代，这两种途径的各自理论特征可以概括如下：综合的途径的特征是，以认同系统分析作为元理论，以统计经验主义作为方法，以价值的最大化作为决策标准；反综合的途径的特征是，以认同多元主义作为元理论，以脉络背景和案例分析作为方法，以社会合理性（利益的整合）作为决策标准。反综合的观点迅速在一般政治科学领域取得支配地位，综合传统在公共行政学领域中更有活力。20 世纪 60 年代以后，综合的途径变得更复杂和成熟。它的倡导者和支持者一方面力求避免全面理性模式的一些不切实际的假定；另一方面坚持计划的观点并严厉批评渐进主义和多元主义，力求发展出一种复杂的或折中的模式，如埃泽奥尼的混合扫描模

① 李文钊. 专栏导语：中国公共政策研究：回顾、进展与展望[J]. 公共行政评论，2019，12（5）：1-11.

式、德洛尔的优化模式。经济学家使用经验方法论的成功进一步加强了综合传统的力量，顶峰是肯尼迪·约翰逊政府所采纳的“计划-规划-预算系统”（planning programming budgeting system，PPBS）。尽管这一系统后来被废除了，但是成本-效益分析及其他项目评估方法在政府部门的政策分析中得到广泛的应用。

1952 年，《公共行政学评论》的主编沃尔多在《民主行政理论的发展》一文中批评将“效率”作为行政管理分析中一个价值中立的标准的观点，他认为价值中立的科学政策评估是一种逃避更基本价值的使人误入歧途的企图。1953 年，Dahl 和 Lindblom 在《政治、经济和福利》一书中对综合模式进行了更强有力的批评，并提出了渐进主义的政策分析模式。他们的观点受到了一系列有影响的公共决策经验研究者的支持。这些经验研究者力图证明：尽管决策者可以在大学被授以综合理性方法，但他们在实践中采用的是渐进主义、党派相互调适和明显的渐进凑合。Lindblom 后来不断发展和完善渐进主义理论，并与其他学者展开了激烈的争论。在某种程度上，理性途径和渐进主义之争构成了 20 世纪 60 年代和 70 年代政策分析领域的最主要的论争。Lindblom 的渐进主义看似与理性主义针锋相对，但也有学者指出 Lindblom 对理性的重新界定，认为理性的决策应当通过社会中多元决策主体的互动与对既往政策的渐进改动实现，这种经验理性不仅没有放弃对理性的追求，反而真诚地捍卫了理性①。

西蒙和马奇提出了一个颇有影响且与渐进主义稍微不同的模式——有限理性模式。决策过程是一系列有限搜寻的过程，这一过程接受满意的而不是最优的备选方案，强调对组织的理解及政策制定过程中非理性因素的重要性。这也是一种反对综合理性的观点，但远比渐进主义复杂，它对综合的途径的批评超出了 Dahl 和 Lindblom 的渐进主义讨价还价阶段。但有限理性模式主要为学术理论服务，而不是为政府计划服务。例如，在法治评估方面，有学者认为巨大的制度成本迫使评估主体只能在有限理性下削弱有限理性，因而也只能实现有限理性的有限突破②。

此外，20 世纪 70 年代兴起的公共选择理论也可以看作对综合的途径的一种重要反映，这种理论力图用经济学的观点，尤其是市场机制来说明公共领域中的决策。它的动力部分既来自经济学家想将他们的分析输入以前只是政治学家处理的领域，也来自政治学家将这种理论的研究视为摆脱美国公共行政学危机的出路；直接理论先导是 Dahl 和 Lindblom 在《政治、经济和福利》一书中将市场价格作为决策机制的说明。尽管这些政策分析家对于政策分析的界定范围和重点有所不同，但是他们都将政策分析看作一门应用性的社会科学学科，它使用各种研究方法及技术产生并转变与现实政策问题相关的知识或信息，以帮助决策者或当事人解决现实政策问题。因此，从研究对象及范围来看，政策分析不再将一般的选择理论、人类社会的基本方向问题或一般的政策系统及过程作为自己的主要研究对象，而主要关注的是现实具体的政策问题，因而政策研究或分析方法及技术在其中占有核心地位。就学科性质而言，政策分析不再是一门统一的社会科学，

---

① 转引自沈荸. 从先验理性到经验理性——对林德布洛姆“渐进主义”决策理论的解读[J]. 政治思想史，2020，11（3）：123-130，199.

② 转引自万方亮. 有限理性视角下法治评估的模式重构及逻辑遵循[J]. 行政法学研究，2020，（4）：145-160.

而是一门应用社会科学学科。与政策科学相比，政策分析的应用性程度更高，它以提供政策建议或备选方案为核心，有具体的当事人或委托人。这种作为应用社会科学的政策分析的研究对象比较明确，研究范围的边界清晰，在学科共同体中较容易形成有关方法论和学科理论体系方面的共识，而且第二次世界大战前后，各学科已形成了各种较成熟的现成的分析方法和技术，这就使政策分析比政策科学更容易取得突破，较快地建立起相对成熟的学科体系，再加上思想库成功的政策分析实践，政策分析范式获得了众多支持者。

总之，当代西方（主要是美国）政策科学运动的两种基本范式，即拉斯韦尔-德洛尔的政策科学传统和 Lindblom 等的政策分析传统，形成了公共政策研究的两条基本路径。事实上，这两条路径在基本观点、工具方法、认知逻辑等方面，各有其自身的特点和优势，也有其存在和发展的合理性。公共政策的研究实践证明，这两种路径相互补充。除此之外，近年来西方发达国家兴起了一种比较前沿的公共政策理论，即循证政策（evidence-based policy，EBP，也有学者直译为“基于证据的政策”），它强调运用经过科学程序与实证方法检验的“证据”作为政策制定的依据，可以说是科学技术思维对公共政策领域的一次全面革新。近年来，欧美等发达国家正在加强对这一领域的研究和实践，且取得了一定的效果和经验[①]。循证政策的兴起将传统的以信息为基础、以政策制定者为中心的政策制定模式推向了以证据为基础、以政策研究者为中心的政策制定模式，这意味着从内在逻辑上对传统公共政策的重大超越，逐渐成为政策研究的新的发展趋势。

第二节　公共政策制定

一、政策问题的确定

（一）界定公共政策问题

确定政策问题是行政决策的首要环节，政策问题能否得到正确的界定直接关系到公共行政职能能否实现。Ackoff 指出：“要想成功地解决问题，就必须对真正的问题找到正确的答案。我们经历的失败常常更多的是因为解决了错误的问题，而不是因为我们为真正的问题找到了错误的解决方案。”[②]对于什么是政策问题，不同的学者有不同的界定方式。例如，Charles 认为政策问题是由人们的需要不能得到满足、受到剥夺或者对现状不满造成的并且需要解决[③]；Anderson 认为政策问题与社会环境、一些人的需求、要求补偿及开展活动有关[④]；Dunn 把政策问题界定为通过公共活动得以实现的需要、价值或改进的机会[⑤]；林水波和张世贤把政策问题界定为可察觉的因为利益受到剥夺而要求权威

① 张云昊. 循证政策的发展历程、内在逻辑及其建构路径[J]. 中国行政管理，2017，（11）：73-78.

② Ackoff R L. Redesigning the Future: A System Approach to Social Problem[M]. New York: Willey, 1974.

③ Charles J. An Introduction to the Study of Public Policy[M]. 2nd ed. Belmont: Wadsworth Publishing Company, 1977.

④ 詹姆斯·E. 安德森. 公共决策[M]. 唐亮，译. 北京：华夏出版社，1990.

⑤ 威廉·N. 邓恩. 公共政策分析导论[M]. 2 版. 杜子芳，伏燕，付涛，等译. 北京：中国人民大学出版社，2002.

当局解决并且能够解决的社会问题[①]；陈庆云认为政策问题是政府列入政策议程并采取行动解决的社会公共问题[②]。一般来说，个人问题是个人需要范围内的问题，通过个人的行动可以解决，社会问题则超出了个人的影响范围且通过某个人的努力无法解决。公共问题的影响已经不再局限于某个区域或社会生活的某个领域，它是社会问题的进一步演化。公共问题与社会问题的区别在于它已经产生了解决问题的公共性诉求，要求公共权威部门加以解决。公共问题与政策问题的含义最接近，一般而言，公共政策所要解决的就是公共问题。但在某一具体的时点上，并不是所有的公共问题都可以成为公共政策问题，只有那些进入公共政策议程且由公共决策加以解决的问题才是政策问题。

界定公共政策问题是政策制定的首要环节，也是行政决策的首要环节。界定政策问题是制定政策的第一步，直接决定公共决策的优劣。Dunn 在其政策分析模型中把政策问题的界定置于中心环节，认为公共政策所要解决的问题越明确就越容易实现公共政策的目的，越有利于实际问题的解决。因此，正确构建政策问题实际上等于解决了问题的一半。如果构建得不准确，就需要重新构建政策问题，这样才能避免出现“第三类错误”，即用正确的方法解决错误的问题。

（二）政策问题确定的步骤和方法

1. 政策问题确定的步骤

学者对政策问题的确定提出了一些步骤和方法。美国学者帕顿和沙维奇为政策问题的确立设计了七个步骤[③]：①思考这个问题，即对要解决的政策问题进行思考。这一步要求在既定思想的指导下收集和整理数据资料，以对政策问题做出准确的描述。②勾画出问题边界的轮廓。在这一步骤中要求对问题存在的地点、时间及原因作出说明，并找出政策问题与其他问题之间的联系。③建立事实根据，即从多种途径查阅数据并使用不同的方法进行评估，核实数据并将它们与已有的事实和基准问题进行比较。④列出目的和目标。对于政策所要实现的目标必须得以陈述并且随着分析的进展得以修正。要进行一般性的目标或目的陈述及列举，而且目标是可以测量的。⑤弄清政策封界。政策封界是一种问题变量的值域，这个值域将会影响可能的政策选择。因此，政策制定者和政策分析人员要对这些变量的值域进行测量。⑥显示潜在的成本和收益，即显示不同的政策主体和行动者在这一政策问题上潜在成本和收益。⑦重审问题的陈述，即对政策问题的确立过程进行重新审视和追问，如问题的陈述适合行动的需要吗？对问题的分析具有足够的洞察力吗？提出了有可能的有选择的变通办法的线索吗？

2. 政策问题确定的方法

Dunn 给出了确立政策问题的八种方法，具体如下[④]。

（1）边界分析。人们面对多重问题，因而对政策问题进行边界分析就非常重要。对政策问题的清晰阐述需要以下三个步骤来完成：第一步是饱和抽象；第二步是从抽象样

① 林水波，张世贤. 公共政策[M]. 台北：台湾五南图书出版公司，1982.

② 陈庆云. 构建公共政策问题[J]. 行政论坛，1995，（4）：14-17.

③ 卡尔·帕顿，大卫·沙维奇. 政策分析和规划的初步方法[M]. 2 版. 孙兰芝，胡启生，等译. 北京：华夏出版社，2001.

④ 威廉·N. 邓恩. 公共政策分析导论[M]. 2 版. 杜子芳，伏燕，付清，等译. 北京：中国人民大学出版社，2002.

本引出对问题的不同陈述；第三步是进行边界分析，规划政策问题的边界。

（2）类别分析。类别分析是一种澄清概念的技术，这些概念用于对问题情势进行定义和分类。类别分析基于两个主要程序：一是逻辑划分；二是逻辑分类。当人们选择一个类别将其分解为构成部分时，这一过程是逻辑划分；将情势、物体或人组合成更大的群体或类别，这一过程是逻辑分类的过程。

（3）层级分析。层级分析是一种用来明确一个问题情势的可能原因的技术。层级分析帮助政策制定者和政策分析人员确定三种原因：可能的原因、合理的原因及可控的原因。可能的原因是指那些可能引起问题情势发生的事件或行动。例如，拒绝工作、失业、权力和财富的集中都可能是产生贫困的原因；合理的原因是指那些对问题的发生产生重大影响的原因；可控的原因是指那些可以由政策制定者控制的原因。

（4）综摄法。综摄法是通过创造性地运用类比的方法来提高对相似问题认知的方法。它基于这样的假设，即意识到问题的相似性或同一性可以显著提高分析人员解决问题的能力。在进行政策问题的构建时，人们可以运用以下四种综摄法：第一种是个人类比。这是一种个人的情景模拟，即政策制定者及分析人员想象自己与某些利益相关，以同样的方式面对问题情势而取得对政策问题的换位认知。第二种是直接类比。人们直接从两个或两个以上问题中寻找相似的关系。第三种是符号类比。政策分析人员试图在政策问题情势和某个符号过程间发现相似的关系。人们通常在各种不同的伺服系统（如温度计、自动导航仪）和政策过程之间进行符号类比。调适的模拟过程被看作来自环境的连续反馈。第四种是想象类比。政策制定者和政策分析人员在政策问题情势和一些想象的状态间寻找相似之处。

（5）头脑风暴法。头脑风暴法是一种产生意见、目标和战略的方法，以帮助对问题情势加以明确和形成概念。头脑风暴法涉及这样的简单程序与方法：根据政策问题情势挑选专家；严格分开生成意见的过程和评估意见的过程；在生成意见和想法的阶段尽可能地保持开放和轻松的气氛；在各个阶段的意见都已提出的情况下，开始意见评估的阶段；在意见评估阶段结束之际，小组对各种意见分清主次形成建议，这个建议应该包括对问题的概念化及问题的解决方案。

（6）多角度分析。多角度分析通过系统地运用技术、组织和个人三个方面的知识取得对问题及其潜在方案的更深层次的认知。在技术方面，从最优模型、运用概率理论、成本收益分析和决策分析、计量经济学及系统分析等角度看待问题，寻求答案。技术角度以科技世界观为基础，强调随意思考、目标分析、预测、优化和不定性量化。在组织方面，将问题和解决方案看作一种组织状态向另一种组织状态的有序渐进的一部分。组织角度的主要特征是采用标准的操作程序、规则和机构的常规做法，常与技术角度冲突，而且与实现目标、改进业绩相关性很低。在个人方面，从个人的理解、需要和价值来看待问题和解决方案，主要特征在于强调直觉、个人魅力、领导能力和自我利益，它们可以作为控制政策及其影响因素。

（7）假设分析。假设分析是一种对政策问题的各种冲突性假设进行创造性合成的技术。假设分析可以克服常规政策分析带来的局限性。首先，政策分析常常以单个决策者的假设为基础，决策者有明确的价值观序列，这些价值观只能在一个时点实现。其次，政策分析常常不能用系统和明确的方法考虑关于问题性质和解决方案的不同观点。再次，多数政策分析是在自我封闭的组织内完成的，因此不能挑战阐述问题的常规方式。最后，评价问题及其解决方案的标准通常只考虑表面特征而不考虑形成问题的概念的基本假设。假设分析主要遵从五个连续的程序：明确利益相关者、提出假设、假设质疑、集中假设和合成假设。通过这些连续的假设形成一些合理化的假设。

（8）论证图形化。假设分析与政策论证有关，在政策论证的一些模式中，不论论证采取的方式是什么，这些模式都以采取不同的假设为基础。图形又是假设分析的一个重要技巧，即通过图形表明论证各要素的合理性与重要性。因此，图形又是政策论证的重要工具和技巧。图形论证经常采用的模式是在一个两维坐标上评价理由、支持和反对三个要素，人们可以依据不同的政策情势对论证图形进行设计。

二、政策目标的确立

政策问题界定以后，接下来就要确立政策目标，即通过采取公共行动所要达到的一种状态。政策目标的正确确立也是非常重要的一个环节，科学、合理的目标是较好地实现公共行政职能的重要保障。即使政策问题的界定是准确的，但是由于并没有确立一个正确可行的政策目标，政策问题同样得不到恰当的解决，甚至可能引起更多的社会问题。但是政策目标的确立又是一件非常困难的事，因为政策目标往往比较模糊而难以准确表达和衡量。

政策目标的确立主要受四种因素的影响：一是价值因素。公共政策乃至行政决策所要处理的是一些公共问题，因而不可避免地要进行价值预设。公共问题及公共政策问题是不同利益观、价值观相互冲突、博弈的结果，在考虑政策目标时，就必须对这些多元化的利益观、价值观进行协调，以求公共政策目标尽可能地符合多数人的需要。二是政治因素。行政过程是政治过程在行政领域的延伸，行政决策是政治过程在行政领域的集中体现。在公共政策目标的确立上，各种政治因素必然会努力争取对他们有利的目标。因此，政策目标的确立也要体现多元性。当然，政治因素与利益、价值的多元性是联系在一起的，实际上利益的多元性和价值的多元性也是政治因素的体现，但价值观的冲突和个人政治利益的冲突有时也是不一致的。三是目标的多重性。行政决策所要处理的公共事务是一个复杂的体系，这就决定了公共政策的目标是一个相互联系的目标体系。在这一体系中，公共政策的目标常常可以分解为不同的目标，因而公共政策的目标具有多重性。四是公共政策目标难以量化表示。公共政策目标与个人目标及商业组织的目标不同，后者可以通过具体数字体现，但公共政策目标往往不能以具体的数字来量化。例如，通过行政决策来实现公众幸福，但公众幸福如何来衡量就很难通过量化的途径来实现。

为了制定有效的政策目标，行政组织必须综合考虑相关因素。托马斯在《公共决策中的公民参与》一书中对公共管理者的决策能力提出了七个疑问[①]：①在任何决策中，管理者都明确决策的质量要求吗？②公共管理者有充分的信息做出高质量的决策吗？③政

① 约翰·克莱顿·托马斯. 公共决策中的公民参与[M]. 孙柏瑛，等译. 北京：中国人民大学出版社，2014.

策问题是否被结构化了，以致不需要人们重新界定其他政策方案？④公众对公共决策的接受程度是否对政策的执行至关重要？⑤谁是相关的公众，公共管理者如何界定？⑥在进行决策的时候，相关的公众能分享公共管理机构达成的决策目标吗？⑦在选择优先解决的方案时，公众内部会产生争议吗？为了有效解决这些问题，托马斯认为必须在公共决策过程中视决策的种类不同引入不同的公众参与，因而公共管理者的职能在于为这些公众参与创造有效的参与渠道。

三、政策方案的寻找

政策方案的寻找是行政决策过程中对可能的政策方案的一种规划设计活动。对于既定的政策问题和政策目标，可能会存在多种实现方案，在政策方案的寻找过程中要求尽可能多地找出这些可能的方案来，从而为最后的决定打下良好的基础。

1. 政策方案寻找的标准

沃克对政策方案的寻找归纳了一些标准，认为在设计方案时应注意以下标准：①成本。人们能否负担选择的成本并具有成本效率？②稳定性。能否坚持目标并实施下去？③可行性。在既定的时间内成功实施所选择的方案的概率是多大？④可靠性。如果方案的一部分失灵或者受损，那么该方案还会继续实施下去吗？⑤灵活性。该方案能够致力于达到不同的目的吗？⑥风险性。该方案失败的可能性大吗？⑦可传播性。选择的对象是否容易被那些不从事分析工作的人所理解？⑧功效性。方案是否具有表面效度，或者方案看起来是否直接针对所要解决的问题？⑨简单性。方案是否易于执行？⑩相容性。选择的方案是否与现行的规范与程序相适？⑪可逆性。如果选择的方案最后失败，那么再追溯那些先决条件的难度有多大？⑫强韧性。在将来一个不同的环境中，该方案可在多大程度上获得成功？

2. 政策方案的来源

人们总是依照一定的标准寻找方案，那么政策方案的来源是什么？或者说人们是如何设计出备选的政策方案呢？从总体上看，政策方案的来源是多方面的。Weimer 和 Vining 认为政策方案有四个基本来源：现有政策提案、通用的解决方案、调整过的通用解决方案及现成的解决方案[①]。Athey 也认为方案有四种获取途径：保留现有的制度、调整现有的制度、使用已预先进行的方案设计或者进行全新的制度系统设计[②]。Dunn 提出了政策方案的八个来源[③]：权威、专家、科学理论、科学方法、动机、案例、类比和道德伦理。与以上学者不同，Brightman 确信有些方案有待于发现，其他方案必须进行设计。他认为寻求现有方案的途径包括消极等待法（等待别人自荐解决问题的方案）、连锁寻求法（让其他人了解我们正在寻求的方案）以及触类旁通法（寻找可以类推的方案以及不同方案之

① 戴维·L. 韦默，艾丹·R. 瓦伊宁. 公共政策分析：理论与实践[M]. 4 版. 刘伟，译校. 北京：中国人民大学出版社，2012.

② Athey T H. Systematic System Approach. Englewood Cliffs[M]. New York: Prentice Hall, 1982.

③ 威廉·N. 邓恩. 公共政策分析导论[M]. 2 版. 杜子芳，伏燕，付清，等译. 北京：中国人民大学出版社，2002.

间的差异和背离）[①]。设计方案的途径有对现有的方案进行调整及根据既定的目标和限制条件设计方案。

3. 政策方案寻找的方法[②]

政策方案的寻找存在着多种方法，实际的寻找过程则是这些方法的综合运用。帕顿和沙维奇列举了十种方法，它们分别是研究型分析与实验、不作为分析、快速调查述评、文献评述、实证经验比较、被动收集与分类、类型学的开发、类比法、隐喻法与群体生态法、头脑风暴法及与理想方案对照等。在寻找政策方案以后，接下来就进入了创制备选方案的过程。人们需要对这些方案进行整合与调整，以使方案适用于所要解决的政策问题和目标。最重要的是使这些具有可行性，人们可以对不同的方案进行扩大、缩小、替换、组合、重组等，通过修正以获得备选方案。

另外，在政策方案的寻找过程中还应注意避免犯错误要避开七个陷阱：过度依赖过去的经验、没有在观点与顿悟出现时成功地将它们记录下来、仓促锁定对问题的界定、过早产生偏好、对提出的观点过于挑剔、通过先期评估排除方案、当情况发生变化时不能重新考虑被排除的方案。

四、备选方案的比较和评估[③]

备选方案的比较和评估是指在政策建议阶段对产生的各种政策方案进行比较，评估优劣，为政策方案的最终确定打下基础。方案的比较是多方面的，关键在于比较和评估标准的选择。帕顿和沙维奇将巴达克的四种制约因素作为评估标准，即技术可行性、经济与财政可行性、政治可行性及行政可行性。

（1）技术可行性。技术可行性从技术的角度直接针对方案能否正常运行这一基本问题。在这一范畴中，重要的标准是效力标准，其主要关注政策方案是否会或者是否能够达到政策的预期效果，以及政策方案在什么程度上实现政策目标，等等。总的来说，效力标准的几个重要因素包括政策方案的影响是直接的还是间接的；长期的还是短期的；可量化的还是不可量化的；以及是充分的还是不充分的。

（2）经济与财政可行性。一般来说，对政策方案的经济与财政比较与评估主要集中于该政策方案的成本收益关系方面。如果政策方案的成本与收益可以货币化，那么人们就可以进行不同类型的比较和评估。首先，对政策方案进行单独的经济性评估。其次，将一项政策与其他完全实现了货币化的政策对照评估，并运用货币化收益与成本之间的差异来选定有利的政策。一项政策方案的成本收益除了是否有形及更进一步的货币化之外，还有一个特性就是它们是直接的还是间接的成本收益特性。一般而言，每项政策方案都有直接成本和收益，也有其间接成本和收益，这些成本和收益都是比较和评估的范围。

（3）政治可行性。虽然行政决策是行政领域的活动，但是它也需要接受政治的考验。

---

① 转引自卡尔·帕顿，大卫·沙维奇. 政策分析和规划的初步方法[M]. 2 版. 孙兰芝，胡启生，等译. 北京：华夏出版社，2001.

② 卡尔·帕顿，大卫·沙维奇. 政策分析和规划的初步方法[M]. 2 版. 孙兰芝，胡启生，等译. 北京：华夏出版社，2001.

③ 卡尔·帕顿，大卫·沙维奇. 政策分析和规划的初步方法[M]. 2 版. 孙兰芝，胡启生，等译. 北京：华夏出版社，2001.

如果一项决策得不到政治官员、社会公众、大众媒体的支持，那么该政策被采纳的可能性就比较小，或者即使被采纳，执行的难度也可能很大。帕顿和沙维奇认为政治标准与行为者的信念和动机相关联。例如，行为者对问题做何种判断？他们的需要或期望是什么？他们的立足点是什么？哪些是可以妥协的？等等。当然，对什么是政治上可行性进行判断非常困难，因为政策方案的政治可行性随着政治情境的变化而发生变化，在一定的政治情境下是可行的，随着政治情境的变化又可能变成不可行的，因而对政策方案的政治可行性进行判断具有一定的风险性。

（4）行政可行性。尽管行政决策是在行政领域做出的，但仍然要评估其行政可行性。行政可行性不仅是政治决策的一个标准，也是行政决策的一个标准。针对行政决策的行政可行性，我们可以这样理解，如果一个行政决策在技术上、经济上和政治上都是可行的，但是在行政执行环节不能得到有效的传递，那么我们可以认为这项政策存在很大的不确定性。行政的可行性是对行政的经济性、行政的技术性及行政的政治性等一系列因素的再思考，就像政治决策一样，行政决策同样也要考虑与行政决策的执行有关的主要制约要素。

五、政策方案的最后确定与政策的合法化

政策方案的最后确定是政策方案的最终选择环节，决策者将在前一环节工作的基础上选择最合适的政策方案。根据不同政策方案的技术可行性、经济与财政可行性、政治可行性及行政执行的可行性等一系列标准的综合比较和衡量，决策者可根据政策问题的性质和政策目标选择比较合适的政策方案。从行政决策的过程可知，行政决策既是一个技术的过程，又是一个政治的过程。在行政决策的过程中，各种技术因素（包括经济因素的测算）和各种政治因素共同发生作用，最后达成行政决策。因此，行政决策是各种主体和各种因素相互作用的产物。

作为行政决策的最后一个环节，政策合法化的功能在于对行政决策的过程进行总结并经过法定的程序对选择的政策方案赋予法定的地位和效力。戴伊这样理解政策的合法化：选择一个方案、寻求对该方案的政治支持、将方案纳入法律及判断该方案是否违宪[①]。实际上，政策合法化是把这些行为合而为一的过程，它既是对方案的选择，也是对方案表示支持，同时以一定的形式将政策纳入法律体系并审查其对宪法或者更高一层法律的遵守情况。总体上看，政策合法化的功能主要有两个方面：一方面是通过官方宣布政策已经被制定出来；另一方面是对政策赋予法律效力或者公共权力。对于一项政策来说，这两者是缺一不可的。

第三节　公共政策执行

政策执行是政策过程的一个不可或缺的环节，是将政策目标转化为现实的唯一途径，也是政策目标得以实现的关键。Allison 指出，在达到政府目标的过程中，方案确定的功

① 托马斯·戴伊. 理解公共政策[M]. 谢明，等译. 北京：中国人民大学出版社，2011.

能只占 10%，其余 90%取决于有效的执行[①]。政策目标能否实现与实现的程度和范围取决于公共政策执行，同时公共政策执行的结果又是检验政策是否科学的基本标准，也是后继政策制定的重要依据。

一、公共政策执行概述

（一）公共政策执行的含义

在经过合法化程序后，进入公共政策执行阶段。公共政策的执行是政策过程的重要一环，是实现政策目标和解决政策问题的直接途径，也是检验政策制定的依据和开展政策评估的前提。对于公共政策执行的含义，不同学者从多个角度进行了界定。

Charles 认为，公共政策执行是将一项政策付诸实施的所有活动，而解释、组织和应用是诸多活动中最重要的三种。所谓解释，就是把政策内容转化为一般人能接受的和可行的计划与指令；所谓组织，就是设立政策执行机构，拟定使政策内容生效的措施，以期实现政策；所谓应用，就是提供日常的服务和设备，支付各项经费，从而达到既定的政策目标[②]。George 等指出，政策执行是以其他方式和途径对政治的延续[③]。戴伊在此基础上进一步指出，政策执行就是旨在执行政府立法部门所制定、发布的法律而进行的一切活动。这些活动包括创设新的组织机构——新的部、新的局、新的司等，以便执行新的法律，或者将新的职责和职能授给现有组织。这些活动还可能包括制定一些特殊的法规和条令，以便对法律的真正含义做出解释，同时这些活动往往还包括制定新的预算，以及招用新的人员来执行新的职责和任务。另外，这些活动常常还包括对许多案例的裁决[④]。

格斯顿将政策执行界定为将政策义务转化为实务。他主张，公共政策就是对某些事务承担义务。为了使政策得到贯彻，适当的政府机构就必须致力于将新法律和新计划转变为实务的过程。义务代表有意识地将政策计划转变为现实[⑤]。

宁骚将国外学者对政策执行的界定为两类：一类关注公共政策作为行动指南的指导作用，认为政策执行的关键问题在于政策执行机关如何采取政策行动，如 Charles 等。持此类观点的学者认为，政策行动坚强有力、行动方法切实可行，就可以较顺利地达到政策目标，合理的政策执行行动甚至在一定程度上可以弥补政策决定的不足。另一类强调执行组织机构的作用，如格斯顿等。他们认为，既定的政策是否能够得到忠实的执行，关键在于执行机构在主观上是否能够充分理解政策的含义，是否愿意毫无保留地支持政策决定；在客观上是否拥有足够的能力和资源[⑥]。

---

① Allison G T. Essence of Decision[M]. Boston: Little Brown, 1971.

② Charles O J. An Introduction to the Study of Public Policy[M]. 3rd ed. Monterey, California: Brooks/Coles Publishing Company, 1984.

③ George C, EdwardsⅢ, Ira Sharkansky. The Policy Predicament: Making& Implementing Public Policy[M]. San Franciso co: W. H. Freeman and Company, 1978.

④ 托马斯·戴伊. 理解公共政策[M]. 谢明，等译. 北京：中国人民大学出版社，2011.

⑤ 拉雷·格斯顿. 公共政策的制定：程序和原理[M]. 朱子文，译. 重庆：重庆出版社，2001.

⑥ 宁骚. 公共政策学[M]. 2 版. 北京：高等教育出版社，2011.

综合国外学者的界定，宁骚将公共政策执行定义如下：政策执行主体为实现公共政策目标，通过各种措施和手段作用于公共政策对象，使公共政策内容变为现实的行动过程。公共政策执行的本质是遵循政策指令所进行的变革，是将一种政策付诸实施的所有行动的总和①。

本书认为，政策执行是一个动态的过程，它是政策执行主体借助已有或通过新建组织机构，运用各种资源，采取解释、宣传、实验、实施、协调与监控等各种活动，将合法化的政策观念转化为实际效果，从而实现既定政策目标的活动过程。

（二）政策执行的四种研究途径②

在西方政策科学发展的相当长时期内，政策执行并未引起政策学者应有的重视。直到1973年，Pressman和Wildavsky对美国联邦政府创造就业机会的政策项目——“奥克兰计划”执行的跟踪研究报告《执行》出版。该书被视为20世纪七八十年代“执行运动”兴起的标志。他们的研究表明，“奥克兰计划”并不是按政策制定者所设想的那样被执行的，它并没有取得预定的目标，问题在于执行的方式上，尤其是联合行动的困难上。

西方的“执行运动”持续了近20年，政策科学家通过大量实证案例分析，提出了许多关于政策执行研究的途径，主要可概括为以下四种。

（1）“自上而下”途径。该途径也被称为“以政策为中心的途径”或“政策制定者透视途径”。该研究出现在20世纪70年代早期，代表人物是Wildavsky、Mazmanian、Mettler、Horn。这种途径假定政策由上层规划或制定，它们被翻译或具体化为各种指示，以便由下层的行政官员或职员执行。依照这种途径，政策过程被看作一种指挥链条，其中，政治领导者形成政策偏好，这种偏好随行政层次的降低而不断被具体化，为下层行政官员所执行。这种途径关注的焦点是政策制定者，要考察他们做什么，以及如何将政策付之于实践而生效。Pressman和Wildavsky的《执行》所采取的正是这种途径。政策执行不仅仅是一个“自上而下”的过程，更应该是一个互动的过程。该政策执行途径存在的问题是容易忽视政策环境及政治因素对执行的影响；过于强调政策制定者的作用和能力；简单地看待政策的文本内容。

（2）“自下而上”途径。20世纪70年代末期至80年代早期，涌现了一批主张“自下而上”途经的学者，代表人物有Berman、Lipsky、Hjern等。“自下而上”途径以组织中的个人（即参与政策过程的所有行动者）作为出发点，政策链条中的较低及最低层次被当成政策执行的基础；它强调政策或项目的成功与否依赖于参与执行项目的行动者的承诺与技巧。这一途径以Weatherley和Lipsky的《街道层次的官僚与制度创新》一文为代表。他们主张政策制定与政策执行功能具有互动性，坚持执行者的自由裁量权。关注“街头官僚”，坚持对政策执行的能动解释，反对对政策执行的绝对控制，试图实现

① 宁骚. 公共政策学[M]. 2版. 北京：高等教育出版社，2011.

② 转引自吴开松，杨爱琴. 公共政策执行及其系统治理研究——基于公共政策“立交桥”现象分析[J]. 学习与实践，2018，（6）：58-64；陈丽君，傅衍. 我国公共政策执行逻辑研究述评[J]. 北京行政学院学报，2016，（5）：37-46.

妥协。但是，这种途径给予了基层政策执行者过度的自由裁量权，没有考虑执行结构中的制度背景所造成的影响。

（3）“政策/行动连续统”途径。该途径或多或少有作为“自上而下”和“自下而上”两种途径的综合的意味，又被称为“综合模型研究路径”。它主要出现在20世纪80年代后期至今，代表人物有Sabatier、Godin、Matland、Barrett和Fudge。按Barrett和Fudge的说法，应该将执行“当成一种政策/行动的连续统一”，在那些寻求将政策执行付之于实践者与那些采取行动者之间随时发生相互作用和谈判的过程。在这个意义上，这一过程既可以看作“自上而下”，也可以看作“自下而上”，政策制定者将做出限制其他行动者权力的决策，行动者将做出规避决策者权力的决策。因而，该途径以权力作为焦点。

（4）工具选择途径。该途径从这样一个观察开始——政策执行在很大程度上将一个或更多的政府的基本工具应用到政策问题上，这些基本工具被称为政策工具。不管是以“自上而下”还是以“自下而上”的行政管理方式来研究政策过程，政策决策的实质或形式的过程总是包含着在可利用的政府工具箱中选择一种或几种。对于为什么政府从许多可供利用的工具中选择特定的工具，以及是否可以在政策执行过程中探明工具选择的模式或风格等问题，工具选择途径给出了回答。

二、政策执行的研究模型

随着学界对政策执行的深入研究，可以多种理论或视角观察政策执行，较有影响的有以下七种：①行动理论——将政策执行视为“对某一项公共政策所要采取的广泛的行动”；②组织理论——强调组织在政策执行中的核心地位，认为只有了解组织是怎样工作的，才能理解所要执行的政策，以及它在执行中如何被调整和塑造；③博弈理论——执行是一个政治上讨价还价的过程，如何在竞争与冲突中获取最大收益，取决于参加者的竞争策略；④管理理论——强调政策执行是一个管理过程；⑤因果理论——将政策执行看作引导人们到达目的地的地图，关注政策过程中的因果关系；⑥系统理论——把政策执行视为政策系统与环境进行物质、能量和信息的交换的过程；⑦演化理论——在政策执行中重新设计目标和修改方案，政策的制定与执行是一个演化的过程。

20世纪70年代后期，政策研究者普遍认识到，政策执行是一种由多种因素相互作用的过程。对不同因素的强调，以及对所强调因素之间关系的不同理解，产生了众多政策执行模型。下面，笔者将从按照微观、中观、宏观层面对这些模型加以归类分析。

（一）微观层面的政策执行模型

1. 政策执行循环模型

美国麻省理工学院Rein和Rabinovitz提出了以循环为特色的政策执行模型[①]。具体

① Rein M, Rabinovitz F F. Implementation: A Theoretical Perspective[M]. Massachusetts: Joint Center for Urban Studies of the Massachusetts Institute of Technology and Harvard University, 1977.

如图 6-1 所示。

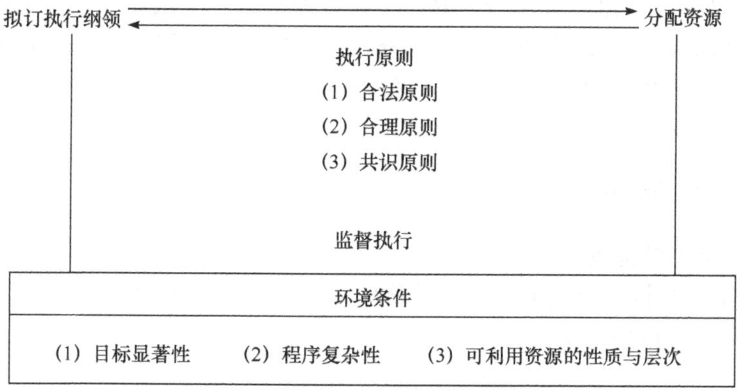

图 6-1　政策执行循环模型

由图 6-1 可以看出，政策执行是一个拟定执行纲领、分配资源和监督执行三个阶段不断循环的过程；三个阶段不是单向流动的，而是相互作用的双向循环的复杂动态过程；循环不仅是周期性的，政策执行的这种循环过程也必然受到环境条件的影响和冲击。这些环境条件包括三种因素，即目标显著性、程序复杂性、可利用资源的性质与层次等。

该模型将政策实施过程分为三个阶段，即拟定执行纲领阶段、分配资源阶段、监督执行阶段。这三个阶段是相互循环的过程，并遵循合法原则、合理原则、共识原则。其中，合法原则是指政策实施者必须依法行事，其受四个因素的影响，即民意代表权力与地位、技术可行程度、立法辩论的争议范围和厘清程度、立法者与实施者支持法律的程度。合理原则是指实施者必须认同政策，认为它在伦理上、性质上、行动上都是合理的，其包括两项特性：一是一致性原则；二是可执行原则。共识原则是指有影响力的实施者只有在具有争论性的问题上达成共识，政策实施才可能顺利。

该模型构成"上令下行"与"下情上达"的主动执行—监控的循环回路，强调了被人们忽视的监控对于有效执行的必要性，体现了执行过程的开放性要求，也强调了一定的封闭性对于系统成长的必要作用，肯定了政策环境对政策执行的影响，但模型忽视了政策目标群体及这一群体的主动性。政策实施的循环理论提示我们在政策实施过程中，要重视分析政策执行要素的重复影响力，看到环境因素对政策执行过程的影响也是具有重复性的。

2. 政策执行博弈模型

美国公共政策学者 Bardach 是用博弈概念来分析政策执行过程的主要代表。他从近代政治学中博弈的视角，观察执行过程中相关参与者就政策目标的达成所进行的谈判、评价与妥协的互动情形，进而提出了政策执行博弈模型。博弈论认为在冲突和竞争的情况下，每位参加者都寻求得到最大收获，并把损失减少到最低限度。Bardach 把政策执行过程视为一种赛局，其中包括下列因素：一是竞赛者，即政策执行人员和相关人员；二是利害关系；三是策略与技术；四是竞赛的资源；五是竞赛规范（取胜的条件）；六是公平竞赛的规则（即不得作弊）；七是竞赛者之间信息沟通的状况；八是所得结果的不稳定程度。政策执行得有效与否，取决于各方参加者的“战略”选择。Bardach 还分析了政策执行可能遇到的四大障碍：资源分散、目标偏差、行政困境和能源浪费①。

该模型以完全理性“经济人”为前提假设，与政策执行环境有现实的差距，模型中的变量设置比较模糊，代表性也存在缺陷。

（二）中观层面的政策执行模型

1. 政策执行过程模型

史密斯是最早建构影响政策执行因素及其过程模型的学者，提出了描述政策执行过程的模型②。具体如图 6-2 所示。

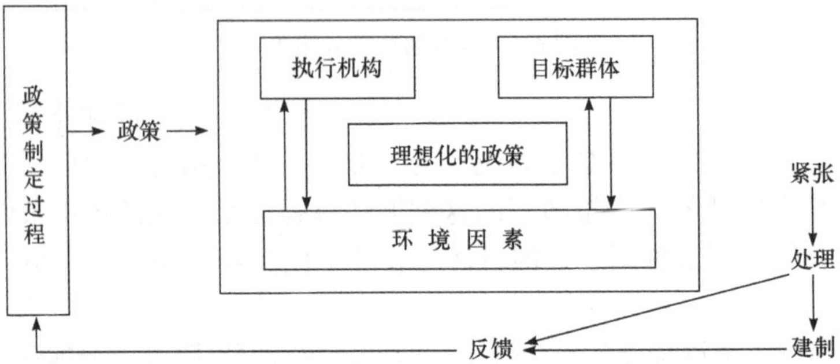

图 6-2　史密斯的政策执行过程模型

政策执行过程中所涉及的重要因素有四个方面：①理想化的政策，是指合理、正确的政策，包括政策的目标、内容、范围、规定等；②执行机构，是指负责政策执行的单位（政府机构）；③目标群体，即政策对象、政策的直接影响者，包括政策对象的组织化和制度化、接受领导的传统、政策经验等；④环境因素，是指政治、经济、文化等环境中那些影响政策执行或者受政策执行影响的因素。具体地说，政策的形式、类型、渊源、范围及受支持度、社会对政策的影响；执行机关的结构与人员，主管领导的方式和技巧、执行的能力与信心；目标群体的组织或制度化程度、接受领导的情形及先前的政策经验、文化、社会经济与政策环境的不同，凡此等等均是政策执行过程中影响其成败所需考虑和认定的因素。

史密斯的政策执行过程模型认为，政策执行的过程就是从紧张状态经过处理而达到协调缓和状态。处理时，如果发生问题，那么立即“反馈”；如果没有问题，则进行“建制”，再间接予以“反馈”。该模型强调了目标群体、执行机构与环境之间的互动关系，但对于执行人员的重要性和复杂性未予以足够关注。

2. 政策执行互动模型

美国斯坦福大学公共政策教授 Mclaughlin 指出，政策执行过程是执行组织和受影响者之间就目标手段作相互调适的互动过程，政策执行有效与否取决于二者相互调适的程

① Bardach E. The Implementation Game: What Happens After a Bill Becomes a Law[M]. Cambridge: The MIT Press, 1977.

② Smith T B. The policy implementation process[J]. Policy Sciences, 1973, (4): 197-209.

度，而调适是一个动态平衡的过程[①]。

Mclaughlin 的政策执行互动模型主要包含以下四点：①政策执行者与受影响者之间的需要和观点并不一致，基于在政策上的利益，双方需经过说明、沟通、协商、妥协等放弃或修正其立场，寻求一个双方皆可接受的政策执行方式；②政策执行者的目标与手段富有弹性，可因环境因素或受影响者需求和价值观念的变化而变化；③这一相互调适的过程是双方处于平等地位的双向信息交流过程，并非传统的“上令下行”的单向流程；④受影响者的利益价值与观点仍将反馈到政策上，左右政策执行者的利益、价值与观点。这种互动关系如图 6-3 所示。

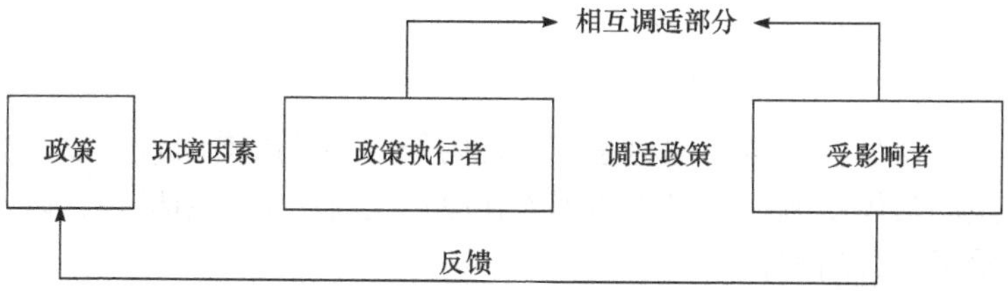

图 6-3 政策执行相互调适过程

成功的政策方案有赖于成功的政策执行，而成功的政策执行则有赖于政策执行者与政策接受者双方行为调适的成功。该模型充分尊重了政策执行者和受影响者在政策执行中的积极性和主动性，但政策环境中其他因素对政策执行的限制影响了互动模型的适用性。

（三）宏观层面的政策执行模型

1. 政策执行系统模型

美国著名学者 Meter 和 Horn 提出了政策执行系统模型。他们认为，在政策决定与政策效果这一转变过程之间存在诸多变量——既有系统本身，也有系统环境的因素[②]。

该模型认为，一个合理有效的政策执行系统模型须重视对如下六个重要变量的把握（图 6-4）：一是政策目标与标准，即政策的价值诉求。政策目标的清晰度、科学性、可行性及政策标准对政策目标的标示度都将影响组织间的沟通与强化行动，从而间接影响政策执行者的偏好和价值取向等。二是政策资源，即系统本身实现价值的条件，包括人力资源、财物资源、信息资源、权威资源等，这些资源对组织间的沟通与强化行动产生影响，进而间接影响执行者的执行态度。三是组织间的沟通与强化行动，主要指执行者之间、执行机关之间、执行者与目标群体之间的相互沟通、协调与强制等。良好的组织间的沟通与强化行动直接促进执行者的执行积极性，反之会起到阻碍作用。四是执行机构的特性，主要是指执行机关的分工及整合能力，机构的层次、扁平化程度、规模、责权利分配、组织文化等都对政策执行者的行为产生一定程度的影响。五是系统环境，主要包括政治环境、经济环境、文化环境、社会条件等，为执行提供系统外在的环境。六

① Mclaughlin M W. Implementation as mutual adaptation: Change in classroom organization[J]. Teachers College Record, 1976, 77(3): 339-351.

② Van Meter D S, Van Horn C E. The policy process: A conceptual framework[J]. Administration and Sciences, 1956, 6(4): 463.

是执行者的偏好，主要指执行者的价值取向、行为能力、精神面貌、道德观念等。上述六个变量执行得如何会直接影响政策执行绩效。

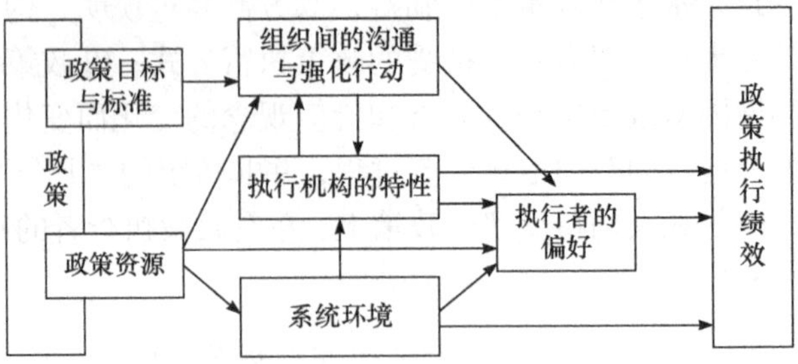

图 6-4　政策执行系统模型

政策执行系统模型较为全面地考虑了系统内外的多种影响因素，以及这些因素对政策执行可能产生的具体影响，但对于各因素在政策执行中的作用机理，以及各因素之间的相互影响未给予充分的解释。

2. 政策执行综合模型

政策执行综合模型由美国学者 Sabatier 和 Mazmanian 提出。他们在 1979 年建构了一个完整的理论模式，即综合模型。他们认为，影响政策执行各个阶段的因素，主要可分成三大类：政策问题的可处理性、政策本身的规制能力、政策本身以外的变数。每一大类又可细分成几个小类，共计 17 种因素[①]。具体如图 6-5 所示。

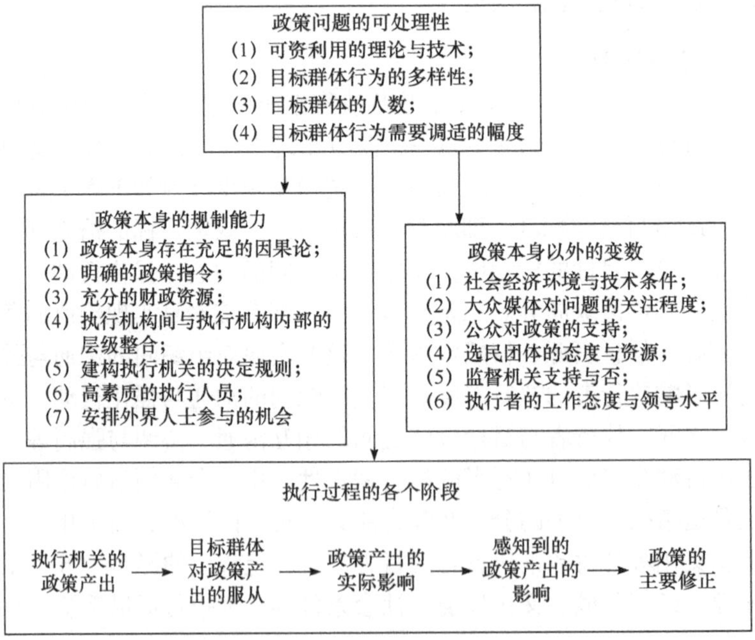

图 6-5　政策执行综合模型

① Sabatier P, Mazmanian D A. The implementation of policy: A framework of analysis[J]. Policy Studies Journal, 1979, 8(4): 542.

该模型将政策执行分为了不同阶段，并分别考察了每个阶段的影响变量，考虑较为全面。

三、政策有效执行的原则

政策执行是将政策方案应用于实践的过程。由于实践过程受到多种因素影响，为保障政策有效执行，须遵循某些基本原则。比如将这些原则概括为典型性与普遍性相结合原则、追踪决策原则、实践检验原则；或者概括为严肃性原则、创造性原则、协调性原则、反馈性原则等①。本书认为，政策有效执行的原则如下。

（一）原则性与灵活性相统一

在政策执行过程中坚持原则性与灵活性相结合，不仅是理论与实际的需要，也是政策本身提出的要求。坚持这一原则有助于政策的有效执行，保证政策目标得到顺利实现。

政策执行中的原则性，是指执行政策必须遵循政策的精神实质，保证政策的统一性、严肃性和权威性，严格按照政策规定的要求去做，全面地、不折不扣地实现政策目标。执行政策要坚持原则性，这是由政策本身固有的属性决定的。

政策是党和国家为了指导社会实践、调整社会关系，实现一定的政治路线、方针而制定的行动准则。政策作为一种政治行为，有很强的原则性。在我国，党和政府所制定的各项方针、政策代表广大人民群众的根本利益，是指导全国各族人民进行社会主义现代化建设的行为规范和准则。“没有规矩，不成方圆。”政策执行的首要条件就是要在精神实质上忠实地执行政策，保证政策的统一性、严肃性和权威性，严格按照政策本身所规定的政策对象、政策范围实现政策目标，而不能随意变更、曲解、假借、贪污政策。只有这样，才能保证社会各个方面得到持续、稳定、协调、有序的发展，才能避免出现紊乱现象。

灵活性原则，是指在不违背政策原则精神和保持政策方向的前提下，坚持从实际出发，采取灵活多样的方式方法，因时、因地制宜，使政策目标得到真正实现。灵活性的核心是具体情况具体分析。政策执行坚持灵活性原则，也就是要有创造性，这也是由政策固有的属性决定的。

首先，政策总是针对特定问题，以时间和条件为转移。任何政策都是针对一定时空条件下的特定问题制定的。随着时空条件的变化，政策问题会发生变化，政策也会失去效力；新政策很难及时代替旧政策，往往有一个滞后期。在这个时期，旧政策仍以合法的形式存在。如果受这种固有形式约束，不敢越雷池一步，势必要贻误时机，给公共事业带来损失。政策执行者要坚持实事求是，从实际出发，敢于冲破旧政策的某些不合理条文的束缚，具体情况具体分析，审时度势，积极灵活主动地解决实际问题，以弥补因政策的失效而造成的损失。

其次，政策具有层次性。从纵向来看，政策具有层次性。一般来说，中央政府的政策是高层次的政策，是从全国的总体情况出发制定的，往往具有方向性、全局性，具有

① 刘金福. 浅谈创造性执行政策[J]. 学理论，2011，（5）：12-13.

普遍的指导意义。但是，中国幅员辽阔，各地区、各部门情况不同，差异性很大，如内陆和沿海开放地区，在一些政策的适用上就有不同。中央的政策比较宏观，要使上级政策同实际结合，这就要求地方、部门和基层单位在贯彻执行中必须因地制宜、灵活地制定符合当地实际的具体政策措施。从横向来看，各部门制定的政策相互关联和交叉。国家制定的政策，除了总政策外，往往还有许多国家职能部门制定的具体政策。这些政策往往具有相关性。从总体上看，它们也许是统一的；从局部看，难免出现矛盾。这就需要执行者灵活掌握。另外，即使是同一项政策，也存在一个作用幅度和界限，这也给政策执行的灵活性留下余地。

最后，任何政策都需要逐步完善。在完善的过程中，必须有局部的修正和补充，任何政策的执行总会遇到新情况、新问题，这就需要执行者根据实际灵活地补充和修正，逐步完善政策，做到有的放矢。例如，对于乡镇企业的政策，在创建时期与成熟时期，在乡镇企业欠发达地区与发达地区都不可能是完全一样、毫无变化的。因此，在政策执行过程中，只有坚持灵活性原则，才能防止政策执行成为政策简单的传声筒，陷入主观主义、教条主义的泥坑。

在政策执行中坚持原则性与灵活性相统一的原则，就是要把政策的精神和实际情况相结合，既要创造性地实施政策，又要正确地把握政策的界限。灵活是在原则允许的范围内的灵活，而不是违反政策的随心所欲；灵活性的临界点是原则性。在执行政策的过程中，如果抛弃了政策的原则性，滥用灵活性，就会产生"上有政策，下有对策"的现象，使政策难以得到如实的执行。反之，如果在实际工作中把政策的原则性理解成照抄、照转，不结合实际情况灵活运用，同样也不能真正落实政策。

（二）政策合理变通不能走样

政策合理变通是政策执行活动中的一种现象，是政策灵活性的一种表现形式。探讨政策合理变通，防止政策走样是政策执行所要研究的一个重要问题。

1. 政策合理变通的含义

政策作为指导社会发展、规范人们行为的准则和依据，具有原则性、时效性和灵活性。在执行政策的过程中，执行者要坚持稳定性与可变性相统一、原则性和灵活性相统一的原则，要善于变通，根据不同时间、不同对象、不同地点、不同条件、不同需要而变通政策，使执行的政策能适应实际情况，取得预期效果。政策合理变通，字面意思是压力之下因地制宜地完成任务①，具体是指下级为了完成上级传达下来的某项具体的指标任务而对手段进行的"改造"②。在科层组织结构之下，由于政策的一统性容易偏离地方实际情况③，下级政府为了维持稳定和风险规避会选择变通执行④。说到底，政策合理变通是因人、因时、因事、因地制宜地执行政策的方法，是政策的原则性与灵活性关系在

---

① 廖超超，吴金群. 政府间责权利交错的功能及其实现机制[J]. 江海学刊，2021，（4）：139-146.

② 刘骥，熊彩. 解释政策变通：运动式治理中的条块关系[J]. 公共行政评论，2015，8（6）：88-112，187.

③ 周雪光. 基层政府间的"共谋现象"——一个政府行为的制度逻辑[J]. 社会学研究，2008，（6）：1-21，243.

④ 何艳玲，汪广龙. 不可退出的谈判：对中国科层组织"有效治理"现象的一种解释[J]. 管理世界（月刊），2012，（12）：61-72.

政策执行过程中的具体体现。

合理变通是政策执行的客观属性，是一切以时间、地点、条件为转移的辩证方法在执行过程中的具体运用。政策合理变通的目的是更好地完善政策、执行政策，而不是违背政策。因此，在执行政策的过程中，变通政策要做到原则性与灵活性的辩证统一，绝不能把它们截然分开。只有坚持原则性，才能维护政策的严肃性和权威性；只有坚持灵活性，才能具体问题具体分析，使政策不被教条化和僵化。

2. 政策合理变通的形式

正确的政策合理变通是政策原则性与灵活性在实践中的具体反映。实践表明，在执行政策的活动中，政策执行者应对上级政策采取合理变通形式。有的学者概括了三种变通形式，即“求神似，去形似”“不求神似，只求形似”“既不求神似，也不求形似”。只有第一种是合理、正确的变通形式。另外两种实际上是对政策的歪曲。

（1）“求神似，去形似”是一种正确的变通形式。它做到原则性与灵活性辩证统一，抓住政策的精神实质，遵循政策要求，结合实际，创造性地加以贯彻落实。党的十二届三中全会通过的《中共中央关于经济体制改革的决定》指出：“要解放思想、实事求是，一切从实际出发，把党的方针、政策同各地区、各部门、各单位的实际密切结合起来，创造性地贯彻执行。”党中央的这一重要思想，集中说明了原则性与灵活性的辩证关系，是改革开放新形势下政策执行的指导原则，也是政策合理变通所应遵循的准则。

（2）“不求神似，只求形似”是一种不正确的变通形式。它把政策理解成照搬、照抄和照转，缺乏灵活变通性，盲目、机械地执行政策，其结果必然形成一个僵化、保守、封闭的管理体制。这种体制也使整个系统内的工作人员按部就班，缺乏灵活的创新精神。

（3）“既不求神似，也不求形似”也是一种错误的变通形式。它夸大政策的灵活性，否定政策的原则性，随意变通政策，会导致与既定政策相悖的情况。

3. 找到正确、合理的政策变通的方法

政策实践表明，政策变通得合理与否，直接影响到政策目标的实现与否，影响到政治、经济、社会生活的有序与否，因此探讨政策合理变通的要求显得尤为必要。政策执行过程中，要真正做到正确、合理地变通，必须注意如下事项。

（1）了解上情。加强政策学习，领会精神实质，这是合理变通的前提条件。政策的基本精神是衡量政策变通合理与否的标准和尺度，一切符合政策精神的变通是正确的，反之，都是不正确的。因此，必须认真学习政策，深刻领会其精神实质。只有从总体上、趋势上和客观规律上把握政策，才能在执行中避免注意和强调政策中的只能做什么、不能做什么，而忽视应当做什么，从而减少盲动性和机会主义，增强自觉性。在了解上情时，要注意防止两种倾向：一种是囫囵吞枣，不求甚解；另一种是断章取义，为我所用。

（2）摸清下情。要深入调查研究，明晰实际情况，这是政策合理变通的实践基础。政策合理变通的要点在于从实际出发，离开对实际情况的深入了解，就可能产生偏离实际的盲目变通，达不到政策的预期目的。要摸清下情，就必须做深入细致的调查研究。在开展调查研究上要防止出现以下几个问题：走马观花，不求甚解；只看现象，不看本质；只看有利因素，忽视不利因素；静态研究多，动态研究少。

（3）上下情有机结合。坚持政策的原则性和灵活性相结合的原则，把政策的基本精神和实际情况相结合，这是政策合理变通的关键。要实现政策和实际相结合，必须开展政策的具体化工作：第一，对于中央和上级已经明确作了决定的政策，地方和下级应将着眼点放在研究本地实际情况和特点、制定具体的实施细则上，大力组织落实，不能随意更改，更不能拒不执行，保证上级精神能扎实地落到实处。第二，对于中央和上级只提供政策思路和一般原则的，地方和下级既要注意研究大气候、大环境，既吃透上情，把握上级政策的精神实质，又要注意加强对本单位新情况、新问题的研究，提出适合本地特色的指导性意见，使政策规划方案既与上级的精神相吻合，又与本单位的实际相符，从而更好地落实上级政策。第三，对于中央和上级规定的不符合地方和基层实际情况的政策，地方和基层应及时主动地向上级反映情况，经上级同意后，可以根据当地的实际情况，合理地变通政策，从而保证中央和上级的政策在不同情况下都能得到有效的贯彻实施。

在执行政策过程中，还要注意两点：一要充分考虑政策的社会承受能力，根据时间、地点、条件的不同，在贯彻执行的方法、步骤和程度上有所区别。有时，某项政策本身是无可非议的，但由于某些原因，人们的理解程度、思想认识不到位，在贯彻执行中应掌握时机，因势利导，绝不能急于求成，否则，其结果只能是“欲速则不达”。二要勇于创造地解决执行政策中遇到的新情况、新问题，敢于根据生产力标准制定新政策。

第四节　公共决策中的公众参与

一、公众参与的原因

首先，政治民主化进程呼唤公众参与的发展。公众参与是现代民主政治制度下一项基本的公民权利，也是民主政治的重要标志之一。随着我国政治体制改革的逐步深入，政治过程正在向民主化和法治化发展，公民的民主观念和法治意识也在逐渐加强。他们不再愿意像过去那样只能被动地认可和接受政府的政策安排，而是越来越强烈地要求介入政策过程，使公共政策能更充分地体现自己的利益。其次，经济体制改革的形势要求公共决策的公众参与的发展。在计划经济时代，社会利益结构单一，只存在国家、集体、个人的纵向利益结构。再次，公共政策的公平性与完备性有赖于公众参与的检验。最后，公共政策执行过程中出现的新问题，也有待于通过公众参与的发展来加以解决。

二、公众参与的理论基础

在国际视野下，公共行政与公共决策中的新时期公众参与是 20 世纪 90 年代以来西方社会民主治理转型的主要表现。从其生长逻辑来看，这一时期的公众参与是对传统公共行政模式中民主性不足的一种反映，公众要求更多与更有效地参与公共决策。“普通公民直接参与政治活动的机会是非常稀缺的。相反，公民认为政府不是他们生活中的一部分。他们不仅不时发起强烈的反政府行为，而且广泛传播‘政府不是我们的’观念……尽管政府无处不在，却是抽象的和疏离的。”全钟燮把这种状况归咎于公共行政中的管理主义取向和技术-工具理性，认为这些主流思想已经无法适应不断发展的民主潮流，因此在21世纪需要“提升与社会交互作用的管理工具和技术，发展集体的和民主的治理方式，以造就更加人性、更加美好的社会”①。与传统的公众参与不同，新时期的公众参与更主张有序、理性地参与，因此，这种公众参与又是一种新型的参与。

协商民主或者协商治理代表了当前公众参与理论与实践的最新发展，也是新时期公众参与最为典型的一种模式。所谓协商民主，是指公众经由一定的程序，通过自由而平等的公共讨论，对公共事务形成较为理性的认知，进而在公共决策中发挥基础性作用的一种民主形式。作为一种新型的民主理论与实践，协商民主是对当下主流的自由民主模式进行批判与反思的结果。为弥补选举政治、政党政治、团体政治、精英政治，以及官僚政治所导致的民主性不足，协商民主的理论家主张更多的公众参与，借以提高西方民主政治的民主真实性，从而对西方民主政治的状况加以改进和完善。因此，对于协商民主的理论家来说，一个核心的战略就是倡导并促进公众在公共事务管理中的决策参与。中文转译过来的“协商”，即一种公众基于平等的参与，通过对话、倾听、讨论、辩论等形式以取得具有更好认知理性的民意的行为与过程。在很大的程度上，协商民主也是一种关于民主参与的理论与实践。

协商治理的理念源自协商民主，是基于协商民主理念与方法而形成的一种治理实践。本质上，协商治理是一种以公民的理性参与为基础的民主治理，是一种有利于提升民主真实性、更好地实现公共理性和提升公共政策合法性的治理机制②。协商民主的实践形式与领域是多样的，而当其运用于公共治理时，它就成为一种决策方式、治理技术或者一种治理方式。因而协商民主本身就包含许多治理因素。从20世纪90年代开始，协商民主的治理实践逐渐形成了一种新型的治理范式，即协商治理。那么什么叫协商治理？根据既有的实践，概而言之，协商治理是指在公共事务的管理中，公众经特定的协商程序，通过自由平等的对话、讨论、辩论及听取相关的背景知识等话语交往方式进行更具理性的公众参与，进而在公共决策中发挥重要作用的治理方式。协商治理强调公共治理过程中的公众理性及其作用，因此也是一种新型的参与式治理。

与传统公共行政、新公共管理甚至新公共服务等公共治理的范式相比，协商治理形成了独特的内容与特征。

第一，协商治理的理念是由协商民主赋予的，追求一种以公众的理性参与为基础的民主治理，与传统公共行政、新公共管理等排斥民主的治理范式形成了鲜明的对比。

第二，从价值取向来看，协商治理追求公共治理中的一些基本民主价值，因此是非

① 全钟燮. 公共行政的社会建构：解释与批判[M]. 张柏瑛，张钢，黎洁，等译. 北京：北京大学出版社，2008.

② 唐皇凤. 协商治理的中国实践：经验、问题与展望[J]. 中共中央党校（国家行政学院）学报，2020，24（1）：79-86.

效率取向的。与协商民主相关，协商治理主要关注公共治理中的民主真实性、更好的公共理性与公共政策的合法性等问题。

第三，协商治理又是一种公众参与的“对话式治理”“交往式治理”“话语式治理”。这与传统公共行政依赖行政指令与官僚组织、新公共管理依赖市场与工商管理手段形成了本质上的差异。

第四，公共讨论的成功实施需要程序的规范与方法的设计，因此，协商治理需要切实可行的程序设计使讨论成为现实。这样的程序设计既需要保障围绕某一公共议题的参与者的代表性，又需要保障参与者获得决策影响力的机会平等性，同时又要保障达成更好公共理性的技术可行性。对此，协商民主的理论家有诸多的设计，其中 Fishkin 的“协商民意测验方法”（deliberative poll，DP）就是其中具有代表性的一种。

根据 Fishkin 的描述，协商民意测验是这样一种获取公共意见的方法：在最初的调查之后，参与者会被邀请参加周末面对面的协商；他们会得到经过认真权衡和审查过的基本材料①，从而为对话提供最初的基础。他们与训练过的主持人被随机分成几个讨论小组，并且鼓励就小组讨论的问题询问专家和政治家。主持人试图营造一种参与者都认真听取别人意见而没有人可以控制讨论的氛围。在接近结束时，参与者会收到与初次联系时同样的秘密问卷，最终问卷中的结论判断会与整个周末讨论的内容一起宣布。与整个原始的调查人口普查数据相比，无论是在态度还是统计方面，这种微观组织都具有高度的代表性。深思熟虑的判断通常不同于由例行民意测验诱发的“精英”态度。试验数据表明，协商确实很重要。信息完全或积极参与的公共舆论与我们通常从大众中得出的结论是不同的。除此之外，市镇会议、公民大会、委员会、评议会、公民陪审团、专题小组等也是协商民主或者协商治理经常使用的公众参与方式。这种公众参与的目的在于向行政机构传达更为理性的公共意见，以更好地影响公共决策。

最后，从运作的过程来看，协商民主或者协商治理是通过两个环节上的协商完成的。第一个环节上的协商是公众参与者之间的协商，参与者在一定形式的信息与知识支持下相互讨论而就公共决策达成某种较为理性的认知。第二个环节上的协商发生于参与者与公共机构之间，参与者与公共机构相互倾听对方的意见与诉求，从而在参与者代表的社会主体与政府主体之间形成某种共识。从以上两个环节，公众经特定的协商程序，通过自由平等的对话、讨论、辩论，以及听取相关的背景知识等话语交往方式进行更具理性的公众参与②。

因此，从行政决策的角度来看，协商治理是民主公开、理性审慎的科学决策过程。协商治理是指利益相关者基于公开与理性的讨论，制定规定了强制和权力关系的规则与规范的过程。协商民主或协商治理实际上是一种行政决策过程中公众参与的一种有机嵌入方式，在一定程度上重新塑造了行政流程。虽然公众并不是行政决策的最终发布者，但是他们可以通过各种有效的方式把自己的意愿写入公共政策中去。这种公众参与的意义在于，公众的社会理性有效补充了行政理性的不足，从而使行政决策更具民主性与公

① 即平衡资料，其中既有支持的意见，也有反对的意见。

② 张敏. 协商治理：一个成长中的新公共治理范式[J]. 江海学刊，2012，（5）：137-143.

共理性。

三、公众参与形式的类型与适用性

公众参与是现代社会民主制度的基本特征之一，代表着一种新的公众责任、权利及治理观念。公众对公共政策制定与执行的参与，有利于公众自身权益的维护，有利于集体智慧的发挥，也有利于公共政策的监督和社会民主进程的完善。理论上的合理认知并不必然能够保证现实生活中的有效实践，对公众参与形式与效果的质疑一直存在。例如，参与行动由于需花费大量的时间和金钱而遭到降低效率的指责；参与过程由于无法满足充分的代表性要求而威胁到政策广泛合法性的基础；参与形式或规模由于选择不适当而减损政策的制定、执行质量，并导致公众参与流于形式。对公众参与形式进行科学合理的分类，将有助于提高公众参与的有效性，提升公共政策制定与执行的质量。

（一）公众参与形式的类型

公众参与形式是公众借以进入政策过程，影响或决定政策制定和执行的具体途径、方式或手段，它表现为公众与政府互动中所采取的制度化、合法化的参与方法和策略。在现实的政治过程中，一方面，公众参与形式选择可能受到公众自身参与时间、愿望和能力的限制，客观上约束了公众参与过程的规模、范围、层次、程度及频率；另一方面，由于公众参与是与政府双向互动和博弈的过程，政府基于其体制要求和可控能力的考虑，也约束甚至直接规定公众参与形式的选择，力图将参与形式纳入政府认定的要求或规范之中，使参与过程适应于政策制定的要求。因此，无论是公共管理者还是公众参与者，面对一项特定的公共政策议题，在决定采用哪种公众参与形式时，都应充分考虑和审慎设计公众参与的具体方法和路径，根据特定公共政策议题的内在要求，理性地选择有针对性的公众参与形式。

美国学者谢尔·阿斯汀提出的公众参与阶梯理论，从政治体制演进与公众参与自主性程度之间关系的角度，将公众参与形式分为由低到高渐进发展的三个阶段和递进发展的七种参与形式（表 6-1）。尽管公众参与阶梯理论的分类方式不能涵盖不同国家公众参与发展的特有路径，高级参与形式的标准相对模糊，但这一思想为人们探寻一国政治发展与公众参与水平间的关系、判断公众参与能力、寻求公众有序参与形式做了重要的理论提示。

表 6-1　谢尔·阿斯汀的公众参与阶梯理论

参与发展阶段	政治体制发展状况	参与形式	参与形式特征	公众参与程度
政府主导型参与	政治民主化水平较低，政府（精英）起绝对支配作用	政府操纵；宣传教育	政府是参与的发起者，参与形式选择取决于政府；政府动员公众参与，参与过程中公众的被动性	低度

续表

参与发展阶段	政治体制发展状况	参与形式	参与形式特征	公众参与程度
象征型参与	政治民主化发展，公众权利和意识开始觉醒，争取广泛的参与权，公众参与能力和组织化程度逐步提升	给予信息；政策咨询；组织形成合作伙伴关系	政策过程的权力开始分享，公众逐渐认同自身的公众资格；公众参与逐步组织化、制度化，对政策具有一定的影响力	中度
完全型参与	政府授权公众，社区自主治理，公众资格意识成熟，参与知识和能力大幅度提高	授予权力；公众自主控制	公众成为社区治理的主人；积极、能动的公众参与；自主治理社区公共事务	高度

资料来源：转引自孙柏瑛. 公民参与形式的类型及其适用性分析[J]. 中国人民大学学报，2005，（5）：124-129

孙柏瑛在参照当代公众参与理论，尤其是托马斯公众参与的有效决策模型的基础上，从公众拟参与的政策议题性质和公众参与拟达成的目标两个维度，以分析公众参与形式有效性为研究方向，考察了不同公众参与形式的作用及其对特定政策的适用性。公共政策议题本身具有的性质及其制定要求，对公众参与形式的选择至关重要。因为它往往决定着公众参与的易进入程度，同时影响到特定公众参与形式的可行性，以及其对政策制定影响能力的高低。

其中最关键的政策因素包括：①政策议题的技术化或专业化程度，即政策制定或政策问题的解决是否涉及大量的专业知识与技术手段，这一条件可能约束公众参与的进入性，限制公众参与的深度和范围。②政策议题的结构化程度，即政策问题的解决途径是否已经基本上稳定化、程序化而不需要再进一步寻求其他替代的解决方案，这样公众参与必需性的概率将会降低。③政策制定的信息状况，即政府在政策形成中是否已经具备了比较充分的信息基础，对社情与民情是否充分了解，信息要求增加了对公众参与的需求。④政策问题涉及的利益关系人状况，即相关政策会影响多大范围，以及影响什么层次利益群体的利益格局。政策问题涉及的利益相关者数量越多，参与的范围越广，参与的要求越高。⑤政策被公众理解和接受的程度，即政策是否只有被公众充分理解、接受、合作，才能顺利执行，这与公众参与需求存在着正相关关系。

以此角度判断公众参与问题，关注的焦点放在了公共政策制定的条件和质量要求上，更多地考虑公共政策的环境与需求状况。然而，仅有这一点是不够的。在政府与公众的互动过程中，公众的主动参与意愿和对特定参与目标的追求，同样深刻地影响着公众参与形式的选择及其有效性。公众参与拟达成的目标主要从公众的立场考察其参与的动力和期望实现的目标，这常常决定着公众参与的意愿及采用的手段。主要影响因素有：①相关利益关系人与特定政策议题所涉及利益的密切程度，即政策的利益取向对相关利益关系人生活质量影响程度的高低。政策问题与公民团体利益得失关系越密切，公众参与的要求和程度越高，参与形式的选择就越广泛。②公众实施参与行动力图达到的预期成果及可能性，即公众对可能达到的目的的心理预期状况。如果公众对参与结果及可能性预期较高，对影响决策结果的能力持比较乐观的态度，则公众会选择较深入的参与形式。反之，如果公众态度冷漠，参与能力有限，且参与组织化程度低，那么，公众对参与的心理预期较低，低度参与的形式就会成为选择对象。③公众对政府的信任程度和对以往参与成果的态度。这表现为公众对政府信任度越高，对以往参与状况评价越高，深度的公众参与形式选择越有可能；反之，具有实质意义的公众参与形式选择就比较困难。可见，理性设计和选择适宜的公众参与形式，是要对上述因素进行综合分析和平衡，选择那些既能满足政策制定质量，保证公共管理效能，又能激发公众参与积极性，保证公众实质影响力的参与形式。图 6-6 表现了在一定的目标约束条件下，公众参与形式的选择矩阵。

		公共政策议题性质与要求	
		政策议题的技术化与结构化	政策信息、可接受性要求与利益关系人范围
公众参与预期目标	利益关系低 预期与信任度低	低度参与或 根本无参与	低度的、形式上的或较高度、 有一定影响力的参与
	利益关系较密切 预期与信任度较高	低度参与或 小范围代表性参与	较为广泛的参与或 深度实质性参与

图 6-6　公众参与形式的选择矩阵

据此，可对公众参与形式作如下分类。

（1）政府自主决策，公众无参与或低度参与。当政策议题呈现较高专业化、技术化或结构化特征时，公众与该政策议题的利益关系密切程度无论是高是低，公共参与的代表性、程度和范围都会受到一定限制。公众要实现实质性的参与或对政策产生实质影响力，需要具有相应的职业化水平和充分的时间。因此，在这种状况下，一些公共政策过程有时采用小范围的专家参与方法，旨在论证政策的合法性与合理性；有时则采取低度的或形式上的参与途径，旨在了解公众对政策的基本态度。在这类参与形式下，公共政策过程主要通过政府自身的管理来完成。

（2）以获取政策信息为目的的公众参与。此类参与形式选择的主要目的在于为政府政策制定提供信息基础，而不是以授予公众实质影响力为宗旨。所以，此类参与形式选择、设计的目标，一是保证政策信息的完整性，二是保证信息的充分代表性，三是保证信息沟通过程的多向性和便捷性。为此，以获取政策信息为目的的公众参与并不一定要求参与形式的深度，但要确保参与形式的广泛代表性和沟通渠道的畅通性。

（3）以政策接受和支持为目的的公众参与。此类公众参与形式设计的目的在于促进公众对公共政策的理解和接受，从而保证政策的顺利执行。毫无疑问，此类政策议题如果没有公众的广泛支持和合作，就根本得不到有效实施。因此，只有当公众经历与政府间的深度双向互动和充分对话，深入了解公共政策的目的，并将公共政策的制定和执行过程视为决定自身生活质量的一部分时，公共政策目标才能够达成。为此，在政策制定过程中，应选择一定深度、反复互动、赋予公众一定实质影响力的参与形式，从而不仅能够倾听公众的要求，而且能够保证公众拥有发言权和影响力，如公众会议、听证会、咨询委员会、调解斡旋等。此类公众参与形式还可以根据公众利益取向和参与预期的分殊程度进一步细分。如果参与的公众群体利益和期望趋同，一般可以采取整体式磋商参与形式。但如果参与的公民群体的利益和目标高度分化，利益关系人内部冲突严重，那么，参与往往采取兼顾代表性和多元利益分散的整合磋商形式。例如，保证代表性的听证会与咨询委员会及协调利益关系人的多方斡旋等。

（4）由公众或公众组织主动发起的参与。公众及其组织基于利益表达、冤情申诉、辅助政府从事社区公共事务管理等多种目标，发起或首创了各种参与形式，这体现了公众期望决定自身生活质量的意愿，表现了公众作为主人的自主管理精神，反映了公众对政府的信任与合作态度，可视为公众参与发展的高级形式。公众发起的参与形式既有信息反馈与沟通功能，又有对决策施加影响力的功能，还有直接提供公共服务的功能，对于政府公共政策的制定意义重大，其形式包括公民创制、公民论坛、申诉专员和公民志愿者服务等。

当然，任何一种参与类型的划分和选择都不是绝对的。在不同环境下，面对特定的公共政策议题和制定目标，人们也会考虑选择其他的，甚至交叉多样的公众参与形式，以保证参与过程能平衡、兼容不同的利益要求。

（二）公众参与形式的适用性

（1）关键公众接触。政府通过小型会议或电话访谈等方式，向重要的公民团体领导人或商界首脑了解情况，征询意见。这种方式属于由政府发起的参与。这种形式的优势在于参与目的明确，参与范围小，信息沟通点比较集中，便于操作。缺点是参与对象大多来自民间精英，且代表了有组织的集团利益，代表性会有所欠缺，尤其是那些没有组织起来的分散的公众的利益难以得到表达。

（2）公众调查。政府通过较大规模的问卷调查或访谈，向公众了解他们对有关政策议题的看法与态度，或对公共服务质量的意见与建议。它亦是由政府发起的参与形式，其特点表现：接受调查的公众范围比关键公众接触要广，如果抽样有一定普遍性，结果则有一定的代表性，可以较广泛地反映公众的态度。但由于存在沟通上的单向性和单次性，公众进一步表达意见、深入参与的机会很少。此类参与形式主要用于获取公众信息，政府进行自主决策的政策议题中。

（3）公众投诉。公众针对某项政策或服务给自身带来的利益损害进行申诉，以求解决问题，恢复权益的参与方式。这是由公众发起的参与形式。积极意义：公众主动指出政府工作中存在的问题，提请政府予以关注，敦促政府改进服务质量，增强了政府对民间情况的了解，推动了政府的立法工作。但由于公众投诉往往是个案性的，有时问题引起政府充分注意需要一定的时间，有时鉴于反映问题的主体缺乏代表性而受到忽视，参与范围有限。这种形式既有利于政府获得信息，也可以发展为更深度的公众创制。

（4）公众会议。政府或公众组织通过召开社区开放性的会议，邀请公众参与政策制定过程，以实现沟通政策信息、宣传动员、反馈意见、增强理解、提出政策建议等目标的参与方式。这是最古老和最常见的公众参与形式。由于这种参与形式向所有居民开放，它的参与范围较广泛，公众容易进入，特别适用于政府信息通告、政策宣讲和公议表决等场合。但是，公众会议存在一些难以克服的缺陷：一是会议规模大、时间有限，如果考虑不周，公众与政府间的沟通和对话的深度将受到限制，公众的真实意见难以表达。二是如果一部分公众对会议不感兴趣，根本不来参加会议，那么会议的代表性就会降低。三是通过会议难以对政策形成实质性的影响力。组织公众会议需要精心考虑和设计，如尽可能地避免在公众上班时间安排公众会议；要在会议召开之前做好充分准备，如预先告知公众会议讨论的主要内容和程序，了解公众对会议议题的意见分歧，等等。但无论如何，如果政策议题涉及的利益关系人众多，且利益分歧较大，政策需要深度讨论，那么，公众会议显然不是一种适宜的选择，应由更具深度的参与形式替代。

（5）公众听证会或公众咨询委员会。当政府在进行重大公共政策规划，并且此项政策涉及社区公众广泛利益，并存在着明显的利益分歧或观点冲突时，政府仅仅了解公众意见，向公众告知政策的目的就远远不够了。这时就需要选择具有充分代表性，通过对话或协商手段平衡各方利益，达成一致与合作的公众参与形式。公众听证会和公众咨询委员会就是一种表达不同利益，斡旋纷争观点，保证政策得到广泛理解和支持的对话、议事、协商制度。听证会和咨询委员会的基本特征：一是参与过程常常由各方利益关系的代表人组成，具有一定的代表性；二是参与过程允许代表人充分、深度地表达意见和观点；三是参与过程设立有较完备的对话、第三方斡旋、政策协商和表决等机制；四是参与过程能够对政府政策产生较明显的影响力。这是一种比较有深度的公众参与形式。然而，采取听证和咨询委员会形式，需要注意参与者代表性的均衡，同时，在参与中能够保证那些弱势的、声音较小的利益群体代表者的意见表达，否则，这种参与有可能被强势利益群体所主宰。

（6）公众论坛。基层居民自主发起讨论社区公共问题，设计和建立社区共同愿景的社区学习型组织，它常常是公众进入社区自主治理的起点。公众通过读书会、研讨工作坊、目标群体思想交流等灵活方式来思考社区未来发展的前景和面对的挑战，力图寻找与政府合作治理或自主治理的有效途径。作为一种高级参与形式，表现了公众力求提高社区居民生活质量的诉求。但是，公众论坛发展的前提是公众需要具备自觉和自主意识，明确社区改善需要公众自身的努力，而不仅仅是依赖政府的服务供给。

（7）社区发展公司。社区发展公司是专门从事社区某一项或多项社会工作的民间公共服务机构，它自发形成，以网络组合的形式集合民间资源进行社区事务自主管理。社区发展公司提供多种服务项目，如环境保护、涉罪青年帮教、残障人士和失业者救助、精神病患者心理辅导、向无家可归者提供公共住房等，其人力主要来源于公民志愿者。作为直接投身于公共服务的高级参与形式，社区发展公司为公民自主治理提供了组织平台，也为促进政府与公民间的有效互动，促进彼此相互信任奠定了基础。但从实践的情况看，这一参与途径目前还受到很大约束。一方面，公众参与所涉及的公共服务大多局限于不需要什么专业技能的一般事务性工作，基本属于边缘化、补充型的公共服务领域，他们并没有获得核心性、实质性的服务项目委托；另一方面，由于参与者的时间、精力有限，志愿者队伍的稳定性存在问题，志愿服务供给数量和能力有所波动，制度保障不足。因此，这种参与常常只能作为一种帮助、补充政府工作的形式存在。

思考与讨论题

（1）如何理解公共政策研究的两条基本路径？

（2）如何理解公共政策制定与执行的“自上而下”和“自下而上”两种模式？
（3）公共政策制定的基本环节有哪些？
（4）什么是政策问题？
（5）通常使用的政策评估标准是什么？
（6）确保政策的有效执行需要注意哪些方面？
（7）政策执行的首要条件是什么？
（8）如何确定政策执行结果和影响政策执行的因素？
（9）公众参与决策的利弊有哪些？
（10）公众参与公共决策的形式类型及其适用性是什么？

第七章　公共部门财政管理

任何公共管理活动的开展都需要公共财政的支持，因此，公共财政管理在公共管理过程中扮演着十分重要的角色，它也是最富活力的公共管理领域。公共管理活动中最重要的一项内容就是公共产品供给，公共财政管理的好坏直接影响着公共资源的分配和使用，以及公共品供给。虽然人们对公共财政及其管理还没有获得统一认识，但有一点是大家认可的，即公共财政管理关注的是政府如何科学、合理地分配和使用资金，以有效地提供公共服务，满足公共需要。过去，人们把财政管理简单地视为政府收入、支出的计算，把财政视为一种“分蛋糕”的过程。显然，这种理解财政管理的视角未能认识到财政的管理意义。近年来，学者逐渐认识到，现代财政管理除了关心政府收入、支出的计算外，还应强调其公共性和管理性。公共财政管理既要关注技术层面的内容，也要解决政治层面的问题。换言之，公共财政管理既是管理的，也是政治的。本章的任务是介绍公共财政、公共财政管理等相关概念，以及预算及预算管理原理、国库管理、公共收入管理、公共支出管理等内容。

▶ 重点问题

（1）财政及公共财政管理。

（2）预算分类。

（3）国库管理。

（4）公共收入。

（5）公共支出。

▶ 难点问题

（1）公共预算方法、原则与过程。

（2）公共支出管理的职能与类型。

（3）分税制预算管理体制的要素与内容。

（4）国库管理的基本制度。

（5）国库集中支付。

第一节　公共财政框架下的财政管理

一、公共财政及其职能

（一）公共财政及其特征

在英文词典里，finance 一词既指资金或其他财产的管理科学，也指对资金、银行业、投资和信贷的管理。当单独使用 finance 时，可将其译为金融、融资或财务，也就是通常所说的财务管理。它可以发生在私人部门，如家庭、企业、银行的资金管理，也可以发生在公共部门，如政府部门的资金管理。当 public 与 finance 一起使用时，public finance 就成了一个特定的术语，用以强调财政分配的公共性导向和分配机制中的公众决策性质，并与私人财务管理相区别。可见，“公共财政”这一概念源自 public finance，是指在公共部门中发生的财务管理，即公共财政是指包括政府部门在内的公共部门，为履行公共职能、实现公共利益而进行的收支活动。

在汉语中，“国用”“国计”“度支”等词所指的都是中国古代政府管理过程中的理财活动。《辞海》对“财政”的解释是：“财政谓理财之政，即国家或公共团体以维持其生存发展之目的而获得收入、支出经费之经济行为也。”①不难看出，此时的“财政”已与 public finance 含义相同，是对 public finance 的翻译。

在当代中国，公共财政是市场经济的产物，“公共性”是市场经济赋予此时财政的根本性质②。据此思路，所谓公共财政，是指在市场经济及坚持市场原则的条件下，政府部门为履行其职能、满足社会公共需要而进行的以国家为主体，开展收集、分配与使用社会资源的活动。在奉行市场经济的国家中，公共财政的主要目的是满足社会公共需要，其重要功能是为了弥补市场失灵。

从公共财政的定义出发，可概括出公共财政的如下特征。

1. 阶级性与公共性

公共财政管理既要解决技术层面的内容，也要解决政治层面的内容。在政治层面，公共财政具有典型的阶级性。这是因为国家历来是统治阶级的国家，而政府不过是执行统治阶级意志的机构。公共财政既然是以国家为主体开展的公共收入组织、分配使用的活动，必然要体现和贯彻统治阶级的意志，因而表现出典型的阶级性。

不同于前资本主义的家计财政，现代公共财政呈现鲜明的公共性。其一，阶级统治离不开履行特定社会职能。在实现政治统治的过程中，统治阶级只有承担并履行了特定公共职能，社会冲突才能保持在可承受的范围内，统治阶级的意志才能实现，阶级统治才能存续。其二，公共财政的主要目的是满足社会公共需要，重要功能是弥补市场失灵。其三，现代财政收入的组织也很具有特色，从结构来看，现代公共财政收入最重要的来源是各种税赋，纳税主体是那些参与市场活动的法人实体、市场主体和城乡居民。这也表明，现代公共财政收入从来源上看具有典型的公共性特点，现代公共财政支出安排也需要基于“取之于民，用之于民”的指导思想，围绕社会公共利益和公共需要展开。总之，公共性已成为现代公共财政的本质属性。近年来中国的公共财政建设之路，实质是一个让中国财政体制机制回归公共性的过程③。

---

① 转引自陈共. 关于“公共财政”的商榷[J]. 财贸经济，1999，（3）：47-51；高培勇. 论国家治理现代化框架下的财政基础理论建设[J]. 中国社会科学，2014，（12）：102-122，207.

② 张馨. 公共财政论纲[M]. 北京：经济科学出版社，1999.

③ 高培勇. 公共财政：概念界说与演变脉络——兼论中国财政改革 30 年的基本轨迹[J]. 经济研究，2008，43（12）：4-16.

2. 强制性和法治性

公共财政作为一种典型的国家和政府行为，具有强制性的特点。实践中，公共财政中公共收入的取得和公共支出决定，要么是依照法律法规组织实施的，要么是按照特定的政治程序完成的。因此，在公共财政收入的取得与支出管理方面，公民个体可以有自己的不同意见，但任何个人不能因为持有不同意见而不执行相关决定。

现代公共财政要求在财政管理中引入法治，这意味着在现代公共财政领域也应建立相应的制度及运行机制，坚持“以法治财”“依法办事”的财政治理方式，在财政管理中切实贯彻“法律至上”“法律主治”“制约权力”“保障权利”的价值、原则和精神。

3. 以弥补市场失灵为行为准则

在市场经济中，公共财政管理的另一个特征就是其对市场失灵的矫正和弥补。理论和实践表明，市场机制是市场经济国家资源配置的基本方式，但市场机制并非完美，其内在缺陷决定了现代公共财政在市场运行，以及弥补市场失灵中的重要意义。从近年来各国的经济发展情况来看，财政政策作为调节社会总需求变动及总需求和总供给关系的重要手段，解决了许多市场自身无法解决或解决得不好的公共问题，如公共品供给不足、宏观经济波动、垄断、外部性问题等。

4. 平衡性与公平性

在一定时期内，公共财政资源总量是有限的。因此，公共财政运行过程中的“收”和“支”应实现大体平衡。也就是说，公共财政运行要体现平衡性的要求，即预算平衡原则。这一原则要求，某个财政年度内的支出不能超过当年的收入①。当然，要做到绝对的平衡也是不可能的。实践中，收入大于支出或支出大于收入是财政运行的常态。合理安排财政支出结构和规模并提高公共财政资源的使用效益是现代财政管理的内在要求。

除了平衡性原则，公共财政收入的组织、支出安排还需体现公平性。也就是说，公共财政运行过程中，对所有社会成员应实行相同的财政政策，不应因社会成员的性别、种族、职业、出身、信仰、文化程度乃至国籍而区别对待。

（二）公共财政的职能

财政作为一种政府经济行为，政府的职能和任务就是财政的职能和任务②，如资源配置、再分配、经济社会稳定与动态优化③。综合来看，现代公共财政的职能主要体现在如下三个方面。

1. 实现资源的合理配置

资源配置的核心就是效率问题，即在有限的资源条件下，积极促成合理的资产、产业、技术和地区结构，达到资源优化配置的目的。现代公共财政和预算管理理论表明，公共财政的资源配置职能是在政府主导下进行的，政府通过主导财政收支活动完成对社会资源流向的引导，以弥补市场的不足，最终促成社会经济资源的优化配置。从财政资源配置方式来看，现代公共财政管理中的配置资源机制和手段一般包括确定财政收支占

---

① 马骏，赵早早. 公共预算：比较研究[M]. 北京：中央编译出版社，2011.

② 郭小聪. 政府经济学[M]. 北京：中国人民大学出版社，2003.

③ Ihori T. Principles of Public Finance[M]. Singapore: Springer Singapore, 2017.

GDP 的合理比例，合理有效地安排政府投资规模与结构，优化财政支出结构，运用各类财政手段积极促进和吸引各类民间投资、努力提高财政资源的利用效率，等等。

2. 实现收入的公平分配

确保收入分配公平是国家与社会发展中面临的一个重大问题，也是一大难题。从各国的发展来看，社会公平与经济效率之间往往呈现交替变换的关系，即在特定时期内，强调效率将有效调动社会各方的积极性，但经济发展到一定程度之后，强调公平将有利于经济效率的提高。利用财政手段调节收入分配，实现社会经济生活中的收入分配公平，就是要在坚持划清市场分配与财政分配界限、范围的基础上，灵活运用规范化、科学化的工资制度，加强税收调节，结合转移支付等手段来调节社会收入分布，保证国家收入分配的公正公平。

3. 实现经济稳定与发展

经济稳定这一职能由来已久，基本内涵是社会总供给与社会总需求基本平衡，衡量指标是实现充分就业、确保物价稳定、维持国际收支平衡。经济发展则是通过技术更新、改进管理手段和增加资本投入等方式不断实现物质生产的增长以全面满足人们不断增长的需要。实践中，不管是实现经济稳定，还是促进发展，公共财政都起到十分重要的作用。实现经济稳定与发展职能的主要方式如下：针对经济形势灵活地调整财政支出政策与税收政策，即采用“相机抉择”的财政政策，通过基础设施投资、转移支付和财政补贴等方式，消除经济增长中的瓶颈与障碍，实现国民经济的稳定与可持续发展。

二、公共财政管理的内涵及内容

（一）公共财政管理的定义

在很多理论文献和政府文件中，“公共财政管理”“公共财政”往往被等同使用。不过，公共财政管理到底是什么，不同学者持有不同观点。一般认为，公共财政管理是一个技术性的概念，如 Reed 和 Swain 认为，公共财政管理考虑的是如何花钱做事，公共财政管理主要指处理公共资产与债务，并向公共官员提供有用信息与观点，以使他们能够做出相应的决策。又如，Steiss 将公共财政管理定义为获取和配置资源，并对配置资源的绩效进行监督评价的活动[①]。

本书将公共财政管理定义为以政府为主体的公共组织，为保证公共管理职能的有效履行，综合运用财务管理的一系列分析方法、技术和管理工具，针对公共财政收支情况所进行的决策、分配、管理和监督等活动的总和。理解这一定义，可从如下三个方面加以把握：①公共财政管理主体是以政府为主的公共部门；②公共财政管理的对象是公共资源，它涉及整个公共财政过程，包括决策、收入组织、资金分配和使用、财政监督、财政调整等环节；③公共财政管理的目标是保证公共资源的科学合理使用，确保公共部门充分履行其职能。

---

① 转引自陈振明. 公共管理学[M]. 北京：中国人民大学出版社，2003.

（二）公共财政管理的目标

作为公共管理的一项重要活动，公共财政管理的总目标很明确，即确保包括政府在内的一切公共部门能够充分履行其职能。这样，与公共部门职能相对应，公共部门财政管理活动的具体目标主要有以下三个。

（1）效率目标。这一目标至少包含两层含义：一是确保社会资源配置总体科学合理，即通过组织财政收入和合理分配财政支出资金，引导社会资源有效配置；二是确保公共财政资金的高效使用，即以最少的投入获得最大产出，或以相同的投入获得更多产出。

（2）公平目标。本质上，运用财政政策调节收入分配，主要涉及二次分配过程，如转移支付和财政补贴等。相较初次分配，二次分配更加注重公平，因此实现社会公平也是公共财政管理要实现的目标之一。

（3）稳定与发展。公共财政的一个非常重要的职能就是实现经济稳定与发展，因此，公共财政管理也应将经济与社会的稳定、发展作为具体目标。

（三）公共财政管理的主要内容

根据西蒙的观点，管理活动本质上是一个持续决策并且落实决策的过程。可以说，财政决策既是认识公共财政管理活动的起点，也是把握公共财政管理的关键。由于公共财政管理涉及的是公共资源的收集和分配，因此，公共财政管理的内容主要包括公共财政决策（主要体现为公共预算管理）、国库管理、公共收入管理和公共支出管理等四大内容。其中，公共预算管理包括政府部门依照法律的规定对预算资金的筹措、使用等进行的组织与协调的管理活动，还包括政府部门依照法律的规定对预算编制、执行与监督等进行的管理活动；国库管理是要确保预算得到有效实施，同时管理各种财政资金的活动；公共收入管理的任务是确定公共财政收入的类型、来源、规模、结构；公共支出管理则有所不同，任务是根据政府活动的范围与方向，明确公共财政支出的方向、规模与结构。在公共财政管理各内容之间的关系上，公共预算管理解决的是“做什么”的问题，而公共收入管理和公共支出管理重在解决“如何做”的问题。

第二节 公共预算管理

一、公共预算与公共预算管理的关系

（一）公共预算及其特征、职能

1. 公共预算及其特征

公共预算是指在财政年度内，由政府主导制定并经立法程序批准的全部公共收支计划，公共预算是与公共财政相对应的国家预算类型，本质是利益的权威分配过程①。公共预算的本质是政府的财政收支计划，它规定和反映的是一国在计划年度内的财政收支安

① 谢庆奎，单继友. 公共预算的本质：政治过程[J]. 天津社会科学，2009，（1）：56-58.

排及其平衡，全面反映了政府管理活动的范围和方向。从形式上看，预算是政府有计划地筹措和分配资金，并将财政收入与支出做成表格，以方便人们了解政府活动的行为。从内容来看，预算是对财政收支的事先安排，它是政府分配财政资金的重要工具，也是调节、管理、控制社会经济活动的重要经济杠杆。总之，公共预算是一个与公共财政相联系的概念，它是指公共实体获得和使用资源的计划过程，通常表现为许多不同的文件，这些文件反映了一段时间内货币的筹集和使用情况[①]。

现代公共预算具有技术与政治两重属性。作为利益的权威分配过程，公共预算具有政治性、民主性、公共性、法治性等特征[②]。

（1）公共预算的政治性。公共预算从来都不是一个简单的技术性问题，而是一个国家重大的政治问题[③]。政治性首先反映的是公共预算基于相应的政治价值取向分配财政资金，即根据政治规则决定“谁提供什么，谁得到什么”。其次，公共预算由权力机关审批和制定，在经过立法权力机构批准后，公共预算具有强制力。此外，权力机关对预算行使控制职能。

（2）公共预算的民主性。公共预算活动需要以民主方式展开，国家权力机关有权通过民主程序控制公共预算。

（3）公共预算的公共性。公共预算公共性的基本要求是，公共预算存在的目的是实现最广大人民的利益，公共服务应当成为公共预算的核心主题。

（4）公共预算的法治性。公共预算的法治性原则要求在预算管理的各个环节都必须遵循法定程序，经立法机关批准，受立法机关约束。经法定程序审批后的公共预算即成为具有法律效力的文件，预算部门必须无条件执行，不得随意更改[④]。如遇特殊情况需要调整原定预算，同样必须遵循法定程序，不得在法律范围以外调整或变更预算。

2. 公共预算的职能

公共预算作为政府调节和干预经济的一项重要政策工具，其统一性、完整性和权威性为政府实施宏观调控政策提供了保证。总体来看，公共预算在政府经济管理和提供公共服务的过程中，主要有以下三大职能。

（1）分配职能。公共预算管理活动需要解决两方面问题：一是公共收入筹措；二是公共支出的安排与计划。其中确定公共财政收入来源，形成累积性公共资金是一切财政管理活动的基础。在此基础上，再通过法定程序决定公共资金在各项支出之间的分配。

（2）经济稳定职能。公共预算的经济稳定职能主要指通过预算赤字政策、紧缩政策和中性政策，以促成社会总供给和总需求大体平衡。例如，为应对金融危机造成的冲击，2008 年中国果断采取了积极的财政政策及适度宽松的货币政策，明确 2008—2010 年的经济刺激计划，目的是通过扩大内需来刺激经济增长，实现我国经济的稳定和可持续发展。又如，新冠疫情暴发后，拜登政府于 2021 年初成功推出 1.9 万亿美元的新冠疫情救助法案，目的就是要用财政刺激美国经济复苏，缓解社会矛盾。

---

① 参见 B. J. 理德，约翰 · W. 斯韦恩. 公共财政管理[M]. 朱萍，等译. 北京：中国财政经济出版社，2001.

② 谢庆奎，单继友. 公共预算的本质：政治过程[J]. 天津社会科学，2009，（1）：56-58.

③ 马骏，赵早早. 公共预算：比较研究[M]. 北京：中央编译出版社，2011.

④ 苗庆红. 公共财政框架下中国预算改革：回顾和展望[J]. 中央财经大学学报，2020，（5）：3-12.

（3）监督职能。公共预算本质上是一个利益分配过程，因此公共资金的筹措和使用应当保持公正公平。公共预算的编制、执行和监督过程的规范化，预算过程的公开透明，对于确保预算资金分配的合理、及时与科学有着极为重要的意义。

（二）公共预算管理的主要内容

1. 公共预算管理的概念及与公共预算的区别

公共预算与公共预算管理是两个不同的概念，不可混淆。前者指的是对公共收入与支出的计划，并对此做出的决策，预算文件是这一过程的最后产物；后者关心的是政府部门依照法律的规定对预算资金的筹措、使用等进行的组织与协调、管理活动，以及政府部门依照法律的规定对预算编制、执行与监督等进行的管理活动。

作为政府的基本财政计划，公共预算通过对财政收入规模、收入来源和支出结构的计划和调整来反映国民经济的发展。公共预算管理不仅是经济决策，也是政治决策。编制合理的公共预算，既能保障公共部门运转的需要，又能调节和促进经济发展。因此，良好的公共预算管理对于一国经济与社会管理来说非常重要。

2. 预算年度

实际上，预算要想取得预期效果，其在编制与执行时都要有相应的时间限制，这就是预算年度。有时，预算年度也叫财政年度、会计年度，指的是政府预算编制规定的起止期限。当前，世界各国普遍采用的预算年度方式主要有两种：第一种是历年制，即从每年 1 月 1 日起到同年 12 月 31 日止，中国、朝鲜、匈牙利、德国等采用历年制预算年度；第二种是跨年制，也被称为非历年制，指的是人为地设定预算编制的起止年限，虽然时间长度仍为 12 个月，但它跨越两个年份。跨年制的类型主要有 4 月制、7 月制及 10 月制，如缅甸、英国、日本、印度、新加坡等采用的是 4 月制预算年度；瑞典、澳大利亚采用 7 月制预算年度；美国、泰国采用 10 月制。

确立预算年度有着重要的意义。一般来说，政府需要按照法定预算年度展开预算管理，编制年度收支计划，同时政府编制的预算务必要反映全年的财政活动。当然，预算管理主体也不能将那些本不属于当年财政收支计划的内容纳入本年度预算编制中。

3. 我国现行预算管理体制及其职权分配

《中华人民共和国预算法》（简称《预算法》）是我国预算管理的基本法①，它规定了我国预算的基本制度。根据我国颁布实施的《预算法》，预算管理实行一级政府一级预算的管理方式，由此我国的预算共分五级，包括中央预算；省、自治区、直辖市预算；设区的市、自治州预算；县、自治县、不设区的市、市辖区预算；乡、民族乡、镇预算。此外，我国预算划分的方法还按照收支管理范围进行。根据此种标准，我国预算被分为总预算、部门（或单位）预算两类。所谓中央总预算，指的是由中央所属部门（或单位）预算及各省总预算组成；省总预算由本级各部门单位预算及所属县总预算组成；县总预

---

① 1994 年 3 月 22 日，中华人民共和国第八届全国人民代表大会第二次会议通过了《中华人民共和国预算法》并决定 1995 年 1 月 1 日起施行。

算由本级各部门单位预算和乡镇总预算组成[①]。

所谓预算管理职权，指的是在预算管理中，预算管理主体所拥有的决定国家预算，以及国家预算的编制、审查、批准、执行和监督等方面的权力。根据宪法及有关法律的规定，当前中国预算管理职权的配置情况如下。

（1）预算、决算的审批权，监督权，以及有关预算、决算不适当决定的撤销权由各级人民代表大会行使。各级人民代表大会有权改变或撤销本级人民代表大会常务委员会关于预算、决算的不适当的决定。

（2）预算执行监督权、预算调整方案的审批权归各级人民代表大会常务委员会。除此之外，各级人民代表大会常务委员会还可根据授权对决算进行审批，并可撤销本级人民政府和下一级人民代表大会关于预算、决算的不适当的决定。

（3）各级政府在预算管理过程中的职权主要有确定预算管理体制、编制预算或决算草案、决定是否动用预备费用等权力。当然，各级政府也拥有监督预算执行的权力，并有权改变或撤销本级政府各部门和下级政府关于预算、决算的不适当的决定。

（4）在各级政府预算管理体制中，财政部门的职责主要是具体编制本级预算、决算草案，具体组织本级总预算的执行，提出本级预算预备动用费方案、编制本级预算的调整，定期向本政府和上一级政府财政部门报告本级总预算的执行情况等。

（5）在预算监督方面，宪法和有关法律规定，全国人民代表大会及其常务委员会对中央和地方预算、决算进行监督。县以上各级人民代表大会及其常务委员会对本级和下级政府预算、决算进行监督，乡、民族乡、镇人民代表大会对本级预算、决算进行监督。此外，宪法和《预算法》等相关法律还规定了各级政府违反预算管理相关法律规定必须承担的责任。

预算管理体制的根本问题是清晰和划分各预算管理主体的事权，以此为基础重新构造各预算管理主体的预算收支权力和责任，实现权责的有效匹配[②]。在国家预算管理体系中，涉及事权划分的各相关预算管理主体主要是中央政府与地方政府、地方政府与地方政府、政府与社会、政府与市场、政府与企业、政府与个人等。构建预算管理体制应以这些预算管理主体之间的事权划分为基础形成各自的预算收支权力和责任，实现各自的权责匹配。

二、公共预算的组织形式

经过多年实践和发展，人们对预算组织形式的认识越来越深刻。在理论上，预算分类可参照不同标准进行，如可依据收支管理范围的不同分为总预算和部门预算；根据预算的性质的不同分为微观预算和宏观预算；根据预算主体的不同可分为中央预算、地方预算；根据预算制的时间跨度不同分为年度预算、中长期预算；等等。此外，人们还对西方公共预算实践中的组织形式进行了概括总结。我国从 1992 年开始实施复式预算、零基预算等改革。当下，我国的公共预算实践正在经历着部门预算、绩效预算、标准周期

① 陈共. 财政学[M]. 4 版. 北京：中国人民大学出版社，2004.

② 谢志华. 预算管理体制的本质与变革[J]. 北京工商大学学报（社会科学版），2020，35（5）：21-37.

预算等改革。下面将着重介绍公共预算理论与实践中的几种主要预算组织形式。

（一）分项预算与绩效预算

在预算管理思想和实践中，依照财政资金的投入项目是否有效反映其经济效果这一标准，可以将预算划分为分项预算和绩效预算。

1. 分项预算

分项预算，又叫分项排列预算，它是于1921年在美国实施，旨在将资金管理与项目联系起来，以确保重点项目有足够资金支持的预算管理模式。分项预算管理模式围绕预算支出的特定目标展开，通过分项排列确定特定项目所需的预算资金，在资金确定后，再由拨款机构拨付相应的资金。简单地说，分项预算就是将财政支出按费用类别加以排列，而不考虑其支出经济效果，如工资、采购、雇佣员工、超时支付、办公用品等支出数额。

分项预算是一种统一、全面、明确的预算组织形式，它有利于事前对财政资金使用的集中控制，也有利于削减预算。另外，从政府角度来看，分项预算不会将公众的注意力引到特定政策问题上，并且便于立法机构对预算的控制与监督，因此分项预算很受立法机构的欢迎。

虽然分项预算有上述优点，但随着公共管理事务变得越来越复杂，公共预算的政治与经济环境的急剧变化，特别是行政自由裁量权的膨胀，分项预算的不足日益凸显，如未能提供关于产出的信息、妨碍提高资源配置效率及过分关注投入的控制等[①]。

2. 绩效预算

绩效预算可以从两种角度加以定义：一是在成本-收益比较的基础上，决定各支出项目是否必要及其金额大小；二是在编制部门预算时，结合战略规划与年度计划，将绩效计划、绩效目标、资源投入、绩效评估等贯穿于年度预算。这种预算管理理念最早由美国纽约市政研究局提出，1949年美国胡佛委员会正式向美国国会提出有关绩效预算改革的构想，很好地推动了绩效预算的实施。绩效预算思想从其产生至今，一直处于变动和发展中。从具体内容来看，绩效预算重点关注可以评估的行为和结果，这一预算组织形式将关注的焦点从执行方法转到执行本身。

从实践来看，绩效预算是一种有效管理财政资金的办法，并成为20世纪末西方新公共管理运动最为重要的改革措施。绩效预算在改善政府管理、提高透明度、明确责任归属、改善政府内部，以及外部的沟通、实现预算信息的有效共享等方面发挥了重要作用。但在实践中，绩效预算也存在一系列问题，如忽略预算过程的政治性、公共政策目标本身不确定、公共部门产出难以量化、评估信息的缺乏及绩效指标确定的困难等。

全面实施预算绩效管理是我国“十三五”时期最重要的预算改革举措。2020年2月，中华人民共和国财政部（简称财政部）在《财政支出绩效评价管理暂行办法》的基础上，修订形成了《项目支出绩效评价管理办法》，设置了包括决策、过程、产出、效益在内的绩效评价指标，总体上明确了指标权重、评价标准及评价方法的规范，并进

---

① 马骏，赵早早. 公共预算：比较研究[M]. 北京：中央编译出版社，2011.

一步规范了绩效评价报告的体例与格式[①]。我国预决算报告中也高度重视预算绩效管理的应用与实施，自 2017 年起预算绩效管理的实施情况都是年度中央预决算报告的重要内容之一。

（二）单式预算和复式预算

在预算的组织方式选择上，还可以根据公共预算编制形式的不同，将预算分为单式预算和复式预算。

1. 单式预算

所谓单式预算，是指在预算年度内，将全部财政收入、财政支出加以汇集，统一编入一个预算平衡表内。单式预算有两个明显的优点：一是它保持了预算的完整性，能够直观地反映预算收支的全貌，预算收支平衡关系比较明了；二是单式预算简单直观，便于立法机关和公众监督预算活动。但单式预算有一个突出的问题，即种类性质不同的预算收入与支出之间无对应关系，无法准确找到预算赤字的原因。

2. 复式预算

针对单式预算存在的明显不足，人们在 20 世纪 20—30 年代开始采用复式预算进行预算管理。复式预算是在单式预算的基础上发展演变而来的。与单式预算不同，复式预算指在预算年度内，将全部政府预算收支活动按经济性质进行归类，分别汇编成两个或两个以上相对独立又密切相关的政府管理收支对照表。相较而言，复式预算的最大特点在于其以相应的预算收入来源保证相应的预算支出，因而预算收入和预算支出之间具有相对稳定的对应关系。

在公共预算管理中，复式预算主要以经常预算和资本预算两种形式存在。其中，经常预算反映的是政府一般行政性事务的收支项目；资本预算又称建设性预算，反映的是政府的资本投资，政府资本性投资就是通过借款获得资金进而获得社会新生产的资产。此外，复式预算一般还包括特种基金或专项基金预算（如社会保障基金预算），这类预算往往反映特定用途预算资金的筹措及使用情况。需要指出的是，虽然人们通常将复式预算分为经常预算与资本预算，但是各国关于复式预算的做法并不完全相同。例如，从 1992 年开始，中国国家预算开始采用复式预算编制方法，将原来财政管理中单式预算的各项财政收支，按照经济性质的不同划分为经常性预算、建设性预算两大部分。1993 年，党的十四届三中全会通过了《中共中央关于建立社会主义市场经济体制若干问题的决定》，指出要进一步改进和规范我国复式预算制度，强调要“建立政府公共预算和国有资产经营预算”。1994 年 3 月，《预算法》第二十六条明确规定：“中央预算和地方各级政府预算按照复式预算编制。”在此基础上，1995 年 11 月 2 日，中华人民共和国国务院第三十七次常务会议通过了《中华人民共和国预算法实施条例》，其中第二十条规定：“各级政府预算按照复式预算编制，分为政府公共预算、国有资产经营预算、社会保障预算和其他预算。复式预算的编制办法和实施步骤，由国务院另行规定。”

---

① 马蔡琛，赵笛. 中国预算管理改革的回顾与展望——“十三五”改革评估与“十四五”发展路径[J]. 求索，2021，（2）：151-159.

一般认为，复式预算有利于成本-效益控制，便于按资金性质进行预算管理，能够真实反映预算盈余或赤字，因而具有促进预算平衡等优点。复式预算的缺点是预算编制复杂，需要较高技术支持。

（三）增量预算和零基预算

依据预算资金安排的年度差异进行分类，可以将预算划分为增量预算和零基预算。其中，增量预算指的是通过参照以往财政年度的资金使用水平，根据财政计划及年度经济发展情况合理调整财政收支计划的预算编制方法。

零基预算指的是以零为基础的预算编制方法，优先性排序是零基预算提高管理效率的核心策略。这一做法要求在年度预算编制时，不按上一年度的“渐进增量”来考虑预算，即除非可以证明现行的计划和业务继续存在的必要性，否则不应自动予以编配预算。1962年，美国农业部尝试采用零基预算，但未引起重视而归于失败。后来，在总统卡特的推动下，零基预算得到广泛应用。1993年以后，我国一些地方政府也开始尝试使用零基预算。

零基预算因其摆脱了往年预算支出基数的影响，对迫切需要解决的项目给予优先考虑和优先拨款，而被视为一种良好的预算编制模式。零基预算不仅仅是一种预算方法，更是一种预算理念。在其从方法到理念的演进过程中，烦琐的编制程序被舍弃，而对支出内容的定期评估和重新排序的理念和核心策略通过支出审查、绩效预算、以风险为导向、聚焦关键部门、实施程序控制的方式融入预算环节，从而实现了既定预算目标①。但是，零基预算也有其不足，如预算编制耗时过长、工作量过大等。

（四）规划-计划-预算模式

规划-计划-预算模式，有时候也称为项目预算（特别是在美国的州和地方政府），是20世纪60年代从美国发展起来的一种以计划为中心，利用成本-收益分析方法，融目标规划、计划制订与预算编制于一体，以提高政府效率和有效性的资源分配系统。规划项目预算不仅要考虑投入与产出问题，而且注重公共资金使用的效果和备选方案，因此这种规划项目预算是一种旨在增进政府预算执行效果的方案导向型预算管理模式。

与绩效预算倾向于关注已经完成的事情相比，项目预算更重视大范围计划、目标的设定及项目确认量化分析。实践中，规划-计划-预算模式是一种将项目、计划和预算等要素组合运用的全新预算理念与方法。它可以分为三个步骤：①项目，即确定预算项目目标，并选择最为重要和迫切的目标；②计划，就是运用成本-收益分析方法设计可行的目标实现方案；③预算，即说明实施上述方案的各年度成本，并对实施效果做出长期评价。

（五）目标-管理-预算模式

规划-计划-预算模式在美国并没有获得成功，这可能是因为该模式过分重视分析的

① 李成威，杜崇珊. 零基预算：从方法到理念演进的要件分析[J]. 中央财经大学学报，2020，（10）：3-9.

结果。在20世纪60年代后期，除国防部外，规划-项目-预算被美国政府抛弃。预算理论家和实践者转向了另一种预算管理模式，即目标-管理-预算。

目标-管理-预算是将私人管理实践中的目标管理方法与预算相结合的产物。作为一种预算管理系统，目标-管理-预算强调从目标出发，制定措施和分解目标，通过这种方法调动各个成员的积极性，由各成员根据所期待的结果参与制定预算，以保证预算目标的实现。由此可见，目标-管理-预算是绩效预算的复归。虽然目标-管理-预算也重视投入、产出，不过它并不太重视备选方案。目标-管理-预算的突出特点是将全员参与的理念引入公共预算管理中来。因此，全面规划的责任被下放到第一线管理人员手中，预算机构的职责是规划效能和效率。从目标-管理-预算的实践来看，它最大的优势在于富有弹性和灵活性，它对于提高质量、控制成本、提高生产力、解决特殊问题等都有着积极意义。虽然目标管理不失为公共部门增强其管理能力的手段，但其价值被公共行政专业学者和实践者们低估①。

三、公共预算过程

公共预算本身是一项极其重要而复杂的活动。如果按照公共预算管理活动的时间先后顺序，可将这一过程大体分为预算编制、执行和决算三个阶段。在公共预算管理实践中，预算编制作为公共预算的起点，内容和任务主要涉及确定预算编制原则、明确预算编制的依据、确立预算编制程序等；预算执行的任务主要涉及明确预算执行的任务、主体、预算调整、预算执行监督等内容；在预算决算阶段，公共预算管理的主要任务是决算编制、决算的审核分析、审查批准等。

（一）公共预算的编制

1. 预算编制原则

公共预算编制是公共预算管理的起点，它是预算年度内政府对其预算收支进行测算和计划的活动。预算编制的原则主要有以下五项。

（1）公开原则。除了机密事项，政府预算的内容应该向全社会公开。在条件允许的情况下，还应积极听取公众和立法机构的意见，为公众参与预算管理提供条件。

（2）完整性原则。这一原则要求政府所有收支项目都要反映在政府预算报表中。

（3）可靠性原则。政府预算数字必须准确无误，切实做到各项数据真实可靠。公共支出预算的一个基本要求是，每项预算支出都要有可靠的预算收入来源，不留硬缺口，尽量避免预算核定后的持续预算调整。

（4）年度性原则。预算的编制应按财政年度进行。

（5）统一性原则。全国各地区以及各不同级别的政府预算编制应该有统一的口径，以便于比较分析和统计。

2. 公共预算编制过程

实践中，公共预算编制的过程主要包括如下三个环节。

---

① 尼古拉斯·亨利. 公共行政与公共事务[M]. 7版. 项龙，译. 北京：华夏出版社，2002.

1）预算编制的准备工作

在公共预算编制时，预算编制的准备工作如下：首先，核实各项基本数字，即核实政府机构规模、人员配置和设施装备等相关数据。核实各项基本数据在这一阶段显得非常关键，因为这一工作可以剔除不实的、非正常支出项，进而提高预算的可行性。其次，分析上年度预算执行情况。这一工作的主要任务是，对上一财政年度中有关公共支出任务完成情况、预算执行中存在的问题、收支实际执行数等加以分析，并基于此分析预测本年度预算收支规模。最后，预算编制准备工作还要对经济环境的变化做出预测，并及时、准确领会上级政府部门对预算编制的要求等。

2）预算草案编制的依据与程序

预算草案不是随意制定的。预算草案的编制必须有相应的依据，并遵循特定的程序，为下一步法定程序审查批准做准备。预算草案编制的依据包括相关国家法律法规、预算年度内国家的财政经济政策、特定时期的国民经济发展计划纲要、年度预算收支变化及上年度预算收支执行情况等。

在预算草案的编制方面，我国中央政府部门和各省级地方部门采取的是“两上两下”逐级汇编的方法。首先，各省级地方部门和中央部门将预算编制建议书报送财政部和有财政分配权的部门。财政部和有财政分配权的部门根据国民经济计划指标，审核建议数后，拟定预算收支控制指标，此为第一个“一上一下”。第二个“一上一下”，是财政部、各省级财务部门和有财政分配权的部门下达控制数，编制预算草案报送财政部，财政部对上报的预算草案进行审核，并最终汇编成国家预算草案①。

3）预算的审查与批准

预算草案编制完成不代表公共预算编制工作的完成。要使预算草案具备法律效力，预算草案还需交由国家权力机关审查批准，这是政府预算编制必须履行的程序。在我国，具有中央预算审查和批准权的是全国人民代表大会，地方各级政府人民代表大会拥有本级预算的审查和批准权。人民代表大会制度下的预算民主不仅需要从根本上保障广大人民群众的利益，也是推动国家治理、促进政府依法行政和依法理财的重要制度基础②。我国法律规定，各级政府预算草案一经审查批准，即具法律效力，不可随意改变。

（二）公共预算的执行

预算执行在公共财政管理中处于非常关键的环节，它有时甚至决定着预算管理的成败。所谓预算执行，指的是国家预算组织及实现收入、支出、平衡和监督过程的总称，是把预算由计划变为现实的具体实施步骤③。根据《预算法》的规定，预算的执行由本级政府组织负责，具体工作由财政部门负责，包括收入执行、支出资金拨付和预算调整等内容。

---

① 朱光磊. 当代中国政府过程[M]. 2 版. 天津：天津人民出版社，2002.

② 杨进，龚小芸，化汝婷. 地方人大预算监督法制化的效应研究：基于省级预算审查监督条例立法的证据[J]. 中国行政管理，2021，（9）：118-128.

③ 郭小聪. 政府经济学[M]. 北京：中国人民大学出版社，2003.

1. 预算执行的任务

在预算执行中，各级财政部门的主要任务如下。

（1）研究落实财政税收政策的措施，支持经济和社会的健康发展。

（2）制定组织预算收入与管理预算支出的制度和办法。

（3）督促各预算收入征收部门、各预算缴款单位完成预算收入任务。

（4）根据年度支出预算和季度用款计划，合理调度、拨付预算资金，监督检查各部门、各单位管好用好预算资金、节减开支，提高效率。

（5）指导和监督各部门、各单位建立健全财务制度和会计核算体系，按照规定使用预算资金。

（6）编报、汇总分期的预算收支执行数据，分析预算收支执行情况，定期向本级政府和上一级政府财政部门报告预算执行情况，并提出增收节支的建议。

（7）协调预算收入征收部门、国库和其他有关部门的业务工作。

2. 预算执行机构

良好的预算执行，不仅需要科学合理的预算编制，而且必须有相应的组织机构支持。国务院和地方各级人民政府是预算执行的负责机关，国家设立或指定专门管理机构负责组织和参与政府预算的执行。其中，财政机关、税务机关和海关等负责组织公共预算收入。参与预算支出执行的机关还有相关银行等金融机构，如中国人民银行、国家开发银行及中国建设银行等。国家金库具体承担公共预算收入的收纳、划分和留解，办理公共预算资金的拨付。

3. 预算调整

公共财政管理在坚持计划优先的同时，也应体现情势变更原则。国内外实践表明，虽然预算编制应遵循可靠、确定性原则，不过由于外部经济与政治环境的变化，原定的预算方案极有可能不适应情况变化的需要，这时就需要对原有预算进行调整。

中华人民共和国成立以来，我国预算制度一直处于发展完善之中，预算调整这一概念也一直处在变动之中。从发展历程看，1951 年政务院《预算决算暂行条例》的颁行使预算调整概念初具雏形。1991 年国务院发布的《国家预算管理条例》使预算调整这一概念更加明确具体，指出预算调整是指经本级人民代表大会批准的本级政府预算在执行中因追加支出或者追减收入而发生的部分变更。1994 年制定的《预算法》进一步拓展了预算调整的范围，将举债债务数额增加的部分也纳入其中，这样，预算调整指的就是经全国人民代表大会批准的中央预算，以及经地方各级人民代表大会批准的本级预算，在执行中因出现特殊情况需要增加支出或者减少收入，使原批准预算总支出超过总收入，或者使原批准的预算中举借债务的数额增加。2014 修改的《预算法》则在原有基础上，增加了调入预算稳定调节基金的内容。

从《预算法》的规定来看，我国的预算调整属部分变更，而非全局变更。2018 年修订的《预算法》第二十一条规定："县级以上地方各级人民代表大会常务委员会监督本级总预算的执行；审查和批准本级预算的调整方案。"2014 年以后，随着《预算法》的修改实施，各级权力机关对预算调整的法律约束进一步加强，政府预算的法治化程度更高了。

从形式上看，预算调整可通过全局调整和局部调整两种形式实现。前者一般发生在特大自然灾害、战争等特殊情况，或国民经济发生重大波动需要对原定计划进行重大调整的情形。此种预算调整不常发生。后者是预算执行过程中经常用到的调整方法，它又可分为预算的追加追减和预算划转两种形式。预算追加指的是因外界条件的变化，增加预算收入或预算支出；预算追减指的是因外界条件的变化，减少预算收入或预算支出。预算划转指的是由于行政区划、企事业单位隶属关系的变化，相关地区和部门预算收支调整，一般有中央和地方、地方各级及部门之间预算划转三种形式。

（三）财政监督与决算

公共财政管理本质上是政府及相关机构代替公众理财，为公众提供公共服务，并应该遵循效率、公平的原则的活动。但历史和经验告诉我们，公共财政管理活动很容易偏离效率、公平要求，因此财政监督在财政管理活动中非常重要。财政监督是指监督主体通过各种方式对各级财政预算活动中的编制、执行、调整和决算等的合法性、有效性展开的监察和督促。在预算过程中，财政监督是财政资金有效、公平使用的重要保证，也是市场经济正常运转的重要条件之一。但到目前为止，我国尚未建立完整系统的财政监督法律法规体系。从现有的法律依据来看，明确为我国财政监督执法提供依据的只有《预算法》《中华人民共和国税收征收管理法》《中华人民共和国会计法》等。当前，这些法律对财政监督的规定还可进一步完善，如提高相应处罚措施的可操作性，以更好地发挥我国财政监督的功能。

与预算相对应，决算作为各级政府、部门、单位编制的预算收支年度执行结果，内容一般包括决算报表和文字说明两部分。决算是对预算、预算执行结果的总结，是有关预算活动的总体反映，也是各级政府编制下一年度预算的依据。

决算阶段的主要工作有决算草案的编制、决算审核分析及决算审查批准等。《预算法》第七十七条规定："国务院财政部门编制中央决算草案，经国务院审计部门审计后，报国务院审定，由国务院提请全国人民代表大会常务委员会审查和批准。县级以上地方各级政府财政部门编制本级决算草案，经本级政府审计部门审计后，报本级政府审定，由本级政府提请本级人民代表大会常务委员会审查和批准。乡、民族乡、镇政府编制本级决算草案，提请本级人民代表大会审查和批准。"第八十条规定："各级决算经批准后，财政部门应当在二十日内向本级各部门批复决算。各部门应当在接到本级政府财政部门批复的本部门决算后十五日内向所属单位批复决算。"

第三节　国 库 管 理

一、国库

（一）国库的定义

国库，又被称为"国家金库"。一些国家将国库等同于财政机构，如英国和新西兰，而中国的不少理论与实践工作者则倾向于视国库为"政府的财政出纳机关"。当前，有关国库的研究亟待推进。关于国库的代表性定义主要如下。

（1）国库是负责办理政府预算收入和支出的出纳机关，它是政府预算执行工作的重要组成部分，是政府预算执行的基础①。

（2）现代意义上的国库已不再仅仅是政府资金的托管者，而是一个主动的政府现金和财务的管理者，并在此基础上凭借全面而及时的信息优势，成为对政府财政收支活动进行全方位管理的管理机构②。

（3）传统教科书中，对于国库的界定通常是国库是国家金库的简称，是专门负责办理国家预算资金的收纳和支出的机关。国家的全部预算收入都由国库收纳入库，一切预算支出都由国库拨付。按照国际货币基金组织的定义，国库不单是指国家金库，更重要的是代表政府控制预算的执行、保管政府资产和负债的一系列管理职能③。

（4）国库的原意指储藏贵重财物的官方场所。在公共财政管理文献中，国库通常被看作财务管理职能的工具。从功能上看，国库是一种基本的事中和事后的控制机制④。

（5）国库是指组织办理财政资金收纳、划分、留解、退库与支拨业务，以及由此产生的国库库存管理及其相关政府债务管理等一系列管理活动。现代国库由国库账户、国库资金、国库系统、国库机构四要素构成⑤。

本书认为，国库是围绕财政资金而展开的资金收纳、划分、留解、退库与支拨业务，以及与此相关的国库库存与政府债务管理活动。

（二）国库的职能

作为最关键的预算执行机构，国库存在的目的是确保公共部门使用好公共资金。因此，国库的主要职责是办理预算资金收纳和库款支拨，管理政府财务资源，加强对预算执行与实施的监控，确保资金使用合乎财务规定。随着经济改革的逐步推进，我国财政管理制度也在不断调整中，逐步建立起完整的国库组织机构，按照“一级财政、一级预算、一级国库”的原则，设立总库、分库、中心支库、支库，如中国人民银行经理总库，省一级行政区分行经理分库，市一级行政区分行、支行经理中心支库，县一级行政区分行经理支库。不设中国人民银行机构的地区，由中国人民银行委托当地金融机构代理国库业务⑥。根据 1985 年 7 月 27 日颁布的《中华人民共和国国家金库条例》（2020 年 11 月 29 日修订），我国国库承担的预算执行监管职责如下⑦：

（1）办理国家预算收入的收纳、划分和留解。

（2）办理国家预算支出的拨付。

（3）向上级国库和同级财政机关反映预算收支执行情况。

---

① 黄招卿，王传纶. 中国国库业务全书[M]. 北京：中国财政经济出版社，1994.

② 邱华炳. 国库运作与管理[M]. 厦门：厦门大学出版社，2001.

③ 阎坤，周雪飞. 发达国家国库管理制度的考察与借鉴[J]. 财政研究，2003，（2）：25-28.

④ 王雍君. 公共预算管理[M]. 2 版. 北京：经济科学出版社，2010.

⑤ 刘贵生. 现代国库论[M]. 北京：中国金融出版社，2014.

⑥ 邵长年. 改革开放三十年我国国库改革发展的回顾与展望[J]. 中国金融，2008，（12）：33-35.

⑦ 参见《中华人民共和国国家金库条例》（2020 年 11 月 29 日修订）第十条规定。

（4）协助财政、税务机关督促企业和其他有经济收入的单位及时向国家缴纳应缴款项，对于屡催不缴的，应依照税法协助扣收入库。

（5）组织管理和检查指导下级国库的工作。

（6）办理国家交办的同国库有关的其他工作。

由此可见，国库办理的主要业务：一是办理财政资金收纳、划分、留解、退付与支拨业务（简称办理政府收支业务）；二是国库库存管理（又称国库现金管理业务）；三是政府账户的设置与管理、政府收支流程的科学设计及收支进度控制、国库资金风险防范、国库会计核算、国库统计分析、国库信息化系统建设，以及有关组织机构建设与人员队伍建设、管理体制与运行机制建设等①。总之，无论是监控预算执行过程还是管理财务资源，现金管理都是国库最基本和最重要的功能②。

（三）国库与预算的关系

预算作为国家筹集与分配资金的一种重要手段，是各个预算年度内的国家财政收入、支出计划。形式上，预算是一个具有法律效力的技术性文件；内容上，预算既包括国家收入、支出的类型与规模，也涉及各级政府机关及部门在预算制定、执行过程中的权力与责任。

预算的制定只是一个预算周期的开始，国家财政收支计划的实现离不开预算的执行。在国家预算执行过程中，有两个问题需要得到解决：一是确保预算得到有效实施，二是需要对各种财政资金进行管理。在这两个问题上，国库起着至关重要的作用。这是因为，在国家预算执行过程中，很多问题依靠国库才能解决，如财政资金的拨付、财政支出中的会计记录、付款方式与流程、资金使用监督、财政资金使用过程中的内控与外控（如审计）、预算支出项目间的资金转移监管、年度结转等。从预算周期来看，国家金库除了作为直接的国家预算的执行机关以确保国家预算资金科学配置和有效使用外，还能为国家预算的科学编制提供相关的历史数据和信息资料，间接地参与及影响国家预算的编制③。

二、国库管理的基本制度

纵观各国实践，国库管理基本制度大体可以分为独立国库制、银行存款制及委托国库制。其中，独立国库制由政府专设的国库机构负责国家预算的执行，承担政府预算资金的收纳、保管和拨付。独立国库制运行成本高，这种模式只有少数几个国家如法国、芬兰等采用。银行存款制视政府为银行的顾客，财政部门在银行开设的独立账户办理预算收付业务，如蒙古国及美国地方政府的国库管理等。绝大多数国家国库管理实行委托国库制，这一国库管理模式不设专门机构，而是由财政部门委托银行代理国库业务。委托国库制充分利用了银行的设备及人才优势，具有成本低的优势。钱账分离的做法能够

① 刘贵生．现代国库论[M]．北京：中国金融出版社，2014.

② 王雍君．公共预算管理[M]. 2 版．北京：经济科学出版社，2010.

③ 邱华炳．国库运作与管理[M]．厦门：厦门大学出版社，2001.

对国家预算执行起到一定的监督作用。

在委托国库制下，国库管理制度主要由国库会计核算、预算收入核算、库款拨付等基本制度构成①。

（1）国库会计核算制度。国库会计核算事关国库资金安全，因此需要建立相应的国库会计核算制度。完整的国库会计核算体系需要能够准确反映国库业务的会计科目，真实、准确地记录预算资金的收纳、退付及库款支拨。一般而言，国库会计核算体系由会计凭证（包括原始凭证和记账凭证）和会计账簿（包括总账、分户账登记簿）、会计报表（包括日报、月报、年度决算报表等）构成，完善的国库会计核算体系有利于保证国库账务核算的真实性和准确性。

（2）预算收入核算制度。良好的预算收入核算体系有利于财政收入完整、及时地收缴入库。实践中，预算收入的收纳可以是就地缴库、集中缴库和自收汇缴。其中，集中缴库由主管单位负责将收集起来的预算收入统一上缴国库经收处（原金库经收处）。由于不少国家是财政分权国家，实行分税制，预算收入有中央、地方独享收入及央地共享收入。因此，国库需要对预算收入加以划分、留解，实现各级财政库款正确入库。在需要退库的情况下，经财政部门或有关部门批准，按照规定办理退库业务。

（3）库款拨付制度。库款拨付制度解决的是财政部门与中央银行的库款支配权问题。一般认为，中国人民银行国库局经办库款缴纳、支拨等具体业务，各级财政部门拥有对库款的绝对支配权。未经本级财政部门同意，任何单位和个人都不得动用国库库款，除非法律另有规定。

三、国库集中支付

国库收付可以分散收付，也可以集中收付。所谓分散支付，就是将各单位、部门年度支出总额按期拨付到其开设的银行账户上，由其自主使用。这种支付方式存在拨付烦琐、财政资金分配混乱、下拨资金流向不明、支出反馈滞后、资金使用随意等缺陷。

所谓集中支付，指的是政府部门收缴的所有收入（包括税收、基金、罚没收入及其他收入等）全部缴入国库，政府部门的所有预算支出包括购买商品与劳务，均通过国库向商品供应商与劳务提供者直接拨付资金，实行收支两条线管理，只设立国库单一账户对现金进行集中管理，政府各部门不再开设账户。基于集中支付建立起来的国库管理制度称为国库集中收付制度，也可称为国库单一账户制度（treasury single account，TSA），美国、英国、日本、法国、加拿大都采用国库集中收付制度。

国库集中收付制度反对多重账户的做法，有利于预算资金第一时间入库，也能够很好地杜绝预算支出资金被挤占、截留、挪用。综合来看，国库集中收付具有以下特征。

（1）实现单一账户下现金余额与流量的集中管理。支出部门统一设立国库单一账户，有利于实现财政资金的集中化管理。国库单一账户主要有积极的国库单一账户与消极的国库单一账户两种模式，前者主要由"国库单一账户"加"集中性会计控制"构成，支出单位的付款申请送至国库，未结款项的发票由国库管理；后者由支出机构直接付款，

① 庄序莹. 公共管理学[M]. 2 版. 上海：复旦大学出版社，2012.

但经由国库单一账户办理，国库并不控制单笔交易。比较而言，积极的国库单一账户效率较高，但可能引发腐败。

（2）实现预算资金收付规范化。在国库单一账户体系下，税收收入经申报、核准后，直接划入国库单一账户，预算支出资金也通过代理银行直接划给商品和劳务提供者。根据支付主体、支出性质不同，可以采用财政直接支付或财政授权支付。在财政授权支付的情况下，国库单一账户或预算外资金财政专户与预算单位零余额账户进行清算，财政资金余额全部保留在国库单一账户中。

（3）财政部门专设机构推进国库现金管理，并对财政收支活动进行监控。在国库单一账户之外，实行国库集中支付的国家往往会在财政部门成立相应的机构履行与国库管理相关的工作。例如，财政部设有国库司，专门承担组织预算执行、监控及分析预测，以及拟订财政总预算会计制度、国库管理和国库集中收付制度、国库现金管理、政府内债发行、兑付等管理工作。

第四节　公共收入管理

公共管理的目的就是向公众提供充足、质优的公共产品与服务。公共管理者要完成这些任务，必须有足够的资源（一定数量的公共收入）作为保证。汲取能力是国家一切能力的基础，公共收入是保证政府有效开展活动的物质基础，也是衡量政府运用公共资源进行宏观调控能力的重要标志。在现代市场经济国家，公共财政收入的来源主要包括税收、非税收入和公债。相应地，税收管理、非税收入管理、公债管理是公共财政收入管理的三大主题。

一、公共财政收入及其分类

（一）公共财政收入

公共财政收入，即政府为履行其职能，运用政治和经济权力筹集的一切货币收入的总称。公共财政收入是一切政府活动的物质基础，是国家进行宏观调控的物质保障。

在私人部门，收入越多越好，在公共部门中则不然。经验表明，维持合理的公共收入规模和结构，对于一国经济持续发展、社会和谐稳定有着重要意义。公共收入规模指的是某一时期一国取得财政收入的价值总量，它可用绝对数表示，也可用相对数来衡量。当用绝对数表示公共收入的规模时，公共收入规模就是一定时期内特定区域公共收入的总量。当用相对数来表示公共收入规模时，公共收入规模指的是一定时期内一国公共财政收入与其经济总量的比率，一般可用财政收入占 GDP 的比重、税收收入占 GDP 的比重和非税收入占 GDP 的比重来衡量。从国外财政收入结构来看，世界各国税收占财政收入的比重从 70%到 90%不等[①]，税收是公共财政的最主要、最稳定和最可靠来源。

① 陈共. 财政学[M]. 4 版. 北京：中国人民大学出版社，2004.

（二）公共财政收入分类

在介绍预算收支分类时，详细阐释了我国公共预算收支分类方法。此处重点介绍如下三种公共财政收入分类法。

1. 按财政收入形式分类

根据收入形式的不同，财政收入一般可以分为税收、债务、收费、铸币、通货膨胀收入等，当然也可进一步将这些收入加以划分，如分为经济性收入（税收、收费所得）和非经济性收入（债务收入和其他收入）。

2. 按收入来源分类

按收入来源对财政收入进行分类，有利于凸显财政收入与经济结构之间的关系，可发现影响财政收入的主要因素及其发展趋势。根据收入来源的不同，可以按照所有制结构或部门结构加以分类。如果根据所有制结构的不同，财政收入实际上可划分为国有经济收入、集体经济收入、中外合营经济收入、个体经济收入、私营经济或外商独资经济收入等；若以部门结构为依据，可将财政收入划分为工业部门收入、农业部门收入；生产部门收入、流通部门收入；第一、第二、第三产业部门收入等。

3. 按管理形式分类

长期以来，中国财政收入一直以管理形式为标准，分为预算收入、预算外收入两种形式。其中，预算收入统一纳入国家预算，遵循预算管理程序进行规范化管理。预算外收入不纳入预算管理，由各级政府自行安排。

本节主要根据财政收入形式分类的标准展开有关我国公共财政收入管理问题的讨论。

二、税收管理

（一）税收

税收在历史上存在已久，它是国家和政府旨在履行其公共职能，凭借其掌握的公共权力，根据国家法定的标准和程序，从国民收入分配中通过强制性方式所取得的财政收入。税收反映的是国家（或政府）与纳税人之间的一种利益分配关系。因此，作为一国财政收入的最主要来源，税收既是一种经济现象，也是一种政治现象。现代社会的税收具有强制性、无偿性、固定性的特点。

（1）强制性。税收强制性指的是税收的取得依赖于国家政治权力，并通过颁布法律，合法地对其国民强制性征收财政资金。税收的强制性要求一国的所有纳税义务人都必须依法缴税，否则会受到法律制裁。

（2）无偿性。无偿性指的是税收是国家无偿取得的收入，政府取得财政收入无须向纳税人支付任何报酬。从这一点看，政府和纳税人之间不存在直接等价交换关系。

（3）固定性。固定性指的是税收需要按照国家法律法规设定的标准和程序进行。在这一过程中，纳税人、课税对象、税目、税率、计价办法和期限等亦须由税收法律法规加以规定。

（二）税收管理的定义与分类

所谓税收管理，指的是国家财政、税务、海关等相关职能部门，在国家法律法规框架下，遵循税收活动的特点和规律，依法对税收活动全过程展开的决策、组织、协调、监督控制等活动。作为国家重要的经济管理行为之一，税收管理对于实现税收职能，如收入调节、税收财政及税收监督等，有着极其重要的意义。作为现代法治社会的基本要求，税收管理需要坚持以税收法治为目标，坚持依法治税、效率和专业化管理等原则。

在现代税收管理理论与实践中，税收管理主体为国家及其征税机关，税收管理的主要内容包括税收立法、税收执法和税收司法。一般而言，税收管理仅指税收执法管理，主要涉及税收业务和税收行政管理。其中，税收业务管理，指的是税务机关依法征收税款及相关管理活动的总称，如税源管理、税款征收和税收稽查、税收核算管理等；税收行政管理则以税务部门工作人员作为管理对象，本质是对征税机关的管理，内容包括机构设置、组织形式、工作程序、征收人员等的管理。2021 年，我国税务工作会议提出了“高质量推进新发展阶段税收现代化”的要求。创新税收管理理念，建设智慧税务，推进税收征管现代化是“十四五”时期乃至未来更长时期内实现税收治理现代化的重要内容。

（三）税收管理体制

在一国财政实践中，一个好的税收管理体制对税收管理优化、税款及时征解入库等影响很大。在税收管理过程中，税收管理体制主要涉及中央政府以及地方政府之间税收收入和税收管理权限的划分，如税法的制定权、税法解释权、制定税法实施细则权、税种的开征与停征权、减税免税的审批确定权、税目的增减与税率的调整权等的划分，它是一国经济管理体制和财政管理体制的重要组成部分。当前，我国税收管理体制贯彻统一领导与分级管理、责权利相结合的原则，同时强调与其他管理体制间的协调配合。

就税收权力分配而言，我国税收立法权、税收政策制定权归属于全国人民代表大会及其常务委员会、国务院、财政部、国家税务总局、中华人民共和国海关总署（简称海关总署）、国务院关税税则委员会办公室等机关；税收执法权则主要集中于财政部、国家税务总局、海关总署等相关部门。

在税收征管方面，1994—2018 年我国顺应分税制的需要奉行国地税“分征分管”原则，分设国税、地税两家。客观地说，这一征管体制是与当时的历史条件相适应的，发挥了重要作用。国地税“分征分管”的做法也存在不少问题，如税收征收成本过高、纳税人负担过重、国地税之间利益冲突严重，国地税税收征管不统一等。为了解决“分征分管”带来的问题，2018 年国家决定改革国税地税征管体制，合并省级和省级以下国税地税机构。国税地税机构合并后，实行以国家税务总局为主、与省（区、市）人民政府双重领导管理体制，以充分调动中央、地方两个积极性。

机构合并后，国家税务总局负责征收和管理的税收项目包括增值税、消费税、车辆购置税、企业所得税、个人所得税、资源税、城镇土地使用税、耕地占用税、土地增值税、房产税、车船税、印花税、契税、城市维护建设税、环保税、烟叶税等。海关系统负责征收和管理的项目包括关税、船舶吨税、行李及邮递物品进口税。此外，还负责代征进出口环节的增值税、消费税。

我国税收征管正朝着现代化的方向发展，以税法等法律制度为依据，以现代化信息技术为手段，实现税务执法行为规范、纳税服务精细优质、税务监管体系科学和税收共治格局构建的管理活动①。

三、非税收入管理

在公共财政收入结构中，税收是一种非常重要的收入来源。非税收入也是一个不可忽略的组成部分。在财政管理中，加强非税收入管理有助于理顺政府间分配关系，进一步健全国家公共财政职能，以及进一步规范政府收入分配秩序。从这一点来看，加强非税收入管理是公共财政管理的应有之义。

（一）非税收入的含义与范围

结合财政部2004年发布的《财政部关于加强政府非税收入管理的通知》，非税收入指的是除税收收入以外，由各级政府、国家机关、事业单位、代行政府职能的社会组织及其他组织，依法利用政府权力、政府信誉、国家资源、国有资产或提供特定公共服务、准公共服务取得并用于满足社会公共需要或准公共需要的财政资金。因而，政府非税收入范围主要包括行政事业性收费、政府性基金、国有资源有偿使用收入、国有资产有偿使用收入、国有资本经营收益、彩票公益金、罚没收入、以政府名义接受的捐赠收入、主管部门集中收入以及政府财政资金产生的利息收入等。需要注意的是，在非税收入中，社会保障基金和住房公积金不纳入政府非税收入管理。

（二）非税收入管理的主要内容

非税收入管理指的是根据国家法律规定对非税收入的取得、使用、监督等展开的一系列活动。加强非税收入管理不仅有利于“做大财政收入蛋糕”，提升政府宏观调控能力和不断完善公共财政体制，还能有效遏制腐败，建立公平的社会分配秩序。从我国非税收入管理实践来看，我国非税收入管理主要涉及以下四个方面。

1. 非税收入制度建设

非税收入管理中最重要的当属非税收入管理制度建设。近年来，我国一直致力于建设和完善非税收入管理制度体系，目的是进一步明确非税收入审批权限及其利益归属，实现我国非税收入管理规范化。从1996年开始，我国逐步将预算外管理的收费、基金等纳入财政预算管理，这一努力为后续财政改革打下了良好基础。2000年以来的以部门预算、国库集中收付和政府采购为主要内容的财政改革，取消了财政管理上的预算内、外资金“双轨制”的做法，加快了规范非税收入管理的进程。2004年，财政部印发的《关于加强政府非税收入管理的通知》，首次明确了非税收入的概念和管理范围，初步构建了我国非税收入管理的制度体系。

---

① 王曙光，章力丹，张泽群. 税收征管现代化的科学内涵与发展路径[J]. 税务研究，2021，（10）：133-138.

2. 非税收入收缴管理

非税收入收缴管理工作一般涉及非税收入收缴方式选择、非税收入收缴管理制度的建立和健全、非税收入收缴管理信息系统的完善、非税收入收缴账户管理的规范化等。就非税收入收缴方式的选择而言，一般可以通过非税收入收缴管理信息系统、就地缴库方式及通过财政与其他部门的横向联网系统等收缴非税收入。

3. 非税收入使用管理

非税收入使用管理，重在确保已收缴的非税收入规范和高效率地使用。如前所述，近年来，我国逐渐将行政事业性收费、政府性基金、彩票公益金、土地出让收入等非税收入纳入预算管理。自 2011 年起，中国财政管理中全面取消预算外资金，预算外资金管理制度在中国成为历史。

4. 非税收入监督管理

非税收入监督管理是指相关主体依法对非税收入管理中的收缴、使用、非税收入预算等活动展开的监察督促，目的是保证非税收入的规范管理。现代财政管理实践表明，有效的非税收入管理需要建立起科学、合理的非税收入监督管理制度。加强非税收入监督管理，还需要实现非税收入管理信息公开，提高非税收入管理透明度，以强化公众监督。

四、公债管理

当今社会，信用经济已不再局限于私人领域。政府举债已是完善城乡基础设施和发挥政府职能的重要途径。公债管理政策是与财政货币政策紧密联系在一起的。由于国家职能的多样化和国家经济管理的需要，当税收和非税收入难以满足财政支出的需要时，通过发行公债满足财政收支缺口将是一种必然选择。

（一）公债及其类型

1. 公债

公债，又称公共债务、国债，是由各级政府举借的债务的总称。关于公债的说法，人们一般视中央政府债务为国债，而将地方政府债务称为公债。就像私人债务一样，公债具有有偿性、自愿性的特点。

考虑到我国公债发行情况特殊，在 2014 年前，我国地方政府并没有权力以自身名义发债，因此人们往往将公债与国债等同起来。1994 年通过的《预算法》第二十八条明确规定："除法律和国务院另有规定外，地方政府不得发行地方政府债券。"这一规定当然有其利弊：一方面，不允许发行地方公债有利于中央政府控制公债规模，实施宏观调控政策；另一方面，这一规定事实上不利于调动地方政府的主动性和积极性，因而不利于地方经济发展。随着我国经济结构的调整、财税体制的完善，允许地方发行公债已势在必行。财政部于 2011 年 11 月通知称，经国务院批准，在上海、浙江、广东和深圳试点地方政府自行发债。同年，财政部下发了《2011 年地方政府自行发债试点办法》（简称《试点方法》）。这一尝试还存在诸多问题，正如中欧国际工商学院经济学与金融学许小年教授所指出的，地方政府发债是我国财政体制的一项重大变化，未经全国人民代表大会审议、批准，在立法程序上不妥。需要注意的是，地方债的发行额度有必要纳入地方年度财政预算，应当经由地方人民代表大会批准而不是由国务院批准。此外，《试点办法》中有关地方债偿还由中央财政担保，可能会引发地方政府的“道德风险”，即地方政府有很强的借债冲动，却没有还债动力，这可能会埋下债务危机的祸根。但是，四省市的实践代表了一种通过发行债券调动地方积极性和发展经济的尝试。

在前期试点的基础上，2014 年 8 月 31 日，被称为“经济宪法”的《预算法》修订通过，此次《预算法》修订放开了地方政府举债的权力，其第三十五条规定：“地方各级预算按照量入为出、收支平衡的原则编制，除本法另有规定外，不列赤字。”“经国务院批准的省、自治区、直辖市的预算中必需的建设投资的部分资金，可以在国务院确定的限额内，通过发行地方政府债券举借债务的方式筹措。举借债务的规模，由国务院报全国人民代表大会或者全国人民代表大会常务委员会批准。省、自治区、直辖市依照国务院下达的限额举借的债务，列入本级预算调整方案，报本级人民代表大会常务委员会批准。举借的债务应当有偿还计划和稳定的偿还资金来源，只能用于公益性资本支出，不得用于经常性支出。”“除前款规定外，地方政府及其所属部门不得以任何方式举借债务。”“除法律另有规定外，地方政府及其所属部门不得为任何单位和个人的债务以任何方式提供担保。”“国务院建立地方政府债务风险评估和预警机制、应急处置机制以及责任追究制度。国务院财政部门对地方政府债务实施监督。”

2. 公债的种类

现代国家的公债内容繁多，为了方便管理，控制风险，需要对公债加以分类。

（1）根据公债发行期的不同，公债可分为短期公债、中期公债、长期公债。短期公债发行期限在 1 年之内，又称流动公债；中期公债发行期限在 1～10 年；长期公债发行期限则在 10 年以上，永久公债或无期公债可归于长期公债。

（2）根据公债筹措和发行的地域不同，公债可分内债和外债两种。其中，内债是政府在本国的借款和发行的债券；外债是政府向他国政府、银行或国际金融组织的借款以及在国外发行的债券。

（3）按公债是否可以自由流通，可分为上市公债和非上市公债。前者可在债券市场上出售，并且可以转让；后者不可在债券市场上出售和转让。

此外，根据举债形式的差异，公债可分为契约性借款、发行公债券两种；按发行主体，可分为中央公债和地方公债；按公债计量单位，可分为实物公债和货币公债；按利息状况，可分为有息公债和有奖公债；按公债用途，可分为生产性公债和非生产性公债；等等。

（二）公债管理的内容

所谓公债管理，指的是政府为了控制公债的规模和构成、调整公债购买主体的结构、选择适当的公债期限结构和利率水平等而采取的一系列措施。根据美国财政学家 Abbott 给公债管理下的定义，公债管理就是选择公债形式和确定不同公债类型所占的比例数量；选择债务期限结构和确定不同阶层持有者所拥有的公债数量；做出到期公债的偿还或公债以旧换新的决策；确定公债发行的条件和价格，不同公债持有者的待遇，到期公债和新发行公债的政策及公债在政府一般财政政策中的地位；等等[①]。

具体来说，公债管理的主要内容包括以下两点。

（1）公债结构管理。所谓公债结构，指的是一国债务的混合搭配、债务来源与发行期限。从内容上看，公债结构管理主要涉及应债主体结构管理、公债持有者结构或应债资金来源结构管理、公债期限结构管理等内容。

（2）公债规模管理。所谓公债规模，指的是一国负债的总水平。实践中，可用公债发行额、公债余额等绝对指标衡量公债规模，也可用相对指标来衡量。可以说，对公债规模的管理，就是要将公债的绝对规模和相对规模控制在合理的范围内。

从世界各国债务管理实践来看，指标法和因素法是衡量政府债务状况的两种主要方法。此处重点介绍指标法。

（1）公债依存度。这一指标指的是某年国家公债发行额占当年财政支出的比重，反映一国政府偿债能力的大小。计算公式为：

$$\text{公债依存度}=\frac{\text{当年公债发行额}}{\text{当年财政支出}}\times 100\%$$

（2）公债负担率或负债率，即公债余额占当年国民生产总值（gross national product，GNP）的比重，这一指标反映的是国民经济承受债务压力的程度。计算公式为

$$\text{公债负担率}=\frac{\text{公债余额}}{\text{GNP（或GDP）}}\times 100\%$$

（3）偿债率，这一指标指的是当年国家公债还本付息额占当年财政收入的比重。这一指标反映的是在一国财政支出中当年偿债压力。计算公式为

$$\text{偿债率}=\frac{\text{当年公债还本付息额}}{\text{当年财政收入}}\times 100\%$$

（4）债汇比。这一指标是一国外债余额与外汇储备总额的比率。计算公式为

$$\text{债汇比}=\frac{\text{外债余额}}{\text{外汇储备}}\times 100\%$$

第五节　公共支出管理

所谓公共支出，指的是政府因履行其职能进行的财政资金分配活动。也就是说，公共支出是政府向公众提供公共产品和服务所付出的成本。在这一意义上，公共支出也可视为政府成本。在现代社会，公共支出对于促进国家经济增长，保证经济稳定，促进社会繁荣稳定等有着十分重要的意义。20 世纪七八十年代以来，政府失灵现象的普遍出现及公共选择理论的传播，让人们认识到公共财政支出管理的重要性。一般认为，公共支出管理主要包括购买性支出管理和转移性支出管理两大部分。公共支出管理的目标是有效控制公共支出规模、战略性地配置资源及实现良好的公共支出绩效管理。

---

① Abbott C C. Management of the Federal Debt[M]. New York: McGraw-Hill Book Company, 1949.

一、购买性支出管理

公共财政支出可以有不同的分类。例如，根据公共支出用途的不同，财政支出可分为补偿性支出、消费性支出和积累性支出；根据公共支出经济性质的差异，公共支出又可分为购买性支出、转移性支出两大类。在这些分类方法中，根据经济性质分类具有很好的经济分析意义，因此是一种较为普遍的分类方法。本书也将采用经济性质分类法，将公共支出分为购买性支出、转移性支出两大类。

购买性支出，又称为消耗性支出，是指政府按照市场交易的原则，直接向市场购买商品和服务所进行的支付。购买性支出本质上较好地反映了政府直接配置和消耗的社会资源比重。由于政府的购买性支出能够直接导致市场供需关系的变化，产生“挤出效应”或“引入效应”，因而购买性支出能够直接影响国家经济运行状况。实践中，各国政府都把购买性支出当成反经济周期手段加以使用。一般地，购买性支出管理主要包括社会消费性支出管理、财政投资性支出管理和政府采购管理。

（一）社会消费性支出

社会消费性支出作为非生产性的消耗支出，并不形成任何资产。这一支出通过政府直接购买并消耗商品和服务完成。社会消费性支出是国家履行其职能的财力保证。在公共财政管理实践中，社会消费性支出项目主要包括行政管理支出、国防支出、科教文卫支出等。

1. 行政管理支出

国家自其出现之日起，就面临着如何运转的问题。为了实现对内政治统治和有效进行社会管理，国家往往会设立公检法、经济管理机关等各类行政机构，这些机构运转所需的费用就构成了行政管理费。简言之，行政管理支出是各级权力机关、行政机关、司法机关等行使其职能所需要的花费。行政管理支出安排合理、透明，有助于建立廉洁、高效的行政机关。

一般认为，行政管理支出具有非生产性、连续性和增长刚性等特点。行政管理支出主要包括以下三方面。

（1）行政管理费。这类支出主要包括人民代表大会经费，如各级人民代表大会机关经费、各级人民代表大会常委会和各级人民代表大会会议费、人民代表视察费、选举费；政府机关经费，即各级政府机关（不含公安、安全、司法行政机关）经费，以及由国家预算开支的乡（镇）行政干部经费、居民委员会补助费；政协经费，包括各级政协机关经费、各级政协常委会和各级政协会议会议费、政协委员视察费等；共产党机关经费；民主党派机关经费；社会组织机关经费；等等。

（2）外交外事支出。这类支出主要包括外交支出，如驻外机构经费、出国费、招待费；国际组织支出及偿付外国资产支出，如国际组织会费、国际组织捐赠支出、维和摊款、国际组织股金及基金、偿付外国资产款支出；地方外事费、对外宣传经费、边境联检费，等等。

（3）武装警察部队支出和公检法司支出。前者主要指内卫部队、边防部队、消防部队、警卫部队、黄金部队、森林部队、水电部队、交通部队等的经费支出；后者主要指公安支出、国家安全支出、检察院支出、法院支出、司法支出、监狱支出等。

此外，行政管理支出也可根据用途不同分为人员经费和公用经费。前者主要由工资、补助工资、职工福利费、离退休人员费用等构成；后者包括公务费、设备购置费、修缮费、业务费等。

实践中，行政管理支出也是受到制约的。在特定时期，一个国家行政管理支出往往受到该国财政状况、国家机关及其在编人员的规模和数量、物价水平和服务标准等因素的影响。

2. 国防支出

一个国家除了内部行政管理，还需要防御外敌侵犯，保卫国家安全。这就需要建立和建设国家军队及军队设施。因此，国防支出也是公共财政的重要内容之一。一般而言，国防支出指的是国家用于国防建设、国防科技事业、军队正规化建设和民兵建设、各军兵种和后备部队的经常性开支、专项军事工程，以及战时作战经费等方面的军事支出。

在构成上，国防支出主要有军费、国防科研事业费、民兵建设费、动员预编经费、招飞事业费、专项工程经费等，这些费用均属中央支出专用科目。除此之外，国防支出还可划分为国防维持费和投资，也可按照兵种的不同分为国防部队支出、陆军支出、海军支出、空军支出、武警部队支出、战略部队支出和预备役、后备役部队支出等。

在国防支出的管理上，最重要的是将国防支出控制在合理规模，并根据本国经济发展和国家安全的需要合理调整国防支出的结构。

3. 科教文卫支出

科教文卫支出一般是指国家财政用于科学、教育、文化、卫生等方面的经费支出。科教文卫支出所涉范围甚广，一般可按照如下不同标准对其分类。

（1）根据支出部门的不同，科教文卫支出可分为科学事业费，主要有自然科学事业费、科学技术协会事业费、社会科学事业费、高技术研究专项经费等；教育事业费，包括教育部门举办的各类中小学及幼儿教育经费、中等或职业技术教育经费、成人高等教育，以及广播电视教育、特殊教育经费和经国家批准设立的全日制普通高等院校（包括研究生）经费及留学生经费等；文化事业费，如艺术表演团体经费、图书馆经费、群众文化经费等；卫生事业费，主要涉及医院经费、卫生院补助费、防治防疫事业费、妇幼保健经费、合作医疗补助费、中医事业费等。此外，科教文卫支出还包括体育、通信、广播电影电视出版、文物、档案、地震、海洋、计划生育等事业的经费支出。

（2）根据支出用途的不同，科教文卫支出可分为人员经费支出，包括科教文卫等事业单位的工资、补助工资、职工福利费、离退休人员费用、奖学金等的开支项目；公用经费支出，包括科教文卫等事业单位为完成事业计划的各项费用开支，如公务费、设备购置费、修缮费、业务费等。

（二）财政投资性支出

财政投资性支出，又称为财政投资或者公共投资，指的是政府将其筹集的财政资金投资于国民经济各部门的经费支出。它是国家财政支出的重要组成部分，也是社会总投资不可或缺的一部分。政府财政投资性支出的基本要求是，不管盈利与否，公共财政投资性支出必须能够极大地拉动经济增长，提高国民经济的整体效益。财政投资性支出一般表现为大型项目和长期项目，这些项目投资周期长，并且"外部效应"显著。

概括起来，财政投资性支出的特征主要表现：一是具有非竞争性、非排他性的纯公共品，包括国防、司法、邮政、卫生防疫、防灾救灾、大江大河治理、重大科研计划、消防等；二是带有显著外部收益，能够创造符合社会公平的产品和服务，如城市道路、基础教育、医疗卫生、社会福利等；三是自然垄断产品，如电力、铁路、电信、地铁、供水、污水处理、垃圾处理、广播电视等。

（三）政府采购管理

1. 政府采购

政府采购也称公共采购，实质是财政支出的安排和使用行为，指各级政府机关及其所属单位，使用财政性资金采购依法制定的集中采购目录以内的或者采购限额标准以上的货物、工程和服务的行为。政府采购旨在实现政府职能和社会公共利益。《中华人民共和国政府采购法》（简称《政府采购法》）和《中华人民共和国招标投标法》（简称《招标投标法》）构成了我国政府采购法律制度的基础，这两部法对我国政府采购主体、采购程序、采购方式、采购合同、法律责任等作了全面规定，起到了规范政府采购行为、推进国家经济和社会发展的作用。

从政府采购的定义看，政府采购具有明显不同于商业采购的特点，如采购主体特殊（限于政府机构及其所属单位）、采购资金的公共性、采购行为的非营利性、采购活动的规范性以及采购对象的广泛性等。

2. 政府采购的基本方式

政府采购管理模式一般可分为分散采购、集中采购、半分散半集中采购三种。分散采购由各需求单位自行遵照法律法规进行采购活动，一般适用于小额商品和服务。分散采购模式难以监督。在集中采购模式下，政府的采购任务由一个部门负责。在半分散半集中采购模式下，一部分商品和服务由某个部门统一采购，而另一部分商品和服务则由需求单位自行采购。

《政府采购法》规定，政府采购应当严格按照批准的预算执行。政府采购实行集中采购和分散采购相结合，集中采购的范围由省级以上人民政府公布的集中采购目录确定。结合相关法律规定，政府采购的基本方式主要有招标采购和非招标性采购两大类型。其中，采购金额是决定政府采购是采用招标采购还是非招标性采购的关键因素。采购金额较大的项目一般要求采用招标采购，而且往往要求使用公开招标采购；对于在特定限额以下的采购项目，则采用非招标性采购方式①。

（1）招标采购方式。所谓招标采购，是指通过招标方式邀请所有的或一定范围内的潜在供应商参加投标，采购单位依据某种事先确定并公布的标准从所有投标中评选出中标供应商，并与之签订合同的一种采购形式。招标采购方式实际上又可分为公开招标采

① 郭小聪. 政府经济学[M]. 北京：中国人民大学出版社，2003.

购、选择性招标采购和限制性招标采购。其中，公开招标采购和选择性招标采购属于竞争性招标采购。

首先，公开招标采购由采购方通过公开程序，如在媒体上公开刊登通告，吸引所有有兴趣的供应人参加投标，并按相应法律法规所定程序选定中标人。其次，选择性招标采购则是指通过公开程序，邀请供应商提供资格文件，只有通过资格审查的供应商才能参加后续招标。最后，限制性招标采购指的是采购单位不刊登招标公告，直接邀请国内外供应商参加投标的采购方式。

（2）非招标性采购方式。在政府采购实践中，非招标性采购主要包括询价采购、单一来源采购、竞争性谈判采购和自营工程等。

询价采购。顾名思义，指的是"货比三家"的采购方式，也就是采购方向几个供货商（通常至少三家）发出询价单并让其报价，然后在报价的基础上进行比较以确保价格具有竞争性的一种采购方式。单一来源采购或者称为直接采购，指的是一种没有竞争的谈判采购方式。在这种采购方式下，采购项目虽然已经达到竞争性招标采购的金额标准，但在适当条件下，采购人向单一供应商征求建议或报价来采购货物、工程或服务。这种情况下的适当条件主要指所购商品来源渠道单一、供应商拥有专有权且无其他替代标的、采购项目属原合同追加和后续扩充等。竞争性谈判采购指在紧急情况下，采购人或者采购代理机构直接邀请三家以上供应商就采购事宜进行谈判的方式。自营工程作为土建工程的一种采购方式，指采购方不通过招标或其他采购方式而直接使用自己国内、省（区）内的施工队伍承建土建工程的采购方式。

二、转移性支出管理

转移性支出不以取得商品或劳务为目的，以实现社会公平为目标，特点是政府未占用、消耗社会经济资源。根据内容的不同，转移性支出可分为社会保障支出、财政补贴支出等。

长期以来，购买性支出一直是公共财政支出的主要组成部分。但是近年来，转移性支出在财政管理和社会发展中的重要性日益显现。当前，世界上一些国家的转移性支出所占公共财政支出比重甚至超过了购买性支出。随着社会主义市场经济体制和公共财政体制日趋完善，我国政府也开始注重运用转移性支出来调控社会总需求，以实现宏观经济稳定与繁荣。

（一）社会保障支出管理

社会保障支出指的是政府通过财政途径向由各种原因导致暂时或永久性丧失劳动能力、失去工作机会或生活面临困难的社会成员提供基本生活保障的支出。根据内容的不同，我国社会保障支出可分为社会保险、社会救济、社会优抚和社会福利。

（1）社会保险。作为现代社会保障的核心内容，社会保险是一国居民的基本保障，也是政府按照保险原则兴办的社会保障计划，即保证劳动者在失去劳动能力、失去工资收入之后仍然能够享有基本生活保障。与商业保险不同的是，社会保险具有强制性特征。社会保险项目在不同国家并不相同。我国社会保险主要有老年保险、失业保险（待业保险）、医疗保险、生育保险、疾病保险、工伤保险、伤残保险等。

（2）社会救济。社会救济指的是国家通过财政拨款，为贫困者和遭受不可抗拒的风险（如自然灾害、战争等）的不幸者提供的无偿物质援助，主要包括贫困救济、灾害救济和特殊救济等。

（3）社会优抚。社会优抚指的是国家按规定对法定优抚对象，如现役军人及其家属、退休和退伍军人、烈属等，为保证其一定的生活水平而提供的资助和服务。

（4）社会福利。广义的社会福利一般指国家和社会通过各种福利事业、福利设施、福利服务，为社会成员提供基本生活保障，以使社会成员的基本生活状况不断得到改善的社会照顾和社会服务。广义的社会福利是社会保障的高级阶段。狭义的社会福利则指对生活能力较弱的儿童、老人、母子家庭、残疾人、慢性精神病人等的社会照顾和社会服务。

我国社会保险制度成立于中华人民共和国成立之初，改革开放后我国社会保障制度逐步改革，不断完善。实践中，不应将社会保障支出视为“非生产性”的消费性支出，认为其规模的扩大会阻碍经济增长，而应该继续合理增加社会保障支出，以满足人民日益提高的社会保障需求，同时更好地发挥其经济助推器的作用，但其支出水平必须与经济发展水平相适应①。

（二）财政补贴管理

财政补贴是转移支付性支出的一种重要形式，是国家为了某种特定需要而向企业或居民个人提供的无偿补助，实质是将纳税人的一部分收入无偿转移给补贴领受者。此外，财政补贴总是与相对价格的变动联系在一起：或者是补贴引起价格变动，或者是价格变动导致财政补贴②。

财政补贴可以根据不同标准加以分类。根据补贴环节的不同，可将财政补贴分为生产环节补贴、流通环节补贴、消费环节补贴；根据补贴对象的不同，财政补贴可分为企业补贴和个人补贴；根据补贴的经济性质不同，财政补贴又可分为生产补贴、生活补贴。

我国财政补贴方式主要有如下五种类型。

（1）价格补贴。价格补贴主要包括农副产品价格补贴、日用工业品价格补贴、农业生产资料价格补贴、工矿产品价格补贴等。

（2）企业亏损补贴。所谓企业亏损补贴，又叫国有企业计划亏损补贴，指的是国家基于国有企业按照国家的计划生产、经营社会迫切需要，但由客观原因导致企业出现亏损的产品而拨付的财政补贴，如国内经营企业亏损补贴、外贸企业亏损补贴等。

（3）财政贴息。所谓财政贴息，指国家财政对使用特定用途银行贷款的企业，为其支付的贷款利息提供的补贴。换言之，政府通过财政代替企业向银行支付利息。

（4）税式支出。所谓税式支出，指国家为实现特定目标，对纳税人或课税对象实行

---

① 卢珊，杜宝贵. 中国社会保障支出对收入分配差距与经济增长的动态影响[J]. 统计与信息论坛，2021，36（10）：99-108.

② 陈共. 财政学[M]. 4版. 北京：中国人民大学出版社，2004.

税收优惠，包括减税和免税，以起到税收激励或税收照顾的作用。

（5）其他补贴，包括政府对行政事业单位职工的房租、水煤气等进行的补贴。

一直以来，我国财政补贴在促进社会经济发展、维护社会稳定等方面，发挥了重要作用。不过，我国现行的财政补贴制度还存在一定的问题，如补贴项目过多过滥、补贴范围和标准不明确、有些补贴不当、补贴规模偏大等，这些都是日后我国财政补贴管理需要重点解决的问题。

思考与讨论题

（1）什么是公共财政？公共财政有哪些特征？

（2）公共预算的组织形式有哪些？

（3）国库管理的基本制度有哪些？

（4）什么是国库集中支付？

（5）公共收入的基本类型有哪些？各有何特征？

（6）公共支出的基本类型有哪些？各有何特征？

第八章　法治与监督

传统公共管理和现代公共管理是公共管理的两种不同范式，也是公共管理的两个发展阶段。传统公共管理即公共行政，以效率为核心价值取向；现代公共管理即新公共管理，以公平为核心价值取向。20 世纪 70 年代末 80 年代初，随着财政危机、科技革命和经济全球化，建立在 Wilson“政治-行政二分法”和 Weber 科层官僚制理论基础之上的，与工业社会相适应的传统公共行政模式已越来越不能适应社会的新需要，因而在世界范围内掀起了一场声势浩大的行政改革浪潮，即“新公共管理”运动。然而，无论是传统公共管理还是现代公共管理，都围绕着政府的角色地位而展开，没有忽视行政与法律之间的关系。相反，公共管理理论始终非常重视法律在调节政府与市场之间的关系，以及在规制权力运行方面的重要作用。

▶ **重点问题**

（1）法治的价值与精神。

（2）行政法治原则。

（3）行政法治的主要内容。

（4）行政行为的分类。

（5）行政行为合法性要件。

▶ **难点问题**

（1）法律控制行政权、法律保护行政权、行政权与司法权平衡的三种不同行政权的法律规范模式的优劣之处。

（2）行政行为的法律风险及其规避。

（3）全媒体时代（传统媒体、新媒体、自媒体和不断创新的信息技术）政府与媒体关系处理。

第一节　行 政 法 治

一、法治的一般原理

（一）法治的内涵与特征

1. 法治的内涵

何谓“法治”？由于各国经济、政治、文化等社会条件不同，对其有不同的理解。古希腊思想家亚里士多德认为，“法治应包含两重意义：已成立的法律获得普遍的服从，而大家所服从的法律又应该本身是制订的良好的法律"[①]。该定义被认为是对"法治"最经典的界定，核心要义是"良法之治"。被称为近代西方法治理论奠基人的英国法学家艾博·文·戴雪认为，宪法意义上的"法治"有三层含义：一是法律居于至高无上的地位，并制约公权力；二是法律面前人人平等，个人受法律统治；三是宪法为法治之体现，国家立法、行政和司法权应当分立[②]。该定义是从英国的法治实践经验和西方近代政治理论出发，对"法治"做出的一次比较全面系统的阐述。在中国，法治思想源远流长，春秋时期的管仲明确提出"以法治国"的主张，认为"法者，天下之至道也，圣君之实用也"[③]。法家的集大成者韩非认为，"法者，编著之图籍，设之于官府，而布之于百姓者也"。法律具有以下特点：首先，法律应当用文字形式明确表现出来，并公布于众；其次，作为全体臣民的行为准则，法律应当统一且稳定；最后，"法不阿贵"[④]，全体臣民在法律面前都是平等的。综观国内外关于"法治"的解读，可以发现，"法治"作为一个历史概念，其基本内涵应包含以下四个方面。

（1）法治是一种治理国家的基本方略或基本方式，其与人治或专制相对应。人治是一种依靠个人并且往往是统治者个人的权威和能力来治理国家的政治主张和治理模式。人治体现出一元化的权力状态，属于一种自上而下的、等级森严的、单向的"线状"控权模式，因而容易导致"独裁"与"专制"。法治则不同，其是一种依靠多数人的意志即法律来治理国家的政治主张和治理模式。法治体现出多元化的权力状态，属于一种多种权力相互作用、相互制约的"网状"控权模式，因而常与民主联系在一起。

（2）法治要求有一套健全的法律体系，蕴涵一系列价值追求和目标理想。健全的法律体系不仅包括实体法，而且包括程序法；不仅包括法律原则、法律制度，而且包括具体的法律规范。这些法律体系为人们提供了基本的行为规范，更彰显出法的精神、理念和价值。法的理念和精神属于法治更深层次的东西，对于法治的发展有着决定性的深远影响。

（3）法治意味着法律得到了普遍有效的遵守，具有至高无上的权威。法治的重要目标，一方面在于维护和保障公民的基本权利免受不当侵害，尤其是公权力的恣意妄为；另一方面在于依法控权，即为公权力的存在空间提供合法性、正当性依据。最终，法律成为人们行为的基本准则，成为约束与规范公权力的重要保障。

（4）法治最终体现为一种社会秩序。法治不仅是一种过程，是一种结果，更是一种国家社会状态。在法治状态下，权力规范运行，人人皆受法律统治，法律制度内化为人们的守法行为，公平正义体现在社会的各个方面，体现出人类的理想追求。

2. 法治的特征

"法治"即"良法之治"，是指按照法的精神和法律规范治理国家的基本模式。与人治相比，法治具有以下特征。

（1）法律具有公开性与公正性。法治的前提在于有一套健全的法律制度体系，而法

① 亚里士多德. 政治学[M]. 吴寿彭，译，北京：商务印书馆，1983.

② 戴雪. 英宪精义[M]. 雷宾南，译，北京：中国法制出版社，2009.

③ 管仲. 管子[M]. 上海：上海古籍出版社，2015.

④ 张觉，等. 韩非子译注[M]. 上海：上海古籍出版社，2012.

律制度本身又是明确的、公开的、透明的，为公众所知悉，蕴涵平等、自由、公平、正义等基本价值。因此，法治不等于用法来治（把法单纯作为工具和手段），而忽略了法的基本精神和价值。

（2）法律具有普遍性和权威性。仅有静态的法律不能称为法治，法治是一种动态的制约平衡机制。在法治状态下，法律成为包括公民个人、企业组织和国家机关在内的一切社会主体的行为准则，成为经济、政治、社会生活的主导性调整手段；任何个人、政党、组织都应当在法律规定的范围内活动，都没有凌驾于法律之上的特权；任何违法行为都应得到法律的制裁。

（3）公民权利具有根本性和目的性。考察公民基本权利的发展历程，从最初的生命权、人身权、财产权、自由权等基本人权发展到选举权、被选举权、结社权、罢工权等政治性核心权利，再发展到劳动权、环境权、消费者权利、追求幸福权等社会性派生权利。不难发现，人们关于公民权利认识是逐步深入的，个人权利的范围是不断拓展的。公民基本权利体系，最初是为了防范国家公权的侵犯，国家对公民基本权利的保护是消极保护。换言之，只要国家公权不横加干涉和侵犯，公民的基本权利就实现了。公民个人权利决定了国家责任和义务，也决定了国家追求目标的正当性、使用手段的合法性以及国家权力行使的边界，这也是法治的基本特征。

（4）国家公权具有相对性和制衡性。回顾西方近代政治思想史，可以发现思想家关注的重心和研究的重点发生了变化，从国家产生的合法性转向国家权力运作的合理性，从政治权力的正当性转向政治权力的证成性。无一例外，他们都将国家和政府视为一种维护个人利益、促进公共利益的手段，这是评价政治权力合法性的根基，也是评价政府好坏的准则。国家作为一种政治实体，是人类在无政府状态下要求建立秩序的客观选择，即要建立一种有效的、权威的政治秩序和社会秩序。因而，在法治状态下，国家公权力是有限的、相对的，而不是无限的、绝对的，其界限和范围就是宪法和法律的规定。为了防止权力无限扩大和滥用，必须用两种手段对其予以制衡：一是以权力制约权力即分权；二是以权力制约权力。

（二）法治的价值和基础

政府为什么要服从法律？个人为什么愿意接受法律的统治？因为，法治虽然存在种种不足和缺陷，但与其他国家治理方式相比，仍然是人类社会迄今为止最为有效合理的治理方式，具有深厚的理论基础和重要的价值意义。

（1）法治是民主的体现，也是民主的保障。法治的实质是人民高于政府，政府服从人民。在民主政治制度里，人民通过选举自己的代表组成国家权力机关（议会、国会、人民代表大会等），再由国家权力机关选举产生行政机关、司法机关等国家机构，并通过集中人民的意志形成法律，交由执法机关执行。也就是说，人民通过直接参与立法（如提出立法建议、进行草案评议、立法听证、立法表决等）、参与行政管理（通过任命行政人员、申请行政公开、执法听证等）、参与法治监督（通过行政复议、行政诉讼、舆论监督等）实现社会民主治理。因此，法治是一种民主政治形式，是一种人类公共生活的方式，体现了多数人的统治，能够最大化地避免专制所带来的恣意妄为。

（2）法治彰显了法的平等、自由、公平、秩序等价值。与道德、宗教、纪律等其他社会规范相比，法律以权利为本位，具有明确性、稳定性、强制性等特征，蕴涵公平正义、平等、自由、效率、秩序等价值。这些价值追求体现在法律的原则、制度、规范之中，如民法中的等价有偿原则、意思自治原则、平等自愿原则，刑法中的罪刑法定原则、无罪推定原则、适用刑法人人平等原则，行政法中的依法行政原则、尊重和保障人权原则、越权无效原则、信赖保护原则、比例原则等。

（3）法治的核心在于保护私权、抑制公权。古希腊思想家柏拉图说，“法律是自由的保姆”；古罗马思想家西塞罗说，“为了自由，我们当了法的奴隶”；法国思想家伏尔泰说，“自由只服从法律”。这些西方思想家的名言，无不告诉我们：自由是人与生俱来的权利，但自由是以法律为界限的，失去了法律保障，自由就不能称为真正的自由。对此，哈耶克认为，自由是自发社会秩序存在的必要条件，而一般规则是自由得以存在的必要条件，对一般规则的诉求也就是对法治的诉求[①]。其他公民私权与自由权一样，都是法治的核心。权利的最大威胁来自权力、政府的恣意妄为。因而，限制国家公权是法治的另一核心。

（三）形式法治与实质法治

关于“什么是法治”，不同的学者有不同的看法，形式法治与实质法治是其中一对重要的概念。形式法治与实质法治的提出者保罗·克雷格认为，二者的区别在于形式法治注重法律颁布的方式（是否由合格的被授权者颁布；是否以合适的被授权方式等），继而产生规范的清晰性（是否足够清楚以指引个人行为，使之可规划其生活等），以及所颁布规范的时间维度（面向未来或者溯及既往的等），通常只涉及法律的形式要素；而实质法治则用来判断法律是否良善，关注法律的价值维度[②]。

围绕二者孰优孰劣，我国法学界已展开了诸多论辩。部分学者站在二元对立的角度，认为形式法治和实质法治是两种截然不同的模式，二者非此即彼，不仅如此，从本质上来说，实质法治是优于形式法治的。因此，应当用实质法治来替代形式法治[③]。更多的学者则强调形式法治与实质法治的关联性，认为二者并非完全对立，而是各有侧重、互相补充。例如，高鸿钧认为，形式法治只寻求形式合法性，以符合实在法为限；实质法治则追问实质合法性，追问法律背后的道义原则；实质法治仍然蕴涵在形式法治内部，只是试图通过输入某种新的精神或价值，纠正形式法治的固有缺陷[④]。余凌云在肯定高鸿钧观点的基础上进一步指出，形式法治与实质法治互为表里，很难截然分开，更不能彼此对立。就公共秩序而言，形式法治是基础，实质法治是例外；就公平正义而言，实质法治是对形式法治的延展、校正与补充[⑤]。

---

① 转引自邓正来. 规则·秩序·无知——关于哈耶克自由主义的研究[M]. 上海：生活·读书·新知三联书店，2004.

② 保罗·克雷格（王东楠译）. 形式法治与实质法治的分析框架[C]//姜明安主编. 行政法论丛（2010）. 北京：法律出版社，2011.

③ 何海波. 实质法治：寻求行政判决的合法性[M]. 北京：法律出版社，2009.

④ 高鸿钧. 现代西方法治的冲突与整合[J]. 清华法治论衡，2000，（1）：1-59.

⑤ 余凌云. 行政法讲义[M]. 北京：清华大学出版社，2010.

在承认形式法治与实质法治不可分割的前提下，学者在二者孰重孰轻的问题上见仁见智。陈金钊认为形式逻辑是法治的基础，若让法治的实质逻辑凌驾于形式逻辑之上，将会走向虚无并最终瓦解法治①。陈景辉认为法治并不必然承诺特定价值，强调任何实质价值都将贬损法治的重要性，因此，形式法治才是唯一正确的法治观②。与他们对形式法治的强调不同，李桂林认为实质法治是法治的必然选择，只有实质法治才能达成法治所追求的目标③。无论如何，形式法治和实质法治的融合应是一种必然趋势。

从世界各国的法治进程来看，法治主义经历了三个阶段，即萌芽期——“依法裁判”、形成期——“依法行政”、成熟期——“对立法内容的拘束”。无论在法治主义的哪个阶段，健全的法制都是实行法治的前提和基础。然而要做到绝对“有法可依”也是一种虚幻神话，现实中的诸多问题都无法从国家正式制定的法律规则中找到答案。此时，需要从法律原则和立法精神、软法、习惯、先例、自治规则中寻求支持，或者依靠立法解释技术，使抽象的法律规范适用于纷繁复杂的社会现实。法律不应是僵化的、教条的、一成不变的，而应是动态的、不断发展变化的，维系法律生命的是法的精神和价值。从这个意义上讲，形式法治与实质法治本身就是一个伪命题，所有的法治都应当既是形式法治，又是实质法治。

2011 年 3 月 10 日，全国人民代表大会常务委员会委员长吴邦国在第十一届全国人民代表大会第四次会议上宣布，中国特色社会主义法律体系已经形成，共颁布法律 239 部，行政法规 690 多件，地方性法规 8800 多件，自治条例、单行条例 700 多件④，部门规章、行业规定及地方规定数以万计。经过六十余年的民主法治建设，我国已经基本具备了形式法治的要求，实现了社会主义法治理念和实践的跨越式发展，目前正处在从形式法治向实质法治的迈进之中。

（四）西方法治的模式

在资本主义国家的法治实践中，形成了不同的特色和传统，产生了大陆法系模式和英美法系模式。大陆法系，又称为民法法系、法典法系、罗马法系等，是指以罗马法为基础而发展起来的法律的总称。它首先产生于欧洲大陆，后扩大到拉丁族和日耳曼族各国，包括法国、德国、瑞士等国家和地区，以 1804 年的《法国民法典》和 1896 年的《德国民法典》为代表形成了两个支流。英美法系，又称普通法法系，是指以英国普通法为基础发展起来的法律的总称。它首先产生于英国，后扩大到曾经是英国殖民地、附属国的许多国家和地区。

1. 大陆法系国家法治模式的特点

（1）在法律的历史渊源上，大陆法系受到罗马法的直接影响，不仅继承了罗马法成

---

① 参见陈金钊. 实质法治思维路径的风险及其矫正[J]. 清华法学，2012，6（4）：66-89；陈金钊. 带伤的思考及法律方法矫正[J]. 探索与争鸣，2020，（8）：45-59，157.

② 陈景辉. 法治必然承诺特定价值吗？[J]. 清华法学，2017，11（1）：5-21.

③ 李桂林. 实质法治：法治的必然选择[J]. 法学，2008，（7）：71-82.

④ 人民网. 中国特色社会主义法律体系形成[EB/OL]. https://baijiahao.baidu.com/s?id=1650819608263935663&wfr=spider&for=pc[2019-11-21].

文法典的传统，而且采纳了罗马法的体系、概念和术语，公法和私法成为大陆法系国家法律分类基础。

（2）在法律形式上，大陆法系国家以部门成文法典为主，并辅之以单行法规，从而构成完整、清晰、逻辑严密的法律体系。

（3）在诉讼程序上，大陆法系的诉讼程序以法官为重心，突出法官职能，具有纠问程序的特点。

（4）在法官的权限上，大陆法系国家的立法权和司法权分工明确，强调制定法的权威，法官须遵从法律明文审理案件，不得擅自创造法律。

（5）在法律推理形式和方法上，大陆法系国家法官主要采取演绎法，即从现有的法律规定中找到相关条款，并将其与事实相联系，从而推论出必然的结果。

2. 英美法系国家法治模式的特点

（1）在法律的形式上，判例法占有重要地位，即使是制定法也要受判例法解释的制约。

（2）在法官的权限上，因为判例法在英美法系中占主导地位，所以，法官可以创造法律，即高级法院的判决中所确立的法律原则或规则对以后类似案例的判决具有约束力或影响力。

（3）在诉讼程序上，英美法系的诉讼程序以当事人为中心，法官只是充当双方争论的“仲裁人”，因而具有对抗式（抗辩式）程序特点。

（4）在法律的思维方式和运作方式上，英美法系国家法官主要采取归纳法，即对前例和当前待审的案例的实质性事实和非实质性事实进行比较，对实质性要件相同或相似的案件根据遵循先例的原则进行判决。

（5）在法院的设置上，普通法和衡平法是英美法系国家法律分类基础，相应地，普通法法院和衡平法法院的设置传统一直影响到今天。

由于各国政治制度、历史传统、法治文化等社会条件不同，因此所选择的法治模式并不完全相同。大陆法系模式和英美法系模式二者各有千秋，并无绝对优劣之分，现如今这两大模式更是越来越呈现相互融合的趋势，如英美法系国家制定越来越多的成文法，大陆法系国家日益重视判例的作用。

（五）中国特色社会主义法治的基本理论

1. 全面依法治国是坚持和发展中国特色社会主义的基本方略

党的十九大报告明确将全面依法治国确立为新时代坚持和发展中国特色社会主义的基本方略之一。这体现了法治在国家整体战略布局中的关键地位。全面依法治国是坚持和发展中国特色社会主义的本质要求和重要保障，事关我们党执政兴国，事关人民幸福安康，事关党和国家事业发展。习近平总书记指出，“全面推进依法治国总目标是建设中国特色社会主义法治体系、建设社会主义法治国家”[①]。

① 中共中央文献研究室. 习近平关于全面依法治国论述摘编[M]. 北京：中央文献出版社，2015.

2. 坚持党的领导、人民当家作主、依法治国有机统一

党的十九大报告将“坚持党的领导、人民当家作主、依法治国有机统一”作为发展社会主义民主政治的首要战略任务，科学阐明了党的领导、人民当家作主、依法治国的内在关系，鲜明揭示了我国社会主义政治制度的本质属性，科学回答了当代中国发展什么样的民主政治、怎样发展社会主义民主政治等重大问题，是坚定不移走中国特色社会主义政治发展道路的根本遵循。

3. 坚持党对全面依法治国的领导

《中共中央关于全面推进依法治国若干重大问题的决定》指出，党的领导是全面推进依法治国、加快建设社会主义法治国家最根本的保证。全面依法治国决不是要削弱党的领导，而是要加强和改善党的领导，不断提高党领导依法治国的能力和水平，巩固党的执政地位。必须坚持实现党领导立法、保证执法、支持司法、带头守法，健全党领导全面依法治国的制度和工作机制，通过法定程序使党的主张成为国家意志、转化为法律，通过法律保障党的政策有效实施，确保全面依法治国正确方向。

4. 构建以人民为中心、以公正为生命线的社会主义法治核心价值体系

习近平总书记指出：“公正是法治的生命线。公平正义是我们党追求的一个非常崇高的价值，全心全意为人民服务的宗旨决定了我们必须追求公平正义，保护人民权益、伸张正义。全面依法治国，必须紧紧围绕保障和促进社会公平正义来进行。”①

5. 坚持和拓展中国特色社会主义法治道路

中国特色社会主义法治道路是社会主义法治建设成就和经验的集中体现，有着独特的本质特征和发展规律。它是基于中国国情，传承中华优秀传统法律文化，借鉴吸收世界法治文明成果的自主型法治道路。坚持和拓展此道路要立足中国实际，扎根中国文化土壤，坚定不移走符合自身发展需求的法治之路。

6. 全面依法治国是国家治理的一场深刻革命

党的二十大报告指出，全面依法治国是国家治理的一场深刻革命，明确了依法治国在国家治理变革中的关键地位。全面依法治国从理念到制度、从立法到执法司法等各个层面深刻变革国家治理方式。它打破传统治理观念的局限，推动国家治理从人治向法治转变，改变以往靠行政命令等单一方式治理社会的模式，用法治思维和法治方式化解矛盾、维护稳定、促进发展。

7. 在法治轨道上推进国家治理现代化

坚持和完善中国特色社会主义制度、推进国家治理体系和治理能力现代化必须在法治轨道上进行，凸显法治在国家治理现代化进程中的基础性作用。法治轨道为国家治理提供明确的规则体系、程序规范和价值指引。

8. 建设中国特色社会主义法治体系

改革开放和社会主义现代化建设时期，我们党提出“有法可依、有法必依、执法必严、违法必究”的方针，确立依法治国基本方略，把建设社会主义法治国家确定为社会

① 中共中央文献研究室. 习近平关于全面依法治国论述摘编[M]. 北京：中央文献出版社，2015.

主义现代化的重要目标，逐步形成以宪法为核心的中国特色社会主义法律体系。建设中国特色社会主义法治体系，要顺应事业发展需要，坚持系统观念，全面加以推进。

9. 建设良法善治的法治中国

建设良法善治的法治中国是在我国法治建设实践中总结提炼出来的，并且与习近平法治思想中关于高质量立法和有效实施法律的理念相契合。良法是善治之前提，要求法律能够反映社会发展规律、体现人民意志、维护公平正义。善治强调法治的有效实施和治理效果，通过公正执法、司法，多元主体参与治理等方式实现法治的目标。建设良法善治的法治中国体现了从立法质量到法律实施效果全方位提升法治建设水平的理念。

10. 坚持依法治国和依规治党有机统一

习近平法治思想强调要坚持依法治国和依规治党有机统一，这体现了党在自身建设和国家治理中的双重责任。依法治国要求依据国家法律治理国家事务，依规治党是指依据党内法规管党治党。党内法规和国家法律相互衔接、相互协调，党内法规严于国家法律，党纪挺在国法之前。通过依规治党确保党员干部模范遵守国家法律，同时通过依法治国为依规治党提供外部监督和法治保障，共同维护党的先进性和国家法治秩序。

二、行政法治的概述

（一）现代公共管理的法治基础

传统公共行政强调“命令服从”和“权力管制”，而现代公共管理以管理公共事务为主要内容，以公共利益为终极追求。然而，个人权利和公共利益最大的威胁来自国家公权力，即存在“诺思悖论”：没有国家权力及其代理人的介入，财产权利就无法得到有效的界定、保护和实施，因此，国家权力就构成了有效产权安排和经济发展的一个必要条件，即没有国家就没有产权。然而，国家权力介入产权安排和产权交易，又是对个人财产权利的限制和侵害，造成所有权的缺失，继而导致无效的产权安排和经济的衰落。法治则为克服“诺思悖论”提供了一种可行的解决路径：法治是指依据法律来治理国家，基本的价值目标是通过有效限制政府权力而保证公民的基本权利。

由管制转向服务的公共行政范式，其背后蕴涵深厚的法治元素，两者具有共同的价值取向和目标诉求，最终目的都是实现社会的共同利益。法治对现代公共管理的基础性作用体现在：①作为一种依据法律来治理国家的政治过程和政治形态，法治是对公共管理的本质及其发展规律的一种基础性的理性回应，为公共管理提供了根本准则。②法治规定民主参与式管理为公共管理提供了一种建立高效能组织方式的可能性。一个成熟运转的现代公共管理必然是以高效率的公共产品和公共服务来体现，法治推行公民广泛参与行政决策，为公共管理降低服务成本、提高服务效能提供了工具性基础。③法治规制和引导政府积极认真履行公共权力职责，从而为实现制约国家公权力、保障公民私权利的双重目标提供了价值基础。人性（政府）既非绝对的善也非绝对的恶，而是应当通过一系列引导机制和法律规范激励政府从善，抑制政府作恶。法治的核心精神就在于保障公民私权、制约政府公权，即抑制行政机关的恣意，保障公民的合法权益。

关于政府与法律的关系，“政府由法律产生、政府依法律管理、政府由法律控制、政府行为负法律责任、政府与人民的法律关系逐步实现平等化”已达成共识，这也是政府法治理论的基础与核心。

（二）法治与行政法

行政法是调整行政关系的、规范和控制行政权的法律规范系统。它主要包括行政管理关系法、行政监督关系法、行政救济关系法和内部行政关系法四个部分。

行政法是“规定政府可以行使的权力，确定政府行使这些权力的原则，确立政府与其他行政法律关系主体之间的权利义务关系等”的法。

法学乃“权利义务之学”，体现在行政法学方面，即行政权与公民权是一对相互关联的基本范畴，二者的关系是行政法的核心，政府权力的规范化、制度化和法律化是行政法学的基本课题。因此，法治与行政法关系密切。

法治以行政法产生为前提，行政法以法治主义为基础。前已述及，法治的形成和发展与自由主义理念、民主主义思想等密切相关，只有在行政法律制度形成后，才能实现行政活动的安定与民主控制的目的，从而达到保障公民自由权利的效果。因而可以说，行政法的产生成为现代法治的主要标志。与此同时，行政法要真正实现控制行政权的目的，只有生产和存在于法治国家。在专制国家，即使有行政法，也是徒有其表，未有其实。

法治是行政法的基本原则之一，也是在行政法诸多原则中最重要的原则。行政法的基本原则是指反映现代民主法治国家的宪法精神，规范法和行政之间的关系，约束行政立法、行政执法和行政法制监督等各个环节和行政法律关系各个方面的主要法则或者标准。行政法以法治主义特别是依法行政为基本原则，通过事先以立法的形式为各种行政行为设定一定的法律要件，要求行政机关在从事这些行政行为时遵守相应的法定要件，否则，可能会因为行政活动违反法律规定而导致无效或被撤销。可见，法治主义不仅是行政法学的基本原则，而且是构建整个行政法学体系的基础。

法治是行政动态过程合法性、合理性和有效性的保障机制。传统法治侧重对静态行政权的控制，现代法治侧重对动态行政行为的控制。行政是一个动态地将行政权具体化的过程，法治不仅要求健全的静态的宪法、组织法予以规制，而且要求健全的动态的行政程序法、情报自由法、行政复议法、行政诉讼法等制约机制对行政行为进行规范和保障。

（三）行政法核心理念的三种观点

行政与法律之间的关系，主要是指行政与行政法之间的关系，对其可以从不同角度进行认识。其中，行政法的核心理念是一个基本视角。行政法的核心理念是行政法理论基础问题之一，关于该问题的不同结论直接影响到行政法学的核心观点、价值体系和发展方向，行政法核心理念的变化发展亦必然会导致行政法律制度的变迁。

关于行政法的核心理念，学界有不同看法，包括授权论、分权制衡论、控权论、平衡论、政府法治论、服务论、公共利益本位论等。其中，影响最大的是授权论、控权论与平衡论。

授权论，又称为保权论、公共权力说或公务说，源于法国行政，侧重行政法在保障行政权力效能方面的积极目的和作用。授权论认为，行政法的主要目的或者说要解决的主要问题是，该授予行政主体何种权力以及如何使这种行政权力运行得更加顺畅，实现对社会更有效的控制和管理，进而达到管理者（统治者）所期望的秩序状态。在授权论的价值取向下，行政法主要是行政管理法，即整个行政立法的重心在于强化政府和行政权力对社会的单向控制。

控权论，源于英国行政法，侧重行政法在控制政府方面的消极目的和作用。控权论是与授权论截然不同的一种行政法理念。控权论认为，行政法的主要目的或者说要解决的主要问题是，该如何限制行政权力，以防止其侵犯或践踏个体权利，实现对行政主体更有效的社会控制，进而达到社会公众所期望的秩序状态。在控权论的价值取向下，行政法主要是控权法，即整个行政立法的重心在于加强社会公众对政府滥用行政权力的防范和控制。

平衡论从“行政权与公民权应当并且可以平衡”这一视角出发，从积极和消极两个方面的目的和作用来看待和研究行政法，把行政法看作既是关于行政权的行使又是关于其权力行使的监督的法律。平衡论认为，行政法的核心是行政主体与行政相对方的关系，而行政法机制有制约与激励之分，行政行为有强制性与非强制性之别，行政法规范通过制度和机制对双方主体进行有效的激励与制约，实现权力结构趋向动态平衡，体现各方利益的均衡化。

不同的行政法核心理念与不同的法律价值观相对应，并由当时的政治体制、经济形态等社会条件所决定。授权论与义务本位相对应，易导致行政权力无限扩大和个人私权受到压抑和排挤，是专制政体倡导的行政法理念；控权论与权利本位相对应，强调对行政权的规范和限制，是民主共和政体倡导的行政法理念。社会本位与权利本位具有连续性和一致性，但其更强调行政权在适用范围扩大、行政权能增强的同时对行政权力加以必要的限制。因此，与社会本位价值观相对应的平衡论应是现代行政法理念的发展方向，也是我国行政法发展的主要目标。

授权论与控权论这两种理念相伴而生，此消彼长。整个行政法的历史就是这两种理念之间相依相斥的连续动态平衡过程。在一种简单再生产的自然经济形态下，行政法的核心理念是授权论；在自由竞争的商品经济形态下，行政法核心理念是控权论；在高度发达的垄断资本主义阶段，行政法的核心理念相应演化为平衡论。如同法的价值观经历了从义务本位观到权利本位观再到社会本位观的演进历程一样①，行政法的核心理念已经或者正在经历着从授权论到控权论再到平衡论的发展变化。当然，这种发展变化并非总是呈现单线进化图景，在不同的国家其进化路径可能并不相同。

国家应通过宪法和法律处理好市场、政府与社会之间的关系，构建个人私权、社会自治权与国家公权的分野、制衡与良性互动。一方面，要树立社会优位、权力有限的法

① 义务本位是指在权利与义务这一法的基本范畴之中，义务是目的，权利是手段，这种立法具有权利与义务不对等的特点。权利本位指在权利与义务的关系中，权利是目的，义务是手段，这种立法的特点是权利与义务对等，意味着社会个体对政府管理尽服从的义务，要以个体权利为界线。社会本位由权利本位发展而来，权利本位事实上是一种个人权利本位，这种立法大大刺激了财富的增长，但极端的个人权利本位易于加剧社会利益的冲突和对抗，带来严重的社会问题，社会的存在则成为法所日益关注的问题，权利本位开始过渡到社会本位，在个人和社会之间建立并保持一种均衡关系。

治理念，改变国家与社会高度同构的状态，以适应市场经济不断发展的要求。另一方面，全社会尤其是政府机关，应当转变观念，增强“公民私权为本、国家公权有限”意识，使“控权”乃至“均衡”观念成为行政法核心理念。

（四）行政法的基本原则

1. 权益保障原则

宪法和法律无论是设定或是限制包括行政权在内的公共权力，最终目的或根本宗旨在于保护人民的利益。作为行政权力合法运行的基本准则必须始终以公民权益保障为其内在的价值追求。

2. 行政法定原则

行政法定原则，又称合法性原则，是指法无明文规定不得任意行政，具体包括职权法定原则、法律优先原则和法律保留原则。

（1）职权法定原则。在现代法治社会里，行政权力与公民权利的运行规则有着明显的区别。对于公民而言，凡法律没有明文禁止的即意味着有权行使。但对行政机关而言，只有法律明文规定或授权的才得以为之，严格遵循“法定职责必须为，法无授权不可为”。因此，行政主体必须在法律规定的职权范围内活动，非经法律授权不得行使某项职权，尤其是在涉及剥夺公民权利，科以公民义务的时候，必须要有法律的明确授权。所谓职权法定，就是指任何行政职权的来源与作用都必须具有明确的法定依据，否则越权无效，要受到法律追究，承担法律责任。据此，该项原则的条款可以具体表述为“行政机关实施行政行为，应当依照法定的职权、职责，法无授权不可为、法定职责必须为”。“行政机关违法或者不当行使职权、履行职责，应当依法承担法律责任。”

（2）法律优先原则。法律优先原则是指法律对于行政立法即行政法规和规章的优越地位。实质强调的是法律的位阶体系，即在多层次立法的情况下，法律处于最高位阶、最优地位，法律在效力上要高于其他法的规范，其他法的规范都必须与之保持一致，不得相抵触，否则无效。作为法律位阶在行政立法中具体作用的客观要求，法律优先原则在强调国家立法权限与行政立法权限划分的同时，侧重要求低位阶法律规范的制定必须以高位阶的法律规范为依据，前者必须服从于后者并不得与之相抵触。考虑到行政法总则的条文不能过于烦琐，无法做到像《行政处罚法》《行政许可法》等单行法那样通过多个法律条文对法律优先原则进行详细规定，所以本条文主要通过明确法律、法规、规章三者之间的位阶，来表明行政机关行使权力应遵循法律优先原则。据此，该项原则的条款可以具体表述为“行政机关实施行政行为，必须以法律、法规、规章为根据，不得与之相抵触”。“行政法规、规章与法律相抵触的，以法律为根据。”

（3）法律保留原则。所谓法律保留，是指凡属宪法、法律规定只能由法律规定的事项，则只能由法律规定，或者必须在法律有明确授权的情况下，才能由行政机关作出规定，尤其是对相对人而言可能是侵益或是负担的行政活动，都应该有法律的明确授权。法律保留原则严格区分国家立法权与行政立法权，是法治原则在行政立法领域内的当然要求，根本目的在于划定立法机关与行政机关在创制规范方面的权限秩序，保证国家立法的至上性。法律保留范围的事项，行政机关非经授权不得自行创制规则，保障了法律规范位阶的有序性，防止了行政立法权自我膨胀，有利于公民权益的保护。据此，该项原则的条款可以具体表述为“凡须由法律规定的事项，行政机关不得擅自作出规定”。“法律明确授权的，行政机关可以依法作出规定。”

3. 行政均衡原则

行政均衡原则，又称合理性原则，是在合法性基础上进一步要求行政权力的行使必须综合权衡各种利益关系，确保其实体内容的均衡合理。具体包括平等对待原则、比例原则和信赖保护原则。

（1）平等对待原则。平等对待原则又称“非歧视原则”，要求必须对各种利益相同者同等对待，情况不同者为区别对待，具体包括禁止恣意原则和行政自我拘束原则。所谓禁止恣意，是指行政机关的任何措施必须有其合理的、充分的实质理由，与其所要处理的事实状态之间保持适度的关系。行政自我拘束原则是指行政机关在作出行政裁量决定时，若无正当理由，应受行政惯例或者行政先例的拘束，对于相同或同一性质的事件作出相同的处理，其实质在于要求行政机关对先后发生的同类案件中的多个相对人必须予以平等对待。据此，该项原则的条款可以具体表述为“行政机关实施行政行为，应当遵循公平、公正、非歧视的原则。无正当理由，不得对公民、法人和其他组织差别对待”。

（2）比例原则。比例原则又称禁止过度，是指行政权虽然有法律上的依据，但必须选择使相对人利益受到限制或损害最小的方式来行使，并且使其对相对人个人利益造成的损害与所追求的行政目的或所要实现的公共利益相适应，从而达到既实现公共利益又保护公民合法权益的目的。就具体内容而言，比例原则包括妥当性原则、必要性原则和狭义的比例原则。其中，妥当性原则是指行政机关实施行政管理时所采取的手段必须是能够达成行政目的的手段；必要性原则是指行政机关可以采用手段达成行政目的时，应选择对人民权益损害最小的手段；狭义的比例原则是指行政机关采取的措施与其所欲达到的目的之间必须合比例或相称，即采取某一行政措施所造成的损害与其获得的利益不能显失均衡。据此，该项原则的条款可以具体表述为“行政机关实施行政行为，应当符合法律目的，并为实现行政目的所必要、适当。有多种措施可供选择的，应当选择有利于最大程度保护公民、法人或者其他组织权益的措施，且不得与所达成行政目的获得的利益明显失衡”。

（3）信赖保护原则。信赖保护原则是诚信原则在行政法中的运用。诚信原则即诚实信用原则，基本含义在于行使权利、履行义务，应依诚实及信用之方法。诚信不仅是私法的要求，也是公法的精神，“苟无诚信原则，则民主宪政将无法实行，故诚信为一切行政权之准则，亦为其限界”。诚信原则在行政法中的运用十分广泛，但最能够直接体现诚信原则的是信赖保护原则。所谓信赖保护原则，是指当行政相对人对行政行为形成值得保护的信赖时，行政主体不得随意撤销或者废止该行为，否则必须合理补偿行政相对人信赖该行为有效存续而获得的利益。据此，该项原则的条款可以具体表述为“行政机关实施行政行为，应当遵守诚实信用原则”。“公民、法人和其他组织因行政行为取得的合法权益受法律保护。非因法定事由并经法定程序，行政机关不得撤销、撤回、变更已经生效的行政决定。因国家利益、公共利益或者其他法定事由必须撤销、撤回或者变更的，应当依法对公民、法人和其他组织因此遭受的财产损失予以补偿。”

4. 行政正当原则

行政正当原则，又称正当性原则，它是从程序的角度，要求行政权力运行必须符合最低限度的公正标准。传统意义上，其核心思想主要包括避免偏私原则和公平听证原则。但在现代社会，为有效保障公众的参与权和知情权，行政正当原则还延展到整个民主政治领域，又扩充了两个原则，即公众参与原则和行政公开原则。

（1）避免偏私原则，即“自己不得做自己案件的法官”，是指行政主体在行政程序进行过程中，应当在参与者各方之间保持一种超然和不偏不倚的态度和地位，不得受各种利益或偏私的影响。贯彻避免偏私原则，不仅要求行政主体在实施行政行为时实际上没有偏私的存在，而且在外观上也不能让人们有理由怀疑可能有偏私存在。这就需要一系列制度来加以保证。这些制度主要包括回避制度、禁止单方面接触制度、职能分离制度等。据此，该项原则的条款可以具体表述为“行政机关实施行政行为，应当遵循避免偏私的原则。符合回避条件的，应当回避；符合禁止单方面接触条件的，不得单方接触；符合职能分离条件的，应当职能分离”。

（2）公平听证原则。公平听证是程序参与性的核心要求，又称狭义上的程序正当原则，即在作出不利于他人的决定时应当及时告知、说明理由，并允许对方有效参与过程之中，充分听取对方的意见。行政主体在作出对相对人不利的决定时，必须听取当事人的意见，不能片面认定事实，剥夺对方辩护的权利。这是保证相对人有效参与行政程序的前提条件。如果相对人在行政程序中始终保持沉默，没有机会阐明自己的观点，那么，这种参与就是无意义的。据此，该项原则的条款可以具体表述为“行政机关实施行政行为，应当遵循正当程序的原则。在作出不利于公民、法人或者其他组织的决定时，应当充分、有效地听取其意见、陈述和申辩；符合听证条件的，应当依法举行听证”。“行政决定应当依法送达当事人，告知当事人行政决定的法律依据、事实、理由和救济途径。”

（3）公众参与原则。公众参与原则是指受行政权力运行结果影响的利害关系人有权参与行政权力的运行过程，表达自己的意见，并对行政权力运行结果的形成发挥有效作用。虽然公平听证是参与原则的核心要求，但广义的公众参与原则并不仅限于此，它还要求行政机关实施行政行为必须通过各种形式广泛征求、听取公众的意见和建议，积极发动公众自主参与，与行政机关展开充分的信息交流与沟通，动员全社会力量共同参与公共治理。据此，该项原则的条款可以具体表述为“行政机关实施行政行为应当遵循公众参与、共同治理的原则”。“公民、法人和其他组织有权依法参与行政管理，提出行政管理的意见和建议。行政机关应当为公民、法人和其他组织参与行政管理提供必要的条件，采纳其合法、合理意见和建议。”

（4）行政公开原则。行政公开是指行政主体在行使行政权力的过程中，应当依法将行政权力运行的依据、过程和结果向行政相对人和社会公众公开，以使其知悉并有效参与和监督行政权力的运行。按照现代民主与法治的基本要求，行政公开化的内容应当是全方位的，不仅行政权力的整个运行过程要公开（行政行为公开），而且行政权力行使主体自身的有关情况也要公开（行政主体公开）。当然，尽管行政公开的内容十分广泛，但涉及国家秘密或个人隐私、商业秘密的内容，不得任意公开。据此，该项原则的条款可以具体表述为“行政机关应当将实施行政行为的依据、过程和结果向公民、法人和其他组织公开，并将政府信息向社会公众公开。依法不应当公开的除外”。

5. 行政效能原则

行政效能能否成为行政法的基本原则，在学界一直存在争议。从20世纪80年代行政法学开始复苏时，行政效能曾被当作行政法的一项重要内容，但到了90年代初，随着1989年《行政诉讼法》的颁布，行政法学开始追求学科自身独立性，行政效能原则被当作行政管理的原则而被排除在行政法基本原则的范畴之外。时至今日，在学者的著述中，行政法基本原则的体系里都很难有行政效能的一席之地。不过近年来，也有部分学者赞成将行政效能原则纳入行政法基本原则的体系之内。对此，本书认为，不能因为行政学关注行政效能，便意味着行政法学就不能关注，立法就不能将其纳入规范之中。行政效能的内容，在制定法上也是有规范基础的，而且在中央纲领性文件中亦被不断提及。例如，《中华人民共和国宪法》（简称《宪法》）第二十七条第一款规定：“一切国家机关实行精简的原则，实行工作责任制，实行工作人员的培训和考核制度，不断提高工作质量和工作效率。”《中华人民共和国公务员法》（简称《公务员法》）第一条规定：“为了规范公务员的管理，保障公务员的合法权益，加强对公务员的监督，促进公务员正确履职尽责，建设信念坚定、为民服务、勤政务实、敢于担当、清正廉洁的高素质专业化公务员队伍，根据宪法，制定本法。”在中央政策文件中，国务院1999年发布的《关于全面推进依法行政的决定》、2004年发布的《全面推进依法行政实施纲要》，以及2015年发布的《法治政府建设实施纲要（2015—2020年）》，都将高效作为法治政府建设的重要内容之一。因此，在制定“行政法总则”时写入行政效能原则，不仅具有正当性基础，也是对宪法规范的贯彻，以及对各行政立法和中央政策性文件中相关原则和要求的一种提炼和总结。同时，还有利于适应国家治理现代化，推进服务型政府建设，提升政府治理能力，体现行政法的特色优势。该项原则的条款可以具体表述为“行政机关实施行政行为，应当坚持高效便民，遵守法定时限，减少行政成本，充分应用现代信息技术，提高行政效能，为公民、法人和其他组织提供优质服务”。

（五）行政法治的概念和特征

法治原则既是宪法这一根本法的一项基本原则，也是民法、刑法、行政法等实体法的一项基本原则，还是民事诉讼法、刑事诉讼法、行政诉讼法等程序法的一项基本原则。法治原则体现在行政法中，即是行政法治原则。

所谓行政法治原则，是指行政法领域范围内的各个环节、各个方面均应体现出法治精神、达到法治标准、实现法治状态的原则。也可以说，行政法治是行政组织法治、行政职权法治和行政行为法治的总称。

从内涵角度看，行政法治原则包括三层含义：一是行政权力具有从属性，即行政权力来源于法律的授予，并受到法律的制约；二是行政权力具有有限性，即行政权力的范围仅限于法律所赋予的范围，越权无效，因而政府也是有限政府；三是行政权力具有责任性，即行政权力必须受到国家权力的干预和制约，行政行为必须接受司法审查，因而政府也是责任政府。

从外延角度看，行政法治原则包括行政实体法治和行政程序法治两个方面。行政实体法治是指行政行为在实体上必须符合法律规定的权限、目的，在实体上具有正当性，即行政活动必须根据法定的行政权力的目的、范围、行使的原则、采取的具体措施等进行，并接受行政机关内部审查、司法审查、立法机关审查和社会监督。行政程序法治是指行政行为在程序上必须符合法律权限、目的，在其程序上必须具有正当性，即行政活动的每个程序步骤都应遵守法律的明文规定，充分体现程序的独立价值和法律意义。19世纪的行政法治只注重结果（即行政行为）而不看过程（即行政程序）。20世纪的行政法治不仅重视行政结果或已发生法律效力的行政行为，而且强调行政程序（即服务与合作）的过程，行政程序法治观念日益增强，这对我国行政法治建设具有重要参考价值。

（六）行政法治的主要内容

行政法的基本原则是指贯穿在行政法立法、执法、司法中指导和统帅行政法具体规范的最稳定的基本精神，是所有行政法主体在行政管理活动中必须遵循的基本行为准则。行政法治原则是行政法的基本原则之一，主要包括依法行政原则、信赖保护原则和比例原则。

1. 依法行政原则

依法行政原则，又称行政合法性原则，是大陆法系行政法的基本原则，在英美法系则表述为“法的支配”原则，是指行政机关的一切活动都必须符合法律规定。具体而言，依法行政，是指国家各级行政机关及其工作人员依据宪法和法律赋予的职责权限，在法律规定的职权范围内，对国家的政治、经济、文化、教育、科技等各项社会事务，依法进行有效管理活动。它要求一切国家行政机关和工作人员都必须严格按照法律的规定，在法定职权范围内，充分行使管理国家和社会事务的行政职能，做到既不失职，又不越权，更不能非法侵犯公民的合法权益。依法行政原则是从宪法有关规定中推导出来的基本原则，具有一系列的宪法的根据。在我国，宪法中有关依法行政原则的依据有主权在民原则（民主原则）、民主集中制原则、社会主义法治国家原则、法律面前人人平等原则、法律救济原则等。

依法行政原则是国家人民代表机关与行政机关之间关系（即从属关系）的基本原则。在专制国家时代，立法权从属于行政权，都由君主掌握；在法治国家时代，主权在民原则得以确立，行政机关的存在及其一切管理活动的合法性均来自人民的授权（即来自于法律）。行政机关必须依据、遵守立法机关所规定的法律进行行政活动。换句话说，人民代表机关取得了支配地位，立法权相对于行政权具有了优越性。依法行政原则中的“法”是指一切行政法的法律渊源，不仅包括人民代表机关制定的法律和法规，而且包括行政机关根据人民代表机关的授权制定的行政法规和规章。

依法行政原则的具体内容在不同的国家有所不同，即使在同一个国家不同的历史时期也有所不同。德国行政法学者迈耶提出了依法行政原则的三项构成内容：一是法律的法规创造力原则，即立法机关创制法律规范的决定性作用，只有法律才能创制“法规”，只有立法机关制定的法律才能处置公民权益；二是法律优先原则，即法律对行政机关具有优越地位，任何行政机关的行为都不得违反法律；三是法律保留原则，即行政机关的执法行为应具有法律根据，获得法律的授权，剥夺国民权利或限制国民自由的行政行为必须具有法律的根据[①]。分析域外法治发达国家对依法行政原则的理解，可以发现，法律优越（优位、优先）原则和法律保留原则是依法行政原则最主要的两个内容。

2. 信赖保护原则

信赖保护原则，又称为保护合法信赖原则或者尊重合法信赖原则，是指行政机关应当确保管理活动的明确性、稳定性和连贯性，当公民、法人或者其他组织对行政机关及其管理活动已经产生信赖利益，并且这种信赖利益因其具有正当性而应得到保护时，行政机关不得随意变更这种行为，如果变更必须补偿对方的信赖损失。

信赖保护原则是法治国家发展的必然产物，其产生具有一定的理论基础。首先，信赖保护原则是法治国家原则的必然要求，也是法律安定性原则的必然结论；其次，信赖保护原则是基本权利保护原则的需要，即保护既得权益原则的需要；再次，信赖保护原则是行政行为的效力和行政的自我约束性的要求；最后，信赖保护原则是民法上诚实信用原则的必然影响，是诚实信用原则在行政法领域的转换或拓展。

从世界各国和地区信赖保护原则的做法和研究来看，信赖保护原则应当具有如下四个方面的内容：①行政行为一经作出，非有法定事由和法定程序不得随意撤销、废止或改变，即行政行为具有确定力和公定力。②行政机关对行政相对人作出授益性行政行为后，事后即使发现有违法情形，只要这种违法情形不是因相对人过错造成的，行政机关亦不得撤销或改变，除非不撤销或改变此种违法行政行为会严重损害国家、社会公共利益。③行政行为作出后，如果据以作出该行政行为的法律、法规、规章修改或废止，或者据以作出该行政行为的客观情况发生重大变化，为了公共利益的需要，行政机关可以撤销、废止或改变已经作出的行政行为。但是行政机关在作出撤销、废止或改变已经作出的行政行为的决定前，应进行利益衡量。只有通过利益衡量，认定撤销、废止或改变已经作出的行政行为所获得的利益确实大于行政相对人将因此损失的利益时，才能撤销、废止或改变相应行政行为。④行政机关撤销或改变其违法作出的行政行为，如这种违法情形不是因相对人过错造成的，要对相对人因此受到的损失予以赔偿。行政机关因公共利益的需要撤销、废止或改变其合法作出的行政行为，如这种撤销、废止或改变导致相对人损失，要对相对人的损失予以补偿。

3. 比例原则

比例原则，又称禁止过度原则、最小损害原则，是指行政机关实施行政行为，其目的和手段必须对称和相适应。行政机关不得采取超过目的需要的过度的措施，应尽可能地使行政相对人的损失到最低限度。

比例原则来源于德国，并凭借联邦宪法法院的判决而得以概念化与体系化，其有三层含义：一是政府采取的手段确实可以实现政府希望实现的目的（适当性原则、妥当性原则）；二是政府采取的手段是在各种可选择的手段中对个人或组织权益有最少侵害的（尽可能最小侵害原则、相称性原则、必要性原则）；三是受侵害个人或组织的利益损害不应超过政府所要实现的公共利益（法益相称性原则、均衡原则）。

---

① 奥托·迈耶. 德国行政法[M]. 刘飞，译，北京：商务印书馆，2002.

比例原则根源于经济学中的效益最大化理论，其要求利益实现所产生的效益要大于实现利益所付出的成本，如果后者大于前者，该利益就不具有合理性和现实性。比例原则作为利益衡量原则、正当性原则的具体运用，是从目的和手段的角度确定利益衡量的方法，也是解决行政行为与其他利益冲突的基本原则。“国家为追求公共利益而限制人民自由权利时，不能逾越必要的限度。”它要求行政行为实现时，首先，要考量是否必须牺牲或损害个人利益，即限制的必要性；其次，如果必须牺牲个人利益，则应根据比例原则权衡两者的大小，对所要实现的行政行为所代表的公共利益与可能损害的个人利益之间的大小作出判断；最后，对行政行为实现的手段进行评估，是否是“最温和手段”，“警察不可用大炮打麻雀”。比例原则是拘束行政权力违法最有效的原则，它在行政法中所扮演的角色，就像诚信原则在民法中居于帝王条款的地位一样，比例原则可称得上是行政法中的帝王条款。例如，在德国《基本法》第十四条第三款中规定，只有为了公共福利才能实施征收，而且征收必须符合比例原则。

第二节　行 政 行 为

法治，简单说来是依照法律治理国家，那么法治的具体标准是什么呢？通常认为，法治的标准包括以下几项。

（1）法律必须是健全的、明确的、公开的、普遍的、稳定的、统一的。

（2）宪法具有最高效力，一切法律都不得违反宪法，一切法律都必须接受违宪审查。

（3）法律面前人人平等。

（4）司法必须独立。

（5）对政府而言，其应当在法律范围内活动，越权无效，并应承担法律责任。

（6）对公民而言，法律是最基本的行为规范，人人知法，人人守法。

（7）法律不溯及既往，实行无罪推定和正当法律程序。

行政行为作为政府机关管理国家的公权力活动，其合法与否直接决定了法治国家能否实现。因而，探讨行政行为的合法性问题，不仅涉及对行政行为的价值评判，而且对于指导行政机关正确行使行政权力、规范行政行为、解决行政争议和保护行政相对人的合法权益有着重要的意义。本节即从行政行为的基本理论入手，探讨行政行为的合法性，并分析各类行政行为。

一、行政行为的一般原理

（一）行政行为的概念与特征

行政行为作为一个学术概念，在我国最早出现在1983年司法部法学教材编辑部编写的《行政法概要》一书中。该书指出，“行政行为”是“国家行政机关实施行政管理活动的总称”，包括国家行政机关的“抽象的行为”“具体的行为”①。行政行为的概念

① 法学教材编辑部. 行政法概要[M]. 北京：法律出版社，1983.

模型主要受到了法国法的影响。此后，我国学者对于行政行为的认知更多地受到德日公法学的影响。知识继受的多元性影响了我国行政行为概念的本土化生成。

行政行为，是指行政主体（即享有行政权能的组织）在运用行政职权、实施行政管理活动过程中所作出的具有法律意义的行为。

1. 行政行为的几层含义

（1）行政行为是行政主体所作出的行为，这是行政行为的主体要素。享有行政权能的组织包括行政机关、法律法规授权的组织以及接受合法委托的其他社会组织。

（2）行政行为是行政主体行使行政职权、履行行政职责的行为，这是行政行为的职权、职责要素。行政权能是实施法律作出行政行为的一种资格。

（3）行政行为是具有法律意义的行为，这是行政行为作为法律概念的法律要素。具有法律意义指享有行政权能的组织运用行政权所作的行为为相对人设定变更或消灭了某种权利义务关系。

2. 行政行为的特征

与民事行为、立法行为、司法行为等其他行为相比较，行政行为具有以下特征。

（1）从属法律性。行政行为是执行法律的行为，从而必须从属于法律。

（2）裁量性。行政行为的权力因素决定了，其许可、批准、禁止、免除等通常都涉及行政相对方将来的权利义务，特别是行政机关制定行政法规、规章，发布行政规范性文件，就未来的事项作出预见性规定，从而具有更多的自由裁量因素。因此，行政行为虽须依法而为，但并不意味行政机关不能有任何的自行选择、裁量和主动性。行政行为的自由裁量性与从属法律性不是截然对立的，而是矛盾的对立统一。

（3）单方意志性。行政行为是行政主体行使国家行政权的行为，其只要是在行政组织法或法律、法规的授权范围内，即可自行决定和直接实施，而无须与行政相对方协商和征得相对方的同意。

（4）效力先定性。所谓效力先定，是指行政行为一经作出后，就事先假定其符合法律规定，在没有被国家有权机关宣布为违法无效之前，对行政机关本身和相对方以及其他国家机关都具有拘束力，任何个人或团体都必须遵守和服从。

（5）强制性。行政行为是行政主体代表国家，以国家名义实施的单方意志行为，以国家强制力作为实施保障，因而具有强制性。

（二）行政行为的分类

依据不同的标准，行政行为有不同的分类。

1. 内部行政行为与外部行政行为

这是以行政行为适用与效力作用对象的范围为标准所作出的分类。所谓内部行政行为，是指行政主体在内部行政组织管理过程中所作的只对行政组织内部产生法律效力的行政行为，如行政处分及上级机关对下级机关所下达的行政命令等。所谓外部行政行为，是指行政主体在对社会实施行政管理活动过程中针对公民、法人或其他组织所作出的行政行为，如行政许可行为、行政处罚行为等。

划分内部行政行为与外部行政行为的意义：首先，内部行政行为适用内部行政规范，因而也只能用法定的内部手段和方式去进行；而外部行政行为适用于社会行政等外部行政法规范，因而能够采用相应的法律、法规所规定的各种手段和方式去进行。其次，对于内部行政行为的主体资格，法律没有严格要求，而外部行政行为的主体资格，法律则有严格的要求。最后，内部行政行为不得适用行政复议程序和提起行政诉讼，而外部行政行为在符合法定条件的情况下，可以适用行政复议程序和行政诉讼程序。

2. 抽象行政行为与具体行政行为

这是以行政相对人是否特定为标准所作出的分类。所谓抽象行政行为，是指以不特定的人或事为管理对象，制定具有普遍约束力的规范性文件的行为，如制定行政法规和行政规章的行为。抽象行政行为包括两类：一类是行政立法行为，即有权行政机关制定行政法规和行政规章的行为；另一类是制定不具有法源性的规范文件的行为，即行政机关有权制定或规定除行政法规和规章以外的具有普遍约束力的其他规范性文件的行为。

所谓具体行政行为，是指在行政管理过程中，针对特定的人或事所采取具体措施的行为，其行为的内容和结果将直接影响某一个人或组织的权益。具体行政行为一般包括行政许可行为、行政奖励与行政给付行为、行政征收行为、行政处罚行为、行政强制行为、行政监督行为、行政裁决行为等。

划分抽象行政行为与具体行政行为的意义：首先，它对确定和判断行政复议和行政诉讼的受案范围具有重要作用，决定着公民、法人或其他组织对行政行为不服能否提起行政复议和行政诉讼；其次，抽象行政行为与具体行政行为的主体、内容及效力的法律规定也是有所区别的；最后，划分抽象行政行为和具体行政行为，也是行政法学理论上对行政行为体系构成进行考察与研究的一种基本思路与方法。

3. 羁束行政行为与自由裁量行政行为

这是以行政行为受法律规范拘束的程度为标准所作出的分类。所谓羁束行政行为，是指法律规范对其范围、条件、标准、形式、程序等作了较详细、具体、明确规定的行政行为。行政主体只能严格地按照这些规定实施行政行为，没有选择和裁量的权利。所谓自由裁量行政行为，是指法律规范仅对行为目的、行为范围等作出原则性规定，而将行为的具体条件、标准、幅度、方式等留给行政机关自行选择、决定的行政行为。行政主体在作出自由裁量行政行为时，除了遵守法律、法规和规章所限定的条件，还必须根据实际情况，依自己的权衡和判断来具体选择实施什么样的行政行为。

划分羁束行政行为与自由裁量行政行为的意义：羁束行政行为只存在合法与否的问题，而自由裁量行政行为在合法的基础上，还存在是否合理的问题。因此，这种划分决定了在此范围内人民法院监督行政行为的程度和深度。人民法院审理行政案件是对具体行政行为的合法性进行审查，对行政行为是否适当原则上不予审理。对于羁束行为，相对方不服，可以向法院提起行政诉讼；而对于自由裁量行为，如果不是显失公正，人民法院则不予受理。

4. 依职权的行政行为与依申请的行政行为

这是以行政机关是否可以主动作出行政行为为标准所作出的分类。所谓依职权的行政行为，指行政机关依据法律赋予的职权，无须相对方的请求而主动实施的行政行为。所谓依申请的行政行为，是指行政机关必须有相对方的申请才能实施的行政行为。

划分依职权和依申请的行政行为的意义：明确二者的不同规则，有助于法院对行政行为的审查判断。对依职权的行政行为，由于是针对行政机关已作出的行为，相对方提起的必是违法撤销之诉，法院审查判断的标准应是该行为是否违法，证据是否确凿，程序是否合法，等等，最终对于合法的行政行为，应维持判决，对于违法的行政行为，应作出撤销判决。对依申请的行政行为，由于是针对行政机关不作为的行为，相对方提起的是请求作为之诉，法院审查判断的标准则应是相对方是否提出合法申请，该申请是否符合法定条件，行政机关是否具有法定职责，对相对方的请求行政机关应如何处理，等等，最终的判决指向行政机关是否应当作为，是否履行职责的判决。

5. 单方行政行为与双方行政行为

这是以决定行政行为成立时参与意思表示的当事人的数目为标准所作出的划分。所谓单方行政行为，是指依行政机关单方意思表示，无须征得相对方同意即可成立的行政行为。所谓双方行政行为，是指行政机关为实现公务目的，与相对方协商达成一致而成立的行政行为。

划分单方与双方行政行为的意义：首先，它们所表现出来的不同特征，使其各自在成立时所应遵守的行为规则不同；其次，有利于确认行政复议的被申请人和行政诉讼的被告，并有利于认定和追究行政法律责任。

6. 要式行政行为与非要式行政行为

这是以行政行为是否应当具备一定的法定形式为标准所作出的划分。所谓要式行政行为，是指必须具备某种法定的形式或遵守法定的程序才能成立生效的行政行为。所谓非要式行政行为，是指不需一定方式和程序，无论采取何种形式都可以成立的行政行为。

划分要式行政行为与非要式行政行为的意义：要式行政行为就其形式而言是一种羁束性要求，若不具备相应的形式，就会因形式违法而被宣布无效；而非要式行政行为就其形式上讲，是一种自由裁量性规定，采取哪种方式或形式，行政主体有选择余地，原则上不发生因形式而违法的问题，但同样可能发生不公正或不合理的问题。

7. 作为行政行为与不作为行政行为

这是以行政行为是否以作为方式来表现为标准所作出的划分。所谓作为行政行为，是指以积极作为的方式表现出来的行政行为，如行政奖励、行政强制行为。所谓不作为行政行为是指以消极不作为方式表现出来的行政行为。

划分作为方式与不作为方式的行政行为的意义：有利于明确行政行为的范围，也有利于行政职责的履行和对相对方权益的保护，真正体现行政法的精神。

8. 行政立法行为、行政执法行为与行政司法行为

这是以行政权作用的表现方式和实施行政行为所形成的法律关系为标准所作的划分。所谓行政立法行为，是指行政主体依法定职权和程序制定带有普遍约束力的规范性文件的行为，它所形成的法律关系以行政机关为一方，以不确定的行政相对方为另一方。所谓行政执法行为，是指行政主体依法实施的直接影响相对方权利义务的行为，或者对个人、组织的权利义务的行使和履行情况进行监督检查的行为。它形成的法律关系是以行政主体为一方，以被采取措施的相对方为另一方的双方法律关系，具体包括行政许可、行政确认、行政奖励、行政处罚、行政强制、行政合同、行政监督等行为。所谓行政司法行为，是指行政机关作为争议双方之外的第三者，按照准司法程序审理特定的行政争议或民事争议案件并作出裁决的行为，它所形成的法律关系是以行政机关为一方，以发生争议的双方当事人各为一方的三方法律关系，具体包括行政裁决、行政复议等行为。

划分行政立法行为、行政执法行为与行政司法行为的意义：有助于对因行政权不同作用方式而形成的不同的行政关系进行法律调整，从而规范行政行为。

9. 自为的行为、授权的行为和委托的行为

这是以行政职权的来源为标准所作的划分。所谓自为的行为，是指行政机关根据法律规定的职权，自己作出的行政行为。所谓授权的行为，是指由法律等规范性文件授权给非行政机关性质的组织从事行政管理活动而实施的行政行为。所谓委托的行为，是指由行政机关委托的非行政机关组织或公民个人从事行政管理活动而实施的行政行为。

划分自为的行为、授权的行为和委托的行为的意义：明确授权、委托行为的规则，以及明确行为责任的归属。首先，行政行为并非只能由行政机关实施，行政机关以外的社会组织或公民个人所实施的也可能是行政行为。其次，这三种行为职权来源不同，所应遵循的行为规则不同。最后，由于司法审查的对象是行政行为，而行政行为的实施者又有多个，要明确行为责任的归属，准确地界定行政诉讼的被告。

（三）行政行为的内容

所谓行政行为的内容，是指一个行政行为对相对方在权利、义务上产生的具体影响，即对相对方的权利、义务作出的某种具体处理和决定。

行政行为的内容具有复杂性和多样性，根据各类行政行为对相对方的权利、义务产生的影响及其引起的法律效果的不同，可以将行政行为的内容概括为以下四点。

（1）赋予权益或科以义务。赋予一定的权益或科以一定的义务，即实际上设定了新的法律地位，使行政主体与行为对象之间以及行为对象与他人之间形成一种行政法律关系。具体表现为赋予行为对象人一种法律上的权能或权利和利益，包括行政法上的权益，也包括民法上的权益。科以一定的义务，是指行政主体通过行政行为命令行为对象人为一定的行为或不为一定的行为，具体包括单纯行为上的义务，如接受审计监督；也包括财产义务，如纳税决定行为；还包括人身义务，如拘留决定。

（2）剥夺权益或免除义务。剥夺权益或免除义务，即取消某种法律地位，以解除已经存在的法律关系。剥夺权益，是使行为对象人原有的法律上的权能或权利和利益的一种丧失。免除义务，是指行政行为的内容表现为对行为对象人原来所负有义务的解除，不再要求其履行义务，如免除纳税人的纳税义务。

（3）确认法律事实与法律地位。确认法律事实，即行政主体通过行政行为对某种法律关系有重大影响的事实是否存在，依法加以确认。确认法律地位，是指行政主体通过行政行为对某种法律关系是否存在及存在范围的认定。确认法律关系是以法律事实确认为前提的，在有些法律关系确认之中，也同时包含对法律事实的确认。但有些法律关系的确认和法律事实的确认，法律要求是分开的，不能互相取代或交错在一起。确认法律事实必然影响确认法律关系，但确认法律事实并不等于确认法律关系，当事人之间是否存在某种法律关系，在事实的认定之中并不能完全确认。因此，确认法律事实与确认法律地位既有联系也有区别。

（4）变更法律地位。变更法律地位，即对行为对象人原来存在的法律地位予以改变，具体表现为对其原来所享有权利或所负担义务范围的缩小，或者对其原来所享有权利或所负担义务范围的扩大，如批准营业执照扩大或缩小经营范围、减少或增加纳税税种、税率等。

（四）行政行为的成立

行政行为的成立，是指行政行为的作出或者形成。行政行为的成立是其生效的前提，如果行政行为尚未成立，其效力的开始便无从谈起。

行政行为的成立通常包括以下要件。

（1）主体要件，即行为的主体必须是拥有行政职权或有一定行政职责的国家行政机关，法律、法规授权的组织，行政机关委托的组织和个人。

（2）主观要件，即行为主体有凭借国家行政权力产生、变更或消灭某种行政法律关系的意图，并有追求这一效果的意思表示。

（3）客观要件，即行为主体在客观上有行使行政职权或职责的行为——由一定的外部行为方式所表现出来的客观行为。

（4）功能要件，即行为主体实施的行为能直接或间接导致行政法律关系的产生、变更和消灭。

（五）行政行为的生效

行政行为的生效，是指行政行为产生法律效力。行政行为的生效，要符合一定的要件，详见行政行为合法性部分，此处仅探讨行政行为的生效规则。所谓生效规则，是指行政行为何时开始生效的规则。行政行为的生效规则主要有下列几种。

（1）即时生效。行政行为一经作出即具有效力，对相对方立即生效。一般来说，作出行政行为和行政行为开始产生效力的时间是一致的。即时生效的行为因为是当场作出，立即生效，其适用范围相对较窄，适用条件相对较为严格，它一般适用于紧急情况下所作出的需要立即实施的行为。

（2）告知生效。行政机关将行政行为的内容采取公告或宣告等有效形式，使相对方知悉、明了行政行为的内容，该行政行为对相对方才能开始生效。与受领生效不同，告知生效所适用的对象是难以具体确定的相对方，包括不特定的多数人和具体的相对方，但住所地不明确，从而使行政行为的内容无法一一告知或难以具体告知。

（3）受领生效。行政行为须为相对方受领，才开始生效。所谓受领，是指行政机关将行政行为告知相对方，并为相对方所接受。受领生效，一般适用于特定人为行为对象的行政行为，行政行为的对象明确、具体，一般是采用送达的方式。

（4）附条件生效。行政行为的生效附有一定的期限或其他条件，在所附期限来到或条件消除时，行政行为才开始生效。

（六）行政行为的效力

行政行为成立便对相对方和行政主体等产生法律上的效力。一般而言，行政行为具有以下效力。

（1）行政行为具有确定力。所谓行政行为的确定力，是指有效成立的行政行为，具有不可变更力，非依法不得随意变更或撤销，具有不可争辩力。对于行政主体来说，非依法定理由和程序，不得随意改变其行为内容，或就同一事项重新作出行为；对于行政相对方来说，不得否认行政行为的内容或随意改变行为内容，非依法也不得请求改变行政行为。行政行为具有不可变更力并不意味着行政行为绝不可以变更，而是说行政行为作出后不得随意撤销或变更。基于法定事由，经过法定程序，行政行为可以依法改变（通过行政复议、行政诉讼等）。

（2）行政行为具有拘束力。行政行为的拘束力，是指行政行为成立后，其内容对有关人员或组织所产生的法律上的约束效力，有关人员和组织必须遵守、服从。行政行为的拘束力具体表现在以下两个方面：一方面，对相对方的拘束力。行政行为是针对行政管理相对方作出的。因此，其拘束力首先指向相对方。对于生效的行政行为，相对方必须严格遵守、服从和执行，完全地履行行政行为的内容或设定的义务，不得违反或拒绝。否则，就要承担相应的法律后果。另一方面，对行政机关的拘束力。行政行为的拘束力不仅仅是针对相对方，行政机关自身同样要受约束。包括作出该行政行为的行政机关和其他行政机关。

（3）行政行为具有公定力。所谓公定力是指行政主体作出的行政行为，不论合法还是违法，都推定为合法有效。

（4）行政行为具有执行力。所谓行政行为的执行力，是指行政行为生效后，行政主体依法有权采取一定手段，使行政行为的内容得以实现的效力。

二、行政行为合法性

在党的十八大报告提出“全面推进依法治国”，“加快建设社会主义法治国家”的基础上，党的十九大报告进一步要求“坚持全面依法治国”，向全党迈入法治道路提出了更高的要求。依法治国是依照体现人民意志和社会发展规律的法律治理国家，而不是依照个人意志、主张治理国家；要求国家的政治、经济运作、社会各方面的活动统统依照法律进行，而不受任何个人意志的干预、阻碍或破坏。依法治国关系到国家各个方面的管理，由依法立法、依法行政、依法司法和依法监督等内容组成。其中，依法行政既是依法治国的重要内容，也是建立法治国家的关键。行政行为合法性与依法行政具有天然的契合性，要实现依法行政，就必须在行政过程中贯彻行政行为合法性原则。

（一）行政行为合法性的基础

行政行为合法性原则是指行政主体实施行政行为应符合法律规定的权限、手段、方式、程序等要求，不得与法律相抵触。行政行为合法性是社会主义国家性质的必然要求，是我国宪法精神的基本要求，是社会主义法制的要求，也是依法治国方针的必然要求。

行政行为合法性对推行行政法治、依法治国有着重要意义。

（1）行政机关的行政职权由法律设定并依法授予。一切行政行为以行政职权为基础，无职权便无行政。然而行政职权必须合法产生，或由法律、法规设定，或由国务院或者其他上级行政机关依法授予。

（2）行政机关实施行政行为必须依照和遵守法律、法规等法律规范。它要求每个行政机关既要依法管理行政相对人，又应在其他行政机关的管理中遵守法律、法规和规章。行政机关不得享有法律以外的特权。

（3）行政机关的行政行为违法无效。行政机关的行政行为必须合法，违法的行政行为不具有法律效力，无论是实体上的违法，还是程序上的违法，都使行政行为归于无效。

（4）行政机关必须对违法的行政行为承担相应的法律责任，这是违法必究精神的体现。

（5）行政机关的一切行政行为必须接受人民代表大会监督、行政监督和司法监督。任何行政行为必须受到监督和救济，否则任何责任都是空谈。无救济便无权力，无监督便无行政。各级人民代表大会及其常务委员会对同级人民政府行使职权的监督制度、行政复议制度及行政诉讼制度等，都是这一内容的体现。

（二）行政行为合法性的要件

行政行为合法性的要件，是指行政行为合法成立生效所应具备的基本要素，或者说是应当符合的条件。行政行为合法性包括实体合法和程序合法，无论是实体上的违法，还是程序上的违法，都使行政行为归于无效。一般而言，行政行为合法应满足以下要件。

1. 主体合法

所谓主体合法，是指实施行政行为的组织必须具有行政主体资格，能以自己的名义独立承担法律责任。只有具备行政主体资格的组织所为的行政行为才是有效的行为。行为主体的合法应包括以下三项具体要求：行政机关合法，即实施行政行为的行政机关必须依法成立，并具有行政主体资格；人员合法，即具体实施行政行为的行政主体工作人员必须具备一定的条件，所实施的行政行为方有效；委托合法，即当作为行政主体的行政机关基于实施行政活动的需要，依法委托社会组织或群众组织、公民个人代表行政机关实施某种行政活动时，行政机关的委托必须合法，所谓的行政行为才能有效，具体包括委托的行政机关必须具有合法的委托权限、接受委托者必须具备从事行政活动的能力、被委托者必须在委托权限内实施行政行为。

2. 权限合法

所谓权限合法，是指行政行为主体必须在法定的职权范围内实施行政行为，必须符合一定的权限规则。一切行政行为以行政职权为基础，无职权无行政。行政主体的行政职权由法设定与依法授予，即行政权的来源和设定合法。任何行政主体都不得自己设立行政权力，也不得超越自己的职权范围行事；任何行政职权的授予和委托及其运用都必须具有法律依据，符合法律宗旨。法律针对不同的行政主体或其不同的职能确定了相应的职责、权限。对于法定的行政职权，行政主体必须依据法定的实体内容和程序要求，不折不扣地予以实施。无故不行使、拖延行使或不按法定要求行使职权，都是违反行政合法性原则的行为，应当受到法律的追究。同时，任何行政职权都有一定的限度，法律在确定行政主体的职权时，在地域、时间等方面设定了各种限度，这些限度是行政主体所不能超越的。

3. 内容合法

所谓内容合法，是指行政行为所涉及的权利、义务，以及对这些权利、义务的影响或处理，均应符合法律、法规的规定和社会公共利益，有事实依据。同时，行政行为的内容要明确、适当，符合法定幅度、范围，应当公正、合理，符合立法本意。

4. 程序合法

所谓程序合法，是指行政行为的实施所要经过的过程、步骤和次序应当符合法定程序。行政行为应当符合法定程序有两项具体要求：必须符合与该种行政行为性质相适应的程序要求；必须符合程序的一般要求，如说明理由规则、表明身份规则、听取意见规则等。行政机关违反法定程序，其行为也属无效或应当予以撤销的理由之一。

5. 形式合法

所谓形式合法，是指对于要式行政行为必须具备法律规定的形式。行政行为有要式行政行为和非要式行政行为之分。对于要式行政行为，法律规定其必须具备一定的形式；否则，该行政行为就是不合法的，会被有权机关撤销而丧失其法律效力。以行政许可为例，其是一种典型的要式行政行为，行政主体对符合法定条件的申请人作出许可决定后，必须向其颁发许可证。

（三）行政行为的无效

如果行政行为具备下述情形，行政相对方可视之为无效行政行为，有权国家机关可宣布该行为无效：①行政行为具有特别重大的违法情形或具有明显的违法情形，具体包括行政行为实施主体不具有行政主体资格、减损权利或者增加义务的行政行为没有法律规范依据、行政行为的内容客观上不可能实施（客体不能、时限不能、自身不能）、其他重大且明显违法的情形；②行政主体不明确或明显超越相应行政主体职权的行政行为；③行政主体受胁迫作出的行政行为；④行政行为的实施将导致犯罪；⑤没有可能实施的行政行为。

行政行为无效的法律结果如下。

（1）行政相对方可在任何时候请求有权国家机关，如行为机关、行为机关的上级机关、人民法院宣布该行为无效（行政相对方要求撤销行政行为通常只能在法定期限内通过申请复议或提起行政诉讼提出请求）。

（2）有权国家机关可在任何时候宣布相应行政行为无效。

（3）行政行为被宣布无效后，行政主体通过该行为从行政相对方处所获取的一切（如罚没款物等）均应返还相对方；所加予相对方的一切义务均应取消；对相对方所造成的一切实际损失，均应赔偿。同时，行政主体通过相应无效行政行为所给予相对方的一切权益，均应收回（如此种收回给善意的相对方的合法权益造成了损害，行政主体应对之予以赔偿）。总之，行政行为被宣布无效后，被行政行为改变的状态应尽可能恢复到行为以前的状态。

（四）行政行为的撤销

行政行为的撤销，是指当行政行为具备法定可撤销情形时，由有权国家机关作出撤销决定后而使之失去法律效力的行为。

具备以下条件之一的，行政行为可予以撤销：原告认为行政协议存在胁迫、欺诈、重大误解、显失公平等情形而请求撤销，人民法院经审理认为符合法律规定可撤销情形的，可以依法判决撤销该协议；被告变更、解除行政协议的行政行为存在行政诉讼法第七十条规定情形的，人民法院判决撤销或者部分撤销，并可以责令被告重新作出行政行为。

行政行为被撤销后，会产生以下法律效果：①行政行为自撤销之日起失去法律效力，撤销的效力可一直追溯到行政行为作出之日。②如果行政行为被撤销，那么，由此造成相对方的一切实际损失应由行政主体予以赔偿。③如果行政行为的撤销是因行政相对方的过错（如其通过虚报、瞒报有关材料而获取行政主体的某种批准、许可行为等），或行政主体与相对方的共同过错（如行政行为是在相对方行贿，行政机关工作人员受贿的情况下作出的）所引起的，行政行为撤销，行政主体通过相应行为已给予相对方的利益均要收回；行政相对方因行政行为撤销而遭受到的损失均由其本身负责；国家或社会公众因已撤销的行政行为所受到的损失，应由行政相对方依其过错程度予以适当赔偿；行政主体或其工作人员对导致行政行为撤销的本身的过错则应承担内部行政法律责任。

（五）行政行为的废止

行政行为具有确定力，一经作出即不得随意废止，只在具有某些法定情形的条件下，才能依法定程序废止。行政行为废止的条件：①行政行为所依据的法律、法规、规章、政策经有权机关依法修改、废止或撤销，相应行为如继续实施，则与新的法律、法规、规章、政策相抵触；②国际国内或行政主体所在地区的形势发生重大变化，原行政行为的继续存在将有碍社会政治、经济、文化的发展，甚至给国家和社会利益造成重大损失；③行政行为已完成原定目标、任务，实现了国家的行政管理目的，从而没有继续存在的必要。

行政行为被废止后，会产生以下法律效果：①行政行为废止后，其效力自行为废止之日起失效，行政主体在行为废止之前通过相应行为已给予行政相对方的利益、好处不再收回；行政相对方依原行为已履行的义务亦不能要求行政主体予以任何补偿。②行政行为的废止如果是因法律、法规、规章、政策的废除、修改、撤销或情势变化而引起的，且此种废止给行政相对方的利益造成了损失，行政主体不负赔偿责任。

三、抽象行政行为

（一）抽象行政行为的内涵

抽象行政行为可以从动态和静态两个方面进行考察分析。从动态方面看，抽象行政行为是指国家行政机关针对不特定的人和不特定的事制定具有普遍约束力的行为规则的行为。从静态方面看，抽象行政行为是指国家行政机关针对不特定的人和不特定的事制定的具有普遍约束力的行为规则，包括行政法规、行政规章和其他具有普遍约束力的决定、命令等。

与具体行政行为相比较，抽象行政行为具有以下特征：①对象的普遍性。抽象行政行为以普遍的、不特定的人或事为行政对象，即它针对的是某一类人或事，而非特定的人或事。②效力的普遍性和持续性。抽象行政行为具有普遍的效力，它对某一类人或事具有约束力。同时，抽象行政行为具有后及力，它不仅适用于当时的行为或事件，而且适用于以后将要发生的同类行为或事件。③准立法性。抽象行政行为在性质上属于行政行为，但它具有普遍性、规范性和强制性的法律特征，并须经过起草、征求意见、审查、审议、通过、签署、发布等一系列程序。④不可诉性。抽象行政行为不能成为行政诉讼的直接对象。如果相对方对抽象行政行为有异议，认为它们侵犯了自己的合法权益，向人民法院起诉的，人民法院不予受理。

（二）抽象行政行为的分类

以抽象行政行为的制定依据、内容和目的为标准，可以将抽象行政行为分为制定执行性、补充性、试验性行为规则。以抽象行政行为的权力来源为标准，可以将抽象行政行为分为依授权制定行为规则的行为和依职权制定行为规则的行为。

最常见的分类是以抽象行政行为的规范程度与效力等级为标准所作的划分：①行政机关的行政立法行为，即国家行政机关制定发布行政法规和行政规章的行为。②行政机关除行政立法行为以外的其他抽象行政行为，即行政机关针对广泛的、不特定的对象规定行政措施，发布决定和命令的行为。这类行政行为没有对某个具体对象的特殊针对性，而是在一定范围和管理领域内对一切人具有普遍约束力，并能反复适用，因此，它虽不属于行政立法行为，但属于抽象行政行为的一种。

（三）抽象行政行为有效成立的要件

抽象行政行为的有效成立，是指抽象行政行为在完成其法定程序，具备相应法定要件后正式对外发生法律效力。

行政立法有效成立的主要要件有行政立法经享有相应行政立法权的行政机关讨论决定；行政立法经行政首长签署；行政立法公开发布。

其他抽象行政行为的成立要件大体与行政立法相同，但不及行政立法严格。区别主要是其他抽象行政行为的成立不以相应行政机关正式会议讨论决定为必要要件。行政首长签署是所有抽象行政行为成立的必备要件。但一般的抽象行政行为既可由正职行政首长签署，也可由主管相应行政事务的副职行政首长签署。公开发布也是所有抽象行政行为成立的必备要件。在这一要件上，行政立法与一般抽象行政行为的区别是：行政立法必须以行政首长令发布，并在法定刊物上登载，而一般抽象行政行为则可以以一般行政公文的形式发布，其既可在正式出版物上登载，也可以布告、公告、通告等形式在一定的公共场所或行政办公场所张贴，或者通过当地广播、电视等播放。

四、具体行政行为

（一）具体行政行为的内涵

具体行政行为，是指由行政主体依法针对特定的相对人所作的具体的、单方的，能对相对人实体权利、义务产生直接影响的具体行政行为。它包含以下四个要素。

（1）主体要素，具体行政行为是行政机关实施的行为。一般而言，不是行政机关实施的行为，不是行政行为。特殊情况下，由法律、法规授权的组织或者行政机关委托的组织实施的行为也可能是行政行为。

（2）成立要素，具体行政行为是行使行政权力所为的单方行为。具体行政行为即该行为无须对方同意，仅行政机关单方即可决定，且决定后即发生法律效力，对方负有服从的义务，如果不服从，该行为可以强制执行或者申请人民法院强制执行。如税务机关决定某企业应纳所得税税额，纳税人应当执行，如果不执行，税务机关有权从其银行账户中划拨。如果纳税人不服，也必须首先按决定纳税，然后申诉或起诉。

（3）对象要素，具体行政行为是对特定的公民、法人或者其他组织作出的。“特定”是指某公民或某组织。

（4）内容要素，具体行政行为是作出有关特定公民、法人或者其他组织的权利义务的行为。

（二）具体行政行为的分类

1. 从理论上具体行政行为的分类

（1）设定权利或者义务的行为。包括赋予权利能力和行为能力的行为，如颁发营业执照可以使一个新的民事主体诞生；设定某一权利或义务的行为，如对甲公民发放房屋产权证书。

（2）剥夺、限制权利或撤销义务的行为。对公民、组织已有的能力或权利，行政机关可以剥夺，如吊销某企业的营业执照；也可以限制，如海关扣留某走私嫌疑人是限制其人身权利，扣留他的进出境物品，是限制其行使财产权利；卫生局责令某企业停产整顿，是限制其经营权利。对公民、组织应承担的义务，行政机关可以撤销，如税务机关因某国有企业确有困难，根据其申请决定免除其应缴纳的所得税。

（3）变更权利或义务的行为。对公民、组织已有的权利或已经承担的义务，行政机关可以变更，如在发放了土地所有权证后，考虑到有不合理因素，又决定将其中一部分土地划给邻村所有，又如，税务机关根据某企业的申请减少了其应缴纳的税款。

（4）不行为，或称不作为。行政机关对于自己应当履行的职权不履行，称不行为或不作为。不作为不是否定行为，否定行为是已经作为了，如公民甲申请营业执照，某工商局决定驳回，不予批准，这是否定行为。如果该工商局不予答复，不作决定，这是不作为。行政机关不行为也是一种具体行政行为。

2. 在法律上具体行政行为的分类

（1）行政许可，也称为行政审批，是行政机关依法对社会、经济事务实行事前监督管理的一种重要手段。

（2）行政强制措施，是指行政机关为了防止和制止可能发生或者正在发生的违法行为，或者进行行政调查检查，对公民、法人或者其他组织的人身、财产等采取的国家行政强制措施。

（3）行政征收，是行政机关为保证国家机关进行正常职能活动或者为保证提供公共服务，无偿和强制地向公民、法人或者其他组织征收钱物的活动，征收内容主要是税和费。

（4）行政裁决，是行政机关依法裁决公民、法人或者其他组织之间权益争议的活动。

（三）具体行政行为的成立

具体行政行为的成立，是指具体行政行为在法律上存在。只有首先确定具体行政行为的成立，才能对其进行法律评价确认其是否合法适当。以下是具体行政行为成立的一般条件。

（1）在主体上，作出具体行政行为的是享有行政职权的行政机关，实施该具体行政行为的工作人员意志健全具有行为能力。如果作出行政决定的不是执行国家职务、可以承担国家责任的国家机关或其他合法的实施者，该决定不能发生法律上的效力，也无法按照行政法上的救济方式追究法律责任。

（2）在内容上，向对方当事人作出具有效果意思的表示。效果意思是行政机关作出行政决定所希望达到的法律效果，即设立、变更和消灭对方当事人的权利义务。行政机关要求对方当事人应当做什么或者不准做什么的意思，应当以正确和可识别的方式清楚地表示出来，使对方当事人知道行政机关为其安排了什么样的权利义务。

（3）在程序上，按照法律规定的时间和方式进行送达。对方当事人履行义务的内容限于领受送达的内容，领受送达的时间是对方当事人开始履行义务的最早时间点。未经送达领受程序的具体行政行为，不发生法律约束力。

（四）具体行政行为的合法要件

具体行政行为合法生效，一般要满足以下要件。

（1）要有确凿的事实证据，即具体行政行为应当有确实可靠的证据。证据是客观存在的、关联行政的和依法收集和认定的事实。这一要件的内容有以下两方面：一方面，作出行政决定首先要有事实，存在需要行使行政职权的客观事实；另一方面，事实应当是确实的、充分的、客观的、合法的和与行政相关联的。

（2）要正确地适用法律法规。行政管理是一种适用法律的国家活动，行政机关作出具体行政行为时应将法律法规作为处理行政事务的根本准则和依据，正确把握法律法规与调整对象的联系，适用有效的法律。

（3）要遵守法定行政程序。程序是实现行政管理目标过程中的行政方法和形式。法定程序赋予这些方法和形式以权利义务的法律属性，要求行政机关行使职权时必须遵守，成为判断行政行为是否正确合法的重要标准。

（4）不得超越职权和滥用职权。行政机关的具体行政行为超越职权和滥用职权，侵犯当事人的合法权益，法院可以予以撤销。关于超越职权的要件，是要求行政机关应当在法律授予的权限以内活动，不能以公共需要的理由对抗职责权限的要求。关于滥用职权，在行政法上它是一个实质违法的概念和制度。

（五）具体行政行为的效力

具体行政行为的效力有多种，一般包括拘束力、执行力和确定力。

（1）拘束力，是指具体行政行为一经生效，行政机关和对方当事人都必须遵守，其他国家机关和社会成员必须予以尊重的效力。对于已经生效的具体行政行为，不但对方当事人应当接受并履行义务，作出具体行政行为的行政机关不得随意更改，其他国家机关也不得以相同的事实和理由再次受理和处理该同一案件，其他社会成员也不得对同一案件进行随意的干预。

（2）执行力，是指使用国家强制力迫使当事人履行义务或者以其他方式实现具体行政行为权利义务安排的效力。这是具体行政行为具有国家意志性的体现。理论上，具体行政行为发生拘束力后，有关当事人应当积极主动地履行相关义务。如果当事人不能自动履行这些义务，具体行政行为所规定的权利和义务无法实现，具体行政行为的执行力就无法发生作用。有关机关可以根据法律的规定依职权或者依申请采取措施，强制实现具体行政行为的权利义务安排。

（3）确定力，是指具体行政行为不再争议、不得更改的效力，具体行政行为因此取得不可撤销性。一般而言，具体行政行为作出后都会有一个可争议和可更改期。权益受到损害的当事人可以利用行政复议、行政诉讼或者其他法定途径获得救济，行政机关也可以通过行政监督程序撤回已经生效有法律缺陷的具体行政行为。但是出于稳定行政管理关系的需要，这一期限不可能无限延长。当法定的不可争议不可更改期限到来时，该具体行政行为也就取得了确定力。当然这是形式意义的确定力。

思考与讨论题

（1）行政法的含义是什么？如何理解法治与行政法的关系？

（2）如何理解形式法治与实质法治的关系？

（3）中国特色社会主义法治理论包括哪些内容？

第九章　公共部门人力资源管理

人力资源是一种可持续性的最宝贵的资源。人力资源的开发和使用，不仅仅关系到一个组织的兴衰，更影响着一个国家综合国力的强弱。公共部门承担着提供公共产品，维持社会公共秩序的重要职能。公共部门人力资源是公共社会生产力发展的重要基础，是公共部门的关键性要素，拥有一支积极主动、尽职尽责、精明强干的公共部门人力资源队伍，无疑是政府实现治理目标的重要保证之一。公共部门的特殊性质和任务特点决定了其人力资源管理与组织的人力资源管理既有共通之处，也有明显的相异之处。适应复杂的外部环境变迁，面向组织发展的战略目标，开发组织人力资源的能力，提升组织员工的综合素质，是公共部门人力资源管理的特质所在。

▶ **重点问题**

（1）公共部门人力资源管理的含义及特征。

（2）人力资源管理的技术与方法。

（3）公共部门人力资源培训与开发。

（4）现代公共部门人力资源管理战略。

（5）公务员制度改革与发展。

（6）事业单位人力资源管理改革。

▶ **难点问题**

（1）人力资源管理的内容与方法。

（2）西方文官制度的基本特征。

（3）公务员制度的改革与发展。

（4）事业单位人力资源管理体制改革与发展。

第一节　人力资源管理概述

一、人力资源与人力资源管理

（一）人力资源的含义与特征

1. 人力资源的含义

人力资源从广义上讲是指智力正常的人；从狭义上讲是指人所具有的对价值创造起贡献作用并且能够被组织所利用的体力和脑力的总和。人力资源的构成包括两个方面：人力资源的数量和质量。人力资源的数量是指一个国家或地区中具有劳动能力、从事社会劳动的人口总数，即一个国家或地区的劳动适龄人口（不包括失去劳动能力的人口）

加上劳动适龄人口之外的具有劳动能力的人口。人力资源的质量是指人力资源所具有的体质水平、知识文化水平、专业技术水平、劳动态度等。只有将人力资源质量和数量紧密结合，才能促进社会的发展、财富的增加①。

2. 人力资源的特征

人力资源是进行社会生产所需的最基本也是最重要的资源，优秀的人力资源是推动组织发展的重要力量。人力资源具有以下特征。

（1）能动性。人能接受教育和主动学习，并能改变客观事物以满足自身需要。人能认识事物，并通过理性分析、判断及决策，有目的、有意识地利用其他资源进行生产，通过自身的创新活动达成个人目标、推动组织发展。

（2）可再生性。人力资源消耗后经调整可获得恢复。一方面，人力资源可通过传宗接代得以延续；另一方面，人力资源的体力损耗可通过休息与调养得到恢复，而智力的损耗能通过学习与培训得到补充。管理者对人力资源进行不断的开发是使人力资源得以不断发展的前提和保障。

（3）可变性。人力资源创造的价值具有一定的可变性。人力资源以人为载体，是人所具有的脑力和体力的总和，人力资源的使用即表现为人的劳动过程。在相同的外部条件下，人在劳动过程中会因为自身心理状况的不同影响到劳动的效果，从而导致创造的价值不同。

（4）高增值性。人力资源具有资本性，经过投入之后的人力资源能产生比投入成本更大的价值；人力资源既能创造自身价值，又能创造比自身价值大得多的价值。研究显示，高素质人力资源的投资效益是固定资产的好几倍。

（5）时效性。人力资源的形成和作用是受生命周期限制的。从个体的发展角度看，可分为幼年期、青壮年期、老年期，各个时期人力资源数量、质量，以及劳动能力不同，人的劳动潜能也会经历由弱变强再到弱的过程。对人力资源的使用也要经历适应期、成长期和成熟期几个阶段，如果没有在人力资源的最佳年龄段对其进行合理开发，就会造成对人力资源的浪费。

（6）社会性。人力资源的形成和发展以特定的社会环境为基础，一定阶段的经济发展水平决定了人力资源可被开发利用的程度。人的劳动具有群体性，不同的劳动者在不同的劳动群体中贡献价值。人与人之间通过交流产生各种联系，在协调的氛围中创造更大的价值。

（二）人力资源管理的概念与作用

1. 人力资源管理的概念

人力资源管理包括宏观与微观人力资源管理两方面。宏观人力资源管理是对全社会人力资源的管理，是国家立足于社会经济发展的总体规划而对人力资源整体的管理，目的在于保证人力资源整体结构的合理性。微观人力资源管理就是各个组织运用现代化的科学方法对其内部人力资源采取一系列政策和相应管理活动，对人的思想和行为进行引

① 葛玉辉. 公共部门人力资源管理[M]. 北京：清华大学出版社，2016.

导以最终实现组织目标的一种管理行为，包括对人力资源战略的制定、人力资源的获取与选拔、员工的教育与培训、绩效考核和薪酬机制的完善与管理等方面进行的计划、组织、指挥、协调和控制等一系列活动的统称。

2. 人力资源管理的作用

人力资源管理的基本任务是组织好人力和物力的分配，不断改善员工素质，使人力资源协调一致，高效完成组织目标。社会经济的发展、组织的命运以及社会的稳定都将受到人力资源管理的影响。人力资源管理的作用具体表现为以下五个方面。

（1）人力资源管理通过人力资源规划，职务分析，招募、选拔和录用等环节，确保人与岗的匹配，完善组织结构和人员分配，确保组织结构的稳定。

（2）人力资源管理通过培训和职业生涯规划等方式激发员工的潜能，不断提高员工的知识技能，引导员工树立正确的态度和价值观，使人力资源在成就自身发展的同时，促进组织整体的稳定与进步。

（3）人力资源管理根据员工对组织所做的贡献给予员工报酬，提高员工工作热情，鼓励员工将个人目标与组织的长远目标相结合，促进组织的发展并以此推动社会经济的稳定与发展。

（4）人力资源管理在确保组织沟通交流、建立良好的人际关系和工作氛围方面有着积极的作用；它能协调员工之间、员工与组织之间的关系，使组织协调发展并完成共同目标。这种和谐的人际关系和稳定的收入来源对维持社会稳定具有重要意义。

（5）人力资源管理对员工进行必要的绩效考评，并将考核结果运用到人力资源的调配、培训要求的制定以及薪资报酬的确定之中，使员工的所得与对组织的付出相吻合，提高其工作的积极性和主动性。通过公平竞争激发组织内部的工作热情，建立起良好的组织文化。

（三）人力资源管理与传统人事管理的区别

人力资源管理与传统人事管理之间既存在共性又存在不同。人力资源管理在许多情况下是与传统人事管理相结合的。而二者之间的区别又是多方面的，具体来讲，包括以下三个方面。

（1）视角不同。后者强调以事为中心，各职能主要由组织中的人力资源管理部门完成，在处理问题的过程中可能出现过于重视事而忽略人。前者强调以人为中心，在管理的过程中会嵌入感情因素，使人们更加容易接受。

（2）态度有差异。后者把人作为做事的“工具”，用人单位通过支付报酬购买有能动性的劳动“工具”达到自己的目标。前者将人作为一种“资源”看待，主张不但要用而且要进行开发，发掘员工“可能为”的方面。

（3）方式有区别。后者主张将人作为各个职能部门单独的工具对待，在人的使用过程中不关注与其他部门的联系，在各个部门履行职责的过程中会产生矛盾。前者是在各职能部门联系的基础上进行管理，各部门在做事的过程中会更好地相互沟通，人力资源可以在整个组织内部得到综合利用。

表 9-1 比较了传统人事行政管理与人力资源管理的区别，以此进一步剖析人力资源

管理的根本特征。

表 9-1　传统人事行政管理与人力资源管理的区别

名称分类	传统人事行政管理	人力资源管理
环境	国内——组织内部	全球——组织外部
管理导向	注重成果	注重过程
管理视角	视人为成本	视人为资源
管理机构	执行层主导	决策层主导
管理性质	事务性与操作性	战略层面、整体性
与其他部门关系	职能式	合作关系
管理者	专家	通才
管理方式	集中于个人，范围狭窄	集中于群体，范围广泛
管理活动性质	被动反应型	主动开发型
管理焦点	以“事”为中心的绩效考核	强调“人”与“事”统一发展
管理对象	员工	劳资双方
管理深度	注重管好现有人员	更注重开发员工的潜在才能
管理方案	例行的	变化的、挑战的
劳动关系	从属的、对立的	平等的、和谐的

资料来源：孙柏瑛，祁凡骅. 公共部门人力资源开发与管理[M]. 4 版. 北京：中国人民大学出版社，2016

二、公共部门人力资源管理

（一）公共部门人力资源管理的含义与特征

1. 公共部门人力资源管理的含义

公共部门人力资源管理系统由宏观的公共部门人力资源管理与微观的公共部门人力资源管理构成。宏观的公共部门人力资源管理是指公共部门对人力资源未来的活动进行的预测、规划，基本的制度、标准的制定，公共部门人力资源管理整体性的维持等一系列管理活动。微观的公共部门人力资源管理是指具体的公共部门依法对本单位内人力资源的获取、开发、培训、考核等一系列管理活动所进行的计划、组织、领导和控制。

2. 公共部门人力资源管理的特征①

公共部门人力资源管理具有一般人力资源管理的特征。例如，在管理过程中都要应用到人员选拔、培训、评价、奖惩等管理环节及管理机制。但公共部门作为提供公共服务或进行公共管理的以公共权力为基础的部门，决定了公共部门人力资源管理具有一般人力资源所没有的特性，具体如下。

① 鄢龙珠. 公共部门人力资源管理[M]. 2 版. 厦门：厦门大学出版社，2010；葛玉辉. 公共部门人力资源管理[M]. 北京：清华大学出版社，2016.

（1）公共性。公共部门的一切行为都必须符合和有利于公民的意志和需求。公共部门人力资源管理追求全社会的公共利益，而企业则追求自身利益的最大化。公共部门加强人力资源管理不是为自己的特殊利益服务，而是为全社会谋求利益。

（2）服务性。公共部门将社会利益摆在首要位置，它提供的服务强调兼顾公平与效率。而私人部门通常提供的是有偿的服务，是为谋取利益而作出的。利益回报是企业提供服务的动力，而为全体人民提供优质的公共服务则是公共部门人力资源管理的追求。

（3）道德性。公共部门人力资源作为掌握公共权力并对社会价值的权威分配起重要作用的主体，其行为直接影响政府的公共形象和服务质量。在对公共部门人力资源进行管理的过程中必须对人力资源的政治素养和道德素质提出更高的要求。

（4）法治性。各个国家都制定专门的法律法规对国家公职人员的管理行为加以规定，以保证公共部门依法合理地行使管理权，同时保障公职人员的合法权益，维护公共部门的权威与稳定。

（5）绩效模糊性。因公共部门人力资源管理的特殊性，其工作成果常常无法用经济指标去量化；对其资源利用和工作效率进行衡量与控制的难度较大；产出和最终社会效果显现之间的时滞长；投入与产出难以准确匹配。另外，公共部门产出通常是集体性产品，难以确定个人贡献。

（6）复杂性。政府部门是一个横向部门分化，纵向层级节制的庞大的组织结构体系。公共部门的人力资源管理需遵循完整统一的组织原则，合理划分权力与职责，建立起复杂的、与政府组织体例相契合的公共部门人力资源管理体系。

（7）公开性。公共部门是为全体社会公民服务，对公民负责，受公民监督，因此公共部门人力资源管理具有公开性；而企业人力资源管理在一定程度上属于商业秘密，因此不具有绝对的公开性。

（8）稳定性。由于公共部门的目标方针具有持续性，一旦公共部门的人力资源管理框架确认，其在组织结构上将很少变动，所以公共部门人力资源管理具有稳定性。一方面，稳定性可以促使员工的行为规划长期化；另一方面，相对于普通企业来说，其激励性质将会减弱。

（二）公共部门人力资源管理与企业人力资源管理

虽然公共部门人力资源与企业人力资源在管理过程的设计、具体事务的管理技术等方面有相似之处，但它们之间仍存在诸多不同。

1. 公共部门人力资源管理与企业人力资源管理在宏观上的比较

其一，企业人力资源管理坚持的是效率优先，兼顾公平，而公共部门人力资源管理更加注重公平。其二，公务人员需遵循行政法中有关公共部门人力资源管理的规定，而企业的经济活动以民商法为依据，企业的人力资源管理活动则以劳动法为标准。其三，公共部门人力资源在其管理的各环节，都有严格的法律法规的规定，而企业人力资源大多受双方约定条款的约束。其四，企业人力资源的优势体现在人力资源总量上，而公共部门人力资源则对质量有更高的要求。这种对质量的要求体现在公共部门人力资源不仅需要知识技能，更需要较高的政治和道德素养。其五，公共部门在组织结构和管理体制上灵活性不如企业，企业对市场环境有较强的适应性，在组织结构和机制上更富有弹性。

2. 公共部门人力资源管理与企业人力资源管理在微观上的比较

公共部门在人力资源的获取上存在明显的程序化和制度化倾向。例如，严格规定公务员考试及录用程序，保证社会各群体的平等参与机会，录用的人力资源须纳入政府预算。企业可根据发展需要，制订人力资源规划，进行招聘与录用。另外，企业在任职管理方面常常采用聘任制，而公务员则采用选任、委任、聘任的方式，且公共部门对任职程序和任职回避也有严格的要求。从职位调配来看，还包括挂职、抽调、调任、考任等形式。在考核环节上，公务员的考核较为全面但也更难衡量。公共部门要界定个人的绩效往往很难，而企业的绩效相对易于量化。公共部门人力资源管理在薪酬管理上受到法律及财政的明确保障，其法定性较强。企业的薪酬福利则由企业根据劳动力市场的供求关系、当地的生活水平来决定，对不同的员工可采取有针对性的、灵活的激励措施。企业薪酬福利的弹性和激励效果一般高于公共部门。

第二节　人力资源管理技术与方法

一、人力资源规划

（一）人力资源规划的含义

人力资源规划是指根据组织在相应政策指导下制定的发展战略、发展目标，以及组织内外环境的变化，运用科学的方法预测未来的组织任务和环境对组织的要求，为完成这些任务和满足这些要求而提供人力资源的过程。作为人力资源管理活动的统筹阶段，人力资源规划把组织发展规划与人力资源管理有机结合在一起，既是实现整个组织战略规划的重要保证，又是组织人力资源管理实践的起点，为下一步整个人力资源管理活动确定了目标、原则和方法。

（二）人力资源规划的目的

人力资源管理活动是一项复杂的系统工程，一方面在有利于实施组织发展规划的前提条件下，实现人力资源的最佳配置；另一方面，最大限度地开发利用人力资源潜力，使组织和员工的需要得到充分满足。以下四点是人力资源规划的具体目的。

1. 规划人力资源管理

有效的人力资源规划是管理活动的可靠依据，保证人力资源活动有序发展，是人力资源管理的基本环节。

2. 促进组织实现自身发展

人力资本理论之父舒尔茨说过：人类的未来不仅取决于空间、能源和耕地，更取决于人类智力的开发。现代社会，组织内外环境复杂多变。人力资源规划可以使组织全面了解现有人力资源情况，及时根据环境的变化调整政策，确保组织目标的顺利实现。

3. 促进人力资源合理利用，降低成本

人力资源规划可以从整体把握现有的人员情况、未来的人力需求，灵活改善人力分配的失衡现象。此外，通过改进人员的素质和结构，人力资源规划还能减少人力资源配置上的浪费和低效现象，在较低的人力成本上最大限度地利用开发组织内现有人员的潜力。

4. 促进员工提高积极性

人力资源规划可以增加沟通，使组织和员工加深相互了解与尊重。合理的人力资源配置不仅使员工充分发挥自我价值，满足个人成就感，还能使员工明确组织发展要求，不断促进自我成长，实现组织和个人的未来发展。

（三）人力资源规划的基本程序

1. 确立目标

要结合组织目标来确定人力资源规划的目标，包括人员年龄结构、学历层次、职称比例、工作满意度、人力总成本、员工成熟度、领导者素质与形象的提升程度等方面。

2. 采集信息

需要采集的信息包括组织的目标战略、内外环境的变化趋势、人力资源供需情况。其中，人力资源供需情况需要采集劳动力市场的结构、市场供给与需求现状等一些外部信息，以及组织内现有员工的一般情况、知识、能力、培训情况、人力资源流动情况等内部信息。

3. 供需预测

供需预测可与采集信息同时进行，主要是根据组织战略规划和内外条件，选择预测技术对人力需求结构和数量进行预测，以了解组织对各类人力资源的需求状况，以及可以满足上述需求的内部和外部的人力资源的供给情况，并对其中缺点进行分析。

4. 供需规划制订与实施

首先要制订人力资源开发和管理的总规划，然后以它为依据制订各项具体规划并实施。制订规划时要保证各时间点上人员供求协调平衡。

5. 评估与反馈

人力资源规划是一个动态的开放系统，必须对其过程及结果实施监督与评估。要时刻关注信息反馈，及时根据反馈信息进行调整，以便更加切合实际，能更好实现组织的目标。

（四）人力资源需求预测

人力资源需求预测是根据组织战略、目标规划和内外部条件选择预测技术，对组织未来人员需求的数量、质量和结构进行预测的过程。人力资源需求预测主要有以下五种方法。

1. 比率分析法

比率分析法是根据一定时期组织已确定的人员投入和劳动产出的科学的比例关系来预测未来组织人力资源需求的一种定量方法。

2. 德尔菲法

德尔菲法是一种结构化定性分析法。组织就某方面的问题或某领域的发展，以会议或函询的方式，邀请专家展开分析与建议，经过多次循环分析得出一致性意见。此法主要依赖于专家的分析判断能力和在该领域的知识、经验，又称专家意见法。图 9-1 是德尔菲法的运行过程。

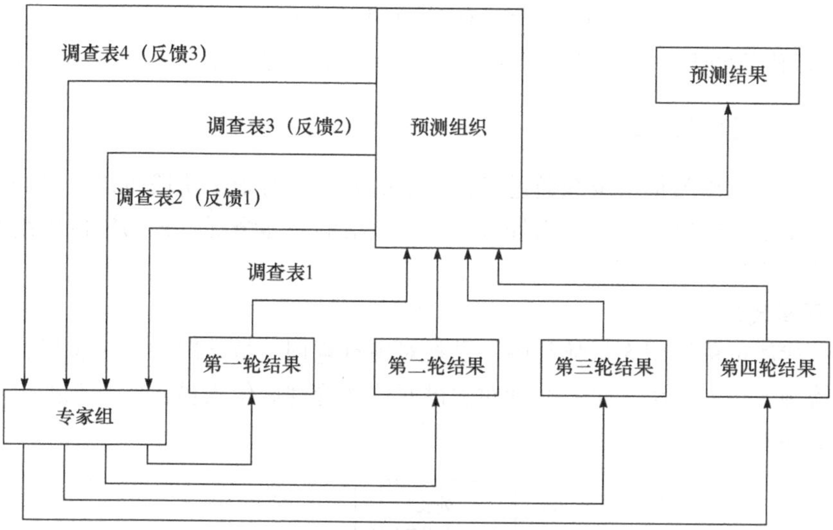

图 9-1　德尔菲法的运行过程

3. 经验估测法

经验估测法也称主观判断法，主要依据有关人员的以往经验和现有的资料、信息，来预测未来所需的人力情况，是一种定性分析法。

4. 趋势分析法

趋势分析法又称时间序列预测法，预测者在分析历史数据资料的基础上，得出人力资源需求量的变化趋势线，并通过一定的方法将这一趋势线延长来推算未来人员需求的数值。

5. 回归分析法

回归分析法就是利用历史数据找出组织中某一个或某几个因素与人力资源需求量之间的关系，并将这一关系用数学模型表示出来。

1）一元回归分析

当组织历年的人力资源需求量和组织中某一因素具有规律性关系时，可以使用一元回归分析。一元线性回归方程的一般形式为

$$y = a + bx$$

式中，

$$a = \frac{\sum y}{n} - b\frac{\sum x}{n}$$

$$b = \frac{n(\sum xy) - (\sum x)(\sum y)}{n(\sum x^2) - (\sum x)^2}$$

2）多元回归分析

多元回归分析则是当组织人力资源需求量和多个因素相关时使用的分析方法。多元线性回归方程的一般形式为

$$y = a_0 + a_1x_1 + a_2x_2 + \cdots + a_nx_n$$

式中，y 表示代估的人力资源的需求量；x 表示相关的因素；n 表示相关因素的个数。

（五）人力资源供给预测

人力资源供给预测是指组织通过各种科学的方法，对未来阶段可以获得的人员情况进行预估，使组织可以宏观掌握内外人力资源供给的整体情况。人力资源供给预测主要有以下三种方法。

1. 人员替代法

人员替代法也称管理人员接替图，是指对现有管理人员状况进行了解后，列出潜在的未来的管理人员的方法，是一种针对关键职位和管理职位人员供给预测的简单而有效的方法（图 9-2）。

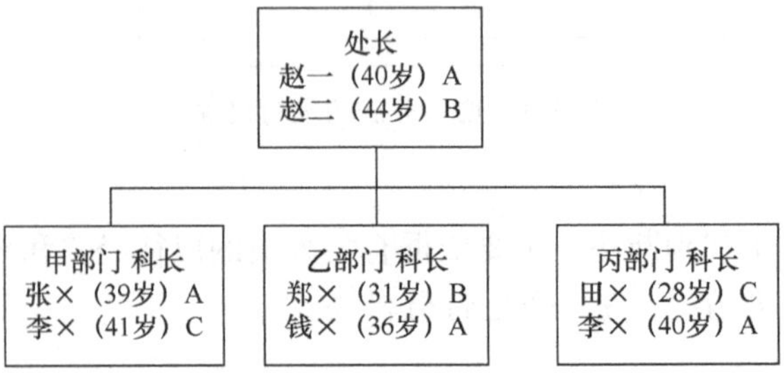

图 9-2　人员替代图

A 代表马上提升；B 代表有提升可能，需要加强开发；C 代表职位不适合

2. 转换矩阵法

转换矩阵法又称马尔可夫模型，是用于测算一个组织内人力淘汰流动等情况的一种数学模式，基本思想是找出过去人力资源变动的规律，来推测未来人力变动的趋势。

3. 人员技能清单

人员技能清单是一个反映组织人员工作能力特征的表单，包括员工的工作经历、个性特征、工作能力等方面信息。通过人员技能清单，组织可以快速掌握员工信息，制定相应人员政策和培训开发计划。

二、工作分析与工作评价

（一）工作分析的含义

工作分析是确定完成各项工作所需技能、责任和知识的系统过程。它通过分析者采用科学的手段和技术，直接采集、比较、综合有关工作的信息，就工作岗位的状况、基本职责、资格要求等做出规范性描述与说明，是人力资源管理所有活动的基石。

工作分析主要包括工作说明和工作规范两个部分，工作说明是对所设职位的名称、

职责、工作程序等方面的一般描述；工作规范则是进一步说明承担某一职位工作的人员必须具备的如教育背景、经验阅历、技能等方面的资格条件。

（二）工作分析的目的

工作分析是人力资源管理的基础，能够使组织的职位设计科学化、规范化，以期更加有效地实现组织员工招聘甄选、培训开发、绩效考核等人力资源管理的职能。具体来说，工作分析有以下目的。

（1）人力资源规划。通过全面深入的工作分析，可以使组织充分了解各职务的特点、内容及对员工的各项要求，有助于人力资源科学规划，有效协调人力资源供需平衡。

（2）招募甄选。工作分析可以帮助组织确定人员供需情况，以便进行合理有效的人员征募，做到人岗匹配，避免组织人力资源的浪费，更好地实现组织目标。

（3）员工培训管理。通过工作分析，组织可以获得相关岗位的具体信息，以这些信息为基础，制订合理的培训方案，并有效地分析培训的结果。

（4）绩效考核。有效的绩效考核需要收集相关的岗位信息和员工资料。通过工作分析，组织能够准确评价员工的工作实绩，以此实施奖惩措施。

（5）职业生涯规划。通过工作分析，组织在保证既定的工作内容和框架外，能使工作岗位更加丰富与多样化。员工也能获得更多培训与晋升的机会，这有助于员工自觉改进工作态度，提高工作积极性与效率。工作分析是员工职业生涯规划的重要参考资料。

（三）工作分析的程序和方法

1. 工作分析的程序

（1）准备阶段。该阶段的主要任务是了解情况与搜集信息，在此基础上设计各种调查方案、选择调查对象与适用方法。

（2）调查阶段。当确定调查对象和方法后，此阶段便展开详细的调查工作，包括对整个工作环境、内容、人员的全面调查。

（3）分析阶段。分析调查所得的信息是工作分析过程中至关重要的部分。分析人员应该仔细审核搜集到的信息，并创造性地分析、发现各职位及员工的关键因素，最终归纳总结出工作分析必需的材料、要素。

（4）完成阶段。该阶段主要是对上述三阶段的成果进行综合归纳，并编写工作说明书和工作规范。

2. 工作分析的方法

不同的组织、相异的情况使调查分析有着不同的侧重点，要准确运用适当的分析方法。常用的方法有以下五种。

（1）问卷调查法。问卷调查法是指通过发放事先预备的问卷来获取相关信息的方法，做题者一般为组织内部员工。该方法速度快、费用低、节约时间和人力，获得的信息量大且规范化，能够利用计算机进行分析处理。但问卷设计和最后的数据分析需要大量时间、人力和物力，且活动中不可避免地会出现人为的误差，分析的结果受回答者耐心、文化水平、表达能力的影响较大。

（2）实地观察法。实地观察法也称直接观察法，是指分析人员身临工作地点，通过自身的观察和分析能力，对该时段特定的工作进行调查。直接观察法客观简单明了，适用于常规性、重复性的工作。

（3）访谈法。访谈法是指工作分析者面对面地访问工作人员或其主管人员，以详细了解任职者的工作态度、工作动机等深层次内容的方法。访谈法简单有效，应用广泛，可以不拘形式，随时补充和反问，能发现、了解一些在一般情况下不能了解的工作活动和行为。但访谈法的分析结果易受分析者自身观念影响，工作者不合作或有意无意夸大工作的重要性和复杂性，导致信息失真。另外，当分析者与调查者之间缺乏信任时，则不建议使用该法。访谈法常与其他方法结合使用。

（4）关键事件记录法。关键事件记录法也称典型事例法，即对实际工作中典型性的事件或具有代表性的员工的工作行为进行记录并分析的方法。关键事件记录法具有可观察性和可测性，可以使工作人员分析某一事件的整个动态过程，获得的资料适用于大部分工作。由于用来观察和分析的都是工作中出现的典型事件，更可以起到提高效率和预防事故发生的作用。但是该法工作量大，时间跨度长，费时费力，且收集的是典型代表性事件，可能会漏掉其他的工作行为，难以完整把握整个工作的实际情况。

（5）资料分析法。资料分析法是指工作分析者为了降低分析的成本，节省时间，利用现有的资料，来了解工作的内容、要求、任务、职责等信息的分析方法，一般与其他方法结合使用。

（四）工作说明书

工作说明书分为工作描述和工作规范两大部分，详细说明了职位性质类型、工作标准、资格能力、责任权限及工作环境等方面信息。

1. 工作说明书的内容

（1）基本资料。主要包括岗位名称、岗位等级、岗位编码、直接上下级和分析日期等方面的识别信息。

（2）工作概要。主要是对工作内容和工作要求的说明。

（3）工作职责。重点讲解从事该职位的工作所要完成的目标以及该职位的主要职责权限。

（4）劳动条件和环境。主要介绍工作环境，包括物理环境和社会环境，如温度、噪声、设备、安全条件、人际关系、所处地区的社会风俗等。

（5）工作时间。主要是说明工作时间，包括工作的季节，以及各种加班的情况。

（6）绩效考评。主要包括组织期望员工在执行工作说明中的每项任务时所要达到的标准。

（7）任职资格条件。说明任职者必须具备的资格条件，如教育背景、能力、经验、健康状况等。

2. 工作说明书的要求

（1）对事不对人。工作说明书仅描述工作本身所具有的特征，而与从事或即将从事该工作的具体人员无关，在编写过程中不得掺杂个人观点。此外，在编写工作说明书时要按照实际情况来写，按照绝对理性的任职标准和考核标准来写则会缺乏实用性。

（2）表述准确，言简意赅。

（3）任职资格和岗位责任对应，明确各岗位的职责和权限，规范工作流程，实现科学管理。

（4）工作说明书的编写涉及组织各部分，在编写过程中应得到员工的支持，完善任务与岗位的关系。

（五）工作评价的含义与目的

工作评价也称为岗位评价，是指在工作分析的基础上，按照一定的客观衡量标准，对工作任务的繁简难易程度、责任大小、所需资格条件等方面进行系统评比和估价，以此作为组织成员所需资格和支付薪酬高低的依据。

工作评价最主要的目的是评价岗位的相对价值，通过比较岗位间价值的高低，为岗位等级划分奠定基础，并为工资和奖惩制度提供有效的依据。

（六）工作评价的方法

（1）排列法。评价人员对各种工作进行评判，然后按照其重要性或价值大小从高到低排列。该法十分简便易行，但是不够可靠。

（2）评分法，也称计点法。此法首先需制定一套衡量标准，然后确定影响岗位的主要因素，每种因素用相应的点数来表示权重。根据已定的标准，比较岗位因素，并求得点数，最后通过加权求和得出每个岗位的总点数来划分等级。

（3）分类法。该法事先列出各类工作的工作说明，并评出等级，评价者在对某工作进行评价时，将该工作与工作说明与级别进行比较，与之最相符的便是该工作的类别。此法是对排列法的简单改进。

（4）要素比较法，首先，选定岗位的主要影响要素；其次，将工资额合理分解，并匹配于这些要素；最后根据工资额数来决定岗位的等级。

三、培训与开发

（一）培训与开发的含义

组织根据战略目标规划和近期的人力需求，对选定员工进行有目标、有计划、有步骤的培训与开发的活动过程，就是人力资源的培训与开发。适当有序的培训开发活动不仅可以提高员工的工作技能、改进工作方法，还能改善员工的工作态度、增强工作主动性，有利于组织和员工的共同发展。

（二）培训与开发的目的

（1）有利于组织适应环境的变化。组织是一个不断与外界相适应的开放系统，在急剧变化的环境中，组织必须通过自身的不断变革、改良去适应外部变化，这主要是靠作为组织主体的人员的作用。组织必须不断培训员工，这样才能更好地适应环境的变化，获得自身的发展。

（2）有利于提高人力资源素质，提升组织运作质量。员工经过培训与开发，掌握了新的知识、技能和方法，可以更高效率地工作，以及更好地理解组织的战略目标、方针策略。培训和开发可以使各岗位人员发挥自己的特长和优势，提升组织整体的运行质量。

（3）有利于提高员工的工作积极性、主动性、创造性。培训和开发是组织和个体的共同投入。培训与开发活动可以增进员工的自我价值，使他们主动改善工作态度，提高工作的主动性和积极性。

（4）有利于增强组织凝聚力，减少人员流失。有效的培训和开发可以使员工提升各项能力素质，不仅有助于工作的完成，还可以有效减少人员的流动和流失，降低人力成本。员工则会感激组织提供的机会，有效加强了组织的向心力和凝聚力。

（三）培训与开发的程序

1. 培训需求分析

培训需求分析，就是通过科学的方法和技术来确定需要培训的人员，并明确他们的培训内容。这是员工培训与开发过程的首要阶段。实质是确认现实和目标间的差距，通过分析组织变革、内外环境变化对培训的要求，制定多样性的培训策略，制定培训目标，形成培训项目的可行性报告，最终能够获得内部和外部的支持，使培训工作顺利开展。

2. 制订培训计划

组织要根据不同的目标、人员、经费等因素来制订合适的方案，这样才能使培训产生正面的效果。

3. 培训活动实施

培训的实施是整个培训和开发过程中最关键的一步，实施的结果直接影响培训与开发目标的完成，主要包括确定培训师、确定培训教材、确定培训地点、通知受训人员等方面。

4. 培训效果的鉴定和反馈

对培训结果的鉴定分析可以明确该次培训的成效，信息的反馈可以用来分析其中的优势与不足。这一环节对于总结经验、改进培训十分重要，有利于进一步开发人力资源。

（四）培训与开发的方法

人力资源培训与开发的方法有很多种，要根据不同的情况合理地选用方法，这样才能有效地实现培训的目标。

1. 传统培训方式

传统培训主要以培训师直接授课为主，比较生动、直观、形象，得到了长久和广泛的使用。主要有以下六种方式。

（1）课堂讲授法，是指通过课堂上具体的语言表达，将大量的知识一次性传播给众多听课者的教学方法。

（2）学徒培训法，即师傅带徒弟式的教学方法，由经验丰富的员工对新员工进行指导和帮助，主要运用在技术性比较强的工作上。

（3）讨论法，由培训师先介绍一些基本原理、概念，然后和受训人共同讨论并解决问题的培训方法。

（4）案例分析法，是员工通过对某一真实案例的研究与分析，从而提高自身能力的培训方法。

（5）工作轮换法，又称交叉式培训，即通过调动员工的职位，让其在各部门或某一部门的各职位上分别工作一段时间。这有利于员工提高工作能力，获得更多经验，更加熟悉组织的工作流程。

（6）角色扮演法，是指培训者营造出一个模拟的真实工作情景，让员工身处其中，并担任某一角色，模拟处理情境中的各项事务，结束后互相讨论分析的一种方法。

2. 现代培训方法

（1）头脑风暴法，又称智力激励法，是让员工以小组的形式组合，培训师提出问题，受训员工自由地、尽可能多地提出解决的措施和方案，最后由全体参加者对各个措施和方案进行评价，选出最优方案。

（2）网上培训法，是培训师利用组织现代化网络技术来培训员工的方式。分散在世界各地的员工都可以通过网上公示的教程参与培训。

（3）敏感性训练法，即通过团队活动、观察、讨论、自我坦白等程序，受训员工面对自己的心理障碍，并重新构建健全的心态的一种培训方法。该方法主要用于为员工提供自我表白与解析的机会和了解团队运作的情况等。

（4）管理游戏法，主要是通过情景模拟的方式，让选定人员在模拟环境中进行竞争与对抗，训练他们的应对能力和处理问题的能力。这种方法真实性较强，能激发员工的参与性和合作精神。

（5）虚拟培训，是指利用虚拟现实技术生成实时的、具有三维信息的人工虚拟环境，来强化员工应用设备、驾驭环境、使用各项技能与知识的能力。

四、绩效考评

（一）绩效考评的含义

绩效考评，也称绩效考核，是指通过一系列科学测量和评估的程序、方法，定期对组织和员工的行为活动作出相应的评价和反馈的过程。绩效考评包括对组织整体活动成果的测评和对员工个体行为考评两个部分。绩效考评是整个人力资源管理中技术性最强的环节之一，具有重要作用。

（二）绩效考评的目的

绩效考评的结果可应用于人力资源计划、招聘、薪酬、培训、晋升等各方面具体的工作中，通过绩效考评，组织可以更好地制定各项人力资源政策，员工也可以更好地实现自我管理，提升能力和素质。

（三）绩效考评的方法

1. 交错排序法

交错排序法又称排队法，是根据评分的标准，按照从好到差的顺序，排列员工的绩效。该法简单便行，使用广泛。

2. 两相比较法

两相比较法是将每位员工按照所有的考评要素（工作质量、数量等）一一对比，优胜为“+”，稍逊为“−”，并比较每位员工得分，排出名次。

3. 强制分布法

强制分布法是指事先确定好各等级在被评估员工总数中所占的比例，然后按照每个员工绩效的优劣程度，强制列入其中的一定等级，再根据员工所在的不同等级进行赏罚。强制分布法其实是一种调整考核结果的评价法，可以调整任何考核法得出的考核结果。

4. 图尺度评价法

图尺度评价也称图解式考评法。此法需要对考核项目预先设置标准，并划分分数等级，然后将所要评价的员工绩效与这些标准进行匹配，选出所得的分数，最后汇总分数得出评分结果。

5. 关键事件评价法

关键事件评价法是指主管或考评人员将员工在工作中的特殊行为（包括好的和坏的工作行为）以书面形式记录下来，并每隔一段时间（通常为 6 个月），上下级根据记录的特殊事例来讨论员工的工作绩效。关键事件评价法使用简单方便，常与其他方法结合使用。

6. 行为锚定等级评价法

行为锚定等级评价法也称为行为期望量法，是将传统的量化等级判断法和关键事件评价法结合形成的新的规范化评价表格的方法。有了关键事件作为量表上的锚定点，更加有利于评价者进行绩效考评。

7. 目标管理法

目标管理者主要检验员工实际实现目标的情况。组织及各部门首先要制定目标，然后员工根据组织和各部门的目标来制订自己的工作计划。评价过程中，考评者会将员工的实际工作情况和其预定的目标进行对比并进行反馈。

8. BSC

BSC 法是 20 世纪 90 年代提出的绩效管理的新工具，是一种以组织战略为核心，将各种衡量方法整合为有机整体的管理思想。BSC 既包含财务指标，又通过客户满意、内部流程、学习和成长等驱动财务业绩的业务指标，来补充说明财务指标，形成一套系统的绩效评估指标。

9. 360 度考评法

360 度考评法也称全视角反馈法，包含来自上下级、同事，以及内外部顾客等全方位的考核评价。通过不同视角对员工工作行为、能力、绩效的评价，可以更全面地帮助员工提升能力，强化优势。360 度考评法是一种全方位、多角度的评估方法，更多的信息渠道增强了评价的准确性。

五、薪酬管理

（一）薪酬管理的含义

薪酬，是指员工因完成工作而得到的各种货币和实物报酬的总和，包括直接货币形式和非直接货币薪酬。直接货币形式包括基本工资、绩效工资、短期激励、长期激励；非直接货币薪酬包括各种保障、带薪休假和服务等。

薪酬管理是指组织在战略目标和发展规划的指导下，综合考虑内外部各种因素的影响，确定自己的薪酬水平、薪酬结构和薪酬形式，并进行薪酬调整和薪酬控制的整个过程。科学有效的薪酬管理过程对于员工的工作态度有着重要的激励作用，员工的主动性和积极性会获得明显提升，这也促进了整个组织凝聚力的提升，有助于组织的发展。

（二）薪酬管理的目的

（1）吸引人才。组织要制定更具竞争优势的薪酬策略，以便在劳动力市场吸引到更多、更高质量的人才。

（2）保持现有员工。不合理的薪酬制度会造成组织内部的矛盾，导致人才的流失；合理的薪酬管理能够帮助组织保留现有人才。

（3）激励员工、提升组织效率。

（4）使组织的薪酬标准符合于市场与相关法律。

（三）薪酬制度模式

薪酬制度是组织把薪酬的发放标准和方法、薪酬结构、管理规程、准则和计划形成制度和惯例，以通过引导和分配资源加强期望的行为并取得竞争优势。薪酬制度是人力资源管理及整个组织管理的核心内容之一，对于组织激励、发展现有员工，吸引市场优质人才，强化人力资源质量具有极其重要的作用。薪酬制度主要有以下四个。

1. 职位薪酬模式

在职位薪酬模式中，职位是可以评价和计量的。该方法首先要将组织的每一职位进行评估和分级，并与相应的薪资等级配对，然后根据员工所在职位等级来支付薪酬。职位薪酬制度主要是依据岗位在企业的相对价值为员工付酬，在这种薪酬制度下，员工工资的增长主要依靠职位的晋升。

职位薪酬制度将员工的收入同职位相挂钩，不仅提高了组织内部的公平性，还能够有效激励员工努力工作以获得晋升的机会；但由于组织晋升职位相对较少，且比较稳定，员工晋升难度较大，长此以往则会打击员工工作的积极性。

2. 能力薪酬模式

能力薪酬主要依据员工的知识与技能。能力主要是指一个人所具有的个性、知识、价值观等一系列的因素，是一个人综合特征的概括。能力薪酬模式以人为基础，弥补了职位工资的缺陷，操作更灵活，具有激励员工不断提升自身能力的作用。

3. 绩效薪酬模式

绩效薪酬模式主要以绩效考核的结果为支付依据，将员工的收入和组织确定的绩效目标相联系，与员工个人的工作目标完成情况相挂钩，使个人所得与个人的贡献相联系，这有利于激励员工的工作热情，促使他们取得更好的业绩。使用绩效薪酬制度时要注意，该模式对组织的绩效管理体制要求很高，如没有合理的绩效目标以及有效的考评体制，绩效薪酬模式的作用就会大打折扣，产生不公平的现象。另外，绩效薪酬制度容易造成内部员工间不正当的竞争，影响组织的和谐，长期使用会产生不良的导向。

4. 宽带薪酬模式

宽带薪酬制度是对传统薪酬制度的改进，它将原来报酬各不相同的多个职位进行大致归类，每类的报酬相同，使同一水平工资的人员类别增加，一些下属甚至可以享受与主管一样的工资待遇，薪酬浮动幅度加大，激励作用加强。宽带薪酬制度更加注重对员工实际贡献的考察，即使是在较低工作岗位上的员工，也能因为自己出色的工作而获得较高的薪酬。与传统薪酬制度模式相比，宽带薪酬支持扁平型组织结构，并引导员工重视个人技能的增长和能力的提高，有利于提升组织的竞争优势及整体绩效。

但是要注意宽带薪酬制度的适用范围。在新型的“无边界”的组织、部分团队型组织，以及一些强调多职能工作、跨部门流程的低专业化程度的组织中，使用宽带薪酬制度比较合适。一些管理型的组织或管理制度明确、职位体系明晰的组织则不适宜适用该制度。

第三节　现代公共部门人力资源管理

一、公共组织人力资源管理的战略目标

当今社会环境复杂多变，竞争激烈，在这样形势严峻的情况下，每个公共组织都要对自己进行重新定位，努力适应这个多变的环境，迎接多重挑战。这就需要每个组织制定出自身的战略目标，审时度势，将组织中的资源做到最优化配置。人力资源战略是统领整个人力资源管理的基础，人力资源战略决定了组织目标与人力资源发展的相互适应性，决定了组织人力资源的基本战略问题及管理模式的选择。公共部门作为一个相对独立的组织系统，其人力资源管理的战略目标与任务，一方面要根据新一轮政府机构改革和政府职能的转变，结合各地方政府不同的内外环境，进一步完善公务员的获取、激励、培训、评估等一系列管理体制，提高公共部门的战略性人力资源管理的能力，建立以工作管理和员工管理替代传统职位管理的制度体系；另一方面，公共人力资源管理的战略目标与任务要“借用”好经济发展所需要的科技、教育、文化、卫生等各项事业所需要的各类人才，建立起公共部门与雇用人员之间的和谐关系，以高绩效管理和优质服务满足经济社会发展的需要，并满足雇用人员个人成长发展、潜能开发和个人价值的自我实现的需要。

（一）人力资源管理与组织效率的关系

一个组织中最重要的资源当属人力资源。人力资源的最大化利用可以有效提高组织

的效率。人力资源便是一个组织的血液，将人力资源有效地输送到组织的各个角落，可以使组织生命力越来越旺盛。因此，人力资源是组织中最昂贵、最稀缺的资源，是组织中最重要的资源。一般来说，在人力资源管理中，以下四方面会对组织效率产生重要影响。

（1）员工具有强有力的胜任能力。他们可以为组织提供高质量的生产和服务，从而给组织带来高的经营绩效。人力资源管理实践，如选拔、绩效评估、培训等，可以增强员工的胜任力，以达到提高组织效率的目标。

（2）员工的行为及员工满意程度。人力资源管理实践会直接影响员工的情绪（满意度），进而影响员工的工作态度和行为，从而影响生产，最终影响组织绩效。组织可以通过重新设计工作、加强安全措施和调整薪资等手段来吸引和留住优秀的员工、改善员工行为，进而创造利润、推动企业成长，以提高市场价值。

（3）组织的承诺。为了带来持续而更高的组织绩效，组织承诺是必不可少的。组织承诺可以通过培养员工内心的信念和意愿来改善员工对工作和组织的态度。人力资源管理当中的一系列政策，尤其是与薪资、福利、培训和职业生涯开发相关的政策会影响员工组织承诺水平，员工的组织承诺水平与组织的效率显著相关。

（4）工作氛围。有效的人力资源管理的政策有助于改变组织的各项管理职能，提高员工参与度，形成良好的员工关系氛围，增强团队协作，从而改善员工的工作动机，提高生产率，降低离职率，最终提高财务绩效。在人力资源管理中，采用顾客导向、组织学习等管理方式，同样会使组织效率得到显著提升。

（二）人力资源管理中的成本控制

人力资源管理成本问题非常重要。著名的管理学大师德鲁克（Drucker）曾说过传统的人事管理正在成为过去，一场新的以人力资源开发为主调的人事革命正在到来。在知识经济时代，现代机构和组织中知识员工的管理日益重要，知识员工的重要作用和不可或缺性，与资金一样被看作组织的重要资本和宝贵资源。当然，人力资本作为一种可以创造价值的资本，必然在使用过程中产生一定的成本，即人力资源成本。在知识经济时代，公共组织尤其要有效控制人力资源成本。一个组织可以运用下面的方法进行有效的人力资源管理的成本控制。

（1）拥有正确的人才观。组织在任用人才时，应充分考虑组织自身的特点及所拥有的资源，再认真挑选出最适合自身组织发展的人才，要避免任用错的人以及错误地用人，避免员工工作积极性和工作热情受压制。若人才使用不当，则会浪费组织的人力资源，影响组织的正常运行和发展，无形中给组织带来大的损失。

（2）采取作业外包的形式。可以通过作业外包或人才租赁等方式，来获取所需的人力资本，这是一种具有多方优势的组织选择人才的方法，能够有效控制人工成本。

（3）对各成本中心加强控制。按照管理理论，在不限制的情况下，上司总希望让下属群体无限扩大。那么，在每项关键作业导入成本控制观念以后，在总成本经过核定的情况下，实行对人工成本的合理约束，并模拟市场进行核算，来加强人工成本的监控与管理。

（4）提高员工各项素质。组织应进行一定投入，对员工的素质进行全面提升，让员工的素质和其岗位匹配，从而大大提升工作效率。培养员工端正的态度，使之具有敬业精神和价值理念，加强组织培训，进行专业知识培训、能力培训等，要在广泛征集需求信息的基础上严格制订培训计划，这样可以为组织节省培训费用的支出。

（5）加大计算机技术利用力度，优化操作流程，将每项作业进行细致分析并且优化，强调作业自动化的重要性。同时，应仔细、认真分析岗位与职位设计的内容，对作业的流程也要进行最适当的设计。

综上所述，现代组织在面临激烈竞争、复杂环境的知识经济背景之下，要对人力资源进行最大化利用，并有效控制人力资源的成本，从而才能大大提高组织效率。

（三）人力资源管理与服务质量的关系

1. 公共人力资源管理与服务质量的关系

公共组织的运行模式与私营企业有很大不同，其中一点便是缺乏竞争。竞争的缺乏导致组织中人力资源利用效率不高，公共组织人员缺乏创新的积极性。为了应对越来越多的国内外挑战，公共组织也进行一系列改革，新的公共人力资源管理模式因此兴起。新模式使公共组织部门更加注重组织的效率和成本，积极引入企业“客户满意度”概念，并将之作为政府工作成果的一项重要指标。无论是公共组织还是私人企业，其所提供的服务通常都是在企业员工和客户接触的时候传递的。如果雇员对于自己所从事的工作不满意，他会把这种不满在和客户接触时传递给客户，从而使工作效率下降。所以，在人力资源管理中，如招聘、激励、员工参与等行为对组织的服务质量有着直接的作用。公共组织应建立起有效的人力资源管理模式，来提高公共组织的服务质量。

2. TQM 理论

自 20 世纪 80 年代后期以来，TQM 开始盛行。TQM 的关键在于让组织中的全体人员参与到质量管理中去。TQM 的实行能够有效提升组织的效率。TQM 指的是组织以质量为中心、以全员参与为基础，目的在于通过让顾客满意和本组织所有的成员和社会受益而达到长期成功的一种管理理念。它的实质是以顾客满意、附加价值和持续改善为核心的一种全面的经营管理理念。TQM 强调用事实和数据说话，强调广泛地应用统计方法和技术。TQM 的对象不仅包括一般意义上的产品和服务，还包括组织的所有活动、过程、人员和组织结构等各方面。TQM 的核心包括以下三个方面。

（1）注重组织与顾客之间的交流，重视顾客对质量的评价，了解他们对流程或其他事务的要求。

（2）注重与供应商之间的良好合作关系，并保证生产中使用的供应品是据需要而设计与供应的。

（3）注重与员工之间的沟通，进行细致认真的工作分析，不断改进工作，使工作效率提高并最大化。

（四）人力资源管理与组织变革的关系

1. 人力资源管理在组织变革中的角色

在人力资源管理中，要充分展现对员工的关注，并且要用战略性的规划发展员工的潜力。因为一个组织的变革的关键点就在于人的变革，在组织变革的过程中，应当充分发挥人力资源的潜力和积极作用，组织的上级与下级也要时常保持沟通与联系，协同一致投身到组织变革中去，高效完成组织的任务，实行组织的高效管理。由此我们总结人力资源管理在组织变革中所扮演的角色如下。

（1）人力资源管理是组织变革的战略伙伴。人力资源管理在组织中要扮演参与者的角色，为组织的战略管理提供方案并共同执行。这就要求人力资源管理部门清晰了解组织的战略及战略目标，并且以完成战略目标为人力资源部门的导向。

（2）人力资源管理在组织变革中充当领导者，需要改变现状并勇于创新。组织变革时，人力资源部门应在充分了解组织的发展战略前提下，引领组织全体人员根据组织变革的要求来努力改变现状，并积极创新。

（3）人力资源管理在组织变革中扮演推动者角色。人力资源管理部门应当有前瞻性的眼光，在组织进行变革之前，就要充分了解需要作出哪些准备及了解变革前和变革中需要做出的调整。

（4）人力资源管理在组织变革中扮演协调者角色。任何组织的资源都是有限的，而组织员工的需求有无限扩大的趋势。人力资源部门应当充分了解雇主与雇员之间的需求差异，扮演好协调者角色，将组织中的资源合理有效分配，既要满足员工的需求，又要符合公司最大利益的需求，使组织变革高效而成功。

（5）人力资源管理在组织变革中充当经理人的角色。人力资源管理部门在推进组织变革的同时，要改善和保持组织已有的机制和制度，充分发挥经理人角色的作用。

（6）人力资源管理在组织变革中充当专家或者顾问，为组织及员工“切脉看病”。在组织变革中，人力资源部应通过对组织的分析，通过员工满意度调查，了解员工的要求与组织问题，专家和顾问帮助员工及组织解决各种问题。

2. 组织变革中人力资源管理的运用

作为组织中与各层级员工密切联系的人力资源部门，应在使员工从认识变革、理解变革、参与变革到维护变革成果的过程中合理运用各种人力资源管理手段，以努力保证组织变革的最终获得成功。变革中的阻力正是每个组织需要格外重视的方向。只有认清组织所面临的阻力，才能更加具体地、更有目的性地、更高效地发挥人力资源管理的作用。人力资源部门应做到以下八点。

（1）找出组织中最关键、最核心的人才，并将这些人才集中，组成一支能够运转高效的人才队伍，充分发挥人才的各种优势。

（2）将组织的变革目标与人力资源管理制度的目标协调一致，组织中的人员在人力资源部门的引领下向变革目标努力奋进。

（3）引入变革的咨询机构或顾问。

（4）在变革前或变革中始终与组织人员保持沟通与宣传，让全员获得所有与变革有关的各种信息。

（5）为激励组织员工积极参与变革，人力资源部门应向员工充分授权以及专门培训。

（6）配合岗位的重新定位和组织对岗位技能的要求，开展有效招募工作。

（7）适当地运用激励手段。

（8）进行高效的评估工作。评估的指标包括两类：一类是传统的指标，如绩效指标和财务指标；另一类软性指标也应当评估，如客户、中高层管理者的意见等。

人力资源管理在组织变革时应当时刻关注战略的调整，有效运用人力资源管理的各项工具，并进行深入调查分析，积极探索变革成功的各种因素，努力创新，快速应对市场的变化，积极应对激烈的竞争，使得在节约组织成本的同时又能让变革取得成功。

（五）人力资源管理与组织文化的关系

组织文化既是一般文化与民族文化在组织中的内化与体现，又是组织精神与价值观在组织成员中的贯彻与传承途径,因而它在人力资源管理与开发过程中发挥着重要作用。通过或利用组织文化进行人力资源管理与开发，是现代组织发展的必然要求。

1. 组织文化对人力资源管理的作用

（1）组织文化可以引导组织发展的方向，培育组织成员的理想和信念。组织文化的导向性和指引性，既可以形成内部合力，又可以培育组织成员自我发展的理想和信念，促进组织整体与组织成员个体的同步发展。

（2）组织文化能够使组织人力资源产生卓越的成就意识。组织文化的培育与塑造过程，实际上是组织追求卓越与组织成员自我价值实现意识的内在统一过程。

（3）组织文化能够使组织成员集体意识更强，能够增强组织与组织成员之间荣辱与共的发展和生存观念。组织文化能够将组织成员的个体理想与价值追求整合到组织的整体价值体系中去，使组织共同奋斗的精神动力充分运用起来。

（4）组织文化可以规范组织人力资源管理的行为，增强组织成员努力奋斗的自觉性。组织文化的独特作用就在于，它能够保证组织中人的价值和组织绩效持久实现。因为它可以增进组织管理的科学性，并且激发组织人员的积极性，二者相结合便能使人力资源产生最大化的效用。

2. 人力资源管理对组织文化建立的作用

从人力资源管理的具体工作开始引入新文化是关键的一点，主要表现在以下四个方面。

（1）人员的调动。通过人力资源管理过程中的人员外部招聘和内部流动，将新的思想观念和新的行为带到组织中来，影响组织文化。

（2）对员工进行培训。当组织需要建立并巩固一种新的文化时，可以通过人力资源管理过程中的员工培训让员工了解企业新文化，学习如何在企业的新文化基础上改变自己的行为。

（3）进行激励及绩效评估。为了建立和推行组织的新文化，组织可以修改绩效评估的标准和奖励的标准，以此形成对员工行为的新规范。

（4）积极沟通。在进行人力资源管理时，可以通过沟通来向员工阐明组织文化改变的重要性和其对员工的影响，沟通过程可以是正式的也可以是非正式的。

总而言之，21 世纪人力资源管理的重点是采用总体与个体相结合的研究方法，立足组织战略的组织文化，从组织整体的发展来考虑问题。人力资源管理将植根于企业文化，对企业长远发展发挥多种作用，而不仅仅是经济上的作用。

二、公共部门战略性人力资源管理

（一）战略性人力资源管理的含义

战略性人力资源管理是在现代人力资源管理不断发展的过程中出现的。战略性人力资源管理是指拥有全新的管理理念，将人力资源管理上升到组织战略的高度，并使管理职能和管理角色发生根本性改变，最终确定可持续发展为其目标，努力提升核心竞争力，建立具有系统性、指向性和可行性的现代人力资源管理组织体系。

（二）公共部门战略性人力资源管理的含义

公共部门战略性人力资源管理，是指公共部门在应对公共组织环境变化时，为实现公共组织的目标，将公共部门中的人员看作组织的核心资源，而将人力资源管理看作公共部门的一个战略合作伙伴，对人力资源各种活动与部署进行规划的模式。一般来说，公共部门战略性人力资源管理所遵循的基本原则：①人力资源管理的基础工作要健全；②组织的各个系统应当完善；③领导观念需要根据组织的需求不断更新；④综合管理方式方法不断创新；⑤管理活动的精确程度高。

（三）公共部门战略性人力资源管理的特征

1. 人力资源管理的战略性

战略性人力资源管理的战略性体现在三个方面：在战略措施上，现代人力资源管理运用“系统化科学与人文艺术”的权变管理；在战略范围上，现代人力资源管理是“全员参与”的民主管理；在战略指导思想上，现代人力资源管理以“获得竞争优势”为目标进行管理。

2. 人力资源管理的开发性

人力资源开发就是将雇员视为组织的核心资源，雇员是一种人力资本，要求公共部门主动对人力资源进行开发投资，以激发雇员的创造性和积极性，发挥团队能力的辐射力量，实现公共部门的较高绩效。

3. 人力资源管理的互动性

公共部门战略性人力资源管理要求人力资源管理的各个部分有机地结合起来，特别强调被管理者的参与，注重管理者和雇员的双向交流，以创造出一种协同效果。

4. 人力资源管理的目标导向性

战略性人力资源管理将重点放在发展公共部门可持续竞争的优势上，其目的是发挥人力资源管理在公共部门的战略合作伙伴的作用，协助公共部门制订战略计划，并采取与公共部门未来战略相匹配的人力资源管理策略，使公共部门可以高效地开发和利用人力资源，从而提高公共部门自身的竞争力。

（四）公共部门战略性人力资源管理的关键要素

（1）领导的支持。领导的支持是成功地向战略性人力资源管理转变的关键。领导者只有在思想上认识到实施战略性人力资源管理的重要性并坚持不懈推动其发展，才会在行动上给予支持。

（2）新信息通信技术的支持。新信息通信技术的运用能够帮助公共部门人力资源管理者从事务性的工作中解放出来，从而有更多的时间从事具有战略性意义的人力资源管理活动。

（3）文化支持。公共部门应重塑组织价值观、信念、规范等，为战略性人力资源的顺利实施提供文化支持，尤其在高层领导者中形成“以人为本”的管理理念。

（4）人才支持。人才的支持作用在于提供实施战略性人力资源管理所需要的人才。一个合理的人才支持体系对于公共部门人力资源管理的实施意义重大，它包括工作分析和人力资源规划、公共部门人力资源开发机制的建立、激励机制的建立和在公共部门中发展职业生涯规划。

（5）传统角色的克服。克服人力资源管理的传统角色的惯性，吸引人力资源管理部门直接参与公共部门战略计划的制订和实施过程，使人力资源管理行为与公共部门的战略紧密联系，可有效地提高公共部门战略实施能力。

（五）公共部门战略性人力资源管理与一般人力资源管理的区别

总的来说，战略性人力资源管理是在解决传统人事管理和人力资源管理的局限性基础上进一步发展起来的，将人力资源管理的战略和业务结合起来，即战略性人力资源管理是采取与传统人事管理和人力资源管理相反的方式，即与组织业务紧密结合；长期导向；关注战略；对高层管理人员具有很大的影响；关心核心人员。具体如表 9-2 所示。

表 9-2　公共部门战略性人力资源管理与一般人力资源管理的不同特点

战略角色	公共部门战略性人力资源管理	一般人力资源管理
重要关系	内部与外部顾客或公众的关系	上下层关系
人力资源的主动性	主动的、一体的	被动的、离散的
战略计划的重要性	处于人力资源活动的中心	处于人力资源活动的边缘
决策的速度	快	慢
计划的周期	短期、中期、长期，根据需要而定	短期
信息沟通角色	公共部门战略性人力资源管理	一般人力资源管理
沟通的过程	直接的	间接的
沟通的水平	高水平的	有局限性的
沟通的范围	根据需要，宽范围地沟通	主要在组织阶层内部
行政管理角色	公共部门战略性人力资源管理	一般人力资源管理
规则的重要性	重要的是完成工作	必要的、明确的
管理工作的指导	成功所需要的	政策和规程
具体的人事事务功能	公共部门战略性人力资源管理	一般人力资源管理

续表

战略角色	公共部门战略性人力资源管理	一般人力资源管理
人员选用	和经营战略是一体的；是一项关键任务	和经营战略脱离；处于边缘地位
薪金	以贡献为基础，灵活的	以岗位为基础，固定的
工作条件	与组织的战略和文化相协调	单独谈判的一项内容
劳资关系	平等约定，本质上是合作的	互相讨价还价，敌对的
工作细分	少	多
岗位设计	广泛，注重团队	严格根据劳动部门划分
培训与发展	综合的，促进学习型组织的发展	专项的，严格掌握控制
动态管理职能	公共部门战略性人力资源管理	一般人力资源管理
人力资源管理部门的角色	变化的，变革的倡导者	程序化的，变革的成员
冲突的处理	对组织文化和氛围的宽泛调控	临时的，促使冲突最小化
对员工关系的调解	宽范围的，注重变化的	注重程序的

资料来源：许小东. 战略导向型的人力资源管理：职能、特点、与模式转型[J]. 管理科学研究，2002，（4）：69-72

（六）公共部门人力资源管理与工作生活质量的关系

近年来，提升工作生活质量已经成为公共部门人力资源管理的新取向。工作生活质量的基本内涵是：由相互作用、相互影响的组织环境与个体的心理、生理体验综合而成的员工的总体感受。工作生活质量对于构建组织文化、形成较高的员工满意度、提高工作效率有积极的促进作用。现代公共部门人力资源管理已摒弃了传统人力资源管理的重控制、重处罚、重监督的消极管理，向营造良好宽松的工作生活环境转变，强调人本管理，把人看作组织发展的主体，注重人力资源战略发展，塑造组织人才成长的环境，尊重员工的主体地位，发展激励、保障、服务、培训等引导性、开发性的管理功能，以此激发公共部门职员的活力、积极性和能动性，提高组织的绩效，为社会提供较高的服务品质。公共部门可以通过以下方式，来提升工作生活质量：①管理者要树立“以人为本”的管理理念；②管理者应为员工提供优良的工作环境；③员工要逐步形成新的价值观，积极参与到管理中来；④组织应提供公正化的人事制度。

第四节 公务员制度改革与发展

一、公务员制度的由来与发展

19 世纪中后期，由于西方工业化的发展，政府管理实践产生了变革的需要，进而使得国家公务员制度（文官制度）在西方得以形成和确立。早在 18 世纪，英国就有了 civil servant 一词，使其区别于东印度公司军事人员，用于表示文职人员。第二次世界大战以后，随着政府服务职能的扩大，service 成为流行术语，civil servant system 被广泛指代公务员制度。在国家公务员制度正式确立之前，恩赐官职制和政党分肥制是西方国家任用官员的主要制度形式。

恩赐官职制产生于资本主义社会的早期，是指国王凭自己的主观意愿，将政府官职赏赐给下属官吏的一种任官形式。恩赐官职制造成了政府体制内的混乱与腐败，打破了原有的制度均衡状态。

政党分肥制又称政党分赃制，是指在西方国家中，竞选者在胜出竞选后，凭借自己所拥有的权力，将政府官职作为报酬，分配给那些为其胜出竞选做过贡献的个人亲信和本党党员的任用制度。政党分肥制虽在某些方面巩固和加强了资产阶级的统治，但这一制度本身并不完美，它使资产阶级政府陷入了新的危机。首先，政党分肥造成了一定程度的周期性政治震荡；其次，与恩赐官职一样，政党分肥也容易造成结构性的贪污腐败；最后，政党分肥制造成了持续性的低效率。

（一）现代公务员制度的确立——英国的实践

在西方，公务员被称为文官，指的是在内政和外交部门的工作人员[①]。英国是最早建立公务员制度的国家。在实践过程中，英国颁布和出台了诸多法令和制度，主要的实践过程如表 9-3 所示。

表 9-3　现代公务员制度的确立（英国的实践）

年份	实践内容
1805	英国财政部首先设立常务次官
1830	英国在政府各部门中大量设置常务次官
1833	英国政府正式开始实行官职的考试补缺制度
1853	《关于建立英国常任文官制度的报告》，即《诺斯科特-特里威廉报告》出台，提出了公开考试、择优录用等改革原则
1855	以枢密院的名义颁布了现代文官制度改革的第一个正式法令——《关于录用王国政府文官的枢密令》，并设立“文官事务委员会”，负责考试事务
1859	英国议会颁布了《文官退休金法》，明确了文官的范围
1870	英国枢密院法令再次确认文官的公开竞考、择优录用原则，这一法令标志着英国现代文官制度的建立，英国成为世界上最早建立文官制度的国家
1883	《年金法》，建立文官工资制度
1920	有关文官的职位分类法令，第一次对文官进行分类定位，文官被统一分成行政、执行、文书、事务四个等级
1930	汤姆林文官考试委员会成立，之后对文官的考试内容进行改革，增加了口试，口试与笔试的比重由原来的 1∶5 改为 3∶10
1968	《富尔顿报告》出台后，延续将近 100 年的英国文官制度被打破，许多英国文官制度改革措施开始出现，英国开始了公务员制度改革的历程

资料来源：周敏凯. 公务员制度概论[M]. 北京：高等教育出版社，2009；叶良海. 改革开放以来国内学者对西方公务员制度研究综述[J]. 湖北行政学院学报，2018，（1）：87-91

① 訾登. 中西方公务员制度的比较研究[J]. 现代交际，2019，（8）：229-230.

（二）现代公务员制度的发展——美国的实践

美国的公务员又被称为政府雇员，是指在政府中除军职人员以外，其他由考试选拔任命而担任文职的人，包括立法部门、行政部门、司法部门中由考试选拔任命而担任文职的人员①。美国实行公务员制度已有近百年的时间，其制度是在总结恩赐官职制和政党分肥制的经验与教训中逐步形成与发展起来的，英国的文官制度对美国文官制度造成了颇深的影响。通过美国的实践，现代公务员制度得到了进一步的发展，主要的实践过程如表 9-4 所示。

表 9-4　现代公务员制度的发展（美国的实践）

年份	实践内容
1853、1855	美国国会陆续通过了包括成立全国考试委员会、公开竞考选用官员、官员分类定位管理等内容的两个管制改革法案
1871	成立三人文官委员会，统一管理文官事务
1876	海关、税务、内政等政府部门试行公开竞选考任选用文官的方法
1883	共和党议员彭德尔顿提出长达 200 多页的《文官制度法案》，即著名的《彭德尔顿法案》，在国会获得全体议员罕见的一致同意，经阿瑟总统签字后成为美国的文官法律，标志着美国现代文官制度的建立
1920	Wilson 总统签署联邦政府官员实施全面考绩的法令，同年颁布《文官退休法》
1923	颁布第一个文官职位分类法，确定了 16 项考绩内容，完善了文官考绩制度
1939	颁布《哈奇法案》，对文官的职业保障与职业常任及文官的政治中立等原则做了重要的补充修改
1945	颁布《联邦政府雇员工资法条例》，详细制定了功绩薪俸制的标准、条件及范围

资料来源：周敏凯. 公务员制度概论[M]. 北京：高等教育出版社，2009

（三）西方国家公务员制度的主要内容

作为近代资本主义发展的产物，西方的国家公务员制度与封建时代的官吏制度有着本质的区别。但是，从政治的角度来说，西方国家公务员制度依旧从属于资本主义制度，所以它具有鲜明的阶级性，其主要内容包括以下五个方面。

1. 政治中立原则

政治中立原则是指公务员在执行公务的过程中，要保持超然、客观、公正的态度，不偏袒某个政党，不参加党派竞选，不通过行政权力来影响决策，等等。政治中立原则以“政治-行政二分法”为基础，被认为是克服西方政党分肥制痼疾的一剂良药。

2. 功绩制原则

功绩制原则是指将工作绩效与贡献的大小作为考核公务员工作的主要内容，将考核的结果作为被考核者工资、待遇及职务级别变动的重要依据。考核的主要内容包括工作的质量、数量、速度、方法，以及工作者所具备的各种能力、责任心、态度、品德等。

① 訾登. 中西方公务员制度的比较研究[J]. 现代交际，2019，（8）：229-230.

3. 两官分途制度

两官分途是指以政务官与事务官在政府中占有的不同的地位和职责为依据，通过不同的法律制度来对这两类公务员进行管理。政务官通常由选举或政治任命产生，实行任期制；事务官通常是通过考试择优产生，并以功绩的大小作为晋升的标准。事务官的录用、考核、培训、奖惩、升降、福利、退休等也有相关法律法规来予以规范和保障，国家公务员制度主要就是指对事务官的管理制度。

4. 绩效评估制度

当代西方国家所推行的政府绩效评估是指对政府管理过程中投入、产出、中期成果与最终成果所反映的绩效进行评价和划分等级。通过绩效评估，公民可以有效地参与到政府管理当中，对政府进行监督与评价。不过，政府绩效评估的标准，现在还处于莫衷一是的状态。新公共管理理论认为“4E”——经济（economy）、效率（efficiency）、效能（effectiveness）和公平（equity）应成为政府绩效的评估标准。

5. 统一管理制度

西方国家公务员制度实行统一管理，即由中央政府机构集中管理全国的公务员事务，对各部门的工作人员实行综合管理，并使他们在各部门间甚至在中央和各级地方单位之间可以相互转调、轮换、流动。西方公务员管理机构的主要类型如下。

（1）部外制。以美国为代表，在政府行政组织之外设置独立的人事机构，统掌人事大权。这种人事机构不仅独立行使公务员的考试权，负责录用选拔人才，还掌管公务员的考评、培训、升降、调动、薪资、奖惩、福利等各项事宜。

（2）部内制（又称非独立制）。以法国和德国为代表，在政府行政系统内设置人事机构，各行政部门负责处理本部门的各项人事行政事宜。

（3）折中制。以英国为代表，综合部外制与部内制的优缺点，取长补短，是一种半独立性的人事机构制度。在此制度下，考试录用权由具有独立地位的全国文官委员会掌握，而在任职后的管理工作中，人事机构与行政密切结合，可避免不必要的矛盾。

二、我国公务员制度的发展与现状

（一）我国公务员制度的发展历程过渡段

1. 酝酿和探索阶段（1980—1986 年）

1980 年，在邓小平所作的《党和国家领导制度的改革》讲话的带动下，中央、地方、党政机关及企事业单位，开始对我国人事制度改革进行初步的探索。1982—1983 年，中央和地方国家机关先后探索实践了机构改革，调整了各级领导班子，建立老干部离退休制度，进一步废除领导职务终身制。1984 年，党中央提出要制定《国家机关工作人员法》，并于 1986 年形成了《国家行政工作人员条例（草案）》。

2. 决策和准备阶段（1987—1988 年）

1986 年 9 月党的十二届六中全会后，成立了政治体制改革研讨小组，经过半年多的研讨，于 1987 年 6 月提出了人事制度改革方案，建议建立公务员制度；同时，人事制度改革专题组，在借鉴了外国公务员制度实践成果的基础上，根据我国实行情况，对《国家行政工作人员条例（草案）》进行了重大修改，形成了《国家公务员暂行条例（草案）》；1988年4月，审议通过《国务院机构改革方案》，决定组建中华人民共和国人事部（以下简称人事部）。

3. 试点和实施阶段（1989—2000年）

1989年初，人事部首先在国务院六个部门中组织进行公务员制度的试点工作；1990年，在哈尔滨市和深圳市进行试点工作；1993年8月14日，颁布《国家公务员暂行条例》，于1993年10月1日起施行；至1998年底，我国的国家公务员制度已经基本步入轨道，中央和地方五级政权机关中也已基本建立起了中国特色的国家公务员制度。

4. 深化阶段（2001年至今）

2005年4月27日，第十届全国人民代表大会常务委员会第十五次会议通过《公务员法》。2006年1月1日，《公务员法》正式实施，实现了公职任用制度与干部人事制度的实质性飞跃。2008年7月22日，我国国家公务员局组建完成，此后，中国的现代公务员制度步入了全新的发展历程。

2017年9月1日，第十二届全国人民代表大会常务委员会第二十九次会议对《公务员法》进行修正，2018年12月29日，第十三届全国人民代表大会常务委员会第七次会议对《公务员法》进行修订。《公务员法》的修订，既是习近平新时代中国特色社会主义思想的发展要求和切实体现，也是对近年来干部人事制度改革和队伍管理一系列创新性举措的固化和升华，对于进一步健全完善有中国特色的公务员制度、推动公务员管理创新、加强高素质专业化干部队伍建设都具有重要的划时代意义①。

（二）我国公务员的职位分类

职位分类，就是一种以“事”为中心的分类，按照职位的工作性质、责任大小、难易程度和任职所需的不同资格条件，将所有职位划分为不同的类别和等级，纵向上区分为若干职级，横向上划分为不同的职系、职组，从而形成纵横有序的职位类别和等级结构体系。我国公务员的职位分类主要包括以下内容。

1. 职位分类的优点

职位分类在职位调查和评价的基础上明确规定每个职位的职责任务、工作标准以及相应的资格条件，这为公务员的录用、考核、奖惩、职务提升等提供了客观依据；明确的职位，可以使公务员的录用与发展更有针对性，进而有利于培养更加专业的公务员人才，保障公务员的专业化水平；职位分类是建立公平合理的工资制度、实行同工同酬的基础②。

2. 职位分类的缺点

分类方法过于复杂，成本高；不利于培养和选拔“多面手”；分类机构复杂，缺乏弹性，不利于调整等。

---

① 郝玉明. 新公务员法基本特征与制度展望——基于公务员法最新修订条款的制度文本分析[J]. 新视野，2020，（2）：81-87.

② 胡登良. 公务员分类培训：制度基础和实施机制[J]. 行政管理改革，2018，（12）：87-93.

3. 职位类别

（1）综合管理类。综合管理类是指机关中履行综合管理以及内部管理等职责的职位，这类职位数量最大。综合管理类为具体从事规划、咨询、决策、组织、指挥、协调、监督及机关内部管理工作。

（2）专业技术类。专业技术类是指专门从事专业技术工作，为机关履行职责提供技术支持和保障的公务员，其职责具有强技术性、低替代性。这是构建服务型政府的条件之一，提高管理效能和科学化水平，建设高素质专业化公务员队伍，有利于专业技术人员评聘技术职务，增强了政府技术工作的权威[①]。

（3）行政执法类。该类公务员主要集中在税务、公安执法、市场监管、环境保护等机关，并集中在基层[②]。区分这类公务员，有利于更好地激励和约束一线执法队伍，更好地适应社会管理与市场监管的需要，更好地与决策、执行、监督协调的政府机构改革原则相衔接。

4. 职务序列

我国公务员的职务设置领导职务和非领导职务序列。领导职务层次为国家级正职、国家级副职、省部级正职、省部级副职、厅局级正职、厅局级副职、县处级正职、县处级副职、乡科级正职、乡科级副职。综合管理类的领导职务根据宪法、有关法律、职务层次和机构规格设置确定。综合管理类的非领导职务分为一级巡视员、二级巡视员、一级调研员、二级调研员、三级调研员、四级调研员、一级主任科员、二级主任科员、三级主任科员、四级主任科员、一级科员、二级科员。综合管理类以外其他职位类别公务员的职级序列，根据本法由国家另行规定[③]。

5. 公务员的级别

公务员的领导职务、职级应当对应相应的级别。公务员领导职务、职级与级别的对应关系，由国家规定。根据工作需要和领导职务与职级的对应关系，公务员担任的领导职务和职级可以互相转任、兼任；符合规定资格条件的，可以晋升领导职务或者职级。公务员的级别根据所任领导职务、职级及其德才表现、工作实绩和资历确定。公务员在同一领导职务、职级上，可以按照国家规定晋升级别。公务员的领导职务、职级与级别是确定公务员工资以及其他待遇的依据。

2019 年中共中央组织部制定的《公务员职务、职级与级别管理办法》规定国家公务员共分为二十七级，并明确规定了公务员领导职务层次与级别的对应关系。具体如下。

（1）国家级正职：一级。

（2）国家级副职：四级至二级。

（3）省部级正职：八级至四级。

（4）省部级副职：十级至六级。

（5）厅局级正职：十三级至八级。

① 中共中央办公厅 国务院办公厅印发《专业技术类公务员管理规定（试行）》和《行政执法类公务员管理规定（试行）》[EB/OL]. http://www.scs.gov.cn/zcfg/201607/t20160715_5293.html[2016-07-15].

② 许阳，丁玎，卞冉，等. 行政执法类公务员考录测评要素及测评方法研究[J]. 中国人事科学，2020，（3）：4-12.

③ 中华人民共和国公务员法[EB/OL]. http://www.gov.cn/xinwen/2018-12/30/content_5353490.htm[2018-12-30].

（6）厅局级副职：十五级至十级。

（7）县处级正职：十八级至十二级。

（8）县处级副职：二十级至十四级。

（9）乡科级正职：二十二级至十六级。

（10）乡科级副职：二十四级至十七级。

副部级机关内设机构、副省级城市机关的司局级正职对应十五级至十级；司局级副职对应十七级至十一级[①]。

（三）我国公务员的录用制度

公务员录用制度是指以本国的相关法律、法规及其他规定为依据，通过规定的录用方式和录用程序，任用国家公务员的制度。我国公务员的录用制度主要有以下四种。

1. 选任制

选任制是通过直接选举或间接选举的方式，来确定录用对象的公务员录用制度形式。我国的中央政府（国务院）和各级地方政府的组成人员，是经过同级人民代表大会或其常务委员会选举决定的。国务院总理人选，由中华人民共和国主席提名，经全国人民代表大会决定，再由国家主席任免。国务院其他组成人员的人选，由国务院总理提名，经全国人民代表大会决定，再由国家主席任免。

2. 考任制

考任制是指政府按照相关的法律、法规规定，通过考试的形式择优选拔国家公务员的制度。考任制的主要原则包括以下五点。

（1）公开原则：录用公务员必须面向社会，公开招考，它包括招考过程和录用结果公开。

（2）平等原则：承认公民在担任公职方面有平等的权利和机会，即公民在公务员录用时所处的法律地位平等，凡有报考资格的公民均可应考。

（3）竞争原则：录用公务员按照成绩排列名次，并严格考核其道德品质等条件，有比较、有选择地择优录用。

（4）择优原则：公务员的录用在公开、平等的前提下，以考试、考核的结果为依据，优先录用或使用优秀人才。

（5）德才兼备原则：报考者是否被录用，要从德和才两方面来全面衡量。

3. 委任制

委任制是指任免机关（一般为上级机关）通过行使其任免权限，直接确定所要任用对象，委任其担任一定职务的任用形式。在我国原有的干部人事制度中，凡带有“长”字的各级、各类干部，绝大多数是委任的。改革开放以来，该情况得到了很大的改善。

4. 聘任制

聘任制是指用人单位通过合同的方式，聘用所需工作人员的任用形式。聘任制是一

---

① 公务员职务、职级与级别管理办法[EB/OL]. http://www.gov.cn/xinwen/2020-03/15/content_5491492. htm[2020-03-15].

种双向选择的过程，有利于明确机关岗位的责任，而且在合同的约束下，被聘者能更好地享受和履行其权利与义务。聘任制有利于吸纳高端的专门型人才，增强公务员队伍的竞争力与活力，以及完善公务员的退出机制。

（四）我国公务员的考核制度

1. 公务员考核制度的含义

公务员考核制度是国家公务员制度的重要组成部分，是公务员制度的“中枢”，是一项基础管理工作，是人事行政的重要一环。通过公务员考核，可以发现、选拔优秀的公务员人才。从广义上看，它连接了国家公务员制度从聘用到晋升、辞退或退休这一整套的程序。

2. 公务员考核的方式和程序

根据2020年发布的《公务员考核规定》，公务员的考核分为平时考核、专项考核和定期考核等方式。定期考核以平时考核、专项考核为基础。平时考核是对公务员日常工作和一贯表现所进行的经常性考核，一般按照个人小结、审核评鉴、结果反馈等程序进行。专项考核是对公务员完成重要专项工作，承担急难险重任务和关键时刻的政治表现、担当精神、作用发挥、实际成效等情况所进行的针对性考核，可以按照了解核实、综合研判、结果反馈等程序进行，或者结合推进专项工作灵活安排。定期考核采取年度考核的方式，是对公务员一个自然年度内总体表现所进行的综合性考核，在每年年末或者翌年年初进行①。

3. 公务员考核的考核内容

党的十八大以来，习近平提出了新时期好干部标准，党的十九大提出了新时代建设高素质专业化干部队伍的目标，党的二十大更是进一步完善干部考核评价体系，指出要形成能者上、优者奖、庸者下、劣者汰的良好局面②。这些标准和目标为建立科学规范的干部考核评价体系提供了基本遵循和具体要求。主要体现如下：一是全面推进公务员平时考核；二是考核结果运用于与职务职级晋升相结合；三是全面考核政治素质；四是推动民生领域重点问题的专项考核，特别是扶贫工作成效、食品安全工作评议、农民工工资支付和“菜篮子”市长负责制等领域；五是简化基层考核，加强党的作风建设③。

（五）我国公务员制度的基本特点

我国公务员制度借鉴了国外公务员制度中科学的管理方法与手段，吸取了国外在公务员制度实践中的经验与教训，立足于我国的基本国情，并在结合我国的实际发展情况与需要中逐步完善和发展起来，是一项具有鲜明中国特色社会主义时代特征的制度。与西方国家的公务员制度相比，我国公务员制度的特点如下。

---

① 公务员考核规定[EB/OL]. https://www.12371.cn/2021/01/11/ARTI1610349207260939.shtml[2021-01-11].

② 习近平. 高举中国特色社会主义伟大旗帜 为全面建设社会主义现代化国家而团结奋斗——在中国共产党第二十次全国代表大会上的报告（2022年10月16日）[N]. 人民日报，2022-10-26（1）.

③ 徐维. 我国公务员考核制度的历史沿革[J]. 中国人事科学，2020，（8）：13-21.

1. 坚持党的领导和党管干部原则

我国干部人事制度始终坚持党管干部原则，要求“对党忠诚”，贯彻党的干部路线和方针，要求公务员队伍信念坚定、为民服务、勤政务实、敢于担当、清正廉洁，从严治党、从严治“吏”，强化了党对政府人事工作的领导。

2. 保持广泛的公务员界定范围

我国公务员的界定范围具有鲜明的广泛性，不单包括中国共产党机关、人民代表大会机关、政协机关、审判机关、检察机关的工作人员，也包括行政机关的和民主党派机关的工作人员。这种范围界定形式也是我国现行政治制度特点的充分体现。

3. 夯实统一领导、理顺职能分工

我国公务员的管理与实践上采用统一领导、分级管理的方式。在《公务员法》修订研究和决策的过程中，中央公布了党和国家机关机构改革方案，对公务员管理体制和组织架构进行了调整，将国家公务员局并入中央组织部，与原中央组织部的公务员主管部门进行整合，重新组建了统一的公务员主管部门，并进行了职能优化调整，将编制管理、工资管理等职能并入组织部门；省以下地方公务员主管部门相应进行了组织机构和职能的调整理顺。这对新修订《公务员法》的实施和今后公务员管理实践都将产生重要而积极的影响[①]。

（六）我国公务员制度的问题与改革方向

1. 公务员职位分类管理机制仍待加强

当前，由于职位分类管理在公务员管理实践中尚处于试点运行阶段，职务、职级和级别等与职位之间相关的设置仍需进一步厘清关系。要坚持“职务与职级并行、职级与待遇挂钩”的原则，在确认公务员职位分类管理的方法下，进一步根据不同部门和行业管理特殊性，精细划分不同的职组和职系，确保职位与职系的精细化管理[②]。

2. 推进公务员法配套法规的体系建设

我国公务员管理法律体系形式较为单一。除规范领导成员、法官、检察官等任用的相关法律外，我国公务员管理上狭义的法律仅有《公务员法》。《公务员法》既是公务员管理的母法，也基本是我国公务员管理的唯一法律[③]。母法需要一系列单项法规作为支撑，要以《公务员法》为基准，推动相关法律出台。同时，应当对不同领域与《公务员法》相关的专门性法律规定进行梳理更新，将有关规定融入立法文本中，以更好地保证法律体系协调统一[④]，推进我国公务员管理法律体系建设。

3. 完善新时代公务员的人事管理制度

要完善公务员人事管理制度，保障公务员合法权益。一是要完善考录考核配套制度，

① 郝玉明. 新公务员法基本特征与制度展望——基于公务员法最新修订条款的制度文本分析[J]. 新视野，2020，（2）：81-87.

② 郝玉明. 公务员职务与职级并行的概念界定和试点评估[J]. 中国人事科学，2019，（4）：4-11；郝玉明. 新公务员法基本特征与制度展望——基于公务员法最新修订条款的制度文本分析[J]. 新视野，2020，（2）：81-87.

③ 白智立，王琳琳.《公务员法》与中国特色现代公务员制度研究[J]. 治理现代化研究，2019，（2）：55-60.

④ 应松年，任进. 公务员法学习问答[M]. 北京：国家行政学院出版社，2005.

优化公务员选拔管理机制，确保公务员选拔和考核的公正性[①]；二是要建立统一的人事仲裁制度，同时对外部性处理决定有限赋予当事人诉讼救济手段，赋予公务员获得公正救济的权利[②]。

4. 保障公务员福利待遇与激励机制

保持公务员制度的先进性与活力，要求公务员制度能与时俱进，通过津补贴制度改革，完善公务员福利待遇工作，特别是针对专业型技术人才提出具有外部竞争性的福利待遇，保证新时代公务员队伍的专业化水平；针对不同职位类别的公务员采取不同方式的激励和奖励，不断健全公务员激励机制，适时选择性地采用各国公务员制度改革的先进成果，进而永葆我国公务员制度的生命力与活力。

第五节　事业单位人力资源管理

一、事业单位人力资源管理的内涵

（一）事业单位的基本概念、特点与职能

1. 事业单位的基本概念

事业单位是指政府利用国有资产，从事教育、科技、文化、卫生等活动的社会服务组织，它们一般是国家设立的具有一定公益性质的机构，但不属于政府机构。以前按财政拨款方式的不同，可分为全额拨款、差额拨款、自收自支三类。现在在清理规范基础上，按照社会功能将现有事业单位划分为承担行政职能、从事生产经营活动和从事公益服务三个类别。对承担行政职能的，逐步将其行政职能划归行政机构或转为行政机构；对从事生产经营活动的，逐步将其转为企业；对从事公益服务的，继续将其保留在事业单位序列、强化其公益属性。

2. 事业单位的特点

事业单位作为国家机构的分支，是提供公共服务的重要载体。事业单位的特点包括以下五点。

（1）实体性。事业单位由特定机关审批成立，有一定的组织结构和运作机制，对人、财、物享有独立的管理权和支配权，是独立承担法律责任的法人实体。

（2）非营利性。事业单位以追求社会上多数人的利益为目标，提供无法由市场供给的物品。但非营利性不是指事业单位不可以营利，只是说事业单位即使营利，其所得也只能用于提供公共服务。

（3）公有性。公有性体现在由政府设立；承担政府要求的任务；经费主要来源于政府财政三个方面。

（4）非权力性。事业单位的存在是为弥补政府的不足，不具备政府组织所拥有的公

① 郝玉明. 新公务员法基本特征与制度展望——基于公务员法最新修订条款的制度文本分析[J]. 新视野，2020，（2）：81-87.

② 应松年，郭胜习.《公务员法》修订的重大意义和重要问题[J]. 行政管理改革，2018，（12）：16-21.

共权力和强制力。

（5）自主性。自主性是指从制度上将事业单位从政府组织中剥离出来。事业单位的自主管理能力正随着事业单位改革的深入而不断提高。

3. 事业单位的职能

事业单位在我国是指由政府成立的从事教育、卫生、科技、文化等公共服务的法律实体。宗旨是为社会服务，具有社会沟通、社会调节和社会保障等基本作用。

现在按机构职能的不同，主要分为两类：一类是承担行政决策、行政执行、行政监督等职能的事业单位，这类单位逐步将行政职能划归行政机构，或转为行政机构，如城管监察、环境监测、土地监察等；一类是从事公益服务事业的单位，其面向社会提供公益服务和为机关行使职能提供支持保障，在改革后继续保留在事业单位序列、强化其公益属性。原属于从事生产经营活动的事业单位，已不属于事业单位序列，将逐步转为企业或撤销。

细分从事公益服务的事业单位。根据职责任务、服务对象和资源配置方式等情况，将从事公益服务的事业单位细分为两类：承担义务教育、基础性科研、公共文化、公共卫生及基层的基本医疗服务等基本公益服务，不能或不宜由市场配置资源的，划入公益一类；承担高等教育、非营利医疗等公益服务，可部分由市场配置资源的，划入公益二类。具体由各地结合实际研究确定①。

（二）事业单位人力资源管理与企业人力资源管理的区别

公共部门为提高人力资源管理的有效性，主张运用私营企业的管理理念和技术来改善管理。但同时我们应看到事业单位与企业人力资源管理的明显不同。事业单位人力资源管理和企业人力资源管理有以下六点不同。

（1）事业单位受到的学科影响包括管理学、经济学、法学、政治学等，涉及宏观、中观和微观诸多层次。企业只关注微观层次，受管理学、经济学、心理学、工程技术等学科的影响较多。

（2）事业单位追求社会公平，以社会整体效益为先。企业追求企业利益，以个体利益为先。

（3）事业单位发展缓慢，正在加速。企业发展较成熟，正向多个领域拓宽。

（4）事业单位人员需求首先考虑外部压力。招聘程序须得上级批准，招聘公开、公正、公平。人员获得途径有限。企业首要考虑内部需要，自主管理。企业可以隐秘进行，途径广阔。

（5）事业单位的关键环节是招聘录用和监督。企业主要是最大限度地开发和使用人力资源。

（6）事业单位要求员工忠诚、有责任心，绩效标准多元化，比较模糊。企业要求员工拥有较强的专业能力、创造力，绩效标准明确集中。

---

① 中共中央 国务院关于分类推进事业单位改革的指导意见[EB/OL]. http://www.gov.cn/jrzg/2012-04/16/content_2114526. htm[2012-04-16].

（三）事业单位人力资源管理与公共行政部门人力资源管理的比较

公共行政部门是指政府机关，而事业单位是指由政府机关审批成立的社会服务组织。我国对公共行政部门工作人员，即公务员的人事管理有专门的法律制度，管理更加规范化、制度化。事业单位人力资源管理以部门规章为主，自主性较大。进入事业单位不需参加统一的全国或地方性的人事部门组织的考试，基本是单位自己组织考试或简单面试。具体来说，事业单位人力资源管理与公共行政部门人力资源管理有以下三点不同。

（1）从晋升角度看，公务员的职务晋升遵循年限规定。事业单位有走行政级别序列，逐步晋升；也有走技术职称序列，逐级竞聘；既有按年限、资历提升的；还有采取定期全员重新竞岗的。

（2）从薪酬制度来看，公务员的薪酬制度相对简单，工资与职务、级别和工龄挂钩。事业单位薪酬体系主要由两部分构成：一是直接薪酬，具体是指以货币现金作为支付方式的薪酬，包括基本工资、绩效奖金、各种补贴等；二是间接薪酬，具体是指各种工作福利待遇，如在职培训、带薪休假、年终奖金等①。

（3）从养老保险来看，目前机关事业单位基本养老保险正逐步实现改革，其养老保险基金缴费责任由单位和员工个人共同承担，与企业职工基本养老保险缴费方式相同。不同点在于，机关的单位缴费责任由政府承担，而事业单位的单位缴费责任由单位自身承担，这给部分事业单位造成一定的资金压力。同时由于二者的薪酬结构不同，其缴费基数组成也不同②。

二、事业单位人力资源管理的现状与发展

（一）事业单位人力资源管理的现状与问题

有效处理事业单位人力资源管理的问题是保障事业单位抓住机遇、谋求发展的关键。我国事业单位人力资源管理的现状有以下四点。

1. 人力资源管理体制缺乏创新性

大多数事业单位还停留在传统的人事管理方面。管理工作内容相对单一，由上级主管部门或单位领导决定，没有结合单位自身实际，任用机制不合理，同时各单位横向上缺乏有效的沟通衔接，责任义务不明晰。另外，高层人力资源任用的半封闭状态严重，公平竞争机制尚未完善。陈旧的管理观念表现为事业单位进入门槛高、人员流动性差；常将人力资源管理作为事务性工作，而没有作为组织的战略性工作；等等。

2. 缺少完善的人力资源考核和激励机制

事业单位绩效考核受传统考核方式的影响，缺乏对员工的科学评价，突出表现在以下三方面：一是对绩效考核缺乏应有的认识和重视，没有认识到在事业单位中实施绩效考核的作用和意义，缺少明确的考核目的；二是考核形式过于单一，考评标准过于粗放，缺乏完善的绩效考核体制和有效的绩效考核方法，人才考评过分看重学历、资历，忽视

① 王亚飞. 新时期事业单位薪酬管理体制改革研究[J]. 中国集体经济，2019，（30）：113-114.

②《机关事业单位养老保险政策问答》编写组. 机关事业单位养老保险政策问答[M]. 北京：中国劳动社会保障出版社，2016.

能力和业绩，员工表现好坏受领导主观意见影响；三是考核流于形式，对考核结果缺乏正确的应用和有效的反馈沟通[①]。

3. 人力资源开发培训不到位

事业单位缺少针对特定人才和岗位的技能培训和开发，职工没有机会接受新知识和新技能培训，导致员工在面对问题时或无法处理，或缺乏创造性。大部分事业单位只有年度人力资源开发计划和员工培训安排，缺乏长效机制，而且开发培训的评估制度缺失，没有关于培训效果的反馈。有的单位甚至把培训视为员工的福利，大家轮流进行培训，将培训视为一项任务。

4. 薪酬激励效果不显著

受企业性质影响，事业单位人才流动的比率往往较低，这也使其在人力资源管理变革方面存在一定程度的惰性，对于能够吸引和保留人才的薪酬激励鲜有大的改进，缺乏有效的激励手段。具体表现如下：一是薪酬分配制度不完善，薪酬档次差异小，“大锅饭”现象突出，“平均化”分配结果不能起到有效激励，难以调动员工积极性；二是激励内容主要为物质激励，其形式单一，多采用奖金的方式，情感激励上多为表彰，对形成集体价值、促进集体发展的影响有限[②]。

（二）事业单位人力资源管理的改革方向

根据我国事业单位人力资源管理的现状，应秉持创新精神，兼顾效率与公平，促进事业单位人力资源向劳动力优质化和管理科学化方向发展。主要有以下四点。

1. 提高认识，创新观念

如今，知识资本已经成为组织创造效益的重要力量，事业单位的可持续发展，最终依靠高素质的人力资源。事业单位应突破以“事”为中心的传统理念的束缚，重视人力资源的开发、利用，建立起“以人为本”的管理观念。

2. 建立科学的选人、用人机制

其一，根据单位的发展战略，以科学分析法编制人才需求规划，坚持以公开、公平为选聘原则；其二，应科学配置岗位，根据人才的特点和专长，把他们安排到相应的岗位上，并赋予相应的责、权、利，做到人尽其才，使行政领导人员逐步由职务终身制、单一委任制和多头管理制向直接聘任、选举聘任等多种任用形式转变；其三，加大对事业单位中高层人才的开发力度，采用在职开发与脱岗开发相结合的形式进行人才盘存，确定现任职人员及可能供给的候选人；其四，建立公平公开的竞争激励机制，强化各类人才的危机意识。

3. 建立科学的绩效考核、人才激励机制

建立定量化的绩效考核制度。定量评估需要满足以下条件：首先，对每个岗位进行包括工作职责、岗位条件、工作评价等内容的工作说明；其次，根据岗位说明对德、能、

---

① 李慧芬. 事业单位人力资源管理中的绩效考核与激励机制研究[J]. 中国集体经济，2018，（3）：122-123；崔健. 绩效考核在事业单位人力资源管理中的积极影响[J]. 中国储运，2021，（8）：188-189.

② 王国惠，王艳萍，黄永胜. 事业单位员工薪酬激励体系优化研究——以教学型高校教师为例[J]. 经济问题，2016，（2）：121-124.

勤、绩进行定量化的考核；再次，对每一个方面进行详细分解，并制定评价标准；最后，为不同的岗位设定不同的分值标准，确保各类人员得到与其工作情况相符的评价。

关于健全人才激励机制，应做到四个方面：一是改革事业单位的薪酬制度，有效发挥待遇的激励作用，使事业单位工作人员的待遇适应经济社会发展的需要；二是完善绩效评估机制，将绩效评估结果与待遇、晋升、奖励等环节挂钩；三是健全事业单位岗位绩效工资制，寻求协议工资制和项目工资制等多种形式的收入分配和激励办法；四是打破工作终身制，逐步实现竞争淘汰机制。

4. 建立人力资源管理的培训开发体系

职工培训是人力资本增值的重要途径，事业单位人力资源管理部门要建立开发培训—实践—考核—评价一体化的人力资源培训机制，积极培育组织发展所需的各种人才，激励员工接受管理或专业方面的再教育。

事业单位应确保培训具有前瞻性，结合单位工作的具体目标和要求，适时进行培训调研，使培训具有有效性和针对性。同时，确保培训的内容不仅包括岗位技能，还要注重员工职业道德的强化，使其具备适应事业单位发展的较高的思想道德水平。要重视事业单位中高层管理人员的培训工作，有针对性地转变其传统的管理理念与方式，提高其管理技能。建立一种良好的学习环境，力图使人力资源的价值观、工作能力得到改善，以不断适应组织发展的需要。此外，还应对培训过程和结果加以评估以求完善培训计划、优化培训项目、改善培训效果。

思考与讨论题

（1）什么是公共部门人力资源管理？有何本质特征？

（2）人力资源规划的基本程序包括哪些？

（3）公共部门人力资源规划的含义和功能是什么？

（4）如何理解公共部门人力资源管理的战略目标？

（5）工作分析与工作评价的含义和目的有何区别？

（6）人力资源管理有哪些主要技术和方法？

（7）公共部门人力资源战略性管理要遵循哪些基本原则？

（8）我国现行的公务员制度存在哪些局限性？又如何改革？

（9）我国公务员的职位类别有哪些？公务员考核方式是什么？

（10）事业单位人力资源管理与行政部门人力资源管理有何异同？

（11）分析我国事业单位人力资源管理存在的问题及改革方向。

第十章　公共部门绩效管理

公共部门绩效管理是新公共管理运动中产生的重要工具，既是100多年来公共行政“效率”目标演化的使然，也是对复杂多样性公共管理生态的回应。公共部门作为以“为民众服”为主要任务的组织，只有具有更高的绩效，才能得到民众的认可和信任，才能提升公共部门的绩效水平及提高公共部门的服务质量。公共部门绩效管理的实践有力地促进了公共管理改革，也是我国提升现代化国家治理能力，完善现代化国家治理体系的重要内容。本章将在界定内涵与探究影响因素基础上，呈现公共部门绩效管理的流程与方法，梳理公共部门特别是政府绩效管理的发展历程、内在逻辑与模式，揭示困境，提出改进对策。

▶ **重点问题**

（1）公共部门绩效与绩效管理的内涵。

（2）公共部门绩效的影响因素。

（3）公共部门绩效管理的流程。

（4）公共部门绩效评估的标准。

（5）公共部门绩效评估的主体与方法。

（6）公共部门绩效管理的发展困境。

▶ **难点问题**

（1）公共部门绩效评估指标体系的构建。

（2）中国政府绩效管理的逻辑与模式。

第一节　公共部门绩效管理概述

一、公共部门绩效管理的内涵

（一）绩效和绩效管理的内涵

1. 绩效

“绩效”作为一个广泛使用的概念，既非新词也非舶来品，现代意义上的“绩效”一词最初来源于经济学领域，主要以可计算的利润来表达。随着管理实践的发展，绩效的含义逐渐拓展，主要分为组织绩效与员工绩效两个层次。目前不管是在理论界还是实务界，还没有关于“绩效”的一致定义，管理绩效的定义中常面临三个疑问：只有财务数据是绩效吗？只有工作结果是绩效吗？是不是所有的工作产出都是绩效？绩效可以是一个结果，也可以是工作的效率、工作产出的效益。如Bernardin认为，绩效是在特定时间范围，在特定工作职能、活动或行为上生产出的结果记录[①]。但由于许多工作结果并不一定是个体行为所致，它可能会受到与工作无关的其他因素的影响，因此有学者认为绩效应该是一种行为。这种观点并非说绩效中不能包括目标，而是说绩效是一个人或一群人以其工作的组织或组织单元的目标为导向所采取的一组行为。例如，Campbell 等提出，绩效是员工自己控制的与组织目标相关的行为，绩效是多维的，没有单一的绩效测量；绩效是行为，并不必然是行为的结果；这种行为必须是员工能够控制的[②]。对于组织而言，绩效是与组织战略目标相关的员工工作结果与表现。员工绩效取决于他们对组织的贡献，包括产出的数量、产出的质量、产出的及时性、财务绩效与行为表现等。

基于以上分析可以看出，绩效既有效率的一般含义，又不同于效率，是效率与效能的总和，效率指产出与投入的比率，可以货币化；效能指实际成果与原定的预期成果进行比较，不能量化。它是一个比效率更为广阔的概念，其突破了量化利润的范畴，综合考虑工作效率、工作态度、工作潜力、服务质量及组织的可持续发展能力。绩效还可分为个人绩效、群体绩效及组织绩效。对于绩效内涵的理解应从绩效主体、绩效内容及绩效形成的过程等方面来理解。首先，绩效形成与产生的主体可以是个人形式或群体形式，也可以是组织形式，其中个人绩效必须和组织绩效方向一致才能保证组织绩效的实现；其次，绩效的内容不应该仅仅反映产出、结果及任务本身，还应能够如实反映导致产出、结果，以及任务完成所花费的投入及其所带来的社会效果；最后，绩效是一个过程的概念，它与评价的过程相联系，这个过程错综复杂，受到多方面因素的影响，因此应该从可持续发展的视角来理解绩效的内容和绩效的形成过程。

2. 绩效管理

绩效的意义在于组织如何努力在各种环境中达到服务对象所要求的效率和有效性；管理是指组织中被赋予充分权力的一类人为达到组织的目标而实施的一系列协调他人的活动。绩效管理，就是对绩效进行管理，是对产生绩效的人或群体进行管理。它实际上是一种先进的管理思想和具有战略意义的、集成的管理方法。

美国国家绩效评估委员会认为绩效管理是指利用绩效信息协助设定统一的绩效目标，进行资源的配置与优先顺序的安排，以告知管理者维持或改变既定目标计划，并且报告符合目标的管理过程。绩效管理实际上是对组织的服务或计划目标进行设定、实施与实现，并最后对实施结果（实现效果）进行系统评估的过程。

根据上述定义可以看出，绩效管理是注重结果的一种管理模式，这种管理模式有利于组织在目标指引下积极主动探求最佳管理方法。绩效管理注重组织绩效和个人绩效的协调一致，只有在考虑组织目标的同时兼顾个人利益，才能对个人产生一定的激励作用，并让个人更好地发挥潜力。绩效管理是对绩效结果产生的整个过程进行管理，是一个完整的过程，这个过程有着完善的计划、监督和控制手段与方法。原则如下：①组织利益与个人利益相结合原则，即绩效考核体现组织利益与个人利益紧密结合的关系，没有组

---

① Bernardin H J, Beatty R W. Performance Appraisal: Assessing Human Behavior at Work[M]. Noston: Kent Puhlishers, 1984.

② Campbell J P, McCloy R A, Oppler S H, et al. A theory of performance[M]//Schmitt N, Boeman W C. Personnel Selection in Organizations[M]. San Francisco: Jossey-Bass Publishers, 1993.

织利益的长期发展，个人利益实现也无从谈起；②绩效分配与项目盈亏挂钩原则，即年终奖金不仅仅是员工的年度福利，更是员工在过去一年工作表现的整体总结，奖金的多寡取决于员工工作能力和勤奋努力程度，奖金分配透明化；③项目盈亏全员参与原则，即项目盈亏不只是与客户部有关，与全员有关，项目的盈亏直接影响各部门的绩效。

（二）公共部门绩效与公共部门绩效管理的内涵

1. 公共部门绩效

公共部门绩效的内涵如下：公共部门基于可持续发展的思想，以提高个人绩效和组织绩效为基本目标，在依法履行其部门职能过程中因投入而获得的一切结果及其所产生的社会效果。这一内涵可以进一步解释如下：首先，公共部门在履行职能时如果没有顾及子孙后代的利益，那只能获取短期效益而并非长久绩效。例如，表面形象工程（又称政绩工程）不应被算为公共部门绩效，这些工程劳民伤财终究不能经受住历史的考验。其次，公共部门绩效应该由个人绩效按一定的逻辑关系组成，个人绩效的实现应该能够保证组织绩效的实现，这就排除了那种损公肥私的行为。这里的组织绩效和企业组织绩效不一样。企业组织绩效代表的是企业组织这个集体的利益，公共部门绩效代表的是公共部门所管辖的社会中全体民众的利益。再次，公共部门绩效既重视公共部门履行其职责所产生的结果，也重视产生这种结果的行为和过程；同时，公共部门绩效不仅表现为整个过程中的初期结果，还表现为最终结果，具有绩效周期。最后，公共部门绩效不仅考虑数量，还考虑质量，更要考虑其最初包含的经济因素，要求公共部门履行职能时在投入一定的情况下获得公共产出最大化。

公共部门绩效包含三方面内容：一是指公共管理的成本和目标。成本指行政活动中消耗的人力、物力、财力、信息、空间、时间、权威、信誉等各种有形与无形资源的总称。目标是公共部门通过自己的管理活动希望达到的预期结果。二是指公共部门的产出和效益。产出指公共管理活动所形成的结果，它可以是有形的，如政府主持修建防洪大坝、实施航天工程等基础设施建设；也可以是无形的，如政府倡导健康文明的社会风尚，依法治国的精神，等等。效益指公共部门产出对社会所产生的影响。根据时间跨度可以分为短期、中期和长期效益；根据领域可以分为经济、政治和社会效益；根据评价倾向可以分为正面和负面效益；还可以根据认识的程度分为显性和隐性效益。这些效益之间相互交叉，如人们常常认识到短期的、经济的、显性的效益，而忽略长期的、非经济的、隐性的效益。三是指公共管理成本（或目标）与效益（或后果）的比较。公共部门绩效是将公共管理的成本、目标与产出、效益比较而得到的结果。值得注意的是，由于公共管理是解决公共问题、提供公共服务、实现公共利益的活动，因此公共部门绩效的内容中必然包含公共利益的价值设定。

2. 公共部门绩效管理

作为一种具有重要实践意义的新型管理形态，绩效管理最初起源于企业组织对利润目标的追求，并逐渐形成一套较为成熟的管理体系，是当代公共部门绩效管理的基本思想来源。公共部门是指被国家授予公共权力，并以社会的公共利益为组织目标，管理各项社会公共事务，为全体社会成员提供法定服务的政府组织。作为一种管理工具或环节，公共部门绩效管理是在借鉴企业绩效管理的基础上发展而来的，它在物质资源的协调使用和人力资源的管理上，与企业组织具有一定的相似性。然而，公共部门组织和企业组织是两类不同性质的组织，这就决定了公共部门绩效管理和企业组织绩效管理有本质的差异。厘清二者之间的差异是深入理解公共部门绩效管理内涵的重要方面。根据胡税根和翁列恩及卓越等学者的研究，可以把公共部门绩效管理和企业组织绩效管理的区别归纳为管理目标、产品特征、环境、理念、功能、生产要素等方面（表 10-1）。

表 10-1　公共部门绩效管理和企业组织绩效管理的区别

项目		公共部门绩效管理	企业组织绩效管理
管理目标	核心目标	在履行公共职责的过程中给服务的公众带来经济效益、提高公众满意度	经济利润的最大、成本的最小及市场占有率
	目标维度	目标多维，相对于经济目标，有时社会目标、政治目标、无形目标和长远目标更具重大意义	目标多为单维的经济目标
	目标是否定量	目标难以进行定量描述和分析	易以定量目标来明确
产品特征	可见性与终端性	多是无形的，且单个部门提供的产品在整个公共服务流程中，常处于中间状态，不具终端性	具有可见性和终端性的有形产品和不具有可见性但具有终端性的无形产品（即服务）
	评判标准	评判标准多维	多采用单维的技术标准
环境	是否受市场因素影响	政府受市场因素的影响相对较弱，但公众的态度是公共部门进行绩效管理的重要环境因素	作为市场主体，竞争对手和顾客都是很重要的影响因素
理念	职权等级观念和以人为本	职权等级观念严重，集权化和官僚主义由来已久，限制公共部门的权力长期以来成为研究的重点。少有开发员工潜力、发挥员工创造性的积极性	以人为本，个人绩效的实现是组织绩效实现的前提，把组织的绩效建立在个人潜力开发的基础上
功能	职能和重要工具	直接体现为一种为公共部门管理服务的职能，是公共部门加强管理的手段，是公共部门提升管理能力、解决社会危机的重要技术管理手段，是直接为公共部门管理服务的	主要包括提高组织和员工个人的绩效意识、提升服务质量以及增强企业的社会责任感，是企业在激烈的市场竞争中得以生存及个人在企业中得以实现自身价值的重要工具
生产要素	人力资源和物质资源	人在公共管理和公共服务上更具主流，相比物质要素，公职人员的各方面素质水平显得更具能动性	对人力资源和物质资源同等重要

资料来源：胡税根，翁列恩．绩效管理视野中的行政审批制度改革——以温州市行政审批制度改革为例[J]．政治学研究，2005，（3）：86-95；卓越．公共部门绩效评估初探[J]．中国行政管理，2004，（2）：71-76

基于公共部门绩效管理和企业绩效管理的比较，胡税根和翁列恩定义公共部门绩效管理：在全球化发展和政府财政压力增加的情况下，公共部门主动吸纳企业绩效管理的经验和做法，引入市场竞争机制、强调顾客导向、提高公共服务质量等新思路和新方法①。张成福和党秀云认为公共部门绩效管理是对公共服务或计划目标进行设定与实现，

① 胡税根，翁列恩．绩效管理视野中的行政审批制度改革——以温州市行政审批制度改革为例[J]．政治学研究，2005，（3）：86-95.

并对实现结果进行系统评估的过程①。

3. 政府绩效管理

政府绩效管理作为公共部门绩效管理的最重要方面，其内涵也有广义和狭义之分。“绩效”一词与政府行为渊源已久。早在中国古代，选官、用官制度就已经涉及政绩了，只不过关注的是官员绩效考核。《后汉书·荀彧传》载“原其绩效，足享高官”，《旧唐书·夏侯孜传》载“其绩效，擢处钧衡”等②。政府绩效是运用“绩效”概念衡量而得出的政府活动的效果，指政府在社会管理活动中的结果、效益及其管理工作的效率、效能，是政府在行使其功能、实现其意志过程中体现的管理能力。

广义上的政府绩效管理意味着为提高政府绩效而实施的管理，或者说为实现所期望的结果而实施的管理。正如 Armstrong 所指出的：“绩效管理涉及组织管理活动的各个环节，具有自己的基本信念和理论基础，不是一种技术而是多项技术的集合，并且实际操作中体现出自己的特点。”③也就是说，政府绩效管理是为提高政府绩效而做的系统化努力，其概括的是提升政府绩效的管理机制和管理方式。狭义上的政府绩效管理是指“利用绩效评估信息帮助建立绩效目标，分配并优先配给资源，通知管理者核实或改变目前的政策或项目的方向以达到目标，并报告是否成功达到了这些目的”④，是一个由多种环节和要素构成的过程，包括“部门绩效的战略规划，年度绩效计划，持续性绩效管理，绩效评估、报告和信息利用”⑤，是针对政府履行职能、完成工作任务、实现政府目标的过程和效果所进行的综合性评价、控制与改进过程，是与政府人力资源管理、战略管理等相对的管理活动类型⑥。政府绩效管理作为现代政府的一项重要治理措施，嵌套在项目管理、公共财政、公共政策和人事组织等多个领域。绩效管理的形式和体系包括目标责任制、效能风暴、行风监察、满意度评价、第三方评价、绩效预算、人事考核等⑦。

狭义上的政府绩效管理，作为新公共管理改革运动的重要措施，从 20 世纪中期开始，先在英国、新西兰、美国发展起来，后逐步被荷兰、澳大利亚、丹麦、芬兰、挪威及其他国家采用。西方国家在环境变化不确定、全球竞争加剧和科学技术发展的宏观背景下，为了克服传统行政体制弊端，解决公共财政危机，重建公众对政府高质量公共服务的信心，普遍将私营部门的管理法则与经验运用到公共部门，政府绩效管理以“管理主义”为取向的改革措施受到青睐。于是，西方国家政府绩效评估就在这样的环境中产生并推广，本质是西方国家在现存政治制度的基本框架、在政府部分职能市场化和公共服务输出市场化以后所采取的政府治理方式。

---

① 张成福，党秀云. 公共管理学（修订版）[M]. 北京：中国人民大学出版社，2007.

② 转引自吴建南，阎波. 政府绩效：理论诠释、实践分析与行动策略[J]. 西安交通大学学报（社会科学版），2004，（3）：31-40.

③ Armstrong M. Performance Management[M]. London: Kogan Page Ltd, 1994.

④ Holzer M. Performance measurement and improvement in the public sector[J]. Chinese Public Administration, 2000, (3): 113.

⑤ 周志忍. 发达国家政府绩效管理[C]//国家图书馆编. 部级领导干部历史文化讲座·2004. 北京：北京图书馆出版社，2005.

⑥ 高小平，盛明科，刘杰. 中国绩效管理的实践与理论[J]. 中国社会科学，2011，（6）：4-14，221.

⑦ 刘强强，包国宪. 制度优势如何提升治理效能：我国政府绩效管理逻辑探析[J]. 学习与实践，2021，（11）：47-58.

美国国家绩效衡量小组将政府绩效管理定义为利用绩效信息协助设定统一的绩效目标，进行资源配置与优先顺序的安排，以告知管理者维持或改变既定目标计划，并且报告成功符合目标的管理过程。中国行政管理学会联合课题组将政府绩效管理定义为运用科学的方法、标准和程序，对政府机关的业绩、成就和实际工作做出尽可能准确的评价，在此基础上对政府绩效进行改善和提高[①]。本书认为政府绩效管理是指在一定管理制度下，运用科学的方法、标准和程序，对实现政府目标和履行政府职能的过程和效果进行系统性综合评价，以绩效改进为目标推动政府体系优化的管理过程。

二、公共部门绩效的影响因素

绩效作为一个多维、动态性与多因性的概念，其实现与提高是一个全局性、综合性的问题。分析绩效的影响因素对于深入理解绩效的含义、选择绩效标准、改进绩效有着重要意义。

（一）公共部门绩效影响因素的定性分析

早期对公共部门绩效影响因素的关注更多是对管理要素的移植式分析。公共管理的每个方面都对绩效有影响，可以从外部、内部因素角度进行分析。外部因素主要描述了公共部门的宏观环境的影响，常常通过PEST[②]分析模型来显示，即政治、经济、社会、科学技术因素。政治上，一个国家的公共管理体制由其政治体制决定，国家的政治稳定、政治生活民主化、法治化是公共管理高效化的前提。经济因素方面，公共部门运行需要大量的投入，国家经济发展水平既是提高行政效率的物质基础，也对公共部门的结构和功能有着巨大影响。社会因素主要体现在各种利益集团对公共决策的影响力，文化传统、社会风气也影响着公共管理绩效。公共部门绩效管理实践的产生离不开科学技术的进步，电子政务、互联网大数据等对公共部门效率与服务的精准性的提高更是带来了飞跃性的提升。

影响公共部门绩效的内部因素关注微观的组织与人员因素。组织因素主要有机构、职位及管理机制的设置。管理机构要考虑管理的功能与幅度、权责的明确程度。人员是管理中最重要的因素，甚至行政相对人对绩效的主观评价直接来自公共部门工作人员。人与职位的匹配、人员的素质直接影响公共部门绩效。但鉴于结构性因素的重要性，在很多情况下，高素质的公共部门人员并不一定意味着公共部门的高绩效。

（二）公共部门绩效影响因素的量化分析

随着公共部门绩效管理实践的深入，对公共部门绩效影响因素的分析也转向了量化分析，验证具体某几类要素的具体影响与改善，本书尝试呈现为研究者重视的组织目标因素、组织自主性与管理权威、信息因素、激励因素。

---

① 中国行政管理学会联合课题组．关于政府机关工作效率标准的研究报告[J]．中国行政管理，2003，（3）：8-16.

② 即政治（political）、经济（economic）、社会（social）和技术（technological）.

1. 组织目标因素

Heckman 认为公共部门建立绩效标准体系的动力主要基于两个不甚清晰的假定[①]：一是公共部门已经有或者应当有具体、清晰的目标；二是公共部门的目标应当能够被量化，从而可以对部门目标达成或失败结果进行测量。只有公共部门承担的任务与私部门类似，这两条假定才成立。这种情况下官僚机构的投入和产出绩效很容易测量，利用现有的市场机制就可以构建理想的绩效标准，并不需要额外建设正式标准进行补充。但是，当绩效标准体系运行政策情境不同时，上述两条假定不一定成立。当公共部门的目标难以清晰界定或互相冲突时，难以对部门目标进行有效的绩效测量。因此，公共部门建立绩效标准体系的目标是提升政府运行效率，假定政府官僚机构产生低效行为的原因之一是部门目标不清晰或互相冲突，导致官僚机构缺乏提升效率的激励。

2. 组织自主性与管理权威

组织自主性与管理权威是观察组织的一体两面，组织自主性主要有六个维度，分别是管理自主性、政策自主性、结构/人事自主性、财政自主性、立法自主性和干预自主性[②]。由于公共组织的正式制度属性在各个维度上存在异质性，因此不应简单地将组织的单一正式制度属性作为衡量组织自主性的指标。此外，不同维度上的组织自主性互相存在张力，需要针对不同维度自主性特征对绩效的影响机制进行更系统、综合的分析。绩效管理改革的核心理念认为，为了达到以结果为导向的责任性，应当提升管理权威，进而赋予管理者推动绩效管理改革的灵活权力[③]。受到从新西兰、英国和澳大利亚开始的新公共管理理念影响，美国州政府积极将以结果为导向的管理理念引入政府管理中。这种管理理念更关注结果，同时要求有更强的管理权威来达成目标结果，帮助政府有效改善绩效和以结果为导向的责任性。

3. 信息因素

信息作为客观性与普遍性的资源，具有重要的使用价值，是决策管理的重要依据。当代的公共管理面临着更复杂的环境与海量的信息，它不仅影响绩效的生产，也影响绩效的测量，众多文献关注了信息对公共部门绩效的测量影响，如 1990 年以来，国内外许多学者针对如何建立地方政府绩效信息系统及其相关问题进行了一定研究。大量研究表明，基于更丰富的信息有助于提高决策质量，提升资源分配的效益，从而改良政府绩效[④]。当前大多数西方国家推行政府部门的绩效管理并量化公共部门的组织绩效，统一收集管理并公布政府绩效的大量数据[⑤]。随着数据治理在公共部门绩效管理中的运用势必会带来

---

① Heckman J, Heinrich C, Smith J. Assessing the performance of performance standards in public bureaucracies[J]. American Economic Review, 1997, 87(2): 389-395.

② Verhoest K, Peters B G, Bouckaert G, et al. The study of organisational autonomy: A conceptual review[J]. Public Administration and Development, 2004, 24(2): 101-118.

③ Nielsen A. Performance management, managerial authority, and public service performance[J]. Journal of Public Adminnistration Research and Theory, 2014, 24(2): 431-458.

④ Swiss J E. A framework for assessing incentives in results-based management[J]. Public Administration Review, 2005, 65(5): 592-602.

⑤ 朱凌. 合作网络与绩效管理：公共管理实证研究中的应用及理论展望[J]. 公共管理与政策评论，2019，8（1）：3-19.

绩效的改善。

4. 激励因素

激励因素是指那些带来刺激作用，从而调动积极性的诱导性因素。由于绩效管理的复杂性与应用难度，如果激励管理手段运用得不好，绩效管理会失败，就不会有绩效的提升。由此可见，只有在最优管理手段得到贯彻时，绩效管理的效果才能得到提升，因此激励管理手段是影响绩效管理效果的关键因素①。

三、公共部门绩效管理的作用

公共部门绩效管理，特别是政府绩效管理是国家行政管理研究的重要领域，是行政体制改革和政府职能转变的内在动力。它一方面回应了公众对政府服务效率与效能的追求；另一方面为了面对政府的“财政赤字”，特别是美国发生多次政府停摆，以更加直观的形式展现了政府的财政压力。20 世纪 80 年代初，受西方国家“新公共管理运动”的影响，为了解决政府管理领域普遍存在的管理手段僵化、行政效率低下、财政负担过重、公共服务水平不高等问题，绩效管理理念被引入中国政府管理领域，随着改革开放进程逐步深化，并在政府管理科学化、规范化方面发挥着日益重要的作用。在公共管理的实际运行中，绩效管理具有以下重要作用②。

（一）强化责任落实

绩效管理是公共管理的职责，公共部门绩效管理是糅合在其他管理活动中进行的，并贯穿于公共部门履行职责的整个过程。最初，西方国家掀起新公共管理运动的目的是提高政府部门绩效，因此从某种意义上可以说，西方国家新公共管理运动的本质就是公共部门绩效管理，而公共部门服务对象的满意度就成为衡量公共部门绩效的重要指标。据此，从某种程度上讲，绩效管理占据公共管理者工作的重要部分，特别是在绩效管理中不断改进运行最优管理手段，通过加强组织战略管理，凸显计划辅助功能、监控支持功能、民主教育功能吸引政治资源方面的功能，促进了责任的落实。

（二）建立激励机制

财政压力是政府改革的最直接动机，公私竞争使政府绩效管理尤为迫切。绩效管理是一种管理工具，代表着组织全方位的管理工作，是组织系统整合组织资源达成目标的行为，区别于其他纯粹管理，绩效管理的终极目的是提高公共部门绩效。作为一种管理工具，绩效管理为公共部门特别是政府运作和管理中加入了成本—效益的考虑，减少公共部门的浪费，促进了公共部门资源的有效配置。同时由于其在原有的人员绩效评估基础上发展了组织绩效管理，将绩效与奖惩相联系，强化了组织的激励机制，推进了组织内外部的竞争。

---

① Gerrish E. The impact of performance management on performance in public organizations: A meta-analysis[J]. Public Administration Review, 2016, 76(1): 48-66.

② Flynn N. Public Sector Management[M]. 3rd ed. Lodon: Prentice Hall, 1997.

（三）满足公众需求

绩效改革是新公共管理的大旗、政府再造的首要目标，而公众期望剧增敦促政府更加关心绩效。公共管理的一个重要特点是结果导向，将是否满足公众需求放在第一位，并坚持“顾客导向”的原则，通过精细化的公共服务提供满足不同公众的需求。在绩效评估中，强调公众满意度，特别是通过绩效评估促进公众对绩效的感知（表 10-2、表 10-3）。

表 10-2　绩效评估的贡献感知

绩效评估的贡献	调研总数	贡献较大	贡献不大	没有贡献
评价项目绩效	288	58.4%	36.2%	5.5%
发现服务的不足	284	47.4%	43.1%	9.6%
修改项目目标	282	36.3%	51.3%	12.1%
辅助编制预算	291	57.1%	36.5%	6.4%
辅助项目、活动规划	286	47%	45.2%	7.8%
个人绩效目标	282	29.7%	49.2%	21.1%
工作量标准	281	24.8%	53.5%	21.7%
评价员工表现	285	34.4%	47.6%	18%

注：因四舍五入出现偏差，加和不等于 100%

表 10-3　绩效评估的影响感知

影响	调研总数	有较强影响	有一定影响	无影响	有负面影响
服务更高效	289	42.1%	50.4%	7.5%	0%
改善服务	283	26.1%	54.7%	19%	0.2%
增加满意度	284	27.5%	49.5%	23%	0%
提高士气	286	13.6%	44.9%	37.6%	3.9%
增加生产率	285	21.8%	52.9%	25.3%	0%
与上级交流	285	32.3%	41.7%	25%	1%
节省成本	286	26.8%	58.6%	14.6%	0%
提高有效性	282	34.4%	52.6%	13%	0%

从表 10-2 和表 10-3 中我们不难看出，绩效评估贡献较大的几项依次为评价项目绩效、辅助编制预算、发现服务的不足和辅助项目、活动规划，而绩效评估影响较大的几项依次为服务更高效、提高有效性、与上级交流、增加满意度。由此可见，公共管理者进行绩效评估的最大目的还是提高自身绩效。

第二节　公共部门绩效管理的过程

公共部门绩效管理系统是公共部门基于其职能、使命、核心价值观和战略目标构建的一个由绩效计划制订、绩效评估指标的选择、绩效形成的过程控制和绩效评估的主体与方法这四个环节共同组成的循环且螺旋上升的闭环系统。具体如下。

一、绩效计划制订

（一）绩效计划的内涵

绩效计划是公共组织和职员对职员应该实现的工作绩效进行有效的双向沟通的过程，并将沟通的结果落实为正式订立的书面协议，即绩效计划和评估表，它是双方在明晰责、权、利的基础上签订的一个内部协议。绩效计划是公共部门绩效管理的首要环节。在整个绩效管理的过程中，绩效计划作为一种前馈控制手段，为后面的绩效评估提供了标准和依据，从源头上提升了绩效管理的效果，避免了资源的浪费。

绩效计划的制订是一个自上而下的目标确定过程，它将组织绩效目标层层分解到各级部门，最终落实到个人，这一过程将职员个人目标、部门或团队目标及组织目标结合起来。具体而言，一项完整的公共部门绩效计划一般应该从六个方面展开：公共部门要做什么（what）、为什么做计划（why）、在何时做（when）、在什么地方做（when）、由谁来做（who）及怎么做（how）。

绩效计划主要包括工作计划和绩效指标体系两种表现形式。其中，绩效目标的制订是工作计划的一个核心工作，也是绩效管理实施的关键和基础。绩效评估过程就是根据绩效目标对实际的管理和服务结果划分等级的过程。因此，公共部门绩效评估的程序开始于管理结果与绩效目标之间的比较。如果没有明确的绩效目标，绩效形成的过程控制就无从下手，绩效评估也将失去方向。绩效目标的设定必须是清晰的、可测量的。绩效目标制订得是否科学合理直接影响着绩效管理整体实施效果的好坏。

但为何有些管理目标不能实现其设计价值初衷，却只能迫使管理者采用紧急动员或者硬性克制的实现途径呢？问题在于公共管理在制定了优秀政策的基础上，在一定程度上忽视了绩效细分评估方法和标准的构建。“环境治理蓝天计划”管理工程在管理过程中，环保部门等相关管理者需要对各大工业企业、交通运输部门等污染气体排放源并对各方进行有效的协调，而在这些必要的多元协调手段背后，则是更为复杂的经济或社会环境要素。这种环境条件对公共部门的领导者和管理者提出了管理系统化的客观要求。公共管理计划本身或其执行过程，往往表现为包含一系列实施步骤与方法的体系。在这个体系背景下，执行中的一些细微失误或错误都可能导致整个管理项目的失败。这种链式关系下公共管理的复杂性切实需要公共管理过程中必要的绩效管理评估约束机制。

（二）绩效计划制订的步骤

1. 准备阶段

这一阶段主要解决三个问题：一是让每个职员接受并理解绩效管理理念和组织战略发展目标；二是对组织战略目标进行层层分解，确定部门或团队目标；三是结合职员上一绩效周期的考核结果，制订其个人绩效目标。

2. 沟通阶段

这一阶段上下级之间可就绩效管理周期内的评价内容、评价方法、评价主体、评价周期和沟通方式等进行讨论，并在以下几个问题上达成共识：职员本次绩效周期内的工作目标是什么？应该如何以及何时实现目标？如何判断目标实现？实现目标过程中可能会有什么困难，以及能够得到什么支持和帮助？

3. 绩效计划的审定和确认

在经过沟通后，公共部门的绩效计划已初步形成，这一阶段的主要任务是：确保绩效计划中各级公共部门和职员的绩效目标和公共组织的职能、使命、核心价值观和战略目标是否一致；审查公共部门绩效指标体系的科学性和合理性；确认上下级之间已经就职员的工作任务、工作任务对组织的影响度、核查任务是否完成的指标和标准以及为完成任务能够获得的权限、支持与帮助等达成共识；形成并签订上下级之间的绩效协议，协议内容要包括绩效目标和绩效评价指标体系。

二、绩效评估指标的选择

（一）选择绩效评估指标的原则与模式

1. 确立指标的一般原则

绩效评估指标就是评估因子或评估项目，是指组织对公共组织目标实现的程度进行衡量或评估的方面，解决的是评估什么的问题。绩效评估指标相当于一种“标尺”。绩效指标主要用于衡量或测评公共部门实际工作结果是否达到了当初制订的绩效目标及达到的程度。评估指标体系的构建是公共部门绩效管理的核心。要坚持客观、清晰、稳定的原则准确科学地评估公共部门绩效，就要建立一套科学、系统的绩效评估指标体系。

2. 确立指标的模式

绩效评估指标一般是由多个相关评估指标构成的绩效评估指标体系。绩效评估指标体系的科学构建是绩效评估的基本前提，指标内容决定着评估的信度和效度，没有指标体系就无法进行有效评估。在公共部门中评估指标通常是绩效目标的具体化。从管理过程来看，一般根据管理过程的投入、过程、产出、结果的具体目标来确定考核标准，以此加强指标的针对性，在目标上强调政策成果或目标预算，考虑时间序列，并能进行单位间的比较以及外部比较。好的绩效指标要求界定清楚且有一致性，由组织所有者来使用，不可依赖外人或环境因素，必须和组织的需求与目标有关，被评估的单位或个人不可影响绩效指标的，指标必须有广博性，建立绩效指标所使用的信息必须正确和广泛，必须为组织的各级人员所接受，符合组织文化。

（二）绩效评估指标的分类

绩效评估指标从不同的角度有多种分类方式。为了更好地构建公共部门绩效评估指标体系，有必要了解各种绩效评估指标的分类方式及其具体类型。同时，在构建绩效评估指标体系时，要坚持全面性与特殊性相结合、科学性和可操作性相结合、层次性和独立性相结合的原则①。

1. 硬指标和软指标

根据绩效的性质分类，绩效评估指标可以分为硬指标和软指标。硬指标是指那些以统计数据为基础，把统计数据作为主要评价信息，建立评估数学模型，以数学工具求得评估结果，并以数量表示评价结果的评价指标。使用硬指标可以免除个人经验和主观臆测的影响，具有相当的客观性和可靠性。借助一些先进的信息技术，硬指标还能提高评价的可行性和效率。但硬指标对数据要求高，要求评价指标必须可以被量化，否则就难以保证评价的客观性和准确度。

软指标是指那些只能依靠人的知识、经验、智慧进行判断和主观评价才能得出评价结果的评价指标。软指标评价主体多由相关领域专家组成，这些专家对系统的输出作出主观的分析，直接对评价对象进行打分或作出模糊判断（如优、良、一般、合格、不合格）。这种评估的优势在于能够发挥专家的智慧和经验，不受统计数据的限制，较为灵活。但这种评价完全依赖评估者的知识和经验作出判断和评估，易受主观因素影响。这种评价往往由多个评价主体共同承担评价任务。

鉴于硬指标和软指标这些性质，在实际公共部门绩效评估中，单纯使用硬指标或软指标进行评估都是不可取的，而是要将两者综合应用，做到扬长避短。

2. 特质指标、行为指标和结果指标

根据绩效本身的内涵，绩效评估指标可以分为特质类指标、行为类指标及结果类指标。特质类指标关注的是员工的素质与未来发展潜力；行为类指标关注的是绩效形成的过程；结果类指标更多地关注绩效结果或绩效目标实现的程度。杨杰等对这三类指标给出了较为详细的阐释②。三者的适用范围和不足如表 10-4 所示。

表 10-4　特质指标、行为指标和结果指标比较一览表

指标	特质类指标	行为类指标	结果类指标
适用范围	适用于选择和作为未来工作成功与否的预测指标	当工作所需要的结果可通过单一的方法或一整套程序实现时适用	当工作所需要的结果可通过两种或多种方法达到时适用
不足	①未考虑情境的作用，通常是较差的绩效预测指标；②不能有效区分实际工作表现，易引发法律问题，并使员工产生不公平感；③对改进绩效作用不大，将注意的焦点放在了短期内难以改变的特质上	①不能有效区分达到同样结果的不同方式中哪种才是真正符合组织需要的；②当员工认为其完成的活动不重要时，意义不大	①结果的好坏、多少有时并不在个人、组织所能控制的范畴内；②结果导向使个人到组织可能为达目的而不择手段

① 史小强，戴健. 政府购买全民健身公共服务绩效评估指标体系构建研究[J]. 沈阳体育学院学报，2021，40（3）：48-57.

② 杨杰，方俐洛，凌文辁. 对绩效评价的若干基本问题的思考[J]. 中国管理科学，2000，8（4）：74-80.

如果仅从某一方面着手，根据特质、行为和结果分类的路径来构建评估指标体系，评估的结果可能会产生较大的偏差。正如杨杰等所认为的，较好的解决办法是折中，即将评价的维度冠以“特质”标签，而对维度的定义和量表锚点的选择采取任务与行为定向的方法。然而这种对工作行为采取“特质”的操作性定义的方法并未完美地解决问题本身，只是相比单纯依靠特质或单纯依靠行为而言更优而已。

3. 业绩指标、能力指标和工作态度指标

公共管理的业绩是指公共部门履行职能和职责所产生的结果及其造成的社会影响，如目标或任务完成程度、工作质量等。单纯地以业绩作为绩效评估指标容易导致公务员为了达到一定的结果而不择手段，易使组织在获取短期效益的同时丧失了长期利益。

为弥补业绩指标的不足，很多公共部门的绩效评估中加入能力方面的评估指标，如计划性、领导力、沟通协调能力等。对于那些从事的工作具有一定难度的部门，它们可能无法获得较高的公共管理业绩，其工作的后果又并非由员工的行为导致的，这时应以能力作为评估绩效的指标。同时，以能力指标作为考核的内容之一，也能促使公共部门更加重视其与职能履行相关的各种能力的提高。

在公共管理实践中，工作人员的工作态度是影响公共部门绩效高低与公共部门在公众形象的重要因素，是反映公共部门管理和服务质量的重要方面。因此为了更好地发挥绩效评估的导向作用，引导公共部门的行为，从而达到绩效管理的目的，在公共部门的绩效评估中，工作态度也作为一项很重要的评估指标。

公共管理能力和工作态度在一定程度上共同决定了一个部门或者一个工作者的业绩。但有时即使工作态度很认真，公共管理能力也未必能全部得到发挥，转化为相应的业绩。这体现了绩效的多因性，即绩效的优劣不是取决于单一因素，而是受制于主客观的多种因素影响。主观的因素自不必多说，客观的因素，如管理制度是否健全，与工作相关的资源配置是否齐全，周围的文化、观念、社会环境，等等，都会对业绩具有明显的影响。

（三）公共部门绩效评估的主要标准

由于政府绩效评估的价值取向多元，决定了评估指标选择的复杂性。关于公共部门服务的绩效评估标准，Fenwick 认为绩效评估标准包括三个层面，效率标准、经济标准、效益标准，即 3E 标准（图 10-1、图 10-2）①。3E 标准来自西方的绩效审计理论，即对经营活动的效率、经济、效益分别进行审计。20 世纪 80 年代在新公共管理运动影响下，开始运用于政府行政工作的绩效评估。1997 年，Flynn 在 3E 标准的基础上加入了公平性指标，提出了 4E 标准②。这是区分公共部门与私人部门绩效评估标准的重要差异。不同时期的绩效评估标准深受其所对应的公共行政价值选择的影响，进而导致不同阶段的绩效评估设计迥然有异。也就是说，在不同公共行政模式下，绩效评估的标准是不同的，从而导致绩效评估设计也存在差异。在这种观点的基础上，汪玉凯和黎映桃认为回应性

① Fenwick J. Managing Local Government[M]. London: Chapman & Hall, 1995.

② Flynn N. Public Sector Management[M]. 3rd ed. Lodon: Prentice Hall, 1997.

标准、质量标准、责任性标准、透明性标准是新时期公共部门应该考虑的绩效评估标准①。

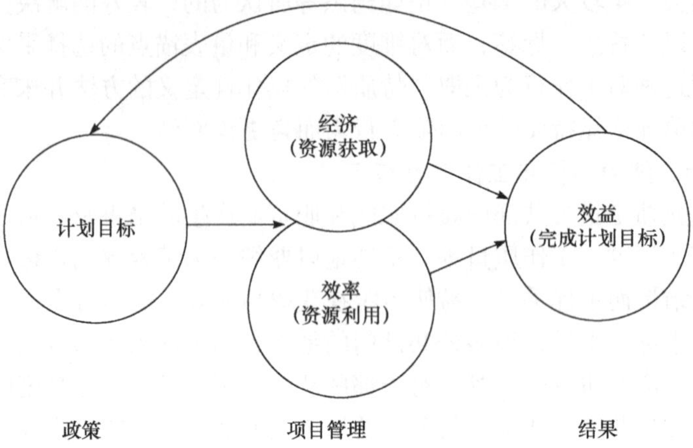

图 10-1　3E 标准联系图

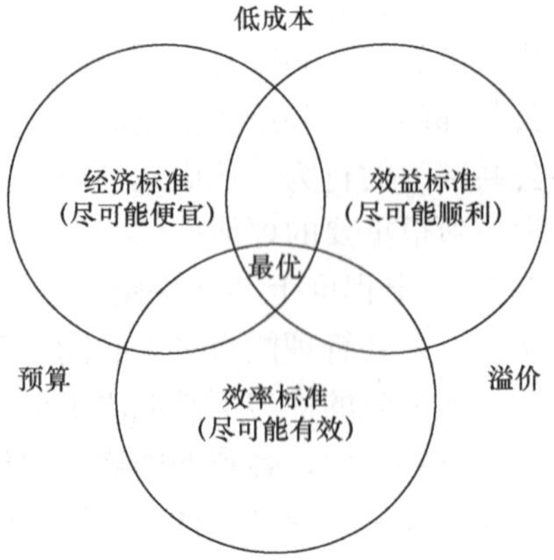

图 10-2　3E 标准区分图

1. 效率标准

效率是指组织在一定周期内的各种投入与产出之间的比例关系。效率关心的是如何以特定手段提高投入与产出之间的比例，即怎样在投入一定量资源的基础上产出最多。与经济理性相统一，效率更关心手段问题，而且这种手段通常以货币方式加以表达与比较。效率要回答的问题是“组织在既定时间内，预算投入究竟产生了什么样的结果”。最低成本实现最大效益就是有效率的。公共部门的效率包括两个方面的内容：一是生产效率，是指生产或提供服务的平均成本；二是配置效率，是指组织所提供的产品或服务是否能够满足利害关系人的不同偏好，即在公共部门所提供的种种服务中，如社会福利、教育、健康等，其预算配置比例是否符合公众的偏好顺序。

2. 经济标准

经济标准要求以尽可能低的投入或成本提供公共产品或服务，即以最小的经济代价

① 汪玉凯，黎映桃. 公共部门绩效评估——从标准、指标和制度视角的分析[J]. 中国行政管理，2006，（12）：16-18.

提供公共产品和服务。经济标准关心的核心问题是：某组织在既定时间内，究竟花了多少钱？是不是按法定的程序花钱？在衡量一个组织的绩效时，首先会考虑的是该组织是如何使投入的成本作最为经济的利用，以及是否按照程序来利用。经济标准要求的是以尽可能低的投入或成本，提供与维持既定数量和质量的公共产品或服务。

3. 效益标准

效益是指公共服务实现目标的程度，又可成为公共服务对于标的团体的状态或行为的影响。投入是否达到预期目标，关注的核心问题是：情况是否得到改善？即用来衡量提供服务的影响和质量，看服务是否达到预期目标，常常以产出与结果之间的关系加以衡量。它关心的是目标和结果。效益可分为两类：一是改变现状的程度；二是行为改变的幅度。

4. 公平性标准

公平性标准是指公共部门是否将公共物品和公共服务公平地分配或者提供给社会不同的受众。它关心的是社会不同的团体或个人是否公平、平等地享受公共部门生产或提供的公共物品和公共服务，尤其是社会弱势群体是否享受了特别的照顾甚至更多的公共利益，公平性指标测定较难。

5. 回应性标准

回应性标准强调公共部门在决策和执行过程中对公众的要求做出积极的回应，而不是以追求公共组织自身需要为目的。这是对公众的需求和所提出的问题做出积极反应的过程。回应性是指公共部门及其人员是否对公民的需求、偏好与期望采取了行动，以及行动目标的实现在多大程度上真实地反映了公民的要求。

6. 质量标准

与效益标准不同，质量标准是指公共部门生产的公共产品和提供的公共服务（包括服务态度）是否让公民满意，即把公民的满意程度直接纳为公共部门绩效衡量标准之一。公共部门以公民为本的理念蕴涵让公民满意理应是公共部门及其人员追求的重要目标，而公共部门追求质量就是最大限度地追求公民满意。将质量确定为公共部门绩效评估的核心尺度具有划时代的意义。

7. 责任性标准

责任性公共管理模式是现代民主宪政的直接产物，也是人类政治文明发展的必然要求。在责任性公共管理模式下，敢于负责乃至善于负责，成为公共部门的应有之义。因此，责任性标准应是新时期绩效评估必须坚持的重要标准之一。责任性标准是指公共部门及其人员是否就其担当的公共职责或公共事务对人民负责，接受人民问责；每项职责或公务失误，是否有明确的公共组织或人员为之负责，是否由责任主体向人民作出交代，并接受有关部门的相应处理或制裁；任何公共部门及其人员一旦失职、渎职，是否主动勇敢地承担所应担负的责任。

8. 透明性标准

透明性标准就是衡量公共部门在实施管理和提供服务的过程中，是否将应该公开的信息都毫无保留地予以公开。随着信息化、全球化时代的来临，以及公民知情权与监督权等权利意识的觉醒，打造透明公共部门，尤其是透明政府已成为世界潮流。因此，将公共部门的透明度作为测评其绩效的标准之一，无疑有利于敦促公共部门加强电子政务建设，实施政务公开，从而使公民切实享有更多的知情权和监督权，逐渐消除过去盛行而现今仍然存在的“暗箱操作”现象，减少乃至遏制腐败现象的发生。

三、绩效形成的过程控制

绩效管理既要关注绩效结果的完成情况，又要关注绩效形成的过程，那种不问过程的绩效管理方式必然会带来诸多弊端。因此，绩效形成过程的控制是公共部门绩效管理中不可缺少的环节，并且这一环节贯穿于整个绩效周期中。绩效形成过程中，管理者应通过对部门及被管理者的工作进行绩效监控和绩效辅导来达到控制绩效形成的目的。

（一）绩效监控

绩效监控是指依据公共部门绩效目标，对公共部门绩效形成的进展和效果进行持续监测和控制，及时解决发现的问题，并随时根据实际情况对绩效计划进行调整，以确保绩效能够实现既定目标的整个过程。具体而言，绩效监控可以分为对公共组织和部门的绩效监控及对公务员个体的绩效监控。

绩效监控的内容一般包括绩效周期内各级公共组织、部门以及公务员对既定绩效计划执行和完成的情况，监控的内容要与绩效计划环节中确定的绩效目标和评估指标体系保持一致。绩效监控中所搜集到的和绩效相关的信息也是绩效评价的依据。此外，在个体绩效监控方面，自我监控与个体工作绩效间关系整体显著①。自我监控是指个体在社会和情境暗示的指导下，监督、调节、控制自己的表达行为和自我呈现及其他非语言情感展示的意愿与能力，反映个体控制其公开表达和塑造形象的能力。自我监控能力强的个人通常能够与组织内外部的人进行有效交流，更容易与他人合作，从而表现出更好的工作绩效②。

（二）绩效辅导

绩效辅导是指公共部门管理者在绩效监控过程中，依据绩效计划，合理地指导和帮助下属发现潜在的障碍和问题并排除障碍和解决问题，使其绩效水平得到持续提升的过程。

根据帮助和支持内容的不同，可以把绩效辅导分为两类：一类是管理者对下属提供知识和技能辅导，帮助下属矫正不当行为；另一类是管理者提供职权、人力、财力等资源支持，帮助下属获取工作开展所必需的各类资源。

（三）绩效沟通

绩效沟通贯穿于公共部门绩效管理的所有环节，可以说绩效管理的过程就是绩效沟

---

① Kudret S, Erdogan B, BauerT N. Self-monitoring personality trait at work: An integrative narrative review and future research directions[J]. Journal of Organizational Behavior, 2019, 40(2): 193-208.

② 高鹏，薛璞，谢莹. 自我监控人格对创新绩效的影响：基于社会信息处理理论[J]. 科技进步与对策，2021，38（7）：151-160.

通的过程。绩效计划是在上下级沟通的前提下制订的。

在绩效形成的过程控制中，依据绩效沟通对象的不同，公共部门的绩效沟通可以分为内部沟通和外部沟通。公共部门绩效内部沟通是指在公共部门绩效管理过程中公共组织内部所进行的上下级之间、不同部门之间以及公务员之间就相关的信息进行的沟通，目的在于确保绩效计划顺利实施。公共部门绩效外部沟通是指在绩效管理中，公共部门作为一个整体与社会公众及社会组织等就相关绩效信息进行沟通和交流，目的在于使公共组织能够及时地调整绩效计划并更好地服务于社会。

四、绩效评估的主体与方法

绩效评估是绩效管理的核心，有学者也把它称为绩效考核、绩效评价、人事评估、员工考核等，就是运用科学的标准、方法和程序，对组织的业绩、成就和实际作为做尽可能准确的评价。公共部门绩效评估是指根据绩效目标，运用综合的评估指标体系和科学的评估方法，按照严格的评估程序对公共组织履行职能所产生的结果及其社会效果进行测量、划分绩效等级、运用评估结果改进绩效、提出改进计划的活动。有些组织或个人甚至把绩效评估等同于绩效管理，可见绩效评估的重要性。但实际上绩效评估仅是绩效管理的一个环节，起着承上启下的作用。因为绩效评估结束后就能知晓绩效目标和绩效评估中的指标体系的设置是否正确和合理，同时绩效评估所得出的绩效信息正是进行新一轮绩效目标设置和绩效拨款的依据。美国国家绩效管理小组指出，绩效评价是测量达到既定目标的情况——包括将资源转化为公共物品及服务（产出）的效率、产出的质量（他们向顾客提供服务的质量和顾客的满意度）、结果（行为的实际效果与预期目标相比较）及其在达成计划目标的过程中组织运作的效率——的过程[①]。绩效评估与政府预算有着重要的联系。在制订了明确的绩效目标并将它们融入政府或部门的预算编制之后，在财政年度末期进行绩效评估就是顺理成章的事情了。

（一）绩效评估的主体

公共部门的服务工作是多方面的，工作业绩也是多维度的，不同个体对同一工作的印象也是不同的，因此多元化的评价主体有利于取得更好的评估效果。不同于企业，公共部门的绩效评价主体主要包括以下七个方面。

1. 评估对象的上级部门

一般而言，评估对象的直接领导熟悉业务和部属，了解下属部门的运作情况，能切身体察班子素质的优劣、工作质量的高低和政令贯通的程度。但应该认识到直接领导对评估对象的评价容易带有主观性和偏见，同时直接领导对评估对象的观察时间有限，判断能力也可能不足，这就使直接领导对评估对象的评价不一定可靠。在实际工作中，直接领导评价通常是最普遍且最不可或缺的。

2. 同级互评

同级是指评估对象所在部门或团队的其他成员，或者组织内与评估对象不在同一部

① 转引自胡税根. 公共部门绩效评估：迎接效能革命的挑战[M]. 杭州：浙江大学出版社，2005.

门但在相同层次并与评估对象经常有联系的人员。同级之间的行动密切相关，相互更加了解，同时在关注评估对象绩效时会更多地考虑双方在工作中的合作情况，因此同级评价是可靠的考评资料来源之一。但同级之间可能存在相互偏袒的现象，并且当绩效评价的结果与薪酬和晋升等激励机制结合得十分密切时，同级之间会产生某种利益上的冲突，这将限制同级评价的可信程度。

3. 自我评价

自我评价的考核方式使管理者被放在顾问而不是裁判的位置。这能够提高评估对象的尊严与自重，并有助于消除评估对象对评估过程的抵触，提高其自我激发的可能性，加强评估对象对于计划目标的制订与实施的理解。但是这种方法很容易导致评估对象对自己的工作绩效作出的评价总是比主管人员或同事的绩高。所以，一般这种评估方法适用于以制订评估对象的自我开发计划为目标的绩效考核。

4. 下级评价

下级评价能够帮助管理者了解工作中存在的不足并给予改进，以及促进管理者领导风格的改善。但这种评价方式也存在很多问题，如下级一般缺乏进行有效评价的信息、技能和评价经验，同时下级可能会为了取悦上级或者怕遭受上级报复而故意抬高评价结果。另外，上级可能会花费很多精力来讨好下级，这可能使管理者的权威受到动摇。一般这种做法更多的是基于强调员工提高管理技能的考虑，或者民主监督，而不是为了对实际的工作业绩进行评价。

5. 公民或者行政相对人

公民，特别是以评估对象的相对人作为评估主体，可以最直观地体现评估的满意特征，明确评估的价值取向，通过这样一种“使用者介入”机制，将事实与价值取向结合起来，可以增加评估模式的社会相关性。霍哲非常重视公民作为评估主体的作用，他认为只有政策制定者和市民积极主动地参与业绩评估，即参与让政府机构对他们的开支负责，对他们的行动负责，对他们的承诺负责这样的评估过程，上述的多重目标才能实现①。同时，这种评估方式，有助于公众说出自己的真实感受，能够帮助公共部门改进服务质量，符合公众需求导向的组织行为方式。但是，公民一般难以区分系统因素和个人因素对职员绩效的影响，这使评价结果有时不完全准确。与企业不同，公共部门的服务对象范围更广，由于公众不是组织的职员，在考核上比较费力、费时和费成本。公众承担评估主体角色的这种考核也只适用于公共部门中和公众接触最密切的职员。

6. 综合评估组织

综合评估组织主要是评估传统项目的内容，如制度建设、思想建设、组织建设及作风建设等。综合评估组织通过实地调查、听取汇报、召开座谈会的形式，以定性评估方法为主。主观随意性也可能是综合评估组织的不足，为此，综合评估要求对评估要素尽可能地明确规范，便于操作。此外，评估主体科学选配是综合评估有效性的一个关键点。通常，在整个政府机构中遵循这样的一条原则：评估活动应该由一个符合评估内容的组织来进行；应该由那些不受项目发展结果影响的人们来进行。政府内部专门监察组织的

---

① 马克 · 霍哲. 公共部门业绩评估与改善[J]. 张梦中，译. 中国行政管理，2000，（3）：36-40.

相关人员是综合评估主体的重要组成部分，监督机构依靠某种程度的权威性和广泛性来保证评估的客观公正，甚至政府内部专门的监察组织还可以作为绩效评估的管理机构。

7. 特殊的评估主体

公共部门绩效评估的主体结构还需要一些特殊的评估主体，这些评估主体的特殊意义在于它们一般作为防范机制隐性存在，在整个指标体系中，使用负数指标显示。通常，评估对象在这些评估项目上分值为零，评估对象一旦触及评估内容，评估主体便要从整体分数中扣除规定的分数。例如，社会治安综合治理委员会对社会综合治理一票否决、安全监督局对重大安全事故一票否决，都是特殊的评估主体在特定的场合发挥作用。此外，政府设立的公共投诉中心也是一个特定的评估主体，是以负数分值发挥作用。一旦特定的公共部门被投诉成立，或者是经查实后整改不力，公共投诉中心便要在整体的分数中按规定倒扣。

此外，徐双敏提出的第三方评估也是一种值得借鉴的模式①。其中，第三方评估模式主要包括高校专家评估模式、专业公司评估模式、社会代表评估模式和民众参与评估模式。第三方的独立性被认为是保证评估结果公正的起点，而第三方的专业性和权威性被认为是保证评估结果的公正的基础。第三方评估为一种必要而有效的外部制衡机制，弥补了传统的政府自我评估的缺陷，在促进服务型政府建设方面发挥了不可替代的促进作用。

（二）系统的公共部门绩效评估方法

1. 基于目标管理的绩效评价系统

德鲁克于 1954 年在《管理的实践》一书中首次提出了目标管理和自我控制的主张。德鲁克认为，并不是有了工作才有目标，而是有了目标才能确定每个人的工作，因此组织的目的和任务必须转化为目标。如果组织没有总目标及与总目标相一致的分目标来指导员工的生产和管理活动，则组织规模越大，人员越多，发生内耗和浪费的可能性越大。可以说，目标管理不仅应成为组织的管理制度、领导方式，还要成为组织提升绩效的重要指导思想②。

目标管理是一种程序或过程，它是组织中的上级和下级一起协商，根据组织的使命确定一定时期内组织的总目标，由此决定上、下级的责任和分目标，并把这些目标作为组织绩效评估和评价每个部门和个人绩效产出对组织贡献的标准。因此，管理者应依据目标对下级进行管理。当组织最高层管理者确定了组织目标后，只有对其进行有效分解，转变成各部门及个人的分目标，才能指导部门和个人的行为。同时，管理者能根据分目标的完成情况对部门或个人进行考核、评价和奖惩。它是一种通过目标进行管理，以自我控制为主、注重工作成果的管理方法和制度。

目标管理以 Y 理论为基础，认为在目标明确的条件下，人们能够也愿意对自己负责。目标管理主要包括明确目标、参与决策、规定期限、反馈绩效四个要素。在具体方法上，它是 Taylor 科学管理的进一步发展。它以目标作为各项管理活动的指南，控制每个部门、

---

① 徐双敏. 政府绩效管理中的“第三方评估”模式及其完善[J]. 中国行政管理，2011，（1）：28-32.

② 彼得·德鲁克. 管理的实践[M]. 齐若兰，译. 北京：机械工业出版社，2006.

每个职工的活动，以目标的实现程度来评价贡献大小和分配报酬，通过目标的制订、展开和实施评价，充分发挥职工的能动作用，调动职工的积极性，实现组织总目标。

2. 基于 KPI 的绩效评价系统

KPI 是通过对组织内部流程的输入端、输出端的关键参数进行设置、取样、计算、分析，衡量流程绩效的一种目标式量化管理指标。这种指标通常是那些对组织的战略目标具有增值作用的绩效指标，它把对绩效的评估简化为对几个 KPI 的考核，并把员工的绩效与关键指标作出比较进行评估。在一定程度上，KPI 评价系统可以说是目标管理法与帕累托定律的有效结合。

3. BSC

哈佛大学教授卡普兰与诺朗顿研究院执行长诺顿在 20 世纪 90 年代提出 BSC 考核体系。他们发现仅依靠财务指标监控组织的绩效体系是不够的。在对 12 家公司进行研究中，他们认为过分依靠财务指标会影响公司的创造力，因此通过评价相互之间存在逻辑关系的四种组织活动（财务、客户、内部经营过程、学习与成长）的绩效指标的组合来全面监控组织绩效表现。

所谓 BSC，是指从财务、客户、内部运营过程、学习与成长四个维度，将组织的战略落实为可操作的目标值和衡量指标的一种绩效管理体系。这样，个人 BSC 能够较全面地对个人绩效进行评估。该体系通过个人目标与组织愿景的平衡，将 BSC 引入人力资源管理，而这正是实现员工的积极性提升与可持续的组织绩效的前提条件。设计 BSC 的目的就是要建立“实现战略制导”的绩效管理系统，从而保证组织战略得到有效执行。

（三）非系统的公共部门绩效评估方法

大多组织在进行绩效评估时，仅需就具体的工作任务在员工个体绩效层面上设计评估工具并进行绩效评估。因此下面给出一些非系统的评估方法的介绍。

非系统的绩效评价方法有两种不同的分类方式：一是按照评估的相对性或绝对性，可以分为相对评估法和绝对评估法；二是按照评估标准的类型，可以分为特征导向评估方法、行为导向评估方法和结果导向评估方法。上述两种绩效评估方法的分类是从不同的视角来划分的，因此存在重合的现象。

1. 相对评估法

相对评估法是指对评估对象进行相互比较来确定其绩效的相对水平。相对评估法主要有如下四种形式。

（1）简单排序法。简单排序法是用来评估员工某一单因素绩效特征或综合绩效特征的一种简便的绩效评估方法。具体做法是将员工按照某一评估因素上的表现从绩效最好的员工到绩效最差（或者相反）的员工进行排序，最终得出每个员工相对等级或名次的评价方法。

（2）交替排序法。交替排序法是指管理者对被评估员工的名单进行审查后，从中找出工作绩效最好的员工列为第一名，并将其名字从名单上划去。然后从剩下的名单中找出工作绩效最差的员工排为最后一名，也把其名字从名单中划去。随后，在剩下的员工中管理者再找出一名工作绩效最好的员工将其排为第二名，找出一名最差的员工列为倒数第二名，依此类推，直到将所有的员工排序完。

（3）配对比较法。配对比较法也称为偶比较法、成对比较法、两两比较法，是依据所有评价要素及标准将群体中每个员工与其他员工进行逐一比较，最后将各员工的胜出得分加总并进行名次排列的方法。

（4）强制分布法。强制分布法也称为强制正态分布法、硬性分配法，该方法是根据正态分布原理，预先确定评价等级及各等级在总数中所占的百分比，然后按照被考核者绩效的优劣程度将其列入其中某一等级。

2. 绝对评估法

绝对评估法是指对每位员工自己的工作绩效进行评估，而不是在对员工进行相互比较的基础上评出员工的绩效结果。绝对评估法的四种方法如下。

（1）自我报告法。自我报告法一般是针对某一活动领域编制一系列问题，要求被评估者按照相应要求，提供有关自己情况的报告（一般是书面形式），从而鉴别被评估者特征的方法。

（2）业绩评定表法。业绩评定表法又称等级量度法，是最古老且最为广泛采用的一种考核法，考核者通常使用一种事先印制的等级表，并根据所限定的因素对员工进行考核与评估。考核表等级常常被分成几类，用数字 5～7 表示，也可采用优秀、一般或较差这些形容词来定义。

（3）因素考核法。因素考核法是将分数按权重分配给各项绩效考核指标，使每项绩效考核指标都有一个考核尺度，再根据被考核者的实际表现在各个考核因素上评分，最后汇总，得出的总分就是被考核者的考核结果。

（4）360 度考核法。360 度考核法又称为全方位考核法，由英特尔公司最早提出并加以实施。该方法是指让员工自己、上司、同事、下属、顾客等不同主体来了解员工工作绩效，通过评论来了解各方面的意见，清楚员工的长处和短处，以达到提高绩效的目的。

3. 特征导向评估方法

特征导向评估方法主要是图解式评估法。图解式评估法又称图尺度考核法，它先根据心理学的知识给出一张图解式评估量表，该表是一张列举了达到成功绩效所需要的不同特质（如适应性、合作性、工作动机等）的特质表，然后针对每项评定的重点或考评项目，预先订立基准，包括依不间断分数程度表示的尺度（连续尺度法）和依等级间断分数表示的尺度（非连续尺度法），之后由管理者从每项考核要素中找出最能符合员工绩效状况的分数，通过加总所有分值，即可得到员工的最终工作绩效状况。

4. 行为导向评估方法

行为导向评估方法主要包括以下三种。

（1）行为锚定等级评价法。行为锚定等级评价法是一种将同一职务工作可能发生的各种典型行为进行评分度量，建立一个锚定评分表，以此为依据，对员工工作中的实际行为进行测评记分的考评办法。

（2）行为观察比较法。行为观察比较法，也叫行为观察量表法，是各项评估指标给出一系列有关的有效行为，将观察到的员工的每项工作行为同评价标准比较进行评分，按该行为出现的次数频率的评估方法，每种行为上的得分相加，得出总分结果比较。

（3）关键事件法。关键事件法，又称关键事件技术，是指主管记录下属与工作相关的优秀事迹和不良行为，并在预定的时期进行回顾考评的一种方法。关键事件包括使工作成功或失败的行为特征或事件（如成功与失败、盈利与亏损、高效与低产等）。

5. 结果导向评估方法

结果导向评估方法主要有以下两种。

（1）个人绩效合约法。个人绩效合约法，是以个人绩效合约为基础进行绩效考核的方法。它是指员工与组织签订的书面协议，该合约规定了员工在一段具体的时间内必须取得的成绩，而成绩应该对员工及其组织均有益。

（2）产量衡量法。产量衡量法是指纯粹通过组织或个人产量衡量绩效的方法。例如，对于销售人员，衡量其销售量和销售额；对于生产工人，衡量其产品的数量。

另外，业绩评定表法也是一种典型的结果导向评估方法。

以上列举的各种评估方法都有优点和缺点。为了使组织的绩效评估更具科学性、合理性和公平性，通常一个组织采用的评估方法，很可能是同一类型中不同方法的结合，也可能是几个不同类型方法的结合。

（四）绩效反馈

1. 绩效反馈的内涵

绩效反馈是一个双向的动态过程。它是指公共部门上级领导或绩效主管人员就绩效评价对象在评价周期内的绩效情况进行反馈，在肯定成绩的同时，找出被绩效评价对象存在的不足，并使其加以改进的活动。绩效反馈包括正向反馈与负向反馈。

（1）正向反馈，即绩效面谈的内容多为肯定和赞扬。有效的绩效反馈能够提高绩效考核的公平性，提升成员和组织的绩效水平并激励员工。但大多数绩效反馈带来的有利一面往往出现在当绩效面谈的内容为正向反馈时，即正向反馈更加容易被组织成员接受，且能够促进组织成员积极行为的产生。

（2）负向反馈，即绩效面谈的内容多为否定或批评。和组织成员进行关于负向反馈的绩效面谈是困难的。有些组织成员会拒绝认同关于他们的负面评价，进而对上级产生抵触、厌恶的心理，甚至质疑组织绩效考核的公正性。同时，大多数上级认为和成员交流负向反馈的内容是一件有压力的事，处理不当会引起下属的不满，造成人际关系紧张，如果组织成员的问题不是很严重，那么大多数上级领导会选择直接避开关于负向反馈的交谈。

有效的公共部门绩效反馈对绩效管理起着至关重要的作用。首先，绩效反馈能够为评价双方提供一个交流平台，有利于评价双方就绩效评价结果达成共识；其次，绩效反馈能够使被评价者在上级领导或绩效主管人员的帮助下了解自身的不足和问题；再次，绩效反馈能够给被评价者一次自我解释和申诉的机会，使绩效评价更加公平公正；最后，绩效反馈有利于绩效改进计划的制订和实施，并有利于下一周期绩效目标的合理制订。

2. 绩效面谈

绩效面谈是绩效反馈的主要形式。它是指上级领导或绩效主管人员与评价对象进行面对面沟通，制订绩效改进计划的活动。绩效面谈的内容主要包括部门或职员在上一周期内的绩效表现、存在的问题、应该采取的改进措施和下一周期的绩效目标的制订。

绩效面谈前，上级领导或绩效主管人员和评价对象都要做好充分的准备。上级领导或绩效主管人员事前要准备的事项主要包括合适的面谈时间及地点环境的选择、面谈所需的信息资料的准备，这些信息资料主要指面谈对象的基本信息、绩效评价表格、绩效信息、绩效计划合约和绩效评价结果。评价对象面谈前要准备的事项主要包括这个周期个人绩效情况的事实依据、工作过程中的疑惑与障碍以及未来的职业发展初步规划。

3. 绩效申诉

由于绩效评价会受到很多主客观因素的影响，会出现评价结果不准确和不公平的情况，如果不能对这种现象采取有效的措施，就可能动摇绩效评价的可靠性和权威性。为了避免这种状况的发生，公共部门有必要建立科学合理的绩效申诉和争议处理制度。

绩效申诉是指由于评价对象对评价结果持有异议，依照法律、法规或规章向有权受理申诉的特定组织提起申诉申请，受理组织依照规定的程序对相应的绩效评价过程和结果进行审查、调查并提出解决问题的办法的过程。目前，我国绩效申诉制度的建立还需要一个过程。

（五）复杂性条件下的政府绩效评估因应

1. 评估思维变革：转向复杂性的思维方式

一是政府绩效评估要树立开放性思维理念，实现从封闭型绩效评估向开放型绩效评估的转变；二是政府绩效评估要树立多样性思维理念，实现从标准化绩效评估到差异化绩效评估的转变；三是政府绩效评估要树立动态性思维理念，实现从静态绩效评估向动态绩效评估的转变。传统绩效评估有着根深蒂固的静态化假设，认为组织运行是一个静态的环境。

2. 评估数据变革：转向复杂性的大数据

一是要用全样本大数据而非局部小数据来记录和分析政府绩效；二是用多样性大数据而非单一性小数据来记录和分析政府绩效；三是要用时效性大数据而非滞后性小数据来记录和分析政府绩效；四是利用关联整体性大数据而非碎片化小数据来记录和分析政府绩效。

3. 评估方法变革：转向复杂性的人工智能

一是利用复杂性的人工智能实现政府绩效的整体性计算；二是利用复杂性的人工智能实现政府绩效的动态实时计算；三是利用复杂性的人工智能实现政府绩效的未来精准预测；四是利用复杂性的人工智能实现政府绩效改进的智慧决策。

第三节　公共部门绩效管理的发展困境与改进对策

由于公共部门具有公共性特征，目标具有多元性和弹性，服务具有垄断性，绩效评估难以客观。公共部门实施绩效评估一直存在难以量化、难以统一化、指标设置困难、信息搜集困难、公共部门目标多元性等困境。对比国外也提出引入公众参与机制、高层的支持和承诺、重视绩效目标和绩效规划、建立绩效信息系统、利用信息技术改善评估等对策。本节将在回顾国内外公共部门，特别是我国政府绩效管理的发展与模式基础上，分析困境，提出改进策略。

一、西方国家公共部门绩效管理的困境

西方国家政府绩效管理有其特定的生成环境和社会背景。20 世纪 70 年代，世界经济“滞胀”危机导致公共财政赤字加深，西方福利国家制度陷入了困境。1979 年，撒切尔上台时，英国的国内生产总值出现负增长，通货膨胀率达 10%。该时期，恰逢新技术革命浪潮风起云涌，知识经济初露端倪，深刻地改变着人类社会基本结构、价值观念和交往模式，人们迫切要求政府更加灵活高效、更具回应性与应变力地提供公共服务。因此，与工业社会相适应的科层制政府面临机构膨胀、预算攀升、回应不足和僵化迟钝的弊端，不能适应环境和时代的需要。企业管理机制、技术和方法的创新取得了卓越成就，给人们很多启示（提高了公众对高水准服务的认识和期待），向社会表明政府提供服务可以有更佳的方法，没有必要依赖官僚们根据他们自己的意愿和便利行事，客观上为推进公共部门改革起到了示范性效应①。同时，随着经济全球化的加深，政府政策愈加要求通过行政改革创造更好的商业环境，为增强本国企业竞争力提供条件。总而言之，在环境变化不确定、全球竞争加剧和科学技术发展的宏观背景下，为了克服传统行政体制弊端，解决公共财政危机，重建公众对政府高质量公共服务的信心，西方国家普遍将私营部门的管理法则与经验运用到公共部门，政府绩效管理以“管理主义”为取向的改革措施受到青睐。西方国家政府绩效评估就在这样的环境中产生并推广，形成了“本质是西方国家在现存政治制度的基本框架内、在政府部分职能市场化和公共服务输出市场化以后”所采取的政府治理方式②。可见，西方国家政府绩效管理有其特殊的制度基础与实践逻辑，拥有来自管理主义改革所奠定的制度和文化基础：一是“顾客至上”；二是“结果导向”；三是“分权管理”③。

传统绩效管理运动是一个单线性的机械推进过程，缺陷在于没有充分关注现实世界中公共管理的复杂性。主要问题：组织视野狭窄、对专业技术知识应发挥的作用不够敏感、过度关注效率价值但忽视其他价值（如平等）、忽视了政府碎片化特征、过分相信绩效评估信息的可靠性和价值中立性。这些问题导致绩效管理运动实际上可能削弱政府能力，忽视作为当代公共行政根基的重要的政治和民主背景④。

---

① 盖伊·彼得斯. 政府管理与公共服务的新思维[C]//国家行政学院国际合作交流部，编译. 西方国家行政改革述评. 北京：国家行政学院出版社，1998.

② 蔡立辉. 西方国家政府绩效评估的理念及其启示[J]. 清华大学学报（哲学社会科学版），2003，（1）：76-84.

③ 高小平，盛明科，刘杰. 中国绩效管理的实践与理论[J]. 中国社会科学，2011，（6）：4-14，221.

④ Radin B A. Challenging the Performance Movement: Accountability, Complexity, and Democratic Values[M]. Washington: Georgetown University Press, 2006.

二、中国政府绩效管理的发展与模式①

（一）我国政府绩效管理的历史沿革

政府绩效管理体系建设是我国推进国家治理现代化的重要内容。作为20世纪七八十年代以来世界范围行政改革的一项重要措施，政府绩效评估在经历了一个由缘起到拓展，再到推广的过程后，已成为当今大多数西方国家公共治理领域符号性很强的制度创新活动。在西方国家成功经验的启示、国内行政管理体制改革内生需求的驱动下，绩效管理制度在20世纪末21世纪初被逐步引入我国，与本国实践有机结合，被列入中央和地方各级政府的重要政策议程，作为公共管理领域非常重要的创新实践，与行政审批制度改革、行政问责制共同成为重要的改革工具，并且从绩效评估向绩效管理拓展，成为一种常态化的行政管理模式。

20世纪70年代末以来，从建立目标管理制度到绩效评估制度，所处的社会背景和管理环境是从农业社会向工业社会转变、从计划经济向社会主义市场经济转变，从经验型、人治型、粗放型行政管理向科学型、法治型、精细型行政管理转变，并开始建设服务型政府。党中央适时地提出了贯彻落实科学发展观和正确的政绩观，要求地方行政更加注重以人为本，全面推进经济、政治、文化、社会和生态文明五大建设，在搞好经济调控与市场监管的同时更加注重社会管理和公共服务。中国实施绩效管理的目的是要建立适应社会主义市场经济体制的行政管理体制，建立体现科学发展观和正确政绩观的绩效评估体系，助推政府职能转变和公共产品、服务质量的提升，完善理性制度精神和行政问责制度，推进政府管理规范化和现代化，构建服务型政府。20世纪90年代后，我国颁布了《国家公务员暂行条例》，对公共部门绩效考核的内容和标准、方法和程序、考核结果的使用以及考核机构等方面进行了具体规定。1994年3月，人事部颁布了《国家公务员考核暂行规定》。至此，我国公共部门绩效考核的框架基本形成。2003年厦门思明开始尝试，青岛、兰州等先后展开活动，南京还开展了“万人评议机关”等活动，2005年全国推行，各地专门成立效能办、绩效办，随后上海、北京、南通、福建等地先后显示成效。2006年9月23日中国行政管理学会绩效管理分会把政府绩效评估指标体系作为最重要课题，并建设中国绩效研究专门网站。2007年，政府绩效管理纳入行政管理体制改革的重要内容。

中国绩效管理的形成与发展是一条综合性道路：既受古代官员绩效考核传统的影响，又由于际遇西方国家新公共管理改革运动，受到西方国家管理思想、绩效评估实践的影响。中国绩效管理发展的综合性道路，一方面能为现代中国绩效管理制度的建构提供众多的理论基础和思想指导；另一方面，这些多渠道的影响也隐含绩效管理实践与制度的危机：既难以跳出传统目标责任制考核的拘囿，同时又兼有西方绩效管理制度的某些特点。

① 高小平，盛明科，刘杰. 中国绩效管理的实践与理论[J]. 中国社会科学，2011，（6）：4-14，221；负杰. 中国政府绩效管理40年：路径、模式与趋势[J]. 重庆社会科学，2018，（6）：2，5-13；吴建南，阎波. 政府绩效：理论诠释、实践分析与行动策略[J]. 西安交通大学学报（社会科学版），2004，（3）：31-40.

中国在提升政府绩效和管理政府绩效的探索过程中，也曾遭遇窘境，其中突出的问题就是所采用的政府绩效管理的国际经验并不能很好地契合中国各级政府的体制机制。因此，中国只能探索一条有自己鲜明特点的绩效管理之路——创效式绩效管理。

作为组织管理的重要手段，改革开放40多年来的中国政府绩效管理体系建设，是在行政体制改革和政府职能转变的大背景下展开的。在这个过程中，为适应计划经济体制向社会主义市场经济体制的转变要求，各级政府管理手段日益多样化，社会参与度不断扩展，行政效能明显提升，制度化建设不断迈上新台阶，经历了以问题为导向逐步探索、渐进调适的发展过程，走出了一条中国特色的政府绩效管理发展之路。在此过程中，地方政府自主创新是模式构建的重要推动力，初步形成了以实践需求为导向、政府评估与社会参与互动融合的发展路径。中国政府绩效研究从个别“点”开始，经历了从概念层面转向设计或操作层面的研究过程。

我国公共部门绩效管理以我国干部人事考核制度为基础发展形成，而我国的干部考核制度是以新民主主义革命时期，党的干部考核工作为基础，逐步建立和发展起来的。我国政府绩效评估经历了三个阶段。第一阶段（20世纪80年代中期到90年代初期），绩效评估在“目标责任制”的旗帜下实施，目标责任制具有自愿性质，没有统一要求。第二阶段（20世纪90年代），一是目标责任制依然是绩效评估的主要载体，但采取了自上而下的推进方式，关注焦点是经济增长；二是各种类型的绩效评估相继出现，百花齐放。第三阶段（进入21世纪后），政府施政理念发生变化，开始构建能体现科学发展观的评价体系：如绿色GDP、小康社会评价指标。

（二）我国政府绩效评估的实践类型与模式

中国在探索政府绩效管理实践中，形成了多种类型的绩效管理模式，中国行政管理学会在《政府绩效评估研究报告》（内部资料）中将其概括为三种类型：普适性组织绩效评估、行业组织绩效评估和专项组织绩效评估。普适性组织绩效评估是作为特定的管理机制或管理技术的一个环节；行业组织绩效评估应用于某个行业内部，一般具有自上而下的单向性特征，如卫生部门为医院设立的绩效评估体系；专项组织绩效评估，针对某一专项活动或政府工作的某一方面，如教育部门的中小学全面实施素质教育评价。

此外，有学者认为改革开放以来，中国政府绩效管理经历了目标责任制、效能监察、绩效评估和全面发展的模式演进①。

（1）目标责任制：国际流行的目标管理技术在我国的变通应用。它包括确立目标、分解目标、监测目标进展、考核评估目标完成情况等环节，对目标完成情况的考核实际上就是绩效评估。

（2）效能监察：对效能的监督检查活动，主体是纪检监察部门，对象是党政机关和国有企事业单位，内容是管理和经营中的效率、效果、效益、质量等。效能监察着眼于中心工作、热点和问题较多的领域和环节，发现组织中存在的违纪、违规、浪费、低效等行为。

---

① 贠杰. 中国政府绩效管理40年：路径、模式与趋势[J]. 重庆社会科学，2018，（6）：2，5-13.

（3）绩效评估和全面发展的模式：根据行业特点和具体业务工作实际，制定科学、量化的绩效考评标准，对机关工作人员目标完成、政策执行、制度落实等情况，以及工作作风和效率实施考评，并运用考评结果，落实奖惩。

还有学者将各地政府绩效评估分为九种类型：岗位责任制和目标管理责任制形态、社会服务承诺制形态、效能监察形态、效能建设形态、督察验收重点工作形态、公民满意度测评形态、经济社会协调发展导向形态、领导班子实绩考核形态、公共支出绩效考评形态等。同时，一些地方通过不断探索，提炼出一些以地域命名的颇具特色的模式，如"甘肃模式""青岛模式""福建模式""珠海模式""杭州模式""岳阳模式"等①。

（三）中国政府绩效管理的逻辑

高小平等提出将中国绩效管理逻辑引申概括为创效式绩效管理，核心和关键是"通过创新，创造绩效"，以作为中国绩效管理的通用框架。中国绩效管理与西方国家政府绩效管理的一个最根本的区别就是，西方国家政府绩效管理是在市场经济成熟、公共部门法制完备、政府管理理性程度较高的前提下，以评估绩效为主要目的的一种相对单一型的管理工具；中国政府绩效管理则更多地应用于政府，以实现发展中国家跨越式发展为目标，有着很强的主观能动性，以创造绩效为主要目的的一种相对综合性的管理方法。具体来说，西方国家绩效管理强调对政府组织和公共项目的理性预算的经济性、过程产出的效率性和结果责任实现的效益性的评价，同时也包括对公共部门行政官员法定岗位职责履行情况的衡量，主要特征有绩效管理的过程规范、结果导向、职责至上，本质上侧重公共部门分内事情的完成，属于过程和结果并重的模式。中国绩效管理是对政府在履行职能、行使公共权力、完成工作目标过程中的结果和效益进行的全面评估，重点在于政府部门常规日常工作、政府重点工作目标任务，公务员业绩评价，并强调政府部门和公务员行为的积极性和创造性的发挥。创效式绩效管理模式在形式要件上（即程序、要素构成等方面）与西方国家政府绩效管理存在相似性，但在实质内容方面存在不同。从广义上看，中国绩效管理主要是通过体制性创效、机制性创效、功能性创效和辅助性创效，以及对这些行为的评价与管理，从而实现绩效管理的创效化和行政管理的高效化。具体来说有以下几点。

（1）体制性创效及其管理。体制性创效主要通过行政体制和制度来明确社会利益关系、优化资源配置、提高资源配置效率来促进经济社会持续发展和"帕累托改进"。在中国，基于经济社会体制和行政体制基础（具体在经济发展、社会进步、民生改善、公共服务供给等方面）所形成的绩效，是政府绩效评估与管理的重要方面；基于绩效结果而开展的绩效改进与体制改革，是中国式创效的重要方式。对这种体制性创效的管理，不同于一般对政府管理的资源、投入、管理、产出、效果、影响等系统运作过程要素的考评，而主要通过测评政治管理、政治与行政调解体制变革等要素作用于经济社会发展的长远效果来实现。

① 高小平，盛明科，刘杰. 中国绩效管理的实践与理论[J]. 中国社会科学，2011，（6）：4-14，221.

（2）机制性创效及其管理。机制性主要是指各构成要素之间相互联系和作用的关系及其功能。传统的行政系统运行主要依靠强制性的行政动员、指令性的行政任务、普遍性的行政命令等方式，与此相对应的是集权导向的决策机制、压力型目标推进机制、创效进取的孵化机制。随着时代环境的变迁和民主治理变革的推进，在政府职能转变加快、行政问责积极推行、行政实施方式日益多样的背景下，中国传统行政机制赖以存在的利益结构和体制逐步消解，政府运行越来越依赖公正公开的法治机制、科学有效的过程管理机制、公务员职业化与伦理自律机制等。这些机制在政府系统内部成为创造绩效的源头，主要依托政府及其部门效能监察、行风评议、各种党风廉政制度对勤政、廉政与优政的倡导。在政府绩效管理实践中，不仅注重对管理制度、岗位责任制度等刚性机制创效的评估，也重视对工作作风、工作态度、工作技能等柔性机制创效的评估。

（3）功能性创效及其管理。从总体上说，政府功能性创效是指政府在一定时期内在绩效方面期待实现的可考核的结果，一般体现在绩效的不同维度或结果上。政府行为创效有的表现为政府部门目标的达成，即体现结果导向；有的表现为工作作风的改进，即注重过程的态度；还有的体现为政府行为回应性的增强，即谋求政府行为有效。从目标达成的功能性创效来说，政府主要是通过追求行政活动功能的高绩效，实现经济快速发展、社会管理秩序井然，核心是建设绩效型政府。从政府作风改进的功能创效来说，政府主要是通过建立适应市场经济体制的政府作风与形象，营造有利于经济社会发展的政务环境来推进经济社会发展，本质是实现服务型政府的建设。从增强政府行为的回应性来说，主要是要求政府对公众的需求和问题具有敏感性，能及时做出反应并满足公众的合理要求，及时而又公正地解决公众提出的问题，这体现为通过承诺制、公示制、政务公开制度、听证制度和保密制度等方面的改革来获取的政绩合法性。

（4）辅助性创效及其管理。辅助性创效主要是指政府通过体制、机制等创效方式以外的监督、监察方式进行的，主要以事后性、补充性、监督性为特征的一种创效途径，具体体现在效能监察、行政督察与行政问责这三种形式。辅助性创效包括中央政府以及各级地方政府行政监察部门开展的效能监察、行风评议，一些地方政府综合部门的督察部门开展的执行性督察督导，还有以行政问责形式开展的负强化建设。辅助性创效的考评主要是通过“党风廉政建设责任制”一票否决等评估指标来实现。

（四）创效式绩效管理的优势与局限①

创效式绩效管理是一种综合型、开放型的框架，在具体的实践中并不会完整地出现，而会以更为灵活的体系形式出现。

1. 创效式绩效管理的优势

（1）“主体—客体”统一的优势。将绩效作为一种行政主体行为与能力的“被评价”和客体对行政主体的“评价”有机统一，而不是单方面从“评价方面”进行的评价。在政府绩效管理中，很多地方采取社会公众评议政府机关、“万人评政府”等措施，都属于服务受众对政府绩效的“主体—客体”评估。

① 高小平，盛明科，刘杰. 中国绩效管理的实践与理论[J]. 中国社会科学，2011，（6）：4-14，221.

（2）“评估—创建”结合的优势。把绩效评估作为促进效能建设的手段，通过设置一系列指标进行评估并发现工作中的问题，使之成为“以评促建”“以评促改”“创新争优”的重要载体。我国很多行业、部门开展的专项评估大多属于这一类型，如社区“双文明”评估创建、文明城市或文明街道的评估创建等。

（3）“业绩—考核”整合的优势。既注重对行政机关的组织业绩进行评估，又发挥对行政领导和公务员个人业绩的考核，使之成为落实依法行政、科学行政、民主行政的重要制度创新。这一类型主要是沿袭过去目标责任制考核，将政府管理的业绩作为绩效管理的重要方面，通过对业绩的认定与考核，达成对政府绩效管理的目的。当前许多地方开展的国有企业负责人经营业绩考核等都属于此类型。

（4）“诊断—改进”兼顾的优势。把绩效管理的着力点放在通过绩效评估发现问题、改进工作上，推动地方从单纯 GDP 导向的经济发展转向科学发展，指引政府积极改善民生，避免传统政府治理机制和调控行为“贴标签”等不良效应，达成自我发展、自我纠错的机制。对政府绩效的评判所形成的强大压力可以促使政府对其职能及职能行使方式进行彻底反思，能够从根本上扭转政府决策冲突、自利倾向而造成的职能错位和短期行为。

2. 创效式绩效管理的局限

（1）创效式绩效管理是立足于现实国情和政府管理实际基础上形成的绩效管理模式，所基于的政府管理实际既有积极的一面，如注重体制集中统一的优势、注重机制的多样性、积极倡导主观能动、鼓励“创新争优”、注重思想政治的激励作用等，同时也有消极的一面，如社会资本匮乏与公众参与理性不强导致公众参与评估式微；行政管理法治化程度不高导致的制度化程度不高等。

（2）创效式绩效管理的对象是政府组织及其官员的创效行为、绩效，根据理性经济人假设，现实政治系统中的政府及其官员都会倾向于一定的价值偏好和利益最大化。在这种情况下，创效式绩效管理无法促进政府组织做出集体选择以追求公共利益。

（3）如果在缺乏有效的法律规制、科学的官员选拔机制和良好的官员职业道德与公共伦理精神的情况下，创效式绩效管理有可能激化国内地方政府初见端倪的“政绩”无序恶性竞争现象，这不仅会破坏现有的政府内部委托-代理关系，而且会造成政府外部公共责任机制的失效。当前中国各地政府绩效管理多由政府内部的专门机构来组织协调，内部的组织机构拥有充分的执行网络和资源，能够以较低的时间成本和沟通成本来实现绩效评估。然而，由于这些组织机构本身也是科层制体系的一部分，无论是否借助外部参与，依然难以彻底转变政府绩效评估“自说自话”的特征。

三、中国公共部门绩效管理的困境

经过多年的发展，我国公共部门绩效管理取得了一定的成绩，但在理论和实践上都还很不成熟，存在发展困境。有学者认为，我国政府绩效评估中存在如下问题①：评估的“内向性”，评估主要是由政府发动和实施，评价结果主要用于“内部消费”；评估的“单

① 周志忍. 公共组织绩效评估：中国实践的回顾与反思[J]. 兰州大学学报（社会科学版），2007，（1）：26-33.

向性”，热衷于上级对下级评估、政府主管部门对所属企事业单位的评估；忽视下级、社会对政府部门的评估；评估的“控制取向”，侧重内部控制和监督而非向社会报告政府绩效水平推动公民监督；评估的“自发性”，评估是部门和地方政府自发行为，没有形成统一的模式和实施规范。以下主要从制度困境、运行困境、技术困境三个维度进行分析。

（一）制度困境

我国政府绩效管理在制度方面没有有效保障。在绩效管理的制度保障方面，缺乏统一的法律、法规和相关政策作为应用的法定依据。我国的绩效评估有组织部门的领导干部政绩考核、人事部门的公务员政绩考核、监察部门的效能监察、办公厅（室）督查部门的效能评估、财政部门的财政支出和项目绩效评估、审计部门的经济责任审查和绩效审计、宣传部门的文明机关评选等，已初步形成涉及行政管理多方面的治理网络。但是，我国绩效评估在整体格局上还存在各自为政的现象。各地各部门采用的绩效管理和评估活动多数处于自发状态，缺乏统一的规划和指导，评估的内容设计和评估构建等几乎都是基于政府本身需要，没有客观的衡量标准，也没有形成制度化；停留在较为抽象的原则层次上，缺乏较具体、可操作的政策性指导，更没有相应的法律、法规和相关政策作为制度保障。组织绩效评估的内容和侧重点必须严格围绕组织使命和法定职责。绩效目标必须与组织使命保持高度一致，绩效评估指标必须与组织的任务高度相关。

（二）运行困境

我国政府公共部门绩效管理的运行困境主要体现在如下三个方面。

1. 评估主体单一

政府部门角色的合理定位，是科学组织绩效评估的前提。在政府越位基础上实施组织绩效评估，是我国实践中存在的一个值得关注的问题，不少地方政府确定的中心工作，并不一定属于政府的职责。评估主体的准确定位是保证公共部门绩效评估结果真实、公平的基本条件，评估主体应当具备客观公正的态度和知情懂行的能力。一直以来，我国公共部门绩效评估的主体都较为单一。我国公共部门绩效评估多是上级行政机关对下级的评估，缺乏政府内部的自身评估以及社会公众和专业机构对政府的评估。这在政府常规工作的评估中尤其突出，以行政领导的评价作为对下级部门评估的唯一依据，进一步加剧了行政权力的集中，且缺乏全面性和客观性；而且在实践过程中容易导致一些地方政府部门只唯上不唯实，难以达到预期评估目的。这不仅无助于政府绩效的提升，而且损害了政府的形象。

2. 绩效反馈与绩效评估结果利用不足

绩效管理不等同于绩效评估，而是包括绩效计划、绩效实施、绩效沟通、绩效反馈等几个环节在内的系统。绩效计划提供了明确的绩效期望，绩效实施环节通过不断地沟通来保证绩效管理的顺利进行，根本目的是提高员工绩效和达成组织的战略目标，必须进行绩效反馈和绩效改进使员工了解自己的工作情况，发掘自身的潜力。绩效结果也要通过奖励和惩罚加以应用，激励工作的积极性，调整组织的人力资源配置。因此，仅仅关注绩效评估远远不足以发挥绩效管理的作用。但在我国公共部门中，绩效管理被片面地理解为绩效评估，止步于评估是否达到了预定的标准，没有绩效反馈的环节，更谈不上绩效结果的利用。

实际上，虽然许多地方政府开展了市民评议等测定公民满意度的绩效评估，但对评估结果的反馈较少。上级行政部门和行政领导很少会根据结果与被评估对象进行沟通，缺少对完成绩效目标或未能达到绩效目标的原因进行分析的过程，下级单位和职员都不清楚自己的考核结果，自然不知道是否需要改进及如何改进。另外，我国公共部门绩效评估结果的利用存在两种极端：一是评估结果束之高阁，与干部选任、奖惩和资源配置相互脱节；二是绩效评估结果利用太过功利，不分场合地推行“一票否决”“末位淘汰”等。这两方面的不足使绩效管理丧失了基本的管理作用，成为公共部门管理创新中的“花瓶”，更大意义上成为形式主义的存在。缺少绩效反馈与绩效评估结果利用的绩效管理是不完整的绩效管理，公共部门绩效管理也会因此陷入循环的怪圈，即绩效低—实施绩效评估—绩效仍然低—再实施绩效评估，变成一个循环往复而非不断上升的过程。

3. 组织与个人绩效相脱离

绩效管理根据对象的不同，分为对组织绩效的管理和对员工个人绩效的管理，组织的绩效目标分解到各个部门，各个部门的绩效则由部门成员共同实现，成员的表现构成了对其绩效评估的主要内容，个人实现的绩效目标应该是与组织的绩效目标一致的。如果有不相一致的情况存在，会造成成员极力追求个人绩效目标而忽视组织绩效目标实现的现象。

在我国公共部门中，绩效管理的一个重要部分是对公务员个人的绩效考核。政府绩效管理和对公务员的绩效管理体现了组织绩效和个人绩效的关系，二者并非断裂的。公务员的绩效表现直接关系政府绩效评估的结果，这在以向公民提供服务为主要工作内容的部门中尤为突出。公务员个人提供服务的质量和态度直接决定了该部门在公民评估中所能获得的评价。只有个人目标和组织战略相一致，组织绩效才能得到实现。但是，德、能、勤、绩、廉仍是我国对公务员个人的考核指标，这些考核指标空泛、考核标准模糊，并且未能与各个部门所要实现的具体的绩效目标相挂钩。

（三）技术困境

1. 绩效管理评估指标不科学

公共部门的产出难以量化，成本缺乏可比性。我国的部分评价政绩存在片面化，如有的地方政府存在只求速度，不问效益和质量的行为倾向，因而出现了“政绩工程”“面子工程”及造成重复建设和资金浪费。

2. 绩效管理评估方式不合理

从评估的方式上来看，政府绩效评估存在重视定性评估、忽视定量评估的误区。对一个机关的评估，往往是凭经验、印象、感情或跟着感觉走，缺乏数据支持和科学的分析测评；或只注重从宏观和总体上进行把握和审视，而忽视微观和具体的观点和诉求；或受上级和主观意见所左右，强调规则为本的服从意识，而忽视对组织目标的贡献、标准和向度及客观的现实；等等。

3. 绩效管理评估程序不合理

评估程序没有规范化，评估结果很难做到客观、公正。当前评估多是上级行政机关对下级的评估，缺乏社会公众对政府及政府内部的自身评估，绩效管理过程缺乏媒体监督。由于信息不对称，不仅无法进行评价，而且有的部门只考虑自己的利益，与绩效相关的信息资料搜集及处理分析都只在内部进行，没有做到公开、客观，从而影响了整个结果的客观性和准确性。

4. 绩效管理评估目的不明确

政府绩效管理是一个将政府战略、资源、业务和行动有机结合的完整的管理体系，它提供了一种将组织战略统一、连续地贯彻执行的方法，通过有效的目标分解和逐步逐层地落实帮助组织实现预定的战略。由于政府部门相关战略规划确定的复杂性，而当进一步转换为绩效评估目标的时候涉及的利益关系更加复杂多元。在早期的政府绩效评估实践中，有些部门不是把评估作为提高管理水平和绩效的有效措施，而是作为一种应对上级检查，规避社会指责的手段，使得绩效评估的目的的引领性欠缺，甚至有些评估工作是在当某一方面问题成堆、社会反映强烈时，才采取大检查、大评比等方式以求改进，因而可能使工作陷于被动状态。

5. 绩效评估考核形式过于单一

当前公共部门绩效考核存在的较大问题是考核形式过于单一。不同的公共部门可以根据自身的发展状况以及组织成员的工作特性选择具有自身组织特点的考核标准。在必要的情况下，也可以通过增加和删减考核项目的形式，进一步优化考核体系。不可忽视的是，在当前部分公共组织所制定的考核标准中没有充分体现绩效考核的重点，导致考核效果不理想。

四、中国公共部门绩效管理的改进对策

（一）充分明确绩效管理的定位和价值取向

在价值上，公共部门绩效管理的定位和价值取向决定了评估绩效的标准。只有寻求公共部门绩效评估合理的价值取向，才能建立科学的绩效评估标准。绩效评估中的价值取向包括两个原则。

（1）人民至上的原则。基于人民至上的理念，必须紧紧依靠人民、不断造福人民、牢牢植根人民，要求公共组织绩效评估必须立足于人民，评估内容、标准和指标体系设计应从公民的立场出发，尊重人民主体地位，“坚持以人民为中心的发展思想”“坚持人民利益高于一切”，实现好维护好发展好最广大人民根本利益，着力解决好人民最关心最直接最现实的利益问题，始终以人民利益和幸福为标准。

（2）结果导向原则。政府也要为结果而管理，最重要的结果之一是使公民满意。

我国目前的绩效评估依然体现出以投入和过程为导向的特点。对公共部门绩效的评价，应集中在那些能够满足需要的目标上——不仅是国家自身的需求，能使国家得以维持的需求，而且是人类自身的需求。满足人类的需求，政策才对人类具有价值，政策才能证明其存在的合理性。公共部门绩效管理尤其是绩效评估的目的主要不是评出谁先进

和谁落后，更不是惩罚某些单位的领导者和工作人员，而是通过评选，找出人民群众对政府提供的公共管理和公共服务的意见和建议，找出本机关在管理中存在的问题，找出影响政府效能的因素，最后找出改进政府部门工作的办法，以更好地增强政府对人民利益的代表性、回应性和责任性。把政府绩效管理作为进一步做好政府工作的一个环节来定位，是做好绩效管理工作的保证。效率和公共责任是政府绩效评估最基本的两个价值取向。政府公共部门在社会竞争中提供公共服务，既有助于提高效率、打破垄断和降低成本，又以严明的绩效目标和绩效管理保证其在竞争中对公众负责提高服务质量。在这两个方面中，公共责任和顾客至上是第一位的，效率是第二位的，效率只有用来满足公众的需要和实现公共利益时才有意义。

（二）科学优化中国公共部门的绩效评估体系

绩效管理中最重要的是要建立绩效衡量的指标体系。常用的指标模式是用具体的标准构建的，即概括为 4E 标准（效率标准、经济标准、效益标准、公平性标准）。要认识借鉴西方发达国家在公共部门绩效管理中的先进经验，结合我国国情，探索完善我国政府绩效评估的指标体系。由于我国地区差异较大，政府绩效评估的指标设计也应有所不同，要根据不同地区、不同层级、不同部门设计出最能测量政府工作成果的指标体系。从有利于改进组织管理、改造业务流程、关注绩效结果三个方面入手，建立我国政府绩效评估的经济指标、效率指标、效益指标相结合的指标体系。评估指标的选取应具有代表性、独立性和可获得性。所谓代表性，就是要反映政府部门的本质或主要特征，并具有一定的可比性；所谓独立性，指测度指标相对独立，指标之间不能兼容或重复；所谓可获得性，即指标最好能够量化，并且指标数据相对完整。在评估方法上，采用先进的现代信息技术、分析技术、预测技术等作为技术支持。计算机技术的发展使政府绩效评估所需的大量数据资料的存储、分析、快速查询得以实现，评估方法更为科学，增强了评估结果的真实性、可信性。同时节省了大量人力、物力、财力，提高了效率。信息化使政府绩效评估的各种信息得以在网络上公开化、透明化，有利于社会公众对政府工作绩效的监督。

（三）着力保证设计与评估主体的多元化

绩效评估的设计及评估主体的多元化是保证公共部门绩效评估有效性的一个基本条件。政府工作在内容上的多样性和目标上的复杂性决定了政府绩效工作的设计及评估主体应该是一个多元结构。无论是学者，还是行政人员、政治家和民众，都各有其局限性，不能独立完成政府绩效评估设计的任务，但又都各有所长，有自身特定的评估角度，有不可替代的比较优势，能为政府绩效评估设计作出自己的贡献。因而，应建立一种新型的理论与实物的整合机制，以取得整体优势。一方面，要实现人员上的整合，在政府绩效评估中合理界定和安排各自的角色；另一方面，要建立畅通的沟通渠道，在理论家、实践工作者内部及其相互间建立网络式的互动关系，促进他们的相互信任和合作。公共部门作为社会公共服务和公共责任的承担者，决定了其绩效评估不只是政府内部组织评估，还要接受社会的评估，因而可以引入企业绩效管理中被大量使用的 360 度绩效评估。

（四）不断完善政府绩效管理的激励机制

政府部门领导的重视程度对绩效管理的实施至关重要。通过激励机制来督促部门领导重视本部门绩效，使部门领导和政府工作人员共同参与绩效改进，并促使其定期了解和审查政府的管理绩效和成果，和政府工作人员一起为政府的绩效改进而努力，切实负起自己应承担的责任。利用绩效目标和评估标准使管理者负责任，并促使责任落到实处。如果绩效评价结果与部门利益、领导利益不相关，领导就很难提高对部门绩效的重视程度。应当通过公布绩效排名结果将部门绩效与部门下一年度预算挂钩、与领导政绩考核相挂钩，并规定部门领导对本部门绩效负有直接责任。

（五）加强构建必要的立法保障和制度环境

成熟的立法与制度框架是绩效管理顺利实施的保障和基础。美国政府绩效管理之所以能够取得成功，其中一个很重要的原因是《政府绩效与结果法案》确立了绩效管理的制度框架，该法案最重要的贡献是为当代联邦绩效评估建立了永久性的法律框架，为政府部门和国会提供了连续使用的可能性。目前我国只制定了机关绩效管理的制度，如社会服务承诺制、效能监察制、行风评议制等，有的地方逐渐开始政府绩效评估的实践，但远未达到法治化的高度。《公务员法》已于 2006 年颁布并实施，但还应该积极吸取国外成功经验，制定符合中国特点的“公务员绩效法”，对公务员的评估标准、程序、评估结果的使用作出明确规定，并对没有依法考核评估的作出明确处罚，使公务员评估有了法制的保障。在制度设计中，应该坚持在党的一元领导体制下，建立一种适合我国行政体制的政务官和业务官分类并分别管理制度。公共部门需要制订全面的、整合的绩效评估指标和方法，使党委对领导干部的评价与部门绩效评估实现制度层面的融合，形成战略性绩效管理体系。

（六）充分利用现代信息技术手段，加强公共部门之间的沟通

电子政务是现代政府有效行使职能的强有力的工具，为政府绩效管理提供了可利用的载体。一方面，电子政务的信息网络使行政信息的传递更为迅速及时，反馈渠道更为畅通。电子政务打破了传统的政府金字塔式的管理层级结构，政府的组织结构出现扁平化趋势，使执行层与高层决策层可以直接沟通。同时，它又为公民广泛、深入、普遍的行政参与开辟了道路。另一方面，电子政务为政府绩效管理朝科学化、标准化、制度化的方向发展提供了多方面支持。网上政府有助于改善政府的决策，尽量减少相应的成本；政务公开，增强了公共部门管理的透明度，促使政府和公众之间相互了解、及时沟通反馈，减少公共部门决策的盲目性、主观性，提高公众对其决策的理解度和支持率。

（七）全面提高公共部门领导者及工作人员的素质

要想提高政府管理和服务绩效，首先，必须提高公共部门领导者的素质，建立健全科学的干部选拔任用制度，把思想好、能力强的人选拔到领导岗位上来，对素质差、不称职的领导者，要及时撤换，改变过去实际存在的干部能上不能下的现象，领导干部也

要不断加强自身的修养，提高政治觉悟和领导艺术。其次，要利用各种途径对一般工作人员加强职业道德、业务知识和专业技能的教育和培训，把具有不同能力的人放在与之适合的岗位上，做到人尽其才，扬长避短。最后，要改革国家机关工作人员的录用制度，要以公开考试、择优录用的办法吸收社会上的优秀人才进入公共管理部门，采取各种有效的激励手段，调动他们的积极性，为实现绩效管理的根本目的——发展社会生产力而奋斗。

思考与讨论题

（1）公共部门绩效与绩效管理的内涵是什么？

（2）请说明公共部门绩效管理的基本流程。

（3）公共部门绩效评估指标的分类有哪些？

（4）公共部门绩效评估标准的主要内容是什么？

（5）什么是标杆管理？这一管理工具在公共部门绩效管理中有哪些作用？

（6）进行成功的公共部门绩效管理需要什么基本条件？

（7）进行公共部门绩效管理公众满意评价的基本方法是什么？

（8）我国政府绩效管理的内在逻辑与优势是什么？这一优势可持续吗？

（9）如何评价我国政府绩效管理？改进对策有哪些？

第十一章 公共危机管理

公共危机管理是由公共部门主导或参与，以减少和减缓危机损害为直接目标，以预警、预控、应急处置、事后恢复为措施的一整套紧急管理活动。近年来，我国各类公共危机事件层出不穷，如“非典”、禽流感、中国雪灾、汶川地震等给我国公众所造成的巨大冲击至今印象深刻，新冠疫情还在全球范围内持续，并可能与人类长时间共存。这些都对我国政府的公共危机管理提出了新的要求。

公共危机管理具有信息的高度缺失性、复杂性、紧迫性、系统性、权变性等特征。同时，公共危机管理是一个庞大的系统工程。公共危机管理系统由预警和监测子系统、危机过程跟踪子系统、危机决策与指挥子系统、法律支持子系统、公共信息情报管理子系统、危机评估及理赔子系统等构成，每一个子系统都不可或缺。

▶ 重点问题

（1）公共危机的内涵与特征。

（2）公共危机的功能。

（3）公共危机管理的功能。

（4）公共危机管理的系统构成。

（5）公共危机管理的决策管理。

（6）公共危机管理的沟通管理。

（7）公共危机管理的信息管理。

（8）公共危机的复合治理。

▶ 难点问题

（1）灾害危机链的复杂性以及管理联动性。

（2）政府推动社区防灾减灾行动的政策。

（3）公共危机预警机制建设。

（4）公共危机管理过程中媒体、政府机构、公众与官员之间关系管理。

（5）我国公共危机的社会共治。

第一节 公共危机及其演化理论

一、公共危机的含义

“危机”一词最早来源于希腊，是一个医学术语，指人濒临死亡、游离于生死之间的状态。到了18世纪，“危机”一词开始被引入政治和公共管理领域，一般指政府面临的紧急状态，是一种“非常态”的社会情境。国内外学者从不同角度对“危机”进行了界定。

Rosenthal 等认为，危机是指一个对社会系统基本价值和行为准则架构产生威胁，而且在时间压力和不确定性极高的情况下，必须对其做出关键决策的事件①。

Barton 认为，危机是一个会引起潜在负面影响的具有不确定性的大事件，这种事件及其后果可能对其组织及其人员、产品、服务、资产和声誉造成巨大损害②。

Hermann 认为，危机就是一种情境状态，其决策主体的根本目标受到威胁，在改变决策时可获得的反应时间有限，其发生也出乎决策主体的意料③。

张成福认为，所谓危机，即一种紧急事件或者紧急状态，它的出现和爆发严重影响社会的正常运作，对生命、财产、环境等造成威胁、损害，超出了政府和社会常态的管理能力，要求政府和社会采取特殊的措施加以应对④。

薛澜和张强认为，在危机情境下，突发紧急事件及不确定前景造成高度紧张和压力，为使组织在危机中得以生存，并将危机所造成的损害降至最低限度，决策者必须在相当有限的时间约束下作出关键性决策和具体的危机应对措施。相对于政府的常规决策环境而言，危机事件往往处于“非常态”的社会情境，是各种不利情况、严重威胁、不确定性的高度积聚⑤。

杨冠琼认为，危机性事件是指那些导致社会系统或其子系统的基本价值和行为准则趋于崩溃，在较大程度上和较大范围内威胁到人们生命和财产安全、引起社会恐慌和社会政策秩序与运转机制瓦解的事件⑥。

刘刚认为，危机是一种对组织基本目标的实现构成威胁、要求组织必须在极短的时间内做出关键性决策和进行紧急回应的突发性事件⑦。

胡百精认为，危机是由组织外部环境变化或内部系统失常造成的可能破坏正常发展秩序和目标，要求组织做出紧急决策、响应和行动的威胁性事件、状态或结构⑧。

总体上看，各类“危机”都强调的是事物或系统的状态，描述的是一种紧急的、无序的、不确定性的或者是危害性的状态。从主体上看，危机的主体既可以是一个国家、一个政府、一个组织，也可以是一个个体，只要处于“非常态”的社会情境，都可以界定为处于危机中。显然，这个危机的定义是一种广义上的危机定义。

基于上述的危机定义，危机的分类可以从不同的角度进行划分：按危机发生的因果结构划分，可分为外源危机、内源危机和内外源危机；按危机发生机理划分，可分为自

---

① Rosenthal U, Charles M T, Hart P. Coping with Crises: The Management of Disasters, Riots and Terrorism[M]. Springfield: Charles C. Thomas Publisher, 1989.

② 转引自罗伯特·希斯. 危机管理[M]. 王成，等译. 北京：中信出版社，2003.

③ Hermann C F. International Crisis: Insights from Behavioral Research[M]. New York: Free Press, 1972.

④ 张成福. 公共危机管理：全面整合的模式与中国的战略选择[J]. 中国行政管理，2003，（7）：6-11.

⑤ 薛澜，张强. 直面危机——SARS 险局与中国治理转型[EB/OL]. http://news.sohu.com/58/37/news209353758.shtml [2003-05-19].

⑥ 杨冠琼. 危机性事件的特征、类别与政府危机管理[J]. 新视野，2003，（6）：44-46.

⑦ 刘刚. 危机管理[M]. 北京：中国经济出版社，2004.

⑧ 胡百精. 危机传播管理[M]. 3 版. 北京：中国人民大学出版社，2014.

然危机、人为危机和自然-人为复合危机；按危机影响范围划分，可分为全球性危机、区域性危机、国内危机、地方危机、行业危机和组织危机等；按危机威胁的对象划分，可分为威胁公民人身安全的危机、威胁社会基本价值的危机和威胁经济繁荣的危机；按危机的性质划分，可分为政治危机、经济危机、文化危机和生态危机等。一般认为，公共危机是指社会偏离正常轨道的过程与非均衡状态的集合，会严重威胁社会公共利益和公共安全。公共危机区别于一般危机的不同在于其公共性。没有对公共领域产生影响的危机不是公共危机。

二、公共危机的特征

公共危机是一种"非常态"的社会情境，从其发生、发展的一般规律来看，具有以下几个基本特征。

（一）极大的不确定性

公共危机的最大特征是"不确定性"，而这种极大的不确定性来自公共危机产生时刻的信息高度缺失。公共危机的产生和演化发展一般具有很大的突然性、突发性，往往事先毫无征兆或征兆很少。在公共危机爆发时，原有的社会正常秩序很快会被打乱，正常的信息沟通渠道不畅甚至信息沟通系统本身受到程度不同的破坏。无论是危机决策主体、危机救援主体，还是公众所能够获取的信息在特定时间内都十分匮乏。

从组织学的角度，信息是决策的前提，任何决策活动都需要建立在一定信息的基础上。信息匮乏及错误信息使得政府部门和公众常常难以及时对公共危机做出有效的决策，这将直接影响到危机处置的效果。公共危机的不确定性主要表现为状态的不确定性、影响的不确定性和危机回应的不确定性等几个方面。

（二）发展途径和演变规律不确知

公共危机的出现具有很大的突然性和不确定性，但是从公共危机自身的发生、发展、演化过程来看，还是遵循一定的客观规律的。例如，2008 年汶川地震后，地震救援工作便根据地震灾害的一般规律来进行救援；根据中华人民共和国国家卫生健康委员会公告（2020 年第 1 号），新型冠状病毒感染被纳入《中华人民共和国传染病防治法》规定的乙类传染病，并采用甲类传染病的预防、控制措施，所以新冠疫情发生后，我国的应急处置工作按照甲类传染病进行管理。

危机事件内在的客观规律并非一定会为公众或决策者所获知；同时，这些规律并非公共危机产生发展的全部规律。一般来说，在公共危机出现后，危机的演变规律是很难在短时间内为公众或决策者所掌握的，危机的发展途径也不为公众和决策者所认识。因此，公共危机研究的一个重要内容就是探索公共危机的内在发展规律以指导实践。

（三）灾害程度难以预计

在公共危机出现后，其发展途径和演变规律不确定，因而，其所能带来的危害在危机的初期是难以估计的。此外，公共危机具有多范畴性的特点，在应急处置中往往要围绕多个任务来组织应急处置，导致公共危机所涉及的领域极为广泛，也增加了危机所带来的损失。例如，汶川地震造成的直接经济损失较大，间接经济损失则更是无法计算；新冠疫情是百年来全球发生的最严重的传染病大流行，是中华人民共和国成立以来我国遭遇的传播速度最快、感染范围最广、防控难度最大的重大突发公共卫生事件，其对中国经济社会发展乃至全球发展带来的影响是无法估计的。

（四）常规防治手段失效

公共危机是“非常态”的。现有应急预案及应急处置方案都是在常态下设计而成的。由于公共危机的发展途径不确定，这种常态下设计的应急措施和方案是否可行值得反思。同样，对于公共危机的应急处置，也是不能保证每次都成功，每次都正确，在常规防治手段失效的前提下，需要采取一些特殊的方法，因而对于危机应急处置技术的针对性和可靠性的要求非常高。常规防治手段失效进一步增加了公共危机应急处置的难度。

（五）公共危机风险的全球化程度加深

风险的全球化是全球化进程的内在组成部分。全球化的消极影响使全球公共危机引发的风险来源增加，并某种程度上将风险的潜在后果放大。同时，一系列全球性的风险挑战还常常与世界格局的调整、部分国家的国内治理转型交织在一起，全球化背景下的单一地区和国家问题有可能转化为影响世界的全球现象。一方面，全球化使生产要素在世界范围内自由流动速度加快，便于发达资本主义国家进一步压榨全球市场和新技术创新所带来的剩余价值。西方大国利用以逐利、增殖为本性的资本逻辑制造全球性的劳资矛盾，加剧了经济失衡现象，导致国际利益格局愈发复杂化。现行的由西方发达国家主导的全球化运行规则，不利于市场经济基础薄弱的发展中国家。另一方面，逆全球化作为全球化的另外一种表现形式，扩大了不确定性危机波及的范围。经济层面，霸权国家高举逆全球化大旗，利用经济手段恶意制裁，使贸易摩擦加剧升级，严重冲击全球经济的稳定；地缘政治层面，多种矛盾交织使国家、地区间的对抗和冲突白热化①。

三、公共危机的功能

汉语中的“危机”一词包含“危险”与“机遇”两方面的含义。所以，公共危机既有负功能，也有正功能。

（一）公共危机的负功能

公共危机给社会发展造成的负面影响是巨大的，具体主要表现在以下四个方面。

（1）公共危机严重威胁公众利益，造成资源的损失。公共危机的直接损失包括破坏基础设施、造成人员伤亡和财产损失、破坏正常的生产和服务等；同时，其间接损失包括增加债务的负担、增加财政的支出、减少储蓄等。由此导致的结果是经济增长速度的降低和发展计划的延缓。

---

① 陈文旭. 21世纪全球公共危机治理新挑战及中国智慧[J]. 湖南大学学报（社会科学版），2021，35（6）：7-14.

（2）公共危机打断正常的发展计划。国家和社会的快速发展，是建立在发展的连续性基础上的。但公共危机打断了政府和社会正常的发展计划，使发展的资源从所计划的领域转移到危机的回应和重建方面，从而使发展从长期的考虑转到满足近期的需要。近年来，禽流感、埃博拉、新冠疫情等传染病不断出现，传播范围广、传播速度快、社会危害大，对正常的经济社会生活产生了极大的影响，特别是新冠疫情发生后，世界范围内，正常的生产生活节奏被打乱，发展计划也被不同程度地打乱，因此做好统筹推进疫情防控和经济社会发展各项工作显得尤为重要。

（3）公共危机影响投资的气候和环境。良好的投资环境是吸引投资的基本条件。投资者需要一个相对稳定和确定性程度较高的投资气候与环境以降低投资的风险，而危机会引起失业、抑制消费的需求、导致经济的滞胀等，这些都增加了投资环境的不确定性。

（4）公共危机影响政治的稳定性。危机的出现无疑是对国家政治和政府治理的挑战，不适当的政府政策、政府管理的失误、政府对危机缺乏有效的回应、政府和民众之间缺乏有效的沟通、政府责任的丧失等，皆会造成政府与社会大众之间的紧张关系，引发政府的信任危机，从而对政治的稳定产生负面的影响。

（二）公共危机的正功能

当然，从发展的角度来看，公共危机的发生也孕育着新的发展机会。公共危机的正功能，具体体现在以下五个方面。

（1）公共危机往往能够转变为社会发展的推动力和催化剂。公共危机所导致的巨大影响会转化为强大的政治压力，这种政治压力会在很大程度上推动社会的变革。

（2）公共危机有助于促进社会的协调和整合，促进社会的全面发展。危机能够增强特定的社会关系或群体的适应和调节能力，从而促进社会的协调和整合，具有社会的“安全阀”和促进社会进步与发展的功能。在结构松散、灵活、异质性高和功能互补性强的社会中，冲突和危机较为频繁，但强度相应较低。通过灵活的调整方式，可以让社会在变化了的条件下也能延续下去。

（3）公共危机具有有助于发现公共问题、推动公共问题进入政府议程、促使政府制定有效的公共政策、解决公共问题等功能。公共危机是社会冲突的一种集中表现。当原有的社会系统并不能全面地、无差异地推进社会的发展时，公共危机的出现会将社会的薄弱环节和因素提交到政府议事日程，引发社会的关注，从而成为新的发展领域。

（4）公共危机的出现会促使政府重新评估其制度、政策和行为，改进政府管理的缺失。公共危机是对政府治理能力的考验。从公共管理的意义上看，公共危机的出现会促使政府重新评估其制度、政策和行为；在危机过后，政府也会反思自己在危机中的表现和危机管理水平的高低，从而改进治理方法、提高治理能力。

（5）公共危机有助于增强人们对自然和人类社会的认识，促进人与自然的和谐，促使人们反思并规范自己的行为。公共危机以需求拉动的方式，强化了人们对科学技术的研究，促使人们更加注重探索公共危机的形成、演化机理，探索公共危机与人类社会的相互作用关系的内在规律，以便于更好地认识公共危机的内在本质规律，提升公众和政府的应急管理能力，更好地指导公共危机的应对工作。

四、公共危机的演化阶段理论

公共危机是动态的，其发生发展会经历一定的阶段性演化。对于公共危机的演化阶段，目前学界有多种理论，最为常见的是预防、准备、反应和恢复四个阶段。对于公共危机管理阶段，比较有代表性的划分主要有以下几种。

Nunamaker强调危机发展的三个阶段，即应将危机爆发前、危机爆发时和危机后三个阶段作为探讨重点，分别规划各阶段所需的应急管理活动，构建了公共危机管理的动态模式。该模式认为，危机爆发前的活动主要是预防和准备；危机爆发时的活动主要是应急响应，也叫应急处置，是事故发生后，有关组织和人员采取的应急行动；危机后的活动，主要是对组织和个人的执行绩效进行评估，并将评估结果作为修正危机管理过程的参考①。

Fink借鉴疾病的发展过程的征兆期、发作期、延续期、痊愈期概念，形象地将危机的发展划分为危机激发阶段、危机急性阶段、危机延缓阶段和危机解决阶段。其中，危机激发阶段，有线索显示有潜在的危机可能发生，危机最有可能被预防和干预；危机急性阶段，伤害性的事件发生并引发危机，具有快速和破坏力强的特点；危机延缓阶段，危机的影响持续，同时也是努力消除危机的过程，管理者在此阶段可以进行有效的危机管理；危机解决阶段，危机得到了完全解决，这是危机管理的最终目标②。

Robert Heath将危机管理的全过程划分为减少、准备、反应、恢复四个阶段，并根据不同环节的危机特点，提出了每一阶段所应开展的重点工作，被称为应急管理的“4R”理论。减少是危机管理的首要环节，是从潜在危机出现直到现实危机爆发的阶段；准备是危机管理的预防环节，一旦危机管理者对潜在的危机识别完毕，做好危机的监测预警并组织好必备的人力物力就显得尤为重要；反应是危机管理的应对环节，也是整个危机演进过程中最考验组织危机处置能力的环节；恢复是危机管理的善后环节，很多危机管理者在危机平息后往往只注重经济的恢复而忽视了广大群众的心理恢复③。

Mitroff和Pearson将危机管理分为五个阶段，分别是：信号侦测阶段，识别新的危机发生的警示信号并采取预防措施；探测和预防阶段，组织成员搜寻已知的危机风险因素并尽力减少潜在的损害；控制损害阶段，危机发生阶段，组织成员努力使其不影响组织运作的其他部分或外部环境；恢复阶段，尽可能快地让组织运转正常；学习阶段，组织成员回顾和审视所采取的危机管理措施，并整理使之成为今后的运作基础。Mitroff和Pearson注重强调的是从组成层面上看待和处理危机事件，强调组织如何快速地从危机事件中恢复过来④。

Turner将灾难演化过程划分为：观念上的正常状态，此时缺乏预见性；孵化时期，各种与认识、规则、制度不相符合但未被意识到的事件不断累积；诱发事件；肇始，警觉失败的直接效果显现；救援与补救；文化的充分调整等几个阶段，认为灾害的演化过程一般都

---

① Nunamaker J. Organizational crisis management system[J]. Journal of Management Information System, 1989, 5(4): 4-32.

② Fink S. Crisis Management: Planning for the Inevitable[M]. New York: American Management Association, 1986.

③ 罗伯特·希斯. 危机管理[M]. 王成，等译. 北京：中信出版社，2003.

④ Mitroff I, Pearson C. Crisis Management: A Diagnostic Guide for Improving Your Organization’s Crisis Preparedness[M]. San Francisco:Jossey-Bass, 1993.

经过上述周期，灾害的减灾和措施需要依据每个阶段的不同给予相应的措施[①]。

除此之外，国内外很多学者围绕公共危机演化问题进行了诸多卓有成效的探索，取得了非常多影响深远的研究成果。公共危机演化阶段理论为公共危机的研究提供了一个总体的思路与框架。这里列举的多个公共危机演化理论模型不仅有助于我们深入了解公共危机管理的相关理论，也有助于进一步提高公共危机管理的科学化水平。

第二节　公共危机管理及其系统

一、公共危机管理的含义

危机管理的理论和方法起源于欧美。作为一门学科，危机管理最初被应用于外交和国际政治领域。1962 年的古巴导弹危机为危机管理理论的提出提供了一个契机。该时期，危机管理指的是某种冲突状态处于转向战争或者转向恢复和平这一分歧点时，为防止其升级到战争而力图控制事态的体系。1970 年以后，各种社会问题、经济问题日益严重，威胁到社会、经济的正常运行，危机管理理论逐渐被引入到企业管理领域。例如，美国企业界在企业内部成功地运用危机管理方法，危机管理的研究和应用范围逐渐被推广到生产中由技术进步产生的危机和商业危机。

对于危机管理的定义，不同的学者从不同的角度进行了界定。张成福认为，所谓危机管理是一种有组织、有计划、持续动态的管理过程，政府针对潜在的或当前的危机，在危机发展的不同阶段采取一系列的控制活动，以期有效地预防、处理和消弭危机[②]。何志武和贾蓉治认为，公共危机管理就是对没有料到的且对公共安全和公共利益形成重大威胁的事件的管理[③]。吴兴军认为，公共危机管理是公共管理的一个重要领域，它是政府及其他公共组织在科学的公共管理理念指导下，通过检测、预警、预防、应急处理、评估、恢复等措施，防止和减轻公共危机灾害的管理活动，并认为政府是公共危机管理的责任人[④]。蔡立辉和王乐夫认为，公共危机管理是一种全面的应急管理，包括事前的预防、事中的处置、事后的恢复与总体评估。具体而言，公共危机管理是指公共管理主体为避免或减少公共危机所造成的损害而实施的危机预防、事件识别、紧急反应、应急决策、应急处理、评估、恢复等行为的总称，目的是提高危机发生前的预见能力、危机发生后的处置能力，以及事后的恢复能力[⑤]。

综上所述，本书认为，公共危机管理是由公共部门参与的，以减少和减缓危机损害为直接目标的，以预警、预控、应急处置、事后恢复为措施的一整套紧急管理活动。对于该界定，可以从以下四个方面来进行理解：①公共危机管理的主体是政府公共部门及

① Turner B. The organizational and interorganizational development of disasters[J]. Administrative Science Quarterly, 1976, 2(3): 378-397.

② 张成福. 公共危机管理：全面整合的模式与中国的战略选择[J]. 中国行政管理，2003，（7）：6-11.

③ 何志武，贾蓉治. 政府危机管理述评[J]. 理论月刊，2004，（1）：70-71.

④ 吴兴军. 公共危机管理的基本特征与机制构建[J]. 华东经济管理，2004，（3）：53-55.

⑤ 蔡立辉，王乐夫. 公共管理学[M]. 2 版. 北京：中国人民大学出版社，2018.

非政府组织（第三部门）。公共危机管理与私人部门危机管理的一大区别在于，私人部门危机管理所需资源由私人部门内部解决，公共危机管理所需资源则由公共危机的特征决定，即其只能由公共部门提供。②公共危机管理的直接目标是减缓和减少公共危机造成的损失。在危机状态下，危机决策所考虑的因素或变量难以充分和全面，进行决策所选定的目标相对直接。③公共危机管理的措施为预警、预控、应急处置和事后恢复。理论上，公共危机管理的措施涵盖危机管理的事前、事中、事后的全过程；而在实践中，公共危机管理的应急处置更为决策者和公众甚至研究者所关注。④本质上，公共危机管理是一系列管理决策的集合。

二、公共危机管理的特征

作为应对公共危机的一系列公共管理决策的集合，公共危机管理具有以下几个基本特征。

（一）信息的缺失性

危机管理的实践表明，危机出现后在短时间内会出现一个信息的真空状态，这种信息真空状态主要来自以下两个方面的原因：①危机事件致使原有信息流动中断。危机事件致使整个系统的紊乱，常态下信息的收集、处理等系统失灵，对于信息进行有效的搜集和处理存在较大困难，相关部门无法在短时间内将危机事件从众多线索中剥离出来，并迅速获取危机的具体状态信息。②信息的过度爆发。在原有信息流动中断的条件下，其他各种渠道的信息会集中爆发，谣言、流言等满天飞，造成公众形式上的信息充裕，实际上的信息缺失。

（二）复杂性

公共危机管理涉及自然、社会、心理等多个方面，具有很强的复杂性。这种复杂性主要表现在危机管理主体和客体的复杂性，以及在对危机实施人工干预的时候，所使用的方式也具有相当的复杂性，具体涉及多学科、多部门、多领域的协同。

（三）紧迫性

公共危机的爆发本身具有不确定性和突发性，对于公共危机爆发的时间、地点、形式、程度等都难以准确预测。面对难以确定却又事实存在的公共危机时，公共部门危机管理必须在极短时间内做出关键性决策并予以实施执行。在进行危机管理时，由于人们来不及做好充分的准备，只能匆忙应战，从而在形成决策时，将面对有限的信息与苛刻的时间约束、资源约束条件的矛盾，这构成了危机管理的紧迫性的根源。

（四）关联性

公共危机是人类社会不可避免的非正常现象，不同领域、不同行业、不同系统都随时可能发生各种危机。公共危机管理涉及面非常广泛，各领域、行业、系统之间不是彼此孤立的，而是具有极强关联性，需要调配和整合的各种资源浩瀚庞杂，人员动员与组织工作也极其复杂，危机决策与处置也具有多方面风险。从公共危机管理实施的过程来看，包括建立机构、培训人员、建立规章、危机监测、预警预防、应急处置、控制修复、善后协调、评估改进等众多环节。广泛的关联性要求公共危机管理必须对各种不确定的自然和社会灾难现象进行系统管理。

（五）权变性

由于公共危机的突发性、不确定性，以及信息的缺失性，在对公共危机进行管理时，应该根据危机所处的内外部条件随机而变，针对不同的具体情境寻求不同的最合适的应急管理措施和手段，即公共危机管理具有权变性。在危机管理中，每一次危机管理都是一次全新的挑战，没有固定的、普遍适用的管理法则。

三、公共危机管理的主体与功能

（一）公共危机管理的主体

公共危机管理的主体即危机管理的实施者，是危机管理机制或体系的重要组成部分。长期以来，公共危机管理的主体构成是学界关注的焦点之一。

在我国计划经济时期，政府一直是整个社会的权力中心，社会各个层面都必须受制于这一中心，政府的主导性角色是对社会经济、政治、文化各个领域进行全面控制，社会领域被国家化，政府与社会处于高度一元化状态。改革开放以来，虽然“全能政府”开始向“有限政府”转变，政府逐渐从一些经济领域和社会领域退出，让位于经济组织和社会组织，但由于计划经济体制的影响和行政改革进程的困难，许多社会公共事务包括危机事件的管理仍以政府为唯一主体，危害程度高、管理难度大的公共危机管理更是如此，社会力量的参与较为欠缺。

当前，伴随现代治理理论的发展，公共危机管理的主体多元化趋势已经逐渐明晰。一般来说，公共危机管理的主体主要包括四个部分：政府、私人部门、非营利组织、公众。明确各危机管理主体的功能或职责，通过法律法规、组织设计和工作流程设计，充分发挥这些主体在公共危机管理中的作用，是构建公共危机管理机制、有效进行危机管理的基本途径。

（二）公共危机管理的功能

1. 政府公共危机管理的功能

政府是公共危机管理的核心，其主要功能如下：①组织危机管理理论研究。政府通过设立各类科学研究基金，资助学界研究公共危机管理理论和技术；政府组建了专门的公共危机管理研究机构，推动了公共危机管理理论发展和完善。②制定法律法规。以《中华人民共和国突发事件应对法》（简称《突发事件应对法》）为基本法，加强各类专门法的立法，推动公共危机管理的法治化进程。③组织设计。国家建立统一领导、综合协调、分类管理、分级负责、属地管理为主的应急管理体制，研究、决定和部署特别重大突发事件的应对工作。根据实际需要，设立国家级应急指挥机构，负责突发事件应对工作。④工作流程设计。各级政府、各部门组织编制突发事件处理预案体系，并编制具体的工作流程，落实到具体的岗位，对岗位工作人员进行必要的培训。

2. 个体公民危机管理的功能

在发生危机事件后，政府所采取的一系列应急措施，必须动员全民予以配合，形成社会应急机制，使危机得到有效控制。个体公民危机管理的功能是：具有较强的危机意识；通过参与各种非政府组织、社区组织等，提高应对各种突发事件的能力；具备守法意识，做到在危机中守法、在灾难面前无条件服从政府的统一指挥。

3. 企业危机管理的功能

企业是公共危机管理的合作者、辅助者，应加强自身的危机管理，在发生公共危机时，根据公共危机管理的需要，竭力提供人力、物力、技术、资金等方面的支持。

4. 社会组织危机管理的功能

社会组织是公共危机管理中政府的重要合作伙伴，应有效地组织公民和企业的力量投入危机管理过程。例如，建立有公众参与的危机管理社会网络，培训紧急自救队伍，在危机预警预控、危机处置和救援、灾区重建等方面发挥作用。

四、公共危机管理系统

公共危机管理是一个由动态过程和静态要素组成的有机系统。其中，动态过程包括媒体管理、沟通管理、决策管理、信息管理等，随着公共危机管理的情境变化而变化。公共危机管理系统的静态要素则相对固定。公共危机管理系统，从职能上看，可划分为国家安全、社会保障、医疗救护、公共舆论和消防交通等子系统；从系统的组织构成上看，可划分为指挥调度系统、处置实施系统、资源保障系统、信息管理系统和决策辅助系统。

针对危机的特点及危机管理的一般过程，公共危机管理系统应包括预警和监测子系统、危机过程跟踪子系统、危机决策与指挥子系统、法律支持子系统、公共信息情报管理子系统、危机评估及理赔子系统。

（一）预警和监测子系统

1. 预警监测的主体

预警监测的主体是防范危机及进行有效危机处置的前提。预警监测的主体可根据两种情形产生：一是依据自身职责而自然形成的预警监测主体，如环保部门、水利部门、气象部门等；二是根据业务的关联性，在危机产生后，由相关决策部门授权而形成的预警监测主体，如地震后对于因地震而引发的堰塞湖的监测等。

2. 预警监测子系统的职能

一个运行有效的完善的预警和监测子系统，包括危机环境分析指标体系，即对可能发生危机的外部和内部环境因素的评估体系；危机预测和预报体系，即对监测得来的信息进行鉴别、分类，对可能发生的危机类别和危害程度进行预测，做出必要的危机处理预案。这就使政府尽可能地在危机的潜伏期和爆发初期有效控制危机的爆发。

（二）危机过程跟踪子系统

危机过程跟踪子系统包括动态数据监测系统和信息反馈系统。动态数据监测系统是利用现代化的终端感应探头，将采集的数据进行分析，并通过电子政务信息平台传输到政府危机管理系统中心数据库，为决策提供依据；信息反馈系统则是对采集而来的相关数据进行反馈，反向追踪源头数据，探寻危机产生的根源。

（三）危机决策与指挥子系统

1. 危机决策与指挥子系统的主体

危机决策与指挥子系统的主体通过两种方式产生，对于预案内的危机事件，其主体由预案明确规定；对于预案外的危机事件，主体由上级主管部门临时授权产生。

2. 危机决策与指挥子系统的功能

危机决策与指挥子系统的构建要体现常规防范与应急处理为一体，实现政府官员负责制与专家咨询制度相结合，逐级建立政府危机决策中心，严格建立突发事件应急处理责任制，坚持统一领导、分级负责、责任到人的原则。

危机决策与指挥子系统由决策系统和决策辅助系统两部分组成。其中，决策系统的功能在于：①请示报告。危机爆发后需使上级指挥部门及时知晓并迅速做出决策，可以通过口头与书面的形式如实报告。②下达指令。根据事件的轻重缓急，采取不同形式下达指令。③通报情况。事件的发生情况及初步处理结果应通过有效手段发布，要注重通报的及时性和准确性，尽量避免谣言和误会的产生。④组织协调会议。根据危机事件的性质、参与方、人员素质等确定协调的形式和方案。其中，协调会议是比较常见的形式。

决策辅助系统的功能在于：预警分析、资源的优化配置和布局、危机事件的分类分级、预案评估、预案选择、预案的动态调整、资源的优化调度。此外，决策辅助系统的功能还包括预案库管理、提出安全培训和演练方案、基于资源优化配置方案对保证体系进行评估、预警分析和控制、为危机事件的处置提供决策资料和决策建议、对危机事件进行后评价。

（四）法律支持子系统

依法行政是现代政府管理的基本要求。发达国家危机管理的一个重要的经验就是建立相关的法律制度。在我国，政府强调“一案三制”建设，但在危机管理的法治建设上相对滞后，危机应急处理时仍然习惯于用人治的方式解决。目前，我国已经颁布实施了《突发事件应对法》，这是指导突发事件应急管理的基本法，同时其他规范突发事件应急管理的专门法相对缺乏。

（五）公共信息情报管理子系统

“非典”反映了我国公共信息情报管理的缺失。因此，建立有效的公共信息管理系统，做好危机发生后的信息发布、联系沟通是妥善处理危机的一项重要工作。公共信息情报管理子系统应包括资源共享、联合行动、统一接警、统一指挥的信息应急联动系统，该系统应融合有线通信、无线通信、数据库、全球定位、信息技术网络等多种现代化信息传输手段于一体。当危机发生时，能将分散的数种力量迅速集合，实施紧急救援。此外，知情权是公民的一项基本权利，公共信息情报管理子系统应包括信息传播系统。一个及时有效地向民众发布信息、保持动态互动的信息沟通系统十分重要，它能起到使民众明确政府立场、稳定人心、澄清事实真相的重要作用。

（六）危机评估及理赔子系统

危机善后工作是危机管理不可或缺的重要组成部分。积极做好危机善后工作的基础在于建立危机评估及理赔子系统，该系统包括危机管理绩效考评系统和危机善后理赔系统。危机管理绩效考评系统主要是对不同部门在危机管理中的行为和成绩、危机管理的能力及存在的问题进行考核考评。加强危机管理绩效考评的根本目的，就是要在制度上为各级政府的行为提供相应的激励导向，要严格执行重大事故责任追究制。评估是为了总结经验，如果评估工作做得认真、客观，它就能对完善政府危机管理的治理机构和制度产生积极效果，以使政府的管理更为有效。

危机理赔系统主要是对危机造成的损失采取补偿措施，对危机的受害人进行合法的赔偿，安抚受害人，尽早恢复社会秩序。

第三节　公共危机的过程管理

在公共危机已经出现的时候，依托公共危机管理系统，直接在应对公共危机的过程中发挥作用的机制主要有决策机制、沟通机制、信息管理机制三个方面。在整个公共危机管理的过程中，都可以看到这三方面机制所发挥的作用。

一、公共危机决策

（一）公共危机决策的概念

公共危机决策是一种特殊类型的非程序化决策和有限理性决策，公共危机状态下决策的首要目标是控制公共危机事态的蔓延，把公共危机控制在一定的范围内，最大限度地保护民众的生命和财产安全。

据此，本书对公共危机决策作如下界定：公共危机决策是指为了有效地应对公共危机，而在相当有限的时间、资源和人员等约束条件下，从多种可能的备选方案中加以选择和决断的非程序化过程，它是在对危机产生的原因、范围、将带来的后果，以及利害相关者的需求等相关因素的综合考量基础上，做出的关于危机应对的最优路径选择。

（二）公共危机决策的特征

公共危机决策是一种在特殊环境下非常规的判断和抉择活动，具有如下特征。

（1）快速果断。公共危机的突发性、严重性和高时效性使决策者根本不可能有充分的时间和条件按照常规程序进行决策，要求决策者在不损害决策合理性的前提下适当简化决策程序。对于决策者来说，必须具备快速判断、快速反应、快速决策、快速行动及快速修正等决策能力，必须避免优柔寡断、犹豫不决、过度分析的倾向。实际上，在危机情境下，事态不确定、时间紧迫、信息有限、技术支持稀缺等因素都会制约危机决策的决策过程及其效用的发挥。

（2）决策环境条件的严酷性与决策的高风险性。公共危机决策的时间紧迫，反应时间有限，迫使决策者必须迅速决策。决策者应当具有敏锐的洞察力，恰当判断形势，快速应变，有效控制危机。决策环境的严酷性表现在信息的有限与资源的紧缺。信息有限主要体现在信息不完全、信息不及时和信息不准确。资源的紧缺主要体现在公共危机管理中资源供给的有限性与资源需求的多样性的矛盾。决策环境的严酷性决定了公共危机决策必然是高风险的决策行为。

（3）决策程序的非常规性与效果的非预期性。由于公共危机状态的严重性需采取及时有效的具体措施进行控制，所以公共危机决策属于典型的非程序性决策，不能按照常规程序进行。由于公共危机事态及其发展具有不确定性，加上决策者难以在短时间内掌握充分和准确的信息，决策者只能在有限的时间内和高强度的压力下迅速做出其认可的决策方案。

（4）决策者个人的人格化和创新性。公共危机管理中特殊的决策条件，使得决策者不可能有充分的时间进行深思熟虑的推断，决策的理性分析受到极大限制，相反，决策者的性格特征、价值偏好、个人经历、学识、信仰、习惯等，会在很大程度上影响到决策的最终方案和结果。这使得公共危机决策带有很大的个性化特征。

（三）公共危机决策的原则

公共危机决策应遵循的原则包括一般原则和特殊原则。其中，一般原则是指任何决策都应普遍遵循的原则；特殊原则是指因具体决策的特点和要求不同而应遵循的具有个性、非普遍性的原则。

一方面，公共危机管理的一般原则包括：其一，以人为本的原则。人是最宝贵的，在公共危机决策时，应时刻把人民群众的生命安全放在第一位，最大限度地减少人员伤亡。其二，可操作性原则。危机决策是在信息有限的条件下做出的，因此，决策是否与危机现状相符合，决策是否具有可执行性是必须要重点注意的问题。不具可操作性的决策方案只会贻误战机，使危机进一步恶化。遵循可操作性原则，需要防止两种倾向的出现：①决策信息缺乏导致慌忙，做出不可行的决策；②在进行决策时，过于贪大求全，而导致决策方案事实上的不可行。其三，动态性原则。危机情境瞬息万变，充满不确定性。危机决策是一个随着危机状态不断变化的动态过程，应根据情况、信息的变化及时调整公共危机决策，保持可调节的弹性和随机适应性。

另一方面，公共危机决策的特殊原则包括：其一，快捷有效原则。需要做到快速发现、快速报告、快速到位、快速展开、快速介入。其二，符合比例原则。公共危机决策要做到反应适当，决策的成本与危机损失要比例一致。不能反应过度，浪费社会资源；

也不能反应不足，使得社会损失过大。其三，责任追究原则。公共危机决策是对决策者综合素质的严峻考验，通过追究责任的方式，防止不决策、敷衍决策、推诿决策、推延决策等情形的发生。

（四）公共危机决策的流程

一般来说，危机决策过程步骤主要有：确认面临决策的问题；确认决策标准；决定评估标准、方式；发展备选方案；选择备选方案；执行备选方案；评估决策程序以及决策结构的影响；等等。

在危机决策中，在相关预案存在的前提下，可以依托既有预案进行危机决策，危机决策流程如下。

第一步：危机识别。搜集危机的状态特征信息，通常包括危机的类型特征信息、危机的烈度信息、危机趋势信息和危机可能造成的影响信息等，这些信息是决策者进行危机识别的基础。危机决策者在危机案例库的支撑下对危机进行识别。识别的内容包括当前发生的危机类型、可能的发展趋势、可能的影响等。危机案例库是对过去发生的各种危机的经验描述，其中以危机发生的环境特征和状态指标描述为主。通过对危机的识别，决策者对当前爆发的危机有了一个比较清晰的认识，也就是对决策问题有了一个清晰的认识。当出现的危机超出了危机案例库的范围，即当人们从来就没有见过的危机出现时，要进行人工干预，充分发挥人的主观能动性和创造性思维，直接拟定备选方案。

第二步：预案匹配。决策者结合预期的决策目标与预案库中的预案进行匹配。根据不同的决策目标匹配的预案也不尽相同。同一个危机，可能有多个预案与之相匹配，被匹配的预案变为备选方案。当在预案库中找不到与决策问题相匹配的预案时，要在人工干预的条件下，对预案进行修改和调整，经过调整得到的备选方案可能是多个预案的组合。从这一步骤也可以看出，有了预案的支持，不再需要从头开始重新设计方案，而是根据问题直接选择备选方案。

第三步：备选方案评估。作为备选方案的预案可能有多个，因此，要对备选方案进行评估。评估准则通常包括时间最短、效益最大、可靠性最高等要求，经过对备选方案的评估得到最后的可执行方案。如果备选方案不能满足要求，需要对备选方案进行修改，然后再评估，直到满足要求为止。备选方案的评估过程也是对预案的学习过程。从该步骤可以看出，基于预案的危机决策方法也是一个不断循环学习型的决策方法。

第四步：方案实施。方案实施是对最后执行方案的具体落实和操作。方案在实施的过程中可能遇到或产生新的危机，从而开始新一轮的危机决策。

二、公共危机的沟通管理机制

（一）公共危机沟通的概念

危机沟通在危机管理中具有重要意义。不同学者对公共危机沟通进行了定义。美国学者 Zaremba 认为，危机沟通包括辨别内外部的沟通受众，发生危机时他们最需要获取各种信息。危机沟通需要构想、创建和传播信息给这些内外部受众，同时对他们的回答做出反馈[①]。Robert Heath 曾将危机沟通定义为一种针对特定议题、有目的的信息交换，是个人、私人与公共团体间信息和意见交换的一种互动过程。它不但包含危机本身和其他信息的多重形式，更包括表达彼此的关切、意见，或对危机信息的反应及政府或体制对危机管理的安排等[②]。很多学者持类似观点。这些定义从不同的角度对于危机沟通进行了限定。本书认为，公共危机沟通是指公共部门以沟通为手段，以解决危机为目的所进行的一系列化解危机和规避危机的活动过程。

对于这一定义，公共危机沟通可作如下理解：①危机沟通的形式是公共危机管理主体对所获得的公共危机信息进行处理，并以特定的形式发送给对象，而沟通的受众则接受信息并对主体进行反馈；②公共危机沟通的内容包括危机性质、对危机信息的反应、对危机观点的表达及危机管理的法律制度安排等多重信息；③公共危机沟通包括危机管理主体内部的沟通、危机管理主体与公众的沟通、危机管理主体与媒体的沟通等类型。

（二）公共危机沟通的特点

（1）沟通目的的明确性。危机沟通的目的非常明确而直接，即预防危机、控制危机、化解危机、修复危机。通过危机沟通，可以传递信息、思想、情感、价值取向，以使危机所涉及的部门和人员达成共识，协调一致，齐心协力，从而保护公共利益，保护人民生命财产安全，减少公共利益的损失，稳定人心，稳定社会局势等。

（2）沟通性质的公共性。公共危机沟通的公共性主要体现在沟通主体的公共性上。沟通主体是政府、公共事业部门、非政府组织等公共组织；沟通手段具有公共性，危机沟通所依据的公共权力、法律法规等都具有公共性；沟通内容具有公共性，与危机相关的各种信息、知识等都是公共的。

（3）沟通方式的直接性。公共危机的突发性、破坏性、紧急性和高度不确定性要求必须及时准确地获得相关的信息，迅速做出决断，这样就要求危机管理者亲临危机现场，与危机的相关各方和人员进行面对面的直接沟通，才能获得全方位的真实可靠的信息，为正确的危机决策奠定基础，也才能稳定人心，控制局势。

（4）沟通过程的互动性。危机沟通过程中，沟通主体和受体之间存在着强烈的互动关系，沟通主体所传递的信息、思想、情感和价值取向等，都会直接迅速地对沟通受体产生明显的影响，并且这种影响的后果会立即表现出来。与此同时，沟通受体的反应、情绪、要求、建议等，也会对沟通主体产生直接的作用。

（5）沟通手段的非常规性。公共危机的特征之一是常规防治手段失效，因而往往也无法用原有的知识和经验进行判断和处置，为了迅速控制、化解危机，必须采用非常规性的措施和手段，采取一些独创性的、强制性的、非常规性的措施。

① 艾伦·杰伊·查伦巴. 组织沟通：商务与管理的基石[M]. 魏江，朱纪平，等译. 北京：电子工业出版社，2004.

② 转引自周全胜，刘斌志. 论灾难性突发事件中的政府危机沟通[J]. 云南行政学院学报，2010，（6）：79-82.

（三）公共危机沟通的原则

（1）保证正规沟通渠道畅通。公共危机影响范围越大，沟通渠道就越重要。公共危机沟通存在两个渠道：正式沟通和非正式沟通。正式沟通渠道即政府利用公开的、为人们所熟知的渠道和方向向公众传递各种有利于协调运转、危机弱化或消解的消息。非正式沟通渠道包括小道消息的传播、谣言的散布等。抵制谣言和小道消息传播的最根本的方法是要保证正规渠道的畅通，提高正式沟通的效率，增加透明度，做好宣传和解释工作。

（2）保持信息口径一致。信息口径不一致会导致信息失真，谣言散布，人心混乱等不良影响。保持信息口径一致，就需要建立专门的信息发布机构，指派专门的新闻发言人，为大众及媒体提供最新信息。在保持信息口径一致的条件下，要防止信息供给不足而进一步引发社会的猜测和谣言。

（3）真实地满足公众知情权。公民的知情权是不可剥夺的权利。公共危机发生后，无论公众还是媒体，都有迫切的知情权诉求，因此，需要立即成立危机新闻中心，告知真实信息和危机处理进展，确切而权威地满足公众知情权。

（四）公共危机沟通的作用

公共危机沟通直接影响公众的情绪反应。危机沟通出现了问题，会直接导致政府形象受损、公众不满情绪激增、社会不稳定因素增多、社会矛盾激化等。公共危机沟通具有以下五方面的作用。

（1）有利于安抚社会公众的恐慌心理。公共危机中，公众对危险的判断，以及恐慌程度与公众对政府的信任程度有关，公众对政府的信任程度越低，其恐慌程度越高。及时有效的危机沟通，即使不能制止公共危机的发展走向，但可以在一定程度上控制公共危机的影响程度，同时加强了各部门之间处理公共危机的协调工作，防止信息的谣传和谣言的传播，起到稳定民心的作用。

（2）有利于控制社会秩序。公共危机事件的应急处置过程不仅需要媒体向社会、向应急管理决策机构提供大量的信息，而且需要媒体在政府与社会公众之间、专家与社会公众之间起到沟通的作用。由沟通达到理解，由理解达成共识，是缓解与度过任何危机必不可少的途径。危机沟通的范围包括：对事件观念态度上的沟通，对应急处置目标期望值的沟通，以及针对善后或恢复过程中有关政策、措施的沟通。政府通过种种沟通渠道，采取及时有效的沟通措施，使社会公众了解事实真相，有助于消除恐慌情绪，防止大量谣言和流言的恶性传播，从而有利于提高公众的认知水平，减少认知冲突，使公众进行有效的自我管理，社会秩序逐步稳定。

（3）有利于政府做出正确决策。在公共危机事件中，政府与社会公众的沟通是双向的，一方面，政府对公共危机事件应急处置的态度、对应急管理的努力程度、所采取的措施、专家的态度和意见等，都需要得到社会公众的认可，并得到公众的理解支持和参与。通过各种有效的沟通渠道把公共危机状况、应对措施、相关事态发展传递给社会公众。另一方面，公众通过一定的渠道把自己的想法、建议反馈给政府，帮助政府进行科学决策等。与此同时，政府通过发挥信息沟通的舆论导向功能来稳定公众心理，引导公众选择正确的行为，正确地对待突发性的公共危机事件。

（4）有利于调动社会力量、整合社会资源处置危机。公共危机不仅仅是政府这一单一组织所面临的危机，随着政府职能的转化，更多的第二部门或第三部门非政府组织在公共危机管理中发挥的作用也越来越明显。畅通的信息传播和有效的沟通可以使政府在公共危机管理中寻求多方面力量的合作与支持，充分发挥社会组织的资源，自救与他救相结合，同时在公共危机管理过程中，又能发挥其监督政府的作用。由此能降低公共危机管理的成本和减少社会损失，以最快的速度处置公共危机事件。

（5）有利于增强公众对政府的信任。公共危机管理的实践表明，政府增强“以人为本”的理念，及时把社会公众希望了解、需要社会公众了解的信息传达给社会公众，做好各类公共危机事件的真相发布及信息沟通工作，有助于促进有效沟通，妥善地应对好各类突发公共危机事件。同时，在公共危机事件发生后，政府及时有效地通过各种渠道向社会公众传递相关公共危机信息，不仅有利于危机事件的尽快处理、社会秩序的控制，同时也增强了公众对政府的信任程度，为政府在社会公众心中树立良好的形象打下基础。

（五）公共危机沟通的策略

公共危机沟通策略可以分为政府部门内部沟通策略、政府与公众沟通策略、政府与媒体沟通策略。

1. 政府部门内部沟通策略

政府是公共危机管理体系的主体，组织内部沟通的缺失和失误往往会造成危机的爆发和扩大。只有保证政府组织内部沟通途径的全面、沟通渠道的畅通，才能准确地判断出潜在的危机，迅速地做出反应。政府内部的沟通在危机管理中起着导向性的作用，在政府内部沟通时要做到主动与灵活。

一方面，给政府官员创造敢于讲真话的环境。改变政府危机考核的指标，以公众满意为原则，以官员应对危机的表现和能力为考核内容，从而能够创造一个良好的环境使危机萌芽的信息迅速从组织下方上报传达到组织上层。

另一方面，通过快速通道传递信息。危机的突发性、紧急性决定了处理危机赢取时间的重要性。所以打破层层通报制，建设快速通道在危机萌芽阶段和危机爆发初期阶段是十分必要的。危机发生地的政府直接将危机的信息、状况传递到决策层，决策层再通过绿色通道把应对危机的意见、方案下达到地方政府。这样做既有利于上下级的快捷沟通且能尽量保证信息不会失真，也有利于为危机的处理赢得了宝贵的时间。

2. 政府与公众沟通策略

政府与公众的沟通是最关键、最具难度的一环。这里的公众不仅指遭遇危机的对象，也包含一般大众。政府在处理危机的过程中面对的公众的数量是庞大的，这也就增加了沟通的难度。沟通工作做得不好，会加重危机的严重程度。因此在沟通过程中政府应当遵循开放、主动的态度，反应迅速，善于互动。

首先，占据主导地位，迅速公开真实信息。危机在萌芽阶段，政府与公众沟通应当遵循“3T”原则[①]发布信息。强调政府要把握住信息发布的主动权，尽快地不断地发布信息，并且全面、真实地告知公众。政府权威信息传播得越主动、越全面、越快速，就越能尽快引导公众从错误的信息中摆脱出来，就越有利于维护社会的稳定和政府的威信。相反，如果政府此时不能站在主导地位迅速坦诚地提供所了解的全部信息，就容易使妄加推测的流言蜚语传播开来，从而加大了政府控制局面的难度。

其次，从制度上保持沟通中信息的一致性和连续性。危机爆发期，新闻发言人制度是最有效的机制之一。政府应当指定新闻发言人发布权威信息，在发言时注意新闻发言人要确保口径统一，遇到专业问题应当请专业人士充当发言人以增加信息的权威性，令公众信服。新闻发言人代表政府发布危机处理情况及其他相关信息，回答记者提问，以此引导舆论，消除公众的各种不安因素。

再次，到公众中去面对面沟通。危机爆发时政府还应当打破常规直接到公众中去，与危机中的人员进行面对面的互动沟通。危机管理者越过层层信息传递层级走到公众中去，倾听受害者的声音，了解他们的想法，表达关怀，申明立场，说明对策，倾听意见，不仅能安抚大众、鼓舞士气，也能获得最真实的信息，纠正之前通过信息传递机制传递信息时可能出现的偏差。

最后，主动公开承担责任。公共危机管理中，政府应当责无旁贷地承担领导责任和主要责任。在危机过后，也就是危机的恢复期，政府在沟通过程中所要做的是领导者主动公开承担责任，取得公众谅解，以维护良好的组织形象。并且针对危机过后公众出现的应激心理，组织管理者深入到灾区中，给受灾群众提供必要的救治帮助并进行积极的心理干预，帮助其顺利地度过精神上的危机。

3. 政府与媒体沟通策略

危机管理中政府与媒体的沟通是不容忽视的。因为在危机管理中，媒体既可能成为政府的得力助手，作为联系公众与政府的纽带发挥平复危机的作用，也可能会扩大危机的传播导致恐慌情绪的扩散，危机的加重。鉴于媒体在危机中双重的性质，政府提升与媒体沟通的能力，引导媒体协助政府在危机管理中发挥其积极的一面是十分有必要的。

首先，利用媒体敏锐的眼光发现潜在危机。政府与媒体的沟通应当在开放坦诚的基础上适当对媒体进行引导利用，并且应当创造一个和谐宽松的沟通环境，利用媒体敏锐地发现潜在危机的优势，及时把先兆传递给政府，将危机消灭在萌芽状态。

其次，引导媒体扮演危机信息代言人的角色。请媒体扮演危机代言人的角色，使媒体始终与政府站在一起，对政府的行动进行解释和宣传，能够使公众理性地对待危机，并获得公众的支持，还能将政府的指引化为公众日常的行为行动，协助政府应对危机。请媒体扮演危机代言人角色还能够引领正确的舆论导向，维护政府良好的形象，有利于提升政府的公信力。政府与媒体良好协调的互动不仅能成为应对各类危机事件的强大支撑力量，还能够利用媒体使政府在危机中树立起良好的形象。

最后，发挥媒体心理疏导的功能。公共危机也是一场心理危机。在危机爆发阶段和危机恢复阶段，政府借助媒体强大的宣传力量缓解公众产生的心理危机的同时，也能够

---

① 即以自身为主导（take your own take）、全面（take it all）、快速（take it fast）的原则。

将公众团结起来帮助政府克服现实中的危机。

三、公共危机的信息管理机制

（一）公共危机信息管理的定义

众所周知，没有相关信息的传递、交流与反馈，管理主体就无法对管理的客体实施调节控制，也就不能使之朝向主体期望的目标方向发展。同理，政府要对公共危机进行有效的宏观控制，必须先构建完备的信息管理机制，对公共危机的相关信息进行搜集、汇总，然后协调做出相应决策。在公共危机的应对中，信息管理是至关重要的。

所谓公共危机信息管理，是指为有效减少、减缓危机所造成的损害，政府公共部门依托现代信息技术，对危机事件的各个环节的信息资源进行计划、组织、领导和控制的社会活动。简单地说，公共危机信息管理就是政府对危机状态下的各类信息资源和信息活动的管理。公共危机信息管理的内容包括危机信息的搜集、传输、加工和储存。

（二）公共危机信息管理的原则

1. 信息公开原则

随着政治民主化进程的不断推进，包括要求政府信息公开在内的信息自由权不断被世界各国所认可。信息公开的宪法基础是信息自由权，这是一项基本的人权。1948 年联合国大会通过的《世界人权宣言》第十九条明确指出，“人人有权享有主张和发表意见的自由；此项权利包括持有主张而不受干涉的自由；通过任何媒介或不论国界，寻求、接受和传递消息与思想的自由”。公民或组织不仅享有由法律规定的自由地获取和传播信息的权利，也享有由法律规定的获得政府或其他公共部门工作情况的权利。

2008 年，我国颁布国务院第 492 号令，《中华人民共和国政府信息公开条例》（简称《政府信息公开条例》）于同年 5 月 1 日开始实施。该条例明文规定了危机状态下公共部门信息公开，其中，突发公共事件的应急预案、预警信息及应对情况等都成为信息公开的内容。

2. 信息多渠道验证原则

信息管理是危机管理的首要环节，没有充分、及时、准确的信息就不可能进行有效的危机管理，没有危机信息管理就没有危机的决策、执行。危机事件会破坏国家的正常社会秩序并影响国家的长治久安，将危机管理纳入国家整体发展战略中，并使危机管理能够与这一目标相适应是完全有必要的。由于信息贯穿整个危机管理过程，必须要坚持信息多渠道验证原则。

多渠道验证原则包括三个基本方面：一是政府部门内部的多渠道信息验证。针对特定的危机类型，各级政府和政府的各个部门都应有权向决策层上达信息，要抛弃单一渠道方式。多渠道验证将有效防止地方政府对危机信息的扭曲。二是开放新闻媒体、非政府组织和个人公开上达危机信息的渠道，多种外部信息渠道彼此相互校验，防止决策层对内部危机信息的过分依赖。三是针对不同危机事件，社会和政府的各个主体以不同的方式及角度的反应能够确保内外部信息的彼此校验过程。

3. 信息畅通原则

信息畅通、反应敏捷是公共危机管理需要坚持的一个重要原则。信息畅通对于公共危机管理中的正确决策及采取的有力措施意义重大。此外，信息畅通的另一含义是有关公共危机的信息对于社会大众也需要做到畅通，保证公民的知情权，以利于他们自己在危急关头做出准确的判断和决策，采取有效的措施。在公共危机管理机构内部做到信息畅通，人们的认识没有多大的分歧，比较容易达成共识；但是，是否有必要向社会公众公开有关信息，做到危机信息在社会中畅通，使公民享有知情权，是一个难题。

（三）公共危机信息管理的作用

信息管理是以政府为主的公共机构有效处理危机的必要条件。只有把涉及公共利益的信息及时准确地向社会公布，公众乃至整个社会才能积极参与，有效应对危机，把危机带来的生命财产损失降到最低。

1. 有效的危机信息管理有助于让公众了解危机真相

危机爆发后，政府对于危机信息具有天然的垄断地位，如果政府不承担起信息公开的责任，不进行有效的危机信息管理，公众是无法真正享有与充分利用这样的危机信息资源。同时，由于公共危机事件具有突发性、不可预知性、过程的震撼性、后果的严重性以及可能危及公共安全和利益等特征，在发生之初便引起了公众对事件相关信息知情权的极度渴望，公众的第一反应和最大需求就是，他们希望了解真实、准确、权威的信息。

2. 有效的危机信息管理有利于政府与公众、传媒等之间形成应急联动

危机管理需要政府、非政府组织、社会公众乃至国际社会的共同参与。危机信息通过信息传递和反馈，有助于赢得危机管理者的理解和支持，并达成应对危机的共识。同时，有助于在适度整合各方力量的基础上，形成应对危机的组织系统。

3. 有效的危机信息管理有利于优化资源配置、降低危机处理成本

畅通危机信息管理也有利于政府尽早掌握危机信息，最大限度地将危机遏制在萌芽状态。即使不能将危机消灭在潜伏期，也可以通过启动危机应对计划、提前储备重要战略物资，遏制危机发展并降低危机管理成本。

4. 有效的危机信息管理有利于树立良好的政府形象

在民主、开放、多元的时代背景下，公众渴望知情权得到政府尊重并透过行政信息公开参与公共事务的治理。在危机管理中，公众对危机信息的欲望更加迫切。加强政府与公众的信息沟通管理，可以及时控制危机引发的社会恐慌、树立良好的政府形象，最终在二者之间形成良好的互动关系。

（四）公共危机信息管理的策略

公共危机信息管理强调在公共危机全流程中提供有效的危机信息。根据公共危机产生和发展的全过程，在各个不同的环节都有自己特定的信息管理内容和策略。

1. 危机爆发前的信息管理

危机爆发前的信息管理有助于危机预防的开展，减少危机来临时的破坏程度。危机前的信息需求群体是极多元化的，包括政府部门、可能的受害群体和社区、生产相关设备的商家等。因此，危机前的考察工作以量大和覆盖面广为特征，所需信息也相对全面。

针对危机管理就绪状况的评估，相应的重要信息包括当前危机管理就绪状况的评估结果，易受灾地区的重点考察。一般是通过正式调查，提供灾难的损失预测报告，供决策参考。针对物理对象的考察，相应的重要信息包括土地与区域管理状况，能源、水源、医院等重点物理对象的情况，人口密度状况与分布情况，供给与支援系统情况。针对经济状况的考察，相应的重要信息包括失业、贫困、收入分配状况，经济活动对社会所有群体的影响，税收政策，保险政策。针对危机管理机构的考察，相应的重要信息包括高层领导对危机缓和的支持意向，危机管理机构对缓和政策的接受状况所需培训的资源。针对社会状况的考察，相应的重要信息包括社会上可以投入危机缓和教育的资源，学校、社区等对危机缓和进行的培训情况，社区参与危机缓和政策制定的程度。针对社会上其他综合状况的考察，相应的重要信息包括地区的政治状况、经济状况、文化状况、法律状况等。

公共危机爆发前的信息管理主要用于两个方面：①危机预警，即识别和描绘可能出现的危机，发出警报，使危机得到应有的重视；②危机防范，即在不确定状态下提前做好预防工作，包括确定防范对象、采用的管理和技术手段、可回应的系统等因素。危机防范首先要明确防范对象的信息，然后做出应对方法的决策。因此，公共危机爆发前的信息管理重点就是尽可能地减少不确定危机的数量，最大限度地明确可能爆发的危机状况。

2. 公共危机爆发时的信息管理

危机一旦爆发，针对具体危机的详细资料方面将显然不足。因此，此时还需要对爆发的现实危机进行全方位的信息搜集，掌握具体的地点、危害程度、扩散状况、所需资源等。

据此，公共危机爆发时可能需要开展的信息管理如下：①锁定目标。开展的信息管理项目包括明确所爆发的具体危机的信息，评估受害人群在短期和长期所遭遇的损失。②评估救灾能力与薄弱环节。开展的信息管理项目包括掌握当地已有资源和短缺资源的目录，评估应对机制的能力，受害人群的当前状况。③确定各流程的绩效标准，预计所需的资源和成本。开展的信息管理项目包括确定战略目标，罗列所需资源，估算可能获取的资源。④估计各项流程所能达到的水准面及可能实现的目标。开展的信息管理项目包括提供损失报告，确定受害人群，评估危机的持续时间。⑤提出可供选择的处理方法，明确各阶段的任务。开展的信息管理项目包括集中专家资源，提出尽可能多的、可行的处理方案。⑥确定最有效的处理方案。开展的信息管理项目包括明确时间表，估算各方案的成本，评估现有救灾能力，选定最有效的处理方案。⑦确定方案的负责人。开展的信息管理项目包括预测方案的实际收益，选定方案的负责人。⑧监督和评估方案的实行情况。开展的信息管理项目包括筹备监督和评估人员、设备，提供监督和评估方案执行情况的信息。⑨确立调整方案的流程。开展的信息管理项目包括确定衡量成功与失败的方法，对原战略进行调整。⑩通过新的方案。开展的信息管理项目包括相关政府机构的态度，相关政府机构对原战略的调整和新战略的实施情况。

公共危机爆发时的信息管理，从本质上看是政府响应危机的决策和执行过程。在此过程中，信息管理是决策、执行、再决策、再执行的循环周期的前提和基础。

3. 公共危机后的信息管理

在公共危机响应结束后，信息管理工作进行到善后处理和灾后重建阶段。通过各方面的信息反馈，确保全部受灾人群安全地摆脱危机；搜集灾难破坏方面的信息，做好灾害损失评估工作，得出全面、科学的损失信息汇总，提交上级部门和向社会公布；全面收集此次公共危机对于当地政治、经济、社会和环境等多方面的影响，制订灾后的长期重建规划；通过信息的发布和沟通，了解当地受灾人群的重建意向，获得公众的支持；开展重建项目，不断搜集和反馈信息；在危机后，全面总结此次公共危机的经验教训，形成当地此类公共危机的案例库和知识库，支持此后的危机预警和防范工作。

第四节　公共危机的复合治理

放眼世界各国，公共危机管理的实践创新和理论探索始终都是相伴而行的，当代中国更是如此。2003 年的“非典”蔓延及对其的抗击，催生了“一案三制”应急管理体系；新冠疫情等突发公共危机事件的发生与应对，既是对现行公共危机管理体系的挑战，也成为健全完善公共危机管理体系的重要转机。

一、传统公共危机管理的困境

近年来，“一案三制”的公共危机管理体系经受了一系列重大突发事件和灾害的考验，被证明是符合国情、基本可行的，但也暴露了两个重大缺陷：一是缺乏规划、无法考核；二是全灾种管理与全过程管理难以兼容①。我国公共危机管理的能力困境和组织及体制困境较为突出。

（一）公共危机管理的能力困境

1. 公共危机管理的应变能力

危机的突发性、“非常态”性，决定了对危机的应对和控制无先例可循，不能按部就班地进行，需要有较强的随机应变能力。尤其在危机的征兆期和发作期，应变能力对于控制危机的蔓延具有重要的作用。但当下我国政府和社会的危机意识较为淡薄，缺少全面整合的危机管理体系和危机事件应对协调机制。

2. 公共危机管理的法治保障能力

成熟的非常法制应当是一种预备性的法制，是一种备而不用的法制，这种备而不用的法制可以避免应急立法出现的缺陷。我国近年来虽然大力推进“一案三制”的建设，强化危机管理的机制、法制、体制建设，但总体上看，我国的危机治理的法治保障能力仍然不足。在法律体系建设方面，我国于 2007 年颁布实施了《突发事件应对法》，这是指导我国突发事件应急管理的基本法，而其他专门法律则相对不足。

① 童星. 兼具常态与非常态的应急管理[J]. 广州大学学报（社会科学版），2020，（2）：6-15.

3. 危机治理的信息化能力

信息化能力是现代政府进行管理和决策时必须具备的一种能力，是对政府现代性、规范性、科学性等指标进行考察的一个重要方面。目前，我国的电子政务建设、政府信息公开状况等虽然已经取得很大成绩，但总体还不尽如人意。特别是在大数据时代背景下，社会对政府信息的需求与政府的信息供给之间还存在很大的差距，政府信息化能力整体不高，难以完全满足应对重大危机事件的需要。

4. 多元主体培育能力

公共危机治理是政府的职责，各级政府在危机治理中应当扮演重要的角色，这是无可厚非的。但是，政府也不是万能的，有效的危机治理需要政府、社会公众、企业乃至国际社会等的共同参与。目前，多元主体参与危机治理的机制尚未形成，导致政府治理能力大打折扣，治理成本增加。能否有效避免危机的发生和应对危机，根本上取决于公共治理结构是否能得到优化，应当追求一种公私合作、政府与社会力量互动的治理模式，强调公共行政的二元分野，即政府治理公共政策化和事务管理社会化。

5. 公民权益维护能力

危机事件的应急管理需要采取非常手段。这些非常手段对于消除危机状态是必要的，但其却往往会限制甚至侵犯公民的自身权益。非常时期和特别状态不能成为背离法治的理由，非常时期需要非常法制。如何发挥法律对社会无序状态或是紧急状态的防范和矫正功能，并在保障公民权益的基础上保障政府在法律规定的范围内依法行使危机管理权，并使这种权力得到社会的有效认可，显然是需要我国政府认真思考的问题。

（二）公共危机管理的组织及体制困境

1. 政府的条块分割制约着危机的处理与控制

典型案例就是在“非典”期间，一些部门和单位把病毒样本作为“不宣之秘”，条条块块分得清清楚楚，彼此垄断资源，隔绝信息。随着公共危机的不断增强，如何提高政府应对危机事件和调动资源的能力，打破条块分割，成为政府自身不容忽视和回避的重要内容。

2. 第三部门的发展困难重重

在国外，依托第三部门来推动公共危机治理已经成为社会的常态。第三部门参与危机治理有助于整合社会资源，提高治理效率。但我国第三部门成长的时间比较短，还存在较多的问题，资金短缺、人力资源缺乏、工作不稳定等都成为制约其危机管理功能发挥的重要因素。

3. 公民公共精神和公民文化的缺失

一场大的公共危机的发生，无疑考验着公民道德和公民意识。然而，许多公众在面对危机的时候采取旁观态度，更有一些人的行为显示出公共精神的严重缺憾。在公共危机出现时，公民的行动不应该是等待政府动员，而是应该尽可能地承担起公民的那些责任。当公共危机可能蔓延之际，每个公民都有责任为阻止蔓延作必须做的一切。因此，公共精神的培养是摆在我们面前亟待解决的问题。

二、公共危机复合治理的含义与特征

我国公共危机管理建设在经历2003年“非典”后才得到快速发展，进而建立起了以“一案三制”为核心的公共危机管理体系，但也不可避免地存在一些问题。面对公共危机管理的现实背景和困境，构建复合型的公共危机管理模式势在必行，公共危机应该逐步由单一管理转向复合治理。

（一）复合治理的内涵

大量理论和实践证明，在复杂的公共治理过程中，政府、市场和社会组织中的任何单一主体都不可能包揽一切，也不可能单纯凭借自身的力量实现对公共事务的最有效管理。要减少单一治理主体和机制的失效及其可能带来的各种问题，必须采用新的治理机制和模式，复合治理应运而生。

复合治理最早是在2004年由我国学者杨雪冬在《全球化、风险社会与复合治理》一文中提出来的，初衷是为了应对风险的全球化扩散。他指出，复合治理提出的依据在于公共的扩展使得任何单个治理机制都无法应对全球化时代的风险；同时还指出，复合治理具有多个治理主体、多维度、合作互补、个人是最基本的单位、及时解决问题的目标性等特征①。

复合治理的产生是与单一的治理机制的缺陷紧密相关的。在单一治理机制下，无论是国家、市场还是被许多人寄予厚望的社会组织都无法单独承担应对风险的重任，因为它们本身也是风险的制造者。因此，仅仅依靠政府或国家，同样会使公共危机的治理失效。这种失效表现为三种基本形式。①结构性失效，其表现形式有两种：一是国家治理能力软弱，无法担负起应有的提供社会秩序和社会安全的功能，更无法保证市场和社会组织的正常运行；二是国家与社会组织、市场的关系不平衡，挤占了后两者的边界，超越了它们的功能，从而诱发后两者的失效。②制度性失效，即某些规则和安排存在明显的缺陷，其表现形式有三种：一是在安全问题上没有建立相应的制度，存在制度真空；二是虽然建立了相应的制度，但无法实现其应有的绩效，制度不到位；三是已经建立的制度不适应具体条件，存在制度的不适应。③政策性失效。通常来说，政策性失效会削弱社会安全，但不会直接导致社会不安全。然而，周期性的政策失效必然会导致制度失效，甚至影响到整个治理结构的运行，所以必须改变公共危机中的单一治理结构，实现复合治理。

复合治理是以政府或国家为主体，多个部门并存的社会公共事务管理模式。它是建立在市场原则、公共利益和相互认同基础之上的国家与社会组织、政府与非政府组织、公共机构与私人机构的合作互补，从而增进社会公共利益的一种治理机制。也就是说，政府、市场与第三部门（社会组织）构成了公共危机治理的基本框架。三者的治理机制能够相互渗透，构成分布均衡的网络，使治理的触角延伸到社会生活的各个角落。

---

① 杨雪冬. 全球化、风险社会与复合治理[J]. 马克思主义与现实，2004，（4）：61-77.

（二）公共危机复合治理及其特征

复合治理与公共危机管理在治理主体、治理思维、治理过程、治理空间、治理目标上有着高度的契合性①。

治理主体方面，公共危机管理中涉及的自然灾害、公共卫生事件、社会安全事件、事故灾难等突发事件，牵连主体包括个人、家庭、企事业单位、政府部门等，需要整合各主体优势实现共治。

治理思维方面，目前我国公共危机管理体系是以总体国家安全观为指导，面向多领域、全方位、全灾种的突发事件，近年来公共危机事件更是呈现多发频发、范围广、危害大、牵连多的特点，需要复合型思维来应对，公共危机管理是一项复合性的系统工程。

治理过程方面，目前我国公共危机管理实践中企事业单位、公众、媒体、社会组织等均有不同程度参与，公共危机管理的每个阶段也都存在主体与危机的权责对应关系，需要主体彼此协商，加强合作，实现治理的持续互动。

治理空间方面，当前突发事件跨界特征显著，如2020年新冠疫情的蔓延，影响区域众多，成功遏制疫情离不开各地区的协调合作（如救援物资的配送、医护人员的调遣），跨空间治理已经成为公共危机管理的现实需求，资源、劳动力、技术等空间要素在不同地区间的流动、重构和集成将延续存在。

治理目标方面，公共危机管理是公共治理的特殊内容，要求各主体之间完美地协调配合，步调一致地向既定目标前进，发挥自身优势，展现整体合力。

所以，公共危机的复合治理不仅是可能的，而且是必需的。在公共危机管理过程中，需要政府通过权力统筹协调，贯通平衡。公共危机的复合治理不仅强调公共危机应对中政府主导、其他主体协同参与的角色定位，而且强调公共危机管理手段和方式的多元化、协同化。公共危机的复合治理主要有以下五方面的特征。

（1）治理主体的多元性。包括国家组织、非政府组织、企业、家庭、个人在内的所有社会组织和行为者都是治理的参与者，不能被排斥在治理过程之外，更不能被剥夺享受治理结果的权利。这表明在公共危机管理中，政府不再独立地、垄断性地承担完全的责任和义务，可以通过其他形式与其他主体来共同分享责任、承担义务。参与管理的主体已经不只是政府部门，而是包括全球层面、国家层面和地方性的各种非政府、非营利组织、政府间和非政府间国际组织、各种社会组织甚至私人部门在内的多元主体的分层治理。

（2）复合治理在空间上是多维的。复合治理强调的是“国家-社会组织-市场三分法”，其现实原因就是社会组织的日益壮大。在这三元架构中，社会组织是同国家分离的，其存在的目的就是保护或者增进其组成成员的利益和价值。事实上，社会组织含义众多，包括非政府组织、公民的志愿性团体、社会组织、利益团体和公民自发组织起来的运动等。社会组织存在的广泛性、影响的强烈性，以及广厚的群众基础已经成为复合治理中不可忽视的一维。

---

① 石娟，郑鹏，常丁懿. 基于复合治理理论的基层应急管理模式优化[J]. 中国安全生产科学技术，2020，16（12）：157-163.

（3）复合治理体现了一种互动合作关系。复合治理的实质是建立在市场原则、公共利益和认同基础之上的合作。市场主体、社会组织乃至个人都可以成为网络化治理的主体，共同面对挑战。只有合作，国家、市场以及社会组织这三大现代治理机制才能有效地发挥作用，并弥补相互的缺陷。而且，这种合作不仅仅是民族国家内部的，还是国际性和全球性的。

（4）每个公民都是复合治理的最基本单位。尽管复合治理需要制度安排，并且是通过它来规范行为者的，但是要使治理可持续地运转，必须提高个人的自觉性和能动性。只有每个人都具有了风险意识，把制度安排贯彻到行动中，才能最大限度地解决风险。因此，必须在全社会培育公共精神，唤起公众对公共价值和公共利益的关注。只有每个公民都具备了危机管理的意识，把制度安排贯彻到行动中，才能最大限度地解决公共危机问题。

（5）复合治理的目的就是及时解决问题。危机事件一旦发生，时间因素就显得极为关键。应对危机事件初始阶段的应急措施，如果能够做到及时、准确，民众心理能够得以初步安定，社会秩序也得以初步维持，这就为争取整个危机事件处理工作的顺利完成奠定了基础。复合治理能够发挥各方面的力量，避免危机的深化和灾害的蔓延，最大限度地减少危机带来的损失。

（三）公共危机复合治理的制度创新

公共危机复合治理应该通过协调多元治理体系取得社会共识，构建涉及多层次、多领域、多主体，共担共责的复合治理机制，达成公共危机的有效治理，这需要整合各项应急资源，统筹各方面力量，发挥各个社会行为者的作用，加快现代治理机制的构建，在机制建设和组织建设等方面实现制度创新。

1. 机制建设方面

（1）健全社会预警机制。社会预警机制，是对社会运行状况发出信号，显示社会处于已经或即将发生无序现象的临界状态，以期引起社会管理者和社会公众的注意，及时采取对策，使社会运行状况不再继续恶化的一套制度和方法。

危机的产生和发展，也有其内在的规律，包含有征兆期、发作期、延续期、痊愈期等过程。尤其是在征兆期，通过建立健全社会预警系统，超前预测可能发生的公共危机，有针对性地采取防范和控制措施，具有成本低效率高的优点。建立健全社会预警机制，需要各政府部门全面了解社会自身矛盾与问题，辨识公共危机可能爆发的各类诱因；进一步加强信息管理，构建全面的信息沟通机制；关注公众对各类危机事件的反应；制订科学的工作预案。

（2）完善政府责任机制。实践证明，地方领导问责制和领导本身的政治责任感、工作方式对于公共危机的管理有着决定性的影响。因此，建立和完善政府领导者的行政问责制是完善政府责任机制的重要构成部分。这需要，在宏观上，改革行政管理体制和政绩考核办法，在各级地方政府组织法中，增加法定的政治责任追究制度，推行民主评议，各级机关党委建立相对应的责任约束和责任追究机制；在微观上，要落实地方领导责任机制，提高地方领导自身素质和能力，要注重检查自己及所在部门的工作作风、政策质量，不断改进工作方法，培养和提高战略思考能力与驾驭复杂事件的能力。

（3）建立协同行动机制。在处理公共危机的过程中，各方统一行动是公共危机管理的关键要素。一是党政领导要统一思想，统一认识，统一指挥，形成坚强有力的领导核心；二是主要领导要公开阐明政府解决问题的方案措施和诚意；三是各党政群部门要层层落实责任，各司其职，各负其责；四是新闻宣传部门要正确传播群众所需要的正面信息，用正确的舆论引导消除各种传言及误解。

2. 组织建设方面

（1）打破条块分割，提高政府的治理能力。政府作为公共服务的提供者和公共事务的管理者，承担着公共危机管理的职责，同时政府或国家治理之所以能成为现代公共领域治理的核心，有三个方面的原因：一是国家治理具有权威性和整合作用；二是国家实行的治理具有强制性和规范性；三是国家实行的治理具有强大的渗透力，并且与日益壮大的市场、第三部门不断互动，形成一个新的复合治理结构。

现阶段，我国政府必须把部门利益和地方利益的条块分割限制在一定的范围内，处理好局部利益与整体利益、短期利益与长期利益、地方利益与国家利益、部门利益与部门利益之间的关系。同时，必须大力推进政府职能转变，合理划分事权，抓紧建立综合协调沟通机制。因为危机的出现往往是跨系统跨部门的，需要多系统、多部门联合行动、协同作战。

（2）积极培育和发展第三部门，充分发挥其在复合治理中的功能。在政府没有必要也不可能提供全部的公共产品和公共服务时，第三部门应该积极参与。

针对我国第三部门发展的现状，首先，要为第三部门发展提供必要的资金。如果政府负责提供资金，不仅能解决第三部门的生存问题，政府让渡出来的大量服务性工作也能得以承担和履行，实现政府所期望的公共目标，增强第三部门的服务功能。其次，第三部门要加强自身的能力建设，提高自身的组织和管理能力，这是我国第三部门在能力建设方面的紧迫任务。对于人力资源的缺乏，一方面可以利用广大的志愿者资源，通过吸收高素质的志愿者来弥补人才资源的不足，这是第三部门发展的有效途径；另一方面，可以通过培训来提高志愿者的能力。最后，培育积极的公民生活。社会组织的发展主要靠具有公共精神和公民意识的人的推动，通过各种社会组织的途径和其他便利渠道参与社会发展是公民生活的主要内容。积极的公民生活有助于培育和发展一个健康的社会组织。

三、我国公共危机的社会共治

构建多层次、多领域、多主体共责共担的复合治理机制，实现公共危机由单一管理向复合治理的转变已经成为理论界和实务界的共识。多元主体协同治理是公共危机治理的理想模式和必然选择。已有研究从治理主体、治理机制和治理方式的视角对公共危机协同治理进行探索，本质上是在探讨多元主体互动过程和整合程度，最终落脚点是人与人之间的信任、规范与网络，即社会资本[①]。当前中国的制度情境中，公共危机的社会共

① 陈宇，崔露心. 社会资本视域下公共危机协同治理研究——以浙江省新冠肺炎疫情防控为例[J]. 湖北社会科学，2021，（9）：49-57.

治既有助于理解中国公共危机治理的制度逻辑，也为讲述公共危机复合治理的“中国故事”提供重要载体。

（一）公共危机社会共治的内在逻辑

公共危机的防范、控制与治理是国家治理体系建构的重要命题。公共危机的社会共治是法治化语境下传统治理命题的现代化解决方案。在治理现代化浪潮之下，社会共治愈发演变为普遍性的制度工具。然而，突发性公共危机短期内引起的公共秩序震荡似乎从逻辑上颠覆了共治发展的社会性基础，紧急状态下的“政出一门”与“行政应急”显得尤为必要。因此，在公共危机的紧急性与社会共治的现代性之间建立结构性对接是社会共治应用于公共危机治理需要事先厘清的逻辑①。

公共危机的发生与演变并非“一事一物”的孤立影响，而是对关联公共领域持续输出系统性影响，正如 Ulrich Beck 所说的：风险在扩散过程中展现出了具有社会意义的回旋镖效应。不同于普通社会事件因果逻辑的单向性，公共危机因其成因系统性与后果公共性而成为社会治理不可回避的难题之一②。

一方面，造成公共危机发生的原因呈现多元表现。受成因系统性影响，公共危机的追根溯源面临诸多掣肘，公共卫生事件尤其如此，“非典”的源头、新冠疫情中的“零号病人”与传染源等一直是待解之题。另一方面，公共危机的公共性表现在社会多维度引发的连锁反应。公共危机的影响不仅表现在地理区域的广泛波及，还表现在政治、经济与社会等关联领域的效果传导，更表现在一定历史期间内国家立法、政策乃至社会习俗的持续性改变。新冠疫情短时间内迅速扩散，经济社会发展因隔离政策的实施而面临短期的停滞，而禁食野生动物、修改野生动物保护法也正在成为此次事件的持续性影响表现之③。

“蝴蝶效应”般的系统性成因势必引发公共危机应急治理的制度试错，并在客观上徒增治理成本，而潜在的公共性影响也对现有治理体系与治理能力提出制度性考验。公共危机社会共治的有效开展得益于二者风险类型的契合与制度功能的匹配。风险的发生、分配和预防已经取代财富的生产和分配成为风险社会的主要关注问题④。

在多元类型化的风险衍生中，社会共治与公共危机契合于系统风险的防范与治理。公共危机治理的“先天”矛盾在于事件风险的复杂性与治理资源的有效性，社会共治通过对社会资源的统筹实现社会组织与个人由治理客体向治理主体的转变，而供给与需求的资源流转也可以有效稀释系统风险治理的高成本。

而公共危机的常态化处理机制本身就蕴含对社会资源的应急动员，确立与发展社会共治不仅有利于最大限度地实现系统风险的社会共担，也为治理能力提升提供衍生通道。在“风险社会”的“风险共治”中，政府之外治理主体的广泛参与也有助于“风险意识”

① 刘乃梁. 公共危机的社会共治：制度逻辑与法治进路[J]. 江西财经大学学报，2020，（6）：114-124.

② 乌尔里希·贝克. 风险社会：新的现代性之路[M]. 张文杰，何博闻，译. 南京：译林出版社，2018.

③ 温志强，郝雅立.《突发事件应对法》实践十年：成绩、问题与未来展望——中国《突发事件应对法》实践十年（2007—2017）[J]. 江西财经大学学报，2017，（5）：124-131.

④ 珍妮·斯蒂尔. 风险与法律理论[M]. 韩永强，译. 北京：中国政法大学出版社，2012.

的强化，客观上有利于未来系统风险的防范与化解。

党的十九届四中全会指出，“坚持和完善共建共治共享的社会治理制度，保持社会稳定、维护国家安全”。社会共治经由治理实践经验的提炼，逐渐成为中国治理现代化探索中的有益经验。对于公共危机而言，社会共治并非新鲜事物。21 世纪以来，在“非典”、汶川地震、H1N1 流感病毒、玉树地震、H7N9 型禽流感等突发公共危机的应对中，都不乏社会组织参与救助、社会组织区域自治、市场主体风险共担的典型事例。新冠疫情的暴发更使公共危机与社会共治不期而遇，公共秩序紧急状态的应对考验着新型治理探索的深度与广度。从医疗资源的应急调配到经济市场的协同预警，再到全社会的联动响应，社会共治在新冠疫情防控中扮演着十分重要的角色，同时对新冠疫情应对表现出较强的社会共治禀赋①。

社会组织的规模化效应为社会共治开展提供载体支撑，志愿服务、慈善活动等各种社会公益活动是公共危机治理中日趋成熟的社会化治理模块。市场竞争的强化与经济社会的发展为企业参与社会治理提供经济基础。技术进步及其引发的社会结构性变革促进社会共治精准化运行。政府内部、政府与社会之间高效的信息交互为“共建共治共享”治理格局的建立提供民主化与技术化支撑。

（二）公共危机社会共治的运行机制

新冠疫情发生以来，社会各界积极参与公共危机的共同治理。相比于 21 世纪以来中国面临的其他公共危机，新冠疫情从社会影响、应急响应和社会协同等方面均表现出很强的独特性，影响也更为深远。此次疫情防控中的政府主导、市场自治、社会协同生动诠释了公共危机的社会共治②。

1. 政府行政机制

政府在公共危机中处于法定的应急主导地位，这一角色设定也将社会共治明确为政府主导下的社会协同，这也是我国公共危机社会共治的核心特点。新冠疫情发生以来，国家与地方政府相继依法展开应急治理，并根据各地实际情况适时调整重大突发公共卫生事件应急响应级别。

除紧急状态政府干预权的应急行使外，社会共治下的政府主导更加凸显自上而下的指引与规范。新冠疫情防控中启动了联防联控机制，中央层面成立由多部门参与的联防联控工作机制，加强党政、部门、军地之间的信息沟通和统筹协调力度；各地也建立了相应的体制机制，全力开展防控工作。同时，社会各界积极参与，建立了涵盖社区、学校、企业和农村的防控机制，形成了政府主导、全社会共同参与的防控格局。突发事件联防联控作为行政概念，是中国政府因应灾害危机所发展起来的本土概念，也是中国应急管理制度运作的重要特色，更是中国集中力量办大事制度优势的体现。科层规范是联防联控运作的重要基础，透过应急功能需要并基于部门职责进行有序分工、政策与预案

---

① 李维安. 抗疫情亟需提升应急治理的有效性[J]. 经济管理，2020，（3）：8-10；江必新，黄明慧. “信息疫情”防控需要法治应对与理性自觉[J]. 社会治理，2020，（5）：5-12；莫于川，莫菲. 行政应急法治理念分析与制度创新——以新冠肺炎疫情防控中的行政应急行为争议为例[J]. 四川大学学报（哲学社会科学版），2020，（4）：123-137.

② 刘乃梁. 公共危机的社会共治：制度逻辑与法治进路[J]. 江西财经大学学报，2020，（6）：114-124.

制定、执行监督等，以消减应对体系运行失序情形①。

疫情伊始，中央政府部门在医疗资源应急调动的同时，针对经济与社会发展中可预见的风险进行必要的政策布控，国务院各部委、地方政府也在职权范围内出台涉及社会主体权利保障、企业财政金融扶持与社会安全秩序稳定等配套政策。系统的政策指引为公共危机的社会共治提供充分的外部制度保障。同时，在社会基层共治主体的引导下，政府适时出台实施行为指引，引导共治主体有效参与风险应对。例如，新冠疫情“强制隔离”措施使社会生活的基本保障有赖于生活必需品的集中配送。在街道社区、传统商超与电商平台的多方参与中，专业性背景差异引发非正式规则的形式各异。

2. 市场自治机制

源于市场外的公共危机对市场内的主体发展存在系统性、持续性的影响，由此市场维度公共危机的社会共治应当更具前瞻性。经济社会结构的深刻变迁为市场自治提供了衍生土壤，利益共同体的身份绑定促成企业与行业内部的治理约束力并不亚于居民委员会、街道等基层自治组织。此次新冠疫情中，行政应急措施的实施在短期内限制市场主体的自主经营权，市场主体面临内外双重经营风险。

从外部而言，不可抗力因素的介入使得企业面临多重的履约风险。很多企业基于新冠疫情对行业的实际影响，适时发布法律风险的预警提示。从内部而言，由于人力与物力经营成本并不存在法律上的克减事由，企业经营风险的内化成为考验企业经营能力的重要维度。治理实践中，人力资源、财政金融等“复工复产”政策的出台为企业风险内化提供了坚实的外部制度保障，而企业之间的商业互助与资源共享成为此次疫情市场自治的亮点。

新冠疫情中针对应急性企业员工短缺与临时歇业企业人力成本激增的矛盾，部分企业探索疫情期间的“共享员工”，既有利于公共危机的社会治理，也有利于缓解企业经营的高昂成本②。

随着专业化浪潮的推进，国家治理愈发依赖专业化市场主体的协同响应，公共危机治理尤其如此。新冠疫情发生后，面对医用物资紧缺与新春假期的特殊背景，部分医疗卫生企业响应政府号召紧急复工复产，市场与政府的有机合作在一定程度上缓解了公共危机引发的口罩、消毒用品、防护用品等应急资源的紧缺状态。除此之外，新冠疫情发生发展控制的整个演进过程中，政府决策的有效性得到了市场专业化主体社会责任的积极有效响应。例如，以阿里巴巴、腾讯为代表的互联网平台企业针对“健康码”、在线教学、在线医疗、社会管理等现实需求及时提供和更新产品与服务，为新冠疫情防控和各社会主体疫情期间正常的生产生活提供了坚实的技术支撑③。

同时，社会共治的有效开展为非正式治理规则的自发生成提供途径。此次新冠疫情治理中，市场主体在食品安全、物流配送、员工权益保障与复工规则等方面进行了卓有成效的自主性探索，政府与市场之间的“规则互动”为一般性治理规则的出台提供了可

① 陶鹏. 论突发事件联防联控制度多元建构的理论基础[J]. 行政法学研究，2020，（3）：38-47.

② 何江，闫淑敏，关娇. 共享员工到底是什么？——源起、内涵、框架与趋势[J]. 商业研究，2020，（6）：1-13.

③ 刘乃梁. 公共危机的社会共治：制度逻辑与法治进路[J]. 江西财经大学学报，2020，（6）：114-124.

行路径。

3. 社会参与机制

在诸多领域社会组织强调共治逻辑来弥补由市场或政府失灵带来的缺陷，以社会组织为代表的社会力量参与将能起到互补与补充的作用，社会力量参与公共危机管理领域的宏观策略分别为理念介入策略、行动介入策略、资源介入策略以及技术介入策略。有效调动社会资源和社会力量参与公共危机管理工作就成为联防联控的重点之一，联防联控广泛吸纳社会力量参与其中，进而实现政府与社会公共危机的共治导向①。

社会共治归根结底是对社会治理资源的挖掘与统筹。公共危机期间，政府主导下社会治理主体自发地、有序地参与危机治理是应对系统风险的必要保障。诸多社会力量的加入，使得新冠疫情防控的社会协同在形式、工具与效能方面表现出超出既往的有效性。

在各级政府统筹之外，社会公益组织自发的救助行动在公共危机的应对中发挥越来越重要的作用。借助自身的专业经验与资源调配优势，诸多非营利性公募基金会成为新冠疫情"点对点"精准救助的典范。此外，以同乡会、校友会、商会、红十字会等为载体形式的社会组织同样是新冠疫情精准化救助中不可忽视的社会力量。救助主体多元化在客观上减轻政府疫情防控压力的同时，也为共治理念的强化提供衍生环境。

同时，把公共争议和利益冲突置于一个公开协商的行动过程是构建社会共治信息交互的重要源头②。从社会共治的角度来看，新冠疫情中至少存在两种类型的信息发布平台：基于政府信息公开自上而下的信息整合平台、基于互联网媒介自下而上的舆情反馈平台。有赖于数字时代数据整合能力的提升，信息整合平台借助网络门户、程序终端与移动网络实现信息传播的全覆盖，便于官方权威信息的有效下沉。不同于传统公共危机中政府信息的单向公开，互联网时代的信息传播呈现脱媒化与多元化。互联网的长尾汇集成为公共危机治理中值得关注的信息交互通道，因资源有限性引发的政府治理失灵也会通过信息交互平台实现社会需求与治理供给的最大化匹配③。

近年来，我国公共危机管理体系和能力取得了长足的进步，为保障公共安全提供了有力支撑。然而，面对日益复杂的外部环境以及多变性特征愈发突出的突发事件，仍然存在条块分割、定位不清、沟通不畅、协调不力、重复建设、资源整合和技术能力不足等深层次问题。党的十九届四中全会通过的《中共中央关于坚持和完善中国特色社会主义制度 推进国家治理体系和治理能力现代化若干重大问题的决定》明确提出要"构建统一指挥、专常兼备、反应灵敏、上下联动的应急管理体制，优化国家应急管理能力体系建设，提高防灾减灾救灾能力"，这为推进国家应急管理体系和能力现代化指明了努力的方向。

新时期复杂多变的公共安全形势对我国公共危机治理提出了新的更高要求，需要实现由传统管理思维向现代治理思维的转变，推动从应急处置导向转变为风险治理与应急管理并重，从行政负责转变为党政同责、一岗双责，从条块化转变为综合式，从政府主

① 陶鹏. 论突发事件联防联控制度多元建构的理论基础[J]. 行政法学研究，2020，（3）：38-47.

② 张文显. 法治与国家治理现代化[J]. 中国法学，2014，（4）：5-27.

③ 刘乃梁. 公共危机的社会共治：制度逻辑与法治进路[J]. 江西财经大学学报，2020，（6）：114-124.

导转变为政府主导与政社协同并重，从动员式转变为规范化、标准化和信息化的理念更新，从而为实现应急管理体系和能力现代化提供坚实的思想基础①。

思考与讨论题

（1）公共危机的特征和功能有哪些？
（2）公共危机管理的内容包括哪些？
（3）公共危机管理的特征、主体及其功能？
（4）公共危机管理系统包括哪些子系统？
（5）公共危机决策的流程是怎样的？
（6）公共危机信息管理的特征有哪些？
（7）公共危机沟通管理的作用是什么？
（8）传统公共危机管理的困境表现在哪些方面能力的不足？
（9）什么是公共危机的复合治理？
（10）如何理解我国公共危机的社会共治？

① 薛澜，沈华. 五大转变：新时期应急管理体系建设的理念更新[J]. 行政管理改革，2021，（7）：51-58.

第十二章　公共部门信息管理

信息技术正在改变世界。在政府管理领域，信息及信息资源管理已成为一个越来越重要的领域，而信息管理成为公共管理者的一项重要职责。信息技能，即确定、处理和使用信息的能力，可以为公共管理者的有效性及成功提供更大的机会。同时，信息技术也成为各国政府再造的利器之一。电子化政府正在成为政府未来的发展方向，以及提供优质公共服务的有力手段和重要保障。利用信息技术改革政府组织及其管理，构建电子化政府，已成为政府再造的一个重要方向。

▶ **重点问题**

（1）信息、信息资源与公共管理。

（2）组织学习的含义与理论基础。

（3）知识管理的含义与理论基础。

（4）电子政务与治理的国际经验。

（5）我国电子政府发展的必要性、现状、存在的问题。

▶ **难点问题**

（1）公共管理信息系统的概念和内容。

（2）公共信息的处理过程。

（3）学习型组织的理论内涵与实践模式。

（4）行政机关的知识管理系统。

（5）电子政府在我国的发展以及其他国家的电子政府建设。

第一节　公共部门信息管理概述

一、信息与公共管理

（一）信息

虽然我们每时每刻都在接触和使用信息，但对于所谓的“信息”却不甚了解，目前学界对信息的概念界定也尚未形成统一的看法。信息定义从学科角度可以分为两类：科学的信息定义和哲学的信息定义。科学的信息定义源自两类理论依据：一是通信信息论，信息被界定为“消除了的不确定性”；二是热力学的熵理论，信息被看作“负熵”，它被界定为“系统组织程度（或有序性）的标志”。哲学的信息定义分为独立元论、属性论和关系论三种。

信息是客观世界各种事物特征和变化的反映，以及这些特征和变化经过人的大脑加工后的再现。信息具有五个明显特征：①普遍性。信息不仅存在于自然界中，还存在于人类社会的各个领域之中。②无限性。过去、现在和未来都有信息存在，在已知信息之外，还存有大量未知信息。③永恒性。信息既不会消失，也不会用尽。④转移性。信息可以在时空中进行转移。⑤共享性。信息不受限于时空，可供多人同时使用。

（二）信息化是公共管理的发展趋势

自20世纪50年代以来，信息技术得到长足发展，特别是在90年代以后，以计算机和互联网技术等为代表的信息技术革命席卷全球，把人类社会带入一个前所未有的信息时代。迅猛发展的信息技术，不仅深刻地变革着人类社会，也使人类社会进入一个新的发展境界。信息化已经成为全球经济社会发展的大趋势，人类社会已进入信息社会。公共管理信息化是社会信息化发展的客观要求。

在国家信息化建设中，政府在社会信息化中发挥着主导作用，从而使政府信息化成为整个社会信息化中的关键。

首先，信息化对人类社会的影响是深刻和广泛的，整个人类社会的基础都产生了变化，这也就必然会对同时代公共部门的管理理论和实践产生深刻而复杂的影响。信息技术是一种最重要的公共管理工具，它是产生当代公共管理领域变革的最根本的动力和催化剂。强化信息技术运用的实践变成了一场重塑政府运动。自20世纪80年代开始，在西方发达国家中掀起了一股新公共管理变革的浪潮。进入21世纪，大数据技术的运用和发展进一步影响了新时代公共管理体系建设和管理模式创新。

其次，信息技术深刻影响公共管理的实际运作方式和根本民主制度。对于公共管理领域而言，可使用信息技术来变革已有的工作程序和组织结构等方面的问题。信息技术革命对政府管理的影响表现在以下四个方面：①政府部门间、公共组织间，以及公共组织与公众间的信息共享和交流；②公共服务提供的效率显著提高；③政府和公共组织的内部流程再造；④政府组织机构的根本变革。因而，世界各国都十分重视使用信息技术来改进各自政府的管理。信息技术的迅猛发展使灵活、高效、透明的政府的建立成为可能。信息技术在政府部门中的运用打破了政府的信息垄断，使公民和社会组织能够更加便利地接触政府信息和参与公共管理活动。因此，便于更多的公众参与到政府行政决策中来，使公共行政具有更大的透明度。

最后，信息技术正在成为公共管理的重要技术和手段。广泛使用现代信息技术和计算机技术，可以提高政府管理的效率和能力。借助计算机和信息技术等科技手段，可规范公共行政的操作规程，如建立政府绩效评估体系、建立公共管理网络、提高公共行政信息的搜集与处理能力等。此外，建立和完善政府信息系统是深化政府部门内部管理体制改革的一项重要任务。

二、公共管理信息系统

（一）公共管理信息系统发展历程

公共管理信息系统，是指在公共管理活动中，基于管理层履行其管理功能的需要，而为其提供信息和服务的系统，具体包括资料收集、分析、选择、存储、处理与服务、传播等步骤的整个过程和体系。公共管理信息系统的发展大致经历了办公自动化、管理信息系统、公共决策支持系统、电子政务四个发展阶段。

随着人类社会的发展，政府信息化的形式及所包含的内容也处于不断地扩展之中。纵观西方发达国家政府信息化的发展历程，从20世纪七八十年代的政府办公自动化，即运用计算机技术处理办公室的内部业务；到20世纪80年代的政府管理信息系统，即为满足管理者需求而建立的信息加工和处理系统；后来，为克服公共管理信息系统存在的一些缺点，美国、日本等发达国家的政府便开始使用计算机辅助决策支持系统来支持公共决策。直到20世纪90年代的电子政务，即运用计算机和信息通信技术，建立起网络化的政府信息系统，使政府信息化在社会生活中的地位和作用发生了质的飞跃。当前，随着物联网、云计算、移动互联网、Web 2.0等新一代信息技术的飞速发展，电子政务已发展到新阶段，即智慧政府阶段。

我国的公共管理信息化起步晚于西方发达国家，但也经历过四个发展阶段。我国从20世纪80年代起在政府部门中应用办公自动化技术进行政府办公。我国政府在“七五”期间持续投入大量财力，重点建设了12个国家级大型信息系统；自1993年起，政府先后部署和实施了“三金”系统工程计划和“三网”建设计划。为提高我国政府的决策能力和水平，国务院办公厅在1992年下发了《关于建设全国行政首脑机关办公决策服务系统的通知》，为政府公共决策系统建设勾勒了一个宏观框架。但是受思想观念以及技术水平的限制，该规划较粗略。2000年以后，我国的政府决策支持系统建设得到大力推广，在上海、北京、广东等地相继建立起政府决策支持系统。在20世纪90年代末，电子政务开始兴起。1998年4月，我国第一个电子政务网开通。1999年“政府上网工程”正式启动，2006年中共中央人民政府门户网站开通。党的十八大以来，电子政务进入创新发展阶段，在政府治理模式变革中扮演了重要角色。中国政府致力于充分应用互联网、大数据、人工智能、云计算等现代信息技术，建立起跨部门、跨组织、跨机构的治理结构，推动构建数字政府，深入推进“互联网+政务服务”，建设全流程一体化在线服务平台，等等。

（二）管理信息系统、公共管理信息系统和公共决策支持系统的关系

管理信息系统是一个利用计算机硬件和软件、手工作业、分析、计划、控制和决策模型，以及数据库的用户-机器系统。管理信息系统最初产生于企业管理领域，20世纪六七十年代，管理信息系统在企业管理中得到了广泛运用。随后管理信息系统被应用于公共部门，逐渐产生公共管理信息系统。20世纪80年代，西方发达国家在其政府中建立了公共管理信息系统。

在应用管理信息系统的长期实践中，人们又发现它并不像预测的那样能带来巨大的经济和社会效益。为克服管理信息系统存在的弊端，在20世纪70年代初，Morton提出决策支持系统的概念。它是以管理科学、运筹学、控制学和行为科学为基础，以计算机技术、仿真技术和信息技术为手段，辅助决策者以人机交互方式进行半结构化或非结构化决策，具有一定智能行为的人机交互计算机应用系统[①]。随后，公共决策支持系统也被应用于公共部门，产生公共决策支持系统。

① 转引自陈文伟，廖建文. 决策支持系统及其开发[M]. 3版. 北京：清华大学出版社，2008.

公共管理信息系统和公共决策支持系统，是两种重要的计算机信息系统，被广泛运用于政府单位的信息管理和决策支持活动。两者的功能既有区别也有联系（表 12-1）。

表 12-1　公共管理信息系统和公共决策支持系统的关系

项目	名称关系	公共管理信息系统	公共决策支持系统
区别	追求的目标不同	帮助公共管理者有效处理复杂的信息，提高行政服务的质量	支持决策者针对“非结构化”问题制定决策与执行决策，提高政府部门的决策水平
	信息的管理不同	主要是完成例行的、经常性、作业性、有固定因果关系的结构化问题的信息处理活动，它趋向于信息集中管理	信息源于公共部门内部、外部及决策所需的全面信息，这些都是辅助决策活动所需的信息，它趋向于信息的分散使用
	设计的思想不同	实现一个相对稳定而又协调的工作环境，设计方法是以数据为驱动的，强调系统的客观性，努力使系统设计符合实际情况	实现一个具有巨大发展潜力的、适应性强的开发系统，设计方法是以模型为驱动的，用户应当参加系统开发的全过程，强调充分发挥人的经验、智慧、判断力和创造性，努力使决策更加正确
	系统构成不同	由人机对话系统、数据库系统、自动化办公设备、公共管理人员组成	由人机对话系统、数据库系统、模型库系统、知识库系统、自动化办公设备、公共管理人员组成
	解决的问题不同	只能解决结构化的决策问题，并且人工干预日趋减少	能够帮助解决的是半结构化和非结构化的决策问题，帮助政府解决在公共决策中因信息缺失、信息不平衡导致的决策失误等问题，并且以人机对话作为系统工作的主要方式
联系	公共管理信息系统收集、存储及提供的大量信息是公共决策支持系统工作的基础，而公共决策支持系统能够使公共管理信息系统提供的信息真正发挥作用		
	经过公共决策支持系统的反复作用，新的数据模式与问题模式将逐步明确起来并逐步结构化，最后纳入公共管理信息系统的工作范围		
	公共管理信息系统担负着收集系统反馈信息的任务，支持公共决策支持系统进行效果检验；公共决策支持系统的工作则包括对公共管理信息系统工作的审计和检查，为公共管理信息系统的改善和提高指明了方向		

资料来源：陈婧. 政府公共决策支持信息系统的构建[J]. 情报资料工作，2012，（5）：61-66；赵云合. 公共管理信息系统的开发与管理[M]. 昆明：云南民族出版社，2007；彭运芳. 决策支持系统和管理信息系统的关系[J]. 统计与决策，2003，（10）：39-40；金汉均. 管理信息系统与决策支持系统的比较[J]. 高等函授学报（自然科学版），1995，（6）：24-26

三、公共信息资源管理

（一）公共信息资源

目前，关于公共信息的界定学界尚未获得统一认识，学者从不同的角度进行界定，其中较有影响的定义包括以下六种。

（1）1990 年美国的《公共信息准则》规定公共信息是属于公众的信息，为公众信赖的政府所拥有，并在法律允许的范围内为公众所享用[①]。

（2）美国《田纳西州公共信息法案》指出，公共信息是在法律或法令，以及与官方事务相联系下所收集、组织和保管的信息，包括政府部门产生的信息或为政府部门所生产，以及政府部门所拥有的信息或有权获取的信息[②]。

（3）乌勒在给联合国教科文组织起草的《发展和促进公共领域信息的政策指导草案》

① 转引自杨玉麟，赵冰，谷秀洁. 公共信息资源管理研究综述[J]. 图书与情报，2009，（1）：10-16，45.

② 转引自张玉亮，何振. 对公共信息资源管理几个基本问题的探讨与反思[J]. 图书馆学研究，2009，（6）：32-35.

中把公共领域的信息定义为：不受知识产权和其他法定制度限制使用以及公众能够有效利用而无须授权也不受制约的各种数据来源、类型及信息[①]。

（4）政府信息资源是一切产生于政府内部或虽然产生于政府外部，但对政府活动有影响的信息资源的统称。

（5）2006年，世界经济合作与发展组织（Organisation for Economic Co-operation and Development，OECD）认为具有变化的、持续不断生产的，由公共部门直接生产、与公共部门功能相关（如天文数据，商业统计数据），以及可以用于商业应用的等特征的信息为公共部门信息[②]。

（6）公共信息的反映对象是社会公共事务，与每一社会成员都有着直接或间接的联系，它涉及面广，既包括政府部门发布的信息，也包括社会公益性组织等第三部门提供的信息，企业有时也提供一些公共信息或准公共信息。

此外，学者在综合上述各种界定的基础上，提出公共信息资源可以从狭义和广义两个角度来界定。狭义的公共信息资源是指政府部门及其机构产生的信息资源；广义的公共信息资源是指政府部门及其机构、第三部门等生产和传播的信息。本书采用广义的公共信息资源界定。

公共信息资源本身具有以下四个方面的特点：①公共性。公共信息资源供全社会公民消费，没有排他性及竞争性。②广泛性。公共信息资源与人们的社会生活各个方面息息相关，具有普适价值。③公开性。公共信息资源是面向社会全体公众的，必须在全社会范围内流动和共享。④公益性。公民可以免费获取公共信息资源，使用公共信息资源。

（二）公共信息资源管理的定义与特征

公共信息资源管理尚未形成公认的定义。从国外来看，主要包括以下三个观点：①Nicholas Henry认为公共信息资源管理是协调与实施关于公共部门中信息技术、资源、人员及系统的公共政策与程序，其目的是应对信息革命给公共部门带来的挑战[③]。②Garson和Overman将公共信息资源管理的范围界定为信息系统管理、电脑应用、平面文件信息系统、表格管理和记录安全等[④]。③Ward和Mitchell认为影响公共信息资源管理实施的三个关键要素是环境因素（复杂的受众群、组织间合作、隐私保护、预算控制、信息技术设备采购决定）、公共组织与环境关系因素和内部结构问题（如缺乏创新、员工雇佣困难、高级执行官素质过低、组织知识控制等）[⑤]。

国内研究的主要观点主要体现在以下三个方面：①从政府角度定义，认为公共信息资源管理的对象就是政府信息资源，在外延上包括政府信息资源的收集、处理、传输、发布、使用、存储等过程的管理，以及在实施管理的过程中所涉及的技术、设备、网络、

① 转引自杨玉麟，赵冰. 公共信息资源与政府信息资源的概念及特征研究[J]. 图书馆建设，2007，（6）：36-39.

② Sacha W V, Graham V. Digital Broadband Content: Public Sector Information and Content[R]. Paris: OECD, 2006.

③ 转引自王德高. 公共管理学[M]. 2版. 武汉：武汉大学出版社，2014.

④ 转引自张成福，党秀云. 公共管理学概论[M]. 北京：中国城市出版社，2004.

⑤ Ward M A, Mitchell S. A comparison of the strategic priorities of public and private sector information resource management executives[J]. Government Information Quarterly, 2004, 21(3): 284-304.

技术和人力等资源的管理①。②从广义角度理解，认为公共信息资源管理是一种政府和社会组织等为满足社会的公共信息资源需求，综合运用技术、经济、人文等方式对公共信息资源进行生产、规划、组织、传播和提供利用的活动②。③从公共信息资源的社会性角度提出公共信息管理包括公共事业信息管理和公共资源信息管理③。

基于各种公共信息资源管理的界定，学者对这些概念之间的共同之处进行归纳总结：①公共信息资源管理与公共问题密切相关；②公共信息资源管理内涵具有时代性。

基于上述理解，本书将公共信息资源管理界定为以政府为核心的公共主体为了有效利用公共信息资源，以信息技术为手段，对公共信息资源实施计划、预算、组织、指挥、控制、协调的一种管理活动。公共信息资源管理创造出一种基于公共信息资源而进行全面管理的思想和模式。它以公共信息资源的开发利用为核心，以信息技术为基础，以信息政策法规为保障，以信息素质的培养为关键。

公共信息资源管理具有四个基本特征：①管理对象的特定性。公共信息资源管理的对象是社会公共信息资源，也就是在一定阶段内与某共同体成员共同利益相关的社会信息。②管理主体的广泛性。政府信息资源管理能力的有限性决定了公共信息资源管理主体的多元化。③以实现信息资源的充分共享为宗旨。公共信息资源管理植根于社会，关注公众信息需求。④政府-社会的互动性。公共信息资源管理更加强调社会对公共信息资源管理全过程的参与和监督，且在具体的参与和监督方式上体现出政府与社会之间互动呼应。

第二节　政府信息公开制度

一、政府信息管理过程与阶段

随着人类进入信息社会，信息产业得到迅猛发展，政府自身拥有的信息是社会信息资源的重要组成部分，政府的权威性及其社会管理功能决定了政府信息资源的价值，如果能妥善地使用它们，就能显著增加社会的公共利益。因此，许多国家都致力于强化政府的信息资源管理，建立统一的政府信息系统，以打破政府机构间及政府内部间信息流动的制约，并通过各种途径广泛地进行信息收集，获取丰富的信息资源，更好地管理政府事务，提高政府的决策能力、管理水平及工作效率，强化政府与公民间的联系，改善政府形象。

信息管理的过程大致可以分为信息收集、加工、存储、传播、利用等步骤。同样，政府信息资源管理的过程也遵循类似的步骤，大致可以分为获取、加工、保护、呈现等步骤。

政府信息资源管理的发展历程大致经历四个阶段：记录管理、信息管理、信息资源管理和电子政务。①记录管理是政府信息资源管理的起点，管理的对象是政府活动记录的载体。②记录管理与信息技术的结合，便产生了信息管理。计算机技术和信息通信技术的运用成为其显著特征。③随着政府职能的扩展，文书处理任务日益加重。为从根本上提高政府内部管理的效率，信息资源管理应运而生。④随着信息技术的进一步发展和

① 杨峰. 政府信息资源管理[M]. 成都：四川大学出版社，2017.

② 沙勇忠. 公共信息资源管理[M]. 北京：中国社会科学出版社，2014.

③ 夏义坤. 公共信息资源的多元化管理[M]. 武汉：武汉大学出版社，2008.

互联网的普及，电子政务成为政府信息资源管理的新阶段，由内部管理转变为面向外部的、具有交互性的管理活动，并实现政府与公众之间的信息和服务交流（表 12-2）。

表 12-2　政府信息资源管理的阶段及特征

阶段	特征	信息资源组织程度	信息资源传递程度	信息资源利用程度
记录管理	对政府内部文书记录进行保存、管理、存储和处置，主要是对记录载体的管理	低	低	低
信息管理	运用计算机技术，管理对象载体多样化，关注信息生命周期	较低	较低	低
信息资源管理	政府信息定位系统等工具及政策法规的联合应用，强调记录管理效率的提高	较高	较高	较低
电子政务	管理政府内部信息，并向公众传递政府信息，加强政府与公众之间的交互	高	高	较高

资料来源：宋恩梅. 电子政务环境下政府信息资源管理结构及发展趋势[J]. 图书情报知识，2010，（3）：45-50；马费成，赖茂生. 信息资源管理[M]. 3 版. 北京：高等教育出版社，2018

二、信息的获取、加工和保护

（一）信息获取

信息获取是政府信息公开的前提，也是信息加工、存储、利用的基础。信息获取是指政府部门在各自职权范围内，从有关信息源或载体对各种形态的信息选择、采集、提取并加以聚合和集中的过程。

信息获取必须遵守以下三个原则：①合法性。政府部门在获取信息时不仅要有法可依，还须有法律授权。②合理性。政府机关在获取信息时必须做到适当、合理，要符合相关法律的基本精神和目的，具有事实根据及法律依据，不违背社会常理。③效率原则。政府部门在获取信息时，应以尽可能低的成本取得尽可能大的收益，取得最大的行为效益。

信息获取的渠道主要有八种：①登记。它是人们日常生活中较为常见的政府获取信息的方式。②许可。在行使行政许可审查时，政府机关获取的公民、法人的相关信息。③调查。它是政府机构就某些事实而开展的调查活动。调查是政府机关信息获取的一种重要表现形式。④听取意见。它是政府部门信息获取权的重要行使方式，并以听取意见和建议作为行政决定的依据与参考。⑤统计。它是法律规定的我国政府信息获取权的行使方式之一。⑥检查。政府机关通过检查行为，了解有关主体与有关任务的执行与落实情况。⑦媒体。政府通过新闻媒介和网络媒体渠道获取信息。⑧个人。政府部门工作人员直接看到、听到、了解到的信息；这一途径虽是非正规渠道，但往往可以捕获到有重大价值的信息或线索。

政府的信息获取，不得泄露国家、商业秘密和个人隐私。因此，政府信息获取要受到一些的限制：①政府部门只能收集与履行职责有关的信息，超越职权或没有职权收集信息的行为应严格禁止；②政府部门进行信息收集或获取时，要事先获得主管部门授权，并报告收集或获取的目的和方式，同时要向信息收集对象说明信息收集或获取的目的及法律依据；③不得未经授权私自建立政府信息秘密的存储系统，特别是涉及个人隐私，防止对公民、法人和社会组织造成损害；④在信息采集可能会对信息主体产生不利时，信息采集人员应向其本人直接采集，并说明不提供信息的相关法律后果；⑤政府部门必须明确获取的信息使用和保存期限，并保证所收集和拥有信息的准确性、完整性与实时性；⑥法律特许之外涉及信息主体相关信息的情况，未得到信息主体的许可，不得公开；⑦信息主体有权知道涉及其本身的信息的存放、存储及使用情况，对其认为有误、遗漏或过时的信息应准许其提出修改意见；⑧政府部门对涉及信息主体的信息进行转让时，必须事先征得信息主体的授权并明确受让部门或个人的保密义务；⑨滥用和使用不实的信息导致信息主体的相关权益受损时，相关部门应依法承担法律责任。

（二）信息加工

政府部门的信息加工是政府信息工作的重要步骤和关键环节。

从广义角度来看，信息加工就是信息处理，在信息汇集基础上的进一步综合、提炼、创新。从狭义上来讲，信息加工是为达到一定目标而改变已收集信息的表现形式或性质的各种工作的总称。信息加工的本质是使信息变得有序化和优质化，使用科学的规则与方法实现信息从无序到有序的转变，便于用户有效获取和利用。

信息加工是伴随信息的出现而逐渐产生的，是在解决信息的供求矛盾中不断发展的。其目的是便于人们利用信息。政府信息加工应面向用户，这包括两个方面：①信息机构根据用户的要求相应地采集并加工信息；②基于用户信息的信息加工，信息部门通过分析用户信息来充分了解和把握用户的需要，从而提供对用户有价值的信息。

对于政府部门而言，在进行信息加工的时候，尤其要注意信息的安全保密工作。一般而言，涉密电子文档要严格按照同等级纸质文件的涉密规定进行管理。此外，还要注意相关政府人员不得在非涉密网上发布、存储、传递和处理涉密信息，不得将涉及党和国家秘密及单位工作秘密、商业秘密的文件资料和信息在互联网上发布。

（三）信息保护

在信息社会，由于公共事务的范围不断扩大及其带来的公权力扩张，政府掌握了海量的公民个人信息。这些信息蕴涵巨大的社会价值和商业价值。一旦操作不当，就可能影响公民的合法权益。个人信息的丢失、滥用、泄露已经成为一种信息公害。因此，在信息管理过程中政府要加强信息保护。

在政府信息管理过程中，个人或组织信息保护应遵循以下四个基本原则：①公开原则。政府机关在依法收集、处理及传递个人信息时，除法律的例外规定之外，要将个人信息的收集、处理和使用目的等及时告诉信息主体，便于个人信息主体及时行使相关权利。②目的明确原则。这就要求在收集环节，行政主体收集个人信息应当有合法、特定、明确的目的，并且这一目的必须在收集前就加以明确；在使用环节，行政主体使用个人信息的范围应当限于满足其收集时的目的，不得随意更改、比对、共享个人信息；在储存环节，当储存个人信息的目的已达成或失效时，行政主体应当及时安全地删除相关个人信息；如果政府机构要变更个人信息的使用目的，则这一目的必须是法律规定的，并不得与收集目的相矛盾。③限制处理原则。行政主体对于个人信息的收集使用必须有一定的限制。要通过合法和公正的方式获得个人信息，必要时应告知信息主体或得到其同意。这一原则包含两部分内容：一是行政主体对于个人信息获得及处理应当是合法公正的，即获得和处理个人信息的目的与程序合法，并未超出职权范围。二是限制收集敏感信息。敏感信息具有高度隐私性，并且容易通过这些信息识别或确定个人，因此必须加以限制。④安全原则。它规定收集、储存和处理个人信息的行政主体负有保护信息安全的义务。一方面，个人信息应当在其收集目的所需范围内保持准确、完整并及时更新；另一方面，行政主体应当采取合理的安全保障措施，以防止个人信息丢失、未获授权的获取、损坏、使用、修改以及泄露等风险。

我国在法律层面上对个人信息的保护做出相关规定。我国的《政府信息公开条例》在第二章“公开的主体和范围”内指出涉及商业秘密、个人隐私等公开会对第三方合法权益造成损害的政府信息，行政机关不得公开。同时，《政府信息公开条例》中指出依申请公开的政府信息会损害第三方合法权益的，行政机关应当书面征求第三方的意见。但在公共行政领域对于个人信息保护的立法不仅数量不足，在保护力度上也明显不够。在内容上，相关法律规范则存在以下问题：一是对行政主体收集、利用、储存个人信息的行为缺少限制；二是对个人信息主体权利规定不充分；三是立法相对落后，无法回应当下信息技术发展和行政管理变革带来的新现象、新问题。因此，应该在立法方面继续强化对个人信息保护。

对政府信息公开与个人信息保护的两者关系的处理应遵循以下三个原则：①社会政治与公共利益优先原则。一是维护国家和社会的公共利益，要优先向社会公开相关的个人信息；二是维护政府机关的行政效率与公共服务水平，并要求在政府内部公开有关的个人信息。②利益衡量原则。运用利益衡量方法通过对两种利益进行估量与平衡，选择保护价值更高的利益。如果公民的知情权益比隐私利益重要，政府机关就应公开其所掌握的个人信息；反之，要以维护隐私为由拒绝公开。③维护人格尊严原则。人格尊严是宪法赋予每个公民应有的基本人权之一。在充分尊重公民个人的隐私等基本人权的前提下，有效行使知情权最终维护整个社会的利益。

三、信息安全

政府信息安全是指政府拥有的信息网络的硬件软件及其系统中的数据受到保护，不因偶然的或者恶意的原因而遭到破坏更改泄露，系统连续可靠正常地运行，信息服务不中断。它是物理安全、网络安全、数据安全、信息内容安全、信息基础设施安全与公共、国家信息安全的总和，是一个多层次、多因素、多目标的复合系统。

信息安全的实质就是要保护信息系统或信息网络中的信息资源免受各类型威胁的干扰和破坏，即保证信息的安全性。信息安全的要求包括：①真实性。确保用户申明的身份信息和所传递的信息内容是真实的。②完整性。要防止信息在传输和存储的过程中发生改变。③可控性。根据不同用户身份来控制访问信息资源的权限。④机密性。确保信息不被非授权泄露，这既包括存储机密性，也包括传输机密性。⑤确认性。要建立责任机制，使任何人都要为其对信息进行的操作承担责任。

信息安全体系包括信息安全政策法规、信息安全组织管理、信息安全标准规范、信息安全产品和信息安全基础设施。

（1）信息安全政策法规方面，许多西方国家都制定了相应的信息安全法律法规。我国也颁布了《中华人民共和国计算机信息系统安全保护条例》《中华人民共和国网络安全法》等法规。

（2）信息安全组织管理方面，要建立健全信息安全相应的组织机构和管理制度。在我国，信息安全职能涉及多个部门，如保密局、密码管理局、公安局、安全局、档案局。

（3）信息安全标准规范包括电子文档密级划分和标记格式、内容健康性等级划分与标记、内容敏感性等级划分与标记、密码算法标准、密码模块标准、密钥管理标准等。

（4）信息安全产品内容主要包括信息安全规划、信息安全系统方案设计、信息安全产品评测、信息安全风险评估等。信息安全是一个动态的过程，理想情况是政府部门能买到合适的信息安全产品，合理地部署并进行规范化配置，配备有经验的信息安全管理人员，信息安全系统和其他信息系统实现无缝连接。

（5）信息安全基础设施包括公钥基础设施、授权管理基础设施和密钥管理基础设施。常用的信息安全技术包括数据加密技术、漏洞扫描技术、网络入侵检测技术、防火墙系统和访问控制。

四、信息呈现

信息呈现是指信息通过语言、文字、图画等形式表现出来。政府信息呈现分为内部共享和对外发布。随着信息技术的发展和电子政务的产生，电子形式的信息已经成为政府部门信息分享的主要形式，政府网站已经成为政务公开的主要平台之一。

政府部门之间信息分享的主要形式包括：①行政信息系统。这是政府进行内部信息分享和传播的主要系统。②决策支持系统。通过决策系统进行信息内部分享，可以提高决策的科学性。③群件。这是政府部门内部信息分享常用的便捷渠道。④内联网。这是政府部门专用的网络，与外部物理隔绝，通过内联网进行信息分享安全性较高等。

政府信息呈现的外部表现为政务公开。所公开的主要信息内容包括：①公告性信息，即应当让公众了解的规范化信息，如政府公告、法律、规章等告知性信息。②服务性信息。即政府提供的有关公共管理和公共服务职能的具体程序性、事务性信息，囊括公众与政府打交道时需了解和掌握的各种信息。③透明性信息。政府应依法公开的各类政务信息，如政府工作流程、重大项目的工作进展等。④经营性信息。利用政府强大的信用优势和社会影响力为经济建设服务已成为现代政府的重要职责，发布商业信息、进行网上采购和在线销售等已经成为国外政府网站新的发展趋势。

第三节　组织学习与知识管理

一、组织学习

（一）组织学习的内涵

组织学习的概念首先由 March 和 Simon 于 1958 年提出。1978 年 Argyris 和 Schon

出版的《组织学习：一种行动视角的理论》一书，标志着国外学者对组织学习系统化研究的开始。西方组织学习的研究不断得到发展，现已形成一套较为系统的理论，并被应用于管理实践，取得了很好的效果。

组织学习的概念是由 Argyris 和 Schon 于 20 世纪 70 年代中期提出的，是指发现错误，并通过重新建构组织的“使用理论”（人们行为背后的假设，却常常不被意识到）而加以改正的过程[①]。

组织学习的理论基础包括行为主义理论、认知理论、文化理论、系统动力学理论、社会学理论、复杂性理论、组织控制理论、互动规划理论、软系统方法理论和批判性系统思考理论等。

组织学习模型是对组织学习过程和本质的系统化描述和分析，是指导组织学习理论分析和应用实践的必要工具。一些国外知名学者相继提出了比较有影响力的组织学习模型。例如，Argyris 和 Schon 的四过程模型、Kom 的整合个体学习与组织学习模式——OADI-SMM 模型[②]、Nevis 的学习系统模型、Crossan 的四框架模型等。

（二）学习型组织

学习型组织的产生主要归于以下四种缘由：①知识重新定位的挑战；②工作性质与工作观转变的挑战。③全球经济一体化的挑战；④剧烈变化与不确定性的挑战。归根到底，学习型组织是知识经济时代所要求的。

国内外的研究中有三十余种不同的定义，大致可以分为三类：①从侧重学习的角度。通过不断学习来改革组织自身的组织。学习在个人、团体、组织或组织相互作用的共同体中产生。学习是一种持续性并可以战略性地与工作相结合的过程。②从运用知识的角度，如学习型组织是指善于创造、获取和传递知识并以新知识、新见解为指导，勇于修正自身行为的一种组织。③从学习型组织的形态和境界描述的角度，如学习型组织是一个不断创新、进步的组织。其中圣吉对学习型组织的界定最经典。

学习型组织是一个不断创新、进步的组织，在其中，大家得以不断突破自己的能力上限，创造真心向往的结果，培养全新、前瞻而开阔的思考方式，全力实现共同的抱负，以及不断一起学习如何共同学习[③]。

学习型组织的理论或模型主要有：①Senge 的五项修炼。这五项修炼是自我超越——实现心灵深处的渴望、改善心智模式——用新眼睛看世界、建立共同愿景——打造生命共同体、团体学习——激发群体智慧、系统思考。②Garvin 的创建学习型组织的五项流程模式。包括系统化地解决问题、采用新方法进行实验、从过去的经验中学习、从他人最好的经验中学习、在组织中迅速有效地传播知识，并具体形象地描述了组织学习的内容。③Redding 的第四种模型理论。强调学习必须贯穿于组织系统运行的整个过程之中，即“持续准备—不断计划—即兴推行—行动学习”。④Woolner 的五阶段模型。包括形成阶

① Argyris C, Schon D. Organizational Learning: A Theory of Action Perspective Reading[M]. MA: Addison Wesley, 1978.

② 即 observe-assess-design-implement with shared mental models。

③ 彼得·圣吉. 第五项修炼——学习型组织的艺术与实务[M]. 2 版. 郭进隆，译. 上海：上海三联书店，1998.

段、发展阶段、成熟阶段、调整阶段和学习型阶段。⑤野中郁次郎的 SECI 模型。他认为学习型组织的创建关键在于要能创造知识、传播知识、应用知识，为此提出了知识转化的四种基本模式——潜移默化、外部明示、汇总组合和内部升华，即著名的 SECI 模型。⑥陈国权的组织学习能力模型。该模型认为，任何一个组织必须具有九种相互影响的行为及能力，包括发现、发明、选择、执行、推广、反思、获取知识、输出知识、建立知识库等。

（三）组织学习与学习型组织的关系

组织学习与学习型组织之间既有联系，又存在一些区别，具体如表 12-3 所示。

表 12-3　组织学习与学习型组织的关系

项目	名称关系	组织学习	学习型组织
区别	概念	组织成员不断获取知识、改善自身的行为、优化组织的体系，以在不断变化的内外环境中使组织保持可持续生存和健康和谐发展的过程	能够有意识、系统和持续地通过不断创造、积累和利用知识资源，努力改变或重新设计自身以适应不断变化的内外环境，从而保持可持续竞争优势的组织
	关注重点	组织的学习是如何发生的，创建运用知识的技能及其过程是怎样的	作为一个学习和运作的整体，组织的系统、原则和重点是什么
	结果	组织能得到更长时间的生存和更高的生命质量	可以产生实际的行为改变，并对组织绩效产生积极的影响
	学习与绩效关系	可以正相关，也可以负相关	可产生积极的影响
联系	学习型组织是在组织学习的概念基础上提出来的，组织学习与学习型组织的基本思想是相通的		
	学习型组织则是组织学习的结果，没有组织学习，也就没有学习型组织的建立		

资料来源：陈国权. 组织学习和学习型组织：概念、能力模型、测量及对绩效的影响[J]. 管理评论，2009，21（1）：107-116；陈江华. 学习型组织理论研究综述与评价[J]. 北京交通大学学报（社会科学版），2014，13（2）：65-71

二、知识管理

（一）知识管理概述

当人们渐渐意识到信息资源管理已经不能适应瞬息万变的经济环境的变化时，知识管理便产生了。“知识管理”一词最早出现在管理学大师德鲁克于 1988 年发表的《新型组织的出现》一文中，它包括两方面的含义：一是对信息资源的管理，从这一点上看，它是信息资源管理的深化与发展；二是对人的管理，知识不只来源于编码化信息，还有很重要的一部分来源存在于人脑中的未编码的知识。

知识管理是一个多学科的研究议题，主要的理论基础包括：①哲学基础。认识论是哲学的重要分支，认识论对人类认知过程、认知特性的研究，以及对知识本质的探索拓展了人类对学习、认知乃至决策过程的认识，为我们认识个人学习和创新的内在机制、改善知识应用在个人层次的效率、辨析知识和信息异同等知识管理的重要问题奠定了基础。②经济学基础。经济学对知识的认识体现在三个方面，即知识是经济发展的重要源泉、知识积累是企业成长的重要原因、知识具备促进经济发展和企业成长的经济属性。③管理学基础。一般认为，知识管理是源自基于资源的战略观，是企业能力理论和基于知识的战略观的进一步深化。具体而言，知识管理的理论基础包括经济学的知识资本理论和管理学的战略管理理论、竞争战略理论、核心竞争理论、信息管理理论、人力资本理论、生命周期理论、嵌套知识管理理论、复杂性理论等。

（二）政府知识管理

虽然知识管理的概念和研究源于企业管理，但是知识对人类社会的巨大推动力并不仅仅表现在经济领域，它对政府这个庞大的公共组织也产生了很大的影响。联合国有关文献明确指出：政府需要知识管理。这是因为，未来的社会是信息化、知识化的社会，政府必须首先在时代的大潮中跟上前进的步伐；知识管理是一种全新的管理思想，它既继承了信息管理思想的精髓，又结合了企业知识管理的特点和创新，充分发挥政府资源的优化作用，使信息和资源的利用达到最大化。通过提升政府公务员的知识水平和创新能力，从而提高了整个政府的管理效率和领导者的决策水平，是政府向服务型政府转变的一种管理模式。

政府知识管理可从狭义和广义的角度来理解，狭义的政府知识管理主要是针对知识本身的管理，研究的是知识的管理理念、策略和方法，包括对知识的识别、获取、分类、存储、传递、传播共享和创新的管理；广义的政府知识管理不仅包括对知识进行管理，还包括与知识有关的各种资源和无形资产的管理，涉及政府知识设施、政府知识资产、政府组织、政府知识活动、政府知识人员和知识管理绩效评估等。

政府知识管理的具体内容包括：①知识人才管理。政府以人力资源管理为基础实施知识管理，是要确立人的知识是国家社会生存和发展的决定性资源的观念。②知识获取管理。政府实施知识管理，一方面要进行政府知识识别和存储。另一方面尽可能多策略、多模式、多方法地获取各种有用知识。③知识共享管理。知识只有在相互交流中才能得到发展，只有在流动和共享的基础上才能产生新的知识。④知识应用管理。政府对知识的应用主要是为了实现政府的管理和服务职能，知识管理与政务流程的融合，使政府的知识资源更加合理地在知识链上形成畅通无阻的知识流。⑤知识创新管理。知识管理的核心是知识创新，它包括知识的理论创新管理、技术创新管理与组织创新管理三个层面。⑥知识网络环境管理。包括构建政府知识管理的基础设施；构建人际交流及人与人之间的各种联系渠道；等等。

知识管理在政府部门中的应用对政府部门产生重要的影响，具体包括：①政府知识管理是政府能力的重要内容，推行政府知识管理是提升政府能力的重要手段之一。首先，在知识经济的环境中，知识管理有助于政府为解决面临的各种问题而进行动态的学习和决策，从而提高政府效能和竞争力，成为政府获取持续竞争优势的源泉；其次，政府知识管理要求政府业务流程再造；最后，政府知识管理要求政府组织层次的扁平化。②知识管理有助于加强政府职能，是实现高品质政府职能转变的选择。③有助于建立新的价值取向，知识与人才是政府工作最大的资产和推动力。④有助于建立新的领导方式，强调政府工作人员人人参与。⑤有助于建立新的合作分享机制，实现政府机构内部的知识共享与创新。

（三）知识管理与信息管理的区别

知识管理与信息管理两者之间的区别具体表现在以下五个方面。

（1）内涵的差异。信息管理的直接目标是对信息的处理和对信息流的控制，其目的就是有效地满足社会的信息需求。而知识管理是指对知识及其创造收集组织传播与利用等相关过程的系统管理，和对与知识有关的各种资源和无形资产的管理。

（2）产生背景的差异。信息管理是为解决社会信息现象的复杂多样性和社会信息的无序性与人类需求的特定性之间的矛盾而产生的。而知识管理是基于知识在当今社会经济发展中的特殊重要地位而提出来的。

（3）研究内容的差异。信息管理的根本出发点和落脚点都是围绕信息存储和利用展开的。知识管理研究范围从宏观上可以涉及国家新体制的研究，在微观上可深入到个人或组织知识结构的形成和变化。

（4）管理方式的差异。与信息管理相比，知识管理深化与扩大了信息技术的应用，可以采用数据仓库数据挖掘、人工智能技术来处理信息向知识的转化；采用大型数据库技术、新型检索技术、搜索引擎网络技术、群件技术、智能代理等来进行知识的存储与传播；可以按照专业化和个性化要求来提高知识管理的水平。

（5）管理目的的差异。传统的信息管理提供一次、二次、三次文献，以一次、二次文献为主。而知识管理重点在于提供包括分析报告、综合研究成果在内的三次文献，知识管理不再局限于利用片面的信息来满足用户的需求，而是向用户提供系统完善的解决方案，促进用户或组织知识的增长和提高个人与组织知识创新的能力。

思考与讨论题

（1）信息时代对公共管理提出了哪些挑战？

（2）公共信息资源管理的定义与特征是什么？

（3）公共管理信息系统与公共决策支持系统的联系与区别是什么？

（4）结合实际谈一谈如何建设学习型组织。

（5）如何理解电子政务与电子治理的关系？

（6）我国电子政务发展的主要问题是什么？

（7）公共管理信息系统与企业信息系统有怎样的异同？

（8）电子政务将会或者已经导致了什么样的伦理问题？如何应对这些挑战？

（9）展望未来，思考电子政务的发展方向。

（10）面对信息安全问题这一重大挑战，与其相关的各个主体需分别承担怎样的责任？

第十三章　公共管理的责任与伦理

在现当代社会治理叙事中，包括政府在内的公共部门处于社会治理体系的中心位置，公共部门及其公职人员的行动对整个社会都有着重要影响。其中，它们能否扮演好社会期望的特定身份与诸多角色，主要取决于公职人员在公共管理活动中能否做到勤政廉洁、恪尽职守、担当作为。对于现代社会来说，公共事务的增多必然导致公共管理领域的拓展。相应地，公共部门的权力也将不断扩张。面对增长的公共权力，公共部门权力运用恰当可以造福于民众，倘若不加制约也会成为戕害民众权益的利器。由于公共权力公共性、强制性，公共部门权力的行使较私营部门权力的运用影响更深远、关涉范围更广泛，公权力一旦失去监控而被滥用，其后果将不堪设想。在“行政国家”时代，公共管理者被喻为“行政国的卫士”[①]。然而，“谁来监督监督者”？即如何保证国家卫士不监守自盗、捍卫宪法价值、履行责任，确实是一个大问题[②]。诚然，行使公共管理权力的组织或个人必须承担相应的公共管理责任，现实中放逐责任担当、背离伦理规范的现象却大量存在，甚至频繁引发严重的公共治理危机。由此，如何让公共管理者扛起责任担当与恪守公共管理伦理，已成为公共管理学界、实践部门共同面对的重要课题。

▶ 重点问题

（1）公共管理责任性质与内涵。

（2）公共管理中的责任控制。

（3）公共管理伦理的基本范畴。

（4）将“课程思政”元素融入课堂教学。

（5）掌握公共管理责任冲突的表现及其伦理救治。

（6）以社会主义核心价值观指导公共管理伦理建设。

第一节　公共管理责任概述

一、公共管理责任的概念

管理学大师 Drucker 曾说：“在后资本主义社会，形构社会与组织的原理一定是‘责任’。这种组织社会或知识社会，要求组织必须以责任为基础。”[③]因此，公共管理的有

---

① Rosenbloom D H, Goldman D D. Public Administration: Understanding Magement, Politics, and Law in the Public Sector[M]. New York: McGraw-Hill, 1997.

② 张成福，党秀云. 公共管理学[M]. 3 版. 北京：中国人民大学出版社，2020.

③ 彼得·德鲁克. 后资本主义社会[M]. 傅振焜，译. 台北：台湾时报文化出版企业有限公司，1994.

效性，最终要以公共管理主体负责任的行为为依归。

（一）责任的一般含义

正如Mosher所指出的："在公共行政和私人部门行政的所有词汇中，责任一词是最为重要的。"①就责任的一般含义而言，《现代汉语词典》中的"责任"有两层意思：一为分内应做的事；二为没有做好分内应做的事，因而应当承担的过失②。由此，本书从两方面来把握责任的内涵：一方面，"责任"与责任主体的社会角色相关联，要求责任主体忠实地遵守社会规范，表现出与其社会角色相适应的社会行动；另一方面，"责任"表征了责任主体不履行或没履行好职责，其背离社会预期与社会规范的行为所应遭受的谴责、惩戒或否定性评价。由此，"责任"既有积极意蕴又有消极内涵。就积极意蕴而言，责任的实现有赖于责任主体对自己职责的正确认知与积极行动，通过这种方式和途径责任实现是最理想的。从消极内涵来看，责任的实现依靠社会组织运用惩戒措施，是社会对责任主体偏离社会规范行为的惩罚与矫治。显然，"责任"通过后一种方式和途径实现，尽管不够理想，却为恢复或建立良好的社会秩序所必需。

上述分析主要从表象上对责任进行了诠释，要想准确把握责任的本质，必须进行哲学的审视。从根本上说，责任来源于人的本质，对人的本质问题的回答是阐释责任基本原理的前提。马克思主义认为，人的本质不是一个抽象物，人的本质在其现实性上是一切社会关系的总和。这种社会关系就是指建立在人与自然关系基础上的人类所有物质关系和精神关系的总称。由此，可以把人理解为一种主体性的存在物，即人是现实世界的主体，现实世界是人的客体。人的主体性是构成人的本质的根本。正是这种主体地位使人的行动与动物的活动区别开来，即人的行动是一种既依照客观世界的本性来安排，又根据人的理性来设定的自觉活动。人的主体地位使人的行动成为一种责任性的活动。因此，人的责任由人的行为和活动的主体地位决定，要对自身的行为后果负责。换言之，人在改造自然、社会的活动中要对自己的行为及其后果承担责任，实质就是要承担对自己、对他人、对自然、对社会的责任。处理人与人、人与自然、人与社会的关系以及人与自身关系是责任的本体与核心③。由此，社会治理中的人也是一种责任性的存在物。作为主体的人总要与某些客体发生关系，人的责任从本质上讲是一种关系范畴。它发生于人与一切外部世界的现实勾连中，并体现为人与人、人与自然、人与社会的各种关系。

（二）公共管理责任的基本内涵

在公共行政与公共管理的文献中，关于公共管理中的责任见仁见智。有学者认为，责任是防止滥用赋权，确保权力有效率、效益、公正、审慎地行使以达成被公众广为接

---

① 转引自特里·L. 库珀. 行政伦理学——实现行政责任的途径[M]. 4 版. 张秀琴，译. 北京：中国人民大学出版社，2001.

② 中国社会科学院语言研究所词典编辑室. 现代汉语词典[M]. 5 版. 北京：商务印书馆，2005.

③ 转引自聂海洋. 责任内涵的新阐释[J]. 东北师大学报（哲学社会科学版），2009，（1）：52-55.

受的国家目标的基本性前提条件[①]。有学者主张，责任行政是指行政机关必须对自己所实施的行政活动承担责任，使整个行政活动处于一种负责任的状态，不允许行政机关只实施行政活动，而可以对自己的行为不承担责任[②]。还有学者指出，公共责任是指公共管理人员的职业责任，他们，能够积极地对社会民众的需求做出回应，公正、有效率地实现公众的需求和利益[③]。在以“公共责任”为主要议题的一次国际会议中，“责任”的内涵被定位为具有包含契约关系、有束缚的、有义务的、不可推卸等，并由此给出了公共管理责任的定义，即公共机关和公共管理人员在公共管理事务中所应承担的责任[④]。具体说来，公共管理责任的基本内涵包括回应、弹性、胜任能力、正当法律程序、负责与廉洁[⑤]，概括起来包括三个方面：一是在行使职责时必须说明要达到什么目标；二是在行政行为过程中，要有所交代，向公众解释为什么这么做；三是在完成职责后，如果出现差错或损失，应依法承担相应的责任。

综上所述，公共管理责任，即公共管理主体（包括组织与个人）在进行公共管理活动中，必须履行的职责、承担的义务与遵守的公共职业伦理，以及社会对公共管理主体不履行或没履行好职责等所应遭受的谴责、惩戒或否定性评价，以促进公共管理有效进行、保证公共利益的顺利实现。公共管理责任的实现有赖于公共人员的职业伦理观、公共部门的运行规则与法律制度的综合作用。公共管理责任是责任的具体表现形式之一，公共管理者在社会治理行动中要对自身的行为以及后果负责。除此之外，公共管理所具备的公共性、强制性、公益性、社会性也使公共管理责任更具特殊性和重要性。

二、公共管理责任的分类

公共管理的责任分类，使公共管理主体明确了必须做什么以及禁止做什么。依据公共管理责任的内涵与性质，可以分为以下几类。

（一）政治责任

在现代民主国家，政治责任主要是指公共部门的高级管理者或政治家对公众所负的责任，包括对公众诉求的积极回应、公共资源的合理配置、政策价值的科学衡量、公共项目的合理优化等活动效果要向公众负责。因为公众通过民主选举赋予公共部门的高级管理者或政治家以公共权力，所以后者就上述活动效果向公众负责并直接承担责任具有正当性。在我国，公共管理者主要是公共部门工作人员，由各级人民代表大会选举产生，或由人大常委会决定任命。宪法规定，各级人民代表大会的代表对选民负责，国务院对全国人民代表大会及其常务委员会负责，地方各级人民政府对同级人民代表大会及其常务委员会负责。这里所指的负责，主要指承担政治责任，包含两重含义：一方面，政治责任是对公共政策的内容是否合理、合乎民意的衡量。公共政策内容合理、符合民意，

---

① 王名扬. 英国行政法[M]. 北京：中国政法大学出版社，1987.

② 刘智峰. 第七次革命[M]. 北京：经济日报出版社，1998.

③ 陈振明. 公共管理学[M]. 北京：中国人民大学出版社，2005.

④ 鲍静. 公共行政责任——国际行政学会第一次专门国际会议简况[J]. 中国行政管理，1999，（11）：42-44.

⑤ 张成福，党秀云. 公共管理学[M]. 北京：中国人民大学出版社，2001.

表明积极意义的政治责任得到实现；反之，应当承担消极意义的政治责任。另一方面，政治责任是对推动公共政策执行情况的考察。如果制定合理并符合民意的公共政策没有得到有效执行，政治责任主体要承担消极意义的政治责任。易言之，公共管理者必须推动这些政策得到有效执行。这意味着，负有政治责任的高级公共管理者的行为必须与总负责人的身份相称，特别在行政机构的等级序列中，虽然负责人无须对下属的所有行为负责，但他应该采取合理的措施确保下属按照目标采取明智的行动。因此，公共管理者，尤其是高级公共管理者必须制定符合民意的公共政策，并推动公共政策的有效执行，否则应承担相应的谴责与制裁。

（二）行政责任

Weber 认为，公共管理的科层制就是“正式的责任结构和工具”。官僚制的科层结构导致公共权力的结构性分配和功能性分配，其中一个基本性原则是必须对权力附以相应的责任，即行政人员一旦进入特定的岗位，就被赋予了特定的行政责任。在政府中，通过赋予公职人员与所处职位相符合的职权与职责，建立起职位、职务、职权、职责相一致的责任制度。Cooper 认为行政责任属于客观责任，客观责任行为意味着：在现有的规则、法律、伦理内的行为；维持及提高专业领域的系统知识；维持及发展组织政策领域的知识；将精力和时间致力于组织及其目的；决定要与组织合法指示的任务相配合；对组织的层级结构责任有所认知；做最好的技术判断；配合组织非正式的规范与程序；在专业化组织中工作[①]。简言之，它并不是由公共管理主体考虑该如何做，而是源于社会对该职位的要求与期许。公共管理者一旦接受某一行政职位，就等于接受了社会对此职位的期望和约束。行政责任主要存在于公共管理主体之中，即存在于公共管理主体内部层级间、机构间、部门间、领导与部属间等的一种责任关系。在一个组织中，领导中心与下属单位之间的层级关系被明确界定，上级制定的政策下级必须执行，上级对下级有监督控制权，下级要服从上级并对上级负责。如果下级有打破这种责任关系的行为，就违背了行政规则，会受到上级的训诫甚至会被解除职务。从积极意义上来讲，行政责任强调政府及其工作人员应克己奉公、尽职尽责，又好又快地推动符合民意的政策措施的贯彻落实；从消极意义上来讲，行政责任强调政府及其工作人员要为自己的失职承担责任，往往表现为受否定性评价与惩戒。

（三）法律责任

政府的权力来自公民的让渡，而法律是公民意愿的体现。因此，在一个实行民主制的国家中，法治的思想也必然深入人心，法治社会与非法治社会的区别在于：在非法治社会中，民众必须守法，政府可以不守法；在法治社会中，人民必须守法，政府更必须守法[②]。法律责任，主要是指在行使公共权力时，公共管理主体触犯国家法律时所应承担的否定性评价。首先，基本的法律责任包括拥护宪法的义务，通过宪法和与宪法相一致

---

① 特里·L. 库珀. 行政伦理学——实现行政责任的途径[M]. 4 版. 张秀琴，译. 北京：中国人民大学出版社，2001.

② 刘军宁. 从法治国到法治[C]//经济民主与经济自由. 北京：生活·读书·新知三联书店，1997.

的具体部门法，公民对公共管理者的要求就被认为是正式地表达了对法律负责，并不停地提醒公共管理主体要为代表公共的利益而存在。其次，法律责任更多地存在于公共管理主体与客体之间，是作为公共管理主体以外的组织或组织中相对独立的机构对具体的公共管理主体苛责。这主要是指司法机构，通过司法审查来评判公共管理部门和人员的行为是否合法，并取缔不合法的行为，惩罚违法的机构或官员个人。再次，除了对公共管理过程中法律责任的强调，公共管理者的法律责任还可以追溯到其任期结束之后，同时对公职人员离职后一定期限内的行为做出一定的限制，如我国《公务员法》专设一章，对法律责任作出明确阐释，其中第一百零七条规定："公务员辞去公职或者退休的，原系领导成员、县处级以上领导职务的公务员在离职三年内，其他公务员在离职两年内，不得到与原工作业务直接相关的企业或者其他营利性组织任职，不得从事与原工作业务直接相关的营利性活动。"最后，从法律责任的效果看，其以强制力的形式明确公共管理主体的权利和义务关系，是规范和调节公共管理主体行为的基本依据，也是维持公共管理者行为的最低标准，并确保其行为合乎法律。

（四）道德责任

一般而言，道德是通过社会舆论、传统习俗和个人的内心信念来维系的。Cooper 认为，道德责任是一种主观责任，它是价值观、态度和信念的表现。"如果我们想象出三个同心圆，价值观就是位于最里面的一个圆，信念是位于中间的一个圆，态度是位于最外层的一个圆。"①假如把政治责任、行政责任、法律责任视作他律，道德责任则是自律，是一种主动的责任形式。道德责任通过公共管理者对价值观、态度、信念等的自觉、自省与自现，追求正义之善，彰显公共管理本质，激励和推动公共管理者精神的跃迁。由此，道德责任主要是指公共管理主体的生活和行为不能适应人民及其社会所需求的道德标准和规范所承担的否定性后果，即公共管理部门及其人员的行为可能并不违反法律，但与社会公德、风俗习惯等相悖时，也要承担相应的责任。公共管理者对道德责任的感受和承担包括：在政治团体的价值和个人良知范围内行事；维持及发展当前政治、经济社会系统的知识；维持与发展个人价值、信仰、信念世界观以及价值次序的知识；维持并塑造家庭、社会及团体的关系；基于大众喜好、需求和利益，对组织任务、立法变迁提出建议；对不符合组织任务、专业操守、政治良知的价值加以质疑；基于大众喜好、需求利益、专业判断和个人良知，对规范、规则、制度及程序提出改变；鼓励与其他组织、民选官员以及大众进行合作②。在当代中国，公共管理者应当承担的道德责任主要如下：必须为人民服务，这是社会主义公共管理道德责任的核心；必须遵守公共管理者的职业道德规范，即忠于职守，一心为公；实事求是，秉公执政；艰苦奋斗，廉洁奉公；关心群众，平等待人；以身作则，遵纪守法，具有工作责任心和勤政的思想意识等。

---

① 特里 · L. 库珀. 行政伦理学——实现行政责任的途径[M]. 4 版. 张秀琴，译. 北京：中国人民大学出版社，2001.

② Cooper T L. The Responsible Administrator: An Approach to Ethics for the Administrative Role[M]. 5th ed. San Francisco: Jossey-Bass Publishers, 2006.

（五）其他责任

公共管理责任是一个发展的、动态的、非封闭性的体系，它需要随着时代的发展不断吸纳新的内容以便不断完善自己，因此这个体系除了包括现在得到公认的政治责任、行政责任、法律责任和道德责任，还应吸纳一些顺应时代发展的、有建设性意义的内容。因此，可以将那些暂时还没有得到广大学者普遍认可，有待进一步完善和检验的观点纳入“其他责任”中加以考量。这样有利于体现政府责任体系的开放性、动态性、发展性与逻辑上的自洽性，更有利于引起学者的重视与更进一步积极性的探讨，从而促进公共管理责任体系的完善。因此，如张成福教授提出的侵权赔偿责任，高卫星教授提出的生态责任，以及其他学者提出的“国际责任”等都可以纳入“其他责任”中以便进一步探讨和考量①。

另外，有国外学者将公共管理责任的类别分为主观责任和客观责任②。公共责任中的主观责任是公共管理伦理的具体表现，主要是指忠诚、良知及认同，对责任的感受和信赖，是公共职业道德的反映。公共管理主观责任认为，人们之所以以特定的方式行为，是因为信仰、价值观和被理解成秉性特征的这样一些源于内部力量的驱使。公共责任中的客观责任，意味着对某人或某组织负责，也包括对事务、人的管理以及实现某一目标负责。公共管理客观责任的具体形式主要体现在两个方面：职责和应尽的义务。需要说明的是，尽管职责与义务的含义相近，但还是存在区别的，如职责强调的是对授权者负责任和承担行为后果，义务则侧重责任范围以及在责任范围内需要做的事情等。

三、公共管理责任的特质

公共管理责任发生于公共领域，以实现公共利益为旨归。在社会治理活动中，无论是哪种公共管理责任的类型，都具备两方面特质，即公共管理责任的义务性、公共管理责任的职责性。

（一）公共管理责任的义务性

在当代社会治理叙事中，包括政府在内的公共部门处于社会治理体系的中心位置，公共部门及其公职人员的行动对整个社会都有着重要影响。其中，它们能否扮演好社会期望的特定身份与诸种角色，主要是由公职人员在社会治理活动中能否担负起公共管理责任所决定的。公共管理责任在法律、法规和伦理道德的约束下，表现为与普遍的伦理价值相一致的义务性。换言之，公共管理责任的义务性是以公共管理主体的特定身份为前提的，是以实现公共利益为目标导向的。

因此，一方面，公共管理责任的义务性意味着“做正确的事”，公共管理者必须积极地对社会民众的需求做出积极回应并采取相关措施，又好又快地实现公众的需求与利益，促使社会变得更和谐，而不能以权谋私，做不利于社会的事情。当公共管理者履行

① 杨楠. 试论政府责任及其实现途径[J]. 兰州学刊，2011，（5）：195-197.

② 转引自黎民. 公共管理学[M]. 北京：高等教育出版社，2003.

义务时，就承担了公共管理责任。

另一方面，公共管理责任的义务性意味着要“正确地做事”，否则公共管理者违反法律规定、违法行使职权时，必须承担否定性法律后果（即法律责任）。就处于社会治理体系的中心位置的政府而言，政府的公共管理责任，就是政府公共管理的义务。这种义务主要体现为两个方面：一是政府行为向国家权力主体承担尽责效力、谋取利益、提供公共服务和依法行政的义务。我国的公共管理责任，体现为政府要对产生它的权力机关——人民代表大会负责，最终体现为向国家主权的所有者——人民负责；二是与政府层级节制的行政权力的向下授权相一致，下级官员对上级官员负责，承担忠于职守、努力工作、提高效率和遵纪守法的义务，这种义务性与法律法规的强制性是一脉相承的。值得注意的是，《公务员法》把公务员的义务放在权利的前面，这与宪法中先规定公民权利再规定公民的义务的顺序不同，这凸显了公共管理责任的义务性。

（二）公共管理责任的职责性

现代公共管理部门多以职位分类为主，每个职位是职务、职权和责任的集合体。责任规定担任一定职务的人员必须做什么、不能做什么。公共管理责任的职责性体现在公共管理者的职务上，就是职位要求的职责，即“在其位谋其政”，以保证公共管理工作的正常运转，实现公共管理职能。公共管理者必须通过履行自己的职责，执行国家权力主体的意志、方针和政策，完成相应的任务，最终对国家权力主体负责。按照契约论的观点，公共管理部门是在民众相互缔约成立的国家的基础上产生的，与民众之间存在一种“委托—代理”关系。公共管理者在任职之前就应该对自身角色和职责有一定的认知，以助其切实代表民众施政，并从社会获取持久的权力。

为了更好地履行公共管理职责，公共管理者必须注意以下三点：其一，要提升公共管理能力。所谓“工欲善其事必先利其器”，公共管理者必须具备为社会和民众提供服务的能力和素养。公共管理既有科学性，又有艺术性，尤其是在信息化的今天，公共管理事务更加专业化、技术化和复杂化，这都对公共管理者的能力提出了更高要求。其二，要对公共利益热忱。作为公共利益的守护者，公共管理者必须对公共利益保持一种超越任何人之上的热忱。作为公共管理部门的个体因子，公共管理者掌握优势的公共权力和优势资源，能够积极主动对社会发展做出权威性预测和协调，而非仅仅是被动应付。渎职并非仅限于在职位上犯错误，还包括“不作为”行为[①]，而要想“有作为”必须对公共利益热忱。其三，要对公共利益忠诚。从“经济人”的假设出发，公共管理者同样具有自身利益，又由于其掌握公共权力，使其具备侵害公共利益的条件。作为公共利益守护者的人员，最大的恶就是监守自盗。忠于公共利益，不仅是对公共管理者自身职责的尊重，更是对社会最起码的责任，同时还有助于对工作的引导。

四、公共管理责任的价值

公共管理活动中的各种公共责任紧密相连，一旦有违公共管理责任，不但要担负政

---

① 张定淮，涂春光. 论责任政府及其重建机制[J]. 中国行政管理，2003，（12）：75-79.

治责任或行政责任，严重的还要担负法律责任，同时要受到道德的谴责等。因此，在公共管理实践中不能只强调某种责任，而无视其他责任的存在价值，多样化的公共管理责任在推进国家治理体系与治理能力现代化方面具有重要的现实意义。

（一）公共管理责任是民主政治的主要内容

公共权力来源于人民，当然应对人民负责。公共管理责任作为民主政治时代的一种基本价值理念，要求公共管理部门必须回应社会和民众的基本诉求，并积极采取行动加以满足；必须积极地履行社会义务和职责，并接受来自内部的和外部的控制以保证责任的实现；必须对民意负责，否则要承担政治上的、行政上的、法律上的和道德上，特别是政治上的责任。因此，主权者要想有效地掌控权力，对于任何机构的任何授权，必须同时课以相应的责任。公共管理部门（尤其是政府）拥有较大的权力，并且在现代社会中呈不断扩张态势。假如这种态势继续蔓延而越过了某种边界，民主控制失去了作用，将会大大侵害公共利益。公共管理责任特别强调，公共管理主体承担政治责任，控制并追究其不负责任的行为。这是对公共管理主体有效的监督方式之一，并表征了民主政治的精神。

（二）公共管理责任是依法治国的必然要求

以制约国家权力和保障人权为核心的现代法治，是与民主政治和商品经济相伴生的制度化运动。依据官僚层级制建立起来的公共管理组织，在实际管理和提供公共服务过程中存在着效率低下、相互推诿和争夺权力等多种不负责任的行为和现象。在公众合法权益不断受到侵害，以及国家资产也不断遭受损失的今天，如果不负责任的公共管理状况继续严重下去，必然造成公众对公共管理主体的信任度进一步下降，使当权者的公共管理面临严峻的挑战。诚然，依法治国必然要求公共管理部门依法立法、依法行政和依法司法，也就是要求其行为法治化。法治下的公共管理主体必须对法律负责，受法律监督。对具体公共管理部门而言，公共管理责任不仅意味着其要对公民负责，而且要对法律负责。他们的行为必须在法律规定的范围内按法定程序实施，严格依法行政；公共权力不得滥用，必须接受法律的制约；滥用公共权力造成的损害必须能够经过法定程序予以救济，并对违法责任人追究责任。所以说，公共管理责任的确立是依法治国的必然要求，法治之下的公共管理部门，必须对公民和社会负责，而不是凌驾于公民和社会之上的官僚机构。

（三）公共管理责任是政府廉洁的基本前提

公共管理责任的确立不仅是步入民主政治的重要表征，是推进依法治国的必然要求，也是实现政府廉洁的基本前提。政府廉洁既体现为效率行政，又表现为清廉行政。一方面，廉洁意味着公共管理部门及其人员努力以较低行政成本提供较好的服务质量。因此，实现高效行政是实现公共管理责任的基本目标和应有之义。如果公共管理缺乏效率，不能为公民和社会提供优良的公共物品和公共服务，不能有效地推动社会经济和文化的发展，就是失职。因此，公共管理主体履行职责体现在效率上，体现在为公民和社会提供高效的组织管理和社会服务上，也体现在有效地利用各种公共资源造福人类上。另一方面，廉洁意味着公共管理部门及其人员坚持公共利益高于一切的原则。如果公共管理者不廉，以权谋私，甚至腐败泛滥，实质上是将个人利益置于公共利益之上。公共管理责任的确立与廉政具有共同的制度基础和人格基础，贪污腐败的公共管理者在人格上的堕落表明已经失去了对公民、对社会的负责精神，一个不廉洁的公共管理部门不可能把公民的利益放在至高无上的位置，全心全意对公民负责。因此，公民对公共管理高效廉洁的诉求，最终转化为建构公共管理责任机制，只有负责任的公共管理主体才能实现高效廉洁。当前，政府行为必须反对“四风”、整肃腐败、提升公信，以公平正义的治理行为创造公平正义的社会局面。

（四）公共管理责任是国家治理的重要目标

党的十八届三中全会把完善和发展中国特色社会主义制度，推进国家治理体系和治理能力现代化确立为全面深化改革的总目标。一般来说，国家治理能力是国家有效运用相关制度管理社会公共事务，使之相互协调、共同发展、促进进步的能力。国家治理能力现代化是国家治理体系在实践中的绩效彰显，是衡量一个国家治理水平高低的外在表征，也是检视一个国家治理体系是否科学、合理的重要杠杆。一个不负责任的公共管理主体很难说具备管理能力强、管理效能高的素质。只有公共管理者时刻对自己的行为向公众负责，才能有利于自身的发展，才能不断提高管理能力和管理水平[①]。毋庸讳言，中国现代化至今没有改变“政府主导型”的特质，政府主导的范围和强弱与社会自主的空间和强弱成反比，就历史和现实而言，当前以政府为主体和主导的治理，仍然是治理的重心[②]。由此，政府的角色和责任至关重要，就现实可行意义的中国国家治理目标而言，并非“小政府大社会”，而是要构建一个公共问责的政府，政府的权力和责任要对称一致。换言之，公共管理责任是国家治理的重要目标，责任构成权力的边界，政府有多大权力就要承担多大责任。总之，有效的公共管理责任控制，可以让公共管理者扛起责任担当与恪守公共管理伦理，进而倒逼我国国家治理体系和治理能力现代化的早日实现。

第二节　公共管理责任的控制

明确了公共管理责任的基本问题之后，我们将视角转向公共管理责任控制的实践操作层面，考察如何构建有约束力的公共责任控制机制，以保证公共管理责任的有效实现。

一、公共管理责任控制概述

（一）公共管理责任控制的基本要义

公共管理责任控制，实际上就是来自公共管理主体之外的监督机构或个人，对公共

① 金太军. 论政府公共管理责任的承担[J]. 行政论坛，2008，（1）：15-19.

② 陈明明. 治理现代化的中国意蕴[J]. 人民论坛，2014，（4）：32-33.

管理主体履行其责任的监督和制约。这些监督和制约机制有些针对整个公共管理主体系统，而有些主要针对政府组织或非政府组织。在现实社会生活中，有的公共管理部门及其人员，“为了追求自身效用最大化可能利用自己与公民之间信息不对称的优势违背民众的意愿，损害民众的利益，这就出现了‘道德风险’”①。同时，由于客观环境的复杂性和难以预见性，有时公共管理部门在制定并执行政策时，难免失之偏颇，有损公众利益。因此，有必要建立起一整套完善的公共管理责任控制机制，以督促拥有公共权力的公共管理者正确履行职责，并为管理行为所造成的后果承担责任，最终真正做到“情为民所系，权为民所用，利为民所谋”；同时，在“经济人”“公共人”假说之外试图建立“责任人”假说，解决责任与公共服务之间的内在逻辑，并以公共服务的公平与效率作为具体考量标准②。公共管理责任控制作为一种机制，由多个要素组成，包括责任控制的主体、客体、内容及形式。

（1）责任控制的主体，主要分为同体责任控制与异体责任控制。前者包括被问责者的上级部门，被问责者同级的监督、监察机构等；后者包括选举或决定产生的被问责者的权力机构，以及社会公众、社会组织、新闻媒体等。

（2）责任控制的客体，即被问责者，包括公共管理部门的领导和一般人员。以我国政府的责任控制为例，根据政府内部行政职务的不同和机构隶属关系，政府机关领导由人大及其常委会监督制约，采取异体责任控制方式，而行政机关的一般公务人员主要接受上级领导和行政首长的同体责任控制。

（3）责任控制的内容，一般包括三个方面，一是责任控制客体的违法犯罪、失职渎职行为；二是可能造成严重后果的权力不作为或消极管理行为；三是非主观过失，但不可避免造成严重后果的管理决策行为。

（4）责任控制的形式。根据责任控制的主体不同而采取不同的形式。一般来说，权力机构的责任控制形式主要是对公共管理者的质询和罢免。对作为责任控制主体的政府而言，形式比较丰富，以我国情况为例，主要包括“诫勉谈话、责令限期整改、责令做出书面检查、责令公开道歉、通报批评、责令辞职、建议免职等方式”③。此外，公共管理部门或人员的主动道歉、引咎辞职等行政自责行为，也属于责任控制的其他方式。总结起来，责任控制的实现途径分为内部与外部、正式与非正式，具体形式包括行政控制、立法控制、司法控制与公众参与④。

（5）责任控制的尺度。基于责任控制的主体不同、责任控制机制来源不同，如“内部控制”与“外部监督”等维度，确定对其行为的责任控制程度⑤。

---

① 阮爱莺. 公共职责视角下官员问责的理论依据与制度架构[J]. 福建行政学院福建经济管理干部学院学报，2006，(2)：20-25.

② 姚贱苟. 公共服务中的责任机制——西方公共服务的考察与本土化探究[D]. 北京：中央民族大学，2013.

③ 温美琴，徐卫华. 论我国审计监督制度的完善——基于深圳政府绩效审计实践的思考[J]. 南京社会科学，2006，(5)：47-53.

④ 张成福，党秀云. 公共管理学[M]. 北京：中国人民大学出版社，2001.

⑤ 甘甜. 街头官僚责任控制研究：争议与评述[J]. 公共行政评论，2019，（5）：176-197，216.

（二）公共管理责任控制的主要原则

公共管理责任控制要遵循一定的原则。总体来看，主要原则包括三方面：一是权责一致原则。公共管理者享有的权利和承担的责任成正比，它是依法、公正实施责任控制的基本要求。二是公平公正原则。在进行公共管理责任控制时，既要追究主要领导的责任，也要追究其他分管领导所负的责任；既要追究决策环节的责任，也要追究执行和监督环节的责任，做到有责必问、客观公正、全面控制。三是民主公开原则。在具体责任控制中要体现信息公开与透明，特别是要公开责任追究的事由、过程和结果，保障人民群众的知情权、参与权和监督权等。

在中国特色的公共管理责任控制实践中，厘清直接责任和间接责任非常具有现实意义。前者是指对直接做出的公共管理行为所产生的后果负责的直接当事人所应承担的责任；后者是指虽没有直接参与这一公共管理行为，但与该行为相关的责任人或上一级行政领导，在失职、失察中所承担的责任。这两种责任都在责任控制的范围以内，具体包括领导干部不履行职责、不正确履行职责的情形，如重大行政决策严重失误，行政不作为、乱作为，懒政、怠政等①。就现行规定来看，公共管理责任控制的手段主要表现：一是给予批评教育、责令做出检查；二是取消个人或单位年度评先资格；三是扣发个人年度考评奖金；四是实行诫勉；五是停职检查；六是降职使用；七是责令辞职；八是免职处理；九是给予党纪、政纪处分；十是移交司法机关追究刑事责任。

（三）公共管理责任控制的重要功能

建立和完善公共管理责任控制的目的，一般是惩戒公共管理者的违法违纪、失职渎职行为，但更重要的是通过建立一整套控制机制，督促公共管理者履行职能、承担责任，保证各项公共管理政策的顺利实施，将事后问责转变为事前预防，能够“惩前毖后、治病救人”。公共管理责任控制的重要功能主要体现在以下方面。

（1）公共管理责任控制，能够促进公共管理者进行科学决策。一方面，促使其在进行公共决策过程中，时刻保持高度负责的态度，科学谨慎地履行决策权利，避免决策失误；另一方面，增强其风险意识，克服主观武断和“一言堂”的局面，向民主决策转变。

（2）公共管理责任控制，能够促进公共管理者认真履行职责。一方面，有利于增强责任感和使命感，切实转变工作作风，树立良好的组织风气。另一方面，促进管理者求真务实，进一步认识权利与责任的关系，做到权责一致，并勇于承担责任。

（3）公共管理责任控制，能够促进公共管理者严格落实责任控制。只有严格责任控制的落实，才能有效提高整体公共管理者的责任意识，只有狠抓教育、抓制度、抓落实，才能从根本上解决有权无责、权责不一的问题。另外，要把责任控制与责任激励结合起来，对逃避责任的人要惩处，对敢于担当责任的人要进行奖励。

公共管理责任的控制方式多种多样，从不同的角度出发其控制形式表现出不同的结构。Cooper 认为，维持公共组织中负责任的行为主要通过两种途径——外部控制和内部

① 张成立，张西勇. 监察法视域下党政干部问责制度的完善[J]. 山东社会科学，2021，（10）：23-28.

控制[①]，即制度建设和伦理建设。外部控制是着眼于组织结构的合理安排或通过立法、制定组织规则、设立严格的监督机构对公共管理者进行的一种控制方式；内部控制主要表现为伦理建设，即通过训练和职业性社会化过程来强化行政人员的价值观和道德水平。受这种观点的启发，我们可以从两个维度进一步探讨公共管理责任的控制，即刚性控制与柔性控制。

二、公共管理责任的刚性控制

公共管理责任的刚性控制，是指运用宪法、法律和法规来认定公共管理者的职责，同时以责任制约权力，并强化对公共权力的制约和监督。结合中国当下的实践，积极顺应新形势发展的要求，通过构建公共管理责任的刚性控制机制，促进公共管理者依法行政，扛起责任担当，以不断提升公共服务效能与品质。

（一）平衡管理者权利和义务：责任刚性控制的重要基础

作为法学的一对基本范畴，权利与义务是不可分割的。没有无权利的义务，也没有无义务的权利。对公共管理者来说，权利主体往往也是义务主体，将公共管理部门和个人的权利、义务以法律的形式加以确认和规范，这对于整个公共管理系统的运转起着十分重大的作用，从而为整个公共管理责任的有效控制创造了基础条件，并提供了法律依据。

从逻辑上看，要想让公共管理者负责，就必须先赋予其一定权利，而有了一定的权利，就必须要担负相应的责任。“宪法支配公共雇佣关系，但不能要求个人以牺牲自己的公民权利来作为谋取公职的条件。”[②]一方面，对公共管理者各类权利的规定，能有效地激发其工作热情，保证组织人员的稳定性、连续性，从而造就一支高质量的公共管理团队；另一方面，对公共管理者义务的规定，既有助于他们依法办事，又能为广大人民对他们的监督提供依据。公共管理者没有完全履行其职权或非法履行其职权，都是违法行为，应当依法承担法律责任。诚然，公共管理者的权利和义务应该相互平衡的。

然而现实中，公共管理者常常不能很好地履行义务，并使权力的行使处于失控状态。由此，张康之教授提出在公共领域要拒绝权利。因为“只要公共领域中存在着权利意识，那么行政人员就必然会运用公共权力去为他的个人权利的实现和扩张开辟道路”。[③]为了彰显公务员必须首先履行义务的立法精神，《公务员法》第十四条、第十五条明确规定了公务员的九条义务与八项权利，并将义务置于权利的前面加以规定，充分体现了公共管理责任的义务性。

总之，公共管理者的权利与义务是相互对应和相互依存的，其“义务”是公民基于公共管理者的特定身份而需遵行的履职基本要求，“权利”是明确公共管理者在工作中应享有的权益，以调动工作的积极性和主动性，实现公共管理。平衡公共管理者的权利

---

① 特里·L. 库珀. 行政伦理学——实现行政责任的途径[M]. 4 版. 张秀琴，译. 北京：中国人民大学出版社，2001.

② 杰伊·M. 谢夫利兹，戴维·H. 罗布森卢姆. 政府人事管理[M]. 彭和平，等译. 北京：中共中央党校出版社，1997.

③ 张康之. 寻找公共行政的伦理视角[M]. 北京：中国人民大学出版社，2002.

和义务，是公共管理责任刚性控制的基础。

（二）完善问责机制：责任刚性控制的制度支撑

公共管理责任的刚性控制应该是必要的、明确的、公开的与可预的。每个公共管理者应该做什么、做了些什么、怎么做的、是否称职等都应该以一种看得见的方式体现。否则，公共管理者“负什么责”就成了一笔糊涂账。因为“没有明确责任划分的责任控制机制不仅是一种摆设，而且可能沦为权力斗争和铲除异己的工具”①。

当前，就我国而言，首先要明确公共管理者的政治责任控制机制，并使政治责任控制进一步制度化。可以从以下方面着手：一是要明确政治责任的主体。这主要是指实行党政分开，要保证具有相对独立的行政工作系统，该系统由人大产生并对人大负责与报告工作。二是要完善人大及其常委会对政府组成人员政治责任的控制机制。公共管理者的政治责任可以通过自我追究、政党追究、权力机关追究、社会追究等方式实现，这几种实现方式的总和就是公共管理者政治责任的实现机制。然而，“权力机关对公务员政治责任的追究是民主社会最重要，相对来讲也比较完善的追究政治责任的方式”②，方式主要有质询、不信任投票、罢免。就我国当前的行政体系而言，人大及其常委会主要通过质询和罢免的方式进行追究政治责任。为此，我们需要在完善质询、罢免方式基础上拓宽权力机关控制责任的具体方式，如完善听取政府工作报告和政府财政预算报告制度等。三是要完善行政首长负责制。实行政府组成人员的连带责任制度，行政首长承担政治责任，这样才能有效防止借口“集体负责”而造成实际上“无人负责”的状态。

其次，除了政治责任，公共管理者若有违法失职行为，还应明确其行政责任和法律责任，完善制度化的问责方式。行政责任主要对公务员而言，是指其违反行政法上所规定的所负之义务时应承担的责任。如《公务员法》第六十二条、六十三条、六十四条规定，对违法违纪应当承担行政责任的公务员给予警告、记过、记大过、降级、撤职、开除处分。当然，行政处分必须依照法定程序进行，应当事实清楚、证据确凿、定性准确、处理恰当、程序合法、手续完备，同时还应该给予公务员申诉的机会。行政责任的控制必须坚持以下两个原则：一是责任法定原则，即构成行政违法的行为，必须是违反行政法律、法规的行为，同时只有法定的国家机关才能追究违法者的责任；二是责任自负原则，即谁违法谁负责，谁负责就是承担其行政责任。通过这两个原则，可以使行政责任控制进一步朝制度化方向发展。

最后，需要明确公共管理者的法律责任，主要包括刑事责任和民事责任。关于刑事责任，主要是指公共管理者违法行使职权造成公民权益损害时，依据《中华人民共和国刑法》第八章“贪污贿赂罪”、第九章 “渎职罪”等的规定，对构成犯罪的应该追究其刑事责任。关于民事责任，《宪法》第四十一条第三款规定：由于国家机关和国家工作人员侵犯公民权利而受到损失的人，有依照法律规定取得赔偿的权利。实践中，“公务人员在违法行政行为中所起到的作用可以概括为四种情况：无责任、一般过失责任、重

① 耿为劻. 现代政府公共权力责任性流失的控制[J]. 湖州师范学院学报，2007，（6）：63-65.

② 张贤明. 论政治责任：民主理论的一个视角[M]. 长春：吉林大学出版社，2000.

大过失责任和故意违法责任”①。对于无责任和一般过失责任的情形，可以不让公务员承担民事责任，而对于重大过失责任和故意违法责任的情形，应按行政诉讼法和国家赔偿法的规定执行。如果因这种重大过失和违法行使行政权力造成相对人损失要作出行政赔偿的，国家予以赔偿后，要向公务员个人追偿全部或部分赔偿费用②。

（三）强化行政体系外部监督：责任刚性控制的重要保障

在当代社会生活中，公共管理日益强调民主的价值取向，提倡在公共事务中广泛的公众参与与社会监督。其中，社会监督主要表现为群众监督和新闻舆论监督，是社会对公共管理责任刚性控制的一种方式。特别将群众监督、新闻舆论监督同专门机构的监督结合起来，使专门监督有了强有力的外部环境保障，增强专门监督机构的监督力度，取得更好的监督成效。群众监督和新闻舆论监督又可以对专门监督机构进行监督，促使他们更好地履行监督职责，以实现对“监督者”的监督。

公众参与对公共责任的实现是极其重要的，因为在各种公共管理行为中，有了公民的积极参与，公民的知情权、监督权就渗透公共权力行使的始终，公共管理者便会认真对待权力，努力履行职责。从理论上讲，每个人都有参与公共管理的潜在动机。缘于公共管理牵涉到的是公共利益，而公共利益与每个人息息相关。然而，公众能否真正参与公共管理，首先取决于一系列的制度安排是否科学合理，群众监督是否有法律保障。为此，必须确立群众监督的法律地位，明确群众监督的权限和程序，使监督权的行使有法律保障。其次，要完善群众监督途径。例如，要继续加强信访工作，健全举报体系、网络和保护、保密机制，实行举报奖励制和反馈制，从机制上保障言论畅通，举报有门，并切实保护举报者合法权益；推动群众评议，公务员任前公示制、考察预告制，加强群众对公共管理者的监督；实行政务公开，提高权力运行透明度。政务公开实质是权力活动的公开，提高政务公开度就是提高权力运行的透明度。公共部门要利用网络、电视、报刊等加强宣传和教育，广泛动员公众参与到公共事务的治理中，有效发挥群众监督的作用，促使公共管理责任的实现；提升公众的参与能力和监督能力。公众的参与和监督能力不仅受到其所接受的教育程度和文化水平的极大制约，还受到经济状况的限制。因此，政府必须采取措施，促进社会公平，实现机会均等，使公众的参与和监督能力得到普遍提高③。

新闻舆论监督，是中国现今最流行的公共话语之一，是指通过报刊、广播、电视、网络传媒等大众媒介依法对公共管理部门及其人员进行的监督，常被称为“第四种权力”，以补充立法监督、行政监督、司法监督的不足。新闻舆论监督是人民群众通过新闻媒体对国家和社会事务进行监督评议的重要途径，是人民群众实施宪法赋予权利的重要保障。新闻舆论监督具有一种无形的约束力，具有独立性、广泛性与时效性。大众媒介对公共事务全方位的调查与报道，既可以促进公共管理者积极履行职责、廉洁自律；又可以督

① 方世荣. 论行政相对人[M]. 北京：中国政法大学出版社，2000.

② 傅铭玺，付明银. 公务员责任追究机制简析[J]. 攀登（双月刊），2004，23（1）：49-52.

③ 吕景城. 论政府责任及其实现控制机制[J]. 东南学术，2005，（3）：37-41.

促监督部门加大查处力度，并责成相关公共管理责任部门限期解决问题，达到事半功倍的效果。当然，就当前实践来说，新闻舆论监督在我国公共责任控制机制中还处于一个相对薄弱的环节。完善新闻舆论监督，健全新闻舆论监督机制，必须加强新闻立法，以法律形式明确规定舆论的监督权、批评权和评论权等，从而为新闻舆论监督提供法律保障，使新闻舆论工作者能更好地依法履行舆论监督职责，同时也保障了公民通过新闻媒介了解情况、表达意见的权利。此外，人大权力机关、政府行政监察等专门监督机关在履行各自的监督职责时，应充分重视新闻舆论监督的作用，并主动从揭露的问题中发现失责行为，并进行相应的查处等。

（四）走向宪政国家：责任刚性控制的基本目标

在当代，宪政几乎成为法治与民主的代名词，即依据宪法来治理国家的民主政治。在当代市场社会，宪政的国家必须是民主的，民主的国家必须是宪政的。特别是“宪政的精神之一是用法律的手段使政治家对公民采取负责任的行动，为公民提供判断政治行为合法、正当与否的最可靠的天平。宪政不仅是一种原则，而且是一种方法。它是法律的方法，而非强力或意志的方法”①作为完善公共管理责任刚性控制机制的根本，可以从以下几个方面来理解。

（1）权力制约是公共管理责任实现的基本原则，也是宪政的基本要求。宪政的关键是在政治生活中实行法治原则，而“法治的概念要求所有的政府官员都在法律的范围之内活动，国家权力必须在法律的权威之下才能得以运用。在法律范围之内进行活动意味着政府在其活动中所行使的权力必须有法律的依据，权力的运用必须在法律所规定的范围之内”②，这表明权力制约是法治的核心内容。现代法治的精髓是公共权力的行使者依法办事。只有公共权力的行使者依法办事，接受法律的监督和约束，才有法治可言。正如哈耶克所言：“法治的基本点是清楚的，即留给执掌强制权力的执行机构的自由，应当减少到最低限度。”③可见，宪政对约束公共管理者权力的关注，无疑有助于对公共管理者的责任控制。

（2）宪政为公共管理责任的控制提供规则。由于公共管理主体的利益不同，在对公共管理责任评价和追究问题时，往往会存在期望和目标的冲突。那么，如何处理这些冲突呢？是以和平、协商的方式还是以暴力、强制的方式？民主政治要求以和平、协商的方式处理这些冲突。要以和平、协商的方式处理冲突，就需要相应的规则和程序。只有具备这些规则和程序，人民才能在公共生活领域中按照规则和程序活动，避免在追究公共管理者责任的过程中出现迫害和专横。这些规则和程序要成为真正具有约束力，就必须制度化、法律化。这就要求用宪政的合法性来衡量、约束执政者。可见，宪政把公共权力产生、运作的规则和程序法律化、制度化，必然为公共管理责任的控制提供稳定而

---

① 刘军宁. 共和·民主·宪政——自由主义思想研究[M]. 上海：上海三联书店，1998.

② 智贤. GOVERNANCE：现代“治道”新概念[C]//刘军宁，等. 市场逻辑与国家观念. 北京：生活·读书·新知三联书店，1995.

③ 弗雷德里希·奥古斯特·哈耶克. 通往奴役之路[M]. 王明毅，冯兴元，马雪芹，等译. 北京：中国社会科学出版社，1997.

可靠的法制框架。

最后，宪政为公共管理责任的控制建立权责一致的机制。公共权力的行使者必须直接或间接地对人民负责，这种公共管理的责任担当是民主的本质要求。但是如果不实行宪政，法治不健全，公共权力的行使者的权责就难以明确，责任政治就会成为空谈。邓小平指出："我们的党政机构以及各种企业、事业领导机构中，长期缺少严格的从上而下的行政法规和个人负责制，以至事无大小，往往无章可循，绝大多数人往往不能独立负责地处理他所应当处理的问题，只好成天忙于请示报告，批转文件。有些本位主义严重的人，甚至遇到责任互相推诿，遇到权利互相争夺，扯不完的皮。"①实行宪政，在法治条件下，各公共管理部门之间有明确的功能和权责界限，组织体制内部权责分明，不仅可以使公共权力在行使时有章可循，而且可以做到责任分明，避免在出现责任问题时相互推诿无人负责。法治有助于明确公共权力的行使者的责任，也就有助于公共权力的行使者很好地履行或承担责任，而负责正是民主政治的一个要求，从这个意义上讲，宪政有助于建立民主政治所要求的责任控制机制，有助于公共管理责任的实现②。

三、公共管理责任的柔性控制

在公共管理的责任控制中，除了刚性"硬件"，还需要柔性控制这个"软件"。只有"刚""柔"相济、"软""硬"结合，才能实现对公共管理责任的有效控制。所谓责任柔性控制，主要是指对公共管理者加强思想道德建设，厚植价值观，培养责任意识，尤其是大力加强公共管理"问责"文化建设，为公共管理责任的实现提供肥沃的文化土壤。

（一）推动从政伦理法治化：厚植公职人员价值观

从政伦理法治化，即通过"对政治共同体道德最低标准的规范性陈述"，把基本的、普遍的道德伦理上升为法律，厚植公职人员价值观。换言之，要促进伦理行为规范的法治化，以明晰哪些行为是道德的，哪些行为是不道德的，哪些行为是社会所期待的，哪些行为是与社会期待相违背等，以实现公共管理责任的柔性控制。公共管理责任控制的核心在于"问责"，通过问责主体对问责客体的质询、监督等活动，促使公共管理部门及其人员积极回应社会诉求，主动承担责任。正如 Cooper 所言："无论是按照正式的就职宣誓、政治伦理法规，还是法令，最终，所有公共管理人员的行为都要以是否符合公众利益为标准来衡量是否负责。"③

考察域外矫治庸官懒政、缺少责任担当的经验，从政伦理法治化已成为通行做法。在经历了漫长的启蒙运动、宗教改革后，西方进入了 Weber 所谓的"法理型社会"，"现代伦理思潮与现代立法实践结合，在普遍性和根本性的相似旗帜下找到了根本的解决途径"④。因此，西方社会重视从伦理立法上规范、约束公职人员从政道德的社会监督。目

---

① 邓小平. 邓小平文选（第二卷）[M]. 2 版. 北京：人民出版社，1994.

② 张贤明. 论政治责任：民主理论的一个视角[M]. 长春：吉林大学出版社，2000.

③ 特里·L. 库珀. 行政伦理学——实现行政责任的途径[M]. 4 版. 张秀琴，译. 北京：中国人民大学出版社，2001.

④ 齐格蒙特·鲍曼. 后现代伦理学[M]. 张成岗，译. 南京：江苏人民出版社，2003.

前世界上许多国家已有从政伦理法，伦理法治化已成为一种潮流，尤以美国较为典型与完善。1881年，美国建立“文官改革同盟”，目标之一是提升公职人员的道德风气；1958年美国国会通过《公职人员伦理准则》，要求政务官、业务官公务活动必须遵守伦理规范；1978年，美国国会通过《政府道德法》，详细、明确地规定了防范公职人员利益冲突的廉政伦理约束；1992年，美国政府伦理办公室出台《行政部门雇员伦理行为准则》，内容更详细，更加注重行政伦理规范的引导与约束功能等。从政伦理法治化在亚洲也得到重视，如韩国1981年颁布的《公职人员道德法》，日本1999年通过的《国家公务员伦理法》等[①]。

我国从政伦理法治化起步较晚，一些含有行政伦理的规范散见于《公务员法》《中国共产党纪律处分条例》《中国共产党问责条例》等法律法规与党纪政纪文本中。2005年1月，中共中央颁布的《建立健全教育制度、监督并重的惩治和预防腐败体系实施纲要》首次明确提出，要“探索制定公务员从政道德方面的法律法规”，建设行政伦理法规体系，以使公职人员的公权力能够较好地受到社会监督。然而总的来看，我国目前还没有严格的从政伦理立法[②]。促进公共管理责任的柔性控制，当务之急是推动从政伦理法治化，以厚植公职人员价值观。我国制定行政伦理法可以分为三个层次：一是制定公职人员公共服务道德准则；二是制定公职人员行政伦理法；三是制定政府伦理法。其中，核心是公职人员行政伦理法。需要强调的是，推动行政伦理法治化，要以厚植公职人员价值观为灵魂，以促进激励与问责的具体制度为抓手，注重勤政伦理规范的指引与约束，尤其是以公职人员职业道德为基础，“建构以预防为主、伦理标准清楚、公职人员随手可得、权利与义务明确、符合我国文化传统和国情的行政伦理专门法典”[③]，增强职业道德的强制力，并通过伦理教育将其内化为公职人员的伦理行动等，从而对公职人员的以权谋私、不作为，以及决策腐败等缺少公共责任担当行为进行规训、引导与制约，进而提升公共管理活动的公共性。

（二）以“问责”文化取代“官本位”思想：责任柔性控制的基本理论

在被誉为“21世纪管理学圣经”的《第五项修炼——学习型组织的艺术与实务》中，Senge 指出“美国一些全球知名的大企业，三十年来一直应用佛睿斯特为他们建立的系统动力经营模式，来辅助重大策略与政策之研拟，其中百分之九十是如领导风格、沟通态度、文化、士气等‘软性’的变量”[④]。因此，文化作为柔性的因素在管理中起着非常重要的作用，是柔性控制的重要维度。在中华民族发展史中，中国传统文化的一个突出特点就是“官本位”思想，源远流长、根深蒂固，几乎和中国封建制度一样古老，是封建专制社会所表现出来的特有现象。“文化作为一种心理积淀，它通过社会化的形式世代传承，其中的某些因素或许会保存几十年甚至几个世纪。”[⑤]尽管我国建立起了以人民

① 苏令银，张杰. 行政责任的实现：行政伦理学的终极价值追求[J]. 中共浙江省委党校学报，2003，（5）：88-91.
② 杨建国. 祛魅与重塑：“庸官懒政”治理的伦理路径[J]. 中共天津市委党校学报，2021，（4）：60-67.
③ 王天笑. 公职人员利益冲突的伦理诱因及其矫治[J]. 道德与文明，2014，（3）：121-124.
④ 彼得·圣吉. 第五项修炼——学习型组织的艺术与实务[M]. 2版. 郭进隆，译. 上海：上海三联书店，1998.
⑤ 王学辉，宋玉波，等. 行政权研究[M]. 北京：中国检察出版社，2002.

主权为核心的政治制度，但封建专制思想观念的惯性力量非常强大，特别是中国传统文化中的“官本位”观念在我国当前的公共管理、社会生活等诸多层面广泛存在，给我国当前的政治生态、社会稳定带来较大的消极影响与危害。体现着特权思想与人治传统的“官本位”观念，使作为公权力代理人的公共管理者放弃了权力正当性行使，放逐了公共责任伦理担当，这些是与中国特色社会主义核心价值观背道而驰的。

关于“官本位”观念在公共管理中的客观存在与严重危害，陈独秀在批判“官本位”的弊端时指出，“充满吾人之神经，填塞吾人之骨髓，虽尸解魂消，焚其骨，扬其灰，用显微镜点点验之，皆有‘做官发财’四个大字”①。邓小平在20世纪80年代初指出，“旧中国留给我们的，封建专制传统比较多，民主法制传统很少”②。江泽民指出，“官僚主义作风，要害是脱离群众、当官做老爷……一些共产党员和党的领导干部，也自觉不自觉地做了这种‘官本位’意识的俘虏……对党和国家的事业不负责任，对民族和人民的利益不负责任，只对自己或亲属或小团体负责”③。习近平精辟地指出，“官僚主义实质是封建残余思想作祟，根源是官本位思想严重、权力观扭曲，做官当老爷，高高在上，脱离群众，脱离实际”④。党的十八届三中全会明确提出，要“破除‘官本位’观念，推进干部能上能下、能进能出”。这个经验总结对于执政党与政府当前进一步强化公共管理问责、推进行政作风建设是非常必要的。

当前，公共管理探索实践必须创建一种新型的公共管理问责文化，并内化为公共管理者和民众的价值观念，在问责主体、问责客体的心中形成深刻持久的影响，以“问责”文化取代“官本位”思想，让公共管理“问责”文化成为社会监督的行动指南。正如罕岳所言：“社会发展要求一种有效能的进取型的公共管理，而管理的成功与否取决于相应的文化特性。”⑤大力弘扬“问责”文化，一方面对于公共管理责任主体自身而言，影响他对公共管理责任的认知，有利于公共管理者责任意识的养成；另一方面，对于其他公共管理责任的评价者而言，“问责”文化不仅丰富其对公共管理责任的认知，而且影响其对公共管理责任特别是消极意义的责任追究的态度。需要说明的是，受到多种因素的影响，“官本位”现象在当今社会政治生活中依然广泛存在，在一些地方、领域甚至愈演愈烈，严重影响着部分公共管理者的思维习惯与行为模式。因此，以“问责”文化取代“官本位”思想不能“毕其功于一役”。推进这项伟大工程尚需实现深刻的理念变革，使公共管理者从传统的官本位观念转变为官民平等的观念，实现由“政府本位”向“社会本位”“公民本位”转变。

（三）“问责”文化在责任柔性控制中的主要作用

公共管理“问责”文化作为柔性机制，把与责任控制有关的特定的价值观念和行为

① 武斌. 话说“官本位”[J]. 求是，2000，（24）：43.

② 邓小平. 邓小平文选（第二卷）[M]. 2版. 北京：人民出版社，1994.

③ 江泽民. 论党的建设[M]. 北京：中央文献出版社，2001.

④ 中共中央纪律检查委员会，中共中央文献研究室. 习近平关于党风廉政建设和反腐败斗争论述摘编[M]. 北京：中国方正出版社，2015.

⑤ 罕岳. 行政文化与中国现代化[J]. 政治学研究，1998，（2）：56-60.

规范传输给政府及其工作人员，并通过社会舆论等对其行为予以导向和制约。在西方国家，官员引咎辞职不仅仅是依据具体的、成文的刚性制度规定，更是基于深厚的、积淀多年的公共管理“问责”文化及其随之带来的舆论压力。如果整个社会缺少“问责”文化这一柔性机制，责任控制就会因缺少观念支持而无法充分发挥其作用。“问责”文化在责任柔性控制中的主要作用如下。

（1）公共管理“问责”文化有助于强化公共管理者的责任感和自律意识。道德既是个人品质的一种基本表征，也是心灵和行为的重要准则。由此，个人一旦丧失道德，便如大坝冲堤，必将引致其行为失范。公共管理者由于其所处的特殊地位及对社会的影响力，应具备高于一般职业道德的政治道德。对官员的这种“道德苛求”源于社会对权力被异化或被滥用的担忧，体现了人类对政治生活规律性的深刻体认。这种从严治政的“问责”文化，将给公共管理者带来强大而无形的压力，有助于提升其责任感，使之真正“恪其职、尽其责、精其术、竭其力”，更好地为公众服务。同时，内化在公共管理者心中的“道德律”有助于巩固公共管理责任的自我控制，即使监督主体不在场或面临诸多诱惑，公共管理者仍能作出体现公共精神的行为，甚至当某些行为缺乏相应法律规定时，公共管理者还可求助于内心的道德准则，进而作出合乎公共利益的选择。

（2）公共管理“问责”文化有利于造就现代民主社会所必需的“公民意识”。公共管理问责文化不论身份、等级和特权，强调公民应该具有独立自主的人格和尊严，强调权利意识和参与意识，这正是“公民意识”的本质所在。“公民意识”的确立和普及，将造就一个强大、活跃、警觉的社会组织。公共管理者的“好”或“坏”、“去”或“留”由民意作主，是社会组织的一种常态。以参与公共管理和制约国家权力为使命的社会组织兴起，将分散的个人资源和能量聚集在一起，使民间的零散呼声转变为团体的理性诉求，从而对公共管理部门及其人员形成强大的“社会压力场”，为现代民主社会奠定重要的结构基础。

（3）公共管理“问责”文化有助于弥补刚性责任控制的“盲区”。刚性责任控制具有明确、规范和强制力保证的显著特点，但是刚性责任控制有其固有的弱点。因为即使是世界上法律制度最完备的国家，制度也不可能涉及所有领域中的所有事项、细节。在公共管理实践中，制度作为约束抽象公共管理行为的一般性规范，与规范具体公共管理行为的责任需求很难实现完全的“对接”，因而容易出现责任控制的“盲区”，使其功能的发挥受到限制。例如，公共管理者的行为有过失或不当，特别是违反了道义责任，但是如果没有触犯任何法律制度，那么仅仅依靠责任刚性控制就难以追究其责任。刚性控制对于道义责任追究的乏力与缺位，无疑为公共管理问责文化这一柔性机制的着力与补位提供了广阔的空间。在新型问责文化中，对于许多制度没有规范的内容，只要公共管理者的决策或行为涉及公众利益，问责主体就有权对其问责，从管理不善、政绩平平到用人失察、决策失误甚至到不拘“小节”、吃拿百姓、生活作风等都要被追究责任①。

（4）基于柔性控制的“弹性问责”制度有助于上级政府对于下级政府在政策执行上

① 周亚越. 论行政问责制的柔性机制[J]. 宁波大学学报（人文科学版），2005，（5）：89-94.

的引导职能实现。一方面，上级政府通过设定具体的目标责任和考核评价机制对下级政府的行为构成了一定的外部约束，增强了其自律意识；另一方面，下级政府在完成责任目标的过程中，依然有很大的自主性空间去发挥积极性和创造性①。

总之，公共管理责任的柔性控制与刚性机制常常相互补充、相得益彰，只有“刚”“柔”相济、“软”“硬”结合，才能实现对公共管理责任的有效控制。就中国而言，我们在强化公共管理责任的刚性控制的同时，也要充分发挥公共管理责任的柔性控制。通过公共管理“问责”文化潜移默化的影响，既使公共管理者在日常工作行为中能自觉、主动地担当作为，真正发挥问责的监督控制作用，也使作为问责客体的公共管理部门及其人员能积极面对社会的诉求和迅速回应公众的需要，真正为公共管理行为承担责任。

第三节　转轨时期的公共管理伦理建设

公共管理责任既不是完全法律意义上的，也不是单纯道德意义上的，而是有着多种善恶价值判断。从某种意义上说，公共管理责任既是一种制度规范，也是一种伦理精神。只依靠制度和外在的控制，难以解决公共管理责任冲突，无法创造或强化一种更好的公共管理秩序。因此，在公共管理责任控制过程中，进一步建设公共管理伦理是十分重要的。只有大力加强公共管理者的职业伦理意识，才能更好地规范权力，实现公平正义。

一、转轨时期公共管理中的责任伦理冲突

（一）公共管理责任冲突的认知

改革开放以来，中国面临着双重转型即从社会主义计划经济向市场经济转型、传统社会向现代社会转型。在双重转型的背景下，既要建构与社会主义市场经济、现代社会相适应的制度体系，又要思考在大量现实问题涌现而有效新制度尚未生成的境况下，如何集中资源、突破常规以促进经济社会治理的有序、有效。随着改革深入带来的复杂的社会环境，社会利益主体的多元化、利益内容的分散化、利益需求的多层次化，利益得到重新整合与分配，这就打乱了原有的社会结构与分层，一些地方或领域的混乱、矛盾、失序等状态凸显出来了。涌现的现实问题加剧了整体社会的不可治理性程度，对执政党、政府的治理责任与能力提出了严峻挑战。

公共管理领域绝不是和价值无涉的，其中公共管理者角色的多重性，使利益多元化，加上权力来源的多元化，公共管理者所面临的责任呈现多样态与复杂性。这些责任并不总是相容的，甚至常常会发生冲突，表现为心理纠结、观念碰撞与行为矛盾。例如，处于现代公共行政系统中的公务员，担负着多重角色且每个角色都被赋予一系列的责任和义务，而这些责任和义务间常常发生冲突。面对责任冲突，公共管理者遭遇价值选择的困境：是为公共利益负责，还是为个人利益服务呢？这是个问题。因此，公共管理者在面对价值衡量或者解决责任冲突时都包含着大量的价值决策和利益选择活动。

---

① 储建国，朱成燕. 连带机制的柔性运作与中国纵向政治制度的稳定性分析[J]. 武汉大学学报（哲学社会科学版），2016，69（1）：5-12.

公共管理责任的冲突既是一个实践问题，也是一个伦理问题。从实践上说，责任冲突是人类的“宿命”，它具有普遍性和必然性。人类自从有了社会生活，就无时无刻不在责任冲突的困扰之中。处于转型过程中的当代中国，责任冲突会更加强烈和普遍。从伦理上说，责任冲突是一个道德选择问题，是通过责任选择来最终化解的。“各种角色之间发生冲突，将扮演者置于尴尬、矛盾之中，最后扮演者必须采取某种行动才能最终和解这场冲突。”[①]如果责任主体不能合理地解决责任冲突，则责任就不能得到切实的实现。当前，我们看待公共管理主体的责任问题时，不是要避免责任冲突，而是要寻求冲突的合理解决。

（二）公共管理责任冲突的表现

从现有学术成果对公共管理责任冲突表现形式的论述来看，主要有以下三种表现：

1. 权力冲突

所谓“权力冲突”，是指两种或两种以上的权力主体，如法律制度、组织上级与下级、人民代表和公民等，所强加于公共管理者身上的责任冲突。这种冲突境遇主要表现为以下情形：

（1）来自两个或两个以上上级指示不一致造成的冲突。公共管理一方面要对自己的直接上级负责，另一方面也要对间接上级或者同一职能部门的其他上级负责。公共管理者应当服从上级，这是来自官僚组织结构中的职责要求。严格的官僚层级把下级人员与官员安排在各个具体的职位上，在自上而下的“命令链”中，层层执行上级的指令。个体行政人员对自己行为的合法性解释，一是来自上级的授权与任命；二是来自等级制度和科层制原则的支持。然而当这些上级发出的命令不一致时，行政人员无论做出何种选择，都会痛苦地发现自己已经面对一种强烈责任冲突[②]。

（2）上级与公众之间的责任冲突。服从上级是公共管理者的基本职责之一，也是忠诚于组织的要求。然而，如果上级或组织的决定是错误的，或者以组织的名义却夹杂着个人私心，作为下级的公共管理者就会面临责任冲突，即处于对“上”负责和对“下”负责的两难境地。也就是说，效忠组织的行政要求与维护公共利益的伦理要求间的矛盾，构成了对行政人员的严峻考验。公共管理者“对下负责”是为公民服务这一宗旨的直接体现，而公共管理者“对上负责”则是所有行政组织系统得以保持正常运转的基本要求，公共管理者的选择将面临激烈的责任冲突。

（3）对本组织负责与对公众负责的责任冲突。在公共管理活动中，组织义务与公共性义务冲突也是有可能造成责任冲突的。一方面，公共管理有责任与义务遵守与执行组织的决定；另一方面从委托-代理理论来看，公共管理者还需要吸纳公众的意见，向公众负责。然而，如果本组织所做出的决定是不合理、不正确的，甚至是不合法的，行政人员就会面临本组织压力与公众诉求的冲突。

---

① 特里 · L. 库珀. 行政伦理学——实现行政责任的途径[M]. 4 版. 秀琴，译. 北京：中国人民大学出版社，2001.

② 郭夏娟. 公共行政伦理学[M]. 杭州：浙江大学出版社，2003.

2. 利益冲突

利益冲突是人类社会实际生活中普遍存在的社会现象之一。无论公共管理者是否愿意、是否意识到，实际上都不可能完全置身于当代社会的利益矛盾与冲突之外。从本质上讲，利益冲突往往代表着伦理道德要求，即在同一价值体系内部的不同伦理要求之间的冲突和不同价值体系之间的对立[①]。

从现实的状况来看，一切公共管理行为都是关乎一定范围的公众利益的组织行为，这就使公共管理行为责任人必须面对多重利益关系，并在权衡这些利益关系的基础上做出具体选择：一是公共管理组织的利益与国家整体利益的关系，往往以上级指令与国家法规是否相符合的形态表现出来；二是公共管理组织的利益与公众利益的关系，通常以所施行政策与公众实际利益是否相符合的形态表现出来；三是公共管理组织的利益与公共管理责任主体个人利益的关系，经常以施行政策是否与公共管理者的自身利益相符合的形态表现出来。[②]此外，还有可能是个人利益与公共利益之间的冲突，正如英国哲学家罗素关于权力的问题说道："一方面，因为政府是必需的，没有政府就只有很少一部分人有望继续生存，而且只能生活在一种可怜的贫困状态中。但是，另一方面，政府也会带来权力的不平等，并且那些拥有极多权力的人会利用这种权力来满足他们自己的欲望，而这些欲望是与一般人的欲望截然对立的。"[③]

因此，如何协调并妥善处理这类利益关系，避免矛盾激化，不仅是保证公共管理有效性的重要途径，也是公共管理行为过程合法化的实质内容。面对矛盾和冲突的在所难免，公共管理者既要具备很高的政策水平和协调能力，又要稳固忠于职业的伦理操守，尤其是在各类行政行为中要体现公共性。

3. 角色冲突

从心理学角色理论来讲，不同的人扮演着不同的角色，同一个人也扮演着不同的角色，而不同的角色又需要承担由角色所带来的不同责任。我们所体验到的特定角色下的价值观是不相容的或者是相互排斥的。因此，角色冲突也是理解责任冲突的主要形式之一。公共管理责任冲突的主要表现如下。

（1）个人社会责任与公共管理者责任间的冲突。个人社会责任是指一个人在社会中由于扮演其他社会角色所承担的责任或者义务。公共管理者责任是指作为一个公共管理人员所应尽的责任或者义务。作为一个公共管理主体，公共管理人员有责任和义务为公众服务，对组织与公众负责。然而，公共管理人员首先是社会人，有自己的家庭、亲戚与朋友，扮演着多种角色。在现实生活中涉及利益与价值的选择时，作为公共管理主体的责任与作为普通社会成员的责任，会发生冲突。

（2）职位责任与社会责任间的冲突。职位责任是指公共管理人员在公共管理科层制体系中，因其职务或者职位所决定需要承担的责任。社会责任是指对于任何个人而言，无论从事何种职业都应当承担的责任。一般来说，二者不应发生矛盾，因为履行职位责

---

① 王伟，鄯爱红. 行政伦理学[M]. 北京：人民出版社，2005.

② 窦炎国. 论行政行为的伦理决策[J]. 河北学刊，2005，（3）：138-142.

③ 伯特兰·罗素. 权力论——一个新的社会分析[M]. 靳建国，译. 北京：东方出版社，1988.

任最终是为了社会整体目标的实现，或者说在某种意义上就是在履行社会责任。但是出于一些具体矛盾的实际存在和公共管理人员个体认知能力及意志力程度的差异，在公共管理实践中两者间却往往存在着冲突①。

（3）上级角色与下级角色间的冲突。公共管理者对上是下级角色，对下是上级角色，下级角色的职责是服从，上级角色的职责是领导，并为下属着想，当上下级意愿相悖时，公共管理者自身面临着角色冲突。例如，作为一个部门中层领导，部门的两位下属都具备了晋升下一职级的条件，但上级根据工作需要只分配给部门一个晋升名额。一方面，上级希望部门做通其中一位同志的思想工作，使这次晋级工作能够平稳推进，部门的中层领导要对上级负责，服从上级决策；另一方面，两位下属都向部门表达了晋升职级的愿望和决心，并且他们对部门中层领导以往的工作都给予了极大的支持，都希望能按照自己的意愿获得晋升。这种情况下，部门中层领导既要与上级的想法保持一致，又要对两位下属负责，这种角色冲突造成了部门中层领导所扮演的两种角色间关系的紧张。

（三）消解公共管理责任冲突的伦理路径

当公共管理者面临责任冲突时，价值选择就会处于两难中：选择的行为也许符合某些公共管理伦理的要求，却又违背有一定价值的另一种公共管理伦理要求。也就是说，公共管理者必须在相冲突的伦理价值中进行选择，这种冲突涉及的是一种行政伦理问题。正如刘可风所说的："真正的行政伦理问题应该是指，行政主体行为发生冲突的选择，且都有伦理依据，都存在一定的合理性，在这种情况下行政主体应当怎么办。其中，隐藏在各种具体的特殊的行为选择冲突背后的伦理矛盾，就是真实的行政伦理问题。"②公共管理伦理所要解决的问题具有鲜明的实践取向，所要探讨的不是那些通过道德洞察一眼就能找出正确答案的问题，也不是那些通过简单地套用伦理原则就能解决的问题，而是那些带有鲜明的情境性、实践性、两难性的问题。③公共管理责任冲突所反映的正是这种含混的伦理冲突。

从公共管理伦理的角度看待公共管理责任问题是个更高的、更广阔的视角。对于公共管理者个体而讲，讲求伦理的阶段是一个更高的自律阶段。黑格尔认为，自由意志是人的本质，自由意志的发展经过抽象法阶段、道德法阶段，最终达到伦理阶段。抽象法是外在的法，道德法是内在的法，而伦理阶段是自在自为的法，是主观和客观、内在和外在的统一，是自由意志发展的更高阶段④。公共管理责任冲突的解决不仅需要制度来保障，需要公共管理伦理做指导，也需要公共管理者将责任、伦理标准深入人心，内化为公共管理的伦理责任，确立符合公共管理伦理价值取向的伦理目标，从而促进公共管理责任冲突的化解。公共管理伦理的解决之道是一种哲学思维方式，要求公共管理用批判的和普遍化的方法独立思考，以便为解决责任冲突提供了更合理的方法。

具体而言，当权力冲突存在时，必须首先求助于自己的信仰、价值观和原则，确定

---

① 万俊人. 现代公共管理伦理导论[M]. 北京：人民出版社，2005.

② 刘可风. 论中国行政伦理问题及其实质[J]. 武汉大学学报（人文科学版），2003，（3）：295-300.

③ 李春成. 行政人的德性与实践[M]. 上海：复旦大学出版社，2003.

④ 黑格尔. 法哲学原理[M]. 范扬，张企泰，译. 南京：商务印书馆，1982.

采取哪种措施，以及如何才能证明做法是正当的。理解了这种伦理选择，即使我们的职责是对上级负责，也没有必要对其言听计从。只要某种方法符合公正、正义，符合最广大人民群众对公共管理的期待，就可以采用，因为这是符合公共精神的。当角色冲突存在时，我们可以从公共管理伦理的立场思考问题，筛选不同角色的各种价值观。在这一道德想象的过程中，可能会仔细考虑如何设计或重新设计角色、角色间的关系以及组织的制度和文化，这一切都对角色予以新的限制和赋予新的机会，保持角色与价值观的一致性，也许角色冲突带来的困境便不复存在。当利益冲突发生时，需要考量社会公众对行政行为的态度与看法，思考不同价值选择所带来的社会影响，要思虑行为的正当性、合理性，以及站在利益对立方作换位思考。此外，构建利益冲突的预防机制也尤为重要，张成福教授提出中国特色的公共服务利益冲突预防机制包括七个方面：①加快理顺政府与市场的关系，明确政府的权力边界与职责范围；②构建预防利益冲突的制度体系，注重制度体系的科学性和可操作性；③兼顾利益冲突预防机制的分层与联动，提升制度体系的适应性及弹性；④增强监督过程的开放性，鼓励多元的社会力量参与监督；⑤尊重公职人员个体权利，将正当个人利益合理合法化；⑥重视道德素养与职业伦理的培育，增强个体责任、内化公共价值；⑦加强组织文化构建，营造对利益冲突“零容忍”的政治生态[①]。

总之，在担任公共管理职务时，努力避免利益冲突的出现，在一些敏感并涉及自身利益的事情上采取“回避”以努力消解“合理的怀疑”。在责任冲突的情况下进行行为选择是困难的，公共管理责任控制并没有给我们提供合适的解决思路，只有通过寻求公共管理伦理的自律，了解各种责任的伦理内涵，提高解决责任冲突的能力，才能使公共管理责任更好地实现。

二、公共管理伦理的基本范畴

为了消解公共管理责任冲突，实现对公共管理责任的伦理控制，有必要了解公共管理伦理的基本范畴。

（一）公共管理伦理的内涵

所谓公共管理伦理，是指与公共管理行为相关的基本伦理要素及道德规范的总称[②]。因此，公共管理伦理所涉及的范围基本上是公共管理领域，而不是社会生活领域的全部；规范的对象是作为公共管理者的公共行政人员或公共管理者，以及一些承担着公共责任的非政府组织成员及其公共管理行为；公共管理伦理通过公共管理行为和公共事务特殊的示范效应表达出了一种公共伦理的基本精神。

事实上，公共管理伦理与个体伦理、企业伦理和传统行政伦理具有完全不同的内涵，主要表现为公共管理领域的基本伦理维度、公共管理行为的基本道德规范，以及通过公

① 张成福，吴俣丹. 公共服务中的利益冲突及预防机制研究[J]. 新视野，2016，（4）：5-14.

② 苗月新. 公共管理伦理缺失之成因及其对策研究[J]. 中国行政管理，2011，（4）：60-63.

共管理行为与公共事务所集中体现出来的社会公共伦理精神[①]：其一，公共管理中的伦理不同于个体伦理。公共管理伦理具有政治、行政特点，主要研究公共组织行为的准则体系，而个体伦理主要研究社会个体的生活准则和行为规范。虽然公共管理者也是普通社会公众的一员，但是他们肩负着更大的公民信托和社会责任，较一般公民更需要高尚的品德和廉洁的作风。其二，公共管理伦理也不同于企业伦理。相较于企业伦理而言，公共管理伦理要求公共管理者不仅具有职业技能和专业知识，而且要有崇高的道德品质。其三，公共管理伦理与传统行政伦理不同。公共管理伦理强调以战略的、动态的、发展的眼光来看待组织的发展，而传统的行政伦理只对组织内部进行静态的思考；传统行政伦理只重视对行政组织内部行政人员的道德约束。公共管理伦理不仅重视组织内部人员的素质提高，也重视整个公共系统的伦理建设，强调通过公众参与的方式促进整个公共管理伦理建设及整个公共管理系统的伦理建设；传统公共行政伦理更强调“价值中立”，而公共管理更重视公共管理者的职业操守。

总之，作为公共管理过程中道德属性的一种体现，公共管理伦理与公共管理有着密切的关系，同属社会规范研究的范畴，在实践中是相互作用、相互支撑、相互补充与相互完善的。

（二）公共管理伦理的类型

公共管理是在复杂性和不确定性历史条件下产生的新的治理模式，特别“要对公共管理这一新型社会治理模式的建构进行伦理思考，需要通过这一思考去为公共管理这一新型社会治理模式的建构确立伦理精神、德制方案以及行为的道德规范”[②]。公共管理伦理是一个有机体系，包括制度伦理、政策伦理和职业伦理三种类型，它们是一个相互联系、相互制约、相互作用的完整系统。

1. 公共管理伦理中的制度伦理

相对于个体伦理而言，制度伦理是深刻、广泛而稳定的，它可以通过明确的规则和规范来划定公共管理者在公共管理活动中的权利、责任或义务，具有普遍的约束力。一项制度安排必须符合人类活动的根本目的，满足绝大多数人的利益，以便最大限度地实现正义之善。实际上，制度伦理可以外在地规范和整合社会大众的道德操守，但如果社会大众尤其是制度设计者，并不是真正从内心认同其中的精神价值，这种整合就会失去应有的效力。企图依靠制度的强制性规范迫使人们提高道德水平是不现实的，制度伦理的终极目标应该是将某种“正义”的时代精神内化为公共管理者的道德意识。

2. 公共管理伦理中的政策伦理

公共政策能否达到预期目的，并发挥出应有的效力，除了政策本身的科学性、合理性、可行性，政策的价值取向或伦理关怀也是重要的影响因素。公共政策是对公共价值的权威性分配，其目的是创造并分配公共利益，维护公共生活健康有序地运行。因为一项公共政策只有真正表达了公众的利益需求，才可以被公众认可，并对公众形成感召力；

① 万俊人. 现代公共管理伦理导论[M]. 北京：人民出版社，2005.

② 张康之. 论伦理精神[M]. 南京：江苏人民出版社，2010.

只有从公共利益出发，才真正回应了公众的政策要求；只有具有了公共性，才具备了整合公众力量、建构公共生活秩序的能力。公共政策必须坚持以实现公共利益作为最基本的价值导向，从公共利益的需要出发，正确地处理不同的利益要求，协调社会利益关系。从这个意义上说，公共政策伦理涉及了正义价值的选择问题，即包含自由、平等、民主等内容。

3. 公共管理伦理中的职业伦理

职业伦理是指公共管理中规定的与公职人员的职业关系、职业角色和职业行为相适应的伦理规范。公共管理者在从事某种职业时，其行为是否符合该职业的要求，以及是否做出道德性行为选择，是由其自身具备的道德品质决定的。对于公共管理者来说，虽然职业伦理并不要求他们成为道德圣人，但是他们必须具有社会对其职业角色预期的道德品质。只有具备了该职业要求的道德品质，公共管理者才能在职业过程中实施合乎职业要求的道德行为。具体来说，公共管理者的职业品质应该包括服务、诚信、负责、民主、树立典范、追求卓越、依法行政等方面。

（三）公共管理伦理的价值诉求

公共管理伦理蕴涵了公共管理的基本价值诉求，如责任、正义、效率、秩序与和谐等。它们具有不同价值层次和规范维度，既密切联系又相互补充，共同构成了现代公共管理的伦理标准[①]。

（1）责任。公共管理蕴含着伦理责任的履行，而公共管理伦理的责任并不是一般意义上的社会义务或个体道德责任，而是公共管理者在公共事务和公共行为中承担的基本责任要求，是对权力者制定政策和执行政策的一种限制，体现了公共管理者的职、责、权相统一的基本要求。在民主社会，公共权力的行使必须直接或间接地对人民负责，实行责任行政，同时公共管理主体必须回应社会和民众的基本要求并积极采取措施予以满足，承担起道义上、政治上、行政上和法律上的责任。另外，责任原则不应仅限于政府的职责或政治责任，也必须成为一种社会公共精神，还要求包括公共管理者和全体公民在内的所有社会成员，共同承担起维护社会公共秩序、促进社会发展的伦理义务。

（2）正义。作为人类追求理想政治的核心价值和准则之一，正义素来是对公民作为人的尊严的维护，是对社会成员基本权利的切实保证，是人类公共活动中永恒的行为规范和价值范畴。因此，公共管理主体在谋求公共利益过程中必须以正当的、合乎理性的方式来行使公共权利，尤其是在公共政策、社会制度的安排、实施等方面，要体现出普遍公正的价值理念，而不应该以整体的名义侵害公民的自由权利。在社会财富形成过程中，公共管理部门有责任通过合理的制度安排，在使每个社会成员依据具体的贡献得到有差别分配的同时，须通过宏观调控的手段保证社会公平。因此，正义是公共管理的基本价值目标，也是公共管理伦理的基本原则。公共管理伦理是赢得民心和民意的重要力量，是稳定社会秩序、保持国家长治久安的决定性因素[②]。

---

① 万俊人. 现代公共管理伦理导论[M]. 北京：人民出版社，2005.

② 胡鸣铎，牟永福. 论公共管理之伦理要义[J]. 云南行政学院学报，2010，（6）：117-121.

（3）效率。公共管理伦理意义上的效率并不完全是经济学上的投入产出之间的机械性比率，而是政府或公共组织提供公共产品和公共服务的效率。这种效率观吸收了社会公平理念，强调伦理与功利的统一，认为政府或公共组织应当以尽可能低的公共管理成本，去实现尽可能高的社会公共效益，在使越来越多的人改善境况的同时，没有或者说尽可能地减少对其他人利益的损害。从这个意义上说，为了实现公共管理伦理的效率原则：一方面，以政府组织为主导的公共管理部门或机构，应当而且必须为公共社会提供足够丰富的公共产品。另一方面，公共管理部门要建构一个公正、稳定、良好的社会公共秩序。总之，公共组织提供公共产品和公共服务的效率，是公共管理伦理的价值诉求之一。

（4）秩序与和谐。在现代社会，公共管理行为的发生、公共管理伦理目标的达成，主要是通过供给社会秩序来完成的。因此，建立并维护良好的社会秩序，是现代公共管理伦理的首要价值目标。社会秩序的供给，既体现为一系列行为规范、规则体系的形成，又体现在一种价值理念的形塑，包含公民性与公共服务、他在性与公共利益、平等性与公平正义、义务性与公共责任、理性与经济效能[①]。一方面，公共管理伦理，既要考量外在的社会秩序结构，又要使供给的社会制度符合社会普遍的道德伦理，唤起公众对所处的制度规则体系的认同感。另一方面，公共管理伦理，既体现为对公共行为、公共事务实施技术化控制的面向，又要通过有效协调社会关系，合法公正地处理公共事务，建立和谐的社会秩序。总之，达成健康、和谐的社会状态，是公共管理伦理的价值诉求之一。

三、公共管理伦理建设的基本思路

在公共管理伦理建设进程中，公共管理伦理的框架体系为公共管理伦理建设提供了指导性思路，探寻具体的实践路径是公共管理伦理建设的进一步展开。张康之教授认为，“公共行政的道德化包括两个向度：其一，公共行政的制度和体制的道德化，其二，行政人员的道德化”[②]。循此思路，可以从制度层面和个人德行层面，进一步构建科学的公共管理伦理体系。

（一）构建公共管理伦理的框架体系

公共管理伦理建设是一项复杂性程度较高的系统工程，它是由一系列子系统构成的，主要包括以下方面。

1. 支持系统

其一，政治支持。公共管理伦理的建设离不开政治支持，因为现实中，政治因素总渗透在公共管理中，甚至不断加强对公共管理的控制。政治支持在我国体现为执政党对公共伦理建设的重视，可以说执政党的支持是公共管理伦理建设的前提，任何公共管理伦理的建设方案的出台都离不开执政党的参与。而且公共管理伦理的推进也要靠执政党，其为公共伦理建设提供指导性的方针政策。其二，舆论支持。社会的舆论也是公共管理

① 张成福，马子博. 重建公共行政的道德秩序[J]. 中国人民大学学报，2016，（4）：90-100.

② 张康之. 寻找公共行政的伦理视角[M]. 北京：中国人民大学出版社，2002.

伦理建设的一个重要支持。涉及伦理的公共管理事件的发生，会引发公众的极度关注，并强烈要求公共管理部门进行调查，这种爆发出来的公众舆论压力，促使公共管理部门反思伦理建设的重要性。其三，组织支持。公共管理伦理建设的直接载体是专门的公共管理伦理建设机构的成立，只有在专门机构的推动下，公共管理伦理的建设才能具备持久性。

2. 保障系统

其一，责任保障。责任保障实际上就是前文提到的责任控制。没有责任羁绊的公共权力会导致权力的滥用，责任追究不及时会增加人民对公共管理部门的不信任，会对其产生抵触情绪。公共管理部门及其人员必须承担起道义的、政治的、行政的、法律的责任，并对失责行为严厉追究。其二，培训保障。公共管理伦理建设要有公共管理者获得伦理知识的途径，主要就是在培训中加入相关的伦理教育内容，并考虑以此作为考核的重要依据。培训的内容可以根据不同行业确定不同的伦理内容，通过经常性培训，让公共管理者内心建立起价值防御系统。

3. 监督系统

其一，人民监督。1945 年 7 月，毛泽东回答黄炎培“如何跳出兴亡周期”时说道：“只有让人民来监督政府，政府才不敢松懈。只有让人人起来负责，才不会人亡政息。”[①]这里，清晰地表明了人民监督的重大价值。要真正实现人民监督，必须有群众监督的运行机制，包括利益表达机制、举报机制、政务公开机制等。这将有助于保证公共管理伦理与行为规范的切实实施。其二，法制监督。公共管理伦理的建设应和法治建设相配合，建立立法监督机制，包括宪法监督制度，听取和审议工作报告制度，受理申诉、控告、检查制度，询问和质询制度，选定问题调查制度。建立司法监督机制，包括人民法院的监督和人民检察院的监督[②]。其三，政纪监督。各级监察委员会是行使国家监察职能的专责机关，要严格执纪，对贯彻落实党中央决策部署敷衍塞责、弄虚作假、阳奉阴违的，不服从统一指挥和调度的公职人员，要坚决从严查处；对不担当、不作为、乱作为，推诿扯皮、消极应付等形式主义官僚主义问题的公职人员，要严肃查处、推动整改等。

（二）制度层面的公共管理伦理建设

1. 构建服务行政的管理模式

就我国而言，近年来随着改革开放和社会转型，传统行政管理体制的弊端日益呈现，这些弊端的存在是公共管理者出现伦理道德失范现象产生的重要原因之一。因此，加强我国公共管理伦理的建设就要深化行政体制的改革，构建服务行政的管理模式。服务行政模式，体现了公共管理伦理的服务公共利益价值取向。构建服务行政的管理模式，首先要转变政府职能，确立有限政府的观念和服务公共利益的理念，改变过去党政不分、政企不分，政府缺位与错位并存的做法。只有这样才能减少社会中权力寻租的活动，使权力与利益脱钩，规范行政主体的行为，从源头上压缩公共管理伦理失范产生的空间和

---

① 黄炎培. 八十年来[M]. 北京：文史资料出版社，1982.

② 孙学玉. 公共行政学[M]. 北京：社会科学文献出版社，2007.

机会，有效地防止行政伦理失范现象的发生。其次，加快行政机构改革，确立公共效率的价值理念，改革干部人事制度。最后加快实行公共管理问责制，确立公共管理责任的价值理念。出台问责制的规范性文件，不仅从制度层面上体现了基本的公共管理伦理精神，还可以从心理上重塑公共管理者的行政价值和道德意识，使公共管理者做出与其职权相一致的事情，从而减少了公共管理伦理失范现象的出现。

2. 强化公共管理伦理立法

公共管理伦理立法，通常意味着将伦理行为上升为法律行为，使其具有与政治、法律同等地位的监督、执法权力的法律效力和作用。换言之，是将符合公共管理组织目标、公共利益的价值取向的伦理道德规则融入法律、法规和制度当中，使公共管理伦理法治化。通过这种方式，把公共管理伦理行为上升为法律行为，为公共管理者提供符合伦理的行为标准，为公务员提供做正确的事、避免做错事的指导方法。指导公共管理者在面临责任冲突时做出正确行为选择时，也为惩罚那些违背最低道德要求的行为提供依据。在现代国家中，越来越多的公共管理伦理规范被纳入社会的法律规范体系之中。加强公共管理伦理立法，通过法律的强制力来维护道德的纯洁性，把公共管理伦理的“柔性”约束转化为法律的“刚性”制约，长期实施这种制约手段会使正确公共管理行为产生“惯性”，并最终使其成为公共管理主体的“自然反应”，实现从他律到自律的转变。

3. 建立公共管理伦理的监督机制

公共管理责任来源于公共权力，一旦权力在行使过程中失去了监督，难免会导致腐败。公共管理伦理也是依附于公共权力而存在的，如果没有健全的公共管理伦理监督机制，就不能有效保证公共管理伦理行为，也不能保障权力的合理运用，更容易产生公共管理责任冲突。除了利用已有的立法监督、司法监督、党内监督、行政机关内部监督和群众监督对公共管理者的伦理失范进行监督，还要建立伦理监督机构，保证公共管理伦理的实现。借鉴欧美发达国家的经验，我国可以从中央到地方设立各种独立而又具有一定权威的专门机构，如“道德办公室”或者改造“文明办”等现有机构，建立公共管理伦理的监督机制来处理公共管理者违反伦理道德而又尚未构成违法、犯罪的行为。通过查处具有不道德行为的公共管理者，并进行谴责、换岗、降职、自动辞职乃至解职等处罚，以加强对公共管理者的道德监督。

4. 完善公职人员行政伦理的评价机制

一方面，设立公共管理伦理的咨询评价机构，在公职人员的任免、升降等活动中引入道德评价机制。行使职责的主要依据是不记名的公众伦理评议及建议，并以此来评价公共管理主体的工作状态及业绩，从而直接影响其自身的物质利益、精神荣誉和长远发展。另一方面，完善公共管理伦理的道德评价体系，应强化社会赏罚机制，加大赏善罚恶的力度，建立有效的激励机制，以发挥行政人员的积极性①。

---

① 陈萍. 非制度化建设：我国行政伦理变革的核心内容[J]. 西安政治学院学报，2007，（1）：78-80.

（三）个体层面的公共管理伦理建设

公共管理所追求的一个最基本的目标是实现管理的最佳社会效益，公共管理部门及其人员的行政道德素质的高低决定了这个目标能否实现。为此，加强行政伦理建设，必须强化对公务员的德性培养。公务员的德性培养方法，可以分为道德教育和道德修养两大类。

1. 公共管理者的伦理道德教育

公共管理者的伦理道德教育，是他律的方式，它强调的是社会对公共管理者的道德培养，是将外在的道德规范转化为公共管理者个人的内在品质，从而使其在公共管理活动中遵守道德规范和伦理准则的过程。

（1）公共管理者的伦理道德教育，在培训内容上需要突出信念教育。一方面，培养公共管理者确立正确的伦理理想目标，并引导他们确立公共利益、公平正义、公共责任和公共效率的价值观，这是公共管理者正确思想和行为的基础；另一方面，培养公共管理者具备必需的判断力和技能，具有正确的行政伦理判断标准，提高伦理决策水平，实现公共效率的价值，促使内在道德品质更好地外化为道德行为，能够在具体的行政环境中坚守伦理准则，实现社会公共利益，维护社会公平正义等。

（2）公共管理者的伦理道德教育，在培训方式上应该讲求灵活多样。一方面，要借鉴国外公共管理者伦理道德教育的有益做法，采用典型案例分析、专业社交培训、角色扮演、小组辩论、日常强化等多种方式。另一方面，要考虑国内公共管理者伦理道德教育的具体情况，培训活动的开展要与公共管理者的具体岗位相联系，因地制宜地进行公共管理者的伦理教育和培训；需要将抽象的理论学习与形象的教育方式结合起来，把握时代的脉搏，努力增强公共管理者的伦理道德教育实效。

2. 公共管理者的伦理道德修养

公共管理者的伦理道德修养，是自律的方式之一，强调的是公共管理者的自我塑造，是个人将社会道德规范转化为个人内在品德的过程。

公共管理者伦理道德修养的内容主要包括：首先，夯实全心全意为人民服务的价值观。只有强化公共管理者的服务意识，才能更好地实现社会公共利益。其次，加强政治修养，如要有明确的政治方向、正确的政治立场；要有严格的政治纪律，必须遵守党纪、政纪、国法的规范约束；要有敏锐的政治鉴别力等。最后，加强作风修养，如要树立正确的用人观、名利观、权力观、家庭观、金钱观等。

公共管理者伦理道德修养的途径主要包括：一是道德学习。通过学习获得伦理道德知识和掌握伦理准则规范，公共管理者可以判断某种行为是否合乎道德，可以对自己和他人的行政行为进行道德评价，从而纠正错误的认识和行为。二是伦理思考。公共管理者要经常对自己的认识和行为是否符合道德要求进行伦理反思和自我检查，养成伦理问题意识，及时发现伦理问题。三是伦理自觉。公共管理者在没有外在监督的情况下，依然能坚持理想信念，自觉遵守道德规范与准则，实现自我监督。四是社会实践。道德修养离不开社会实践，公共管理者只有通过道德实践，才能提高道德认识，确立道德信念，陶冶道德情操，进而促进道德习惯的生成。

思考与讨论题

（1）公共管理责任的内涵与性质是什么?
（2）公共管理责任的主要类别是什么?
（3）如何理解公共管理责任实现的意义?
（4）实现公共管理责任的主要控制机制是什么?
（5）如何辩证地看待公共管理责任的刚性控制与柔性控制的关系?
（6）如何处理公共伦理与私人道德之间的冲突?
（7）如何理解公共管理伦理的价值诉求?
（8）当前公共管理伦理建设的基本思路是什么?

第十四章　公共管理改革与发展

公共管理改革，是指政府立足于环境变化发展的诉求对自身固有的管理模式进行的符合当代公共管理准则的变革。从实践层面看，这场改革缘起于20世纪七八十年代的西方国家，是在早期工业模式受到新兴社会因素冲击的背景下进行的。在改革中，各国传统的公共部门的管理方式和理念都发生了巨大变化。这场改革深刻改变了20世纪后期西方各发达国家政府和社会的固有格局，也影响着改革发展中的中国。本章将首先对西方国家公共管理改革进行系统介绍和反思，然后对中国改革开放至今，在借鉴吸收西方国家相关理论和经验的基础上的公共管理改革进行回顾、反思和展望。

► 重点问题

（1）公共管理改革的含义界定和特征。

（2）西方公共管理改革与发展的时代背景、主要内容和整体特征。

（3）对西方公共管理改革的整体评价。

（4）中国公共管理改革的含义。

（5）中国公共管理改革和西方公共管理改革的共同点及差异。

（6）中国公共管理改革的时代背景和主要内容。

（7）对中国公共管理改革的评价和发展的未来展望。

► 难点问题

（1）公共管理改革与发展的战略与战术。

（2）中国公共管理改革与发展面临的挑战与战略选择。

第一节　西方公共管理改革与发展

公共管理改革本身源于西方社会，是西方各国在进入20世纪后期面临环境变化所作出的选择，旨在变革固有的政府管理模式进而增强公共部门的生态适应性。公共管理改革有着深刻的经济、政治、社会和学科背景，是在管理主义、治理、第三条道路等多种理论思潮的指导下，以新公共管理运动为主，综合运用科层制、市场机制和公民网络等方式进行的改革。公共管理改革的特点主要在于公共管理主体的多元化，方式手段的多样化和灵活化，以及公共管理主客体关系的互动性。内容涉及发起和推进新公共管理运动、构建合作治理格局以及践行“第三条道路”等方面。在上述公共管理改革中，以新西兰、英国和美国最具有代表性。这些西方国家在对本国政府管理模式进行的符合当代公共管理准则的改革中，取得了一定的成效，但也带来了价值理念和现实层面的诸多问题。这些问题在今天仍然值得反思，并深刻影响着各国公共管理的未来。

一、西方国家公共管理改革的背景

（一）经济背景

经济因素是促使西方国家公共管理改革的最基本的要素。20 世纪中后期，西方国家普遍进入后工业社会，经济发展出现了一系列新的现象和问题。变革与危机并存成为经济发展的主要表现。一方面，产业结构的调整和升级，经济区域集团化和全球化趋势，信息技术的革命和知识经济的到来使经济发展相比过去发生了质的变化，也催生了一系列新的社会力量的出现；另一方面，西方发达国家在 20 世纪 70 年代普遍面临发展停滞的经济瓶颈。以公共管理改革的典型国家——新西兰为例，根据世界银行统计，1975—1985 年，新西兰经济增长率仅为 1.79%，物价指数由年均 5.46%上升为 13.16%①。美国在第二次世界大战结束时所构建的布雷顿森林体系在各种因素的作用下宣告崩溃，滞胀成为美国等发达国家在经济发展中遇到的主要困境。经济发展的需求和发展困境的压力成为促使西方国家公共管理改革的经济背景。

（二）政治背景

第二次世界大战之后，西方各国的“福利国家”模式普遍遭遇危机。社会环境的变化尤其是经济危机的出现促使人们普遍对凯恩斯主义指导下的“全能政府”进行反思和批判。“大萧条”以来，“行政国家”迅速发展，政府对国家和社会的干预程度普遍增强，文官制度日益完善，政府机构普遍膨胀，公共支出和服务数量明显增加。这在一定时期对解决经济问题、促进社会发展起到了积极作用。但是，过于“全能化”的政府也使政府自身机构臃肿、效率低下，公共财政也普遍负担过重。

随着环境的变化发展，传统政府管理模式的适应性受到严重挑战。科层制固有的弊端在 20 世纪后期日益明显，政府失灵成为西方各国政府普遍遭遇的难题。正如美国前总统里根所言：“政府无法解决问题，政府本身就是问题。”这句话成为 20 世纪 80 年代美国社会普遍流行的话语，生动形象地反映了美国乃至西方各国政府的尴尬处境。上述问题并非“福利国家”政府和传统的科层制所能解决。因此，突破传统的行政模式，实行公共管理的改革迫在眉睫。

（三）社会背景

在 20 世纪后期，西方各国环境的剧烈变化促使各种社会因素蓬勃发展，突出表现为第二、第三部门的逐渐成长。一方面，经济变革促使企业力量日益强大，跨国公司不断发展和完善。另一方面，社会组织也在同一时期充分发展。随着人类社会进入风险社会，面对着社会的高度复杂性和高度不确定性②，以及这一时期社会对公平正义和公民权利等问题的关注，各种行业性的非营利组织及社区自治力量日益发展成熟，多元化的社会格局成为不可阻挡的发展趋势。市场和社会组织的成长促使社会多元力量普遍参与公共领

---

① 彭婧. 新西兰政府构建购买公共服务模式的经验与启示[J]. 经济社会体制比较，2015，（2）：134-142.

② 张康之. 在风险社会中看知识与权力[J]. 学术界，2021，（6）：46-56.

域，对以政府为核心的公共部门的改革提出了诉求，新技术革命特别是信息技术革命更是成为推动政府改革的催化剂，这些都成为公共管理改革的社会基础。

（四）学科背景

社会科学在同一时期的变化发展，成为西方各国公共管理改革的理论渊源和思想先导，构成了西方各国改革的重要理论基础。这主要体现在：①经济学与政治学、行政学的融合。20 世纪 60 年代以来，经济学学科的主要观点和研究方法被普遍运用到政治学和行政学领域，深刻影响了后者的发展。例如，以 Buchanan 等为代表的公共选择理论，通过经济学视角对公共部门进行研究，提出了政府失灵的重要理论。又如哈耶克等站在自由主义的经济学立场，批判了“福利国家”模式的种种弊端，对 20 世纪后期的公共管理改革产生了重要影响。基于“理性经济人”人性假设的经济学理论，成为政治学和行政学发展的重要借鉴和依据。因此，公共部门在改革中普遍采用灵活化和多样化的管理方式。私人部门管理的手段成为各国政府普遍借鉴的对象。②后现代思潮的出现。建立在工业文明基础上，以理性为主要标志的后现代主义受到了普遍的反思和批判。以解构为核心的后现代思潮的发展，使包括传统公共行政模式在内的工业文明在后工业社会时期受到了普遍质疑。这也为公共管理改革对传统思维的突破创造了有利的思维条件。③行政学自身的发展变革。1968 年的黑堡宣言对行政学的发展产生了重要影响。行政学在 20 世纪七八十年代对传统行政学和行为科学时期的理论进行了反思和扬弃，取得了新的突破，其中较为著名的有以 Frederickson 为主要代表的新公共行政理论、以 Osborne 为主要代表的新公共管理理论和 Denhardt 夫妇所提出的新公共服务原则。其中，新公共管理理论以及其后发展成的治理等理论对西方各国公共管理改革的影响尤为深远，成为研究西方国家公共管理改革实践无法回避的对象。

二、西方国家公共管理改革的总体特点

（一）公共管理主体的多元化

西方国家公共管理改革的特点首先表现为公共管理主体的多元化，这一特点打破了传统管理模式中政府的一元主体地位。这一方面是 20 世纪后期社会主体多元化的必然诉求，另一方面也是“全能政府”的管理模式在当代社会举步维艰的困境和压力所导致的必然结果。在公共管理改革的主体设计中，政府仅仅是充当核心地位的公共部门，而非包揽和统领一切的唯一主体。按照新公共管理运动的理念，政府应当是一个领航者、掌舵者，而非具体服务的提供者和全能管制者。在合作治理理论看来，政府所发挥和扮演的角色，应当是随着公共事务的变化而变化的。在一定条件下，政府应当充当合作中的一个角色，在没有政府的合作中，政府只能充当合作资源和服务的提供者却不能充当参与者。这就涉及政府放权于社会的问题。市场力量和社会组织的崛起使这一趋势显得不可阻挡。在多元包容理念的基础上，不同主体共同参与到公共领域，决策公共事务，决定公共资源的分配，成为公共管理改革的必然选择。这也是应对当代社会不可预知风险

的必然要求[①]。在治理理念的作用下，根据环境和公共事务的变化决定参与主体逐渐成为西方社会公共管理改革的共识。主体多元化的现象在 20 世纪 90 年代的西方国家显得尤为明显。美国克林顿政府时期，在 20 世纪 80 年代公共部门改革的基础上，发挥市场优势，同时重视第三部门的参与，该举措使社区治理在这一时期蓬勃发展。

（二）公共管理手段的灵活化和多样化

在公共管理主体多样化和公共管理理念日趋更新的基础上，公共管理手段的转变也成为西方国家公共管理改革中的基本趋势。这一转变主要体现在由原先单一的法律和行政手段的命令与管控转变成为灵活化和多样化的管理。20 世纪后期，建立在科层制基础上的等级制和单一非人格化的命令手段在环境迅速变化的社会显得捉襟见肘。因此，公共部门在改革中普遍采用灵活化和多样化的管理方式。私人部门管理的手段成为各国政府普遍借鉴的对象。在上述转变中，经济刺激、竞争、分权、协商开始逐渐取代原先单一的科层制的管理，成为克服政府部门管理低效、人浮于事等“福利国家”困境的普遍选择。例如，新西兰政府在 20 世纪八九十年代的改革中针对经济增长停滞、公共财政吃紧和服务效率低下等普遍现状，在市场理念的指引下，开始以产出为导向，充分借鉴公司制组织的管理模式重塑政府，包括结果导向机制、分权、竞争等。这一改革成为西方国家公共管理改革的经典案例。

（三）公共管理主客体关系的平等互动性

在新公共管理运动和治理等理念的基础上，随着各种社会组织共同参与到公共资源的配置中来，政府和其他社会组织，以及广大社会公众的关系也发生了本质变化。主客体之间的关系由前工业社会的统治和被统治，早期工业社会时期的管制和被管制，转变为一种平等的互动关系。尽管政府作为公共部门中的核心部门具有十分重要的地位，但是在公共决策的过程中，平等的互动与协商成为公权力部门不可回避的选择和社会广泛的共识。在知识经济高度发展的社会，环境的复杂性和动态性使政府对诸多事务无法管也管不好。公民自下而上地参与也不允许政府和社会的关系仅仅是管制与被管制的关系。例如，美国克林顿政府时期，政府部门和企业本着资源配置最优化的原则，就诸多公共项目的承包权，在平等的基础上展开公平公开的竞争，其中不乏企业部门凭借自身优势战胜公共部门的案例。因此，通过平等基础上的共同协作解决低效率问题，进而实现公共资源的有效配置是公共管理改革的重要特点。

三、西方国家公共管理改革的主要内容

（一）发起和推进新公共管理运动

作为改革的主要内容和集中体现，新公共管理运动产生于 20 世纪后期的西方国家，

---

① 风险社会是当代西方社会盛行的理论，最早由德国社会学家 Ulrich Beck 于 1986 年提出。该理论强调，进入后工业社会的人类，相比农业社会和工业社会面临不可预知的风险。这种风险是面向未来的风险，具有全球性、不确定性和不可控性。因此，亚政治，即自下而上的政治参与是应对后工业社会风险的必然选择。

对各国的理论发展和改革实践产生了重要作用。新公共管理，旨在适应变化发展的社会环境，充分发挥市场优势，借鉴管理主义的理论经验，改革和重塑公共部门，从而实现资源配置的优化。Hood立足于新公共管理运动的理论和实践，将新公共管理特质归纳为七点：①在公共部门中实施专业化管理，使公共管理者承担管理责任；②确立明确的目标，设定绩效测量标准并进行严格的绩效测量；③特别强调产出控制，对实际成果的重视胜过对过程或程序的关注；④打破公共部门中的本位主义，对部门进行拆分与重组，拆除单位与单位之间的藩篱；⑤在公共部门中引入竞争机制，降低管理成本，提高服务质量；⑥强调对私人部门管理方法和风格的吸收及运用；⑦强调对资源的有效开发和利用。Hood的论断较为全面和精辟地概括出新公共管理运动的内涵。在实施新公共管理改革的国家中，以新西兰、英国、美国较具代表性。美国学者Osborne和盖布勒在《改革政府——企业家精神如何改革着公共部门》一书中认为，Wilson和Weber等所构建的传统文官制度和科层制已经不再适应当代社会的需要，企业家精神是重塑和改革政府的良方。为此，Osborne等提出了改革政府的十项原则：①政府应掌舵而非划桨；②授权而非事必躬亲；③重目标使命而非繁文缛节；④重结果而非过程；⑤预防胜于治疗；⑥以参与替代等级机制；⑦引入竞争机制；⑧重视顾客意识；⑨重视收益而非浪费；⑩重视市场作用而非行政指令。该书曾得到美国时任总统克林顿的亲自推荐，成为克林顿政府改革的重要理论借鉴。

纵观西方各国20世纪后期以来在新公共管理运动基础上的改革,改革内容主要可以分为以下两个部分。

（1）市场化改革。在西方国家现代化的历史进程中，市场发挥了基础性的作用。市场化改革作为新公共管理运动的基本内容，实际上是对古典经济学的“否定之否定”，是新公共管理运动中政府改革的基本内容。因为在“福利国家”时期，政府的力量空前强大。“强政府”“大政府”成为西方主要国家在一定时期内克服危机，保障民生发展经济的手段。新公共管理运动的市场化改革在于以新古典经济学为借鉴，重新强调市场的基础性作用，主张发挥第二部门的优势改革公共管理，重新塑造公共部门。新公共管理运动的市场化改革主要体现如下。

第一，重视自由市场机制的作用。随着经济危机和政府在20世纪七八十年代普遍面临的失灵局面，凯恩斯主义受到批判。新公共管理运动主张发挥自由市场的优势解决经济危机和公共资源分配问题。这一主张获得了20世纪80年代以美、英等国政府为主要代表的西方发达国家的认同。英国的撒切尔政府和美国的里根政府普遍发挥自由市场的作用，向传统的“福利国家”开刀。他们普遍实行货币紧缩政策，控制通货膨胀，提升市场地位，削减福利和公共开支，力求刺激经济增长。这些主张正是受到上述因素的影响。

第二，推动公共部门的私营化改革。这是市场化改革的重要内容。西方国家在这一时期十分注重发挥市场优势改革公共部门臃肿、克服公共财政吃紧的状况。在他们看来，市场在分配资源上相比政府更加具有灵活性、创新性和高效率的优势。因此通过私营化改革解决公共部门难题的途径受到了20世纪八九十年代西方政府的普遍认可。公共部门私营化改革主要体现如下：一是公共部门的私营化。这一对象主要是公共部门无法有效配置资源的相关部门，包括政府部门和一些国有企业。这些对象应当受到精简，并向市场、私营企业的方向进行改革。人员编制同样朝着企业化方向转变。二是公共项目的契约外包。在新公共管理运动的理念看来，政府部门缺乏市场竞争的动力机制，公共部门在承担诸多重要工程项目时，难免人浮于事，效率低下。因此，诸多项目由政府部门自身承担无法实现公共服务的优质化，难以实现资源的有效配置。契约外包的政策在于将公共部门无法承担或完成效果较差的项目，交给属于第二部门的企业。这些企业被赋予很大程度上的自主权，通过契约的方式与政府达成协议，承担项目结果的相关责任。三是顾客导向意识。这是新公共管理运动的基本理念之一，也是企业家政府十项原则的重要一项。这项原则在于把公民假定为顾客，旨在超越传统宪政框架下的公民理念。秉承新公共管理运动理念的理论家和改革者认为，传统的政府在资源分配上享有垄断地位，他们并没有强烈的为民众服务、对民众负责的责任意识，而企业则不同。企业在激烈的市场竞争中如果要获得生存，就必须想方设法取悦顾客，为顾客利益着想以保证自身的存在和发展。因此，顾客导向意识强调政府和其他公共部门必须通过顾客导向来重塑政府，重新构建政府和民众的关系。该项主张寄希望于政府作为“卖主”能够在作为“顾客”的公民的压力下，改进自身的管理和服务。在该理念的实践过程中，政府所提供的服务不再单一化，公民作为“顾客”可以在政府的保障下结合公共产品质量和自身条件选择不同的服务。

（2）借鉴管理主义。管理主义是指管理学理论和方法的普遍适用性，其中着重强调私人部门管理理论和经验的借鉴作用。它是新公共管理运动的核心特质和基本内容之一，这一理念与市场化改革紧密联系，密不可分。刘耀东和施雪华基于美国公共行政理论的发展，将管理主义发展划分为四个阶段：①汉密尔顿的集权型公共行政（萌芽阶段）；②传统公共行政学的勃兴（形成阶段）；③技治主义时代的行为主义行政学（拓展阶段）；④新公共管理的盛行（成熟阶段）[①]。在新公共管理运动的背景下，西方国家在公共管理的改革中普遍将私人部门的管理经验运用于公共部门的改革中。管理主义的运用主要体现如下：①分权。管理的权力不再集中于高层管理者中。按照德鲁克的目标管理的理念，组织不同层级在管理中参与不同层次的事项，进而拥有不同层次的目标决策权。公共部门效率低下与缺乏目标动力下的权责界定有着很大的关系。分权理念强调各层级获取与其所处等级和管理事务相一致的权力，并承担相应的责任。除此以外，由于环境和信息要素的动态性，自由裁量权的授予也成为广泛共识。按照西方国家传统的宪政观念，政府的设立是在“必要的恶”的基础上的，即在发挥政府有限作用的同时充分防止公权力“为恶”。因此，自由裁量权在过去相当漫长的时期一直受到非议和怀疑[②]，因为其权力滥用会损害行政相对人的利益、降低政府公信力[③]。但随着社会环境的变化和理论的创新，在改革者看来，只要授权得当，公权力在自由裁量权的保障下是可以充分“为善”的。因此，新公共管理强调的以产出和结果为导向的自由裁量权的设定，旨在提高公共部门

① 刘耀东，施雪华. 美国公共行政理论中管理主义之哲学基础与内在逻辑[J]. 中国人民大学学报，2012，（5）：134-140.

② 在宪政理念看来，国家和政府是作为“既保护人又吃人”的“怪物”存在的，是不得已而建立的公权力机关。因此，“有限政府”的理念长期存在于西方社会，无论政府和市场关系发生什么样的变化。

③ 黄颖慧. 行政自由裁量权不能任性滥用[J]. 人民论坛，2017，（20）：88-89.

管理和服务的效率，实现公共管理效果的最优化。②绩效管理。公共部门的改革普遍借鉴了源自私人部门的绩效管理机制。以工作结果为导向和标准，合理设置权责，是绩效管理的核心内容。公共部门在确定绩效管理机制的改革中，确立产出最优化的政策目标，从而确认各级人员权责，激励和促进公共部门工作的最优成果。为了实现绩效的最优化，公共部门普遍借鉴包括目标管理在内的管理理论。人力资源管理逐渐在政府内部获得广泛重视。公共部门的管理成为一项重要的课题。③竞争。在绩效的促进和分权的保障下，为了实现工作绩效最优化而展开的竞争逐渐为各国公共管理改革所接受。此种竞争体现在公私部门和公共部门之间，各部门在一定机制和规范的保证下以实现绩效提升为目的展开竞争，以服务质量优胜者获得项目的承包权的案例不胜枚举。Osborne 就曾列举美国政府在环保项目上无法与私营企业提供的服务质量抗衡的案例，并指出美国人民无法容忍市场领域的垄断，却默认了政府领域的垄断。这种缺乏竞争的状况严重阻碍了效率的提升。竞争成为西方国家解决公共部门困境普遍所采用的对策。

（二）构建协同治理格局

协同治理，即各种社会主体平等参与到治理过程中，有效配置资源，维护和实现公共利益。作为 20 世纪 90 年代以来西方国家公共管理发展的全新内容，协同治理在改革实践中发挥着重要影响。纵观西方国家 90 年代对协同治理格局的构建，特征大体归纳为如下两点。

（1）多元治理主体的参与。市场和社会组织的崛起成为不可阻挡的事实。在全球化的背景下，以信息技术革命和知识经济为主要标识，社会环境发生着更加深刻的变化。复杂动态的环境促使政府必须改变一元行政的传统格局。市场和社会组织在各自相关领域具有政府所无法比拟的优势，这一事实逐渐得到西方各国的认同。在克林顿政府时期，社区治理迅速发展。社区作为民众生活的集合，不仅承担着有效管理自身事务，自力更生发展社区经济的职能，也力求配合政府维护治安。社区在这一时期为协同治理的格局构建发挥其独有的作用。此外，环境和生态等全球风险的到来也促使各行各类非营利组织进一步发展，并共同参与到政策的制定和资源的分配进程中。因此，多元主体的平等参与，是西方国家构建协同治理的核心理念，也是治理在实践中的首要特征。

（2）治理手段与环境的契合。这实际上涉及一种治理机制的宏观构建，包含“元治理”的理念[①]。政府的科层制管理、市场机制和公民的网络参与成为当代社会的三种主要治理方式。各种治理方式由于主体特质不同，有着自身不同的特点和优势。但是，如果不能根据环境的变化有效地选择和组合治理方式，那么治理方式之间也会产生冲突，无法达成理想的效果。法国学者卡蓝默立足于法国社会治理革命认为，传统的民主已经“支离破碎”，单一的中央集权制和早期工业社会时期“泰勒制”弊病丛生、效率低下，构建全国乃至世界范围内的宏观治理机制，根据不同环境选择不同的治理方式是社会发展的必然要求。因此，构建宏观治理机制，实现治理手段和环境的契合是构建协同治理的

① “元治理”这一概念是由英国学者 Bob Jessop 在 20 世纪 90 年代提出。其理念的核心在于治理机制的宏观构建以协调和组合各种治理方式，实现治理目标。

需要，成为西方各国公共管理改革所选择的方向。20 世纪 90 年代以来，各国在构建治理机制的进程中，开始逐渐重视中央（上级）的统一领导和政策与地方（下级）自由裁量之间的关系，既注重机制的统一性和有序性，又注重环境的复杂性和手段的多样性。随着环境的变化，促进各种治理方式的“开合”，逐渐成为社会的共识①。

（三）践行“第三条道路”

20 世纪 90 年代，当西方各国在新公共管理运动的席卷下推行改革，构建协同治理格局的同时，“第三条道路”作为一种超越传统意识形态对立的概念，开始逐渐为各国所接受。当代关于“第三条道路”研究最具有代表性的当属英国政治学家 Giddens。Giddens 立足于对人类社会发展进程的研究，通过对后工业社会时期未知风险的判断，认为对于未来社会，人类有必要“超越左与右”，走“第三条道路”。在 Giddens 看来，“第三条道路”不局限于传统左派右派的价值原则的分歧，而应当切实适应全球化社会环境变化需要，立足当下问题，发展经济保障民生，实现社会公平正义。

Giddens 的理念获得了 20 世纪 90 年代后期英国政府的认同，并对各国公共管理改革在原则和思想上产生了深远的影响。工党出身的英国时任首相布莱尔将 Giddens 奉为其执政的“导师”。布莱尔的施政纲领正是以 Giddens“第三条道路”为理念的，旨在超越工党和保守党“左右”分歧的改革，力求在当代社会实现公平正义。美国前总统克林顿也在执政期间着重于对“计划干预”和“自由市场”的超越，走出“第三条道路”。美国公共部门逐渐形成一种思想和原则，即“不关心做什么，而关心怎么做”。改革强调要不拘泥于民主党和共和党的“左右”之争，而强调怎样做才能够促进公共资源的有效分配，实现公共利益。各国在“第三条道路”的践行中虽然不尽相同，但都在 20 世纪 90 年代后期逐渐强调对传统意识形态对立的超越，从而深刻影响着各国公共管理的改革实践。

四、西方国家公共管理改革的反思

（一）改革的积极作用

西方各国从 20 世纪 70 年代起对自身政府管理模式的改革，无论是对本国还是对国际社会，都产生了深远的影响。改革是环境变化的诉求，旨在克服危机，适应环境发展的需要。在新公共管理运动的推动下，各国借鉴管理主义理论经验，推进市场化改革，构建协同治理的当代格局，并践行“第三条道路”，不同程度地都取得了一定的成效。西方国家公共管理改革的成效主要体现在如下两个方面。

1. 有利于克服危机，促进经济社会发展变革

在公共管理改革的推动下，公共财政的负担逐渐减轻，经济滞胀的态势得到一定程度的遏制。西方主要发达国家经济开始得到逐渐恢复和发展。美国里根政府时期，相比 20 世纪 70 年代经济出现了短暂持续的低速增长。在克林顿政府“第三条道路”改革的

---

① “开合”是“元治理”的理念要求，也是宏观机制构建的重要体现。强调国家和社会在公共管理改革、构建治理机制的过程中，要建立起能够根据环境变化灵活开放和关闭各种治理方式的“闸门”。

作用下，经济持续较快发展[①]。英国、新西兰等在推动新公共管理运动的过程中，也在不同程度上克服了经济发展的停滞局面，缓和了经济危机。

西方国家的公共管理改革是在信息技术变革发展、经济区域集团化和全球化趋势日益明显的当代社会开展的。有效的改革是时代发展的需求，也对经济社会发展产生积极的推动作用。市场化改革和协同治理格局的构建，有利于政府克服弊端，进而在一定程度上推动生产力的解放和技术的变革，有力地推动了知识经济时代的到来。这种变革在很大程度上改变了西方国家乃至全球社会的日常生活，并对未来发展产生了深远影响。

2. 有利于创新政府管理模式

西方各国的公共管理改革，对政府管理模式创新起到了积极的启迪和推动作用。首先，“福利国家”时期全能政府在当代社会由于“无所不包”，显得弊端丛生。新公共管理运动市场化的改革对政府起到了精简机构、减轻财政和公共事务负担的积极作用。其次，管理主义作为“B 途径”在公共部门的运用，有利于公共部门配置资源效率的提升、机制的改进及思维的创新。最后，对治理机制的构建有利于在当代社会重新界定公权力和市场、社会之间的关系，有利于西方国家乃至人类社会在面对 21 世纪机遇和挑战的同时，思考和探索创新公共管理，寻求适合自身的发展道路。

（二）改革的困境

以新公共管理运动为主的西方公共管理改革，在取得成效的同时也面临价值理论和实践的双重困境。这种困境主要体现在改革思想的局限性和理论预期与实践结果的矛盾上。20 世纪七八十年代改革以来，改革的困境逐渐显现并深刻反映价值理念和政策的局限性。2008 年开始席卷全球的金融危机再次表明西方社会的公共管理改革成果并非推动社会发展的永恒法则。

1. 改革思想的局限性

1）市场化的片面性

市场化作为新公共管理运动的核心内容，曾对克服危机和提高效率起到了积极作用，但也存在自身固有的片面性。首先，自由市场理念的局限性。西方国家自由市场化的相关改革，是受到新古典经济学等思想的影响，在对凯恩斯主义反思批判的基础上推进的。这在一定时期固然是解决问题的需要，但市场本身作为配置资源的方式并非万能灵药。市场的负外部性对社会发展的损害也逐渐体现。其次，公私部门的混淆。随着社会环境的变化发展，公共部门和私人部门的关系逐渐突破传统的分界。但公共部门和私人部门的界限从本质上说是由其自身的组织性质和目标所决定的。公共部门作为公共权力机关，本质上应当维护公共利益，这与以营利为存在和发展目标的私人部门有着本质的区别。最后，“顾客”假设的片面性。“企业家政府”理论将公民假设成“顾客”，旨在超越传统民主框架下的公民理论。但将公民假设成顾客和“理性经济人”无疑失之偏颇。因

① 克林顿政府执政时期，美国经济增速保持了持续较快的势头，属于发达国家中经济增长较快的类型。但 21 世纪以来，由于美国卷入全球反恐事务，以及金融危机的冲击，美国经济重新陷入衰微趋势。

为公民和政府的关系，按照宪政理念的设定，是委托—代理的关系，这是西方国家民主政治的基石。政府本质上应当平等地对待不同社会群体，维护和促进民众的利益。但"顾客"理念存在服务供给不平等的困境，即资源条件居于优势的民众可以在市场化改革中通过购买的形式获得更多、更优质的服务。此外，政府作为公共资源的配置核心，在处理与社会的关系时，不能仅仅迎合所谓"顾客需求"，而是应当以民众利益为基石，根据环境的变化将放任与调节、管制与服务相结合。因此，如果用"顾客"这一概念完全取代"公民"，则存在很大程度的片面性。

2）关于其他改革思想的质疑

关于西方国家 20 世纪后期以来其他改革思想的质疑也屡见不鲜。例如，"第三条道路"提出和实践以来，对于其理论问题和实践结果的批判。Ulrich Beck 认为，通过中间的道路解决问题，实质上是一种妥协。这种妥协方式是将早期工业文明的各种制度和模式保留了下来，在应对后工业社会不可预知的风险上存在诸多问题。布莱尔和克林顿政府实行的"第三条道路"，也并未能够根除西方社会固有的群体矛盾，如贫富差距以及社会流动带来的社会排斥等问题。

关于治理理论，一些学者认为，综合了经济手段的治理理论，与公共精神的原则存在很大的矛盾。例如，Frederickson 认为，起源于古希腊的"公共"一词在当代社会包含着"爱国主义"和"乐善好施"的精神。公共精神在美国社会由于新公共管理运动以及治理等理论冲击和改革实践，受到了误解和扭曲。公共精神作为一项值得遵守的价值准则与治理等概念有着本质区别。因此，公共管理改革相关理论依据在价值上的普适性仍然存在问题。

3）新公共管理理念和民主公平的理念存在对立

各界人士在对西方公共管理改革反思和批判中，认为改革的模式与民主和公平的价值理念存在严重的对立。这种对立可以说是以追求效率至上的工具理性和恪守民主公平理念的价值理性之间的矛盾。美国学者古德塞尔曾就此问题质疑：难道我们需要一种体制而不惜毁坏现存的公共制度吗？难道我们需要一种参与而不惜削弱政府的责任？难道我们需要一种竞争而不管是否造成了重复和浪费？难道我们需要一种财务自由而不怕招致公众的怀疑？难道我们要以市场机制来取代公共利益？难道我们要把纳税人的钱放到私人企业的腰包里吗？公共管理改革中，受到新公共管理等理论的影响，在注重资源有效分配的同时，往往强调效率的至上性。但是，改革作为一种途径，本质上是必须维护和实现社会的公平正义的。如果改革的相关理念和举措违背了民主和公平的原则，那么这一改革本身的动机是否具有正当性就存在问题。首先，改革如果以追求物质效果作为唯一标准，不考虑公共利益的维护和实现，那么这种纯粹的工具理性必然导致价值理性的泯灭。公共利益无法在改革中得到切实维系。其次，新公共管理运动和民主公平理念具有对立性：除了上述顾客理念，按照委托–代理理论，政府作为代表不应该完全剥夺民众的决策权，而企业家理论视角下的"掌舵"政府仅仅将执行层面给予民众，这样便存在对民众主权"窃取"的嫌疑。

2. 理论预期与实践结果的矛盾

在改革的实践层面上，西方国家以新公共管理为主的多项改革措施是否能够落到实处仍然存在理论预期与实践结果的反差。由于工具理性至上和片面重视市场化改革的价值误区，公共管理在诸多国家和地区尽管取得成效，但并没有实现预期的理想效果。此外，与社会公平有关的诸多问题也浮出水面，成为困扰改革者的新瓶颈。上述问题主要体现在以下两方面。

（1）片面市场化带来的公共服务质量问题。以美国为例，美国政府在推动新公共管理运动时，注重将市场的竞争模式引入公共部门。但市场本身所具有的负外部性也逐渐显现。公共部门之间为了追求所谓绩效，却忽视公共产品特殊性的案例数不胜数。例如，美国航空公司的改革使一些航空公司为了追求利润却忽视乘客对服务质量和安全的需求，从而引发了市场负外部性带来的恶性竞争。因此，政策目标并没有实现原先所追求的资源的合理配置，反而带来了服务质量低下的恶劣影响。

（2）分权不当所带来的腐败问题。公共管理改革中为了追求良好绩效，采用自由裁量权下放等分权方式，旨在有效提高效率。但如果不根据环境实际，忽视制度调控作用的分权，会带来腐败等社会公正问题。由于不当的授权，腐败问题成为改革中难以摆脱的“衍生品”。例如，美国里根政府改革尽管对拯救危机起到了积极的推动作用，但是改革环节中的上述弊病同样使里根政府执政时期出现了数量大大超过前任的腐败案件。

除此以外，政府部门私营化中对工作人员的过分精简，导致政府空心化等问题逐渐显现，成为改革不容忽视的困境。因此，西方公共管理改革在新世纪新阶段，其固有的弊端同样值得思考。

第二节　中国公共管理改革的回顾与前瞻

由于语境的不同，缘起于西方的公共管理改革与中国在相关领域的改革发展有着本质的区别。然而，无论就价值还是实践而言，公共管理在当代社会都存在一定的价值。西方国家的公共管理改革在影响国际社会的同时，也一定程度上启迪了中国的改革开放。因此，结合公共管理改革的内在含义，立足于中国社会自身话语，本书将中国公共管理改革定义如下：中国自改革开放以来，在吸收借鉴西方公共管理理论内涵和实践经验的基础上，立足于中国国家治理现代化①的话语情境。中国公共管理改革内容包括：推动法治建设和民主参与、转变政府职能、改革企事业单位，创新理论基础等。与西方社会一样，中国的公共管理改革同样有着自身深刻的时代背景，却又与西方存在环境因素、目标任务和理论基础之间的区别。本节的重点在于对中国公共管理的历程进行回顾，并在此基础上展望未来发展。

---

① 国家治理现代化是党的十八届三中全会首次提出的新概念，党的十九届四中全专题讨论推进国家治理体系和治理能力现代化，系统阐释了国家治理现代化的主要维度、战略目标及组织保障等问题。作为社会主义政治文明发展的重要目标，国家治理现代化既是中国共产党治国理政的基本理念，也是公共管理改革的核心追求。将国家治理现代化与中国公共管理改革有机结合，是新时期推进中国公共管理理论与实践研究的重要落脚点。

一、中国公共管理改革的背景

（一）经济背景

中国公共管理改革与经济社会的发展变化有着密不可分的关系。改革开放以来，中国的经济环境发生了深刻的变化，如在以经济建设为中心发展社会主义市场经济的过程中，中国经济多年保持 9%以上的高增长率。经济的高速发展使社会各界广泛关注与之相对应的政治民主，以求政治体制改革能够适应经济发展的需要并对其产生更加积极的作用。公共管理改革成为适应和促进经济发展方式转变的关键环节。

（二）政治背景

从政治环境的角度看，中国公共管理改革既是政治环境变化的集中体现，也是中国特色社会主义政治文明发展的需要。改革开放以来，中国共产党和政府在以经济建设为中心的方针下，逐步稳妥地推进政治体制改革，发展社会主义民主政治，创新社会治理，力求实现和维护好广大人民群众的利益。依法治国、社会主义政治文明和治理等概念先后被党中央提出，从而进入官方话语。但在政治文明发展中，国家治理体系现代化的目标却与发展现状不完善的社会现实存在矛盾。在这样的政治背景下，吸收借鉴其他国家公共管理改革经验，推动中国自身公共管理改革的课题日益受到社会的关注。

（三）社会背景

改革开放使中国出现了日益明显的社会流动现象。这种流动性主要体现在两个方面：①横向流动的日益明显。随着城乡和区域发展的差距扩大，人口从乡村流向城市，从中、西部地区流向东部地区的趋势逐渐加强。自 1996 年以来，农村向城市流动的人口日益增加。截至 2021 年末，中国常住人口城镇化率达到 64.72%[①]。其中，外来人口占城市人口的比重日益增长，根据第七次人口普查的数据显示，全国存在将近 3.76 亿流动人口[②]。人口的社会流动成为转型期中国社会普遍面临的现状，这一现状一方面促进了经济的发展，另一方面带来了诸多的社会问题，对传统的政府管理的体制和理念构成了挑战。②阶层的日趋分化。改革使中国置身于复杂多变的国内外环境中，利益主体的多元化带来了社会阶层的明显分化。传统农业社会中静态的阶层状况被打破，改革开放之前较为稳定的“单位人”现象逐渐淡化。因此，1956 年以来中国社会工人、农民、知识分子的阶层划分逐渐不符合社会发展的需要。在复杂动态的环境中，利益的日益分化导致了社会成员思想的多元化。作为社会主义的劳动者和建设者，各阶层的社会成员渴望维系自身合法权益，满足自身日益增长的经济和文化需求。因此，阶层的分化构成了中国公共管理改革的社会基础。

---

① 住建部：2021 年我国常住人口城镇化率达到 64.72% [EB/OL].https://www.chinanews.com.cn/cj/2022/09-14/9852055.shtml[2022-09-19].

② 第七次全国人口普查公报[EB/OL]. http://www.gov.cn/guoqing/2021-05/13/content_5606149.htm[2022-09-19].

（四）学科背景

改革开放为中国社会科学的发展创造了有利条件。各大高校和机构恢复发展并在教育和科研领域取得了巨大成就，这在一定程度上构成了中国公共管理改革的思想先导和理论基础。其中，政治学和行政学在国内科研领域的恢复和发展为公共管理改革实践做出不可忽视的贡献。20 世纪 80 年代以来，在夏书章、赵宝旭、邱晓、徐大同等学者的努力下，北京大学、武汉大学、吉林大学、苏州大学等高等院校先后恢复政治学专业。1982 年，学者夏书章在《人民日报》上发表《把行政学的研究提上议事日程是时候了》一文，呼吁在全国恢复和发展行政管理学，并力主在中国探索和研究社会主义行政管理。中山大学、武汉大学、复旦大学等高等院校先后建立行政管理学科，并在吸收借鉴西方理论的基础上探索本土理论，以服务于中国的改革开放实践。此外，中国在 21 世纪引进和发展 MPA 专业，MPA 的发展提升了公共管理人才的理论素养，为创新人才管理、服务公共管理改革发挥了积极作用。

随着信息技术的普及和发展，高校知识分子中的部分群体也在政府的民主决策和民主监督等方面发挥了自身的专业优势，承担起更多公共责任，为政府建言献策并监督政府的行为，这从一定程度上推动了中国公共管理的改革和发展。

二、公共管理改革中西方语境的异同点

公共管理作为缘起于西方话语的概念，与中国特色社会主义的语境存在本质的不同。中国的公共管理改革，实质是借鉴西方公共管理改革的理念和实践经验，对中国特色社会主义民主政治予以发展和完善。因此，立足于中国社会的国情理解公共管理改革的中西方语境异同点，是把握中国公共管理改革历程的前提和基础。这些异同点主要体现在环境、理念和目标内容上。

（一）公共管理改革的中西方语境差异

1. 社会环境因素的差别

中西方公共管理改革的差别首先体现在环境的差异上。这种差异性从根本上说，是由于国情的不同。如同本章第一节中所叙述的那样，西方公共管理改革，是基于后工业社会环境变化产生的，旨在克服后工业社会时期经济发展的困境。反之，中国处于社会主义初级阶段，生产力和经济发展水平不够、市场机制不成熟、法律体系不健全，还面临转型期的种种社会问题。从社会发展的程度看，在国家和社会的全局和整体层面，中国尚未实现现代化的任务，其中包括政治民主问题。结合国内外社会环境要素，中国当前正处在一种“压缩现代化”的过程中，即前工业、工业、后工业化因素并存。因此，中国的改革发展虽然受到外部环境的影响，但本质上不同于西方社会的后工业环境。

2. 价值理论的差异性

中国和西方公共管理改革存在价值理念上的本质区别。西方公共管理改革的理论基础建立在对前工业社会和工业社会的政治学、行政学等学科的反思和扬弃的基础上。理论内核是建立在后工业社会发展的新情况、新问题之上的，包括新公共管理理论、治理、

第三条道路理论等。改革开放以来，我们强调对西方优秀文明成果的吸收和借鉴，并坚持中国特色社会主义道路。在改革发展进程中，中国特色社会主义理论体系的构建，成为党和政府管理社会公共事务，进行公共管理改革的指导思想。中国特色社会主义理论体系继承和发展了马克思列宁主义、毛泽东思想，是基于改革发展中的中国国情和现状提出的。因此，这一理论体系与西方公共管理改革的理论依据有着本质的不同。

3. 目标内容的区别

由于社会环境和理论基础上的区别，中国的公共管理改革在目标内容上与西方相比，存在明显的不同。从西方公共管理改革的理念和实践上看，西方改革的目标在于克服后工业社会的危机、提高国际竞争力和政府办公效率、构建后工业社会环境变化需要的公共管理模式，主要任务包括实现资源有效配置和提升效率，构建后工业社会的治理格局等。中国公共管理改革是以现代化为主要任务的，从整体和全局上看，改革是服务于发展中国特色社会主义，服务于全面建成小康社会、实现社会主义现代化的总目标和总任务的。从公共管理自身看，改革来源于体制性变迁的要求，是以发展社会主义民主政治，实现国家治理体系现代化为目的。因此，对于社会主义初级阶段的中国而言，政治现代化是公共管理改革的主要任务。

（二）中西方公共管理改革的共同特点

1. 改革由环境要素推动

尽管中国和西方公共管理改革存在本质上的不同点，但是作为对西方话语的借鉴，中国的改革不可避免地体现出与西方公共管理改革的共同点。从普遍特征来看，双方的改革首先都是由环境要素推动的。这种推动作用主要体现在两个方面：①危机的促动性。中国和西方的公共管理改革从某种程度上说，都源自各自环境变化产生的危机。前者主要在于转型期社会的环境压力和诉求，后者在于后工业社会的危机和压力。正如古人云："穷则变，变则通"，危机起到了重要的推动作用。②全球化影响下的普遍特征。全球化使当代中国在完成现代化任务的同时同样具备后工业时期的社会特点。在经济全球化的推动作用下，20 世纪后期以来，西方社会信息技术变革所带来的变化同样影响着转型期的中国社会。网络技术、知识经济等当代文明对中国的改革发展产生了深远的影响。因此，全球化使西方社会环境变化中产生的多种因素成为中西方改革环境的共同点。

2. 改革理念存在借鉴性

改革理念的借鉴性是指西方公共管理改革的诸多理念，对中国公共管理改革产生了重要影响。这种影响首先体现在价值目标上，公平正义的价值理念成为中西方当代公共管理改革和发展的核心目标。20 世纪后期以来，美国政治学家 Rawls 所研究的公平理念对各国产生了深远的影响，其中也包括改革开放的中国。公平作为一种对于社会主体——人的存在价值的认可、对社会成员正当权益的肯定，成为各国在当代社会普遍借鉴和发展的重要理念[①]。转型期中国面临的社会问题、人民群众的利益需要及社会主义的本质要求，同样使公平正义成为当代中国的共识。2013 年党的十八届三中全会通过的《中共中央关

① 罗尔斯. 正义论[M]. 何怀宏，何包钢，廖申白，译. 北京：中国社会科学出版社，1988.

于全面深化改革若干重大问题的决定》中，再次强调实现公平正义是改革发展的目标。该理念已经进入中国的官方话语体系中，成为公共管理改革的重要价值。此外，西方话语中的新公共管理、治理等理论也在一定程度上影响了中国改革发展的理论与实践。

3. 改革内容存在共同点

受到国际环境影响，在吸收借鉴西方公共管理改革经验的基础上，中国公共管理改革在内容上与西方改革同样具有相近之处，主要体现如下：①对完善公共服务的重视。当代社会，公民对公共部门所提供公共服务的质量日益关注。环境的变化使传统的提供方式和体制面临挑战。因此，无论是后工业社会时期的西方还是转型期的中国，政府和民众都重视公共服务的质量。改善公共服务是当代中国各级政府转变职能的要点。②运用管理主义改善公共部门绩效。在市场化和管理主义普遍盛行的环境中，中国和西方国家都不同程度地吸收和借鉴了西方私人部门的管理模式，作为改善政府部门效率低下的方式。例如，中国在对国有企业和事业单位的改革中利用市场优势和绩效管理改变人浮于事的现状，并取得了一定的成效。

三、中国公共管理改革的内容回顾

（一）推进民主和法治建设

中国公共管理改革的首要和基本任务，在于推动民主和法治建设。民主和法治的发展完善，是国家治理体系现代化的表现，是当代社会公平正义理念的重要体现，也是公共管理改革和发展的内在要求。首先，从社会主义民主的发展上来看，改革开放以来，中国在以经济建设为中心的同时，同样注重民主政治的完善。2002 年，党的十六大明确提出“社会主义政治文明”的概念。政治文明的现代化离不开民主和法治的发展。党和政府在公共管理改革中对民主和法治的发展主要体现在以下三个方面。

1. 完善根本政治制度和基层民主

完善根本政治制度和基层民主的措施能从制度层面上对公共管理改革的民主目标起规范性的作用。从根本政治制度——人民代表大会制度的发展上看，党和政府一直致力于发展完善民主集中制基础上的人民代表大会制度这一根本政治制度。人民代表大会制度的健全，是推动公共管理改革、完善民主的制度保证。措施主要如下：首先，丰富和发展人民代表大会的代表构成。改革开放以来，特别是 21 世纪后，党和政府立足于社会发展环境的变化增加和调整代表的人员组成，以求实现人民民主的广泛性和真实性。其次，发挥各级人民代表大会的职能，包括立法权、决定权、任免权和监督权。最后，增强人民代表和群众的联系，通过信息技术手段实现民众和代表的沟通，将公众诉求传达给党和政府。人大代表代表人民的利益和意志，依照宪法和法律规定的各项职权，参加行使国家权力。协助宪法和法律的实施，与人民群众保持密切联系，听取和反映人民群众的意见和要求，努力为人民服务，对人民负责，并接受人民监督。

从基层民主来看，改革开放以来农村党委领导下的村民委员会自治和城市的社区自治日益发展。村民委员会和城市居民委员会是人民群众自我管理、自我服务、自我教育的重要组织，在维系民众权益和地区安全等民生问题上发挥着重要的作用。党的十七大以来，基层群众自治成为基本政治制度的重要内容。在借鉴社区和社会组织理论的基础上，中国力求发展完善社会主义基层民主。党的十八大以来，习近平就推进社会主义民主政治建设作出一系列重要论述，多次强调要坚持和完善基层群众自治制度，发展基层民主，保障人民依法直接行使民主权利，为基层民主建设提供了有力指引和重要理论支撑。基层民主的发展强调公共管理主体的多元化和方式的多样化，需要政府随着环境的变化发展，立足社会成员的利益放权于社会。这是公共管理改革民主目标的要求，也是社会治理创新，实现国家治理体系现代化的重要体现。

2. 发展协商民主

协商民主，是公共权力采用协商的方式与社会成员对公共资源的分配进行的协同治理。通过和社会成员的协商互动，协商民主可以充分发挥民主决策和监督的作用，社会成员尤其是公共资源分配的利益相关者进入公共政策的过程中，进行利益诉求和意见的表达，从而影响政府的管理。传统的代议制民主在当代环境中无法完全适应民众公共参与的需要。因此，协商民主是对传统代议制民主的一种补充。中国现当代协商政治与我国古代“咨议”及近代“资政”观念具有深刻的内在联系，都是用一种符合中国国情的方式实现人民当家作主①。2012 年，党的十八大报告明确提出要发展社会主义协商民主，这说明协商民主作为一种当代社会的民主方式日益受到公共管理改革者的重视。

协商民主的发展，来源于社会力量自下而上的推动以及党和政府自上而下的改革。随着社会主体的日趋多元化与信息技术革命的深入进行，民众立足自身日益增长的利益诉求，运用公共部门现有的制度供给以及当代日趋发达的传播媒介，影响政府的案例日益增多。协商民主在当代中国的发展主要体现在民主决策和民主监督两个方面。发展民主决策和民主监督，一方面是公共管理改革中政府还政于民的需要，另一方面是推进公共管理改革深入进行的动力。各级党委和政府通过发挥社情民意反映制度、专家咨询制度、社会听证制度、网络评议等方式发扬民主决策；通过信访举报制度、人民代表联系群众制度、舆论监督制度等方式发展民主监督。随着电子政务的发展，2006 年，中国政府网站对社会正式开放。各级党委和政府逐渐重视通过网络平台回应民众诉求，与民众沟通协商解决政策过程中的相关问题。上述举措实质上是社会主义协商民主在中国的发展，是公共管理改革的重要体现。

3. 坚持依法治国

中国在发展社会主义民主政治的进程中，以马克思主义为指导，扬弃中国传统思想和现当代社会理论，提出依法治国这一重要原则，建设社会主义法治国家。这要求社会成员平等地服从社会主义法律。1999 年，第九届人民代表大会正式将依法治国写入宪法，成为党和国家工作生活中必须遵循的准则。“坚持依法治国首先要坚持依宪治国”，这是新时代社会主义中国重大战略判断，正如习近平所言：“治理一个国家、一个社会，关键是要立规矩、讲规矩、守规矩。法律是治国理政最重要的规矩。”②

---

① 吴先宁. 中国协商政治百年演进及发展逻辑[J]. 当代世界社会主义问题，2021，（1）：58-71.

② 习近平. 论坚持全面依法治国[M]. 北京：中央文献出版社：2020.

在发展中国特色社会主义的进程中，公共管理改革需要法治保障，改革的目标也在于促进公共管理的法律化和制度化。因此，法治建设的发展主要体现在法律制度和体系的完备，以及行政法规和行政规章的日益健全。各级政府在工作中日益重视“有法可依，有法必依，执法必严，违法必究”的重要原则。法治理念日趋成为民众的共识，这对于公共管理改革中民主参与的制度化有着积极的作用。

（二）转变政府职能

随着中国改革发展的日益深入，转型期社会矛盾显得日益突出。21世纪以来，关于中国政府职能转变的呼声日益高涨。所谓政府职能转变，可以理解为政府以实现和维护公共利益为目标，转变自身职能以增强政府环境适应能力的过程。当代中国各级政府的职能转变，一方面是党和政府为人民服务的宗旨的根本要求，另一方面是由环境对政治系统的压力和诉求引起的。例如，21世纪的第一个十年中，频繁出现的风险，如“非典”、禽流感、食品安全和环境污染等突发性社会事件使公众对政府转变职能以应对风险、提升公共服务质量产生了日益强烈的要求。当代传媒和信息技术革命使普遍的公共参与成为可能，这种自下而上的公共参与成为推动政府转变职能的社会力量。回顾中国政府职能转变历程，转变内容可以分为以下三点。

1. 改革政府机构

改革开放以来，中国各级政府在党的领导下多次对自身部门进行不同规模的改革，周期性的机构改革成为我国政治生活中颇具标志性的事件，并逐步形成了具有中国特色的机构改革模式[①]，以求更好地符合经济社会发展的需要。以国务院改革为例，改革开放以来共对国务院进行了九次大规模政府改革。第一次大规模改革时间是在1982年，此次改革针对政府部门较为臃肿的状况，以撤并机构和裁减人员为重点。国务院部门机构数量从100个减少为61个，人员编制从5.1万人减少为3万人[②]。第二次大规模改革时间在1988年，此次改革以“三定方案”（即“定职能、定机构、定人员编制”）为原则。但由于各种原因，成效较为有限。第三次是在1993年，旨在贯彻落实党的十四大精神，以建立“适应社会主义市场经济要求”的行政管理体系为目标。将国务院86个组成部门减少到59个，人员缩减20%[③]。第四次改革是在1998年，旨在按照党的十五大精神，建立“办事高效、运转协调、行为规范”的行政管理体系。国务院在机构改革中撤销了7个部，保留34个部委，新组建6个部，国务院共有59个机构，比改革前减少了27个，人员减少20%。第五次改革是在2003年，此次改革力图进一步转变政府职能、加强宏观调控部门，国务院机构数量在改革后被精简为28个。第六次改革是2008年的“大部门制”改革。国务院组成部门减少至27个，其中4个正部级机构被精简，5个部门为新组建部门。第七次改革是2013年，国务委员兼国务院秘书长马凯在第十二届人民代表大会的会议上再次提出改革国务院部门的政策目标。除国务院办公厅外，国务院设置组成

① 颜德如，李过. 改革开放以来机构改革的经验塑造、逻辑演进及其展望[J]. 理论探讨，2021，（3）：42-50.

② 高小平，沈荣华. 推进行政管理体制改革：回顾总结与前瞻思路[J]. 中国行政管理，2006，（1）：9-13.

③ 邓小平. 邓小平文选[M]. 3版. 北京：人民出版社，1993.

部门为 25 个。第八次改革是在 2018 年，根据 2018 年 3 月 13 日国务院机构改革方案，国务院正部级机构减少 8 个，副部级机构减少 7 个，除国务院办公厅外，国务院设置组成部门为 26 个①。第九次改革是在 2023 年，提出在科学技术、金融监管、数据管理、乡村振兴、知识产权、老龄工作等重点领域加强政府机构职责化和调整，本轮改革后国务院组成部门仍为 26 个。至此，国务院组成部门已由 1982 年的 100 个削减为 2023 年的 26 个。

2. 提升政府绩效

政府绩效的提升是当代公共管理改革的主要内容之一。对于政府部门而言，绩效提升是有效配置资源、实现公共利益的关键。政府在诸多领域的垄断地位使政府部门管理本质不同于第二、第三部门，但缺乏有效管理机制的公共部门普遍存在着效率低下、人浮于事的问题。因此，提升政府绩效是 20 世纪后期各国政府共同关注的改革要点。

改革开放以来，我国致力于突破计划经济时期的政府管理模式，以求将工作重心转移到经济建设上来。在以经济建设为中心的路线方针下，中国政府吸收借鉴其他国家的管理经验，着手提升政府部门的工作绩效，为发展社会主义市场经济，实现现代化发挥积极作用。因此，在改革开放四十多年的时间内，政府部门设定绩效考评内容和方式时，重点将经济建设成果作为核心内容。为了处理好改革、发展和稳定之间的关系，社会稳定同样是考评的重要内容。随着改革发展过程中社会矛盾的凸显，政府部门在科学发展观的指导下，力求促进经济、政治、文化、社会和生态的“五位一体”全面协调可持续发展。在这一方针的基础上，民生问题和生态问题在政府议程中日益得到重视，并逐渐成为政府绩效考评中不可或缺的内容。

3. 转变与外部环境的关系

转变政府与外部环境的关系，是公共管理改革本身的目的。中国转变政府职能，正是为了适应经济社会发展的要求，更好地服务公众。因此，正确界定和协调政府与外部环境的关系，是转变职能必须面对的重要问题。这种关系是指政府与市场和社会的关系，转变包括：①构建宏观调控体系。宏观调控体系是社会主义市场经济发展的需要。在市场发展中，公共部门应当有效发挥宏观调控的作用，保证市场配置资源的优势。改革开放进程中，中国政府针对计划经济时期“全能型”模式，在社会主义市场经济体制的目标推动下，逐渐退出微观领域，日益重视发挥市场的作用。在坚持社会主义制度的前提下，我国的宏观调控方针以经济和法律手段为主，辅之以必要的行政手段。党的十八届三中全会提出，发挥市场在配置资源中的决定性作用，这就要求政府能够立足于全面深化改革的政策目标，构建起更加科学合理的宏观调控体系。②创新社会治理体制。作为党的十八届三中全会提出的理念，创新社会治理与国家治理体系现代化相契合，是公共管理改革的本质需要，也是政府职能转变的重要体现。社会治理体制创新，既反映了未来公共管理改革的目标，也一定程度上回顾了政府在过往阶段职能转变的特点。这集中体现在政府和社会的关系转变上。随着市场和社会组织的发展，“大政府小社会”的关系模式已经不适应深入改革的需要。因此，政府在转变职能的同时，日益注重以科学发

① 国务院机构改革方案[EB/OL]. http://www.gov.cn/xinwen/2018-03/17/content_5275116.htm[2018-03-17].

展观为指导，包容社会力量的成长。政府运用信息技术变革的优势发展民主政治，与社区和其他社会组织协商互动，这同样是政府职能转变中正确界定与社会关系的体现，即还政于民。

（三）改革企事业单位

企事业单位改革是改革计划经济的关键，也是公共管理改革议事日程中的重要内容。在改革发展的时代背景下，中国对企事业单位的改革以市场化为主要特点，旨在提升资源配置的效率，促进经济社会发展。企事业单位改革主要体现在：①加强公有制经济改革，建立健全现代企业制度。社会主义市场经济的发展要求中国针对计划时期的全民所有制经济进行改革，克服传统管理模式的弊端，进而建立健全现代企业制度。20 世纪 90 年代以来，中国日益重视改革公有制经济，这一方面源自建立和完善社会主义市场经济的目标，另一方面是由于国有企业等公有制经济中的传统管理模式弊端明显。在改革的进程中，市场经济体制日益完善，非公有制经济得到发展的空间。有限责任制和股份有限制等现代公司制度在社会主义市场经济中得到确立和发展，向建立健全现代企业制度的方向进行。②推动事业单位改革。作为公共部门的事业单位改革，同样是中国公共管理改革的重要组成部分。与公有制经济改革一样，事业单位的改革同样以市场化改革为主。在市场化的目标指引下，事业单位立足于自身公共服务的不同特点，按照完全公共部门、半私营化和全私营化的不同类别进行区分，分别接受全额公共财政支持、部分公共财政支持和独立营利的政策措施。此外，在坚持党中央总路线方针的前提下，以广东省为代表的省份在事业单位改革中发挥自由裁量权，力求开展试点改革以积累经验。在改革发展的今天，事业单位改革仍然是中国公共管理的重要任务。

（四）创新理论基础

理论创新源自实践的发展，同时反作用于社会实践。中国公共管理的改革发展同样离不开理论基础的创新。与时俱进和开拓进取的理论有利于发挥先导作用，为公共管理改革奠定思想基础。评判改革成败得失的标准关系改革能否顺利进行，在创新改革理论基础的同时必须牢记“三个有利于”，“用社会进步的标尺、生产力标准、国家利益标准、人民生活水平标准来衡量改革的得失”[①]。在实践中，我国公共管理改革进程中做了不少创新：①中国特色社会主义理论体系的丰富创新。中国共产党在领导改革发展的进程中，以马列主义、毛泽东思想为指导，创造和发展了中国特色社会主义理论体系，用以指导中国改革开放的实践。邓小平理论、“三个代表”重要思想、科学发展观、习近平新时代中国特色社会主义思想等对中国公共管理改革有着重要的影响。②社会科学研究的发展。20 世纪 80 年代以来，中国高等院校和其他研究机构得到恢复和发展，社会科学领域的研究也取得重要成果。社会科学尤其是政治学和行政学在中国的恢复和发展，为中国的公共管理改革发挥了重要的理论借鉴作用。

---

① 李妍妍. 中国共产党对社会主义改革理论的创新[J]. 学术探索，2021，（8）：8-14.

四、中国公共管理改革的反思与评价

（一）改革的积极作用

中国的公共管理改革立足于自身环境，吸收借鉴当代公共管理理论，服务于改革开放的社会主义实践，取得了不可忽视的重要成就。改革的理念和实践成果有效地促进了社会主义民主政治的发展和国家治理体系的现代化。回顾四十多年的改革进程，中国公共管理改革的积极作用如下：①有利于市场经济的发展。公共管理改革通过对公共部门传统管理模式的革新和资源的重新整合，致力于建立健全社会主义市场经济体制，为市场的发展创造有利条件。2002 年，党的十六大宣告中国已经初步建立社会主义市场经济体制。随着改革的深入进行，市场经济的发展完善一直是公共管理的重要课题。2013 年，上海自由贸易区的设置是市场经济日益自由化、多元化的标志。在新时期新阶段，中国社会主义市场经济向着更加开放、更加健全的方向发展。②有利于社会多元格局的形成。中国公共管理改革是社会力量成长的需要，也是社会多元化格局的形成动力。社会治理体制的创新，有利于社会组织的成长和社会力量的日益多元化。多元和谐的社会格局，是当代文明的重要标志，也是中国公共管理改革的重要目标和方向。基层民主和各类非营利组织的发展有利于促进国家治理体系现代化，在处理政府无力解决或是解决不好的社会问题时发挥独特的作用，并为中国经济社会的全面协调可持续发展做出积极贡献。③有利于民主和法治建设。在社会主义初级阶段的中国，民主和法治建设作为公共管理改革的基本任务，在改革中取得了显著成就。社会主义民主政治日益健全，人民群众政治参与的渠道日益丰富和发展，法律法规和行政法规规章日益健全。④有利于文化和思维创新。公共管理改革为社会发展做出的贡献还体现在文化和思维的创新中。一方面，党和国家致力于推动文化和思维的创新，以期为国家建设和社会发展建言献策；另一方面，公共管理改革中社会力量的成长，有力地推动了思想的解放和价值理念的多元化，这同样为改革发展创造了有利的社会环境。

（二）改革的局限性

由于历史和现实的原因，中国公共管理改革并非一蹴而就，而是长期复杂的过程。改革不可避免地受制于主客观环境因素，具有明显的局限性，主要体现在如下三个方面。

1. 制度供给的缺失

制度供给的缺失是指当前中国管理改革中，作为改革的基础和根本保证，制度发展程度仍然存在严重缺失。制度的缺失集中体现在法律法规和行政法规、规章等制度规范的不健全。一方面，法律法规的内容不够完善。与公共管理有关的相关法律法规应当充分体现社会公平正义的理念，并适应社会环境变化发展的需要。然而在公共领域，相关法律法规存在诸多抽象性、空洞性、模糊性等问题。例如，公共本身作为源自西方的词汇，虽然与中国语境存在差异性，但是公共领域的界定是创新社会治理体制的必然要求，是维护公众利益的必要保障。但在当前中国的法律法规以及行政法规、规章中，公共领域的界定仍然具有严重的模糊性，由此引发了社会问题。另一方面，法律法规的执行性较弱。除了内容抽象的原因，执行性的缺乏源自执行过程缺乏相关机制保障。在一些领域，法律法规设定的预期目标和执行效果之间存在明显的偏差。在缺乏执行保障的情况下，一些地方政府暴力执法也成为困扰当今社会的问题。上述种种弊端，都可以从制度供给的缺失上发现原因。

2. 政府职能转变不到位

除了制度层面的缺失，政府职能转变也是不容忽视的问题。虽然中国政府在改革发展中着力建设服务型政府，并在此目标下加快自身职能转变，但当前政府的职能现状与政策目标存在明显差距。主要体现如下：①政府机构改革有待深入进行。改革开放以来，中国政府在数次大规模的机构改革中不同程度地取得了成效，也有利于推进市场经济的发展和公共管理的改革。但是机构改革仍然存在诸多困境。一方面，政府机构改革在一定程度上缺乏科学理论的指导。由于公共部门固有的内部性和扩张性等特点，改革在一定时期不可避免地陷入“精简—膨胀—精简”的循环。另一方面，地方政府由于缺乏相关机制的保障，在职能转变中缺乏动力，对中央的政策命令存在一定程度上的敷衍和歪曲。②行政观念有待更新。一些官员在价值理念上不符合公共管理改革的要求，阻碍了民主政治的发展。此类现象主要受到传统社会政治模式的“路径依赖”影响。例如，当代社会网络上频繁曝光的“雷人官员”，正反映一些行政官员价值理念的落后。③绩效考评机制发展滞后。绩效考评作为衡量政府工作成效和官员政绩的基本准绳，在公共管理改革中存在一定的滞后性。这集中体现为绩效考评内容设定的片面性，即以保障经济增长为核心准绳。虽然在党中央的领导和社会各界的推动下，各级地方政府逐渐重视社会保障和生态文明，但是仍然未能在绩效考评机制上取得根本变革。这严重阻碍了政府从经济导向型向服务型的职能转变。④政府与外部环境的协调性不足。在公共管理改革中，中国的市场经济和社会组织得以成长，但政府与外部环境的协调性仍然面临困境。在职能转变的实践中，政府难以有效界定自身和市场、社会的界限。一方面，政府在对市场的调控中存在过多的微观管理，这就阻碍了市场经济的充分成长，也会导致诸如权力寻租等问题；另一方面，社会发展中政府行政干预力度过强。上述问题都反映出当前政府职能的缺位和越位，即该管的管不好，不该管的管得过多。

3. 理论发展滞后

理论发展的滞后同样阻碍了公共管理改革的创新突破。社会科学研究领域尽管在改革开放以来得到恢复和发展，可发展程度却无法满足创新社会治理体制、实现国家治理体系现代化的需要。理论发展的滞后的问题首先在于理论研究本土化程度不足。中国的社会科学领域尤其是与公共管理改革密切相关的政治学与行政学领域，存在本土化程度不足的问题，这集中体现在重视对西方理论的引用借鉴而忽视立足本土实际力求理论创新。其次，社会科学领域批判创新的精神较为欠缺。正如学者竺乾威在回顾中国行政学三十年发展时所谈论的，当前行政学界需要构造互相批判和探讨问题的氛围。理论观点在交流中的交锋、融合以及突破，有利于推动社会科学研究的创新突破，这正是当前公共管理理论发展中缺乏的因素。

五、改革的未来展望

改革发展的过程是反复性和上升性的统一。处在转型时期的中国，面对全球化和自身现代化进程中的种种风险，必须在客观总结过去和现阶段改革的正反面经验教训，立足于变化发展的实际环境，进而确立正确的改革方向，这样才能够保证公共管理改革的深入进行，实现国家治理体系的现代化。展望未来，中国的公共管理改革应当注重制度供给的完善、政府职能的加快转变以及理论研究的进一步深入。

（一）完善制度供给

完善制度供给要求党和政府注重法律法规以及行政法规规章等制度层面的完善。一方面，立足社会发展和民众利益，丰富和完善制度规定的内容，使公共管理改革得到充分的依据和有效的制度保证。另一方面，保证相关制度的执行力度，保证法律法规以及行政法规规章的执行得到有效的体制保证。只有做到上述两点，才能实现公共管理改革中“有法可依、有法必依、违法必究”的目标。

制度供给的完善需要顶层设计和政治参与的结合。政府层面的制度创新和制度供给能力，就是把新理念、新思想、新方法、新机构、新法规、新政策和新工作载体等，引入原有的制度体系、政策体系和工作体系，实现新的发展组合的能力①。与此同时，党和政府需要在制度构建上推动民主和法治、保障人民民主、为公共管理构建有效的制度平台；此外，公共部门需要容纳民众自下而上的政治参与作为改革的社会基础。因此，当代社会包含主体意识和权利意识的公民精神对完善制度供给有着重要的意义。民众的参与一方面构成制度供给完善的民意基础，另一方面也有利于为完善制度建言献策。

（二）推动政府职能转变

在当代中国，政府职能转变问题依旧任重而道远。在未来发展中，政府职能转变应当做到：①进一步改革政府机构。遵循公共管理的客观规律，有效借鉴科学理论，进而推动政府机构改革的深入进行，使政府机构的设置能够有效配置公共资源，推动社会发展和民众利益的实现。②改革绩效考评机制。以科学发展观为指导，正确界定政府的绩效考评内容。政府的绩效不应当仅仅局限于经济增长，而是应当兼顾经济发展、政治民主、文化繁荣、社会稳定以及生态可持续等诸多方面。只有通过绩效考评机制的完善，才能有效推动政府管理方式的更新。③更新行政理念。政府在公共管理改革中应当促进思维和观念的更新，克服传统社会时期的官本位意识。通过对中国特色社会主义理论的学习贯彻，以及对中西方优秀理论成果的吸收借鉴，各级官员需要确立服务意识，坚持为人民服务的宗旨和原则，努力为实现服务型政府的转型目标而奋斗。④正确协调政府与外部环境的关系。一方面政府需要继续完善宏观调控体系。按照党的十八届三中全会的精神，除部分重要领域外，政府在其他经济领域应当放开行政审批权。政府只有退出微观管理、努力完善宏观调控体系，社会主义市场经济才能健康发展，公共管理改革才能深入进行。另一方面，政府需要进一步放权于民，促进社会治理体制的创新。政府要承担起属于自身的公共责任，并构建起多元参与的机制。这样才能够

---

① 刘志彪. 政府的制度供给和创新：供给侧结构性改革的关键[J]. 学习与探索，2017，（2）：83-87.

克服政府职能缺位、越位和错位的问题，进一步有效整合和配置公共资源，促进国家治理体系的现代化。

（三）促进理论研究的深入

在公共管理改革中，中国还应当更加重视理论研究的进一步深入，为改革发挥理论先导和思想基础作用。针对当前理论研究的不足之处，中国在理论创新上应当推动研究的进一步本土化，构建更加符合科研需要的学术氛围。学界应当在吸收借鉴其他国家改革成果的基础上，立足于中国公共管理的现实问题，探索中国公共管理改革的客观规律，为改革实践提供更加科学的理论指导。此外，为实现有利的学术氛围，政府和学界自身都应当注重构建平等互动的交流机制。例如，通过保证科学研究的独立性、完善交流平台等方式促进有利氛围的形成。科研成果的互相碰撞有利于创新理论，为公共管理提供不竭的思想源泉。只有持续深入进行理论研究，才能在复杂动态的社会环境中，为改革发展提供强大的精神动力。

思考与讨论题

（1）如何界定当代社会公共管理改革？相比传统政府管理模式，当代社会公共管理有哪些特点？

（2）试从时代背景、改革内容等方面入手，分析西方社会和中国社会的公共管理改革与发展的异同点。

（3）西方社会公共管理改革对西方乃至整个国际社会产生了怎样的影响？如何评价西方社会公共管理改革的得失？

（4）试分析公共管理改革中效率原则和公平正义原则的关系。

（5）如何评价中国的公共管理改革？怎样看待当前改革的不完善之处？

（6）展望未来，如何处理好公共管理改革借鉴西方和本土化之间的关系？

后　记

在全球化、信息化的背景下，公共管理学以全球治理的理念回应全球化的挑战，其理论资源的丰富性与创新性，分析框架的综合性与包容性及其对实践的回应性与应用性为我们改善政府管理和社会公共治理提供了一个全新的理论视野和实践平台。本书不仅力求对学理阐释精微得当，深入浅出，还注重构建科学的方法体系，完善系统的能力训练，凸显了时代特征。

本书根据教育部关于印发《高等学校课程思政建设指导纲要》的通知，以及全国公共管理专业学位研究生教育指导委员会《公共管理学》指导大纲，在参考一些大学“公共管理学课程”教学大纲和教学计划的基础上完成大纲制订工作。本书为“十三五”江苏省高等学校重点教材。参与教材编写的有南京农业大学、南京财经大学、河海大学、东南大学、江苏师范大学、江苏科技大学、江苏海洋大学、南京医科大学、扬州大学、沈阳农业大学等全国十余所高校的教师，实现了校际间的合作。

本书的编写可以说是各位专家和学者多年来对公共管理学研究和教学所做的探索和积累，突破了学术研究的界限，使思考方式和研究方法更具多样化。本书在编写之初，每章节的内容都配有相应的案例，后因篇幅等原因暂没能编入，待有机会我们将汇编的相关案例再结集出版，希望通过我们的努力对推进我国公共管理学科的建设和发展有所助益。

南京大学的严强教授对全书的编写提供了整体性的指导建议。我的博士研究生区小兰、郭豪楠、范德志、陈永强、杨杨，以及硕士研究生郄亚丽、杨行等为本书的注释和参考文献的整理与格式完善做了很多工作，其中郄亚丽还负责了本书编写工作过程中的联络工作。此外，本书的编写也得益于借鉴吸收国内外学者的最新研究成果，相关的论著和主要参考文献已在书中列出。在此一并表示衷心的感谢！

于　水

2025 年 1 月